suhrkamp taschenbuch
wissenschaft 1511

Ausgangs- und Endpunkt dieser »Reisen nach Kratylien« ist der platonische Dialog »Kratylos«. Dort finden sich die beiden Positionen, die bis heute die sprachphilosophischen Debatten prägen. Während Hermogenes die These vertritt, daß die Beziehung zwischen den Namen und dem, was sie bezeichnen, auf Übereinkunft beruhe, nimmt Kratylos an, ein jedes Ding habe eine »richtige Benennung«, die ihm von Natur aus zukommt. Gérard Genette folgt den Spuren diese Annahme von der Philosophie des Mittelalters über die Entdeckung der Hieroglyphen und ihrer Theorie bis hin zu Mallarmé, Ponge und der modernen Linguistik. So eröffnet sich ein Panorama des europäischen Geistes, das immer neue Überraschungen bereit hält.

Gérard Genette ist Professor für Literaturwissenschaft an der Ecole des Hautes Etudes en Sciences Sociales in Paris. Von ihm ist im Suhrkamp Verlag erschienen: Palimpseste. Die Literatur auf zweiter Stufe (es 1683); Paratexte. Das Buch vom Beiwerk des Buches (stw 1510).

Gérard Genette
Mimologiken

Reise nach Kratylien

*Aus dem Französischen von
Michael von Killisch-Horn*

Suhrkamp

Titel der Originalausgabe
Mimologiques – Voyage en Cratylie
© Editions du Seuil, Paris 1976

Die Deutsche Bibliothek – CIP-Einheitsaufnahme
Ein Titeldatensatz für diese Publikation
ist bei Der Deutschen Bibliothek erhältlich.

suhrkamp taschenbuch wissenschaft 1511
Erste Auflage 2001
© Wilhelm Fink Verlag, München 1996
Alle Rechte vorbehalten, insbesondere das
der Übersetzung, des öffentlichen Vortrags
sowie der Übertragung durch Rundfunk und Fernsehen,
auch einzelner Teile.
Kein Teil des Werkes darf in irgendeiner Form
(durch Fotografie, Mikrofilm oder andere Verfahren)
ohne schriftliche Genehmigung des Verlages reproduziert
oder unter Verwendung elektronischer Systeme
verarbeitet, vervielfältigt oder verbreitet werden.
Druck: Pustet, Regensburg
Printed in Germany
Umschlag nach Entwürfen von
Willy Fleckhaus und Rolf Staudt

1 2 3 4 5 6 – 06 05 04 03 02 01

Man hat zuviel zu verlieren, wenn man entscheidet, die Kulturgeschichte sei in ihrer Gesamtheit unbedeutend und die Menschheit habe ihre Zeit damit verbracht, um nichts und für nichts und wieder nichts zu streiten. Zuviel zu verlieren nach rückwärts, in der Dimension der Vergangenheit, und mehr noch zu verlieren hinsichtlich des Wesentlichen, in der Wahrnehmung, die wir von uns selbst als Denkenden haben können [...] Jede Debatte ist eine junge und alte Debatte; noch während wir über das urteilen, was uns vorausgeht, bewegt es sich weiter in uns.

    Judith Schlanger, *Penser la bouche pleine*

INHALT

Vorwort *9*

Die Eponymie des Namens *13*

De ratione verborum *46*

Soni rerum indices *57*

Hermogenes logothetes *67*

Mimographismen *81*

Malerei und Ableitung *97*

Die verallgemeinerte Hieroglyphe *137*

Onomatopoetik *170*

Blanc bonnet *versus* bonnet blanc oder
Jacke wie Hose *212*

Innere Flexion *266*

Sprachen der Wüste *283*

In Ermangelung der Sprachen *300*

Das Alter der Namen *373*

Im Spiel: Die Schrift *391*

Signe : singe oder Zeichen : Zechine *418*

Im Namen der Wörter *448*

Die Gattung der Träumerei *455*

Eingeschränkte Mimophonie *469*

Namensregister *510*

Vorwort

»Das Wort *Hund* beißt nicht«, versichern einige Experten und die Weisheit der Nationen. Er bellt auch nicht, ja knurrt nicht einmal, da es beispielsweise diesen *kanidischen Buchstaben* (*canina litera*) nicht benutzt, dem wir noch begegnen werden und der ihm die Möglichkeit dazu gäbe. Doch nichts verbietet wem auch immer, das Gegenteil zu behaupten und die Ohren zu spitzen oder seinen Allerwertesten in Sicherheit zu bringen. Oder aber, in einer anderen Sprache oder in derselben, eine ausdrucksstärkere Bezeichnung zu suchen, *perro* vielleicht, oder *Kläffer*. Oder, als Dichter, irgendein korrektives Epitheton herbeizurufen: *bissige Hunde*. Oder anderweitig Trost zu suchen, bei der Sanftheit der *Katze*, der Majestät des *Elefanten*, der Anmut der *Libelle*. »Wir sind alle einmal einem jener unwidersprechlichen Streitgespräche zum Opfer gefallen, in deren Verlauf eine Dame mit einem Feuerwerk von Interjektionen und Anakoluthen versichert, daß das Wort ›luna‹ ausdrucksvoller (oder weniger ausdrucksvoll) sei als das Wort ›moon‹.«[1] Ausdrucksvolle Wörter? »Wir sprachen eines Tages mit einer Person (darüber), die begeistert schien von den Beispielen, die wir ihr gaben, und von dem Kommentar, der sie begleitete; mit einem Mal sagt sie zu uns: Und das Wort *table*? Es vermittelt doch sehr gut den Eindruck einer ebenen Fläche, die auf vier Beinen ruht.«[2] Und um die Salons zu verlassen: »Eine schweizerdeutsche Bauersfrau [fragte], warum Käse bei ihren französischen Landsleuten *fromage* heiße – ›Käse *ist doch*

---

1 Jorge Luis Borges, *Befragungen* (*Otras inquisiciones*) (1952), »Die analytische Sprache John Wilkins'«, in J. L. Borges, *Gesammelte Werke* 5/II: *Essays 1952-1979*, übersetzt von Karl August Henschen, Curt Meyer-Clason, Gisbert Haefs, Nachwort von Michael Krüger, München/Wien (Hanser) o. J., S. 109.
2 Maurice Grammont, *Le Vers français, ses moyens d'expression, son harmonie*, Paris (Delagrave) 1914, S. 3.

viel natürlicher!«»[1]. Diese drei Personen haben etwas gemeinsam, das nicht das Geschlecht ist, oh nein, sondern vielmehr diese Denkhaltung oder Vorstellungsweise, die zu Unrecht oder zu Recht zwischen dem »Wort« und dem »Ding« eine Beziehung widerspiegelnder Analogie (der Nachahmung) annimmt, welche die Existenz und die Wahl von ersterem *motiviert*, das heißt rechtfertigt. In Übereinstimmung (beinahe) mit der rhetorischen Tradition und ohne übertriebene Undurchsichtigkeit in der Terminologie werden wir diesen Typ von Beziehung *Mimologie* nennen, die Träumerei, die sie in ihren Bann schlägt, *Mimologik* und *Mimologismus* das sprachliche Faktum, an dem sie sich (vorgeblich) entfaltet, sowie, in metonymischem Gleiten, den Diskurs, der sie übernimmt, und die Doktrin, die sie investiert.

Dies ist unser Gegenstand. Doch man trifft nicht jeden Tag auf Gesprächspartner, die so entgegenkommend sind, und diese drei Mimologen sind für uns schon nur noch Helden einer Erzählung, nicht mehr oder weniger »real« als diese oder jene Person aus diesem oder jenem Dialog von Platon – beispielsweise. Tatsächlich läßt sich für uns der mimologische Diskurs fast vollständig auf eine Summe von Texten zurückführen, auf ein Korpus, vielleicht sollte man sagen eine *Gattung*, deren Gründungstext, Matrix und Programm einer ganzen Tradition – Varianten, Lücken und Interpolationen inbegriffen – eben, wie man weiß, der *Kratylos* des Platon ist: daher – Ehre, wem Ehre gebührt – der heute allgemein anerkannte Begriff *Kratylismus*. Dieses Synonym zu *Mimologismus* wird also ebenfalls – mit der Konnotation des Ursprungs oder zumindest des Archetyps – jede Erscheinungsform dieser Doktrin und jede Äußerung, die sie zum Ausdruck bringt, bezeichnen; ein Kratylismus ist – so wie man von Anglizismus oder Marotismus spricht – unter anderem eine *Nachahmung*, in einem anderen Sinn: ein »nach Art des Kratylos«, auch noch bei demjenigen, der von der Existenz des Ausgangstextes keine Ahnung hat, doch auch unter Einschluß dieses Textes selbst, der folglich, natürlich, keineswegs der erste ist: die erste Rede des Sokrates, der »für« Kratylos spricht, ist bereits ein Pastiche, wenn nicht gar eine Parodie.

---

1 Roman Jakobson, »Suche nach dem Wesen der Sprache« (1965), in R. Jakobson, *Semiotik – Ausgewählte Texte 1919-1982*, herausgegeben von Elmar Holenstein, Frankfurt/M. (Suhrkamp) 1992 (stw 1007), S. 83.

In diese »gewaltige Akte«[1] also wollen wir hier Einsicht nehmen, ohne den geringsten Anspruch auf Vollständigkeit und, trotz einer annähernd diachronischen Anordnung, in einem weniger historischen als typologischen Geist, wobei jede Station auf dem Weg weniger eine Entwicklungsstufe als einen Zustand – eine Variation, ein Exemplar der Gattung – darstellt. Diese methodische Vorentscheidung wird bestimmte Momente gewiß nicht daran hindern, das ganze Gewicht der Irreversibilität aufzubürden, die Kennzeichen der – schreiben wir sie ruhig mit Versalien – GESCHICHTE ist: Selbst wenn sich (nachträglich) herausstellen sollte, daß das Thema virtuell alle Variationen enthielt, können diese sich anscheinend nicht in beliebiger Reihenfolge präsentieren. Doch greifen wir (folglich) nicht vor – im Gegenteil.

Oder, um es knapper und überdies parodistisch zu sagen: Eines Tages kam mir der Gedanke, eine Bestandsaufnahme der Nachkommenschaft des *Kratylos* zu machen; ich hatte diesen Text zunächst für ebenso einmalig wie den Phönix der Rhetoren gehalten; doch es gibt keinen einmaligen Text. Dadurch, daß ich ständig mit ihm umging, glaubte ich seine Stimme, oder zumindest sein Echo, in anderen Texten aus verschiedenen Epochen wiederzuerkennen. An einige erinnere ich hier, in chronologischer Reihenfolge und ohne den Kommentar zu weit zu treiben oder mich in apokryphen Beispielen zu verlieren.

---

1 Paul Claudel, »L'Harmonie imitative«, in *Œuvres en prose*, Paris (Gallimard) 1973 (*Bibliothèque de la Pléiade*), S. 96.

Die Eponymie des Namens

Man kennt das Problem des *Kratylos*: Zwischen zwei Gegner gestellt, von denen der eine (Hermogenes) für die sogenannte konventionalistische These (*thesei*) eintritt, der zufolge die Namen einfach auf Vertrag und Übereinkunft (*syntheke kai homologia*) zwischen den Menschen gründen, und der andere (Kratylos) für die sogenannte naturalistische These (*physei*), der zufolge jedes Ding eine »richtige Benennung« erhalten habe, die ihm von Natur zukomme, scheint Sokrates zunächst letzteren gegen ersteren, dann ersteren gegen letzteren zu unterstützen: eine widersprüchliche oder zumindest zweideutige Position, welche die klassische Tradition gerne glättet, indem sie das Umschwenken am Ende außer acht läßt und den gesamten Dialog dem Vertreter der Eponymie gutschreibt; und die Mehrzahl der modernen Kommentatoren, die allzu schnell bereit sind, ihn als »philosophische« Polemik zu interpretieren, indem sie im Gegenteil postulieren, der erste Teil sei kaum mehr als ein spöttisches Spiel[1], in dem Sokrates die naturalistische These karikiere, indem er sie überspitze, und die wahre Bedeutung des *Kratylos* sei im zweiten Teil zu suchen, der über den naiven Schüler dessen Lehrmeister Heraklit und seine mobilistische Philosophie aufs Korn nehme.

Ohne in bezug auf diesen vorausgesetzten Kern der Dinge Partei zu ergreifen, möchte ich diesen Dialog – das heißt tatsächlich diesen doppelten Monolog des Sokrates – einfach nur auf dem Feld lesen, auf dem er explizit angesiedelt ist: demjenigen der Sprache[2], und dabei *a priori* all seine Teile als gleichermaßen ernstgemeint betrachten, wobei der Ernst natürlich weder den Sophismus noch das Spiel ausschließt. Vielleicht wird dann hervortreten, daß die beiden Haltungen, die Sokrates nacheinander einnimmt, sich nicht widerspre-

---

1 Siehe insbesondere die Einleitung der Ausgabe Méridier, Paris (Les Belles Lettres) 1961. Das Hauptargument dieser These ist die offen ironische Art, in der Sokrates die Inspiration durch den Schwindler-Seher Euthyphron geltend macht (396d).
2 Erinnern wir daran, daß der Untertitel lautet: *Über die Richtigkeit der Benennungen* (*peri onomaton orthotetos*).

chen, sondern einander ergänzen, und daß ihre Gegenüberstellung eine eigenständige Position sichtbar macht, die sich weder mit derjenigen des Kratylos noch mit der des Hermogenes deckt: eine komplexe, jedoch strenge und kohärente Position, die auf eine spezifische Weise jene des Sokrates ist. Und wohl Platons, zumindest zu der Zeit, als er diesen Dialog schrieb.[1]

Der erste Schritt der Untersuchung – der rascheste und der rücksichtsloseste – besteht darin, zumindest vorläufig die konventionalistische These beiseite zu schieben. Um dies zu erreichen, bringt Sokrates, auf recht sophistische Weise, Hermogenes dazu, seine Position so sehr zu verzerren, daß sie buchstäblich unhaltbar wird.[2]

Die Ausgangsposition des Hermogenes, erinnern wir uns, definierte die Richtigkeit des Namens als auf nichts anderem als auf *Vertrag und Übereinkunft* gründend. Es versteht sich von selbst, daß »Richtigkeit« in diesem Fall nicht vollständige Übereinstimmung des Namens mit dem Ding bedeuten kann, sondern lediglich von allen gebilligte und anerkannte künstliche Entsprechung: »Denn kein Name irgendeines Dinges gehört ihm von Natur, sondern durch Anordnung und Gewohnheit derer, welche die Wörter zur Gewohnheit machen und gebrauchen (*nomo kai ethei*)« (384d).[3] Es versteht sich ebenfalls von selbst, daß die geltend gemachte »Übereinkunft« (Konvention) nur ein gesellschaftlicher oder zumindest interindividueller Konsens sein kann. Vor allem anderen darum bemüht zu zeigen, daß in seiner wie in des Kratylos These alle Namen richtig sind – »Denn mich dünkt, welchen Namen jemand einem Dinge beilegt, der ist auch der rechte, [...]« (384d) –, in dem Sinn, daß für ihn eine Übereinkunft soviel wert ist wie die andere, wählt Hermo-

---

[1] Méridier zufolge zwischen dem *Euthydemos* (um 386) und dem *Gastmahl* (um 385).

[2] Genau dies nennt Victor Goldschmidt, *Essai sur le Cratyle*, Paris (Champion) 1940, S, 45, die »réfutation entreptique«.

[3] Wir zitieren den Text des *Kratylos* hier und im folgenden, wenn nicht anders angegeben, nach Platon, *Sämtliche Werke* 2, in der Übersetzung von Friedrich Schleiermacher mit der Stephanus-Numerierung herausgegeben von Walter F. Otto, Ernesto Grassi, Gert Plamböck, Hamburg (Rowohlt Taschenbuch Verlag) 1957, S. 123-181; hingewiesen sei auch auf die Ausgabe Platon, *Sämtliche Werke in zehn Bänden*, griechisch und deutsch, nach der Übersetzung Friedrich Schleiermachers, ergänzt durch Übersetzungen von Franz Susemihl und anderen, herausgegeben von Karlheinz Hülser, Frankfurt/M. (Insel) 1991, die den griechischen Originaltext und die Übersetzung Schleiermachers in Paralleldruck bietet; der *Kratylos* ist in Band III enthalten, S. 103-267. (Anm. d. Ü.)

genes ein zweischneidiges Beispiel: dasjenige des Namens, den der Herr seinem Knecht gibt. Es ist nicht gleichgültig, daß es sich hierbei um einen Eigennamen handelt, so wie bereits der Einsatz des Dialogs von der »Richtigkeit« der Namen Kratylos, Sokrates und Hermogenes handelte; wir werden auf diesen entscheidenden Punkt zurückkommen. »[...], und wenn man wieder einen andern an die Stelle setzt und jenen nicht mehr gebraucht, so ist der letzte nicht minder richtig als der zuerst beigelegte, wie wir unsern Knechten andere Namen geben.« (384d) Diese Argumentation könnte als Beispiel für eine elementare oder minimale Form sprachlicher Übereinkunft fungieren: diejenige, die zwei Individuen verbindet. Und der in diesem Fall ungleiche Charakter ihrer Beziehung darf ihr nicht ihre Gültigkeit nehmen, ganz im Gegenteil: Gewiß gibt der Herr dem Knecht »willkürlich« (anders kann man es nicht nennen) einen Namen, und ohne ihn um seine Meinung zu fragen; aber doch nicht ohne sein *Einverständnis*: Mag diese Benennung ihn nun befriedigen oder nicht, der Knecht muß sie doch zumindest *anerkennen*, damit sie funktioniert, und dies bedeutet beispielsweise, daß er kommen muß, wenn man ihn mit diesem Namen ruft, und es sein läßt, wenn man einen anderen ausspricht, der ihm vielleicht besser gefiele. Es ist dies ein erzwungenes Einverständnis, das keine große Einwilligung voraussetzt, das jedoch einer Billigung oder Zustimmung gleichkommt. Aber ist das nicht die exakte Bedeutung von *homologia* und die Wahrheit unserer sprachlichen Übereinkunft, in die sich die »Benutzer« einer Sprache zu fügen haben, die sie so übernehmen müssen, wie sie ist, ohne hinsichtlich ihrer Bildung zu Rate gezogen worden zu sein? Die willkürliche Benennung des Knechtes ist also durchaus eine zutreffende Illustration der konventionalistischen These.

Dank ihrer allerdings wird Sokrates Hermogenes in eine Sackgasse treiben. Dank ihrer, das heißt, indem er den *individuellen* Charakter der Entscheidung des Herrn ausnutzt, als wäre diese Entscheidung, so unwiderruflich sie auch sein mag, der einzige Aspekt der Situation: »Wie jemand festsetzt jedes zu nennen, das ist denn auch eines jeden Dinges Name? – So dünkt mich. – Nenne es nun ein einzelner so oder auch der Staat? – Das behaupte ich.« (385a) Hermogenes kann nicht nein sagen, da Sokrates offenbar nur dessen eigene Argumentation resümiert. Sokrates baut also seinen Vorteil aus: »Wie nun, wenn ich irgendein Ding benenne, wie, was wir jetzt Mensch nennen, wenn ich das Pferd rufe und was jetzt Pferd, Mensch: dann wird dasselbe Ding öffentlich und allgemein Mensch heißen, bei mir besonders aber Pferd, und das andere wiederum bei mir besonders Mensch, öffentlich aber Pferd? Meinst du es so? – So dünkt es mich.« (385a) Wie man sieht, hat Sokrates in diesem neuen Beispiel die Notwendigkeit des Konsenses einfach »vergessen«, und Hermogenes hat »vergessen«, ihn daran zu erinnern. So wird er also mit einer These ausstaffiert, die nichts »Konventionalistisches« mehr hat und der zufolge *jeder* jedes Ding benennen kann, wie es ihm gefällt. Eine von nun an in der Anwendung nicht durchzuhaltende These, der Sokrates nur seine eigene entgegenzuhalten braucht, um die Zustimmung des Hermogenes oder zumindest dessen passive und einigermaßen zerknirschte Aufmerksamkeit zu erhalten.

Diese flinke Eliminierung der sozialen Dimension der Sprache und ihrer kommunikativen Funktion läßt zwei von nun an privilegierte Begriffe der sprachlichen Beziehung einander gegenüberstehen: das zu benennende Objekt und das benennende Subjekt. Gleichzeitig reduziert sich die sprachliche Aktivität auf die Funktion, die sie verbindet, das heißt auf den *Benennungsakt*. Nachdem jede dritte Hypothese ausgeklammert ist, wird dieser Akt nur aus einer individuellen Laune des Subjekts oder aus den charakteristischen Eigenschaften des Objekts resultieren können: »Wird also wohl einer, wenn er so redet, wie er eben glaubt, daß man reden müsse, richtig reden, oder wird er nur dann, wenn er auf die Weise und vermittels dessen, wie es der Natur des Sprechens und Gesprochenwerdens angemessen ist, von den Dingen redet, nur dann Vorteil davon haben und wirklich etwas sagen, wenn aber nicht, dann es verfehlen und damit nichts ausrichten? [...] Also auch benennen muß man so und vermittels dessen, wie es in der Natur des Benennens und Benanntwerdens der Dinge liegt, nicht aber so, wie wir etwa jedesmal möchten, wenn uns anders dies mit dem vorigen übereinstimmen soll, und nur so werden wir etwas davon haben und wirklich benennen, sonst aber nicht?« (387c, d)

Hier sind wir jetzt auf eines der Lieblingsgebiete der sokratischplatonischen Dialektik zurückgeführt, das der handwerklichen Tätigkeit und Verfertigung: Benennen heißt einen Namen verfertigen, der Name ist ein Werkzeug der Beziehung zwischen dem Menschen und dem Ding, benennen heißt also, ein Werkzeug verfertigen. Dieses Werkzeug kann nur dann wirkungsvoll sein, wenn es den Eigenschaften des Gegenstandes entspricht, so wie die Weberlade den Eigenschaften des zu webenden Stoffes entsprechen muß, je nachdem, ob es darum geht, Leinen, Wolle oder irgendein anderes Material zu bearbeiten. Die Funktion des Werkzeugs, das heißt seine Beziehung zu dem Gegenstand, auf den es angewendet wird, das heißt letztlich die Natur dieses Gegenstandes, bestimmt eine Idealform, die der Werkzeugmacher realisieren muß, indem er sie in ein Material (das Holz für die Weberlade, das Eisen für den Bohrer) »hineinlegt«. Übertragen wir diesen Vorgang in den Bereich der Sprache: Die Natur eines Gegenstandes bestimmt die Idealform des Werkzeugs, das dazu dienen wird, ihn zu benennen; nennen wir diese Form den Idealnamen oder »Idee des Namens«. Der eigentliche Benennungsakt, das heißt der Akt der Verfertigung des Namens, wird darin bestehen, diese Idealform in dem sprachlichen Material, das heißt in den »Tönen« und in den »Silben«, *niederzulegen*: »[...] die Idee des Wortes, wie sie jedem insbesondere zukommt, [wiederzugeben], in was für Silben es auch sei«, »[...] auf die einem jeden [Ding] von Natur eigene Benennung achtend, ihre Art und Eigenschaft in die Buchstaben und Silben [hineinzulegen]« (390a, e), darin besteht die Arbeit des Wortbildners.

Man sieht also, daß der *natürliche* und *notwendige* Charakter der Beziehung zwischen Namen und Gegenstand darum aus der Benennung noch keinen einfachen und jedermann zugänglichen Akt macht. Es ist eine Arbeit, es ist folglich ein *Beruf*, einen Namen zu machen, und es bedarf eines spezialisierten Handwerkers, so wie man den Tischler für die Weberlade oder den Kleinschmied für den Bohrer braucht: »Also, o Hermogenes, kommt es nicht jedem zu, Worte einzuführen, sondern nur einem besonderen Wortbildner [*onomatourgos*].« (389a) Indem wir jedoch (seinerseits) den Wortbildner benennen, haben wir lediglich eine Funktion hypostasiert, ohne zu präzisieren, wem sie zukommt, da der Wortbildner noch kein bekannter (anerkannter) und eingetragener Beruf ist. Wer also ist kompetent, Namen zu machen? Hier kommt ein kleiner sekundärer Sophismus ins Spiel, der ganz auf Kosten der konventionalistischen These geht; in Wahrheit ist es ein einfaches Spiel mit dem Wort *nomos*, das zugleich den Gebrauch und das Gesetz bezeichnet. Hatte Hermogenes nicht von Anfang an verkündet, der Name sei eine Sache des Gebrauchs (*nomos*)? Ist nun aber der Gebrauch selbst oder vielmehr das Gesetz (*nomos*) nicht Sache des Gesetzgebers (Nomothet)? Das Benennen wäre somit ebenfalls Sache des Gesetzgebers. Wir bekommen jetzt unseren Wortbildner zu fassen – doch wir fassen ihn nur von ferne, denn er gehört zu einer Spezies, die man nicht an jeder Straßenecke trifft: Der Onomaturg ist der Nomothet, das heißt die Art von Handwerker, der »von allen Künstlern unter den Menschen der seltenste ist« (389a). Anders ausgedrückt, ganz das Gegenteil dieses »ersten besten« (*pas aner*), den Mallarmé in demselben oder beinahe demselben Zusammenhang »Monsieur Tout-le-Monde« ›Herr Jedermann‹ (die Übersetzung ist wörtlich) nennen wird. Diese Forderung nach Kompetenz wird weiter unten mit großem Nachdruck wiederholt: »Kratylos hat recht, wenn er sagt, die Benennungen kämen den Dingen von Natur zu, und nicht jeder sei ein Meister im Wortbilden [...].« (390e) Dieser Satz verbindet, wie man sieht, auf enge Weise, und ohne in dieser Verbindung das mindeste Paradox zu sehen, diese beiden für uns anscheinend unvereinbaren Merkmale miteinander: die Natürlichkeit des Namens und die Notwendigkeit eines professionellen Onomaturgen, ganz so wie die Zurückweisung des »ersten besten« natürlich das »arbiträre« (auf Übereinkunft beruhende konventionelle) Zeichen mit der Mittelmäßigkeit des erstbesten in Verbindung bringt. Alle Wörter nämlich, die nicht *das* richtige Wort sind, sind *gleichermaßen tauglich* (Hermogenes hat es zugegeben), und jedes von ihnen ist also exakt irgendeines: irgend etwas, für jedermann verfügbar. Das richtige Wort dagegen, oder der »natürliche Name«, ist einmalig, schwer zu entdecken, schwerer noch im Lautmaterial »niederzulegen«. Und daher ist der Onomaturg nicht der erste beste, sondern durchaus der letzte, dieser seltene, fast unauffindbare Vogel, der der kompetente Gesetzgeber ist. Allerdings ist er nicht unfehlbar, und der Konsequenz hieraus, die nicht gering ist, werden wir später wiederbegegnen.

Wir sind hier also weit entfernt von dem folklorisierenden Spontaneismus, der (sehr) viel später den romantischen Mimologismus prägen wird: Die »gut gebildete« Sprache ist nicht eine Schöpfung des Volkes, sondern sehr wohl eine Sache von *Spezialisten* – fast von Eingeweihten. Und dieses Spezialistendenken, das Nietzsche ihm eines Tages so sehr vorwerfen wird, treibt Sokrates so weit, daß selbst der »Benutzer« der Sprache, anonymes und kollektives Wesen par excellence, von diesem professionellen und qualifizierten Sprecher gedoppelt, wenn nicht gar verdrängt wird, der sich zum Onomaturgen verhält wie der Musiker zum Kitharenmacher oder der Steuermann zum Schiffbauer und natürlich der Weber zum Weberladenmacher: dem Dialektiker, dem also die wesentliche Aufgabe zukommt, die Arbeit des Onomaturgen zu lenken (*epistatein*) und zu beurteilen oder zu überprüfen (*krinein*). Eine Art Kontrolleur der Wörter, so wie es anderswo Kontrolleure der Gewichte und Maße gibt. Man sieht, der (zukünftige) Begriff der »Sprachkompetenz« funktioniert hier in einem typisch restriktiven Sinn. Wenn es ein Beruf ist, Worte zu bilden, dann ist es im Grenzfall auch einer, sie zu benutzen – anders ausgedrückt: zu sprechen.

Diese letzte Äquivalenz mag gewiß übertrieben scheinen: Benennen[1] ist nicht das Ganze der Sprache, und Sokrates ist sehr sorgfältig bemüht zu präzisieren, daß es im Gegenteil nur ein »Teil« davon ist: »Und ein Teil des Redens ist doch das Benennen [*tou legein morion to onomazein*].« (387c). Doch dieser Teil wird natürlich nicht umsonst beharrlich für das Ganze genommen: Die Benennung ist für Sokrates – und des Hermogenes Niederlage ist gewiß im Akzeptieren dieses Ausgangspunktes vorgezeichnet[2] – allerdings der sprachliche Akt par excellence, ist dieser erst einmal definiert als »eine Handlung, welche sich auf die Dinge bezieht«, die man »so und vermittels dessen, wie es in der Natur des Benennens und Benanntwerdens der Dinge liegt«, regulieren muß. Es hat den Anschein, als führe die Tatsache, daß die soziale Dimension der Sprache und folglich ihre »pragmatische« Funktion (im Sinne von Morris) ausgeblendet wird, unvermeidlich dazu, auch ihre »syntaktische« Funktion, nämlich in einem sehr weiten Sinne die Sprache als System und das Sprechen als Verknüpfen und Konstruieren, zu vernachlässigen und sie folglich auf ihre *semantische* Funktion, begriffen als ausschließliche Beziehung zwischen dem Wort und dem Ding, zu reduzieren. Wenn Sprechen wesentlich *eine Handlung, welche sich auf die Dinge bezieht*, ist – eine Formel, deren entscheidenden Charakter und deren gewichtige Konsequenzen man, laut Horn[3], nicht genug unterstreichen kann –, dann wird die Sprache zwangsläufig eine Sammlung von Vokabeln, deren ganze Funktion sich darin erschöpft, sich in einer Beziehung punktueller Bezeichnungen zu atomisieren: ein Wort, ein Ding, ein Wort, ein Ding, und so weiter. Das ist exakt das, was Saussure verächtlich eine *Nomenklatur* nennen wird.[4] Tatsächlich ist »Sammlung von Vokabeln« noch viel zuviel

---

1 Halten wir im Vorbeigehen die Ambiguität dieses Verbs (*nommer*) fest, das sich auch, im Französischen wie im Griechischen (*onomazein*), auf die Schöpfung des Namens (›(be)nennen‹) und auf seine spätere Verwendung (›heißen‹) bezieht.
2 Es zeugt natürlich von Naivität, wenn man Hermogenes und Kratylos wie echte Gesprächspartner des Sokrates behandelt, denen man dieses dialektische Verdienst oder jene dialektische Schwäche zuerkennt, während doch tatsächlich Platon selbst sie nach Belieben manipuliert, um Sokrates ins rechte Licht zu setzen; man muß also alle Bewertungen dieser Art als einfache Redefiguren nehmen, durch welche der Leser so tut, als akzeptiere er das Spiel dieser dramatischen Fiktion, die der platonische Dialog auch ist.
3 Siehe Ausgabe Méridier, S. 55, Anm. 1.
4 Ferdinand de Saussure, *Cours de linguistique générale*, publié par Charles Bally et Albert Sechehaye avec la collaboration de Albert Riedlinger, édition critique préparée par Tullio de Mauro, Paris (Payot) 1986, S. 97; dt. *Grundfragen der Allge-*

gesagt: Wie sein Untertitel ausdrücklich anzeigt, erstreckt sich die Untersuchung des *Kratylos* nicht einmal auf die Gesamtheit des Wortbestandes, sondern lediglich auf die »Nomen« (*onomata*), das heißt die Substantive (und am Rande auf das, was wir Adjektive nennen), unter Ausschluß der Verben und der grammatischen Wörter. Diese Wahl wird nicht motiviert, ja nicht einmal explizit gemacht, und dieses Stillschweigen ist gewiß seinerseits signifikant; denn es braucht nicht eigens gesagt zu werden und versteht sich daher von selbst, daß das Nomen, ganz so, wie »das Wort« die Sprache selbst ist, seinerseits die Vokabel par excellence ist[1]. Man wird einige Jahrhunderte warten müssen, damit sich ein Motiv artikuliert (das vielleicht nicht dasjenige ist, das der *Kratylos* verdunkelt): daß nämlich allein das Nomen einen bestimmten, konkret abgrenzbaren »Gegenstand« bezeichnet, mit dem es eine natürliche, das heißt mimetische Beziehung unterhalten kann.

Es gäbe gewiß vieles zu sagen über den »konkreten« Charakter des nominalen Referenten, und es ist nicht einzusehen, warum es weniger Abstraktion in *Tisch* oder *Bewegung* geben sollte als in *essen* oder *laufen*. Im Grenzfall wäre der einzige wirklich befriedigende kratylische Gegenstand der Eigenname, *Sokrates, Kratylos, Hermogenes*, wenn man einräumt, daß er ganz ausschließlich einem Individuum und nur einem zugewiesen wird; so wird Proust, indem er die Gemeinnamen und die Eigennamen einander gegenüberstellt, erstere »Wörter« und letztere (denen er die kratylischen Spekulationen

---

meinen Sprachwissenschaft, übersetzt von Herman Lommel, Berlin (de Gruyter) 1931, 2. Aufl. 1967, S. 76.

1 Das griechische Wortfeld ist hier ein wenig unschärfer als das französische; es gibt keinen allgemeinen Begriff, der dem frz. *mot* ›Wort‹ entspricht, dessen Platz unterschiedslos von *onoma* und *rhema* eingenommen wird; wenn man sie jedoch einander gegenüberstellt, wie Platon es ebenhier (425a) tut, dann steht *onoma* für *nom* ›Name, Nomen‹ und *rhema* für *verbe* ›Wort‹.

In diesem Zusammenhang sei auf das Kapitel »nomos/onoma (Platon, Friedrich Schleiermacher, Walter Benjamin)« in dem Buch *Parerga – Friedrich Hölderlin; Carl Schmitt, Franz Kafka; Platon, Friedrich Schleiermacher, Walter Benjamin; Jacques Derrida – Zur Literarischen Hermeneutik*, München (Boer) 1991, von Thomas Schestag hingewiesen (S. 116-159), wo er u.a. die (Übersetzungs)Problematik der »Symmetrie und Synonymie über Kreuz zwischen *Wort* und *Name, onoma* und *rhema*« (S. 120) diskutiert und dabei auch genau diese Anmerkung Genettes zitiert (S. 236, Anm. 8; cf. a. S. 122 das Zitat der Fußnote Genettes über das Verb *nommer*, hier S. 19); Schestag geht in diesem Kapitel auch, wie schon seine Überschrift »nomos/onoma« andeutet, auf den Zusammenhang zwischen *onoma* ›Name (oder Wort)‹ und *nomos* ›Gewohnheit, Sitte‹, ›Gesetz‹ ein (S. 132ff.). (Zusatz des Ü.)

seines Helden vorbehält) »Namen« nennen, als bedeute »Eigenname« auch: *eigentlicher Name*. Diese letzte Reduktion kündigt sich ab der ersten Seite des Dialogs an, denn der Anstoß dazu ist doch ein Streit über die »Richtigkeit« der Namen Kratylos, Sokrates und Hermogenes; und sie bekräftigt sich – doch ich würde es vorziehen zu sagen, sie kündigt sich ein zweites Mal an – in jenem zweiten Anstoß zu Beginn der Untersuchung der homerischen Namensgebungen (391d). Wir werden später sehen, welche Bedeutung dieser privilegierte Status, diese exemplarische Funktion des Eigennamens in einem Dialog hat, dessen Untertitel man – mit einer Ambiguität spielend, die er ganz offensichtlich ignoriert – so übersetzen möchte: *Von der Eigentümlichkeit der Namen*.

Anscheinend ist die sokratisch-kratylische – also *sokratylische* – These nun artikuliert, und der ganze Rest des ersten Dialogs wird nur noch der Argumentation und der Illustration dienen, durch welche die »Richtigkeit der Benennungen« vorgeführt werden soll, vor allem auf dem Weg über »Etymologien« und nebenbei durch Spekulationen über den Symbolismus der Laute. Tatsächlich scheint mir die Funktion dieser Fortsetzung (die im übrigen drei Viertel des Textes einnimmt) sehr viel bedeutender zu sein: nicht nur eine demonstrierende, sondern eine eigentlich theoretische, und als solche wesentlich für die Definition des platonischen Mimologismus – ich meine nicht den Kratylismus von Kratylos, sondern den Kratylismus *des* Kratylos.

Für den Augenblick, erinnern wir uns, ist diese These über ihre rudimentärste Formulierung noch nicht hinausgekommen, die ungefähr in drei Worten Platz hat: *natürliche Richtigkeit der Benennungen*. Worin besteht diese Richtigkeit? In der Treue des wirklichen Namens, Gestalt geworden in Tönen und Silben, zum Ideal- oder »natürlichen« Namen. Doch dies verschiebt die Frage nur um eine Stufe: Worin besteht also die Richtigkeit des natürlichen Namens? Diesbezüglich verfügen wir bis jetzt nur über einen ganz vorläufigen und sehr unvollständigen Hinweis: jenen Gedanken nämlich, daß der Name ein Werkzeug sei, das dem Gegenstand angepaßt sein muß, auf den es angewendet wird.

Halten wir fest, daß darin der Ansatz einer ziemlich bemerkenswerten Konzeption der sprachlichen Motivation steckt: einer Motivation nämlich nicht durch Analogie (das Wort ähnelt dem Ding), sondern durch instrumentelle Entsprechung und folglich durch eine Art kausalistische Kontiguität; kurz, durch Metonymie und nicht durch Metapher; oder genauer: durch eine metonymische Beziehung, die verstärkt oder nicht verstärkt werden kann durch eine metaphorische Beziehung, je nachdem, ob man voraussetzt oder nicht voraussetzt, daß das Werkzeug auch »seinem« Gegenstand ähneln muß. Ein trügerischer Ansatz übrigens, denn wir werden später sehen, daß die instrumentelle Beziehung vollständig von der mimetischen Beziehung überflutet wird, als bestünde die einzig mögliche Übereinstimmung des Signifikanten mit dem Signifikat darin, daß er ihm ähnelt.

Die sokratische Definition der »Richtigkeit« bleibt also weitgehend offen und gleichsam unbestimmt. Sie wird sich jetzt unter zwei anscheinend sehr unterschiedlichen Aspekten präzisieren, deren einer im Prinzip die zusammengesetzten und abgeleiteten Namen (*hystata onomata*) betrifft und deren anderer die einfachen, als Stammworte (*prota*) angesehenen Namen. Ersterer enthüllt sich in einer Serie von nach traditioneller Übereinkunft so genannten »Etymologien«.

Die Verwendung dieses Begriffes ist geeignet, nicht wenige Mißverständnisse zu verursachen, und dies ist auch nicht ausgeblieben. Wenn man darunter die Suche nach dem wirklichen Ursprung eines Wortes versteht[1], ist klar, oder müßte zumindest klar sein, daß die »Etymologien« des *Kratylos* keine Etymologien sind. Erinnern wir daran, daß dieser Begriff im Dialog wie im Gesamtwerk Platons nicht vorkommt[2], was gewiß kein ausreichender Beweis ist. Die historische »Falschheit« der Mehrzahl dieser »Etymologien« (hundertzwanzig von hundertvierzig, Méridier zufolge) sagt ebenfalls nicht viel über ihre wirkliche Funktion; es versteht sich von selbst,

---

1 Tzvetan Todorov (»Introduction à la symbolique«, in *Poétique* 11 (1972), S. 289-292) unterscheidet seinerseits die »Abstammungsetymologien« (*étymologies de filiation*) (das ist die gängige Bedeutung) des Typs *cheval* < *caballus* und die »Affinitätsetymologien« (*étymologies d'affinité*) des Typs *soma-sema*; der Grund, der angeführt wird, um diese Art von Annäherungen im Begriff der Etymologie zu verstehen, lautet, daß »ebenso wie die Verwandtschaft die Etymologie sich, zumindest in der Vergangenheit, um die Affinitätsbeziehungen gekümmert hat« und daß man sie im 19. Jahrhundert als »Volksetymologien« bezeichnet hat. Dieses Argument scheint mir ein wenig sophistisch: Folgt man dieser Ansicht, so könnte man den Stein der Weisen für einen legitimen Gegenstand der modernen Chemie halten. Vor allem vergißt man ganz, daß für die »Etymologen« früherer Zeiten die »Affinitäts«annäherungen sehr wohl als Abstammungsnachweise galten. Ebenso ist die »Volksetymologie« meist durchaus ein naiver Abstammungsnachweis.
2 Bally zufolge wird er erst bei Dionysios von Halikarnassos auftauchen.

daß eine heute als unrichtig geltende Abstammung damals als solche anerkannt sein mochte, und wir werden im übrigen sehen, daß die sokratische Ausbeutung ebensogut auch auf »richtige« Abstammungen angewendet werden könnte. Die Präsenz von mehrfachen »Etymologien«, wie jene von *psyche* oder von *Apollon*[1], läßt recht deutlich erkennen, daß es nicht des Sokrates Absicht ist, hier historische Abstammungen aufzustellen; die »Überdetermination«, von der Todorov spricht, ist unvereinbar mit der etymologischen Zielrichtung im modernen Sinn[2]. Welches ist also die wahre Funktion der vorgeblichen sokratischen Etymologien?

Bevor wir auf diese Frage antworten (und um dies zu tun), ist es vielleicht nicht überflüssig, sich näher anzusehen, worin sie bestehen.

Die meisten von ihnen sind strenggenommen Wort*analysen*, von der Art jener »syntagmatischen Analysen« (*dix-neuf* = *dix* + *neuf*, *cerisier* = *cerise* + *ier*), die für Saussure[3] Aufschluß über die relative Motivation geben werden. Typisches Beispiel: *aletheia* ›Wahrheit‹ = *ale theia* ›göttliche Bewegung‹. Das Wort wird hier (421b) streng als Zusammensetzung behandelt, deren Analyse die Bestandteile bloßlegt, um seine Bedeutung explizit zu machen. Wohlgemerkt, derart reine Fälle von Zusammensetzung, ohne Überschuß oder Defizit und ohne Verrenkung, sind sehr selten; man wird jedoch trotz ihrer geringeren Reinheit derselben Kategorie Zerlegungen zuordnen wie *Dionysos* = *didous oinon* ›Geber des Weines‹ (406c), *Pelops* = *pelas opsis* ›kurze Sicht‹ (395c), *Agamemnon* = *agastos epimone* ›bewunderungswürdig im Ausharren‹ (395b), *phronesis* ›Gesinnung‹ = *phoras noesis* ›Sinn für das Gehende‹ (411d), sogar *techne* ›Kunst‹ =

---

[1] *Psyche* ›die Seele‹ wird nacheinander durch *anapsychon* ›erfrischend‹ und durch *echei physin* ›hält die Natur‹ erklärt (399d-400b); *Apollon* durch *apoloun* ›Reiniger‹, *haploun* ›wahrhaftig‹, *aei ballon* ›der stets Treffende‹ und *homopolon* ›das Zusammendrehende‹ (405c-406a).

[2] Oder vielmehr im Sinne der historischen Etymologie des 19. und des beginnenden 20. Jahrhunderts: »Jedes Wort«, so sagte Max Müller, »kann nur eine Etymologie haben, so wie jedes Lebewesen nur eine einzige Mutter haben kann.« (*Lectures on the Science of Language*, Second Series, London (Longman, Green, Longman, Roberts, & Green) 1864; dt. *Vorlesungen über die Wissenschaft der Sprache*, für das deutsche Publikum bearbeitet von Carl Böttger, II. Serie von 12 Vorlesungen, autorisirte Ausgabe, Leipzig (Gustav Mayer) 1866) Ein Guiraud oder ein Zumthor beurteilen dies heute ein wenig anders und berücksichtigen stärker Kollusionsphänomene – die auf jeden Fall nur eine unwesentliche Rolle spielen und nichts mit der organisierten Überdetermination des *Kratylos* zu tun haben.

[3] *Cours*, S. 191/*Grundfragen*, S. 165/66.

echonoe ›der Kunde Sinn‹, deren »mühseligen« Charakter Sokrates selbst unterstreicht, wie Hermogenes sagt, indem er zugibt, daß man, um die Bestandteile zu identifizieren, »nur das d [wegwirft], und statt des *t* das *in* [annimmt] (414b/c)[1]. Der Grund für diese Verrenkungen ist für Sokrates im wesentlichen ein geschmackloser Schönheitskult, der die Sprecher dazu treibt, die Stammwörter schöner zu machen, indem sie Buchstaben wegnehmen oder hinzufügen, bis hin zur Unkenntlichkeit; die Vorstellung einer blinden und unwillkürlichen Lautentwicklung ist ihm ebenso fremd wie diejenige einer anonymen und kollektiven Sprachbildung.

Diese syntagmatischen Analysen nehmen bisweilen ein derartiges Ausmaß an, daß man zögern könnte, sie noch so zu nennen. So etwa bei *sophrosyne* ›Besinnung‹ = *soteria phroneseos* ›Behalten der Gesinnung‹ (412a) oder bei *anthropos* ›Mensch‹ = *anathron ha opope* ›der zusammenschaut, was er gesehen hat‹ (399c), *aischron* ›schändlich‹ = *aei ischon ton rhoun* ›was den Fluß stets hemmt‹ (416b) oder *Selene* = *selas aei neon te kai henon* ›immer alter und neuer Schein‹ (409b). Diese entwickelten Analysen bilden in der Tat wahrhaftige Glossen oder, wenn man so will, *Paraphrasen*, in denen sich das Themawort wie das Saussuresche Hypogramm entfaltet und anamorphotisch verzerrt, indem es seine Elemente wie in einem zerbrochenen Spiegel verstreut und vervielfacht. Wir werden dieser Praxis

---

[1] Um den genauen Wortlaut bei Platon nicht zu unterschlagen, müssen wir hier das Prinzip durchbrechen, grundsätzlich die Übersetzung Schleiermachers zu zitieren, und zu einer anderen Übersetzung greifen, die nicht so konsequent eindeutscht wie Schleiermacher. In der Übersetzung von Otto Apelt (Platon, *Sämtliche Dialoge*, in Verbindung mit Kurt Hildebrandt, Constantin Ritter und Gustav Schneider herausgegeben und mit Einleitungen, Literaturübersichten, Anmerkungen und Registern versehen von Otto Apelt, Band II, (Nachdruck) Hamburg (Meiner) 1988) lautet diese Passage: »[...], wenn man nämlich das τ wegläßt, zwischen dem χν aber und dem η ein ο einschiebt (ἐχνόη)« (S. 87). Schleiermacher hat sich in der Einleitung zur zweiten Auflage seiner Übersetzung des *Kratylos* (1824) zum Problem der Übersetzung des etymologischen Teils des Dialogs wie folgt geäußert: »Dieser etymologische Theil ist nun das Kreuz des Uebersezers geworden, und es hat ihm lange zu schaffen gemacht, einen Ausweg zu finden. Ueberall die griechischen Wörter hineinzubringen, schien unerträglich, und besser, den einmal deutsch redenden Sokrates deutsches deutsch ableiten zu lassen. Dagegen war dies mit den Eigennamen nicht möglich zu machen, sondern hier musste die Ursprache beibehalten werden, und indem nun beide Verfahrungsarten neben einander stehen, wird der Leser wenigstens Gelegenheit haben sich zu freuen, dass nicht irgend eine ausschliessend durch das Ganze hindurchgeht.« (Zit. nach Schestag, *Parerga*, S. 116) (Anm. d. Ü.)

sehr viel später und in einem (im Prinzip) ganz anderen Bereich wiederbegegnen.

Das Prinzip der Analyse, das darin besteht, das Interpretament im Inneren des Interpretats zu entdecken, war hier bis an seine äußersten Grenzen gedehnt worden, doch es war bewahrt worden. Es ist sozusagen umgewendet in dieser Art von umgekehrter Ableitung, die den Namen *horai* ›Zeit‹ durch die Tatsache erklärt, daß die Zeit »dem Winter und Sommer, den Winden und den Früchten der Erde ihr Ziel setzt [*horizein*]« (410c) –, so als würde man sagen, der Frühling hieße so, weil er frühlingshaft ist. Und machtlos steht man vor Motivationen durch Paronymie wie diesen: »Weib [*gyne*] hingegen will wohl offenbar Werden [*gone*] und Leib sagen« (414a); *boule* ›Rat‹ bezeichnet *bole* ›Wurf‹ (420); *hemera* ›Tag‹ erklärt durch *himeiro* ›ersehnen‹ (418c); oder der aus anderen Gründen berühmten Etymologie von *soma* ›Körper‹ (400). Diese ist zweifach, und sogar dreifach, aber auf eine recht merkwürdige Weise. Rufen wir uns den Text in Erinnerung: »Denn einige sagen, die ›Körper‹ wären die *Gräber* [*sema*] der Seele, als sei sie darin begraben liegend für die gegenwärtige Zeit. Und wiederum, weil durch ihn die Seele alles begriflich macht, was sie andeuten will, auch deshalb heißt er mit Recht so gleichsam der *Greifer* und *Griffel* [*sema*]. Am richtigsten jedoch scheinen mir die Orphiker diesen Namen eingeführt zu haben, weil nämlich die Seele, weswegen es nun auch sei, Strafe leide und deswegen diese Befestigung habe, damit sie doch wenigstens erhalten werde wie in einem Gefängnis. Dieses also sei nun für die Seele, bis sie ihre Schuld bezahlt hat, genau was er heißt, so daß man kaum einen Buchstaben zu ändern brauche, der ›Körper‹, ihr *Kerker* [*soma*].« (400c)[1] Wie man sieht, wird *soma* zunächst durch *sema*

---

1 Cf. *Gorgias*, 493a. In der der Übersetzung Apelts lautet diese Passage: »Denn einige erklären den Leib für ein Grabmal (*sema*) der Seele, als läge sie während ihres jetzigen Lebens im Grabe. Und weil die Seele durch ihn, den Leib, kund gibt, was sie kund zu geben hat, so werde er auch aus diesem Grunde mit Recht *sema* (Zeichen, Kundgebung) genannt. Doch haben meiner Ansicht nach vor allem die Anhänger des Orpheus diesen Namen aufgebracht, da die Seele nach ihrer Auffassung sich hier in einem Büßungszustand befindet: sie büßt für ihre Vergehungen. Der Leib aber sei eine sie festhaltende Umwallung, gleichsam ein Gefängnis, um darin bewahrt zu werden; es sei also dies, entsprechend der Benennung, das *soma* (Behältnis, Gewahrsam) der Seele bis zur Abbüßung der Sünde, und es bedürfe nicht der Abänderung auch nur eines einzigen Buchstabens.« (S. 65) (Anm. d. Ü.)

erklärt, doch diese Erklärung ist selbst »überdeterminiert«[1] und zwei Interpretationen zugänglich aufgrund der Polysemie von *sema*: ›Grab‹ und ›Zeichen‹ [bzw. ›Greifer/Griffel‹ in der Schleiermacherschen Übersetzung] (tatsächlich natürlich ›Grab‹ weil ›Zeichen‹), zwei Bedeutungen, die beide mit der Definition des Körpers harmonieren; von dieser Besonderheit abgesehen haben wir es hier, genau wie bei *gyne-gone* oder *boule-bole*, mit einer einfachen Paronymie zu tun. Der Fall *soma-soma* ist subtiler: es handelt sich anscheinend um eine Motivation durch Homonymie, ein Grenzfall der Paronymie; allerdings muß man hinzufügen, daß *soma* ›Kerker‹ eine (meines Wissens zumindest) reine lexikographische Fiktion ist, deren Funktion hier darin besteht, gewissermaßen die »Affinität« *soma* ›Körper‹ – *sozein* ›bewahren‹ [›erhalten‹ in der Übersetzung Schleiermachers] durch eine implizite Analyse *soma* – *sozema* zu materialisieren.

Man sieht also, daß die sokratischen »Etymologien« in lexikalischen Manipulationen bestehen, die in ihrem Verfahren recht verschiedenartig sind, das die reduktionistischste Beschreibung nicht auf weniger als zwei Kategorien zurückführen kann: Analyse und Paronymie; und diese strukturelle Duplizität ist, wie wir sehen werden, nicht ohne Bedeutung. Ein Merkmal ist ihnen dagegen allen gemeinsam, was auch immer die angewendeten Mittel sein mögen – ein gemeinsames Merkmal, das ausreicht, ihre Anwesenheit in einem Dialog über die »Richtigkeit« der Benennungen zu rechtfertigen: ihre *motivierende* Funktion.

Die Verwendung dieses Begriffs verlangt hier nach einer Erklärung oder zumindest nach einer Präzisierung: Gewöhnlich denkt man, wenn man von Motiviertheit des Zeichens spricht, sei es nun, wie Saussure, um sie zu leugnen, oder, wie Jespersen, um sie zu bejahen (und sei es nur teilweise), an eine direkte Beziehung zwi-

---

1 Im strengen Sinne diesmal, da es sich um die*selbe* »Etymologie« handelt, die auf zwei verschiedene Weisen zugleich erklärt wird, während die Annäherung *soma-soma* eine andere Determination vorschlägt. Man könnte diese Nuance durch eine Formel wie die folgende illustrieren:

schen Signifikat und Signifikant, onomatopoetischer Art wie in *kikeriki* oder *bauz*. Ganz offensichtlich gibt es nichts dergleichen in den sokratischen Etymologien. Doch man kann auch eine indirekte Motiviertheit ins Auge fassen, von der die Saussureschen »relativen Motivationen« (*dix-neuf, poir-ier*) nur ein Sonderfall sind. Wie man stets bemerkt hat, liegt hier natürlich nur eine Verschiebung der »Arbitrarität« vor, denn wenn *dix-neuf* »motiviert« wird durch seine Analyse in *dix + neuf*, dann bleiben seine beiden Bestandteile ohne natürliche Beziehung zu ihren jeweiligen Signifikaten; und dasselbe wird man natürlich von einer Analyse wie *aletheia = ale + theia* sagen können. Platon ist diese Schwierigkeit keineswegs entgangen, und wir werden weiter unten sehen, mit welcher, vielleicht übertriebenen (vielleicht sophistischen), Strenge Sokrates das Problem aufwirft und eine in letzter Instanz direkte Motivation der sogenannten »Stamm«-, das heißt elementaren, Wörter fordert.

Doch diese aufgeschobene Forderung darf nicht den spezifischen Wert der indirekten Motivation verkennen lassen, »in ihrem Zusammenhang« und nach den Kriterien, die ihr eigen sind. Die Frage, vergessen wir das nicht, ist die nach der »Richtigkeit der Benennungen«, und man liefe sehr stark Gefahr, diesen Begriff zu verraten, wollte man ihn unmittelbar in eine direkte mimetische Beziehung zwischen Signifikant und Signifikat übersetzen. Wenn man den wahren Sinn dieser Frage erfassen will, muß man sie auf ihr Gebiet, in ihren ursprünglichen Kontext zurückversetzen, den der ersten Repliken des Dialogs, die sich auf die Namen Sokrates, Kratylos und Hermogenes beziehen. Dann wird deutlich, daß ihre zutreffendste Formulierung, die bescheidenste und vertrauteste, in etwa lautet: »Sind die Namen gut gewählt?« oder besser: »Was ist ein gut gewählter Name?« Gleichzeitig, oder vielmehr aus demselben Anlaß, wird deutlich, daß das ursprüngliche Gebiet der Frage und ihre *Ausgangsbasis* die Eigennamen sind: Erst von einer Problemstellung wie der *Richtigkeit* (oder *Eigentümlichkeit*) *der Eigennamen* aus kann man die generelle Problemstellung der (indirekten) Richtigkeit der Benennungen verstehen, denn letztere ist nur eine Ausweitung oder vielmehr eine Extrapolation ersterer.

Kehren wir also zu diesem Ausgangspunkt zurück. Ein Eigenname hat, wie jeder weiß, im Prinzip keinerlei »Bedeutung«, sondern lediglich eine Bezeichnungsfunktion. *Hermogenes* ist eine lautliche Zusammenballung, die ein (nehmen wir an, einmaliges) Individuum, das diesen Namen »trägt«, bezeichnet oder vielmehr *dazu dient, es zu bezeichnen.* Diese Funktion wird von allen anerkannt, und Kratylos selbst beispielsweise weiß sehr gut, um wen es sich handelt, wenn man diesen Namen ausspricht. Doch ein anderer Punkt ist es jetzt zu fragen, *warum* Hermogenes *Hermogenes* heißt; anders ausgedrückt (und wir werden augenblicklich den Grund für diese Äquivalenz sehen), zu fragen, ob dieser Name der »wahre Name« des Hermogenes ist – das heißt, ob er gut gewählt (oder gut getragen) ist, ob er der Persönlichkeit dessen, der ihn trägt, angemessen ist, wie beispielsweise jene von Sokrates und von Kratylos. Dies nämlich bestreitet Kratylos in dem Fall nachdrücklich: »Wenigstens der deinige, sagt er, ist nicht Hermogenes, und wenn dich auch alle Menschen so rufen.« (383b) Er weigert sich übrigens, diesen Einspruch zu motivieren, doch Sokrates wird es für ihn tun (wie alles übrige): »Denn er meint wohl gar, du möchtest gern reich werden, aber als nicht vom Hermes abstammend, verfehltest du es immer.« (384c) Hermogenes ist arm; nun bedeutet sein Name aber, der Analyse zufolge: »von Hermes (dem Gott des Reichtums) abstammend«. In unbeholfener Übersetzung: Dieser arme Mensch heißt Herr Reich, dieser Name ist also nicht *richtig* (nun sind aber für Kratylos alle Namen richtig, also ist dies keiner). Dagegen, und um diesen ganz außergewöhnlichen Fall von Unvereinbarkeit zu verlassen, ist der Name *Astyanax* dem Sohn von Hektor angemessen, derjenige des *Dionysos* ist dem Gott des Weines angemessen, denn die Analyse offenbart ja, daß ersterer ›Stadtherr‹ bedeutet und letzterer, wie wir bereits wissen, ›Geber des Weines‹. Anders ausgedrückt: Zusätzlich zu seiner Bezeichnungsfunktion kann man für den Eigennamen eine echte Bedeutung entdecken, die das »etymologische« Verfahren offenbart, und seine Richtigkeit besteht exakt in einem Vertrag der Übereinstimmung zwischen Bezeichnung und Bedeutung (zwischen Bezeichnetem und Bedeutetem), wobei letztere erstere gewissermaßen steigert, verstärkt, bestätigt: sie, mit einem Wort, *motiviert*, indem sie ihr einen *Sinn* gibt. Ich weiß immer noch nicht, warum Hermogenes *Hermogenes* heißt, und ich werde es niemals wissen, da dieser Name ihm nicht angemessen ist, was ihn jeglichen *Motivs* beraubt – die Motivation durch Antiphrase (›Gegenbenennung‹) hat (noch) keinen Eingang ins System gefunden; aber ich weiß, warum Dionysos *Dionysos* heißt: weil dieser Name ihm angemessen ist.

Ein solcher Name ist natürlich par excellence derjenige, der als solcher *gewählt* worden ist – das heißt der *Beiname*: auf griechisch »Eponym« (*eponymon*). Daher das entscheidend wichtige Konzept – obwohl es nur ein einziges Mal im Text auftaucht und gleichsam verstohlen (und überhaupt nicht in der Übersetzung von Méridier, der unverzeihlicherweise darüber hinweggeht) – der *Eponymie des Namens* (*he tou onomatos eponymia*) (395b)[1]. Die Eponymie einer Person ist die Tatsache, daß sie einen Beinamen trägt; die *Eponymie des Namens* ist sein Wert als Beiname, der Einklang zwischen seiner Bezeichnung und seiner Bedeutung, seine indirekte Motivation. Im weiteren Sinne können wir sagen, daß die Eponymie als »Wissenschaft« (so wie man von Toponymie spricht) die Untersuchung dieses Motivationstyps ist, wenn man sich also, angesichts eines Eigennamens von dem man bereits weiß, *wen er bezeichnet*, darüber hinaus fragt, *was er bedeutet*, und den Einklang dieser beiden Funktionen registriert – oder sich vorstellt –, die Jean Bollack »deiktisch« bzw. »epideiktisch« nennt[2]; wenn man, wie die Übersetzung von Méridier diesmal hinsichtlich des Namens Zeus ganz deutlich sagt, den Namen als wahrhaftige »Definition« liest[3]. Wir haben jetzt den Begriff, der uns seit einigen Jahrhunderten fehlte, um das ungeschickte »Etymologien« zu ersetzen, und wir brauchten gar nicht sehr weit zu suchen: *Denn die »Etymologien« des Kratylos waren Eponymien, verstehen Sie.*

Bekanntlich handelt fast die ganze erste Serie tatsächlich von Eigennamen: Namen von homerischen Helden, Götternamen. Die Fortsetzung jedoch handelt von Naturphänomenen und moralisch-sittlichen Begriffen, und schon bei den Götternamen hatten sich Wörter wie *anthropos, psyche, soma* eingeschlichen. Wenn die *Frage der Eponymie* auch auf dem privilegierten (vorteilhaften) Gebiet des Eigennamens aufgekommen ist, so gewinnt sie ihren ganzen Wert und ihre ganze Bedeutung doch de facto erst, als sie sich in der Folge auf das schwierigere, aber weitere und folglich bedeutungsvollere Gebiet der »Gemein«namen verlagern oder verpflanzen kann.

Schwieriger natürlich dadurch, daß der Gemeinname in dem Augenblick, da ich die eponymische Analyse auf ihn anwende, bereits ganz offiziell mit einer Bedeutung versehen ist. *Soma* bedeutet ›der Körper‹, das weiß jeder, und wenn Sie es so verstehen, ist alles

---

1 Hinsichtlich anderer Vorkommen des Wortes siehe *Parmenides*, 131a, *Sophistes*, 225d, *Phaidon*, 238a.
2 »L'en-deçà infini«, in *Poétique* 11 (1972), S. 310.
3 »Le nom de *Zeus* est à proprement parler comme une définition.« Schleiermacher: »Nämlich ordentlich wie eine Erklärung ist der Name des Zeus«; Apelt: »Denn des Zeus Name birgt geradezu einen ganzen Satz in sich«. *Atechnos gar estin hoion logos to tou Dios onoma.* (396a)

gesagt. Ich werde es also nicht so verstehen: Ebenso wie ich den Eigennamen als Beinamen behandelt habe, werde ich diesen Gemeinnamen (und alle anderen) wie einen Eigennamen behandeln, indem ich seine Bedeutung gewissermaßen *vorübergehend außer Kraft setze*, die ich wie eine einfache Bezeichnung behandeln werde: *Soma* dient dazu, den Körper zu bezeichnen, zugegeben, andererseits jedoch: *Was bedeutet soma?* Um das zu erfahren, wende ich ein eponymisches Verfahren darauf an: beispielsweise die »Affinitätsetymologie« *soma-sema*; ich finde also, daß *soma*, das den Körper bezeichnet, ›Zeichen‹ und ›Grab‹ bedeutet; und da der Körper zugleich das Zeichen und das Grab der Seele ist, schließe ich daraus, daß dieser Name *soma* richtig und gut gefunden ist, um ihn zu bezeichnen, so wie *Dionysos*, um den Gott des Weines zu bezeichnen; oder aber (und ebensogut) wende ich ein anderes darauf an: *soma* = *sozema, und da der Körper auch der Kerker der Seele ist, ist es also ein zweifach und dreifach gut gewähltes Wort. In einer solchen Perspektive, das versteht sich von selbst, ist die »Überdetermination« der Eponymie nicht nur akzeptabel, sondern überdies willkommen: Wenn ein »Gegenstand« mehrere charakteristische Merkmale aufweist, wird sein Name um so richtiger sein, je größer die Anzahl seiner Merkmale ist, die er »bedeutet«. Es versteht sich ebenfalls von selbst, daß die (in unseren Augen) historische »Wahrheit« oder »Falschheit« der vorgeschlagenen Annäherung keineswegs seine eponymische Leistungsfähigkeit antastet: Jeder »weiß« heute, daß *aletheia* nicht in ›göttliche Bewegung‹ zu analysieren ist, sondern in ›Ent-schleierung‹ (*a-letheia*); jeder weiß aber auch, daß diese »wahre« Etymologie ebensogut *eponymisch wirken* kann wie die falsche; und daß sie dies auch getan hat; wie man ihn auch segmentiert, *aletheia* ist ein gut gebildeter Beiname.

Die eponymische Funktion der sokratischen »Etymologien« rechtfertigt (für den Augenblick) noch ein anderes Merkmal, nämlich ihren zwangsläufig *indirekten* Charakter. Die Funktion der Eponymie besteht darin, einem Namen einen Sinn zu geben, den er anscheinend nicht hat, das heißt, einen oder zwei verborgene Namen in ihm zu finden, die hypothetisch einen Sinn haben; oder, proustisch gesprochen, die in den *Wörtern* verborgenen *Namen* zu finden. Einem Zeichen mit reiner Bezeichnungsfunktion, oder das als ein solches behandelt wird, Sinn aufzuzwingen, das läuft unvermeidlich über ein anderes (seinerseits als *bedeutungsvoll* behandeltes) Zeichen, das man in dem ersten *erkennt*. Die Bezeichnung *soma* ›Körper‹ in Bedeutung umwandeln bedeutet eine Kette von Affinitäten durchlaufen: *soma-sema*-›Grab‹-›Körper‹, dank derer ich, über den notwendigen Umweg *sema* ›Grab‹, eine Affinitätsbeziehung (der Richtigkeit) aufstelle, die bis dahin zwischen *soma* und ›Körper‹ nicht zu finden war.

An diesem Punkt angelangt, stolpert der Gang der Untersuchung unvermeidlich über die Schwierigkeit, der wir bereits anläßlich der Saussureschen relativen Motivation flüchtig begegnet sind (derjenigen der Arbitrarität der Zeichen, die als Bestandteile fungieren), doch sie formuliert sich jetzt ein wenig anders. Die Verwendung der Kette *soma-sema*-›Grab‹-›Körper‹ ist natürlich ein Sophismus oder, genauer, ein Taschenspielertrick, in dem die Präsenz der beiden Affinitäten *soma-sema* und ›Grab‹-›Körper‹, das heißt zwischen den beiden Namen einerseits und den beiden »Dingen« andererseits, bewirkt, daß die Aufmerksamkeit von dem zentralen Kettenglied abgelenkt wird, das heißt von der Beziehung *sema*-›Grab‹, deren bedeutungsvoller, das heißt motivierter, Charakter, kurz, deren »Richtigkeit«, bis jetzt durch nichts erwiesen ist. Dieses Kettenglied ist eine reine Illusion, im technischen Sinne des Wortes; es ist die zentrale Leere, die die Fülle an den Rändern verschleiert; und es ist immer noch, und stets, der unüberwundene Abgrund, der die Signifikanten von den Signifikaten trennt.

Es bliebe also, ist dieser Riß erst einmal wahrgenommen, ihrerseits die Beziehung *sema*-›Grab‹ zu motivieren (zu *rechtfertigen*). Dies wäre gewiß nicht sehr schwer, und wir haben alles an der Hand, was wir dazu brauchen, da wir wissen, daß *sema* eben auch das »Zeichen« bedeutet, und nichts ist einfacher (und, in diesem Fall, »wahrer«), als das Grab als das Zeichen (*monumentum*) des Toten zu interpretieren, den es birgt, und folglich eine neue Kette *sema-soma*-›Zeichen‹-›Grab‹ zu bilden. Doch wieder haben wir ein faules Kettenglied: die Beziehung *sema*-›Zeichen‹ nämlich: die emblematische Arbitrarität des Wortes *Zeichen*. Bliebe also ihrerseits zu rechtfertigen, etc.

Man hat natürlich verstanden: Die Schwierigkeit der eponymischen Motivation ist ihre *unendliche* Leichtigkeit. Ein leichtes Verfahren, ein wenig selbstgefällig natürlich (denn was ist eigentlich ein ›Grab der Seele‹?), doch buchstäblich unbeendbar: Jedes Wort wird auf ein anderes bezogen, und so weiter, bis zu der unvermeidlichen (denn der Wortschatz ist endlich) Rückkehr zum Ausgangspunkt. Ein zirkuläres und lächerliches Verfahren, wie in den schlechten Wörterbüchern – das man, ohne allzu viel Ungerechtigkeit, durch eine letzte, apokryphe, aber erwartete, Eponymie symbolisieren könnte: die Kette *sema-soma*-›Körper‹-›Zeichen‹, die so zu lesen ist:

Das Wort *sema* ›Zeichen‹ ist richtig, weil das Zeichen (*sema*) der Körper (*soma*) des Sinns ist. Nach der Weberlade sind wir jetzt beim Spinnrad angelangt.

Platon, ich sagte es bereits, hat die Falle gesehen. Er hat auch den Ausweg gefunden: den Übergang nämlich von der indirekten Motivation zur direkten Motivation, das heißt zum Symbolismus der Laute.

Diesmal ist es Hermogenes, der den entscheidenden Einwand vorbringt. Jäh die Serie der Eponymien unterbrechend (nicht ohne ihre »Tüchtigkeit« gebührend zu würdigen), fordert er Sokrates heraus, über Wörter Rechenschaft abzulegen, die er vorher als Motivationsvermittler gebraucht hatte, wie *ion* ›das Gehende‹, *rheon* ›das Fließende‹, *doun* ›das Bindende‹ (421c). Sokrates gibt zunächst, und nur um ihn zurückzuweisen, einen billigen »Ausweg« an, der darin besteht, hier den eponymischen Lauf zu durchbrechen, indem er diese Wörter in die Nacht des barbarischen Ursprungs zurückdrängt, wo jede Eponymie unmöglich wird. Dieser Ausweg ist offengestanden nicht nur unwürdig, er ist wirkungslos, da er lediglich erlaubt, die Suche zu unterbrechen, nicht aber, das Ziel zu erreichen. Ein unrechtmäßiges Verfahren also: »Ich sage freilich, was sich hören läßt; allein unser Kampf scheint mir keine Ausrede zu gestatten, sondern wir müssen doch versuchen, die Wörter zu erklären. Laß uns nur bedenken, wenn jemand immer nach den Worten, aus welchen eine Benennung besteht, fragen will, und dann wieder nach jenen, woraus diese herstammen, forscht, und damit gar nicht aufhören will, wird dann nicht der Antwortende zuletzt notwendig verstummen? – Das dünkt mich. – Wann aber hätte er wohl ein Recht, sich loszusagen, daß er nicht weiter könne? Nicht, wenn er bei jenen Wörtern angekommen wäre, welche gleichsam die Urbestandteile der übrigen sowohl Sätze als Worte sind? Denn von diesen könnte man ja wohl billigerweise nicht mehr zeigen sollen, daß sie aus andern Wörtern zusammengesetzt sind, wenn es sich wirklich wie angenommen mit ihnen verhält. So wie wir eben das ›Gute‹ erklärt haben als zusammengesetzt aus *gültig* und *Mut*, den ›Mut‹ aber wieder von etwas anderem herleiten können, und dies wieder von etwas anderem, wenn wir aber endlich eins erhalten hätten, das nicht wieder aus irgend anderen Wörtern entsteht, dann erst mit Recht sagen könnten, daß wir nun bei einem Urbestandteil oder Stammworte wären, welches wir nicht wieder auf andere Wörter zurückführen dürften. – Du scheinst mir hierin recht zu haben. – Sind nun etwa auch die Wörter, nach denen du jetzt fragst, solche

Stammwörter, und müssen wir also ihre Richtigkeit schon auf eine andere Weise untersuchen, worin sie besteht? – Wahrscheinlich wohl. – Wahrscheinlich freilich, Hermogenes, wenigstens scheinen doch alle vorigen auf diese zurückgekommen zu sein.« (422) Und ein paar Seiten weiter: »Indes, aus welchem Grunde auch jemand die Richtigkeit der ursprünglichen Wörter nicht verstände, es müßte ihm immer gleich unmöglich sein, die der abgeleiteten zu verstehen, welche notwendig aus jenen erklärt werden müssen, von denen er nichts versteht. Sondern offenbar muß, wer hierin ein Sachverständiger zu sein behauptet, dies an den ursprünglichen Wörtern vorzüglich und am meisten zeigen können; oder er wisse, daß er bei den abgeleiteten nur leeres Geschwätz treiben wird.« (426a-b)

Der rechtmäßige Ausweg besteht also für Sokrates darin festzusetzen, daß alle vorangehenden Eponymien – und all jene, zahllosen, die sie repräsentieren – uns zu Urbestandteilen (*stoicheia*) oder Stammworten (*prota onomata*) führen, die nicht weiter zerlegbar sind und vor denen die eponymische Bewegung folglich von selbst zum Stillstand kommt. Dieses *folglich* setzt voraus, daß die betreffende Bewegung streng und ausschließlich aus Analyseverfahren besteht, und darin liegt der (vielleicht unbewußte) Sophismus, denn wir haben ja gesehen, daß dem nicht so ist und daß infolgedessen nichts daran hindert – und nichts davon befreit –, den Lauf von *rheon* oder von *doun* aus wieder aufzunehmen, wie Sokrates es von *thoon* aus zu tun ins Auge faßt – und wie er es bereits von *theoi* aus getan hat[1]. Doch diesen Einwand wird Hermogenes, fasziniert gleichsam von den feierlich verkündeten Forderungen seines Gesprächspartners (unser Kampf scheint mir keine Ausrede zu gestatten, wir müssen doch versuchen, die Wörter zu erklären, etc.: die großen Gebärden), nicht machen, und heute wäre es ein wenig spät dafür. Es ist also abgemacht, daß die »letzten« Wörter »alle« auf »erste« Wörter zurückverweisen und daß – als wäre es bis hierhin nur darum gegangen zu analysieren – diese Stammwörter sehr wohl Sprach*elemente* sind, das heißt Moneme, »jenseits« derer man nur noch »Silben und Buchstaben« finden wird. Kurz, wir werden durch das Spiel der eponymischen »Analyse« selbst unwiderstehlich (und zu unserem großen Glück) aus dem eponymischen Kreislauf hinaus- und gegen unseren Willen in eine Symbolik ganz anderer Art hineinge-

---

[1] *Theos* (»Bestandteil« von *aletheia*) wird in 397d auf *thein* ›laufen‹ zurückgeführt. Was, nebenbei bemerkt, *aletheia* eine tautologische Bedeutung gäbe: ›laufender Lauf‹. Warum nicht?

schleudert, die endlich imstande ist, eine Brücke zu schlagen zwischen Signifikaten und Signifikanten – zwischen ›Körper‹ und *soma* –, zwischen den Dingen und nicht mehr den Wörtern, was recht schwierig ist, sondern den *Lauten*. Die vielleicht unlösbare Frage nach der »Richtigkeit der Benennungen« wird plötzlich ersetzt durch die vielleicht einfachere Frage nach der Richtigkeit der *Laute*, anders ausgedrückt, der *lautlichen Mimesis*: »Lächerlich wird es freilich herauskommen, glaube ich, Hermogenes, wie durch Buchstaben und Silben nachgeahmt die Dinge kenntlich werden. Aber es muß doch so sein; denn wir haben nichts besseres als dieses, worauf wir uns wegen der Richtigkeit der ursprünglichen Wörter beziehen könnten.« (425d)

Sokrates bemüht sich, wie man sieht, sehr sorgfältig, die *Notwendigkeit* des Übergangs deutlich zu machen, als würde diese Notwendigkeit dessen Rauhheit abschwächen (was seine Wirksamkeit betrifft, so ist sie keineswegs garantiert: »[...] wir haben nichts besseres als dieses [...]«; wir werden etwas später, und auch sehr viel später, dieser Frage, der wichtigsten von allen, wiederbegegnen); er präzisiert zudem, in bezug auf die Eigenschaft der Richtigkeit, die darin besteht, »daß sie kund machte, wie und was jedes Ding ist«, daß »dies also [...] die ersten [die Stammwörter] *nicht minder* leisten [müssen] als die letzten [die abgeleiteten Wörter]« (422d, meine Hervorhebung), als könnte diese quantitative Gleichheit ihrerseits den qualitativen Unterschied der Verfahren abschwächen. Trotz dieser Vorsichtsmaßnahmen treten wir hier in eine ganz neue Problematik ein, deren Neuheit Sokrates unfreiwillig betont, indem er seiner Demonstration einen Umweg über eine nichtsprachliche (und nichtstimmliche) Form der Mimesis aufzwingt, die gestische Mimesis. »Wenn wir weder Stimme noch Zunge hätten und doch einander die Gegenstände kundmachen wollten, würden wir nicht, wie auch jetzt die Stummen tun, versuchen, sie vermittels der Hände, des Kopfes und der übrigen Teile des Leibes anzudeuten? [...] So denke ich, entstände wenigstens eine Darstellung, wenn der Leib das, was er darstellen will, nachahmte. [...] Nun wir aber mit der Stimme, dem Mund und der Zunge kundmachen wollen, wird uns nicht alsdann, was durch sie geschieht, eine Darstellung von irgend etwas sein, wenn vermittels ihrer eine Nachahmung entsteht von irgend etwas? [...] Das Wort also ist, wie es scheint, eine Nachahmung dessen, was es nachahmt, durch die Stimme [*mimema phone*], und derjenige benennt etwas, der, was er nachahmt, mit der Stimme nachahmt.« (422e-423b) Die verbale Mimesis ist also eine Art stimmliche Transposition der Mittel, die der gestischen Mimesis eigen sind; sie ist eine *stimmliche Mimik*, deren Definition, ja Beschreibung einen Umweg über die »eigentliche« Mimik erfordert, als befände das Instrument des Redens sich hier außerhalb seiner Rolle oder seines Registers, indem es eine Partitur spielt, die nicht genau die seine ist. Diese notwendige Schwierigkeit und Anpassung werden nicht ohne Konsequenzen auf Sokrates' Position am Ende dieser Debatte sein; wir werden ihnen wiederbegegnen, wenn es soweit ist.

Sie werden, vielleicht, um so schwerwiegender sein, als Sokrates sich von nun an nicht enthält, die Latte um einiges zu erhöhen, indem er eine zusätzliche Forderung aufstellt, an die »Hermogenes« selbst anscheinend keineswegs gedacht hatte. *Mimema phone*, diese bereits komplexe und paradoxe Formel (die man auch mit so etwas wie *Stimmbild* übersetzen könnte), befriedigt ihn nicht, denn sie wäre auch auf die einfache (stimmliche) Nachahmung des Geräusches anwendbar, das die Dinge machen, wie bei »denen, welche den Schafen nachblöken und den Hähnen nachkrähen und so mit den anderen Tieren« (423c). Mit dieser Nachahmung würden viele andere sich mit Wonne zufriedengeben, unter dem Namen *Onomatopoie*. Doch für Sokrates ist das Geräusch, das die Dinge machen, wie ihre Farbe nur eine oberflächliche Manifestation ihres Seins; das Ziel der Sprache muß ein höheres sein: nicht den eitlen äußeren Schein nachahmen, sondern das Wesen (*ousia*) des Gegenstandes. Andererseits würde das reine »Stimmbild«, die Nachahmung eines Lautes mit der Stimme, eher zur Tonkunst gehören als zur Sprach- oder Redekunst. Jeder Stimmlaut ist noch keineswegs Sprache; er verdient diese Bezeichnung erst, wenn er einer besonderen Spezifikation entspricht – die auf ihre Weise[1] die künftige Unterscheidung zwischen phonisch und phonematisch vorwegnimmt –: Von den Stimmlauten gehören nur diejenigen zur Sprach- oder Redekunst, die Sokrates »Buchstaben und Silben« (*grammata te kai syllabai*) tauft. Der Gebrauch des Wortes »Buchstabe« dort, wo die Schrift im Prinzip keineswegs involviert ist, darf nicht zu Mißverständnissen führen; wir werden sehen, daß Sokrates sehr wohl an die artikulierten

---

1 Doch nur auf ihre Weise, wir werden später darauf zurückkommen. Die Verwendung des Begriffs *Phonem* darf hier nicht in einem streng phonologischen Sinne, das heißt als reine Abstraktion, sondern muß gröber als Lautelement der Sprache verstanden werden; ebenso bezeichnet *Graphem*, als *Buchstabe*, ein Element der Schrift.

Laute denkt. Aber er darf uns auch nicht überraschen: Die Tatsache, daß er durch einen Buchstaben bezeichnet werden kann, ist genau (und vor allem in einem so strengen Alphabet wie dem Altgriechischen) das sicherste empirische Kriterium für die Phonematizität eines Lautes, das heißt (im Augenblick) für seine Zugehörigkeit zur Sprache[1]. Eine zweifache Forderung also, und eine zweifache Restriktion: Auf der Seite des Signifikaten ahmt die Rede nicht irgend etwas nach, sondern nur das Wesen des Gegenstandes; auf der Seite des Signifikanten ahmt sie nicht durch irgendeinen beliebigen Laut nach, sondern nur durch Phoneme. Aus der Formel *stimmliche Mimik* wird also: *das Wesen eines jeden Dinges nachahmen durch Buchstaben und Silben* (423e). Dies wird also die sokratische Definition des »ursprünglichen« oder einfachen Wortes sein, Endpunkt der onomastischen Analyse.

Nicht jedoch der semiotischen Analyse im allgemeinen, da es tatsächlich darum geht, von einer Semantik der Vokabeln zu einer Semantik der Laute der Sprache überzugehen. Es handelt sich hier also um den ersten bekannten (oder zumindest erhaltenen[2]) Versuch eines Tableaus des phonetischen Symbolismus in unserer Kulturtradition. Diesen Lautelementen (*stoicheia*) müssen ebensoviele Bedeutungselemente entsprechen, die anschließend nach dem gruppiert oder nicht gruppiert werden, was man komplexe oder elementare Gegenstände wird nennen müssen. Dies ist der Gedanke, der implizit diese ganze Passage (424-427) beherrscht und auf den vielleicht explizit dieser ein wenig rätselhafte Satz zielt: »Haben wir dann dies richtig eingeteilt [die Phoneme in »Selbstlaute«, in »die, welche weder Laut noch Ton haben«, und in »die, welche zwar keinen Laut haben, aber doch nicht ganz tonlos sind«], dann müssen wir wiederum ebenso alle zu benennenden Dinge uns vornehmen und zusehen,

---

[1] Tatsächlich zu *einer* Sprache – die hier jedoch, nach griechischer Gewohnheit, als die einzige dieses Namens würdige betrachtet wird. Aristoteles schlägt, in anderer Gestalt, das gleiche Kriterium in seiner Definition des Lautelements (*stoicheion*) vor: »Ein Buchstabe ist ein unteilbarer Laut, nicht jeder beliebige, sondern ein solcher, aus dem sich ein zusammengesetzter Laut bilden läßt. Denn auch Tiere geben unteilbare Laute von sich, von denen ich jedoch keinen als Buchstaben bezeichne.« (*Poetik*, griechisch/deutsch, übersetzt und herausgegeben von Manfred Fuhrmann, Stuttgart (Reclam) 1982 (*Reclams Universal-Bibliothek* 7828), S. 63 (1456b))

[2] Goldschmidt zufolge (S. 151) ist dieses Tableau »ganz sicher keine Erfindung Platons. Man könnte die Namen von Demokrit und Hippias nennen, die beide die isolierten Buchstaben untersucht hatten«. Doch Demokrit gilt andererseits, Proclus zufolge, als Verfechter der konventionalistischen These.

ob es auch hier so etwas gibt, worauf sich alle zurückbringen lassen wie die Buchstaben, woraus man sie selbst erkennen kann, und ob es auch unter ihnen verschiedene Arten gibt auf dieselbe Weise wie bei den Buchstaben.« (424d) Anscheinend soll es nur darum gehen, die Signifikate zu *klassifizieren*, so wie man die lautlichen Signifikanten klassifiziert hat, eine solche Klassifikation kann jedoch nicht ohne eine rudimentäre Analyse erfolgen: indem man die Merkmale herausarbeitet, die allen auf natürliche Weise von den Vokalen, den Konsonanten etc. zum Ausdruck gebrachten »Wesen« gemeinsam sind. Tatsächlich wird dieser Weg nicht wirklich beschritten[1], und das, im übrigen unvollständige, Tableau wird die skizzierte phonetische Klassifikation nicht im geringsten berücksichtigen, die also ohne semantische Funktion bleiben wird. Rufen wir das Wesentliche der von diesem Tableau vorgeschlagenen Bedeutungswerte in Erinnerung (ich folge dabei der Reihenfolge, oder dem Durcheinander, des Textes: 426c-427 d)[2]:

---

1 Im *Kratylos* selbst, versteht sich; wir werden bei Court de Gébelin einem Versuch begegnen, den Vokalen und den Konsonanten eine generische Bedeutung (Sinneseindrücke bzw. Ideen) zuzuschreiben.

2 Die wiederum konsequent eindeutschende Übersetzung Schleiermachers dieser Passage sei hier nicht unterschlagen: »SOKRATES: Zuerst nun scheint mir das R gleichsam das Organ jeder Bewegung zu sein, welche wir ja selbst auch noch nicht erklärt haben, woher sie diesen Namen führt. Aber es ist wohl offenbar, daß auch er ein Gehen bedeuten will, und er kommt von Weg her; nur daß wir kein einfaches Zeitwort ›wegen‹ mehr haben. Sich bewegen heißt aber soviel als sich auf den Weg machen, und ›Bewegung‹ also drückt das auf dem Wege sein aus; indes könnte man auch das ›Gehen‹ dazunehmen und *Weggehung* sagen oder *Weggang*. Das ›Stehen‹ aber will nur ein *Stillen des Gehens* ausdrücken, der Verschönerung wegen aber ist es ›Stehen‹ genannt worden. Der Buchstabe R also, wie ich sage, schien dem, welcher die Benennungen festsetzte, ein schönes Organ für die Bewegung, indem er sie durch seine Rührigkeit selbst abbildet; daher bedient er sich desselben hierzu auch gar häufig. Zuerst schon in ›Strömen‹ und ›Strom‹ stellt er durch diesen Buchstaben die Bewegung dar; ebenso in ›Trotz‹ und in ›rauh‹, und in allen solchen Zeitwörtern wie ›rasseln‹, ›reiben‹, ›reißen‹, ›zertrümmern‹, ›krümeln‹, ›drehen‹, alle diese bildet er größtenteils ab durch das R. Denn er sah, daß die Zunge hierbei am wenigsten still bleibt, sondern vorzüglich erschüttert wird, und daher gewiß hat er sich dessen hierzu bedient. Das G hingegen zu allem Dünnen und Zarten, was am leichtesten durch alles hindurchgeht; daher stellt er das ›Gehen‹ und das ›Gießen‹ durch das G dar. Wie im Gegenteil durch W, S, Sch und Z, weil die Buchstaben sausend sind, stellt er alles dergleichen dar und benennt es damit, wie ›schaudern‹, ›sieden‹, ›zischen‹, ›schwingen‹, ›schweben‹; auch wenn er das Schwellende nachahmt, scheint der Wortbildner meistenteils dergleichen Buchstaben anzuwenden. Dagegen scheint er das Zusammendrücken und Anstemmen der Zunge bei d und t und der Lippen bei b und p für eine nützliche Eigenschaft zu halten zur Nachah-

- *r*: Bewegung; Beispiele: *rhein* ›fließen‹, *rhoe* ›laufend‹ etc. »[...] alles dies gibt er [der Namengeber] meist bildlich wieder durch das ρ. Denn er bemerkte, glaub' ich, daß die Zunge dabei fast gar nicht zum Stillstand kommt, sondern in stärkster Schwingung ist«.
- *i*: das, was »am besten durch alles hindurchdringen« kann. Beispiele: *ienai* ›gehen‹, *hiestai* ›eilen‹.
- *ph*, *ps*, *s*, *z*: Aspiration, Hauch, unruhige Bewegung. Beispiele: *psychron* ›das Frostige‹, *seiesthai* ›wanken‹. All diese Phoneme enthalten in der Tat einen »Hauch«.
- *d*, *t*: Binden *(desmos)*, Stillstehen *(stasis)*; diese Artikulationen geschehen durch das »Pressen und Andrücken der Zunge«.
- *l*: glatt *(leion)*, gleiten *(olisthanein)*, fettig *(liparon)*, leimartig *(kollodes)*: »bei dem l (gleitet) die Zunge am meisten«.
- *gl*: schlüpfrig *(glischron)*, süß *(glyky)*, klebrig *(gloiodes)*: das Gleiten der Zunge beim *l* wird durch die Wirkung des *g* angehalten.
- *n*: Innerlichkeit: *endon* ›drinnen‹, *entos* ›innerhalb‹: der »innere« Charakter der Artikulation des *n*.
- *a* und *e*: lange Vokale: Größe: *mega* ›groß‹, *mekos* ›Länge‹.
- *o*: Rundheit. Beispiel: *goggylon* ›rund‹.

Dieses Tableau gibt zu mindestens drei Bemerkungen Anlaß: Zunächst handelt es sich hier, trotz des ständigen Gebrauchs des Wortes *gramma*, überall ausschließlich um Phoneme, mit Ausnahme viel-

---

mung des Bindenden, Dauernden, so wie bei ›Pech‹ und ›Teer‹. Ebenso hat er bemerkt, daß bei dem l die Zunge am behendesten schlüpft, und hat sich dieser Ähnlichkeit bedient, um das Lose, Lockere und Schlüpfrige selbst und das Leckere und Leimige und viel anderes dergleichen zu benennen. Wo nun aber der entschlüpfenden Zunge die Kraft des G oder K zu Hilfe kommt, dadurch bezeichnet er das Glatte, Gleitende, Gelinde, Klebrige. Von dem N bemerkte er, daß es die Stimme ganz nach innen zurückhält, und benannte daher damit das Innere und Innige, um durch den Buchstaben die Sache abzubilden. Das A widmete er dem Ganzen, Langen, das E dem Gedehnten, Ebenen, weil die Buchstaben groß und vollständig tönen. Für das Runde brauchte er das U als Zeichen und drängte daher in den Namen des Kugelrunden besonders soviel davon zusammen als möglich. Und so scheint auch im übrigen der Wortbildner sowohl durch Buchstaben als Silben jeglichem Dinge seine eigene Bezeichnung und Benennung angewiesen und hieraus dann das übrige ebenfalls nachahmend zusammengesetzt zu haben. Dieses nun, o Hermogenes, scheint mir die Richtigkeit der Benennungen sein zu wollen, wenn nicht unser Kratylos etwas anderes meint.« (S. 167/68) Zum Vergleich sei auf die Übersetzung Apelts (a. a. O., S. 107-109) verwiesen, die sich im Unterschied zu Schleiermacher eng an die griechischen Beispiele hält und aus der wir oben im Tableau, das Genette aus dieser Passage filtert, zitieren. (Anm. d. Ü.)

leicht des *o*, dessen Semantismus der Rundheit wohl zumindest bestätigt, wenn nicht gar bestimmt wird durch die Form des Graphems: die Öffnung des Mundes ist in der Tat ebenso »rund« bei der Aussprache des *ü* oder des *u*. Weiterhin sind die angekündigten »Zusammenmischungen« von Phonemen hier lediglich durch die Gruppe *gl* als Zeugen vertreten. Schließlich und vor allem läuft die Rechtfertigung der vorgeschlagenen Bedeutungswerte über zwei ganz und gar unterschiedliche Gleise, die allerdings ständig im Text vermischt werden. Das eine besteht darin, die Anwesenheit des betrachteten Phonems in Wörtern zu zeigen, deren anerkannte Bedeutung den Bedeutungswert, den Sokrates diesem Phonem zuweist, zuläßt (Beispiel: die Anwesenheit von *t* in *stasis*); das andere besteht darin, die gewissermaßen physische Anwesenheit dieses Bedeutungswertes in der akustischen Wirkung und/oder in der artikulatorischen Hervorbringung dieses Phonems zu zeigen (Beispiel: der Bedeutungswert des Stillstands der dentalen Artikulation). Man könnte ersteres als einen indirekten Beweis ansehen und letzteres als einen direkten Beweis, wäre es nicht so, daß keines der beiden wirklich beweiskräftig ist: Letzteres ist eine Art physische *Erklärung*, aber jedermann weiß, daß man sehr gut erklären kann, was nicht ist, wie den Goldzahn Fontanelles; ersteres ist eine einfache statistische Annahme, deren Beweiskraft in der Zahl und, genauer, in der numerischen Überlegenheit der günstigen Fälle über die ungünstigen liegt. Die jeweilige Rolle dieser beiden Argumente in der sokratischen Beweisführung ist näherer Betrachtung wert: Alle Interpretationen, mit Ausnahme des *i* und des *o* (wo sie implizit ist), stützen sich auf eine physische Rechtfertigung meist artikulatorischer Art; die statistische Beweisführung dagegen ist auf ein paar günstige Beispiele reduziert – ohne den Schatten einer Entschuldigung, wie die Kommentatoren nicht versäumt haben hervorzuheben, wegen der Abwesenheit des *r* (Phonem der Bewegung) in dem Wort *kinesis* ›Bewegung‹, ein Gegenbeispiel, wenn es denn eines ist. Die grundsätzliche Ablehnung jeder statistischen Untersuchung wird im übrigen in anderem Zusammenhang und mit Worten, die man vielleicht als »ideologisch« bezeichnen möchte, im weiteren Verlauf der Unterhaltung mit Kratylos formuliert: »Wollen wir die Wörter zählen, wie die Steinchen beim Stimmensammeln, und soll sich dadurch die Richtigkeit anzeigen? Welches von beiden die meisten Wörter anzudeuten scheinen, das soll das Wahre sein? – Nein, das wohl nicht. – Ganz gewiß nicht, Lieber.« (437d) Tatsächlich bekommt dieses Ungleichgewicht zwischen den beiden Argumentationsweisen, so scheint es, eine entscheidende Bedeutung, wie wir sofort sehen werden, die nichts weniger als des Sokrates – Platons? – eigene Position in der Debatte zwischen Kratylos und Hermogenes ist.

Ich habe bereits daran erinnert, daß die unter den modernen Kommentatoren des *Kratylos* am weitesten verbreitete Meinung die ist, daß der zweite Dialog (in dem Sokrates sich von einem etwas zu leicht mundtot gemachten Hermogenes ab- und seinem Antagonisten zuwendet) schlicht und ergreifend ein Abschwören sei: Sokrates (und mit ihm Platon) werde hier der kratylischen These untreu, die er bis jetzt unterstützt hatte – eine Aufgabe, die de facto lediglich mit einer Art grundsätzlichem Bedauern verbunden ist: »Es bleibt also nur ein Bedauern zurück, diese so vielversprechende Theorie aufgeben zu müssen.«[1] »Denn mir ist es auch gar recht«, sagt Sokrates in der Tat, »daß nach Möglichkeit die Namen den Dingen ähnlich sein sollen; allein wenn nur nicht in der Tat, wie Hermogenes vorher sagte, diese anziehende Kraft der Ähnlichkeit gar zu dürftig ist und es notwendig wird, jenes Gemeinere, die Verabredung, mit zu Hilfe zu nehmen bei der Richtigkeit der Worte. Denn auf das bestmögliche werden sie wohl gebildet sein, wenn jedes ganz oder größtenteils aus ähnlichen Buchstaben besteht, denn das sind doch die gehörigen, und aufs schlechteste, wenn das Gegenteil eintritt.« (435c)[2] Und man muß bereits festhalten, daß eine derartige Nostalgie, das heißt eine derartige *Vorliebe* – und würde sie auch enttäuscht – für die mimetische Motivation es verbietet, die »endgültige« Position des Sokrates mit der des Hermogenes gleichzusetzen, der sich vollkommen mit der, in seinen Augen keineswegs »gemeinen«, Verabredung zufriedengibt – weniger gemein, alles in allem, als eine banale Ähnlichkeit; und da Hermogenes auch für uns der *eponymische* Held einer Tradition ist, die bis zu Saussure führt, lohnt es sich, hier daran zu erinnern (vorwegzunehmen), wie, auf nicht weniger energische Wei-

---

[1] Goldschmidt, S. 168.

[2] Cf. 434a: »KRATYLOS: Bei weitem und ohne Frage ist es vorzuziehen, Sokrates, durch ein Ähnliches darzustellen, was jemand darstellen will, als durch das erste beste. – SOKRATES: Wohl gesprochen.« Und, im *Theaitetos*, 206d, die folgende sehr kratylische Definition der *Erklärung* (wiederum in der Übersetzung Schleiermachers): »[...] daß man überhaupt seine Gedanken durch die Stimme vermittels der Haupt- und Zeitwörter deutlich macht, indem man seine Vorstellung, wie im Spiegel oder im Wasser, so in dieser Ausströmung des Mundes ausdrückt.« (Platon, *Sämtliche Werke* 4, Hamburg (Rowohlt Taschenbuch Verlag) 1958, S. 176)

se, der *Cours de linguistique générale* die Gegenposition zum Ausdruck bringt: »[...] völlig beliebige Zeichen [verwirklichen] besser als andere das Ideal des semiologischen Verfahrens [...].«[1]

Soviel zum unbestreitbaren Bedauern. Was jedoch die »Aufgabe« selbst betrifft, so müssen wir ein wenig genauer hinsehen. Des Sokrates Argumente gegen die kratylische These bestehen in einem grundsätzlichen Einwand und zwei faktischen Einwänden. Der grundsätzliche Einwand ist gewissermaßen hyperbolisch und taugt nur gegen einen seinerseits hyperbolischen Kratylismus, der die absolute Ähnlichkeit des Wortes mit dem Ding behauptet; es ist dies die wohlbekannte Tirade (432) gegen das vollkommene Bild, das ein echtes Duplikat seines Modells wäre, und folglich gegen die vollkommene Mimologie, die aus der Sprache ein Duplikat der Wirklichkeit machte, wobei man »von keinem von beiden mehr [würde] angeben können, welches das Ding selbst wäre und welches das Wort« (432d). Es versteht sich von selbst, denke ich, daß ein solches Argument, wenn es Kratylos aus dem Sattel werfen kann, nichts taugt gegen die sokratische Definition des Namens als »Nachahmung des Wesens des Dinges vermittels Buchstaben und Silben«, eine Definition, die, wie wir gesehen haben, jegliche Unterwerfung unter den äußeren Schein ausschloß; die Nachahmung des Wesens behauptet also nicht, eine »vollkommene« Nachahmung zu sein, sie wird folglich auch nicht von diesem typisch »philosophischen« Argument verabschiedet.[2] Der erste faktische Einwand ist die Untersuchung des Wortes *sklerotes* ›Härte‹, ein Beispiel für eine unter dem Gesichtspunkt der phonischen Bedeutungswerte schlecht gebildete Vokabel, da sie ein *l* enthält, das Ausdrucksträger der Weichheit ist (434c)[3], so daß Kratylos zugeben muß, daß er die Bedeutung nur »aufgrund der Gewohnheit« (*dia to ethos*) anerkennt – das heißt, wie Sokrates sofort hinzufügt, aufgrund Verabredung. Der zweite ist

---

1 *Cours*, S. 101/*Grundfragen*, S. 80.
2 Die sokratische Definition wird dagegen, gerade durch ihre Rigorosität, verwundbarer sein als eine andere durch das konventionalistische Argument der Pluralität der Sprachen (*hippos/equus/cheval*...), das die sensualistischen Mimologen des klassischen Zeitalters zurückweisen werden, indem sie sich auf die Aspektvielfalt der benannten Dinge berufen und folglich die Pluralität der Sprachen auf eine einfache Parasynonymie reduzieren; was unmöglich ist, wenn man, wie Sokrates, das Signifikat mit einem notwendig einmaligen *Wesen* gleichsetzt.
3 Eine analoge Kritik würde natürlich für (gegen) die Abwesenheit von *r* in *kinesis* gelten.

eine Serie von Wörtern, die diesmal unter dem Gesichtspunkt der
»etymologischen« Analyse schlecht gebildet sind, vor allem dann,
wenn man sich, wie Kratylos, der mobilistischen Axiologie Heraklits
anschließt: so etwa *episteme* ›Kenntnis‹, die die Seele stillstehen läßt
(*histei*), oder *amathia* ›Unwissenheit‹, die im Gegenteil »Gott in
seiner Bewegung begleitet« (*hama theo iontos*) (437). In dieser Passage liegt im übrigen mehr Ironie als eine wirkliche Kontroverse, die
nicht zugleich als Polemik gegen Heraklit und als Argument gegen
Kratylos funktionieren kann, da die betreffenden Vokabeln nur
»falsch« sein können, falls Heraklit recht hätte, wenn er die Bewegung valorisiert; für einen Schüler des Parmenides wären diese Vokabeln untadelige Eponyme; es geht also vor allem darum, Kratylos
in Bedrängnis zu bringen, indem seine Sprachtheorie in Widerspruch
gebracht wird zu den philosophischen Werten. Bleibt noch, daß diese
angefochtenen Vokabeln, wie zu Beginn des Dialogs des Hermogenes eigener so emblematisch der Eponymie sich widersetzender
Name, *in fine* die indirekte Motivation in Mißkredit bringen, ganz
so wie *sklerotes* (und implizit *kinesis*) die direkte Motivation diskreditiert.

Die Position des Sokrates ist sehr klar in dieser ganzen Diskussion: Sie besteht darin zu zeigen, daß die Wörter – bestimmte Wörter
zumindest – schlecht gewählt oder schlecht gebildet sein *können*.
Halten wir zunächst fest, daß dieser Anteil an Nichtentsprechung
hier niemals, wie es später so oft der Fall sein wird, irgendeiner
historischen Abnutzung oder Entartung der Sprache zugeschrieben
wird. Die Mißbildung ist im Gegenteil für Sokrates auf typische
Weise ursprünglich und *von Anfang an angelegt* und wird unmißverständlich auf einen *Ur*irrtum des Onomaturgen zurückgeführt:
»Denn wenn der Wortbildner, nachdem er sich *zuerst* geirrt, *hernach*
alles andere nach *diesem ersten* eingerichtet und genötigt hat, damit
übereinzustimmen: so ist es wohl kein Wunder, wie auch bei Figuren
bisweilen der *erste* nur ein kleiner und unmerklicher Fehler ist, wenn
alles übrige gar viele, was aus dem ersten *folgt*, unter sich übereinstimmt.« (436d, meine Hervorhebung) Diese Präzisierung ist nicht
unwichtig, denn sie weist von vornherein eine ganze Mythologie
bezüglich eines Goldenen Zeitalters der Sprache und einer vollkommenen Ursprache, die in der Folge von der Geschichte verraten
worden wäre, zurück: Für Sokrates hat es die vollkommene Sprache
niemals gegeben, die schlecht gebildeten Wörter sind wirklich
schlecht gebildet und nicht mit der Zeit entstellt worden. Der Onomaturg hat sich wohl von Anfang an *geirrt*.

Eine in gewisser Weise rigorosere, strengere Haltung als die meisten der Theorien, aus denen sich die Fortsetzung der kratylischen Tradition speisen wird. Doch diese relative Strenge darf uns nicht täuschen, was die Position des Sokrates hinsichtlich des Kerns der Frage betrifft. Diese Position finde ich leicht ganz und gar in der Verwendung des Ausdrucks »sich irren« (*sphallomai*) selbst enthalten oder angezeigt. Der Onomaturg hat sich wohl geirrt: Doch was bedeutet hier *sich irren* oder vielmehr *sich wohl irren*, wenn nicht, daß man sich auch nicht hätte irren können und daß es folglich eine Art *Wahrheit* der Sprache gibt, in bezug auf die sich der Irrtum des Nomotheten definiert (und, anfänglich, sich *vollzieht*)? Der *Irrtum* des Nomotheten – in gewisser Weise wissen wir das bereits – ist die für Hermogenes ebenso wie für Kratylos unannehmbare Hypothese. Für Hermogenes sind alle Namen richtig, weil eine Übereinkunft immer richtig ist, selbst wenn man sie früher oder später für ein Ja oder einen... Namen modifiziert. Für Kratylos sind alle Namen richtig, weil die Sprache die Dinge nachahmen *kann* und weil der Onomaturg in seiner übermenschlichen (göttlichen?) Unfehlbarkeit *sich nicht hat* irren *können*; die Namen, die nicht richtig sind (wie der des Hermogenes), sind ganz einfach keine Namen (429b). Hermogenes und Kratylos glauben also beide, in ganz unterschiedlicher Hinsicht allerdings, an die »Richtigkeit der Benennungen«. Sokrates seinerseits glaubt nicht daran, und in dieser Hinsicht gibt er ganz einfach keinem der beiden Gegner recht, mit dieser philosophischen Konsequenz für letzteren, daß man folglich nicht von den Namen ausgehen darf, um die Dinge kennenzulernen, sondern von den Dingen selbst ausgehen muß (439b). Doch wir müssen genauer sein. Sokrates *zieht*, wie wir gesehen haben, ebenso wie Kratylos die mimetische Motivation der Übereinkunft *vor*; und wiederum wie Kratylos glaubt er an die *Möglichkeit* einer Richtigkeit der Benennungen, das heißt, an die *mimetische Fähigkeit der Elemente* der Sprache; das zeigt ganz eindeutig die Passsage über die Ausdruckswerte der Phoneme. Im Gegensatz jedoch zu Kratylos – und hinsichtlich dieses Punktes, und nur dieses Punktes, setzt er sich, was den Gegenstand der Debatte betrifft, von ihm ab – glaubt er nicht an die Unfehlbarkeit des Onomaturgen oder glaubt, wenn man lieber will, nicht, daß die lautliche Expressivität unvermeidlich bei der Bildung des Wortschatzes, das heißt (für ihn) der Sprache, den Vorsitz führt. Daher seine starke Zurückhaltung hinsichtlich des statistischen Beweises: Der bestehende Wortschatz ist den semantischen Leistungsvermögen der ihn bildenden Laute häufig untreu; *r* zeigt die Bewegung an und *l* die Weichheit, doch *kinesis* enthält eben kein *r* und *sklerotes* enthält ein *l*: der Onomaturg hat sich geirrt. Doch noch einmal, dieser Irrtum setzt, sie verratend, eine *Wahrheit der Laute* voraus, welche die Sprache *verrät* – in des Wortes doppelter Bedeutung: weil sie sie offenbart und weil sie sie aufgibt.

Der »Antikratylismus« des Sokrates ist also kein Hermogenismus, zunächst weil er die *Werte* des Kratylismus teilt, und dann weil er meint, daß die Materialien der Sprache genug enthalten, um sie zu befriedigen. Sokrates ist also in dieser doppelten Hinsicht ein enttäuschter und, wie man weiß, *unzufriedener* Kratylist. Sein Streit um *sklerotes* kündigt auf frappierende Weise denjenigen Mallarmés um die »perversen« Paare *jour/nuit*, *ombre/ténèbres* an, die unfähig seien, ihre jeweiligen Gegenstände »durch Anklänge« zum Ausdruck zu bringen, »farbliche oder was die Gebärden angeht, die im Instrument der Stimme, unter den Sprachen und manchmal in einer vorhanden sind.« *Die vorhanden sind...* hier haben wir den kratylischen Kern dieses Antikratylismus, der sich mit der Sprache anlegt, wie sie ist, nicht jedoch, wie sie sein könnte; oder der vielmehr von der Sprache, wie sie ist, an die Sprache *appelliert*, wie sie sein könnte und infolgedessen sein *müßte*.

Ich schlage vor, diese Haltung *sekundären Kratylismus* (oder *Mimologismus*) zu nennen, wegen des fast unwiderstehlichen Verlangens, auf die eine oder andere Weise diesen Irrtum des Nomotheten zu *korrigieren*, den Mallarmé den »Mangel der Sprachen« nennt –, und folglich in der Sprache durch irgendeinen Kunstgriff den Naturzustand herzustellen oder wiederherzustellen, den der »primäre« Kratylismus, derjenige des Kratylos, naiv immer noch oder schon in ihr herrschen sieht. Sokrates seinerseits ignoriert recht verächtlich diese Versuchung, so wie er die Fata Morgana der Ursprünge, den Mythos des verlorenen sprachlichen Paradieses ignoriert hat; oder, genauer, er vermeidet sie, nicht ohne sie zu erkennen (so wie Odysseus diejenige der Sirenen) und sie sozusagen um ein paar Jahrhunderte zu früh zu *programmieren*, wie fast alles übrige: indem er es, wie es sich gehört, Kratylos überläßt, *lectio facilior*, diese naive und zu glückliche Verbesserung vorzuschlagen: *skrerotes*. Er, Sokrates, »schlägt« nichts »vor«, um »sich aus der Affäre zu ziehen«, wofür er sicher seine Gründe hat, deren stärkster vielleicht ist, daß es alles in allem besser sei, »dabei zu bleiben« – unzufrieden zu bleiben¹. Er zieht es, um zum Ende zu kommen, vor, Kratylos eine gute Reise zu wünschen in Begleitung (oder vielleicht *eskortiert*) von Hermogenes: *propempsei de se kai Hermogenes hode.* Eine lange Reise beginnt, gewürzt mit hübschen Disputen, immer neuen, immer denselben. Eine lange Reise: sie dauert immer noch an, oder beinahe. Sokrates wird nicht dabei sein: er kennt den Weg, als sei er ihn bereits »gegangen« – in beide Richtungen. Nicht auf der Reise dabei also; anwesend jedoch, und aus gutem Grund, bei jeder Etappe, wie wir werden feststellen können, wenn wir einige von ihnen (wieder)besuchen.

---

1 »Wenn jede Sprache unvollkommen ist«, wird Voltaire aus einer vielleicht analogen Haltung heraus sagen, »so folgt daraus nicht, daß man sie ändern muß.« (*Mélanges*, Art. »Langues«).

De ratione verborum

Freiwillig oder unfreiwillig hatte der *Kratylos* also einen Hiat offenbart, ja eine Scheidung ausgesprochen zwischen der indirekten (»etymologischen«) Motivation der abgeleiteten Wörter und der direkten (mimetischen) Motivation der *prota onomata*, oder tatsächlich eher den Lautelementen allein. Diese beiden Aspekte des ursprünglichen Kratylismus scheinen von nun an dazu verurteilt, getrennt zu funktionieren, auch bei ein und demselben Autor und in ein und demselben Text, und die Schwierigkeit, ja die Unmöglichkeit ihrer Verbindung wird eine Crux der Doktrin sein.

Dies ist beispielsweise bei den lateinischen Grammatikern unterschiedlicher philosophischer Richtung (der pythagoräischen, der stoischen[1], bisweilen der epikuräischen[2]) recht deutlich, die sich alle indirekt der von Platon eröffneten oder autorisierten Tradition anschließen, wie Nigidius Figulus oder Aelius Stilo: auf der einen Seite Spekulationen über die Expressivität der elementaren Laute, auf der anderen eine Art etymologische Hermeneutik (deren Praxis, aufgegriffen von der christlichen Exegese, sich während des Mittelalters bei Isidor von Sevilla und sehr vielen anderen zu demonstrativen Zwecken halten wird: *homo* = *humus*, *malum* ›Apfel‹ = *malum* ›Übel‹ etc.[3]). Die Lautästhetik verbreitet sich nach Platon bis hin zu Dionysios von Halikarnassos, für den das *l* dem Ohr schmeichelt, das *r* es reizt, das *s* ganz und gar unangenehm ist und die Nasale *m* und *n* schmetternd sind[4]. Varro spricht von rauhen (*trux, crux, trans*),

---

1 Hinsichtlich der hermeneutischen Etymologien der Stoiker, die vor allem Götternamen betreffen, siehe Jean Pépin, »L'allégorisme stoïcien«, in seinem Buch *Mythe et Allégorie – Les Origines grecques et les contestations judéo-chrétiennes*, Paris (Aubier) 1958, S. 125-131.

2 Erinnern wir daran, daß, wenn Demokrit als einer der Verfechter der konventionalistischen These galt, Epikur in seinem *Brief an Herodot* und Lukrez im Buch V von *De natura rerum* im Gegenteil die naturalistische These verteidigten.

3 Siehe Paul Zumthor, »Étymologies«, in seinem Buch *Langue, Texte, Énigme*, Paris (Seuil) 1975, S. 144-158. Die etymologische Spekulation scheint das ganze Mittelalter hindurch der aktivste Teil des kratylischen Erbes gewesen zu sein.

4 *Peri syntheseos onomaton* (Ende des 1. Jahrhunderts v. Chr.), Kap. XIV.

glatten (*lana, luna*), verkrüppelten *(hic, hoc)*, ausgebreiteten *(facilitas)*, harten (*ignotus*) oder weichen *(aedes)* Klanglichkeiten und bringt mit diesen wahrnehmbaren Qualitäten sofort die Bedeutung der als Beispiele (gut) gewählten Wörter zusammen: *luna* ist ein Gestirn, das gleitet, *lana* ist ein Stoff, den man über sich gleiten läßt, *trux* bedeutet grausam, *crux* Kreuz, Marterholz, *trans* drückt eine Anstrengung des Durchquerens aus, *facilitas* breitet sich mit Leichtigkeit aus, *ignotus* evoziert die stumpfe Ignoranz, *aedes* »die Weichheit und die Ruhe des Zuhauses«[1], die Demonstrativa *hic* und *hoc* haben die Kürze der Geste; und *flumen* drückt sehr schön die Flüssigkeit des Flusses aus, und *stillicidium* ahmt den perlenden Gesang der Dachrinne nach. Auf noch subtilere Weise illustrierte sie Nigidius, der Aulus-Gellius zufolge in seinen *Commentarii grammatici* die *physei*-These vertrat, unter anderem (*in eam rem multa argumenta dicit cur videri possint verba esse naturalia magis quam arbitraria*) durch diese symbolische Interpretation der Personalpronomina, die berühmt geworden ist: »Wenn wir *vos* sagen, machen wir eine Bewegung mit dem Mund, die dem Sinn dieses Wortes entspricht, denn wir schieben sanft die Spitze der Lippen nach vorn und lenken unseren Atem denen entgegen, an die wir uns richten. *Nos* dagegen wird ausgesprochen, ohne daß wir den Atem ausstoßen und die Lippen vorschieben, indem wir sie vielmehr sozusagen nach innen zurückziehen. Das gleiche gilt für *tu* in Opposition zu *ego*, *tibi* in Opposition zu *mihi*. Ganz so, wie wir beim Bejahen oder Verneinen eine Bewegung mit dem Kopf machen, die mit dem übereinstimmt, was wir sagen wollen, enthält die Aussprache solcher Wörter eine Art natürliche Gebärde des Mundes und des Atems.«[2] Derselbe Aulus-Gellius zitiert andererseits von demselben Nigidius einige Etymologien sokratischen Typs wie *locuples* ›reich‹ = *qui tenet pleraque loca* ›der eine große Anzahl von Ländereien besitzt‹, *avarus* = *avidus aeris* ›geldgierig‹ oder *frater* = *fere alter* ›fast ein anderer als man selbst‹.[3] Für Aelius Stilo ist *vulpes* ›der Fuchs‹ *volipes* ›der mit seinen Füßen fliegt‹, und *caelum* ›der Himmel, den jeder sieht‹

---

1 Jean Collart, *Varron, grammairien latin*, Paris (Les Belles Lettres) 1954, S. 285. Sämtliche hier zitierten Beispiele von Varro sind diesem Buch entnommen.
2 *Noct. Att.*, X, 4.
3 Ibid., X, 5 u. XIII, 10. Aulus Gellius bringt diese letzte Etymologie mit derjenigen in Zusammenhang, die von dem Rechtsgelehrten Antistius Labeo vorgeschlagen wird: *soror* von *seorsum* ›draußen‹, weil es einem Mädchen nicht bestimmt ist, in der Familie zu leben, in der es geboren wurde.

kommt, durch Antiphrase, von *celare* ›verbergen‹, *lucus* ›dunkler Wald‹ von *lucere* ›leuchten‹ und *miles* ›Soldat‹ von *mollitia* ›Weichheit‹.[1] Halten wir schließlich von den zahlreichen Beispielen, die Collart von Varro zitiert, die folgenden fest: *templum* von *tueri* ›betrachten‹, *hiems* ›Winter‹ von *hiatus* ›Öffnung des Mundes‹ (weil im Winter der Atem sichtbar ist), *canis* ›Hund‹ von *canere* ›singen‹, *fons* ›Quelle‹ von *fundere* ›verbreiten‹, *hordeum* ›Gerste‹ von *horridum* ›struppig‹, *armenta* ›Viehbestand‹ von *arare* ›pflügen‹, *pratum* ›Wiese‹ von *paratum* ›bereit‹ (weil es nicht nötig ist, sie zu bestellen) oder *rus* ›Land‹ von *rursum* ›von neuem‹ (wegen der ewigen Wiederkehr der Jahreszeiten). Die Beziehung zwischen der Ausdruckstheorie der *primigenia verba* wie *crux* und der Etymologie durch semantische Annäherung, angewendet auf diese *derivata verba*, bleibt unformuliert und zumindest problematisch.

Dies gilt nicht mehr für einen Text, der dennoch ganz offensichtlich unter anderem von Varro inspiriert ist und der sich als ein einfaches Exposé der stoischen Lehre zu dieser Frage präsentiert, nämlich das sechste Kapitel »De origine verbi« der *Prinzipien der Dialektik*, die dem Augustinus zugeschrieben werden.[2] Der Begriff *origo verbi* oder *verborum* ›Ursprung des Wortes‹ oder ›der Wörter‹ selbst erhält hier eine ziemlich weite Auslegung, um zugleich die *primigenia* und die *derivata* zu erfassen. Vorgeschlagen wird er gleichwohl nicht ohne Vorbehalte hinsichtlich seiner Nützlichkeit (eine »allzu seltsame und kaum notwendige« Untersuchung, »von gewiß unendlicher Fortsetzbarkeit«) und seiner Objektivität: »wie die Interpretation der Träume behandelt jeder ihn nach seiner Vorstellung« (der Vergleich ist gar nicht so banal und vielleicht durchaus triftig: jedes Wort, wird Valéry sagen, ist gleichsam eine Art »kurzer

---

[1] GRF, 59ff., cf. Quintilian, I, 6, 33-34.
[2] *Opera omnia*, Ausgabe Migné, 1984, I, Appendix, S. 1411-1413. Es kann hier natürlich nicht darum gehen, die Frage dieser – gleichwohl immer weniger – umstrittenen Zuschreibung zu entscheiden. Noch diejenige der Beziehung zwischen der Sprachtheorie dieses Kapitels und der augustinischen Semiotik insgesamt, die im allgemeinen eher konventionalistisch inspiriert ist. Und schließlich auch nicht diejenige, wie treu sein Autor den stoischen Lehren gegenüber ist, die er wiederzugeben behauptet und hinsichtlich derer er heute unsere einzige Informationsquelle ist, mit einem, im übrigen übereinstimmenden, Satz von Origenes: »Den Stoikern zufolge ahmen die Urlaute, von denen sie die Namen und die Elemente der Etymologie ableiten, die Dinge nach.« (*Contra Celsus*, I, 18). Dieser Text wird hier als reines und sozusagen absolutes Dokument genommen – nicht mehr und nicht weniger als der *Kratylos* selbst.

Traum«, und der Motivationsversuch gleicht vielleicht auf die gleiche Weise die Arbitrarität des Zeichens und die Launen des Traums aus); zum Beweis, und durch ein eher ausgekochtes Spiel mit seinem eigenen Titel – indem *origo verbi* für einen Augenblick im Sinne von ›Ursprung des Wortes *verbum*‹ genommen wird –, enthüllt der Autor ein paar unstimmige Etymologien wie *verberare aurem* ›das Ohr schmerzhaft treffen‹, *verberare aerem* ›die Luft schlagen‹, *verum* ›die Wahrheit‹ oder, ausführlicher, *verum boare* ›die Wahrheit ertönen lassen‹. Erinnern wir uns, daß Sokrates im Gegenteil keinerlei Nachteil darin sah, mehrere Glossen für dasselbe Wort vorzuschlagen; die kritische Haltung von *De dialectica* diesen konkurrierenden Analysen gegenüber offenbart also ein geschärfteres Bewußtsein für die Etymologie als wirklicher Abstammung.

Nachdem er sich so gegen die Schwierigkeiten und die Schwächen einer solchen Untersuchung gewappnet hat, oder vor ihnen in Deckung gegangen ist, übernimmt der Autor es dennoch, eine Theorie darzustellen, in bezug auf die wir kaum messen können, wie groß sein eigener Beitrag zu ihr ist, von der er sich jedoch, wie wir sehen werden, keineswegs prinzipiell und im Kern zu distanzieren scheint. Tatsächlich hat es den Anschein, als decke sich diese Theorie mit der seinen oder könne an ihre Stelle treten, wobei der Grundtenor in etwa so lautet: Wenn ihr wissen wollt, was es mit dem Ursprung der Wörter auf sich hat, so werde ich euch berichten, was die Stoiker darüber sagen.[1]

Einleitend antwortet Augustinus selbst auf einen seiner eigenen Einwände gegen die etymologische Analyse – denselben, den uns die Lektüre des ersten Schritts des *Kratylos* aufdrängte: die unendliche Rekursivität der »Fortsetzbarkeit«: »Wenn ihr als unendlich die Arbeit anseht, unablässig die Wörter wiederaufzunehmen, derer ihr euch bedient habt, um die anderen zu erklären, indem ihr für sie dieselben etymologischen Untersuchungen von neuem beginnt, so werden wir antworten, daß man sie solange fortsetzen muß, bis die Sache irgendeine Ähnlichkeit mit dem Klang des Wortes hat.« Das ist anscheinend die Antwort des Sokrates selbst, als er, nachdem er auf dem Weg der Analyse zu den *prota onomata* gelangt war oder gelangt zu sein glaubte, jäh von der indirekten Motivation zur direkten Motivation überging. Doch tatsächlich sind die beiden Ergebnisse keineswegs identisch: Bei Platon erforderte der Über-

---

1 *Breviter tamen hunc locum notatum esse de origine verborum, volo paulisper accipias, ne nullam partem suscepti operis praetermisisse videamur. Stoici autumant...*

gang zur direkten Mimesis einen wirklichen Sprung von der Ebene der Wörter, und seien sie auch »Stammwörter«, zu derjenigen der Elementarlaute, und noch einmal ist hier der Abgrund schwer zu überbrücken zwischen der lautlichen und der lexikalischen Ebene – eine Schwierigkeit, welche die ganze Theorie in Mißkredit brachte und das Umschwenken am Ende ankündigte; der Übergang erweist sich beim Rückweg als noch schwieriger als auf dem Hinweg, die Symbolik der Laute, eine notwendige, aber nicht hinreichende Hypothese, garantiert nicht die Richtigkeit der Wörter und folglich der Sprache. Augustinus entgeht, vielleicht ohne sie zu sehen, dieser Schwierigkeit, indem er es vermeidet, die lexikalische Ebene zu verlassen; der Endpunkt der methodischen Rekursivität, der zum hypothetischen Ausgangspunkt der *origo verborum* wird, sind hier nicht Elementarlaute, sondern wiederum Wörter, nicht abgeleitet natürlich und folglich *primigenia*, darum jedoch nicht notwendig elementar wie *ion* oder *rheon*; Endpunkte der Rekursivität, nicht jedoch der Analyse sind nur Wörter, deren mimetischer Charakter (als) offensichtlich (anerkannt) ist: onomatopoetische Ausdrücke (obwohl Augustinus diesen Begriff nicht benutzt) wie *tinnitum* ›Klingeln‹, *hinnitum* ›Wiehern‹, *balatum* ›Blöken‹, *clangor* ›Schmettern‹, *stridor* ›Zischen‹: »[...] ihr fühlt wohl, daß diese Wörter ganz wie die Dinge klingen, die sie bezeichnen.« Hier haben wir also eine erste Klasse von Vokabeln, deren Mimesis scheinbar ohne Schwierigkeit bestimmt ist; die unbemerkte, oder verschleierte, Schwierigkeit liegt ganz und gar in der Bezeichnung als »Stammwörter«, doch darauf werden wir noch zurückkommen. In einem zweiten Schritt stellt sich auch für die nicht klingenden Dinge immer noch leicht eine analogische Äquivalenz – später wird man »Korrespondenz« oder »Synästhesie« sagen – zwischen, beispielsweise, ihrer taktilen Qualität, Weichheit oder Härte, und der auditiven Qualität ihres Namens her: »Da es Dinge gibt, die keinen Klang hervorbringen, setzt sich hier die Analogie [*similitudo*] mit den Tasteindrücken durch: Wenn das Ding weich oder hart bei der Berührung ist, so dient die Weichheit oder die Härte für das Ohr zur Bestimmung der Buchstaben, aus denen das Wort gebildet wird.« So bezeichnet *lene* ›sanft zu hören‹ die Weichheit einer Berührung; *asperitas* ›hart zu hören‹ ihre Rauheit; *voluptas* die Lust; *crux* das Kreuz; *mel* den Honig; *vepres* den Dornstrauch etc. Wir sind hier nicht mehr bei der *direkten* Nachahmung eines Geräusches durch den Klang eines Wortes, aber auch noch nicht bei der *indirekten* Nachahmung, welche die folgende Klasse charakterisieren wird; man könnte diese zweite Mimesis, die ohnedies eine Variante der ersten ist, insofern beide eine *mehr oder weniger direkte* Beziehung zwischen Signifikant und Signifikat schaffen, ohne erklärtes Dazwischenschieben eines anderen Signifikanten und/oder Signifikats, als *schief* bezeichnen.

Dies ist also, was »die Stoiker« als die Wiege (*cunabula*) der Wörter ansehen, nämlich die »Übereinstimmung zwischen der wahrnehmbaren Qualität der Wörter und der Dinge« – wobei diese Übereinstimmung zugleich sowohl die eigentlichen onomatopoetischen Ausdrücke charakterisiert als auch das, was Maurice Grammont die »expressiven Wörter« nennen wird. Ob nun direkt oder schief, wir haben die Ähnlichkeit zwischen den Wörtern und »Dingen« noch nicht verlassen. Anscheinend muß man jedoch (wenngleich Augustinus nicht sagt warum) von ihr loskommen, und hier gelangt man zu einem neuen Motivationsprinzip, der Ähnlichkeit nämlich der Dinge untereinander: *hinc ad ipsarum inter se rerum similitudinem processisse licentiam nominandi*. Wir wollen das so verstehen, daß die Ähnlichkeit zwischen zwei Dingen dazu ermächtigt, den Namen des einen vom Namen des anderen abzuleiten; so wird man etwa von *crux*, das dem Kreuz durch seinen unangenehmen Klang ähnelte, *crus* entlehnen, dessen Signifikat (›Bein‹) nichts Unangenehmes mehr hat, dem Holz des Kreuzes jedoch durch seine Länge und Härte ähnelt. Die semantische Beziehung ist sehr verschieden, der Begriff der *similitudo* erlaubt es jedoch, den Bruch zu vermeiden. Indem man von einer Ähnlichkeit zu einer anderen hinübergeht, verläßt man die Sphäre der Analogie nicht. Die Ableitung durch Metapher ist immer noch, auf ihre Weise, eine mimetische Benennung; genauer gesagt handelt es sich um eine im aristotelischen Sinne analogische, das heißt proportionale Beziehung: *crus* verhält sich zu *crux* wie das Bein zum Kreuz. Da jedoch Augustinus, im Gegensatz zu Sokrates, Sorge getragen hat, sich hier einen nachahmenden (onomatopoetischen) Ausgangspunkt zu geben, wird die etymologische Verknüpfung nirgendwo den Riß aufweisen, den wir bei Platon angetroffen haben, zwischen dem Wort *sema* und dem Ding ›Grab‹ beispielsweise; die Kette, die *soma-sema*-›Grab‹-›Körper‹ entspricht, lautet hier *crus-crux*-›Kreuz‹-›Bein‹, und diese ist unzerstörbar: *crus* klingt wie *crux*, *crux* ist qualvoll wie das Kreuz, das Kreuz ist hart wie ein Bein; die Serie von Ähnlichkeiten ist kontinuierlich, der mimetische Strom kommt nirgendwo zum Stillstand. Es gibt also doch endlich zwischen dem Wort *crus* und dem Ding ›Bein‹ eine *indirekte analogische Beziehung*.

Die folgende Klasse gibt die analogische Beziehung ganz auf, bewahrt jedoch (zwischen den Signifikaten) eine notwendige Beziehung, die jetzt eine der Nähe (*vicinitas*) – später wird man *Koexistenz* (Beauzée) oder *Kontiguität* (Jakobson) sagen – ist, das heißt die Ableitung durch Metonymie: »Man nennt Schwimmbad (*piscina*) einen Ort, an dem sich kein Fisch befindet noch irgend etwas, das dem ähnelt, aufgrund des Wassers, in dem (gewöhnlich) die Fische leben.« Anders ausgedrückt, man gelangt von *piscis* zu *piscina* kraft einer Kontiguitätsbeziehung zwischen dem Wasser (im allgemeinen) und den Fischen.[1] Weitere Beispiele metonymischer Ableitung: von der Ursache zur Wirkung: *potatio* ›Trinkgelage‹ gibt *puteus* ›Brunnen‹; vom Behältnis zum Inhalt: *orbs* ›Kreis‹ gibt *urbs* ›Stadt‹; vom Inhalt zum Behältnis: *hordeum* ›Gerste‹ gibt *horreum* ›Speicher‹, selbst wenn er auch dazu dient, Weizen zu speichern, wobei er dann seinen Namen mißbräuchlich oder aufgrund von Katachrese (*abusio*) behält; vom Teil zum Ganzen: *mucro* ›Spitze‹ wird zum Namen des ganzen Schwertes (aber hierbei handelt es sich nicht mehr um eine Ableitung, sondern um einen echten Tropus, in diesem Fall eine Synekdoche; die Verschiebung ist charakteristisch, wir werden darauf zurückkommen).[2]

Die letzte Kategorie ist die Ableitung durch Antiphrase (*contrarium*), wie in *lucus* aus *lucere* (dem wir bereits bei Stilo begegnet sind), *bellum* ›Krieg‹ aus *bellus* ›schön‹ oder *foedus* ›Bündnis‹ aus *foedus* ›schändlich‹. Auch hier ist die Motivation durch die Beziehung zwischen den Signifikaten gegeben; eine sehr variable, doch stets motivierte Beziehung, sei es der Ähnlichkeit, der Nähe oder auch des Widerspruchs. »Wozu fortfahren? alles, was man hinzufügen könnte, würde in der Ähnlichkeit, der Nähe oder dem Widerspruch der Dinge[3] diesen Ursprung der Wörter zeigen, den wir nicht

---

1 Das Beispiel ist nicht sehr getreu analysiert; tatsächlich läuft die Ableitung über Metonymie von *piscis* ›Fisch‹ zu *piscina* ›Fischteich‹, dann über Metapher zu *piscine* ›Schwimmbad‹ (oder vielleicht über fortschreitende Synekdoche von *piscina* ›Fischteich‹ zu *piscina* ›Bassin generell‹).

2 Der Text fügt ein letztes Beispiel für *vicinitas*, vom Ganzen zum Teil, an, das nicht sehr klar ist: *capillus* ›Haar‹, *quasi capitis pilus* ›Kopfhaar‹. In dieser Form ist es nur ein zusammengezogenes Kompositum; eine wirkliche Ableitung läge erst dann vor, wenn man *capillus* aus *caput* herleitete, ohne *pilus* zu bemühen – was im übrigen die wirkliche Etymologie ist.

3 Man bemerkt hier, wie bei Aristoteles, die Gleichsetzung der Inklusionsbeziehung mit der Beziehung der Nähe, die den modernen Anschluß der Synekdoche an die Metonymie vorwegnimmt; dagegen und obwohl die Erörterung der »Kontrarietät« in Klammern in die Untersuchung der *vicinitas* eingeschoben wird, bewahrt die Ableitung über Antiphrase ganz ihre Selbständigkeit.

über die Ähnlichkeit des Klanges mit den Dingen hinaus verfolgen können; und wir können nicht einmal soweit gehen, denn es gibt sehr viele Wörter, deren Motivation man nicht angeben kann; sei es, weil sie, wie ich glaube, keine haben, sei es, weil wir sie, wie die Stoiker behaupten, nicht erkennen.«[1] Dieser Schluß[2] ist, wie man sieht, sehr vorsichtig formuliert und gestattet es gewiß nicht, ihren Autor unter die unbelehrbarsten Verteidiger der naturalistischen These einzureihen. Sie scheint mir dagegen *a contrario* seine Übereinstimmung mit »den Stoikern« hinsichtlich des übrigen, das heißt offenbar des Wesentlichen, anzuzeigen: nicht die Determination der quantitativen Beziehung zwischen dem Arbiträren und dem Motivierten (wie bei Sokrates, für den ein einziges fehlerhaftes Wort das ganze System diskreditierte, während hier die unmotivierten Vokabeln nicht mehr als eine anscheinend zweitrangige Lücke darstellen), sondern eben die Definition selbst und die allgemeine Theorie der Motivation.

Ihr bemerkenswertestes Merkmal ist ganz offensichtlich die Art und Weise, wie der Text das Motivationsprinzip von einem Ende der Kette zum anderen aufrechterhält, indem er die Beziehung zwischen Signifikaten in dem Moment gegeben sein läßt, in dem diejenige

---

1 *Quorum ratio non reddi possit: aut non est, ut ego arbitror, aut latet, ut stoici contendunt.* »Motivation« mag eine anachronistische und tendenziöse Übersetzung scheinen, doch das *aut non est* verbietet eine weitere Interpretation als »Ursache« oder »Ursprung«. Augustinus kann nicht meinen, daß manche Wörter keinen Ursprung haben, was eine Absurdität wäre; die einzige plausible Interpretation ist also, daß ihr Ursprung nicht *motiviert* ist, das heißt, daß er rein konventionell ist.

2 Ein prinzipieller Schluß, denn tatsächlich geht das Kapitel weiter und endet mit einer letzten, ein wenig verworrenen Illustration der Unmöglichkeit, hinter die lautliche Expressivität zurückzugehen. Der Ausgangspunkt ist diesmal elementarer, nämlich der »dichte und mächtige« Klang des labio-velaren *v*, von daher *vis* ›Gewalt‹, *vincula* ›Fesseln‹, *vimen* ›Flechtwerk‹, *vitis* ›Weinstock‹ (wegen der Kletterprossen), *vietum* ›vom Alter gekrümmter Greis‹, *via* (gewundener oder gewaltsam gezogener Weg). Wenn man den umgekehrten Weg nimmt, so kann man beispielsweise von *vietum* zu *vitis*, von *vitis* zu *vincire*, von *vincire* zu *vis* und von *vis* zu jener *ultima ratio* zurückgehen, welche »die Ähnlichkeit zwischen der machtvollen Klanglichkeit dieses Wortes und dem Ding, das es bezeichnet, ist, jenseits derer es nichts mehr zu suchen gibt«. Man sieht, daß der Weg zurück nicht einmal mehr bis zum Lautelement *v* zurückführt und bei dem onomatopoetischen Wort *vis* stehenbleibt. Die Grenze der Analyse wäre also durchaus die *lexikalische* lautliche Expressivität, was eine bewußte Weigerung offenbaren würde, Sokrates auf das Gebiet der Elementarlaute zu folgen; der Widerspruch jedoch zwischen diesem Endpunkt und der Interpretation des *v* bleibt offen, und mit ihm der Doppelsinn des Textes.

zwischen Signifikanten und Signifikaten schwach zu werden beginnt, und indem er den Übergang und die Kontinuität dank des gemeinsamen Begriffs der *similitudo* bewerkstelligt, bevor er sich mit anderen Typen von notwendiger Beziehung abfindet. Auf diese Weise gleitet man, fast ohne es zu bemerken, von der direkten (mimetischen) Motivation zur indirekten – natürlich »etymologischen«, wobei es sich jedoch um eine Etymologie handelt, die durch den, sehr kühnen und anscheinend ganz neuen, Rückgriff auf die Kategorien der Semantik der Tropen rehabilitiert ist. Kategorien (Ähnlichkeit, Nähe, Widerspruch), die selbst sehr neu sind auf dem Feld der Rhetorik, da keine Klassifikation der Tropen sich bis jetzt auf sie berufen hat, weder bei Aristoteles noch bei Cicero oder Quintilian. Sie kommen allerdings wohl von Aristoteles her, jedoch aus seiner Psychologie der Assoziationen[1], die so in der Theorie der Tropen eine Anwendung findet, der eine glänzende Zukunft bestimmt ist. Daß sie hier ihren Einstand geben, ist um so bemerkenswerter, als dieser Text im Prinzip keineswegs rhetorisch ist. Die Abstammungen, die er behandelt, sind (mit Ausnahme von *mucro*, eine aufschlußreiche Verwechslung) eigentlich keine Tropen, da es nicht um die Art und Weise geht, wie »ein Wort die Bedeutung wechselt«, sondern wie ein Wort sich aus einem anderen ableitet. Indes, das assoziative Verfahren ist das gleiche, und diese wenigen Seiten etymologischer Theorie werden gesteuert nach einem Schema, das einige Jahrhunderte lang – von Vossius bis Fontanier – die Theorie der Tropen beherrschen wird, bevor es ein Jahrhundert lang – von Bréal bis Ullmann – die historische Semantik beherrscht. Wir haben es hier also mit der bemerkenswerten Konvergenz von vier Erben zu tun: der Theorie der Ausdruckskraft der Laute, der Etymologie, der Psychologie der Assoziationen und der Rhetorik der Tropen; bemerkenswert und teilweise ephemer, denn wenn die beiden letzten Disziplinen auch von nun an an einem Strang ziehen, so gilt das nicht immer für das gesamte Gespann; bei manchen, wie etwa dem Präsidenten de Brosses, werden wir einer weniger optimistischen Auffassung der Derivation (›Ableitung‹) und speziell des Übergangs von der mimetischen zur metaphorischen *similitudo* begegnen. Eine der großen Straßen der mimologischen Spekulation ist darum nicht weniger eröffnet.

Dieser glückliche Fund, der die etymologische Motivation auf die

---

1 *Peri mnemes*, 451b.

mimetische zubewegt, wird von einem weiteren ergänzt, der auf symmetrische Weise die mimetische auf die etymologische zubewegt: die, vielleicht unbewußte, Verwechslung nämlich zwischen einer abnehmenden Graduierung der Motivationsformen (onomatopoetische Ausdrücke, Ableitungen durch Metapher, durch Metonymie, durch Antiphrase) und dem Anschein einer generellen Abstammungslinie der Vokabeln, als leiteten die onomatopoetischen Ausdrücke sich von den expressiven Wörtern, die Metonymien sich von den Metaphern, die Antiphrasen sich von den Metonymien ab und als könnten folglich die onomatopoetischen Ausdrücke – die noch mimetisch, aber bereits Wörter sind – die *cunabula verborum* sein, Wurzel und Keim (*stirpem atque adeo sementum*) des gesamten Wortschatzes oder, genauer, des ganzen übrigen Wortschatzes.

Wir begegnen hier also erneut der zentralen Schwierigkeit des *Kratylos* – der heiklen Gelenkstelle zwischen direkter und indirekter Motivation –, wir finden sie jedoch verschoben wieder, und dadurch fast verschwunden. Bei Platon hing die etymologische Motivation der abgeleiteten Wörter ganz und explizit von der mimetischen Motivation der ursprünglichen Wörter ab, die selbst in letzter Instanz am Ausdruckswert der Lautelemente aufgehängt war. Ist dieser erst einmal als gesichert vorausgesetzt (und dies ist ja die Hypothese des Sokrates), so müßte damit auch zugleich das ganze Gebäude der sprachlichen Motivation gesichert sein. Man weiß, daß dem letztlich nicht so ist und daß Sokrates dieses Scheitern einfach irgendeinem anfänglichen Irrtum (ein einziger würde genügen) des Onomaturgen zuschreibt: anfänglich, das bedeutet natürlich während der Bildung der *prota onomata* wie *ion* oder *rheon*, wenn der Irrtum auch erst nachträglich aufgedeckt wird über die Ableitung *sklerotes*. Bei Augustinus finden wir durchaus einen Fall von kompletter Abstammung: *vitis > vincere > vis*, die bis zu einer Art mimetischer Wurzel führt: **v = Stärke*; dieses Beispiel bleibt jedoch isoliert. Die typischsten »Stamm«vokabeln sind hier komplexe onomatopoetische Ausdrücke des Typs *clangor, hinnitum, tinnitum* oder expressive Wörter des Typs *asperitas, crux, mel* oder *vepres*, denen man eine ebenso zahlreiche wie unwahrscheinliche Abstammung zuzuweisen vorgibt. Im *Kratylos* lag der Riß (eingestandenermaßen) zwischen den mimetischen Phonemen und den *prota onomata*[1]; von nun an ver-

---

[1] Wir haben einen weiteren zwischen *prota* und *hystata* ausgemacht, der daher kommt, daß die etymologische Motivation nicht immer analytisch vorgeht, sich vielmehr bisweilen in ein Spiel lexikalischer Assoziationen (*soma – sema*) ein-

läuft er zwischen den Mimologismen und dem Rest des Wortschatzes, und er verläuft dort unbemerkt oder zumindest uneingestanden; eine schwache Tarnung, die es jedoch zumindest erlaubt, den negativen Schluß des Sokrates durch einen *eher positiven* zu ersetzen.

Dieser merkwürdige Text stellt also, unter anderem, eine wichtige Etappe in der Konstitution und in der Geschichte, selbst der mythischen, der kratylistischen Vulgata dar. Wenn er auch sein Mißtrauen hinsichtlich der stoischen Spekulation beteuert, faßt der Autor sie doch auf die vielleicht synthetischste, gewiß geschickteste Weise zusammen – nebenbei die einzige Darstellung, die auf uns gekommen ist. Dabei gelingt es ihm, wie groß auch immer der Anteil der Sophistik daran sein mag, scheinbar zumindest, das heißt ausreichend für jeden, der sich von vornherein überzeugen lassen will, die größten Lücken im kratylischen Gebäude zu schließen und folglich implizit die Konsequenzen zu widerlegen oder zumindest vergessen zu machen, die Sokrates selbst am Ende des Dialogs daraus zieht. Und es hat den Anschein, als hätte dieses Kapitel, eben gerade ohne sich jemals auf den Ursprungstext zu beziehen, die zumindest symbolische Rolle gehabt, dessen problematischen Charakter und enttäuschten Schluß auszulöschen. Von nun an wird der *Kratylos* ständig in dieser Vulgata und häufig sogar bei seinen Gegnern[1] ohne Nuancierung, und nicht ohne Kühnheit, für einen mimologischen Text gehalten werden. Wie jede Posterität ist auch diese Mißverständnis, Verrat, Verdrehung des Ursprungs. Was in dem »merkwürdigen Schweigen« von *De dialectica* spricht, das ist bereits durchaus das Vergessen des *Kratylos* – ein Vergessen, das die kratylische Tradition begründet und einleitet.

---

schließt, das anscheinend unendlich und folglich unfähig ist, bis zu den Urbegriffen zu führen; dieser Riß bleibt uneingestanden, ihr dumpfes Bewußtsein bestimmt jedoch vielleicht zum Teil den Verzicht am Ende.

1 Denn Gegner wird es natürlich geben, nach und vor *De dialectica* – und dem *Kratylos*. Das Privileg der Aufmerksamkeit, das hier der kratylischen Tradition gewährt wird, darf nicht vergessen lassen, daß sie stets umstritten und fast immer in der Meinung der Gelehrten in der Minderheit war; die Namen von Aristoteles, Boethius, des Heiligen Thomas, von Roger Bacon, Locke, Turgot oder Hegel, offenkundigen und einflußreichen Verfechtern der konventionalistischen These, genügen zur Illustration dieser Tatsache, noch vor der Geburt der wissenschaftlichen Linguistik.

Soni rerum indices

Diese Wendung läßt sich kaum übersetzen, ohne daß man dem Sinn des lateinischen Wortes *index* Gewalt antut. Es geht natürlich um die Laute der Sprache, Vokale und Diphtonge, Konsonanten und Konsonantengruppen; *index* ist weniger stark als *imago* oder *simulacrum*: es ist ein natürliches Zeichen, doch nicht notwendig durch Ähnlichkeit; eher ein Indiz oder eine Spur, wie der Abdruck es für den Schritt ist oder der Rauch für das Feuer. Riskieren wir so etwas wie: *die Laute Marken der Dinge.*

Das ist der Titel am Rande eines Teils von Kapitel XIV »De etymologia« der *Grammatica linguae anglicanae* von John Wallis[1]: ein paar Seiten mimologischer Spekulation angewendet auf das Englische, von schöner Intensität und seltener Kohärenz.

Die Untersuchung erstreckt sich nacheinander auf eine Liste von Konsonantengruppen am Wortanfang sowie eine (sehr viel kürzere) Liste von Endsilben. Hier nun, so knapp zusammengefaßt wie möglich und zwangsläufig gekappt um die Mehrzahl der Beispiele, das Wesentliche der vorgeschlagenen Bedeutungswerte:

Am Wortanfang zeigt die Gruppe *str* Kraft oder Anstrengung an[2], wie in *strong* ›stark‹, *strength* ›Stärke‹, *to strike* ›schlagen‹, *stroke* ›Schlag‹, *strife* ›Streit‹, *to struggle* ›kämpfen‹, *to stretch* ›strecken‹, *streight* ›eng‹, *string* ›Strick‹, *stream* ›Strom‹, *strand* ›Ufer‹, *to strip* ›entblößen‹, *strange* ›fremd‹, *to stride* ›einen großen Schritt machen‹.[3] – *st* zeigt eine weniger große Kraft an: »was man braucht, um eher zu bewahren, was man besitzt, als etwas anderes zu gewinnen«:

---

[1] Oxford 1653, S. 148-164 der Edition von 1672, Hamburg. Wallis (1616-1703), Mathematiker, Logiker, Theologe und Grammatiker (von Beauzée als einer der Gründer der allgemeinen Grammatik angesehen), ist einer der großen Phonetiker der klassischen Epoche. Seine Mimologismen werden von Lamy und Blair zitiert.
[2] Das lateinische Verb, ebenso neutral wie das Substantiv *index*, lautet hier im gesamten Text *innuere*.
[3] Ich gebe für diese erste Gruppe das Wesentliche der Beispielliste, die eine Vorstellung von der Folge der Ableitungen vermitteln kann; die anderen Listen werden sehr viel reduzierter sein.

to stand ›stehen‹, *to stop* ›anhalten‹, *to stamp* ›stempeln‹, *still* ›still‹, *stone* ›Stein‹.
- *thr* zeigt eine heftige Bewegung an: *to throw* ›werfen‹, *through* ›durch‹.
- *wr*: Schiefheit oder Gewundenheit: *wry* ›schief‹, *wrong* ›falsch‹, *wreck* ›Schiffbruch‹, *wrist* ›Handgelenk‹, »das sich selbst und das übrige nach allen Richtungen dreht«.
- *br*: Brechen, gewaltsamer Bruch, im allgemeinen geräuschvoll: *to break* ›brechen‹, *breech* ›Hintern‹, »wegen der Ritze«, *brook* ›Sturzbach‹.
- *cr* zeigt »etwas Gebrochenes, im allgemeinen mit Getöse, zumindest gekrümmt oder verdreht«, an; tatsächlich unterteilt diese Familie sich in drei Gruppen: Die erste zeigt Bruch an: *to crack* ›krachen‹, *to crake*, Augmentativ, ›brechen mit einem lauten und anhaltenden Geräusch‹, *to crackle*, Frequentativ, ›knattern‹, *to cry* ›weinen‹, *to crush* ›zerquetschen‹, »selbst ohne Geräusch, wegen des dunklen Vokals«, *to crash*, mit einem helleren Vokal, ›mit Geräusch brechen‹, *creek* ›kleine Bucht‹, »in der durch einen Riß des Bodens ein Bach oder ein Fluß sich einen Weg zum Meer bahnt«. Die zweite Gruppe suggeriert Krümmung: *crook* ›Krummstab‹, *to creep* ›kriechen‹, *craddle* ›Wiege‹. Die dritte zeigt eine Kreuzung an: *cross* ›Kreuz‹, *crab* ›Krebs‹, »wegen seines quer- oder rückwärtslaufenden Ganges«. Als kämen die ersten von lateinisch *crepo*, die zweiten von *curvo*, die dritten von *crux*. »Aber in allen suggeriert der kanidische Buchstabe[1] *r* in Verbindung mit dem Buchstaben *c* etwas Rauhes und Unangenehmes, zumindest in den Vokabeln, die an der Spitze dieser Familien stehen und von denen die anderen sich ganz offensichtlich ableiten.«

---

1 *Canina litera* kommt von Persius, I, 109; es ist der Klang des Knurrens des Hundes. »Wenn die Hunde aufeinander wütend sind, scheint es, daß sie, bevor sie aufeinander einbeißen, indem sie ihre Schnauze bedrohlich über die Zähne zurückziehen, das *r* aussprechen, weswegen der Dichter Persius, unter den Satyrikern und bissigen Autoren der liebenswürdigste, ihn *litera canina*, den kanidischen Buchstaben, nennt und denjenigen, den die Hunde aussprechen, wenn er in seiner ersten Satire sagt: *Sonat hic de nare canina litera*, das heißt, der kanidische Buchstabe erklingt an diesem Ort, auf einer Seite der Nase. Wenn ein Mensch zornig ist oder mürrisch oder in Harnisch, so sagt man, daß er von irgendeinem Verdruß gereizt, das heißt in Wut versetzt ist. Und dies, weil er kein sanftes Wort zu sagen vermag, sondern nur ganz schroffe, vorwurfsvolle, voller schrill klingender Buchstaben, zu denen das wiederholte und hart ausgesprochene *rr* gehört.« (Geofroy Tory, *Champ fleury*, 1529)

- *shr*: starke Zusammenziehung: *to shrink* ›schrumpfen‹, *shrimp* ›Garnele‹, »winziger und gleichsam geschrumpfter Fisch«, *to shrive* »eine Beichte verlangen oder abnötigen«, *shroud* ›Leichentuch‹; »ohne *r* ist der Sinn weicher«.
- *gr* »zeigt etwas Rauhes oder Hartes, etwas Quälendes und ganz und gar Unangenehmes an, sei es wegen des rauhen Buchstabens *r*, sei es, weil sie von *gravis* entliehen scheint«: *to grate* ›kratzen‹, *to grind* ›zerreiben‹, »als käme das Wort von *grate* und von *wind* ›Wind‹«, *to gripe* ›greifen‹, *greedy* ›gierig‹, »als wäre es gebildet aus *gripe* und aus *needy* ›bedürftig‹«, *to grasp* ›ergreifen‹, »gleichsam gebildet aus *gripe* und aus *clasp* ›festhalten‹«.
- *sw*: fast lautlose unruhige Bewegung oder leichte seitliche Bewegung: *to sway* ›schwanken‹, *to swim* ›schwimmen‹, *to swing* ›schwingen‹, *swift* ›schnell‹, *sweet* ›süß‹.
- *sm* steht *sw* sehr nahe: *smooth* ›glatt‹, *small* ›klein‹; *smart* jedoch zeigt einen stechenden Schmerz an.
- *cl*: Haftung oder Zurückhalten: *to cleave* ›kleben‹, *clay* ›Ton‹ (klebrige Erde), *to climb* ›klettern‹, *close* ›nahe‹, »die fast alle von *claudo* kommen«.
- *sp* zeigt »eine gewisse Zerstreuung oder Ausdehnung, vorzüglich schnell, vor allem mit Hinzufügung eines *r*, als käme sie von *spargo* oder *separo*«, an: *to spread* ›verbreiten‹, *to spit* ›spucken‹.
- *sl*: lautloses Gleiten, fast unmerkliche Bewegung: *to slide* ›gleiten‹, *sly* ›gerissen‹, *slow* ›langsam‹.
- *sq*, *sk*, *scr* zeigen ein heftiges Zusammenpressen an: *to squeeze* ›pressen‹, *to screw* ›drehen‹.

- die Endung *ash* (*crash* ›Krach‹, *flash* ›Blitz‹) zeigt an »etwas Helles und Durchdringendes. Dagegen zeigt *ush* (*to crush* ›zerdrücken‹, *to blush* ›erröten‹) etwas Dunkles und Lautloses an. Beide zeigen jedoch eine schnelle und plötzliche Bewegung an, die allerdings stufenweise ins Stocken kommt, wegen des kontinuierlichen Lautes *sh*.«
- *ing*: »das Klingeln der Endung *ng* und des hohen Vokals *i* zeigen gleichsam die Verlängerung einer winzigen Bewegung an oder einer Vibration, die schließlich verebbt, jedoch ohne brüske Unterbrechung«: *ding* ›Klingeln‹, *to swing* ›schwingen‹; wohingegen *ink*, »das mit einem völlig stummen Konsonanten endet, ein plötzliches Ende anzeigt«: *to clink* ›klirren‹, *to think* ›denken‹.
- »Wenn man ein *l* hinzufügt, wie in *jingle* ›klingeln‹, *sprinkle* ›sprengen‹, *twinkle* ›funkeln‹, so ist das die Anzeige einer häufigen

Wiederholung sehr schwacher Bewegungen: es sind zugleich Frequentative und Diminutive.« Der gleiche Sinn, aber mit »weniger subtilen [Bewegungen] wegen des helleren Vokals *a* in *angle*« (*to tangle* ›verwirren‹, *to mangle* ›zerreißen‹).

— *umble*: »das dunkle *u* zeigt etwas Düsteres und Dumpfes an, und die Konsonantenhäufung *mbl* zeigt so etwas wie ein wirres Agglomerat an (*to mumble* ›murmeln‹, *to stumble* ›stolpern‹).« Der gleiche Sinn in *amble*, »aber hier mit etwas Durchdringenderem, wegen des grellen Vokals *a* (*to ramble* ›umherwandern‹, *to scramble* ›klettern‹). »So zeigt das *l* am Wortende wie das *r* vor allem nach einem anderen Konsonanten im allgemeinen eine häufige Wiederholung, insbesondere von langsamen Bewegungen, an, weil diese beiden Konsonanten durch eine Vibration der Zunge hervorgebracht werden. Die Hervorbringung als wirres Agglomerat der Konsonanten *ml* oder *mbl* zeigt die Verwirrung oder die Unordnung an.« Die Endung *imble* zeigt »etwas noch Durchdringenderes und Subtileres« an als *amble*; und die Klanglichkeit des Wortes *nimble* ›gewandt‹ »ahmt wunderbar nach, was es bedeutet [...]: die Schärfe und Lebhaftigkeit des Vokals und die zungenfertige Gruppierung der Konsonanten zeigen die Schnelligkeit an.«

Wir haben zunächst feststellen können, daß sich die Beispiellisten, die die Bedeutungswerte der Gruppen am Wortanfang illustrieren, als echte etymologische Familien präsentieren, gruppiert, bisweilen explizit, um Induktionswörter wie *strong*, *stand*, *throw*, *break*, *crash*, *shrink*, *sweet*, *smile*, *cling*, *slide*, *squeeze*, in denen man verfolgen kann, wie die Grund- oder Urbedeutung sich von Ableitung zu Ableitung fortpflanzt, auf die Gefahr hin, sich nach und nach abzuschwächen, ohne sich jedoch jemals ganz zu verlieren. Auf diese Weise vereinigen sich erneut, nach dem Prinzip und dem Vorbild des Augustinus, die beiden im *Kratylos* so deutlich getrennten Motivationstypen: die direkte und die indirekte.[1] Nichts dergleichen findet

---

1 Ohne die Analysen des Typs *grind* = *grate* + *wind* oder *greedy* = *gripe* + *needy* mitzurechnen, welche an die »mot-valises« von Carroll oder Joyce erinnern, allerdings umgekehrt: ausgehend von *fuming* + *furious* schmiedet Carroll *frumious*; wenn diese Neologie Mimologismus enthält, dann ist dieser natürlich *sekundär*, da er die Sprache ändert (ihr etwas hinzufügt); Wallis dagegen wendet auf ein existierendes Wort eine aus der Luft gegriffene Analyse an (wenn auch das Verfahren unbestritten in der englischen Sprache existiert, und weit vor *brunch* oder *stagflation*: cf. Otto Jespersen, *Language, its Nature, Development and Origin*, London

sich dagegen in den Listen der Endbuchstaben, aus dem ganz offensichtlichen Grund, daß die Wurzel ganz in der initialen Gruppe liegt. Die Endungen tragen zum Grundthema nur sekundäre Variationen bei; sie sind daher de facto das Instrument der Ableitung: *stand, stay, stop* etc. unterscheiden sich nur durch ihre Endbuchstaben, und ein vollständigeres Tableau dieser Bedeutungswerte hätte es vielleicht gestattet, ihre semantischen Unterschiede infolge der Eigenbedeutung der Gruppen *-and, -ay, -op* etc. darzustellen. In der Tat, bedenkt man (wir werden darauf zurückkommen), daß das echte englische Wort für Wallis fast immer einsilbig ist, dann ist offensichtlich, daß eine erschöpfende Liste der Anfangsgruppen und eine ebenso erschöpfende Liste der Endgruppen ausreichen würden, um durch Kombination die Gesamtheit des ursprünglichen englischen Wortschatzes zu erklären. Davon sind wir gewiß weit entfernt, doch ist dies durchaus die virtuelle Bedeutung des Unternehmens, da für Wallis die Addition Anfangsgruppe + Endgruppe die Struktur des englischen Wortes erschöpft. Es wäre also zumindest möglich, die Vokabeln zu überprüfen, von denen Wallis einerseits die Anfangsgruppe und andererseits die Endgruppe untersucht hat, beispielsweise *str-ing, st-umble, br-ing, cr-ash, shr-ink, sm-ash, spr-ing, scr-amble*. Einige davon figurieren tatsächlich in seinen Listen, und manche auf beiden Seiten, und zumindest in drei Fällen hat Wallis sich nicht vor einer vollständigen Analyse gescheut: Es handelt sich um *smart*: »*a smart blow*, ›ein heftiger Schlag‹ bedeutet eigentlich ein Schlag, der aus einer zunächst lautlosen Bewegung, die *sm* anzeigt, in eine ausgeprägtere Heftigkeit mündet, die *ar* anzeigt und die plötzlich zum Abschluß kommt, was *t* anzeigt«; um *sparkle* ›funkeln‹, wo »*sp* die Streuung anzeigt, *ar* das hohe Knistern, *k* die plötzliche Unterbrechung, *l* die häufige Wiederholung«; und um *sprinkle* ›sprengen‹, identisch bis auf *in*, das »die Feinheit der verstreuten Tropfen anzeigt«. Derartige (und wie in diesem Fall ebenso geglückte) Versuche sind eher selten in der kratylischen Tradition. Sie machen uns mit einem der originellsten und wertvollsten Merkmale der Spekulation von Wallis bekannt: ein geschärftes Bewußtsein nämlich für die syntagmatische Struktur des Wortes und für die unterschiedlichen

---

1922, Kap. XVI, § 6, »Blendings«; dt. *Die Sprache, ihre Natur, Entwicklung und Entstehung*, vom Verfasser durchgesehene Übersetzung aus dem Englischen von Rudolf Hittmair und Karl Waibel, Heidelberg (Carl Winters) 1925, Kap. XVI, § 6, »Vermischung«, S. 296-298); er steht also tatsächlich in der Tradition der sokratischen »Etymologie« und im System des primären Mimologismus.

Bedeutungswerte der Laute je nach ihrer Position innerhalb dieser Kette.

Das englische Wort wird also für Wallis erschöpfend gebildet durch eine initiale Konsonantengruppe, die Träger der Grundbedeutung ist, und eine Endsilbe, die ihrerseits aus einem Vokal und einem Konsonanten oder einer Konsonantengruppe besteht, die ihr ihre besondere Nuance verleiht: materielle (Licht, Dicke, Gewicht etc.) und dynamische (jähe oder progressive Unterbrechung, Häufigkeit, Amplitude etc.) Modalität. Diese charakteristische Verteilung bewirkt natürlich, daß der Vokal den semantisch schwächsten Platz einnimmt, da er mit den Endkonsonanten eine Art fast nebensächliches Suffix bildet: ein Beispiel unter anderen, im kratylischen Land, für die semantische Aufwertung des Konsonanten. Weiter stellen wir fest, daß kein Anfangskonsonant isoliert auftritt, sondern stets in Zweier- oder Dreiergruppen; in den ersten Listen wird kein Wort mit einfachem Anfangskonsonanten erwähnt, unter denen es immerhin so typische gibt wie *top*, *catch*, *find* etc.[1]. Die Anfangsgruppen erscheinen also zunächst als unteilbar, hinsichtlich der Bedeutung wie hinsichtlich der Form, und die Mehrzahl (*st*, *wr*, *sw*, *sm*, *sl*, *sp*, *cl*, *sq*) widersetzt sich tatsächlich jeder Zerlegung. Anderseits geben die Konsonanten, die zugleich in Anfangs- wie in Endposition auftreten (*s*, *sh*, *g*, *k*, *b*, *l*), zu keinem Versuch Anlaß, sie auf einen gemeinsamen Bedeutungswert zu reduzieren. Die Position ist entscheidend, und es hat den Anschein, als handele es sich nicht um dieselben Laute. Man muß also den Weg der Analyse sehr vorsichtig weitergehen, will man die Intentionen, oder einfach nur die Intuitionen, von Wallis nicht verraten, indem man von der gewissermaßen molekularen Ebene, auf die er sich lieber stellt, auf die der lautlichen und semantischen Atome hinüberwechselt.

Was die Vokale betrifft, so erlauben die von Wallis selbst durchgeführten Kommutationen (*ash/ush*, *ing/ang*, *imble/amble/umble*) zumindest, mit Sicherheit eine in etwa eindeutige Skala von Bedeutungswerten aufzustellen; eine sehr eingeschränkte allerdings, da sie sich nur auf *u*, *a* und *i* bezieht. Zudem müssen wir (angesichts der großen Bandbreite von Lauten, die im Englischen durch diese drei Buchstaben bezeichnet werden) präzisieren, daß es sich für das *u*

---

1 Einige tauchen, gleichsam aus Unachtsamkeit, in den Beispielen für Endkonsonanten auf. Man kann auch die Gruppe *wr* anfechten, die sich phonetisch auf einen einzigen Konsonanten reduziert; umgekehrt ist natürlich ein Anfangskonsonant wie derjenige von *jump* eine von der Graphie verschleierte Gruppe [dž].

lediglich um den Laut [ʌ] (mit der einen Ausnahme des [u] in *push*) handelt; für das *a* um den Laut [æ] und für das *i* um den Laut [i]. Innerhalb dieser Grenzen weist das System eine große Kohärenz auf: Einer lautlichen Skala zunehmender »Höhe« entspricht eine semantische Skala zunehmender Leichtigkeit, Lebhaftigkeit und Helligkeit; *u* ist tief und dumpf, es zeigt Dunkelheit und Lautlosigkeit an; *a* ist höher und, genauer, »greller«, seine Bedeutungswerte sind heller und lebhafter; *i*, noch höher, zeigt kleinere, ja winzige Gegenstände von äußerster Lebhaftigkeit an. Dies sind sehr verbreitete Äquivalenzen (man findet sie beispielsweise, um im englischen Bereich zu bleiben, bei Jespersen und Sapir wieder)[1], die sich durch eine Art sofortiger Evidenz aufdrängen.

Die Konsonanten, noch einmal sei es gesagt, sind schwerer zu isolieren, eine gewisse Anzahl von spezifischen Bedeutungswerten tritt jedoch durch Subtraktion hervor. Am Wortanfang läßt der Vergleich von *str* und *st* dem *r* implizit einen dynamischen Bedeutungswert (den Platon bereits vorgeschlagen hatte), der mit der expliziten Anzeige von Rauheit gut harmoniert und vielleicht verschmilzt, die für *cr*, *shr* und *gr* vorgeschlagen wurde: das *r* ist aus naheliegenden artikulatorischen Gründen »rauh« und »kanidisch«. Man könnte versucht sein, dem *s* einen Bedeutungswert des Gleitens zuzuschreiben, der sich fast identisch in *sw*, *sm*, *sl* wiederfindet; doch die Bedeutung von *st* und diejenige von *sc* stehen dem entgegen: die Anwesenheit eines kontinuierlichen Lautes hinter dem *s* ist unerläßlich für die Hervorbringung dieses Bedeutungswertes. Dagegen findet man ihn (durch Subtraktion der »Gewalt«, die das *r* in *thr* und vielleicht in *shr* zurückgewinnt) ohne allzu große Mühe in den Affrikaten *th* und *sh*, mit einer impliziten Bestätigung für *sh* aus der Endung *ash*/*ush*. Am Wortende tritt der Bedeutungswert »verlängerte Vibration« des stimmhaften Velarlautes *g* in Opposition zu demjenigen des stimmlosen Velarlautes *k*, der verschmilzt mit demjenigen von *t* (stimmloser Dental), »plötzlicher Stillstand«: Der Bedeutungswert der Vibration scheint also zur Stimmhaftigkeit zurückzukehren und der Stillstand zum stimmlosen Verschluß, unabhängig vom Artikulationsort. Die den Gruppen *mbl* und *ndl* zugeschriebene Bedeutung »Verwirrung« kommt offensichtlich eher von der Häufung der drei Konsonanten her als von ihrer Artikulationsweise. Dagegen ist der frequentative Bedeutungswert des *l* gebunden

---

[1] Erinnern wir daran, daß bereits für Sokrates *i* für Leichtheit und Dünnheit steht.

an seine Aussprache durch »Vibration der Zunge«[1]. Halten wir schließlich die entgegengesetzten Bedeutungswerte des »stumpfen« Konsonanten *k* = Dicke und des »hohen« Konsonanten *n* = Dünnheit fest, die das einzige Paar *thick/thin* illustriert, das natürlich den Verdacht der »Suggestion durch die Bedeutung« nahelegt. Doch vielleicht muß man sich auch vor zu offensichtlichen Verdächtigungen in acht nehmen. Die physische Motivation zeichnet sich bei Wallis durch relative Zurückhaltung aus – da sie von der Bedeutung der Positionsfaktoren beherrscht und fast erdrückt wird von der Fülle der lexikalischen Beispiele, die dieser ganzen Untersuchung ein fast induktives Ansehen gibt: vom Wortmaterial zu den Grundbedeutungswerten, die es ausbeutet, und nicht mehr, wie bei Sokrates, von den Symbolwerten zu den Vokabeln, die sie, scharfsinnig gewählt, (provisorisch) bestätigen mögen. *Soni rerum indices* ist vor allem eine Spekulation über ein als außergewöhnlich und typisch englisch angesehenes Phänomen: den expressiven Einsilber[2].

In der Tat müssen wir auf das Wesentliche zurückkommen, nämlich diese ausschließliche Valorisierung der englischen Sprache. Puritaner und entschiedener Gegner des romanischen Einflusses, propagierte Wallis eine Rückkehr zu den angelsächsischen Quellen der Sprache und eine von den lateinischen Kategorien unabhängige Grammatik – obwohl sein Buch, durch ein Paradox, das an jenes von *De vulgari eloquentia* erinnert, auf lateinisch geschrieben ist. Ganz klar reihen diese Seiten sich ein in ein Gesamtvorhaben der Kategorie »Verteidigung und Glanz« (»défense et illustration«). Neben anderen Verdiensten wird dem Englischen also das einer besonderen Eignung für den Lautmimetismus, zumindest in seinen »einheimischen« (*nativi*) Vokabeln, denen des angelsächsischen Bestandes vor der Eroberung durch die Normannen, zugeschrieben. Und (im Prinzip) nur in diesen Vokabeln findet Wallis eine »große Harmonie [*consensus*] zwischen den Buchstaben und den Bedeutungen«. Die »Buchstaben« sind natürlich hier die Laute: Es findet sich bei Wallis nicht die Spur einer graphischen Motivation; »außerdem«, präzisiert er sofort, »zeigen die Klanglichkeiten dieser Buchstaben, gehalten, hoch, dick, stumpf, weich, stark, hell, dunkel, schrill etc., häufig

---

1 Dasselbe artikulatorische Merkmal und derselbe semantische Wert werden hier dem *r* zugeschrieben, allerdings ohne jede lexikalische Bestätigung.

2 Zur englischen Einsilbigkeit cf. Jespersen, »Monosyllabism in English« (1928), in *Linguistica*, S. 384-408.

analoge Anlagen in den bedeuteten Gegenständen an, und manchmal sogar in einem einzigen Wort, sei es auch einsilbig.«

Die mimetische Überlegenheit des Englischen wird auch, und sehr viel aggressiver, zum Abschluß behauptet:

Auf die gleiche Weise kann man in *squeek, squeak, squele, squall, brawl, wrawl, yawl, spawl, screek, shreek, shrill, sharp, shriv'l, wrinkle, crack, crake, crick, creak, creek, croke, crash, clash, gnash, plash, huff, buff, crush, hush, tush, push, hisse, sisse, whist, soft, jarr, hurl, curl, whirl, buz, bustle, spindle, dwindle, twine, twist* [lauter kanonische englische Vokabeln] und zahllosen anderen Wörtern eine ähnliche Übereinstimmung des Klanges mit der Bedeutung feststellen; und dies wirklich mit einer solchen Häufigkeit, daß ich keine andere Sprache wüßte, die mit der unseren in dieser Hinsicht rivalisieren könnte: so daß man in einem einzigen, häufig einsilbigen Wort (wie es fast alle die unseren sind, wenn man die Flexion abschneidet) auf expressive Weise ausdrückt, was andere Sprachen nur vermittels zusammengesetzter oder abgeleiteter Wörter, ja unter Zuhilfenahme von Periphrasen erklären können und nicht ohne Mühe, wenn es ihnen überhaupt gelingt. Und ganz gewiß sind durchaus die meisten unserer ursprünglichen Vokabeln so gebildet; und ich zweifle nicht, daß diese sehr viel zahlreicher gewesen sind, bevor das Eindringen eines enormen Schwalls französischer Wörter in unsere Sprache eine so große Anzahl unserer Urwörter dem Exil und dem Vergessen überantwortet hat.

Eine derartige Glorifizierung der eigenen Sprache ist keineswegs außergewöhnlich in der kratylischen Tradition, die sie ständig auf implizite Weise praktiziert, da in ihr die Muttersprache im allgemeinen als Manifestation par excellence der Nachahmungsfähigkeiten der Sprache generell angesehen wird. Doch bei Wallis verschiebt sich der exemplarische Wert so sehr, daß er sich umkehrt, da das einheimische Englisch im Grenzfall[1] als die *einzige* mimetische Sprache präsentiert wird – was natürlich dem kratylischen Grundsatz der natürlichen, folglich universalen Sprache widerspricht. Ein um so spürbarerer Widerspruch, da er anscheinend nicht, wie wir es bei anderen sehen werden, von einer mythischen Abstammung des so

---

[1] Nur im Grenzfall, da Wallis zwar einräumt, daß einige romanische Wörter sich in seine Listen eingeschlichen haben mögen, jedoch sogleich hinzufügt, daß »die Engländer sich, ganz so wie sie selbst ihre Vokabeln mit Lauten dieser Art bilden, gierig derjenigen bemächtigen, die sie anderswo auf diese Weise gebildet finden.« Es unterläuft ihm auch, wie wir gesehen haben, lateinische Etymologien anzubieten, wie *crepo, curvo*, oder *crux* (und auch ein paar griechische).

valorisierten Idioms von der adamischen, vorbabylonischen Ursprache begleitet wird, als verschmähte der fanatische Anglozentrismus von Wallis eine so gewöhnliche Rechtfertigung, die Gott weiß welchen schockierenden Promiskuitäten Tür und Tor öffnete. Wir werden an anderer Stelle dieser Frage der mimetischen Überlegenheit des Englischen wiederbegegnen. Begrüßen wir für den Augenblick in Wallis nur einen ziemlich seltenen Fall von *reserviertem*, bereitwillig protektionistischem und, sprechen wir es ruhig aus, insularem Kratylismus.

Hermogenes logothetes

In der (schönsten) Mitte des klassischen Zeitalters scheint sich die platonische Debatte mit einer exemplarischen Treue in einem nicht weniger berühmten und fast ebenso fiktiven Dialog zu wiederholen, in dem zwischen »Philalète« und »Théophile«, anders ausgedrückt, zwischen John Locke und Gottfried Wilhelm Leibniz. Wir werden jedoch sehen, daß es sich keineswegs um eine Wiederholung handelt und, genauer, daß, wenn Locke auch, nach einigen anderen, ein neuer Hermogenes ist, Leibniz doch nicht ganz Kratylos wiederverkörpert, und noch weniger Sokrates. Doch greifen wir nicht vor.

Hermogenes ist nicht schwatzhaft. Wie es sich gehört, hat sein (negatives) Glaubensbekenntnis hier in einem Satz von Locke im ersten Abschnitt des zweiten Kapitels des dritten Buches von *An Essay Concerning Human Understanding* Platz, den Leibniz in etwa wörtlich im entsprechenden Kapitel der *Nouveaux Essais sur l'entendement humain*[1] wiederaufnahm: »Da nun die Worte von den Menschen angewandt werden, um ihre Ideen zu bezeichnen, so kann man zunächst fragen, wie die Worte diese Bestimmung erlangt haben, und man ist darüber einig, daß dies nicht durch eine natürliche Verknüpfung geschehen ist, die zwischen bestimmten artikulierten Lauten und bestimmten Ideen stattfindet (denn in diesem Falle würde es unter den Menschen nur eine Sprache geben), sondern durch eine *willkürliche* Festsetzung, kraft deren ein solches Wort willkürlich zum Zeichen einer solchen Idee gewählt worden ist.«[2] Die Antwort

---

1 Erinnern wir daran, daß der *Essay Concerning Human Understanding* 1690 erscheint, daß Leibniz ihn sofort einer kritischen Lektüre unterzieht, die er wiederaufnimmt, als 1700 die französische Übersetzung von Coste erscheint, daß Locke, den es drängt, sich dem Dialog mit »den Herren in Deutschland« zu entziehen, 1704 stirbt, als das Wesentliche der Kritik, ein fortgesetzter Kommentar in Form eines Pseudo-Dialogs, bereits geschrieben ist, daß jedoch diese *Nouveaux Essais sur l'entendement humain* letztlich erst 1765 erscheinen werden, ein halbes Jahrhundert nach Leibniz' eigenem Tod.

2 [...] *but by a voluntary imposition, whereby such a word is made arbitrarily the mark of such an idea.* Wir zitieren die *Nouveaux Essais sur l'entendement humain* nach Gottfried Wilhelm Leibniz, *Neue Abhandlungen über den menschlichen Verstand*,

von »Kratylos« ist entfalteter: sie füllt nicht nur die längste Replik der *Nouveaux Essais* aus[1], sondern unter anderem auch, und wohl schon, ein posthumes und nicht datiertes Fragment, das wahrscheinlich deren Entwurf ist und das wir hier in Übersetzung mitteilen:

[*Über die Verknüpfung zwischen den Wörtern und den Dingen, oder vielmehr über den Ursprung der Sprachen*] Man kann nicht behaupten, es gäbe zwischen den Wörtern und den Dingen eine präzise und genau festgelegte Verknüpfung; indes ist die Bedeutung auch nicht rein willkürlich: es muß schließlich einen Grund dafür geben, daß ein bestimmtes Wort einem bestimmten Ding zugewiesen worden ist.

Man kann nicht behaupten, daß die Bedeutung von einer einfachen willkürlichen Einsetzung herrührt, außer in gewissen künstlichen Sprachen wie dem Chinesischen der Hypothese von Golius zufolge oder den von Dalgarno, Wilkins und anderen geschmiedeten Sprachen. Was die Ursprache der ersten Menschen betrifft, so denken die einen, daß sie von einer göttlichen Einsetzung herrühre, die anderen, daß sie von Adam erfunden worden sei, den Gott inspirierte, als er, der Tradition zufolge, den Tieren ihre Namen gab. Doch eine solche Sprache muß vollkommen verschwunden sein oder nur ein paar Reste hinterlassen haben, in denen der Kunstgriff nicht mehr erkennbar ist.

Die Sprachen haben dennoch einen natürlichen Ursprung im Einklang zwischen den Lauten und den Wirkungen, die im Geist durch das Schauspiel der Dinge hervorgerufen werden; und ich habe Anlaß zu glauben, daß dieser Ursprung nicht nur in der Ursprache sichtbar war, sondern auch noch in den Sprachen, die anschließend entstanden sind, teils aus der ursprünglichen, teils aus den neuen Sprachgewohnheiten, die von der über die Erdoberfläche zerstreuten Menschheit angenommen wurden. Und ganz sicher äußert sich die Nachahmung der Natur häufig im onomatopoetischen Ausdruck: So sagen wir, daß die Frösche *quaken* (*coaxatio*), oder wir drücken durch *st* den Befehl, still zu sein, aus, durch *r* die schnelle Bewegung (*cursus*), durch *hahaha* das Lachen und durch *au* (*vae*) den Schmerzensschrei.[2]

Der erste Einwand ist, wie man sieht, rein »philosophisch«; es handelt sich um das deterministische Argument: *keine Wirkung ohne Ursache*. Keine Benennung kann »rein willkürlich« sein, weil es schließlich einen Grund dafür geben muß, daß ein bestimmtes Wort

---

übersetzt, eingeleitet und erläutert von Ernst Cassirer, Hamburg (Meiner) 1971, hier S. 301.

1 Wie Hans Aarsleff bemerkt, »Leibniz on Locke on Language«, in *American Philosophical Quarterly* (Juli 1964).
2 Der lateinische Text ist publiziert worden von Louis Couturat in *Opuscules et Fragments inédits*, Paris 1903, S. 151/52.

und kein anderes einem bestimmten Gegenstand zugewiesen worden ist. Es ist ganz klar, daß dieses Argument nur gegen eine hyperbolische Version der hermogenistischen These taugen kann, der zufolge die Wahl eines Namens sich jeder Art von Determination entzieht. Doch der Konventionalismus leugnet, bei Locke wie anderswo, lediglich, daß diese Determination in der Natur des Gegenstandes zu suchen sei, was etwas ganz anderes ist; ebenso geschieht es niemals ohne Grund, daß Eltern einen bestimmten Vornamen für das Kind wählen, das sie erwarten, dieser Grund kann jedoch nicht das Aussehen oder der Charakter dieses Kindes sein. Das kausalistische Argument widerlegt also nur einen ungeschickten Gebrauch oder eine – schon – mißbräuchliche Interpretation des Wortes *willkürlich* (*arbiträr*). Es ist also nicht relevant für die Debatte; wäre dies der Fall, so lautete die implizite Schlußfolgerung (der implizite Sophismus) unvermeidlich: Keine Benennung kann ohne Ursache sein, also hat jede Benennung ihre Ursache in der Natur des zu benennenden Gegenstandes. Daraus würde natürlich folgen, daß *keine* Sprache konventionell sein kann, was dem Denken von Leibniz so fern wie nur möglich ist, wie die Fortsetzung sehr wohl zeigt.

Die zweite und wirkliche Replik ist in der Tat ein *distinguo*, das das Problem vollständig verschiebt: Die Frage wird nicht mehr lauten, ob »die Sprache« generell und absolut gesehen konventionell (auf Übereinkunft gründend) oder motiviert ist, sondern – da implizit anerkannt ist, daß sie ebensogut (wenn nicht gar ebenso leicht, wir werden darauf zurückkommen) das eine oder das andere sein kann, und provisorisch, daß manche Sprachen konventionell und manche motiviert sind – welche Sprachen oder, genauer, welche Arten von Sprachen konventionell und welche motiviert sind. Die Antwort von Leibniz ist in diesem Fall ziemlich offensichtlich: Die einzigen konventionellen Sprachen oder, genauer, die einzigen *rein* konventionellen Sprachen sind die »künstlichen« Sprachen, deren jüngstes Beispiel die Versuche von Dalgarno und Wilkins bilden[1];

---

1 Cf. *Nouveaux Essais*: »Vielleicht gibt es manche künstlichen Sprachen, die ganz aus der Wahl hervorgegangen und vollständig willkürlich sind, wie man glaubt, daß die chinesische eine solche gewesen ist, oder wie die Sprachen des Georgius Dalgarnus und des verstorbenen Bischofs von Chester, Wilkins, es sind.« (S. 301/02) Und die *Brevis designatio*: »Ich nehme [von der Motivation] die künstlichen Sprachen aus, wie jene von Wilkins, Bischof von Chester und eine Persönlichkeit mit einer Intelligenz und einem Wissen, die ihresgleichen nicht haben.« Dalgarno, *Ars signorum, vulgo Character universalis et lingua philosophica* (1661); Wilkins, *An Essay toward a Real Character and a Philosophical Language* (1668).

was die Sprachen betrifft, die man später »natürlich« nennen wird, das heißt die Sprachen ohne entschlossenen Logotheten, die sich – abgesehen vom Chinesischen – als die einzigen wirklich von den Völkern auf Erden gesprochenen erweisen, so sind sie alle *zumindest teilweise* motiviert durch den »Einklang zwischen den Lauten und den Wirkungen, die im Geist durch das Schauspiel der Dinge hervorgerufen werden«.

Diese Art, das Problem aufzuwerfen – und zu lösen –, ist, scheint mir, ganz spezifisch, und wir werden darauf zurückkommen müssen, um alle Konsequenzen daraus zu ziehen. Zunächst jedoch müssen wir die faktischen Argumente näher untersuchen, die Leibniz zufolge eine solche Schlußfolgerung stützen. Beginnen wir mit der chinesischen Ausnahme. Diese Hypothese der Künstlichkeit kehrt, ohne Zuweisung, im entsprechenden Text der *Nouveaux Essais* wieder: »Vielleicht gibt es manche künstliche Sprachen, die ganz aus der Wahl hervorgegangen und vollständig willkürlich sind, wie man glaubt, daß die chinesische eine solche gewesen ist [...]« (S. 301), und auch, doch erneut Golius zugeschrieben, in der *Brevis designatio*[1] von 1710: »[...] künstliche Sprachen [...] wie das Chinesische der Hypothese von Golius zufolge, einer nicht unwesentlichen Autorität«: dieselbe Formulierung also wie im Couturat-Fragment, nur verstärkt durch das Zeugnis der Kompetenz. Die genaueste Erwähnung jedoch findet sich in den *Nouveaux Essais* III, I, 1: »Golius, ein berühmter Mathematiker und großer Sprachkenner[2], meinte daher, daß ihre Sprache künstlich sei, d.h. daß sie von irgendeinem klugen Manne auf einmal erfunden worden sei, um einen sprachlichen Verkehr zwischen einer Menge verschiedener Nationen herzustellen, die jenes große Land, welches wir China nennen, bewohnen, wenn diese Sprache sich auch jetzt durch den langen Gebrauch verändert haben könnte.« (S. 296) Diese Interpretation des Chinesischen ist also nicht Leibniz' eigene. Man findet andere Echos davon bei dem Orientalisten Fréret und bei Montesquieu[3], und tatsächlich ist sie der Ausdruck einer Reaktion nicht auf die chinesische Sprache,

---

1 *Brevis designatio meditationum de originibus gentium, ductis potissimum ex indicio linguarum*, veröffentlicht 1710 in den *Miscellanea Berolinensia*, wiederaufgenommen in die *Opera omnia*, herausgegeben von L. Dutens, Genf 1768, IV, S. 186ff.

2 Der Mathematiker und Orientalist Jacques Golius (1596-1667) lehrte in Leiden und arbeitete am *Atlas sinicus* von Martini mit.

3 Siehe Madeleine V. David, *Le Débat sur les écritures et l'hiéroglyphe aux XVIIe et XVIIIe siècles et l'application de la notion de déchiffrement aux écritures mortes*, Paris (S.E.V.P.E.N.) 1965, S. 79/80.

sondern auf die chinesische Schrift, die damals (und es wird nicht immer so sein, wie wir sehen werden) als eine rein konventionelle und nicht darstellende Ideographie wahrgenommen wurde. Auf die Verbindung zwischen Konvention und Kunstgriff wird bei Montesquieu deutlich hingewiesen: »Ich wäre veranlaßt zu glauben, daß diese Schriftzeichen von einer Gesellschaft von Gebildeten erfunden wurden, die sich vor dem Volk verstecken wollten [...]. Mein Grund dafür ist, daß diese Schriftzeichen keineswegs ein Bild des dargestellten Gegenstandes sind.« Wie die Untersuchung von Madeleine David klar gezeigt hat, wird das gesamte Denken des klassischen Zeitalters über die (damals als solche angesehenen) nicht phonetischen Schriften von zwei valorisierenden Mythen oder antithetischen »Vorurteilen« geprägt: dem des Ideogramms als reiner Konvention und (von Kirchner bis Barthélémy) dem der »Hieroglyphe« als reiner Mimesis. Diese Opposition ist manifest bei Leibniz selbst: »Ich weiß nicht, was ich über die Hieroglyphen der Ägypter sagen soll, und ich habe Mühe zu glauben, daß es irgendeine Übereinstimmung mit denen der Chinesen gibt. Denn es scheint mir, daß die ägyptischen Schriftzeichen volkstümlicher und den wahrnehmbaren Dingen wie Tieren und anderen und folglich den Allegorien zu ähnlich sind: während die chinesischen Schriftzeichen vielleicht philosophischer sind und auf intellektuelleren Erwägungen gebaut scheinen wie Zahl, Reihenfolge und Beziehungen; so gibt es nur losgelöste Merkmale, die keine Art von Ähnlichkeit mit irgendeiner Art von Körper unterstützen.«[1] Wie man sieht, ist diese Beschreibung nicht gänzlich frei von valorisierenden Konnotationen; dies ist ein wesentliches Merkmal, und ich werde darauf zurückkommen.[2]

---

1 Brief an P. Bouvet, zitiert von M. V. David, S. 65.
2 Die *Nouveaux Essais* geben hier einer Ausnahme Raum, die derjenigen des Chinesischen in etwa symmetrisch ist; es handelt sich um die Gaunersprachen (*Rotwelsch, Lingua Zerga, Narquois*) und die zusammengesetzten Sprachen wie die *Lingua Franca* des Mittelmeerraums. Für Leibniz sind dies künstliche, aber gleichwohl (teilweise) motivierte Sprachen; sie sind nämlich ausgehend von natürlichen Sprachen geschmiedet worden, durch Deformation (»indem sie entweder die herkömmliche Wortbedeutung durch Metaphern verändern oder aber neue Wörter durch eine Zusammensetzung oder Ableitung auf ihre Weise schaffen«) oder durch Mischung (»sei es, daß man benachbarte Sprachen ohne Unterschied vermischt, sei es, daß man, wie dies am häufigsten geschieht, eine derselben zur Grundlage nimmt, die man durch Vernachlässigung und Abänderung ihrer Gesetze und selbst durch Hinzufügung neuer Worte verstümmelt, ändert, mischt und verdirbt«). Sie enthalten also ganz natürlich »willkürliche Bestandteile neben den natürlichen und zufälligen, die aus den Sprachen stammen, die sie zugrunde legen« (alle Zitate S. 302).

Zweite faktische und demonstrativ entscheidende Gegebenheit: die ursprüngliche (*primigenia*) Sprache. Das Couturat-Fragment ist hier von sich aus nicht allzu leicht zu interpretieren. Anscheinend begnügt Leibniz sich damit, die beiden traditionellen Thesen wiederzugeben, diejenige der direkten göttlichen Einsetzung (die unter anderem letztlich diejenige von Locke ist) und diejenige – eine dem Text der Genesis nähere Variante – einer von Adam, als er die Tiere taufte, geschaffenen, tatsächlich aber von Gott inspirierten Sprache. Und diese ursprüngliche, göttliche oder adamische, Sprache in die Nacht einer auf immer verlorenenen Antike zurückzustoßen. Wenn man jedoch aus dieser doppelten Erinnerung nicht einen einfachen Exkurs ohne demonstrative Funktion machen will, muß man natürlich diese hypothetischen Sprachen in bezug auf die Hauptopposition zwischen natürlichen, motivierten Sprachen und künstlichen, konventionellen Sprachen situieren und definieren. Was die Hypothese der göttlichen Einsetzung betrifft, so weist die Wahl der Formel *ab instituto divino* selbst, die dem *ex instituto* so nahe steht, womit Leibniz gewöhnlich die konventionalistische These bezeichnet[1], ziemlich deutlich darauf hin, daß es sich hier um eine »willkürliche« Sprache handelt, was explizit die *Brevis designatio* bestätigt: »[...] so [wie die Universalsprache von Wilkins oder das Chinesische laut Golius] wird auch diejenige gewesen sein, die Gott, falls er sie gemacht hat, die Menschen gelehrt hat«[2]. In der adamischen Hypothese könnte man annehmen, daß Gott seiner edelsten Kreatur eine Sprache desselben Typs eingegeben hat, und nichts widerspricht dem in unserem Text, ganz im Gegenteil, da der Begriff ›Kunstgriff‹ (*artificium*) auf die eine wie die andere angewendet zu werden scheint. Doch hier weist die *Designatio* entschieden in die andere Richtung: »In den allmählich entstandenen Sprachen sind die Wörter zufällig aus einer Analogie zwischen dem Stimmklang und den durch die Wahrnehmung des Dinges hervorgerufenen Empfindungen heraus entstanden; und ich kann nicht glauben, daß Adam bei seinen Benennungen anders verfahren wäre.«[3] Die Sprache der göttlichen Einsetzung wäre folglich konventionell und die Adams natürlich

---

1 In den *Nouveaux Essais* wird »ex instituto« als eine Erklärung des Adjektivs »willkürlich« in Klammern gesetzt (S. 301).

2 *Talis etiam fuerit, si quam mortales docuit Deus.*

3 *At in linguis paulatim natis orta sunt vocabula per occasiones ex analogia vocis cum affectu, qui rei sensum comitabatur: nec aliter Adamum nomina imposuisse crediderim.*

und mimetisch gewesen. Die beiden Varianten der jüdisch-christlichen Tradition stehen also für Leibniz in absolutem Gegensatz zueinander, was die Natur der Sprache betrifft, und die Wahl zwischen ihnen wird entscheidend, da im einen Fall alle menschlichen Sprachen von einem konventionellen Ursprung herstammten und im anderen von einem motivierten und motivierenden. Die Funktion dieser doppelten Referenz ist also nichts weniger als abschweifend, da es sich letztlich, nachdem die beiden möglichen Sprachtypen erst einmal definiert sind, darum handelt herauszufinden, wie es sich denn nun wirklich mit den Sprachen der Menschen verhält – mit Ausnahme des Chinesischen natürlich. Im Prinzip, und dem letzten Satz dieses zweiten Abschnitts zufolge, ist diese entscheidende Wahl auch eine unmögliche Wahl, da die Spur dieser Ursprache sich auf jeden Fall verloren hat. Tatsächlich jedoch spricht sich die Fortsetzung – und der ganze Kontext der Leibnizschen Theorien über die Geschichte der Sprachen – entschieden zugunsten der adamischen Hypothese aus, die in der Weise von Jacob Böhme[1] interpretiert wird, das heißt naturalistisch. Die göttliche Hypothese wird also letzten Endes abgelehnt, und die adamische, Symbol des »natürlichen« Ursprungs, setzt sich endgültig durch: Vom Chinesischen abgesehen haben die wirklich von den Menschen gesprochenen Sprachen durchaus »einen natürlichen Ursprung im Einklang zwischen den Lauten und den Wirkungen, die im Geist durch das Schauspiel der Dinge hervorgerufen werden«. Oder aber, um endlich die kategorischste (und reichste) Formulierung zu zitieren, diejenige der *Brevis designatio*, »die Sprachen sind nicht aufgrund von Übereinkunft (Konvention) geschaffen worden, sie sind nicht gleichsam per Dekret begründet worden; sie sind entstanden aus einer Art natürlicher Neigung der Menschen, die Laute mit den Regungen und den Bewegungen des Geistes in Einklang zu bringen. Ich nehme davon die künstlichen Sprachen wie diejenige von Wilkins etc. aus.«[2]

Daß dieser »Einklang«, wie gewöhnlich, aus einer mimetischen Beziehung besteht, das beweisen umfassend die wenigen in unserem

---

1 Cf. *Nouveaux Essais*, S. 306. Hinsichtlich der Theorie der natürlichen Sprache bei Böhme siehe den Artikel von Wolfgang Kayser in *Euphorion* 3 (1930), S. 521-562, übersetzt in *Poétique* 11 (1972), S. 337-366, unter dem Titel »La Doctrine du langage naturel chez Jakob Boehme et ses sources«.

2 *Neque vero ex instituto profectae, et quasi lege conditae sunt linguae, sed naturali quodam impetu natae hominum, sonos ad affectus motusque animi attemperantium. Artificiales linguas excipio*, etc.

Text versammelten Beispiele, in denen wir die vertrauten Kategorien der Mimologie wiederfinden: onomatopoetische Ausdrücke (*Quaken* und gewiß *st*, wenn man hier das plötzliche Zum-Stillstand-Kommen *t* eines anhaltenden Zischens *s* versteht), Ausrufe oder sprachliche Nachahmungen »natürlicher« Schreie (*haha*, *au*), schiefen Symbolismus (das *r* als Ausdruck der Bewegung wie im *Kratylos*). Der Text der *Nouveaux Essais* liefert hier einige zusätzliche Präzisierungen und Illustrationen: Der Ausdruck der Bewegung nuanciert sich in *r* = *heftige Bewegung* und *l* = *sanfte Bewegung*, Korrespondenzen, die offensichtlich an den Unterschied an artikulatorischer Kraft zwischen den beiden »Liquiden« gebunden sind: »So sieht man denn auch, daß Kinder und diejenigen, denen das *R* zu hart und zu schwer auszusprechen ist, an seine Stelle den Buchstaben *L* setzen und z. B. sagen: *Mon levelend pèle* [mein ehlwüldigel Vatel].« (S. 308) Vor allem aber gibt Leibniz sich nicht mehr damit zufrieden, die Offensichtlichkeit, das heißt die Ausdrucksfähigkeit dieser artikulatorischen Opposition festzustellen; er sieht darin eine der tatsächlichen Quellen des Wortschatzes – zumindest in den europäischen Sprachen.[1] Der symbolische Wert des *r*, der sich in *kinesis* nicht wiederfand, geht ein in gr. *rheo* ›fließen‹, dt. *rinnen*, *rüren*, in *Rhein*, *Rhône*, *Ruhr*, *rauschen*, *recken*, *arracher* etc.; derjenige des *l* in *leben*, *lieben*, *laufen*, lat. *lentus*, *labi* etc. und in die lateinischen und germanischen Diminutitve (S. 308/09). Die *Brevis designatio* ist noch genauer, indem sie zwei Sprachschemata einander gegenüberstellt: *r-k*, die eine jäh unterbrochene Bewegung ausdrücken: »durch die Natur seiner Klanglichkeit selbst zeigt der kanidische Buchstabe eine heftige Bewegung an und das *k* am Wortende das Hindernis, das sie anhält«, wie in *Ruck* oder *recken*, »wenn man plötzlich mit großer Kraft und nicht ohne Geräusch ein Seil

---

1 Erinnern wir daran, daß Leibniz die »Skythen-Hypothese« genannte paleo-komparatistische Hypothese der ursprünglichen Einheit der meisten europäischen Sprachen und Völker, die von den von den Ufern des Schwarzen Meeres gekommenen Skythen abstammen, akzeptiert, die im 16. Jahrhundert von Goropius Becanus vertreten und Ende des 18. Jahrhunderts von Andreas Jäger wiederaufgenommen wurde. Siehe George J. Metcalf, »The Indo-European Hypothesis in the XVIth and XVIIth Centuries«, in Dell Hathaway Hymes (Hg.), *Studies in the History of Linguistics – Traditions and Paradigms*, Bloomington/London (Indiana Univ. Press) 1974. Hinsichtlich der Leibnizschen Ansichten zur historischen Sprachwissenschaft insgesamt und ihren »Quellen« siehe Sigrid von der Schulenburg, *Leibniz als Sprachforscher*, mit einem Vorwort herausgegeben von Kurt Müller, Frankfurt (Klostermann) 1973.

oder etwas anderes spannt, so daß es nicht reißt, sondern die Bewegung anhält; man verwandelt so eine gekrümmte Linie in eine gerade Linie, gespannt wie die Saite eines Musikinstruments«; wenn der Ruck bis zum Reißen geht, mit einer Verlängerung der Bewegung, tritt *r-k r-s* oder *r-z* seinen Platz ab, wie in *Riß* oder *Ritze*. »So entschleiern sich«, fährt Leibniz fort, »die ersten Ursprünge des Wortschatzes, so oft man bis zur Wurzel des onomatopoetischen Ausdrucks zurückgehen kann.«[1]

In Wahrheit ist die Beurteilung im allgemeinen vorsichtiger oder zurückhaltender. Wir haben beispielsweise bereits gelesen: »Die Bedeutung ist auch nicht *rein* willkürlich«; oder, in den *Nouveaux Essais*: »[...] in dem Ursprung der Worte [obwaltet] eine natürliche Beziehung zwischen den Dingen und den Lauten und Bewegungen der Sprachorgane [...]« (S. 309); und bezüglich des Ausdruckswertes des Lautes *l*: »Man darf indessen nicht behaupten, daß diese Beziehung sich überall bemerken läßt, denn der Löwe, der Luchs, der Wolf (auf französisch *loup*) sind nichts weniger als sanft. Aber man kann sich hierbei an einen anderen Umstand gehalten haben, nämlich an den schnellen Lauf, der diese Tiere furchtbar macht oder der uns zur Eile zwingt: als wollte jemand, der ein solches Tier kommen sieht, den anderen zurufen: Lauft! (d.h. Flieht!). Überdies sind die meisten Worte durch verschiedene Zufälle und Veränderungen außerordentlich modifiziert und entfernen sich von ihrer ursprünglichen Aussprache und Bedeutung.« (S. 309). Und immer noch über diesen Punkt des zunehmenden Verblassens der Motivation in *Brevis designatio*: »[...] doch am häufigsten haben sich unter dem Einfluß der Zeit und zahlreicher Ableitungen die ursprünglichen (*veteres et nativae*) Bedeutungen verändert oder verdunkelt.« Aber es ist gerade charakteristisch für seine Haltung, daß Leibniz mal sagen kann: »die Sprachen sind motiviert«, dann wieder: »die Sprachen sind *teilweise* motiviert« und schließlich auch: »die Sprachen waren ursprünglich motiviert, mit der Zeit aber hat diese Motivation sich verloren«, ohne sich wegen dieser Nuancen oder Dissonanzen Gedanken zu machen. Wir erinnern uns, daß ein schlecht gebildetes Wort (fast) ausreiche, damit Sokrates sich gegen die kratylische Hypothese wandte, und wir werden sehen, wie sehr die Abschwächung der stimmlichen Mimesis im Verlauf der Derivation den Präsidenten de Brosses verdrießen wird, so daß er in die Suche nach einem anderen Typ von

---

[1] *Tales detegunt sese primae origines vocabulorum, quoties penetrari potest ad radicem* τῆς ὀνοματοποιίας.

Nachahmung gestürzt wird. Für Leibniz gefährden, ein wenig wie
für den Autor von *De dialectica*, ein paar Lücken, viele Lücken, ja
mehr und mehr Lücken nicht das allgemeine Prinzip; oder, wenn
man so will, die Ausnahme bestätigt die Regel. Ein typischer Ausdruck von *Optimismus*? Ebensogut, und gewiß ein wenig besser,
eines anderen Gefühls oder einer anderen Haltung, der ich nicht zu
vorschnell einen Namen geben möchte. Der wahre »Optimismus«
auf diesem Gebiet[1] ist derjenige von Kratylos selbst oder, wie wir
sehen werden, von Court de Gébelin, die keinerlei Riß im System
dulden oder sehen wollen. Leibniz dagegen sieht und duldet viele,
und anscheinend macht es ihm wenig aus, so als wollte er nur auf
einige Ausnahmen zum umgekehrten System hinweisen. Aber ist das
nicht eigentlich der Fall? Philalète behauptete, es gäbe *keine* »natürliche Verknüpfung« zwischen den Wörtern und den Dingen (S. 301);
Théophile widerlegt ihn ohne großen Aufwand, indem er einfach
zeigt, daß es manchmal *ein paar* gibt. Kurz, man hat verstanden, er
verhält sich zu Hermogenes so, wie Sokrates sich zu Kratylos verhielt.

Diese Formel mag zugleich künstlich und unbedeutend scheinen,
wenn man der Ansicht ist, daß Sokrates selbst sich auf halbem Weg
zwischen Kratylos und Hermogenes befindet, indem er nacheinander jedem von beiden vorführt, was es an Übertriebenem und Einseitigem in seiner Theorie gibt. Doch wir haben gesehen, daß dem
nicht wirklich so ist und daß es keine Symmetrien zwischen dem
ersten und dem zweiten Schritt des Dialogs gibt, und zwar zumindest aus dem Grund, weil Sokrates Kratylos ohne Vergnügen widerlegt, und obwohl er explizit dessen Wertesystem teilt, daß es nämlich
»bei weitem und ohne Frage [...] vorzuziehen [ist] [...], durch ein
Ähnliches darzustellen, was jemand darstellen will, als durch das
erste beste« (434a). Nichts davon bei Leibniz: Er begnügt sich damit,
ein paar Fälle von Nachahmung »durch ein Ähnliches« zu vermerken und sie dem Konventionalismus von Locke unterzuschieben als
reines *matter of fact* und ohne jede Valorisierung, ja mit einer Sorglosigkeit, was das Ausmaß des Phänomens betrifft, die man einer
gewissen Gleichgültigkeit zuschreiben könnte.

Müssen wir noch weiter gehen? Zumindest müssen wir uns, was
wir bis jetzt aus freien Stücken aufgeschoben haben, der anderen
Seite zuwenden, der Seite dessen, was Leibniz sofort der *reinen*

---

1 »Optimismus des Signifikanten«, so bezeichnet Jean-Pierre Richard den Mimologismus Chateaubriands (*Paysage de Chateaubriand*, Paris (Seuil) 1967, S. 162).

Konvention zugestanden hat. Diese Seite wird, ich erinnere daran, ganz von den *künstlichen* Sprachen eingenommen, das heißt »von irgendeinem klugen Mann auf einmal erfunden [...], um einen sprachlichen Verkehr zwischen einer Menge verschiedener Nationen herzustellen [...]«. Diese Definition, in der »auf einmal« von einem Text zum anderen in Opposition steht zum »allmählich« (*paulatim*) der Genese der natürlichen Sprachen, richtet sich hier auf das Chinesische; doch ebensogut auch auf die philosophischen Sprachen von Dalgarno, Wilkins »und anderen«; und überdies, hypothetisch, auf eine Sprache, die von Gott selbst erfunden wäre. Nun trifft es sich, daß keine dieser Zuweisungen axiologisch neutral ist. Was das Chinesische angeht, so verweise ich auf den oben zitierten Brief an Bouvet, in dem der Vergleich mit den »Hieroglyphen der Ägypter« eine auffallende intellektuelle Überlegenheit hervortreten läßt. Die göttliche Einsetzung ist natürlich von sich aus schmeichelhaft; nichts verbindet sie schließlich notwendig mit der Konventionalität, wenn nicht eine implizite Valorisierung: Für Sokrates war das übermenschliche Werk, das einen unfehlbaren Logotheten erforderte, die mimetische Nomenklatur; dagegen war die einfache Konvention, bezeichnet als »gemeiner Ausweg« und definiert als launische oder zufällige Wahl irgendeines Namens für irgendein Ding, dem ersten besten (*pas aner*) zugänglich. Für Leibniz ist es anscheinend umgekehrt: Der onomatopoetische Ausdruck war dem »volkshaften« Hirn der ersten Menschen zugänglich, die reine Konvention jedoch, eine »philosophische« Aufgabe, erforderte eine göttliche Intelligenz oder zumindest diejenige eines noch zukünftigen »klugen Menschen«, wie Dalgarno, Wilkins *und anderer*. Es wird Zeit, an das zu erinnern, was jeder weiß. Dieses *aliique* ist eine schamhafte Formel, mit der Gottfried Wilhelm sich selbst bezeichnet, der nicht aufgehört hat, von einer Universalsprache zu träumen, die noch philosophischer ist als die seiner Vorgänger, eine logische Algebra, deren Nomenklatur auf einer strengen Analyse des Denkens in einer Kombinatorik einfacher Ideen beruhen sollte. Die Einzelheiten dieser Pläne interessieren uns hier nicht unmittelbar.[1] Es genügt festzuhalten, daß Leibniz sich selbst, und gerechtfertigterweise, in die Liste dieser Logotheten, übermenschlich oder nicht, einschließt, die eine in der Organisation ihrer Signifikate streng rationale und in der Wahl ihrer

---

1 Siehe L. Couturat, *La Logique de Leibniz*, Paris 1901, und L. Couturat/L. Léau, *Histoire de la langue universelle*, Paris (Hachette) 1903, Nachdruck Hildesheim/New York (Olms) 1979.

Signifikanten rein konventionelle Universalsprache geschmiedet oder zu schmieden versucht haben. Diese drei Eigenschaften implizieren sich nicht *a priori* gegenseitig, und wir werden an anderer Stelle zumindest dem Versuch einer rationalen *und mimetischen*[1] Universalsprache begegnen. Leibniz hat anscheinend niemals daran gedacht, beherrscht wie er war von dem, was Madeleine David »das Kriterium des überlegenen Wertes des nicht figurativen Zeichens« nennt[2]. Dieses »Kriterium« ist das, was man auch, mit Bezug auf Saussure, die *semiologische* (vs *symbolische*) Parteinahme nennen könnte. Wenn man die kratylische Debatte auf ihren letzten Valorisierungskern reduziert, dann ist es hier das hermogenistische Kriterium par excellence – so exzellent, daß Hermogenes selbst ihm im *Kratylos* nirgendwo explizit gerecht wird.

Man sieht jetzt besser, hoffe ich, worin die Position von Leibniz zu der des Sokrates symmetrisch und entgegengesetzt ist: So wie Sokrates Kratylist dem Recht (der Geltung) nach und Hermogenes der Tat nach war, ist Leibniz Mimologe der Tat nach (da er die Rolle der Motivation in den natürlichen Sprachen anerkennt und »vorführt«) und Konventionalist dem Recht nach, da er implizit diese Rolle kritisiert, indem er andererseits versucht, eine nach seinen eigenen Worten »rein willkürliche« Sprache zu schmieden. Wenn man, wie wir es getan haben, übereinkommt, das Bemühen um künstliche Remotivation, zu dem die sokratische Konstatierung (die Sprache sollte und könnte mimetisch sein, ist es aber nicht) logischerweise (obwohl Sokrates selbst sich dem entzieht) führt, *sekundären Mimologismus* zu nennen, so könnte man umgekehrt als *sekundären Konventionalismus* den Leibnizschen Versuch bezeichnen, der auf seine Weise ein Bemühen um künstliche Demotivation ist: Die Sprache würde nur gewinnen, wenn sie ganz und gar willkürlich ist, sie könnte es sein, sie ist es nicht, folglich muß man sie in diesem Sinne neu bilden oder zumindest eine andere erfinden, die dieser Forderung gerecht würde.

Ich will nicht verheimlichen, was es auch in dieser zu schönen Symmetrie, die gewiß vom taxinomischen Dämon und vom kombinatorischen Taumel inspiriert ist, an Künstlichem, und an Mythischem, gibt. Ich plädiere lediglich dafür, daß der Gegenstand sich

---

1 Aber auch natürlichen, da es sich bei Rowland Jones ganz einfach um das zur Universalsprache erhobene Englische handelt.
2 *Le Débat sur les écritures et l'hiéroglyphe aux XVIIe et XVIIIe siècles*, S. 63.

dafür eignet, und widme ihm in aller Bescheidenheit diese letzte Bemühung um Systematisierung:

Man kommt überein, die mimologistische »Doktrin« auf diese drei bereits formulierten Positionen zu reduzieren: A, *die Sprache muß mimetisch sein*; B, *die Sprache kann mimetisch sein*; C, *die Sprache ist mimetisch*. Man stellt dann fest, wie es sich gehört, daß allein Kratylos und seine wahren Schüler diese drei Positionen gelten lassen. Sokrates und in seinem Gefolge der sekundäre Mimologismus lassen nur die beiden ersten gelten. Hermogenes läßt weder die zweite noch (infolgedessen) die dritte gelten und äußert sich nicht über die erste, der absolute Konventionalismus jedoch, für den Saussure vorläufig das Paradigma liefern könnte, läßt überhaupt keine gelten. Leibniz, meines Wissens der einzige Vertreter des sekundären Konventionalismus[1] und die vollkommene Antithese zu

---

1 Eine anscheinend sehr verwandte, allerdings komplexere (oder verworrenere) Position ist diejenige von M. Mersenne in seiner Abhandlung über die *Harmonie universelle* (1636). Wie Sokrates und Leibniz schreibt Mersenne den Lauten der Sprache einen expressiven Wert zu (»*a* und *o* sind geeignet zu bedeuten, was groß und voll ist [...], *e* bedeutet die feinen und subtilen Dinge [...] *i* die sehr dünnen und sehr kleinen Dinge [...] *o* dient zum Ausdruck der großen Leidenschaften [...] und zur Darstellung der Dinge, die rund sind [...] *u* bedeutet dunkle und verborgene Dinge«; unter den Konsonanten kann *f* den Wind und das Feuer darstellen, *l* die Weichheit, *r* die Rauhheit, *m* die Größe, *n* die Dunkelheit). Im Gegensatz jedoch zu Leibniz glaubt er nicht, daß diese Fähigkeiten in die Ausbildung der natürlichen Sprachen eingebracht worden sind. Seine Illustrationen bestehen nicht in einfachen Vokabeln, sondern – wir werden dieser Spaltung wiederbegegnen – in komplexen imitativen Harmonien, die von Vergil entliehen sind, das heißt im poetischen Kunstgriff; und indem er feststellt, daß keine Erregung der Sinne uns »Vokabeln, die auf natürliche Weise bedeutungstragend sind, aus denen man eine natürliche Sprache bilden könnte«, eingibt, kommt er zu dem Schluß: »Ich bin nicht der Ansicht, daß es eine natürliche Sprache gibt.« (II, S. 75-77) Es gibt keine mimetische Sprache trotz der mimetischen Fähigkeiten der Laute; bis hierhin befinden wir uns in der reinen sokratischen Orthodoxie. Doch hier nun der hermogenistische Umsturz: »Wenn man eine Sprache erfinden könnte, deren Diktionen (Vokabeln) ihre natürliche Bedeutung hätten, so daß alle Menschen das Denken der anderen allein bei ihrer Aussprache verstünden, ohne ihre Bedeutung erlernt zu haben, so wie sie verstehen, daß man sich freut, wenn man lacht, daß man traurig ist, wenn man weint, so wäre diese Sprache die beste aller möglichen [...]. Doch da der Klang der Worte keine solche Beziehung mit den natürlichen, geistigen und übernatürlichen Dingen hat, daß ihre Aussprache allein uns ihre Natur oder ihre Eigenschaften verstehen lassen könnte, angesichts der Tatsache, daß die Laute und die Bewegungen keine den Dingen anhaftende Merkmale sind, welche sie darstellen, bevor die Menschen zusammen übereingekommen sind und ihnen die Bedeutung aufgezwungen haben, die sie gewollt haben [...], muß man sehen, ob die Kunst und der

Sokrates, läßt nur die beiden letzten gelten. Man könnte noch ein paar andere Kombinationen ins Auge fassen (unter Ausschluß natürlich all jener, logisch unhaltbaren, welche die dritte Position ohne die zweite gelten lassen würden). Eine von ihnen würde besondere Aufmerksamkeit verdienen, doch ich habe einige Gründe, sie nicht sofort zu erwähnen und es dem ungeduldigen Leser zu überlassen, sie abzuleiten. Hier also das unvermeidliche Tableau, in dem + Zustimmung, – Ablehnung, ? Schweigen und vielleicht Gleichgültigkeit bedeutet. Ich lasse absichtlich eine Reihe leer; ich werde vielleicht darauf zurückkommen.

A	B	C	
+	+	+	absoluter Mimologismus (Kratylos)
+	+	–	sekundärer Mimologismus (Sokrates)
?	–	–	Hermogenes
–	–	–	absoluter Konventionalismus (Saussure?)
–	+	+	sekundärer Konventionalismus (Leibniz)

Geist der Menschen die beste aller möglichen Sprachen erfinden kann; was nicht geschehen kann, wenn man nicht zuallererst voraussetzt, daß die beste Sprache diejenige ist, welche die Vorstellungen des Geistes am kürzesten und klarsten erklärt.« (S. 65; cf. S. 12) Die »beste mögliche Sprache« ist also nicht die mimetische Sprache – die nicht möglich ist; sie ist einfach die kürzeste und klarste Sprache, und dieses Ideal an ökonomischer Zweckmäßigkeit und Wirksamkeit findet Mersenne schließlich, wie man weiß, und lange vor Dalgarno und Wilkins, in einer algebraischen Kunstsprache, die auf der Analyse der Ideen und einer Kombinatorik der konventionellen Zeichen gründet. Er würde also recht gut den eher ausgekochten Weg vom sekundären Kratylismus zum sekundären Hermogenismus repräsentieren: den eines *in extremis* zur »philosophischen« Sprache konvertierten Sokrates.

Mimographismen

Von Platon bis Leibniz haben wir einige Veränderungen, aber keine wirkliche Verschiebung des Feldes der Debatte beobachten können, deren aktives Zentrum die *mimema phone* geblieben ist, die Nachahmung des Sinns durch die Klänge der Stimme. Nun materialisiert sich die Sprache aber nicht nur in der Rede, sondern auch in der Schrift, und neben (oder unter, oder über, wie man will, ich komme darauf zurück) der lautlichen Mimesis kann man auch träumen – hat man geträumt – von einer graphischen Mimesis, einer Nachahmung durch die wahrnehmbaren Formen der Schrift. Nachahmung wovon? Hier drängt sich eine Unterscheidung auf, die de facto, wenn nicht de jure, der lautliche Mimologismus ignoriert: Die Schrift kann ebenso wie die Rede als eine Nachahmung der Gegenstände begriffen werden, die sie bezeichnet. Dies ist in etwa, wie wir gesehen haben, die Vorstellung, die man sich in der klassischen Epoche von den ägyptischen »Hieroglyphen« machte. Doch eine sogenannte phonetische Schrift wie die unsere kann auch als eine Nachahmung der Laute begriffen werden, die sie notiert, wobei (beispielsweise) jeder Buchstabe die visuelle Entsprechung eines Phonems ist. Um zu einer synthetischeren und beweglicheren Terminologie zu gelangen, kann die Mimologie generell eingeteilt werden in *Mimophonie* (sie ist das Gebiet des klassischen Kratylismus) und in *Mimographie*, die sich ihrerseits wieder in *Ideomimographie* und *Phonomimographie* teilt. Diese beiden Spielarten der Mimographie sind theoretisch ganz und gar heterogen und voneinander unabhängig. In der Praxis können sie sich gleichwohl verbinden, wenn zum mimographischen Prinzip das mimophonische Prinzip hinzukommt: Wenn die Schrift die Rede nachahmt, die ihrerseits die Dinge nachahmt, so folgt daraus notwendig, daß die Schrift, selbst ohne es zu wollen, die Dinge nachahmt; und wenn umgekehrt die Rede und die Schrift jede für sich die Dinge nachahmen, so ahmen sie unvermeidlich einander nach. Wir werden, wenn es so weit ist, den Wirkungen solcher Konvergenz begegnen. Begnügen wir uns für den Augenblick mit einfacheren oder dissoziierteren Zuständen. Neben einigen anderen bietet uns das klassische Zeitalter zwei ziemlich reine und in etwa zeitgenössische mimographische Systeme an: dasjenige von Wachter, das eine phonomimetische Interpretation unseres Alphabets ist, und dasjenige von Rowland Jones, das es aus ideomimetischer Sicht betrachtet.

Das Prinzip der Phonomimographie ist klar, doch es ist nicht so einfach, wie es *a priori* scheinen könnte, und zwar zumindest aus dem Grund, weil die Laute der Rede entweder unter ihrem eigentlich akustischen Aspekt ins Auge gefaßt werden können oder unter ihrem artikulatorischen. Man könnte sich also zwei Typen von mimetischem Alphabet denken, deren einer graphisch die Laute der Rede darstellte, ohne sich um die Bedingungen ihrer Hervorbringung durch die Sprechorgane zu kümmern, und deren anderer die Gestalt dieser Organe im Augenblick dieser Hervorbringung nachahmte. Wir werden einem Versuch ersterer Art beim Präsidenten de Brosses hinsichtlich der Notation der Vokale begegnen, und in sehr viel jüngerer Zeit hat man ein auf einer elektronischen Transkription gegründetes vollständiges Notationssystem vorgeschlagen.[1] Doch da befinden wir uns im Bereich der künstlichen Alphabete und folglich im Hoheitsgebiet des sekundären Mimographismus. Der eigentlich graphische Kratylismus, das heißt die mimetische Interpretation der existierenden Schriften, scheint sich sehr viel bereitwilliger der artikulatorischen Phonomimese[2] zugewandt zu haben. Diese Vorliebe ist ziemlich erklärlich: Die Übersetzung des Akustischen in Graphik ist den Labormaschinen zugänglicher als die naive Vorstellungskraft, und die bekannten Alphabete eignen sich wirklich schlecht für eine Interpretation in diesem Sinne. Dagegen ist zwischen der Form mancher Buchstaben und derjenigen beispielsweise des Mundes (der Lippen) während der Emission des entsprechenden Lautes die Annäherung recht leicht, und es gibt zumindest eine, die sich, begründet oder nicht, von selbst zu verstehen scheint und die häufig vorgeschlagen worden ist: natürlich handelt es sich hierbei um das O. Man findet sie beispielsweise im *Champ fleury*, der Abhandlung über Typographie von Geofroy Tory (1529): »Das O will mit

---

[1] Das ist der *visible speech* der Forscher der Bell Company; siehe Ralph K. Potter/George A. Kopp/Harriet C. Green, *Visible Speech*, New York 1947.

[2] Verwendet auch von künstlichen Alphabeten; es handelt sich um den *visible speech* von Melville Bell, den man nicht mit dem vorhergehenden verwechseln darf und der von dem Phonetiker Henry Sweet unter dem Namen eines *organischen* Systems reformiert worden ist; siehe Sweet, *A Primer of Phonetics*, Oxford 1906.

einem Geist und Klang ausgesprochen werden, die rund aus dem Mund hervortreten, wie die Figur und Zeichnung [des Buchstabens] zeigt«; oder in J.C. Scaligers *De causis linguae latinae* (1559), I, 39: »[...] die Figur kommt von einer Darstellung der Rundung des Mundes, während das I, das den schlankeren Laut notiert, sich ohne Buckel und Bauch präsentiert«. Sie kehrt, wie jeder weiß, in der Phonetiklektion des *Bourgeois gentilhomme*, des »Bürgers als Edelmann« (1670), wieder: »Die Öffnung des Mundes bildet just eine kleine Rundung, die ein O darstellt«[1], und implizit bei Lamy: »Der ganze Mund rundet sich, und die Lippen bilden einen Kreis, während sie bei der Aussprache eines I eine gerade Linie bilden«[2]. Wir haben es hier, was das O betrifft, mit einem regelrechten Gemeinplatz zu tun, dem wir auch noch bei Nodier wiederbegegnen; die gerade Linie des I (anscheinend gedreht um eine Vierteldrehung) ist weniger offensichtlich. Hier jedoch nun, sehr viel komplexer, in bezug auf das A[3], erneut das *Champ fleury*, das hier Galeotus Martius paraphrasiert: »*A ex duabus lineis constat, quae suo contactu angulum constituunt acutum, spiritum ab utraque parte palati emanantem indicant. Quae vero per transversum posita est, certam mensuram hiatus ostendit, quanto opus est in hujus elementi enunciatione.* Das heißt, A besteht aus zwei Linien, die sich mit dem oberen Ende gegenseitig berühren und einen spitzen Winkel bilden. Und deshalb sind sie Kennzeichen für die Stimme, die zwischen den beiden Teilen des Gaumens hervortritt, und die obere Konkavität des Mundes. Auch die Linie, die quergelegt ist, zeigt das gewisse Maß an Öffnung an, das für die Aussprache dieses Buchstabens und Lautes erforderlich ist. Der Querstrich besagten As bedeutet uns also, daß es mit nicht zu sehr geöffnetem noch zu sehr geschlossenem Munde ausgesprochen werden will.«[4]

Dies sind immer noch lediglich vereinzelte Hinweise. Systematischer ist der Versuch von Franciscus Mercurius Baron van Helmont in seinem *Alphabeti vere naturalis hebraici brevissima delineatio*[5]. Jeder Buchstabe des hebräischen »Alphabets« wird hier, unterstützt

---

1 Man weiß, daß diese Lektion inspiriert ist von Géraud de Cordemoys *Discours physique de la parole* (1668), die mimetische Interpretation findet sich jedoch nicht bei Cordemoy.
2 *La Rhétorique* (1675), III, 2.
3 Zu lesen als großer Druckbuchstabe; selbst die mechanischen Schreibvarianten sind so wichtig, daß man sich bisweilen auf diese Präzisierungen einlassen muß.
4 Der Text von Galeotus stammt aus dem Kapitel »De literis« des *De homine* (1517).
5 Sulzbaci 1657.

von einer Abbildung, analysiert als Zeichnung, die im Profil die Stellung der Zunge im Augenblick der Emission darstellt. Manche dieser Zeichnungen machen etwas ratlos, doch dafür muß man wohl die Inkompetenz des Lesers verantwortlich machen.

Das System von Wachter ist eine nüchternere Illustration, und es stützt sich (obwohl es eine Genealogie aller Schriften sein will) im wesentlichen auf das lateinische Alphabet. Es handelt sich um die Kapitel II und III der *Naturae et scripturae concordia*[1], deren Titel in ihrer Redundanz vollkommen explizit sind: *Primas literarum formas ab instrumentis loquendi desumptas esse* und *Primas literarum formas instrumentis suis similis fuisse*. Für Wachter hat die Natur nicht nur die Klänge der Vokale und der Konsonanten geliefert, sondern zudem und zugleich die Form ihrer Buchstaben, die »keinerlei Erfindung, sondern eine einfache Nachahmung« erforderte: es genügte, die Form der Sprechorgane aufmerksam zu betrachten. Jede andere Suche wäre sinnlos und im übrigen wirkungslos gewesen, denn in diesem Urzustand des menschlichen Geistes mußten die Zeichen der Schrift so klar und mnemotechnisch wie möglich sein, und nichts kann dies so gut wie ähnliche Zeichen: *nam a similibus similium fit recordatio*.

Betrachten wir zunächst die Vokale, oder vielmehr den Vokal, ein »einfacher Laut, mit offenem Mund hervorgebracht, wobei die Zunge unbeweglich an ihrem Platz bleibt; und dieser Laut bezieht sein Bild (*effigiem*) natürlich aus der runden Form des offenen Mundes – eine Form, die das Zeichen O ausdrückt. Und obwohl es fünf Vokale gibt, unterschiedlich und unterschieden durch ihren Klang, steht fest, daß sie alle verwandt sind und mit derselben, mehr oder weniger engen, Öffnung des Mundes hervorgebracht werden.« Diese fünf Vokale sind also nur fünf sekundäre Varietäten eines einzigen Lautes, der ausschließlich durch die Öffnung des Mundes charakterisiert ist und durch eine Nachahmung dieser Öffnung notiert wird. Wir werden an anderer Stelle dieser fundamentalen Einheit des Vokals wiederbegegnen, die hier aus naheliegenden graphischen Gründen auf das O (und nicht, wie gewöhnlich, auf das A) fokussiert ist. Es ist im übrigen für Wachter wahrscheinlich, daß die ersten Menschen die vokalischen Nuancen nicht unterschieden: noch heute »verwischen sich im Mund des gemeinen Volkes alle Vokale«, und

---

1 Leipzig 1752. Johann Georg Wachter, deutscher Philologe und Archäologe, lebte von 1673 bis 1757. Sein Hauptwerk ist ein *Glossarium germanicum*, veröffentlicht 1736/37.

»nicht alle Völker wissen alle Vokale zu benützen«. Die sich vom O unterscheidenden Vokalbuchstaben sind also jüngeren Datums, in ihrer Verteilung konventionell und wahrscheinlich von dieser einfachen und grundlegenden Form abgeleitet »entweder vermittels eines Stützquerbalkens, von daher das koptische oder griechische A, oder durch Vierteilung der Fläche des Kreises, von daher das griechische und lateinische E, I und V«; das heißt wohl, daß man aus einer Figur wie ⊕ oder ⊗ das Material für diese verschiedenartigen Zeichen schöpft, die auf diese Weise indirekt von der mimetischen Form O herstammen, ohne selbst eine Beziehung der Analogie mit den Lauten zu unterhalten, die sie notieren. Es genügt Wachter anscheinend, daß das mimetische Prinzip im Anfang da ist; selbst wenn es sich in der Folge zersetzen oder verschwinden sollte, reicht diese Initialhandlung aus, die Kette im Ganzen zu motivieren.

Das konsonantische System ist komplexer. Es unterteilt sich in Gutturale, Linguale, Dentale, Labiale und Nasale, wobei jede dieser Gruppen sich, wie diejenige der Vokale, auf eine Artikulationseinheit reduzieren läßt, die ihre grundlegende Buchstabenform liefert. Die Gutturale, seien sie nun expiriert (*h*), aspiriert (*ch*) oder explosiv (*k*, *c*, *q*, *g*), werden sämtlich in der Kehle gebildet; und ihre lateinischen Buchstaben (K, Q, C, G) leiten sich alle von der Figur ○ ab, »die so gut die Schwelle der Kehle und den Weg des Atems, oder Stimmrohr, darstellt«. Alle also, mit Ausnahme des H, das »durch Verschmelzung zweier konventioneller Zeichen des Atems, des rauhen Geistes (῾) und des sanften Geistes (᾿), gebildet worden ist; Arbitrarität also in den Bestandteilen, Motivation jedoch in der Tatsache, daß Atemzeichen verwendet werden, um die Expiration zu notieren. Die »Linguale« können das Ergebnis dreier klar unterschiedener Artikulationsbewegungen oder dreier grundlegender Figuren sein: 1. einfacher Kontakt der Zunge mit dem vorderen Teil des Gaumens: das ist der Laut *l* und die Figur <, von der sich klar das griechische Λ ableitet und (durch Drehung) das lateinische L; 2. Stoßen der Zunge gegen die oberen Zähne: das ist der (gewöhnlich Dental oder Apikodental genannte) Laut *d* oder *t*, je nach Artikulationsstärke, notiert durch die Figur ⊲, Ursprung des griechischen Δ und des lateinischen T; 3. Vibration der Zunge gegen die oberen Zähne, die »das Getöse des *r*, dessen natürliche Figur eine an ihrer Spitze gekrümmte Linie ist: ⌐«, hervorbringt, von daher das hebräische ר und das griechische P, und indirekt das lateinische R. Der Einheits»dental« ist in Wirklichkeit ein Sibilant, hervorgebracht durch den »Atem, den die Zunge gegen die Zähne preßt, die ihm seine Gestalt geben, das heißt, ohne Widerrede, ⊓«; das ist die sichtbare Form des unteren Schneidezahns; auf die Seite gelegt und durch ihren Fall ein wenig verbogen bringt sie das griechische Σ hervor, außerdem, mit Hilfe verschiedener Erweichungen, das lateinische S und C. Die Labiale werden durch Verschluß der Lippen hervorgebracht: 1. vollständig, durch einfachen Kontakt (die Laute *b*, *p*), von daher die Figur, die im Profil zwei geschlossene Lippen darstellt: ɜ, von der unser B und P kommen; 2. vollständig, mit Zusammenpressen (der Laut *m*): diese Variante stellt dieselbe, um eine Vierteldrehung verschobene Figur dar: ɷ, von der natürlich unser m kommt, das unter den Meißeln der Inschriftenmeißler zum eckigen M geworden ist; 3. teilweise, den Atem durch die zwischen den Lippen freigelassene Öffnung hindurchlassend (die Laute *f* oder *v*): die Figur stellt zwei halbgeöffnete Lippen dar: ⦃, gespreizt zum K, von daher, wie es scheint, das griechische F (digamma) und unser F. Der Nasal schließlich (der Laut *n*) ist eine Expiration durch die Nase, deren natürliche Figur die äußere Form einer von der Seite gesehenen Nase ist: Λ, deren mißliche Ähnlichkeit mit dem griechischen Lambda stillschweigend übergangen wird und die durch einfaches Auf-den-Kopf-Stellen das griechische V und durch Verdoppelung das griechische und lateinische N hervorbringt.

Wie man sieht, beansprucht Wachters System nicht, die mimetische Motivation bis in die kleinsten Einzelheiten aller Schriften einzuführen. Ihm genügt ein mimetischer Ursprung einiger Grundfiguren, deren spätere Verformung nicht ausreicht, um das Prinzip umzustoßen: eine bescheidene Position, die man bei manchen seiner Erben wie Court de Gébelin nicht wiederfinden wird. Das Hauptinteresse dieses Versuchs liegt jedoch gerade in der Erfindung dieser Mutterfiguren, *matres scripturae*, könnte man sagen, auf halbem Weg zwischen dem artikulatorischen Schema und dem eigentlichen graphischen Zeichen, die in die Schrift eine allen existierenden Alphabeten unbekannte Kategorie einführen, die das generische Kennzeichen und die (imaginäre) Spur einer echten phonetischen Klassifikation ist. *Mimema phone*, die geschriebene Seite beginnt von kleinen – mehr oder weniger erkennbaren, stets zugleich im Gebüsch der Buchstaben dargebotenen und verborgenen – geöffneten oder geschlossenen Mündern, Kehlen, umgekehrten Nasen, züngelnden oder gekrümmten Zungen zu wimmeln. »Der Schrift ist dies geheimnisvoll eigen«, wird Claudel sagen, »daß sie spricht.«[1] Hier gibt es

---

1 »Religion du signe«, in *Connaissance de l'Est*, Paris (Mercure de France) 1929, S. 65; dt. »Zeichenreligion«, in *Erkenntnis des Ostens*, deutsch von Eduard Plüss,

kein Mysterium; im Gegenteil, die phantastische Evidenz einer zu Papier gebrachten, doch immer noch lebendigen und brausenden Sprache. Diese, wenn sie es denn ist, »phonozentrische« Halluzination stellt für Wachter nicht nur einen Erkenntnisfortschritt dar, sondern auch eine Quelle des Vergnügens und zudem eine Emanzipation: das Ende einer Tyrannei, genau jener, die das »Mysterium« der Schrift ausübte, das oder, wenn man so will, die jetzt beseitigt ist, da die Schrift selbst sich in Rede auflöst und verschwindet:

> Es ist nicht richtig, stets zu fragen, wozu dient das, wozu ist das gut?, selbst wenn eine neue Erfindung keinen anderen Nutzen hätte als das Vergnügen. In der Tat, ebenso wie bei den Bildern, in denen die Kunst die Natur nachahmt, niemand nach der Nützlichkeit fragt, sondern jeder, befriedigt von der Anmut und der Wahrheit des Bildes, sich vorbehaltlos dem Vergnügen der Betrachtung hingibt; ebenso weiß ich nicht, ob mehr Ungerechtigkeit oder mehr Dummheit darin liegt, in den nach der Natur gezeichneten Schriftzeichen eine andere Nützlichkeit zu suchen als das Vergnügen, das aus dem Empfinden des Einklangs entspringt, und, in Ermangelung dieser Nützlichkeit, das ganze Bild zu verachten, und mag es noch so ähnlich sein. Müßte ein so strenger Richter, der alle Dinge nur nach ihrer Nützlichkeit mißt, nicht mit dem gleichen Stirnrunzeln alle Schätze der Antike verachten? Daß manche Wahrheiten von so geringer Bedeutung sind, daß der Mangel an Nützlichkeit ihnen fast jedes Recht auf Beachtung nimmt, das gebe ich, um ihren Groll zu besänftigen, meinen Kritikern gerne zu, die mich vielleicht als ABC-Greis bezeichnen werden. Doch die Wahrheit der natürlichen Schrift ist von ganz anderer Art. Dank ihrer besitzen wir nun in der Tat die Erklärung der Buchstaben, das heißt der ersten Elemente des menschlichen Wissens, die bis jetzt gleichsam magische oder tyrannische Zeichen waren, allen aufgezwungen und von niemandem verstanden: eine so oft gesuchte, aber im Verlauf der Jahrhunderte niemals gefundene Erklärung. Diese Entdeckung kann nicht verfehlen, den vortrefflichsten Studien neuen Glanz zu verleihen und auf die ältesten Buchstaben ein neues Licht zu werfen. Solcherart ist die wahre Grammatik, erfunden vor allen Grammatiken. Sie ins rechte Licht zu setzen, das ist die wahre Paläographie, denn was gibt es schließlich Älteres als die Natur selbst?

* *
*

Zürich (Arche) 1977, S. 51.

So kurz und klar der Beitrag Wachters war, so weitschweifig, voller Wiederholungen und wirr ist derjenige von Rowland Jones[1]. Ich werde eine Bresche in dieses Gestrüpp schlagen, ohne mich allzu sehr um seine Nuancen, Entwicklungen und Widersprüche zu kümmern, um daraus ein Paradigma der Ideomimographie zu gewinnen.

Jones ist einer der in England wie in Frankreich zahlreichen Verfechter der Keltenthese, die das eine und/oder das andere dieser beiden Idiome auf die keltische Sprache zurückführen, die häufig selbst an das Hebräische oder an eine hypothetische gemeinsame Ursprache angeschlossen wird. Sein Gesamtvorsatz ist der Beweis dieser These und sein Ziel die *Erneuerung* dieser Sprache, wie einer seiner Titel verkündet, oder die *Einsetzung*, wie ein anderer ankündigt, einer *hieroglyphischen Universalsprache bestehend aus englischen Buchstaben und Lauten*; diese beiden Vorhaben sind in Wahrheit ein einziges, da das Englische, der »keltische Hauptdialekt«, für Jones der direkteste und treueste Erbe der natürlichen Ursprache ist. Zwei große Themen der Sprachbetrachtung des 18. Jahrhunderts, die Spekulation über den Ursprung der Sprachen und das Projekt einer universalen oder »philosophischen« Sprache, laufen hier zugunsten eines aktuellen Idioms zusammen, das zugleich als das ursprünglichste und (folglich) für die Universalisierung geeignetste angesehen wird.

> Angesichts der besonderen Struktur des Keltischen, seiner Treue zu den ursprünglichen Schriftzeichen, Lauten und Bildungsverfahren und seiner Unabhängigkeit den anderen Sprachen gegenüber scheint kein Zweifel daran zu bestehen, daß es die erste Sprache der Menschheit ist, es sei denn, irgendeine asiatische Sprache würde eine ebensolche Vollkommenheit offenbaren, was weder der Gelehrte Bochart[2] noch irgendein anderer Gelehrter meines Wissens bis jetzt zu zeigen imstande gewesen ist... Wenn das Keltische sich als die erste Sprache der Menschheit erwiese, so trüge seine Wiederherstellung nicht nur zum Fortschritt des Menschengeschlechts im allgemeinen bei, sondern zur Erneuerung der ersten Univer-

---

1 Englischer Philologe, 1722-1774. Die hier berücksichtigten Texte sind: *The Origin of Language and Nations* (1764); *Hieroglyphic* (1768); *The Circles of Gomer* (1771); *The Io-Triads* (1773). Zumindest die ersten drei sind von der Scolar Press, Menston 1970-1972, nachgedruckt worden.

2 Hauptverfechter der hebraistischen These, *Hierozoïcon* (1663). Jones seinerseits lehnt die Ableitung des Keltischen vom Hebräischen ab. Und er schlägt, Ahnherr um Ahnherr, nach der von Herodot Psammetich zugeschriebenen Hypothese das Phrygische vor.

salsprache [...]. Und von allen keltischen Dialekten scheint das Englische, durch die Einfachheit seiner Konstruktion, die Fülle seiner urtümlichen Redensarten, seine enge Verwandtschaft mit den Ursprachen, am geeignetsten, eine Universalsprache zu werden. Wenn manche Vokabeln fehlen, so könnte man sie finden, ohne Großbritannien verlassen zu müssen. Und wenn man die Abstammung aller Vokabeln bis zum Ursprung verfolgt, wird das Englische vielleicht als das wichtigste keltische Idiom hervortreten, und bei weitem jedem von denen vorzuziehen, die jüngst als ursprünglich von Leuten gepriesen worden sind, die, ohne das Keltische auch nur zu kennen, uns etwas über den Ursprung der Sprache lehren wollen. Möge das Englische in die Schranken treten, allein gegen alle! Und wie Aarons Stab wird es schnell mit allen anderen fertig werden. Möge es die Führung übernehmen, denn das ist das einzige Mittel, eine Universalsprache durchzusetzen und zu bilden...[1]

Würde das Vorhaben von Rowland Jones sich auf diese Art von Erschleichung des alten Projekts einer philosophischen Sprache zugunsten des Englischen beschränken, so beträfe es uns hier nicht unmittelbar. Doch Jones' Universalsprache ist nicht nur eine wirkliche und »natürliche« (und nicht, wie jene von Dalgarno und Wilkins, künstliche) Sprache, sondern überdies, im Gegensatz zu den Konstrukten seiner Vorgänger, eine »hieroglyphische« Sprache – das heißt, im Vokabular der Zeit, eine mimetische[2], »denn solcherart muß ganz gewiß die Konstitution einer universaler Zustimmung unterbreiteten Sprache sein; und solcherart ist meiner Meinung nach das Englische, dessen Vokabeln hieroglyphisch sind, indem ihre Bedeutung mit ihrer expressiven (*picturesque*) Organisation harmo-

---

1 »Postscript« zu *The Origin*, S. 16/17 u. 31/32. *The Io-Triads* kommt auf diese Überlegenheit des Englischen zurück und polemisiert mit Court de Gébelin über die vergleichbaren Meriten des Französischen (S. 42 u. 47). Wir begegnen hier natürlich der nationalen Parteilichkeit wieder, die sich bereits bei Wallis findet, abgebogen jedoch von einem eifersüchtigen Protektionismus in eine Art von Imperialismus, den auch der Untertitel von *Circles* deutlich markiert: *An Essay towards an Investigation and Introduction of the English as an Universal Language*; und das Vorhandensein eines Appendix mit dem Titel: »An Universal English Grammar«.

2 Erinnern wir daran, daß in der klassischen Epoche und bis hin zu Champollion die ägyptische Schrift als rein ideographisch und ohne jede Spur von Phonetismus aufgefaßt wird; die »Hieroglyphe« gilt damals als der Typ schlechthin des mimetischen Zeichens. Wir werden diesem Motiv noch wiederbegegnen, das sich bis zu Baudelaire durchzieht. Cf. Liselotte Dieckmann, *Hieroglyphics – The History of a Literary Symbol*, St. Louis/Mo. (Washington Univ. Press) 1970.

niert«[1]. Auf diese Weise spannt sich ein Netz von Äquivalenzen zwischen dem Englischen, dem Keltischen, der Ursprache, der Universalsprache und dem Prinzip einer mimetischen natürlichen Sprache selbst; auf diese Weise können sich alle Unternehmungen von Jones in einer motivierenden Interpretation der Elemente der Sprache treffen:

> Wenn die ursprüngliche Bedeutung der Buchstaben und Partikel oder Teile der Rede auf diese Weise mit Präzision definiert ist, können alle Sprachen im Urzustand einer Universalsprache wiederhergestellt werden. Von hier aus könnte man ein Wörterbuch anlegen, das die ursprünglichen Wurzeln kursiv angibt und daran anschließend in einem vergleichenden Tableau die abgeleiteten Vokabeln der verschiedenen Dialekte mit ihren ursprünglichen, sekundären, abgeleiteten und akzeptierten Bedeutungen, das Warum und Wie ihrer Ableitung in bezug auf das Urwort, eine kleine Anzahl einfacher grammatischer Konstruktionsregeln und die aktualisierenden Partikel, die dem Nomen hinzuzufügen sind, um die Verben nach englischer Art zu bilden... Darüber hinaus könnte es nützlich sein, in diese Universalsprache die Werke zu übersetzen, die es verdienen; und so würde man, indem man alle anderen Idiome fallen läßt, in den Schulen statt der Doktrin der arbiträren Laute die Kenntnis der Dinge in dieser Universalsprache der Natur lehren, der einzigen, die eine natürliche Verknüpfung mit dem menschlichen Verstande hat.

Dieser Vorsatz betrifft, wie man sieht, im Prinzip alle Ebenen und alle Formen der sprachlichen Konstruktion; tatsächlich jedoch, und

---

1 *Hieroglyphic*, S. 12. In *The Io-Triads* verteidigt Jones, nach Leibniz, das Prinzip des mimetischen Ursprungs gegen die Angriffe seines berühmten Landsmannes: »Herr Locke hat sich, nachdem er die menschliche Seele mit einer großen Anzahl neuer Fähigkeiten ausgestattet hat, um seinem neuen metaphysischen System treu zu bleiben, soweit erkühnt zu behaupten, daß die Sprache nichts anderes als ein Ensemble von Wörtern ist, welche zum Notieren und Mitteilen ihrer Gedanken zu verwenden gewisse Leute willkürlich übereingekommen sind, ohne irgendeine natürliche Verknüpfung zwischen den Lauten und den Ideen oder den Dingen.« (»Preface«, S. 5; man erkennt die Formel aus dem *Essai*, Buch II, Kap. II, wieder.) Jones hält so gegen Locke an der natürlichen Bedeutung des Wortes *life* fest: »Es erscheint als unleugbare Tatsache, daß die Wörter mit den Ideen eine natürliche Verknüpfung haben, und insbesondere das Wort *life* bedeutet, als Kompositum aus *l-if*, hin zum oberen Teil der Geschlechtsteile oder der Dinge.« Die kratylische Debatte deckt hier ziemlich getreu die philosophische und religiöse Debatte ab, wobei der Konventionalismus Lockes direkt (und sehr ungenau) auf seine vorgebliche Gottlosigkeit zurückgeführt wird: »[...] in Ermangelung einer richtigen Vorstellung vom göttlichen Ursprung der Rede«.

durch eine Verschiebung, die undeutlich und vielleicht unbemerkt bleibt, werden die Interpretationen von Jones sich im wesentlichen auf die Elemente der (lateinischen) Alphabetschrift und ihrer Kombination zu »Partikeln« oder Silben erstrecken. Im Gegensatz zu Wallis, der ein echter Phonetiker war, imstande, Überlegungen allein über die Lautsubstanz anzustellen, scheint Jones sich, nachdem er die Wörter der Sprache in Elemente zerlegt hat, die er, wie so viele andere, »Buchstaben« nennt, in dieser terminologischen Konfusion zu verfangen und zieht sich von da an in die graphische Analyse zurück. Das ganze Gebäude der Sprache ruht also auf einer symbolischen Lektüre des Alphabets, die wir summarisch für sich allein betrachten wollen.[1]

O symbolisiert den »unendlichen Kreis der Zeit und des Raums«, die Welt (*world*) und im besonderen die Sonnenkugel und davon abgeleitet die Bewegung, die Hitze und das Licht. I, mit seinem Punkt, der erneut die Sonne darstellt, ist eine virtuell bis an die Grenzen der Sicht ausgedehnte Linie; also die Vertikalität, also das Feuer, also der Zorn; es ist auch das Ich (*I*) als Figur eines aufrechten Menschen »in seinem Urzustand der Unschuld«[2]. A, das man *a* schreiben müßte, ist eine Teilung des O, umschlossen gleichsam von einer Querleiste; es ist das irdische Element, dessen Materialität in Opposition zur geistigen Erhebung des O steht[3]. E, das man ε schreiben müßte, ist ebenfalls eine Teilung des O, offengelassen stellt es jedoch das Wasserelement dar, das hervorsprudelnde und fließende Wasser; es ist der weibliche Buchstabe, in Opposition zur Maskulinität des A. U, ein doppeltes i ohne Punkt, ruhend auf einem liegenden C, zeigt eine nach oben (*up*) gerichtete unendliche Handlung an. C symbolisiert als Hälfte des O (Bewegung) in der Tat das Streben nach Bewegung, also die Handlung. B, oder vielmehr b, ist eine Addition von c + I (eine Beschreibung, die besser für das d passen würde, doch Jones läßt sich über diese Anomalie nicht weiter

---

1 Die folgenden Beispiele stammen, wenn nicht anders angegeben, aus *The Origin*.
2 *Hieroglyphic*, S. 15.
3 »Es ist ebenfalls bemerkenswert, daß der Mensch allein von allen Tieren die Freude und die Bewunderung vermittels des Lautes O ausdrückt, der die Ewigkeit bedeutet, während die anderen den Buchstaben A auszusprechen scheinen, der die Erde bedeutet; nun hält der Mensch sich aufrecht, dem Himmel zugewandt, während die Tiere nach unten zur Erde blicken, als konzentrierte sich dort das Wesentliche ihrer Freuden und ihrer Vergnügungen.« (»Preface« zu *The Origin*). Wir werden bei Chateaubriand dieser tellurischen Interpretation des A wiederbegegnen.

aus), von daher eine in die Höhe strebende Handlung des Menschen: das Leben. D, zu schreiben als d, ist das Gegenteil oder die Negation von b; g ist eine Abschwächung von c, symbolisch für schwächere Handlungen wie Geburt, Wachstum, wie seine Gestalt in Form einer Garbe oder eines Büschels oder auch von Genitalien anzeigt. L setzt sich zusammen aus einem vertikalen I, das die Länge anzeigt, und einem liegenden I, das die Breite anzeigt: es symbolisiert also die Ausdehnung. M, oder m, stellt ein Profil von Hügeln und Tälern dar oder die Wellen des Meeres; von daher Erde, Meer, Gebirge, aber auch der Tod. N ist eine Verkleinerung oder Verneinung von M. P, eine andere Umkehrung von b, zeigt eine nach unten gerichtete Handlung an und folglich alles, was stofflich und besonders ist. T, das ein I ohne Punkt und oben geschlossen ist, bezeichnet den Himmel, das Dach und jede Art von Bedeckung.

Diese Liste erschöpft vereinfachend das Tableau des graphischen Symbolismus nach Jones.[1] Durch ihre Verworrenheiten, ihre Verdoppelungen und ihre Lücken hindurch zeigt sich gleichwohl ein Bemühen um Einteilung: Die Vokale, oder zumindest O, I, A und E, teilen sich die kosmischen Realitäten, allerdings ohne systematische Verteilung der vier traditionellen Elemente, da I das Feuer ist, A die Erde, E jedoch die Luft und das Wasser auf sich vereint. Die Konsonanten (denen man das U anfügen kann) leiten sich in der Mehrzahl vom C (das seinerseits aus dem O hervorgeht) ab und bezeichnen als solche vor allem Bewegungen und Spielarten von Handlungen, mit Ausnahme von L, M, N und T, die räumliche Formationen bezeichnen. Wir sind also nicht weit entfernt von einer sehr geläufigen Verteilung auf der lautlichen Ebene, die wir hier wiederfinden: Vokale = Elemente und Substanzen, Konsonanten = Formen und Bewegungen; Äquivalenzen, die klar suggeriert werden von einer spontanen Interpretation des stimmlichen Faktums, die hier heimlich auf die Schrift durchschlägt, obwohl die Opposition

---

[1] F wird nur als ein »Hilfslaut« von M gegeben; K, Q, V, X, Z geben, da sie keine keltischen Buchstaben sind, zu keinerlei Kommentar Anlaß; was das S (und verworrener das R) betrifft, so sind sie einfache »Lautbuchstaben« (*letters of sound*), das heißt anscheinend rein phonetische Zeichen; S stellt jedoch einen interessanten Fall von indirekter Phonomimese dar: nach der Form der Wellen gezeichnet, notiert es einen Laut, der selbst ihr zischendes Geräusch nachahmt. Die lautliche und graphische Mimesis treffen sich also hier im nachgeahmten Gegenstand, der zugleich sichtbar und hörbar ist. Wir werden an anderer Stelle derartigen, ganz offensichtlich gesuchten, Konvergenzen wiederbegegnen.

keinerlei Relevanz auf der graphischen Ebene hat, was hier im übrigen unfreiwillig die Linie von O zu C und von C zu U sowie jene von I zu L und T zeigt. Tatsächlich findet man hier wie bei Wachter trotz des unterschiedlichen Vorsatzes ein mehrstufiges System, in dem die mimetische Kraft sich voll nur in den Grundformen (hier I und O, die Gerade und der Kreis, wir werden diesen Elementen in etwa bei Claudel wiederbegegnen) entfaltet, während die anderen, die sich von ihnen morphologisch durch Verformung oder Kombination ableiten, auf eine kaum mehr als gewissermaßen delegierte Weise symbolisieren: Der Mimetismus des C bezieht sich auf denjenigen von O, derjenige von U auf denjenigen von C und I etc., jedesmal um den Preis eines intellektuellen Postulats (des Typs: die Handlung ist ein Teil der Bewegung), das die anfängliche symbolische Evidenz übernimmt und folglich abschwächt. Jones insistiert wiederholt auf dem analytischen Charakter seines Vorhabens: »Zerlegung und Analyse der Sprachen und der Wörter in ihre Urbestandteile.«[1] Dieses Merkmal ist in der Tat grundlegend und von großer Bedeutung für die Definition dieser Spielart des Mimologismus; die graphische Mimesis funktioniert hier nicht, wie sie es beispielsweise bei Claudel tun wird, auf der unmittelbaren und gewöhnlichen Ebene der Vokabel, die als ein globales Ideogramm oder, wie Bally treffend sagt, ein mimetisches *Monogramm* begriffen wird. Man muß folglich das Wort in Buchstaben »zerlegen« und sehr oft die Buchstaben selbst in diese elementaren Grapheme, die O und I liefern, um darin eine mimetische Kraft zu entdecken, die gewiß im ganzen Gebäude der Schrift und der Sprache wirkt, die jedoch nur in ihren »Urbestandteilen«, das heißt zugleich in ihren Elementen und in ihrem Ursprung, ganz steckt und aufscheint. Das ist ganz klar die Situation des *Kratylos*, übertragen auf die Schrift, doch ohne das bequeme (und verdächtige) Relais der indirekten Motivation in der Etymologie.

Jones' Konstruktion entwickelt sich in der Tat von den elementaren Graphemen zu den bestehenden Buchstaben, von den Buchstaben zu den Silben und schließlich von den Silben zu den komplexen Wörtern ohne das geringste Durchbrechen des Prinzips und durch einfache kombinatorische Addition. Die entwickeltste Stufe, die mit verschiedenen Varianten in jedem seiner Werke wiederholt wird, ist diejenige der Silben oder »Partikel« (*particles*), die meist nach der

---

[1] *The Io-Triads*, S. 44.

Formal *Vokal + Konsonant*[1] dargestellt werden, wobei jede dieser Kombinationen (*ab, ac, ad* etc.) eine komplexe Bedeutung trägt, die die einfachen Bedeutungswerte des Vokals und des Konsonanten kombiniert. Wir wollen diese langwierige und häufig dunkle Kombinatorik nicht in ihrer Gesamtheit betrachten. Zitieren wir als Beispiel *ol*, Extension der Kugel, von daher das Ganze (*all, whole*); *ic*, Aktion des Feuers (lat. *ignis*); *ir*, Emanation des Feuers (*fire*, lat. *ira*); *al*, Ausdehnung von Erde, von daher Raum, spezifiziert durch Umkehrung in *land*; *eb*, Leben und Anschwellen des Wassers, von daher durch Spezifikation *beer*; *ur*, »der unendliche Schwung des Menschen, als schicke er sich an, unendlich auf die Ewigkeit zu zu springen«, von daher lat. *vir*.

Die in diesen wenigen Beispielen zitierten Wörter sind sehr reduzierte, im allgemeinen einsilbige Vokabeln und folglich einfache Lexikalisierungen der elementaren »Partikel«. Die folgende Integrationsebene betrifft natürlich die komplexen Wörter, die Jones als erstarrte Syntagmen, ja richtige Sätze ansieht. In diesen Vokabeln hat die Verknüpfung der Partikel zahlreiche Elisionen von Wurzelvokalen zur Folge gehabt, die der Analytiker wiedereinsetzen muß, um die ursprüngliche Form und die Motivation der Bedeutung wiederzufinden. Diese höchste Anstrengung hat nur auf einer Seite (24/25) des *Hieroglyphic* Spuren hinterlassen, aus der ich ein paar Beispiele zitiere: *blackish* ›schwärzlich‹ wird analysiert in *b-li-ack-ish*, »eine Sache ohne Licht«; *dread* ›Schrecken‹ in *id-ir-ad*, »Feuer!«; *flow* ›Flut‹ in *af-il-ow*, »Aufblitzen von Sonnenstrahlen«; *cold* ›kalt‹ in *ac-ol-id*, »ohne Sonne sein«; *grass* ›Gras‹ in *ag-ar-as*, »Handlung den Boden betreffend«; *speak* ›sprechen‹ in *si-pe-ak*, »Handlung der Sprechorgane«; *star* in *sta-ir*, »unbewegliche Feuer«; *property* in *pe-or-pe-er-ty*, »Besitz von Teilen des Bodens und des Wassers oder dieses Globus«. Als Leckerbissen habe ich bis zum Schluß zwei Tiernamen aufgehoben, deren Analyse nicht ohne Reiz ist: *snail* ›Schnecke‹, gelesen als *si-in-na-il*, das heißt »er ist ohne Licht«; und *crocodile* alias *ac-ir-oc-o-di-il*, was natürlich »ein im Wasser lebendes Tier, rege, jähzornig und (nichtsdestotrotz) scheinheilig« bedeutet. Wovon zu seinem Unglück das Elefantenjunge der *Histoires comme ça* keine Ahnung hatte, das sich darüber täuschen ließ.

---

1 *The Origin* präsentiert tatsächlich zwei Serien von Partikeln, Vokal + Konsonant und Konsonant + Vokal, was die Bedeutungskapazität verdoppelt, denn die Umkehrung modifiziert oder spezifiziert die semantische Synthese; so bedeutet *ac* eine »erdbezogene Handlung«, *ca* genauer das Umschließen oder Umzäunen der Erde.

Das Hauptverdienst dieses Unternehmens, das man natürlich mehr nach seinen Absichten als nach seinen Ergebnissen beurteilen muß, liegt darin, über den Graphismus den kratylischen Traum einer mimetischen Interpretation der wirklichen Sprache und das modernere Projekt einer künstlichen »philosophischen« Sprache miteinander zu verbinden. Das Englische wird hier als ein in seinen Elementen mimetisches und in seinem Aufbau und in seinem Funktionieren zugleich streng kombinatorisches Gebäude analysiert. Es handelt sich um eine *expressive Kombinatorik*, in der jedes Wort von sich aus und ganz natürlich (und folglich ohne daß eine Lehrzeit nötig wäre) den Satz einfacher Eigenschaften anzeigt, aus dem der Gegenstand besteht, den es bezeichnet. Die »wohlgebildete« Sprache, von der Condillac spricht, wird hier vollständig eins mit dem enzyklopädischen Gebäude des Wissens, die Kenntnis der Wörter verschmilzt mit derjenigen der Dinge. Es liegt in dieser Synthese ein Optimismus, der typisch für die Epoche ist und den Sokrates, wir erinnern uns (nicht jedoch Kratylos), von vornherein von sich wies. Der Abstand zwischen diesen beiden Haltungen, mit Sicherheit entscheidender als der Wechsel vom Lautlichen zum Graphischen, wird sehr deutlich in dem bereits signalisierten Unterschied zwischen den »Etymologien« des *Kratylos* und den Wortanalysen des *Hieroglyphic*. Die sokratische Eponymie verwies von einem undurchsichtigen Wort auf ein anderes Wort oder mehrere Wörter, die es angeblich erhellen sollten, die jedoch selbst ebenso undurchsichtig blieben, in Erwartung einer elementareren Symbolik, deren Verbindung mit dem etymologischen Verfahren problematisch und wenig gesichert blieb. *De dialectica* schloß diesen Riß, indem es mit der Verwechslung zwischen direkter Motivation (des Wortes durch das Ding) und tropologischer Motivation (des Wortes durch die Beziehung zwischen zwei Dingen) spielte. Jones' Etymologien, so wenig zahlreich sie auch sein mögen, reichen aus, um ein drittes und ganz anderes Vorgehen in einer ganz anderen Situation zu illustrieren: Ein Wort »zerlegen« bedeutet hier – auf mythische Weise natürlich –, es öffnen und ausstellen, um darin, ohne Relais, ohne Riß, ohne Leinwand, wie in einem Spiegel, das durchsichtige Spiel – ich sollte sagen, durchscheinend in der Durchsichtigkeit des Wortes – seiner »Urbestandteile« zu lesen. Zum ersten und auf dieser Stufe zum letzten Mal gibt sich die Etymologie nicht als enttäuschender Notbehelf oder ein provisorisches Palliativ, sondern, in Übereinstimmung mit ihrem eigenen *etymon*, als Wahrheit des Diskurses und Diskurs der Wahrheit zu erkennen, »Kenntnis der Dinge in der Universalsprache der

Natur«. Durch diesen einigermaßen unerwarteten Erfolg erweist sich die *mimema graphe* als einer der fruchtbarsten Wege des kratylischen Traums. Im Falle des Versagens der *mimema phone* ist die Ablösung gesichert.[1]

---

[1] Einen anderen Versuch ideographischer Interpretation des Alphabets, offenbar inspiriert von derjenigen von Jones, findet man im *Essay towards an Investigation of the Origin of Language and Letters* von L. D. Nelme, veröffentlicht 1772 (Nachdruck Scolar Press 1972). Für Nelme sind die beiden Grundgrapheme ein weiteres Mal der vertikale Strich, von daher der Buchstabe l, Symbol der Höhe und der Ausdehnung generell, und der Kreis, von daher der Buchstabe O, Symbol des Horizonts und jeder Grenze, angefangen mit derjenigen des Gartens Eden. O + l gibt sax. *Ol* ›alles‹ (im Gegensatz zu Jones leitet Nelme das Englische nicht vom Keltischen, sondern vom Angelsächsischen ab; Jones widerlegt diese Ketzerei in *The Io-Triads*).

Malerei und Ableitung

Der *Traité de la formation mécanique des langues* des (anderweitig) berühmten Präsidenten de Brosses erscheint 1765.¹ Sein Untertitel, oder vielmehr die Fortsetzung seines Titels, lautet: ... *et des principes physiques de l'étymologie*. Wie beim Sokrates des ersten Teils des *Kratylos* transportiert also auch hier die Etymologie die Motivation der Sprache; doch während die sokratischen Etymologien dazu dienen, die »Richtigkeit der Benennungen« zu belegen, steht bei de Brosses die Vorführung des mimetischen Charakters der Wörter im Dienst der »etymologischen Kunst«, der dieser Mimetismus ihre Begründung und ihre Sicherheit gibt; und die Etymologie ist hier, wie der eigene Ursprung des Wortes anzeigt, das sie bezeichnet, nichts anderes als die Wissenschaft und das Studium der *Wahrheit der Wörter*, das heißt ihrer mimetischen Kraft: »Die erste Regel, die einfachste, welche die Natur in der Bildung der Wörter erkennen läßt, ist, daß sie *wahr* seien; das heißt, daß sie das Ding ebenso gut benannt darstellen, wie es den Sprechorganen möglich ist, es darzustellen. Die Wahrheit der Wörter besteht ebenso wie die der Ideen in ihrer Übereinstimmung mit den Dingen; daher ist die Kunst, die Wörter abzuleiten, *Etymologie* genannt worden, das heißt *wahre Rede; etymos, verus; logos, sermo* (von *etos, verus, quod est* oder von *eimi, sum*). Kein Zweifel, daß die ersten Namen der Natur der Dinge angemessen waren, die sie ausdrücken: sich etwas anderes vorzustellen würde bedeuten, die Menschen für unvernünftig zu halten: denn damit würde man sagen, daß es beim Sprechen nicht ihr Ziel war, sich verständlich zu machen.« (I, S. 30/31)

Wahrheit = Darstellung = Übereinstimmung (= Ähnlichkeit) der Wörter (und der Ideen) mit den *Dingen*. Der Wörter oder (*vel*) der

---

1 Zwei Bände, Paris (Saillant, Vincent et Desaint); wiederaufgelegt 1800. Jean Roudaut hat einige Seiten daraus in seinem wertvollen Buch *Poètes et grammairiens au XVIIIe siècle*, Paris (Gallimard) 1971, wiedergegeben. Das kleine Buch von Hippolyte Sautebin, *Un Linguiste français du XVIIIe siècle: le Président de Brosses – Étude historique et analytique du »Traité de la formation mécanique des langues«*, Bern (Staempfli) 1899, Nachdruck Genf (Slatkine) 1971, ist nur eine einfache Zusammenfassung davon.

Namen: Wir finden hier diesen typischen kratylischen Übergang wieder, dieses gleichsam unmerkliche Gleiten von der Gattung zur Art. De Brosses vernachlässigt etwas weniger als Platon die anderen »Redeteile«, er wird den Verben einen Platz in seiner Liste der onomatopoetischen Ausdrücke einräumen (I, S. 255), doch es ist klar, daß er ihnen nicht denselben Grad an »Richtigkeit« zugesteht wie den Nomen. Da es niemals mit einem beständigen und bestimmten äußeren »Gegenstand« verbunden ist, bezeichnet das Verb deutlicher als das Nomen eine »Abstraktion«, es bietet also der Willkür (Arbitrarität) mehr Angriffsfläche: »Die Willkür hat dort sehr viel mehr Einfluß als bei den Namen der physischen Substantive, weil die Handlung, die das Verb ausdrückt, oft mehr vom Menschen als von dem Ding kommt und weil im übrigen die Verben, wenn man sie für sich allein betrachtet, den abstrakten Begriffen zugerechnet werden können.« (II, S. 368)[1] Die Sprachwissenschaft reduziert sich hier also in etwa auf eine *Etymologie der Nomen*.

Im Griechenland des 4. Jahrhunderts und auf die Gefahr hin, bisweilen auf barbarische Idiome als gleichsam im Bedarfsfall bequemen Ausweg zurückgreifen zu müssen, konnte Platon sich über die griechische Sprache Gedanken machen, als wäre sie die Sprache selbst, ja die Sprache der Götter: so sehr die kaum artikulierten, als Gestammel angesehenen Mundarten überragend, daß sie zu Recht Anspruch auf Universalität erheben konnte. Mitten im 18. Jahrhundert ist es trotz Rivarol und Friedrich dem Großen schwierig, ein solches Monopol der französischen Sprache zuzuerkennen – obgleich es, wie wir sehen werden, recht häufig geschieht, daß das nationale Vorurteil Gelegenheit findet, sich zu diesem oder jenem Detail der Argumentation zu äußern. Gegenstand der Untersuchung wird also im Prinzip »eine Ursprache« sein, »[...] die dem ganzen Menschengeschlecht gemeinsam ist und die kein Volk in ihrer ursprünglichen Einfachheit kennt noch praktiziert; die alle Menschen nichtsdestoweniger sprechen und die die erste Grundlage der Sprache aller Länder bildet« (I, Kap. XVI). In Wahrheit wird diese

---

[1] Diese so weitverbreitete Aufwertung des Nomens als »konkreterer« Vokabel rührt gewiß von einer spontanen Regung her, von der die kindliche Vorstellungskraft Zeugnis ablegt: »›Es gibt Worte, die ich sehe‹, sagte meine Tochter zu ihrer Mutter, als sie etwa fünf Jahre alt war und anfing, Russisch zu lernen, ›das Fenster sehe ich zum Beispiel, aber es gibt andere, die ich nicht sehe; ich sehe nicht: ich hab dich lieb...‹« (Mitgeteilt von Brice Parain, *Recherches sur la nature et les fonctions du langage*, Paris (Gallimard) 1942, S. 52; dt. *Untersuchungen über Natur und Funktion der Sprache*, übers. v. Alfredo Guzzoni, Stuttgart (Klett) 1969, S. 43)

Mutter-Sprache, in dem (schwachen) Maße, wie sie nicht ganz einfach von *apriorischen* Prinzipien dekretiert und deduziert werden wird, aus einem Vergleich zwischen »allen bekannten Sprachen« hervorgehen, die sich für den Präsidenten in etwa auf die klassischen Sprachen und die modernen europäischen Sprachen reduzieren. Wir haben hier also gleichsam eine erste Idee dessen, was im folgenden Jahrhundert das Indoeuropäische der vergleichenden Grammatik sein wird, präsentiert jedoch implizit wenn schon nicht als die universale Ursprache[1], so doch zumindest als die Sprache par excellence, die von ihr die zutreffendste Vorstellung geben kann.

Diese Ursprache wird in drei Adjektiven qualifiziert, die ich absichtlich in dem obigen Zitat ausgelassen habe: »organisch, physisch und notwendig«. Es ist schwierig, jedem dieser Bestimmungsworte, die bei de Brosses in etwa synonym sind, eine spezifische Bedeutung zuzuordnen: Die Sprache ist *notwendig*, insofern sie *physisch* ist, aufgezwungen von der Natur und nicht willkürlich durch den Menschen eingesetzt, und diese Notwendigkeit ist *organisch*, insofern sie von der Beschaffenheit der Sprechorgane herrührt. Doch in Wirklichkeit ist die Bestimmung der Sprache nach de Brosses komplexer, als diese Formel erkennen läßt. Die »Wahl der Wörter« wird nicht von einer, sondern von zwei Ursachen diktiert: »Die eine ist die Beschaffenheit der Sprechorgane, die nur bestimmte Laute, die ihrer Struktur entsprechen, wiedergeben können; die andere ist die Natur und die Besonderheit der realen Dinge, die man benennen will. Sie zwingt dazu, für ihren Namen Laute zu benutzen, die sie beschreiben, indem sie zwischen dem Ding und dem Wort eine Beziehung herstellt, durch welche das Wort eine Idee von dem

---

1 Die Position des Präsidenten in der damals so umstrittenen Frage der Mutter-Sprache ist sehr vorsichtig, gekennzeichnet jedoch zumindest durch eine ziemlich entschiedene Ablehnung (»Es gibt keinen Beweis zugunsten des Hebräischen noch irgendeiner anderen Sprache, daß sie die Ursprache sei«, I, S. 209) der traditionellen hebraistischen These (Guichard, Bochart, Thomassin etc.), die noch 1764 von Bergier (*Les Éléments primitifs des langues*) vertreten wird und die Beauzée in dem Artikel »Langue« der *Encyclopédie* (1765) nicht ausschließt; und durch eine deutliche Vorliebe für das Griechische, betrachtet als die Sprache, die dem »System der Natur« am nächsten steht, »das nichts anderes ist als jene Neigung, die sie dem Menschen gegeben hat, die Form einer Stimmodulation mit der Form eines physischen Gegenstandes zu kombinieren, um sie einander zu assimilieren: ein System, dessen Entfaltung der Gegenstand der Abhandlung ist, die ich schreibe« (I, S. 85) – anders ausgedrückt, die mimetischste Sprache von der Welt; was dem von einer Tradition, die auf Estienne zurückgeht, ererbten Topos der »Konformität« des Griechischen und des Französischen (I, S. 69) einen gewissen Nachdruck verleiht.

Ding hervorrufen kann.« (I, Kap. XIV)[1] Man sieht, daß die einzige Beziehung, die für de Brosses imstande ist, eine Idee von dem Ding hervorzurufen, die Ähnlichkeitsbeziehung ist, hier bezeichnet auf eine Weise, die mir nicht unwichtig scheint, durch das Verb *dépeindre* ›beschreiben, abschildern‹, das ganz klar eine pikturale, oder graphische, Idee der Nachahmung konnotiert. An anderer Stelle schreibt er, noch expliziter, daß die Wahl der für die »Verfertigung eines Wortes« notwendigen Artikulationen »physisch bestimmt wird von der Natur und von der Eigenschaft des Gegenstandes selbst, um auf diese Weise so weit wie möglich den Gegenstand, wie er ist, zu beschreiben; ohne das gäbe das Wort keinerlei Idee davon.« (I, S. 12) Wir werden später diesem pikturalen Thema wiederbegegnen. Halten wir ferner den *ebenfalls mimetischen* Charakter der, klar kausalen, Beziehung fest, die zwischen dem Laut und den Sprechorganen hergestellt wird, die nur »ihrer Struktur entsprechende« Laute hervorbringen können. Die Wirkung muß also auf diese Weise, in einer charakteristischen Verdoppelung der Beziehung, ihrer Ursache *ähneln*; hier wie anderswo wird die metonymische Verbindung in einer metaphorischen Beziehung überdeterminiert: wie der Vater, so der Sohn, wie das Organ, so die Funktion.

Es ist diese geheime (natürlich reziproke) Analogie zwischen dem Laut und dem Organ (so als sagte man, der Klang einer Flöte ähnele einer Flöte und der eines Klaviers einem Klavier), die, auf einigermaßen wunderbare Weise, den Kratylismus von de Brosses vor der Schwierigkeit bewahrt, in die ihn unvermeidlich sein Prinzip der doppelten Determination, die zugleich organisch (Beziehung des Lautes zum Organ) und mimetisch (Beziehung des Wortes zum Gegenstand) ist, stürzte. Die Sprache *muß* die Gegenstände »malen«, doch sie *kann* nur sein, wozu die Stimmorgane sie machen; und diese doppelte Notwendigkeit ginge nicht ohne eine gewisse Disharmonie, oder zumindest eine gewisse Bedrängnis, ab, wäre es nicht so – oder entschiede man nicht –, daß das Organ selbst dem Laut analog ist, den es hervorbringt, und folglich (nach dem Prinzip, *wenn a = b und b = c, dann a = c*) dem von diesem Klang nachgeahmten Gegenstand. »Das Organ nimmt, so weit es kann, die Gestalt an, die der Gegenstand selbst hat, den es mit der Stimme beschreiben will: Es gibt einen hohlen Klang, wenn der Gegenstand hohl ist, oder

---

[1] Cf. I, S. 19: »[...] Alles beruht im wesentlichen auf zwei materiellen Prinzipien: der Nachahmung der Gegenstände durch die Stimme und der jedem Organ in Übereinstimmung mit seiner Struktur eigenen Bewegung.«

einen rauhen, wenn der Gegenstand rauh ist; so daß der Klang, der sich aus der natürlichen Form und Bewegung des in diesen Zustand gebrachten Organs ergibt, der Name des Gegenstandes wird; ein Name, der dem Gegenstand durch das rauhe oder hohle Geräusch ähnelt, das die gewählte Aussprache dem Ohr zuträgt. Zu diesem Zweck benutzt die Stimme, um zu benennen, vorzugsweise dasjenige ihrer Organe, deren eigene Bewegung dem Ohr am besten entweder das Ding oder die Eigenschaft oder die Wirkung des Dings, das sie benennen will, abbildet. Es ist die Natur, welche die Stimme dazu bringt, sich beispielsweise eines Organs zu bedienen, dessen Bewegung rauh ist, um den Ausdruck *kratzen* zu bilden.« Oder auch: »[...] Wenn die Stimmklänge die Ideen bedeuten, welche die realen Gegenstände darstellen, so deswegen, weil das Organ sich zunächst bemüht hat, sich selbst soweit wie möglich den bedeuteten Gegenständen ähnlich zu machen, um auch dadurch die Luftklänge wiederzugeben, die es diesen Objekten so ähnlich, wie es ihm nur möglich ist, formt.« (I, S. 9/10) Das »Sprechorgan«, das tatsächlich aus mehreren Organen besteht (»Kehle«, Gaumen, Zähne, Lippen etc.), alle einer gewissen Verlagerung oder Verformung fähig, *wählt*, um den zu benennenden Gegenstand nachzuahmen, dasjenige seiner Unterorgane, das sich dazu durch seine *Form* und seine *Bewegung* am besten eignet. Diese organische Nachahmung wird durchaus als ein Mittel im Dienste eines Zweckes dargestellt, der die klangliche Nachahmung ist (»*um* auch dadurch wiederzugeben...«); man muß jedoch sofort die Wirkung dieses merkwürdigen »auch« festhalten, das die Gültigkeit des Finalsatzes proportional einschränkt: als wäre der »Zweck« in Wirklichkeit nur eine Nebenwirkung des »Mittels«: Das Organ ahmt den Gegenstand nach, und *gerade dadurch* (und gleichsam nebenbei) ahmt der hervorgebrachte Klang *auch* den Gegenstand nach. Man sieht, daß die sprachliche Mimesis sich notfalls den Wortklang sparen könnte, der hier nur eine Art Epiphänomen der Anstrengung ist, die das Sprechorgan unternommen hat, um sich dem bedeuteten Gegenstand »ähnlich zu machen«, das heißt, um dessen Form anzunehmen: Die analogische Beziehung verbindet fast unmittelbar das Organ mit dem Objekt, die Sprache ist eine Art artikulatorische Mimik, eine sehr markierte Spezifikation der platonischen *mimema phone*. Diese sprachliche Utopie, die ganz klar mehr ausgesprochen als argumentativ untermauert wird, weist uns bereits auf ein charakteristisches Merkmal des Mimologismus von de Brosses hin, nämlich, paradoxerweise, eine relative Entwertung des eigentlichen Klangphänomens – sagen wir: der Stimme selbst –

zugunsten sichtbarerer oder berührbarerer (in seinem Vokabular: *abbildbarerer*) Phänomene des sprachlichen Aktes; wir werden auch diesem Merkmal wiederbegegnen. Hier ist zumindest im Prinzip die mimetische Kette oder Kontinuität vom Organ zum Klang und vom Klang zum Objekt gesichert.

Die Phonetik des Präsidenten artikuliert sich zunächst über eine sehr stark valorisierte und überdeterminierte Opposition zwischen Vokalen und Konsonanten. Der Vokal ist reine Klangemission; er ist die *Stimme* im Reinzustand oder vielmehr im Rohzustand, ohne andere Modifizierung, so scheint es, als die der Intensität. Von den Distinktionen der modernen Phonetik zwischen vorderen und hinteren, geschlossenen und offenen Vokalen etc. findet sich hier nicht einmal die Spur einer Ahnung: Es gibt einen »vollen Vokal«, der nicht mehr das O wie bei Wachter ist, sondern das A, von dem die anderen Vokale nur Grade der Abschwächung sind, in dieser Reihenfolge: *ä, e, i, o, u, ü*. Die wirkliche Modifizierung der Stimme besteht hier in derjenigen, die ihr die konsonantischen Artikulationen zufügen. Das Sprechinstrument ist wie eine Flöte, in der die Stimme nur ein neutraler, kontinuierlicher Hauch ohne eigene Qualität (von der Intensität abgesehen) ist, die ihren Klangwert von den auf dieses oder jenes Halteorgan, die Konsonanten, fixierten Intonationen erhält: »Es gibt ebensoviele Arten, den Klang zu beeinflussen und ihm sozusagen eine Gestalt zu geben, als es Organe längs des Rohrs gibt, und es gibt nicht mehr.« (I, S. 111/12) Anders ausgedrückt, Vokal und Konsonant sind »gleichsam der Stoff und die Form, die Substanz und der Modus« (I, S. 109).

Dieser musikalische Vergleich und diese philosophische Formulierung geben jedoch noch nicht die wahre Bedeutung der Opposition, wie de Brosses sie interpretiert, preis. Man hat vielleicht im Vorbeigehen das Wort notiert, das gebraucht wird, um die modifizierende Wirkung der konsonantischen Artikulation auf die Stimmmaterie oder -substanz zu bezeichnen: Dieser Begriff lautet, einigermaßen unerwartet für uns in diesem Kontext, *Gestalt* (*figure*). Er wird hier in seiner visuellen Bedeutung verwendet, denn jede Form ist für de Brosses plastischer Art. Von daher sind die Konsonanten, die der Stimme Form geben, indem sie sie an diesem oder jenem Punkt und auf diese oder jene Weise zusammenpressen, dem Bereich des Gesichtssinnes zugehörig, so wie die Vokale, oder der Vokal, dem Bereich des Gehörs angehören: »Der Unterschied von Vokalen berührt mehr das Gehör als den Gesichtssinn, und beim Unterschied von Konsonanten ist es umgekehrt«; »[der Vokal] gehört mehr in die Zuständigkeit des Gehörs als in die des Gesichtssinns. Der Konsonant ist nur die Form des Klanges, weniger wahrnehmbar für das Ohr als der Klang selbst und rascher wirkend durch die alphabetische Figur: er gehört mehr in die Zuständigkeit des Gesichtssinns als in die des Gehörs.« (II, S. 37/38) Wir halten diesmal den Ausdruck »alphabetische Figur« fest, der den visuellen Charakter des Konsonanten präzisiert und motiviert: es handelt sich natürlich um den Buchstaben. In der Tat gibt es bei de Brosses eine ganz natürliche Kette von Äquivalenzen zwischen dem konsonantischen *Anschlag*, der *Form*, die er dem Klang gibt, und der alphabetischen *Figur*, die ihn notiert. Wir werden diese Kette in voller Funktion sehen, wenn wir einen bereits zitierten Satz wiederaufnehmen, begleitet diesmal von demjenigen, der auf ihn folgt: »Es gibt also ebensoviele Arten, den Klang zu beeinflussen und ihm sozusagen eine Gestalt zu geben, als es Organe längs des Rohrs gibt, und es gibt nicht mehr. Das sind diese dem Klang aufgeprägten Bewegungen, die man Buchstaben oder Konsonanten nennt [...]«. *Gestalten, aufgeprägte* Bewegungen, *Buchstaben*: beabsichtigt oder nicht, die metaphorische Konvergenz ist frappierend. Für de Brosses sind die Konsonanten die einzigen wahren *Buchstaben*, und diese beiden Begriffe (und ebenso derjenige der *Gestalt/Figur*[1]) sind bei ihm vollkommen austauschbar. Diese Äquivalenz bezieht ihr Argument natürlich aus der Praxis der »orientalischen«, das heißt in diesem Fall der semitischen, Sprachen: »Daher vernachlässigen es die alten Orientalen, die Stimme zu markieren, die sie beim Lesen durch Abstände zwischen den wahren Buchstaben, welche die Konsonanten sind, hinzufügten.« (I, S. 114) Diese Sprachen, die die Konsonanten privilegieren, sind also »Sprachen für die Augen«, während die unseren eher »Sprachen für das Ohr« (II, S. 48) sind.[2]

Die Aufwertung der Konsonanten ist also mit einer Aufwertung der Schrift verbunden, der wir später unter einem anderen Aspekt

---

[1] »Der Laut mit seiner Figur« (II, S. 45) für: der Vokal mit seinem Konsonanten; BA: »volle Stimme bildlich dargestellt durch die Lippe«, CA: »volle Stimme bildlich dargestellt durch die Kehle« (II, S. 511-514).

[2] Die Verbindung zwischen Konsonant (*Artikulation*) und Schrift findet sich bereits, wie man weiß, bei Rousseau, *Essai sur l'origine des langues où il est parlé de la mélodie et de l'imitation musicale,* passim, und insbes. die Ausgabe von Charles Porset, Bordeaux (Ducros) 1968, S. 83/84. Cf. Jacques Derrida, *De la Grammatologie*, Paris (Minuit) 1967, II, Kap. III; dt. *Grammatologie*, aus dem Französischen von Hans-Jörg Rheinberger und Hanns Zischler, Frankfurt/M. (Suhrkamp) 1974.

und in einer expliziteren Formulierung wiederbegegnen werden. Für den Etymologen ist diese Verbindung wertvoll, weil sie den wohlbekannten sprachlichen »Konservatismus« der Graphie legalisiert und rechtfertigt, der auf diese Weise Treue zu dem einzig wesentlichen Teil des Signifikanten wird. Die »etymologische Sprache« spricht mehr zu den Augen als zu den Ohren; »der Grund dafür ist, daß das Bild, das dem Gesichtssinn zugehörig ist, da es ebenso dauerhaft ist, wie die Stimme, die dem Gehör zugehörig ist, es wenig ist, infolgedessen weniger Formänderungen unterworfen sein darf. Während man also im Klang gerade nichts mehr wiederfindet, findet man alles in der Figur [= Buchstabe] mit ein wenig Einsicht wieder. Der Klang besteht nur im Vokal, der bei allen Menschen ganz und gar unbestimmt ist. Die Figur dagegen besteht nur im Buchstaben [= Konsonant], der sich, obgleich veränderlich, nur selten ganz und gar verirrt, ja sogar kaum je die Grenzen des ihm eigenen Organs verläßt.« (II, S. 423) Ich muß hier in Klammern die aktuellen Bezeichnungen einführen, doch man muß natürlich dieser Bedeutungsverschiebung ihren ganzen Wert belassen, die aus der Konsonanten-Buchstaben-Figur, einem nicht ausgesprochenen Phonem (»der Klang besteht nur im Vokal«), ein immer schon (oder noch) graphisches Wesen in seiner stimmlichen Existenz selbst macht.

Für den Etymologen also haben die vokalischen Variationen fast keine Relevanz. Zwei aus denselben Konsonanten mit verschiedenen Vokalen gebildete Wörter sind zwei Varianten desselben Wortes, zwei Sprachen, die sich nur durch ihre Vokale unterscheiden, sind nur zwei Dialekte ein und derselben Sprache. »Wachter macht auf findige Weise in zwei Worten den Wesensunterschied zwischen Sprachen und Dialekten deutlich. *Die Sprachen*, sagt er, *unterscheiden sich untereinander durch Konsonanten [...] und die Dialekte durch die Vokale*. Das ist so richtig und so genau, daß ich dem nichts hinzuzufügen habe.« Außer daß er ein paar Seiten weiter darauf zurückkommt, indem er vorschlägt, zwischen den Sprachen zu unterscheiden, deren Wörter sich durch die Konsonanten unterscheiden, »denn dann unterscheiden sie sich wesentlich«, und jenen, die sich nur durch die Vokale unterscheiden, »denn dann sind sie nicht mehr als Provinzen ein und desselben Staates, als Dialekte ein und derselben Sprache« (II, S. 44, 49). Die »Figur«, und sie allein, ist Träger des Unterschieds und (folglich) der Bedeutung.

Die unmittelbarste Konsequenz aus dieser Parteinahme ist ein massives Mißverhältnis zwischen dem Schicksal, das den Vokalen und den Konsonanten im Tableau der den Phonemen zugeschriebenen Symbolwerte beschieden wird. Der einzige erwähnenswerte Kommentar zu den Vokalen bezieht sich auf das *a*, das als »der erste und einfachste der Laute« begrüßt wird, der auf diese Weise seinen Platz im Alphabet verdient und auch, einer von Plutarch entlehnten Bemerkung zufolge, den Vorrang, der ihn stets (und, de Brosses zufolge, sowohl im Französischen als auch im Griechischen) an die Spitze der Diphtonge stellt: *ai, au, ae,* und nicht umgekehrt; *a* ist der »volle Ton«, tatsächlich der grundlegende Vokal, von dem alle anderen nur abgeschwächte Grade sind. Im Grenzfall gibt es also nur einen Vokal, der das Alphabet eröffnet, der Rest sind Konsonanten, die von der Art wie vom Individuum in dieser »natürlichen« Reihenfolge erworben werden: zuerst der Labiallaut, anschließend der Dentallaut, dann der Gutturallaut, schließlich die Linguale und die Palatale. Die Reihenfolge des Alphabets stimmt also erkennbar mit der Reihenfolge des Erwerbs der Laute überein, abgesehen von dem Irrtum, der darin bestanden hat, den »Gutturallaut« (*c*) vor den Dentallaut (*d*) zu stellen (II, S. 146-148; cf. S. 231). Diese Reihenfolge des Erwerbs illustriert für de Brosses sehr schön die Tatsache, daß die ersten Worte, die das Kind ausspricht, nur Labiale und vollen Ton enthalten: *Mama* und *Papa* natürlich. Zwar stehen die Huronen, bekanntlich das emblematische Volk des Naturzustands, in dem Ruf, die Verwendung der labialen Artikulation nicht zu kennen; doch dies kann nur ein kaum erklärliches Versehen, oder Perversion, sein: »Ein sich selbst überlassenes Huronenkind würde ganz natürlich die labialen Buchstaben bilden; und nur durch die Beispiele des gegenteiligen Sprachgebrauchs seines Volkes kann er deren natürlichen Gebrauch verlieren.« (I, S. 233, 243)[1] Ein Sprachmonster, das bereits kulturgeprägt ist.

Die Bedeutungswerte der Konsonanten ergeben sich für die Brosses, wie wir bereits gesehen haben, vor allem aus dem nachahmenden Charakter ihrer artikulatorischen Bewegung: »Die Lippen *schlagen*

---

1 La Hontan behauptet im Gegenteil, er habe innerhalb von vier Tagen einen Huronen nicht dazu bringen können, einen Labial zu artikulieren; allerdings handelte es sich nicht um ein Kind. P. Lejeune war, in seiner *Relation de 1634*, bereits über eine derartige Schwäche erstaunt, »denn dieser Buchstabe scheint mir quasi natürlich, so häufig ist ihr Gebrauch« (Ausgabe von G. Laflèche, Montréal 1973, S. 111). Max Müller wird dennoch diese Beobachtung auf die Mohikaner ausweiten (*Lectures on the Science of Language*, Second Series (1864), S. 162/63/*Vorlesungen über die Wissenschaft der Sprachen*, II. Serie (1866), S. 154/55). Diese Indianer machten wirklich nur Schwierigkeiten.

oder *pfeifen*; die Kehle *aspiriert*; die Zähne *schlagen*, die Zunge *klopft*; die Zunge und der Gaumen zusammen *gleiten, streifen* oder *pfeifen*; die Nase *pfeift*«. (I, S. 123) Hier einige symbolische Zuweisungen, die hier und da im *Traité* angegeben werden:
- *t*, »kräftige« dentale Artikulation, bezeichnet (wie bei Platon) die Beständigkeit, weil die Zähne »das unbeweglichste der Stimmorgane« sind (I, S. 262/63).
- *c* oder *k*, Buchstaben der »Kehle«, »dem tiefsten und hohlsten der sechs Organe«, bezeichnet die Vertiefung oder Höhlung.
- *n*, »der flüssigste aller Buchstaben, ist das Symbol dessen, was auf dem Flüssigen handelt: *No, Naus, Navis, Navigium, Nephos, Nubes, Nuage* etc.« (I, S. 263).
- *r*, die »rauheste« aller Artikulationen, dient dazu, »die Rauheit der äußeren Dinge« zu malen. »Es braucht dazu keines anderen Beweises als die Wörter dieser Art: *rude, âcre, roc, rompre, racler, irriter* etc.« Dieselbe Modulation bestimmt »den Namen der Dinge, die mit einer schnellen Bewegung, begleitet von einer gewissen Kraft, gehen. *Rapide, ravir, roda, rheda, rouler, racler, rainure, raie.* Daher wird er häufig für den Namen der Flüsse benutzt, deren Lauf wild ist: *rheein, Rhein, Rhône, Eridanus, Garonne, Rha* (die Wolga) etc.« (I, S. 265/66)[1]
- *s*, das de Brosses hartnäckig als nasalen Konsonanten definiert, »ist durch seine Konstruktion geeignet, die Pfeifgeräusche zu malen. Beispiel: *sibilare, siffler, souffler.* In diesen Wörtern führt das Organ selbst die Handlung aus, die, indem es die Luft durch die beiden Rohre der Nase (*sic*) und des Mundes zugleich jagt, durch die beiden nasalen und labialen Buchstaben bedeutet wird« (I, S. 267)[2]. Andererseits drückt das *s*, nasaler Konsonant, wie der »nasale Laut« *in* (z.B. *in*croyable, *in*fidèle etc.) die Verneinung oder die »privative Idee« aus: so etwa im Italienischen: *s*fortunato, *s*naturale etc. Diese Begegnung zwischen den Bedeutungswerten des Vokals und des Konsonanten ist natürlich weder zufällig noch konventionell, »denn es gibt keinerlei Ähnlichkeit zwischen dem

---

1 Man wird hier die doppelte Übereinstimmung mit Platon und Leibniz (Bewegung) und mit Persius, Martianus Capella, Wallis etc. (Rauheit) festhalten. In dem genau gleichzeitigen Artikel »Langue« der *Encyclopédie* fügt Beauzée die folgende Anmerkung dem Konzert hinzu: »Man kann mit sehr viel Wahrscheinlichkeit dem weichen Charakter der chinesischen Nation, der im übrigen ziemlich bekannt ist, zuschreiben, daß sie keinerlei Gebrauch von der rauhen Artikulation *r* macht.«

2 »Nasalbuchstabe«, *s*; »Labialbuchstabe«, *b* oder *f*.

nasalen Vokal *in* und dem nasalen Konsonanten *s*. Dies ist also nicht das Ergebnis einer absichtlichen oder durchdachten Wahl, sondern die Folge einer geheimen Analogie, die aus der physischen Gegebenheit des Werkzeugs resultiert.« (I, S. 158/59) Es gibt also eine Übereinstimmung, die sicher ist, diesmal jedoch unerklärlich (»geheime Analogie«), zwischen dem Nasal und der Verneinungspartikel. Die Nase ist das Organ des *Nein*.

- »die halboffenen Dinge werden durch den Kehlbuchstaben (g) gemalt, wie *gouffre, golfe*, oder besser noch durch das Schriftzeichen der Aspiration, wie in *hiatus*«; *h*, »tiefe gutturale Aspiration«, dient dazu »zu malen, daß ein Ding zutiefst halbgeöffnet ist« (I, S. 267-269).

Von den einfachen Konsonanten zu den Konsonantengruppen übergehend, stellt man fest:

- *st* drückt, deutlicher noch als der einfache Dentallaut, »die Festigkeit und Unbeweglichkeit« aus; Beispiele: die Interjektion *st!*, »derer man sich bedient, um jemanden in einem Zustand der Unbeweglichkeit verharren zu lassen«, und Wörter wie *stare, stabilité, stirps, stellae, structure, estat, stone* etc. (I, S. 261)[1]
- *sc* bezeichnet »die Höhlung und die Aushöhlung«: *scutum, secare, écu, écuelle, sculpture* (I, S. 261/62).
- *fl*, »liquides Schriftzeichen, ist dem Flüssigen zugewiesen, sei es des Feuers, sei es des Wassers oder der Luft: *flamme, fluo, flatus, flabellum, floccus, flocon, flot, souffle, soufflet, flambeau, flûte, flageolet* etc.«. Dieselbe Artikulation wird auch auf das angewendet, »was durch seine Beweglichkeit mit den elementaren Flüssigkeiten in Beziehung stehen kann: *fly, flight, flèche, vol, viste, pli, flexible, flagro, flagellum, fléau, flotte, flos, phyllon, feuille, soufflet* etc.« (I, S. 263/64)[2].
- *fr* verbindet die Rauheit mit dem Entweichen: *frangere, frustra, briser, brèche* (I, S. 265).
- *sr* steht für Bewegung und Härte (*sreien, sragen*); *str* verbindet Bewegung, Fixheit und Rauhheit, wie in *stringere, strangulare* (I, S. 266).
- *sm* (von Leibniz entlehnte Bemerkung) bezeichnet die Idee von Auflösung: *smelen, smoke, smunk* (I, S. 267).

---

1 Cf. II, S. 367. Cf. Wallis.
2 Cf. II, S. 367/68 u. S. 378.

- *cl* oder *gl*, »hohle und schleifende Modulation, hat sich mechanisch bemüht, einen gleitenden Abstieg zu malen«, wie in *glisser, couler, calare.* »*Clin d'œil* ist das Hinabsteigen des Lides über das Auge. *Clignotement* ist die Gewohnheit dieser Bewegung. *Climax* ist in der griechischen Sprache eine Leiter, die dazu dient, nach und nach hinab- oder hinaufzusteigen.« (II, S. 383/84)
- *gr*, »Schlag, der rauh die Kehle streift«, malt die Anstrengung, die man macht, um hinaufzusteigen: *gravir, grimper, gradus.* (II, S. 385)
- *tr* schließlich, Unbeweglichkeit, gefolgt von heftiger Bewegung, ist das Objekt oder der Vorwand einer wunderbaren etymologischen Träumerei, die nicht vollständig zu zitieren wir uns selbst übelnehmen müßten. De Brosses bemerkt zunächst, daß diese Artikulation dazu dient, die Zahl *trois*, lat. *tres*, zu bilden sowie alle Wörter, die daraus hervorgehen. Dann fügt er hinzu: »Wenn man mich sogar mit der Frage bedrängen will, warum diese organische Modulation, dieses Kennzeichen *tr*, von der Natur geeignet gemacht worden ist, die Stammwurzel der Zahl *trois* zu werden, so würde ich eine Vermutung wagen: *tr* ist onomatopoetisch, ein Stimmgeräusch, durch welches das Organ versucht, das Bild der Bewegung wiederzugeben, die ausgeführt wird, um einen Körper materiell zwischen einen Körper und einen Körper einzufügen, um durch die beiden, die da sind, *hindurchzugehen* und einen *dritten* dorthin zu stellen. In der Tat sehe ich, daß sich diese Artikulation *tr*, deren Geräusch recht gut die Bewegung eines erzwungenen Durchgangs und des unerwarteten Auftauchens eines neuen Körpers dort, wo es bereits zwei andere gab, malt, in einem Gutteil der Wörter findet, welche diesen Durchgang angeben; und welche, die vorherige Existenz zweier Gegenstände voraussetzend, die Hinzufügung eines dritten bezeichnen: *trans, intra, extra, ultra, citra, praeter, propter, entrée, travers* etc.« (II, S. 131)[1] Man sieht, daß (nur?) hier die Vorstellung von *troisième* keineswegs von einem Bild der friedlichen Addition herrührt, wo der dritte sich nachträglich den beiden ersten hinzugesellt, sondern die Aggression eines *dritten* konnotiert, der sich mit Gewalt, gleichsam durch Einbruch, zwischen den ersten und den zweiten schiebt, eines *Körpers*, der »sich materiell zwischen einen Körper und einen Körper einfügt«, ein *terzo*, seinem Wesen nach *incom-*

---

1 Cf. Varro.

modo: Kann man eine härtere Formulierung des ödipalen *Trios* erträumen?¹

Man bemerkt sofort, daß dieses Tableau (ganz wie jene des *Kratylos* und von Wallis) nicht systematisch ist und daß es nicht die Gesamtheit der französischen Konsonanten, *a fortiori* der Konsonantengruppen, abdeckt. Doch die Symbolwerte der Phoneme erschöpfen nicht die mimetische Kapazität der Sprache. Sie kommen nicht einmal an erster Stelle in der Liste dessen, was de Brosses die »fünf Grade« oder fünf Stufen der Konstitution der natürlichen Sprache nennt, in denen man ohne Mühe ein Echo, sei es nun direkt oder nicht, von *De dialectica* wiederfindet.

Der erste Grad, so natürlich, daß er anscheinend diesseits jeder bewußten Mimesis steht, ist derjenige der *Interjektionen* oder der spontan von einer lebhaften Emotion oder einer elementaren Geisteshaltung hervorgerufenen Schreie. Der Schmerz setzt die tiefen Saiten in Bewegung (*Heu*); die Überraschung drückt sich einen Ton höher aus (*Ha*); der Abscheu durch die labiale Artikulation (*Pouah*); der Zweifel oder die Meinungsverschiedenheit durch den Nasal (*Hum*), deren verneinenden Bedeutungswert wir bereits erkannt haben. Der zweite Grad ist derjenige der sogenannten »notwendigen« Wörter, deren Form durch die Gestalt des Sprechorgans in einem bestimmten Stadium seiner Entwicklung aufgezwungen wird: So artikuliert sich das bereits angesprochene kindliche Vokabular ganz durch Vokal(e) und Labiale: *Maman, Papa, mamelle*². Der

---

1 Man kann dieser Liste eine gewisse Anzahl mimetischer Stamm»wurzeln« anfügen, die einen Vokal (stets *a*) enthalten: *ac*, die bezeichnet, was spitz ist und energisch vorwärtskommt, von daher lat. *ago*; *tac*, »nachahmender onomatopoetischer Ausdruck für das Geräusch, das man macht, wenn man auf etwas mit der Fingerspitze schlägt«, von daher lat. *tago, tango*, gr. *thigo*; und diese hübsche, ebenfalls »ödipale« Ableitung: »Die labiale Wurzel *am* ist das notwendige Wort, durch welches das Kind seine Mutter oder seine Amme benennt, denn sie ist die einzige Silbe, welche die Natur ihm noch auszusprechen erlaubt. [Die kanonische Form ist, auch für de Brosses selbst, natürlich *ma*, doch wir werden sofort den Grund für diese Metathese sehen.] Man hat sich ihrer bedient, um das Gefühl der Zärtlichkeit für einen geliebten Gegenstand auszudrücken, indem man darüber das Verb *amo* bildete.« (II, S. 367/68). Turgot sagt vorsichtiger: »Es wäre nicht außergewöhnlich, daß das lateinische Wort *amare* seinen Ursprung daher bezöge.« (Artikel »Etymologie«, in Anne-Robert-Jacques Baron de l'Aulne, *Œuvres de Turgot et documents le concernant*, avec biographie et notes par Gustave Schelle, Paris (Alcan) 1913-1923, unveränderter Nachdruck T. I-V, Glashütten/ Taunus (Anver) 1972, I, S. 498).
2 Par. 73: »Des mots *Papa* et *Maman*« und 76: »Zu allen Jahrhunderten und in allen

dritte Grad ist derjenige der »fast notwendigen« Wörter, welche die Namen der Stimmorgane sind und immer aus der Modulation dieser Organe selbst bezogen werden – oder, wenn man lieber will, immer aus Konsonanten bestehen, die mit diesen Organen selbst artikuliert werden: *gorge* ›Kehle‹ (guttural), *dent* ›Zahn‹ (dental), *langue* ›Zunge‹ (lingual), *bouche* ›Mund‹, (labial, unnötig, auf der heimlichen Ersetzung von *lèvres* ›Lippen‹ durch *bouche* zu insistieren, deren Grund offensichtlich ist), *mâchoire* ›Kiefer‹ (mandukal?). Der vierte ist derjenige der eigentlichen onomatopoetischen Ausdrücke, das heißt der Wörter, die nach dem Muster des Geräusches gebildet sind, den das Ding hervorbringt, das sie bezeichnen. De Brosses versäumt hier nicht, daran zu erinnern, daß der onomatopoetische Ausdruck, wie seine Etymologie angibt, für die Griechen die Benennung par excellence war: »Das ist das, was die Griechen schlicht und einfach *Onomatopoie*, das heißt *Bildung des Namens*, nennen; womit sie, wenn sie es so emphatisch und durch Antonomasie nennen, zugeben, daß, obgleich es mehrere andere Arten gibt, die Namen zu bilden, dies die wahre, urtümliche und ursprüngliche Art ist.« (I, S. 252) Der Mensch manifestiert hierin nämlich auf reine Weise seinen natürlichen Instinkt, der darin besteht nachzuahmen: »Es ist eine recht bekannte faktische Wahrheit, daß der Mensch durch seine Natur zur Nachahmung verleitet wird: Man bemerkt dies auf die frappierendste Weise in der Bildung der Wörter. Wenn man einen unbekannten Gegenstand mit einem Namen belegen muß und dieser Gegenstand auf das Gehör einwirkt, das in unmittelbarer Beziehung zum Redeorgan steht, zögert, überlegt oder vergleicht der Mensch nicht, um den Namen dieses Gegenstandes zu bilden; er ahmt mit seiner Stimme das Geräusch, das an sein Ohr gedrungen ist, nach, und der Klang, der daraus resultiert, ist der Name, den er dem Ding gibt.« Einen Beweis für diesen Instinkt liefern die Kinder, deren »natürlicher und allgemeiner Antrieb« es ist, die geräuschvollen Dinge »mit dem Namen des Geräusches, das sie machen«, zu benennen, ein Antrieb, den sie nur infolge der Erziehung und des Beispiels der Erwachsenen verlieren, die »die Natur verderben« (I, S. 253). Der Paragraph 79: »Beispiele für Wörter, welche die Dinge durch den Eindruck malen, den sie auf die Sinne machen«, gibt eine Liste von achtundzwanzig Namen, wie *bruit*, *galop*, *tambour*, *choc*, und sieb-

---

Gegenden verwendet man den *Lippen*buchstaben oder, in Ermangelung seiner, den *Zahn*buchstaben oder beide zusammen, um die ersten kindlichen Wörter auszudrücken, *Papa* und *Mama*« (so lautet der Titel).

zehn Verben, wie *siffler, tomber, hurler*, die aus dieser notwendigen Fabrik stammen.

Doch wenn der onomatopoetische Ausdruck die reinste Form der sprachlichen Mimesis ist, dann ist sie vielleicht auch die beschränkteste. Die Stimme kann, als Geräusch, direkt nur Geräusche nachahmen: »Das Geräusch ist ihre eigene Wirkungsweise und, wenn es mir erlaubt ist, so zu sprechen, die einzige Farbe, welche die Natur ihr gegeben hat, um die äußeren Gegenstände darzustellen« (I, S. 258). Nun sind nicht alle äußeren Gegenstände tönend, und ein gewaltiger Teil der Welt würde so Gefahr laufen, unbenannt zu bleiben: derjenige beispielsweise, der ausschließlich unter den Gesichtssinn fällt, deren Wirkungsweise so subtil und so ruhig ist, daß sie von keinerlei Geräusch begleitet wird. Gewiß kann man dem tönenden Bereich jede Art von Bewegung angliedern, »denn es gibt kaum eine Bewegung ohne irgendein Geräusch«: so etwa Wörter, die den Wind bezeichnen, *pneuma, spiritus, ventus* etc.; und von dort aus weiter die sichtbare Welt erobern, insofern der Blick eine Bewegung des Auges oder des Augenlides beinhaltet: *nictare, clignoter* (I, S. 259). Ferner muß man endlich den Bereich der ganz und gar geräuschlosen »Gegenstände« anpacken, die kein direkter onomatopoetischer Ausdruck nachzuahmen erlaubt: Hier kommt der fünfte Grad der Urworte ins Spiel, dessen Definition unseren Autor sichtlich in Verlegenheit bringt: »Wörter, von der Natur zum Ausdruck gewisser Modalitäten der Lebewesen bestimmt«. Diesen Grad illustrieren die meisten der den Konsonanten zugewiesenen Symbolwerte (mit Ausnahme der rein onomatopoetischen Beziehungen, wie *s* für Pfeifen). Das Prinzip dieser Zuweisung ist für de Brosses ebenso mysteriös, wie dessen Wirkung ihm offensichtlich scheint: Die Erfahrung beweist, daß es verbale Figuren gibt, die »an gewisse Modalitäten der Lebewesen gebunden [sind], ohne daß es manchmal möglich wäre, klar das Prinzip dieser Verbindung zwischen den Dingen auszumachen, wo man keinerlei Beziehung wahrnimmt, wie es gewisse Buchstaben und gewisse Gestalten oder Arten der äußeren Gegenstände sind. Doch während auch in diesem Fall die Ursache unbekannt bleibt (denn sie ist es nicht immer), hört die Wirkung nicht auf, sehr wahrnehmbar zu sein. Platon hat dies sehr wohl erkannt und stellt es mit folgenden Worten fest: *quandam nominum proprietatem ex rebus ipsis innatam esse.*« (I, S. 260/61) Daher die Frageform, in der er manche dieser Äquivalenzen formuliert: »Warum werden die Festigkeit und die Unbeweglichkeit meist durch das Schriftzeichen *st* bezeichnet?... Warum die Höhlung und die Aushöhlung durch das

Schriftzeichen *sc*?...« (I, S. 261) Diese Fragen bleiben ohne Antwort oder finden nur eine ausweichende Antwort: »Eine gewisse verborgene Notwendigkeit muß hier an der Bildung der Wörter mitgewirkt haben.« De Brosses scheint sein anfängliches Prinzip der artikulatorischen Mimik (indem das Sprechorgan gewissermaßen die Form des Gegenstandes annimmt, unabhängig von jeder Klangemission) vergessen zu haben oder vor seiner konkreten und detaillierten Anwendung zurückzuschrecken. Er kommt darauf, auf undeutliche und schüchterne Weise jedoch, in Paragraph 81 zurück: »So viele Beispiele [...] geben uns Anlaß, das Prinzip aufzustellen, daß es gewisse Bewegungen der Organe gibt, die geeignet sind, eine gewisse Klasse von Dingen gleicher Art oder gleicher Qualität zu bezeichnen«, und er zögert sichtlich, die Theorie von Publius Nigidius über die mimetische Artikulation der Personalpronomen zu übernehmen. Nigidius »trieb dieses System vielleicht zu weit«, sagt er (I, S. 270/71). Und an anderer Stelle bringt er im Zusammenhang mit der Frage nach dem »ersten Ursprung« der Präpositionen mit demselben Vorbehalt eine analoge Hypothese über die Bildung der Partikel, die Innen und Außen ausdrücken, vor: »Ich werde nichts sehr Befriedigendes sagen, wenn ich über die Partikel *in* und *ex*, die das *Drinnen* und das *Draußen* angeben, das gleiche sage, was Nigidius hinsichtlich der Pronomen *nos* und *vos* vorbringt, nämlich daß die Bewegung des Organs bei ersterem in einer Rückkehr nach innen geschieht und bei letzterem den Klang nach draußen stößt.« (II, S. 406)[1]. Das Prinzip direkter organischer Mimesis, das (trotz Nigidius) einer der originellsten Beiträge des Präsidenten zum Gebäude des Kratylismus war, und auch einer der einträglichsten, da er es erlaubte, die »theoretische« Hauptschwierigkeit (wie soll man durch Töne nachahmen, was keine hervorbringt?) zu umgehen – dieses Prinzip wird also an der Schwelle zur Anwendung aufgegeben, anscheinend aus dem einfachen Grund, weil es unanwendbar ist, und nachdem erst einmal allgemein postuliert worden ist, daß die Zunge, oder die Kehle, oder der Gaumen die Form des zu bezeichnenden »Gegenstandes« annehmen, schreckt man vor den Beweisführungen im einzelnen zurück. Dieses Zurückschrecken ist für unseren Autor charakteristisch, der, seit (einschließlich) Kratylos selbst etwas recht Seltenes, ein Kratylist mit gesundem Menschenverstand – und in guter Gesellschaft – ist.

---

1 Cf. den *Kratylos* über *n*.

Aber de Brosses ist auch ein Mann der Aufklärung, der es kaum liebt, sich dem Mysterium zu beugen und sich in die Unwissenheit zu schicken. Daher sehen wir ihn an anderer Stelle, und gleichsam aus heller Verzweiflung, auf den rein auditiven onomatopoetischen Ausdruck als Quelle und Prinzip aller (oder fast aller) sprachlichen Mimesis zurückkommen: »Es besteht Anlaß zu glauben, daß *alle* rein organischen Wurzeln [...], von welcher Modulation des Stimminstrumentes sie auch herrühren mögen, *fast alle* in ihrem ersten Ursprung nur von einem onomatopoetischen Ausdruck des Ohrs kommen. Darauf wirkt die Rede unmittelbar und von Natur aus. Da die ersten Urprinzipien und Wurzeln der Namen ihre Quelle gewiß in irgendeinem ersten Eindruck gehabt haben, den die benannten Dinge auf die Sinne gemacht haben, ist es natürlich, daß die menschliche Stimme diesen Eindruck, soweit sie es konnte, auf das Gehör zurückgeführt hat, um durch ein ähnliches Geräusch den Gegenstand, den sie zu beschreiben hatte, zu kopieren.« (I, S. 257, meine Hervorhebung)[1] Man könnte also bis zu einem gewissen Grade (»soweit sie es konnte«) jeden Eindruck auf das Gehör *zurückführen*. Hier scheint sich ein neuer Weg zu eröffnen, der natürlich – für uns – das Prinzip der Korrespondenz, oder Synästhesie, zwischen den Empfindungen der verschiedenen Organe ist; dieses Prinzip wird die große Zuflucht für den Mimologismus des 19. und 20. Jahrhunderts sein, und wir werden sehen, wie es sich bei Nodier artikuliert, unter Hinweis auf das Zeugnis des berühmten blinden Mathematikers Saunderson (oder, wahrscheinlicher, eines anderen

---

1 Eine andere Verlegenheitsäußerung ist dieses Zurückkommen – oder diese Selbstkorrektur – auf den fünften Grad: »Der fünfte Grad, der eine unbestimmte Konsequenz aus dem vorhergehenden ist, besser bekannt durch seine zahllosen Wirkungen als durch seine Ursache, entsteht daraus, daß die mechanische Struktur gewisser Organe sie auf natürliche Weise geeignet macht, gewisse Klassen von Dingen der gleichen Art zu benennen; wobei die dem Organ eigene Modulation von der Natur als das Charakteristikum dieser Klasse angegeben wird: was im Grunde daher kommt, daß die Dinge irgendeine Eigenschaft oder eine Bewegung haben, die derjenigen ähnelt, die dem Organ eigen ist.« (I, S. 286) Man sieht, daß de Brosses zugleich behauptet, daß der fünfte Grad Konsequenz (allerdings »unbestimmte«) des vierten ist, das heißt des onomatopoetischen Ausdrucks, den man schlecht an seiner Ursache erkennt, und daß »im Grunde« diese Ursache nicht auditiver Art ist, sondern von einer direkten Analogie zwischen Organ und Gegenstand herrührt. Man dreht sich im Kreis, und ganz offensichtlich kann de Brosses sich nicht entscheiden, zwischen dem »onomatopoetischen Ausdruck des Ohrs« und der organischen Mimesis zu wählen, die ihn tatsächlich beide nicht voll und ganz befriedigen.

Blindgeborenen), der sich die Farbe Rot als analog zum Klang der Trompete vorstellte. Dieses Zeugnis bildet für eine ganze Epoche den, zumindest symbolischen, Ausgangspunkt einer geistigen Strömung, deren poetische Krönung bei Baudelaire und im französischen Symbolismus zu bekannt ist, um hier darauf zu insistieren. Es ist also charakteristisch, daß de Brosses sich seinerseits nur konzessiv, fast negativ darauf bezieht, und ohne ihm das geringste Interesse beizumessen: »Mit Ausnahme des grellen Lichtes lassen die rüden Gegenstände, selbst jene, von denen man aus einem Gefühl der Aversion den Blick abwendet, das Auge nicht schaudern, obwohl ein Blindgeborener, den man über seine Empfindungen befragt hat, sich einmal vorgestellt hat, das lebhafte Rot ähnele dem Klang einer Trompete. Die Gegenstände werden auf der Netzhaut fast mit ebensowenig Empfindlichkeit abgebildet wie auf einem Spiegel. Das Stimmorgan hat also keinerlei ursprüngliches Mittel, um die sichtbaren Gegenstände zu malen, da die Natur ihm nur die Fähigkeit gegeben hat, die geräuschvollen Gegenstände zu malen.« (I, S. 290/291)

Dies ist also eine Türe, die, kaum ist sie einen Spalt breit geöffnet, sofort wieder zugestoßen wird: De Brosses geht sozusagen, ohne es zu sehen, an dem Prinzip der Korrespondenz vorbei. Die Gründe für diese verpaßte Gelegenheit – Ablehnung oder Nichterkennen – gehören gewiß der Ideengeschichte an, da der klassische Sensualismus ziemlich natürlich der Idee der Synästhesie feindlich gegenüberstand[1]; doch immerhin verdanken wir dieser Lücke eine der bemerkenswertesten Verbiegungen des Kratylismus.

---

1 Locke hatte bereits die gleiche Geringschätzung für die Empfindung des Blindgeborenen gezeigt, die er (*Essay* III, Kap. IV) mit einem Kennen des Geschmacks der Ananas durch Hörensagen verglich. (1690 war Saunderson allerdings erst acht, es konnte sich also kaum um ihn handeln; das Zeugnis ist anonym auch bei de Brosses, und die von Nodier hereingebrachte Genauigkeit ist folglich suspekt; zwischen Locke und Diderot läßt man viele Blinde sprechen – oder schweigen.)
Hinsichtlich der gemischten Aufnahme des »Okularcembalos« (*clavecin oculaire*) von P. Castel siehe Roudaut, S. 21-29, und Rousseau, *Essai*, Ausgabe Porset, Kap. XVI, »Fausse analogie entre les couleurs et les sons«. Diderot, der zu den Anhängern der Synästhesie zählt, zitiert das Zeugnis von Mélanie de Salignac, die »*braune* und *blonde* Stimmen unterschied« (Add. zum *Lettre sur les aveugles*, Garnier, S. 156, und *Éléments de physiologie*, Assézat-Tourneux, Kap. IX, S. 335). Turgot schreibt anläßlich von Metaphern wie »gout *acide*« ›beißender Geschmack‹ oder »lumière *éclatante*« ›grelles Licht‹: »Es besteht eine gewisse Analogie zwischen unseren verschiedenen Sinnen, eine Analogie, deren Einzelheiten man nur wenig kennt und deren Kenntnis scharfe Beobachtungen und eine ziemlich gewissenhafte

Diese Verbiegung, der wir in dem Text selbst, in dem sie sich vollzieht, getreu folgen wollen, findet also ihre Existenzberechtigung in der Feststellung eines Mangels, zumindest einer Unzulänglichkeit, der stimmlichen Mimesis, bei dem es den Anschein hat, als lösche die Unmöglichkeit, das Funktionieren des fünften Grades (klangliche Nachahmung der nicht tönenden Gegenstände) zu *erklären* (durch die Korrespondenzen), sogar seine Existenz aus, die dennoch lang und breit in den Paragraphen 80-84 illustriert wird[1].

Für de Brosses, der ein anspruchsvoller Mimologe ist, sind eine

---

Analyse der Operationen des Geistes verlangte, über welche sie großen Einfluß ausübt und die sie häufig steuert, ohne daß man es bemerkt, sei es, daß diese Analogie in der Natur unserer Seele selbst begründet ist oder lediglich in der Verbindung, die wir zwischen gewissen Ideen und gewissen Sinneseindrücken herstellen durch unsere Gewohnheit, sie zur gleichen Zeit zu empfinden, sei es, daß sie dieselbe bei allen Menschen ist, sei es, daß sie je nach Zeit, Ort und Geist unterschiedlich ist. Eines ist stets gewiß, daß wir eine gewisse Affinität zwischen sehr verschiedenen Sinneseindrücken, zwischen Sinneseindrücken und Ideen empfinden.« (*Autres Réflexions sur les langues*, Ausgabe Schelle, I, S. 354).

Auf dem Feld der Theorien über den Ursprung der Sprache taucht das Korrespondenzprinzip in sehr allgemeiner Formulierung bei Herder (*Abhandlung über den Ursprung der Sprache* (1770)) und, mit mehr Einzelheiten, beim Abbé Copineau (*Essai synthétique sur l'origine et la formation des langues*, Paris 1774) auf: »Welches auch immer das Organ sei, das sie erregen, wirken [die Sinneseindrücke] stets durch irgendeine Erschütterung, irgendwelche Schwingungen in den Nerven, vergleichbar denen, welche die Laute aufgrund ihres verschiedenen Charakters auf das Ohr ausüben. So können diese Sinneseindrücke, obwohl sie vom Ohr keineswegs wahrnehmbar sind, durch Laute ausgedrückt werden, die auf das Ohr in etwa dieselbe Wirkung ausüben, die sie jeweils auf ihre eigenen Organe ausüben. Folglich wird der Eindruck der *roten Farbe*, die für das Auge lebhaft, schnell, hart ist, sehr gut durch Klänge wiedergegeben, in denen *r*, das auf das Ohr eine analoge Wirkung ausübt, verwendet wird. Ein mildes und schwaches Licht wird ebenfalls, aus demselben Grund, sehr gut durch Klänge oder Wörter ausgedrückt, die ein *l* enthalten, etc.« (S. 34/35) Copineau ist jedoch, obwohl er hier Nodier ankündigt, kein Mimologe. Sehr nah an Condillac, nimmt er vier Etappen an: die *mimische* Sprache (Gebärden), die *pathetische* (Interjektionen), die *imitative* (onomatopetische Ausdrücke), die *analogische* (durch Korrespondenzen); das letzte und eigentlich sprachliche Stadium ist jedoch dasjenige der *konventionellen* Sprache; und Copineau wirft de Brosses explizit vor (S. 50), die Gesamtheit des Wortschatzes vom imitativen Bestand abzuleiten.

1 Siehe Roudaut, S. 276-281. Allerdings enthält die Ursprache noch einen sechsten Grad, denjenigen der prosodischen *Akzente*, die, während die Rede »die Gegenstände malt«, ihrerseits »die Art und Weise« ausdrücken, »wie derjenige, der spricht, davon affiziert wird, oder wie er die anderen affizieren möchte« (I, S. 278). De Brosses schlägt jedoch selbst vor, diesen Grad als einen »Appendix des ersten« (desjenigen der Interjektionen) anzusehen.

unerklärliche »Richtigkeit«, eine »geheime« Notwendigkeit nicht ganz und gar eine Richtigkeit oder Notwendigkeit, die der Betrachtung wert sind. Daher zögert er jetzt, wie wir gesehen haben, nicht, der Rede jedes mimetische Vermögen über die nicht geräuschvollen Gegenstände abzusprechen. »Indes« fügt er hinzu, »sind die sichtbaren [sprich: und nur die sichtbaren] Gegenstände zahllos, da der Gesichtssinn von allen der umfassendste ist. Man muß sie benennen. Wie wird die Stimme dies anstellen?« (I, S. 291)

Auf diese Frage will der Paragraph 91 antworten, der das Feld der stimmlichen Nachahmung abschließt und dasjenige der *Ableitung* (*Derivation*) eröffnet, auf dem die menschliche Sprache sich nach und nach von ihrer mimetischen Berufung entfernen und den Weg der Verderbnis (*corruption*), das heißt der Arbitrarität, betreten wird. Hier also in seiner Gesamtheit dieser entscheidende Text, Grenz- und Angelpunkt der gesamten Untersuchung:

> Ich habe gesagt, durch Vergleich, durch Annäherung, wenn möglich, und indem sie so wenig wie möglich von dem Weg abweicht, dem sie zu folgen weiß. Eine Blume (*fleur*) hat nichts, was die Stimme abbilden könnte, außer ihrer Beweglichkeit, die bewirkt, daß ihr Stiel sich in jedem Wind biegt. Die Stimme ergreift diesen Umstand und bildet den Gegenstand dem Ohr mit seiner liquiden Modulation *fl* ab, welche die Natur ihr als Kennzeichen der flüssigen und beweglichen Dinge gegeben hat. Wenn sie diesen Gegenstand *flos* nennt, führt sie am besten aus, was auszuführen in ihrer Macht steht. Doch wer sieht nicht, wie sehr diese Malerei, die sich nur an einen kleinen, fast fremden Umstand klammert, dem untreu und fern ist, was die Wörter *cymbale, fracas, gazouillement, racler* etc. wiedergeben. So unvollkommen sie auch ist, man ist selten in der Lage, von dieser Annäherung Gebrauch machen zu können. Man muß zum Vergleich greifen; eine Blume *Immortelle* (Strohblume) nennen, wegen ihrer langen Lebensdauer; *Balsamine* (Springkraut) oder Königin der Himmel (auf phönizisch); *œillet* ›Nelke‹, weil sie rund ist wie das Auge; *Anemone* oder Buschwindröschen (*venteuse*), weil sie sich nach der Seite des Windes öffnet; *Ranunculus* (Hasenfuß) oder *grenouillette* ›Froschkraut‹, weil sie in den Sumpfgebieten wächst und ihr Fuß dem Frosch ähnelt, etc. Wir beobachten hier etwas sehr Einzigartiges. Die Blume ist ein Wesen, das unmittelbar auf einen unserer Sinne wirkt durch die Eigenschaft ihres Duftes. Warum also hat sie nicht aus der direkten Beziehung zu diesem Sinn ihren Namen bezogen? Weil der Mensch aus der Ferne sieht und aus der Nähe riecht: weil er gesehen hat, bevor er riecht; und weil er sich, da er es immer eilig hat zu benennen, was er an Neuem sieht, an den ersten mächtigen oder geringen Umstand klammert, der sein Begriffsvermögen packt.

Heben wir zunächst diese abschließende Vorsichtsmaßnahme hervor, deren Funktion es einmal mehr ist, jede Zuflucht zur synästhetischen Motivation beiseite zu schieben: Der Mensch, »der es eilig hat zu benennen«, hat keine Zeit gehabt, für die duftende Süße der Blumen ein Äquivalent in der Süße bestimmter Laute zu finden. Man wird also beispielsweise nicht, was doch so leicht wäre, sagen, daß die Worte *Rose* oder *Reseda* das Hauptcharakteristikum dieser Gegenstände in den auditiven Bereich übertragen. Der Weg dieser Übertragung selbst ist, wie wir gesehen haben, versperrt. Es bleiben also nur zwei mögliche Auswege, jene, die de Brosses *Annäherung* und *Vergleich* nennt und die natürlich auf die Tropen verweisen, die die Rhetorik einerseits Metonymie und/oder Synekdoche (die Blume nach der Biegsamkeit ihres Stiels benennen) und andererseits Metapher (sie *œillet* nach ihrer Ähnlichkeit mit dem Auge nennen[1]) nennt. Zwischen diesen beiden Verfahren besteht ein deutlich wahrnehmbarer Wertunterschied, den von Anfang an der Einschub: »durch Annäherung, wenn möglich« enthüllt. Die Darstellung durch Annäherung ist »untreu« und »unvollkommen«, insofern sie sich nur an einen »kleinen, fast fremden« – auf jeden Fall zweitrangigen – »Umstand« des Gegenstandes klammert, den sie bezeichnet: seine Biegsamkeit; und nicht seine Farbe oder seinen Duft[2]; allerdings handelt es sich um einen *Umstand*, das heißt ein tatsächlich mit der Existenz des Gegenstandes verbundenes Detail. Dem ist nicht mehr so, wenn man durch Vergleich benennt, denn in diesem Fall wird der Name von einem völlig »fremden« Gegenstand entliehen: das Auge ähnelt der »Nelke« (*œillet*), aber es ist in keiner Weise ein »Umstand« dieser Blume. Gewiß ein Echo des wohlbekannten Mißtrauens des klassischen Geistes gegenüber der Metapher, deren mimetischen Charakter de Brosses hier geradezu verleugnet oder bagatellisiert.[3] Das ganze Vermögen der Sprache liegt in der Nachahmung, doch für de Brosses *bedeutet vergleichen nicht nachahmen*.

---

1 Man halte fest, daß in *flos* oder *fleur* ›Blume‹ die Artikulation *fl* im System von de Brosses wegen der Biegsamkeit des Stiels unmittelbar mimetisch ist, daß jedoch nichts Mimetisches in *œil* ›Auge‹ liegt (Claudel wird da anderer Meinung sein). Und daß auch *anémone*, als Komparativ ausgegeben, tatsächlich eine Metonymie ist.
2 Sokrates verurteilt im *Kratylos* bereits die Idee einer Benennung durch Nachahmung der äußeren Erscheinung: das *Wesen* des Gegenstandes muß der Name nachahmen (422b-423e). Doch im Unterschied zu Platon hält de Brosses an der Mimesis auf der Ebene des Wahrnehmbaren fest.
3 Wobei er zugleich sehr wohl weiß, daß »die Metaphern und irgendwelche Redefiguren, in denen die Begriffe eine von der eigentlichen Bedeutung abgelenkte Bedeutung haben, von irgendeinem Merkmal der Imagination herrühren, das stets die

Mit den Benennungen durch Metonymie und Metapher befinden wir uns bereits auf den Wegen der Ableitung (Derivation), die der Verfall der Sprache ist. Das bestätigt rücksichtslos der Anfang des Paragraphen 92: »In dieser willkürlichen und vergleichenden Methode [es handelt sich um die Metapher], die so alltäglich ist in jeder Art von Ableitung, wird die Natur noch mehr verdorben als in der vorhergehenden [der Metonymie] und der Gegenstand noch mehr entstellt.« Man könnte also erwarten, daß de Brosses die folgenden Kapitel der Geschichte dieses Verfalls widmet oder dabei stehen bleibt, da er den Gegenstand des ursprünglichen Mimetismus erschöpft hat. Er wird weder das eine noch das andere tun, und die *Formation mécanique* ist kaum über die ersten zwei Drittel ihres ersten Bandes hinausgekommen. Hier nämlich findet eine unerwartete und spektakuläre Wendung statt: In dem Augenblick, wo ihm alle Wege versperrt scheinen, wird die sprachliche Mimesis einen neuen Anlauf nehmen und einen neuen Weg einschlagen – der ihrer wahren Natur tatsächlich am meisten entspricht und der für de Brosses, erinnern wir uns, darin besteht, die Gegenstände zu »malen« und »abzubilden«. Als alle Mittel der sprachlichen Nachahmung erschöpft sind, entdeckt der menschliche Geist eine andere Form der Mimesis, von ganz anderer Art und von ganz anderer Wirkungskraft: es handelt sich um die Schrift.

Nehmen wir den Paragraphen 92 dort wieder auf, wo wir ihn verlassen hatten, um die Wucht dieser plötzlichen Kehrtwendung zu würdigen, die uns auf die Spuren der Wachterschen Mimographie zurückführen wird. Wir haben gerade gesehen, wie die metonymische Ableitung und mehr noch die metaphorische, die Natur verderben und den benannten Gegenstand *entstellen*. Hier nun die Fortsetzung des Textes:

»[...] Man mußte also Zuflucht bei einer anderen [Methode] suchen, und der Mensch hatte sie schon bald gefunden. Hier eröffnet die Natur ihm ein neues System ganz anderer Art, ursprünglich wie das vorhergehende (denn die Überlegung und die Kombination haben daran keinen Anteil) und fast ebenso *notwendig*, obwohl offen gesagt der Wille des Menschen an ihm mehr Anteil hat als am anderen. Mit seiner Hand und Farbe bildete er ab, was er mit seiner Stimme nicht abbilden konnte. Er sprach von den sichtbaren Dingen zu den Augen durch den Gesichtssinn, da er nicht wie von den geräuschvollen Dingen zu den Ohren durch den Klang von ihnen

---

Ähnlichkeit als Grundlage hat« (I, S. 288); dies war das implizite Argument von *De dialectica*, hier ist es jedoch um die Wirkung gebracht.

sprechen konnte. So trat die Natur wieder in ihre Rechte, indem sie jedem Sinn bot, was er zu empfangen imstande war. So wurde die Urschrift geboren, auf eine fast *notwendige* Weise, aus der Unmöglichkeit, anders vorzugehen.«

Der (teilweise) Bankrott der stimmlichen Mimesis hat also zwei sehr unterschiedliche Konsequenzen von diamentral entgegengesetzter Bedeutung, die de Brosses jedoch sozusagen in einem Atemzug artikuliert: den Sturz in die Ableitung, die allmähliche Aufgabe und allmähliches Vergessen der ursprünglichen Mimesis bedeutet, und die Zuflucht zur Schrift, die Entdeckung und Ausbeutung einer anderen Form von Mimesis bedeutet. Eine Abhandlung über die *Grundlagen der Etymologie* darf es nicht versäumen, was für einen Widerwillen sie auch immer dabei verspüren mag, im Detail das Phänomen der Ableitung zu studieren, die die Geschichte der Sprache selbst ist und was man später das »Leben der Wörter« nennen wird: der Hauptteil des zweiten Buches ist ihr gewidmet. Das Studium der Schrift, das in dieser Perspektive eine Art Parenthese ist, nimmt die zwei letzten Kapitel des ersten Bandes ein. Da unsere Perspektive hier eine ganz andere ist (da die Arbeit des Etymologen uns weniger fesselt als seine mimologische Träumerei), werden wir diese Reihenfolge umkehren und mit der sprachlichen (folglich stimmlichen) Ableitung zu Ende kommen, bevor wir auf die skripturale Mimesis zurückkommen.

De Brosses bringt unter dem Konzept der Ableitung (Derivation) zwei Serien von Sachverhalten zusammen, von denen sich keine genau mit dem deckt, was die moderne Sprachwissenschaft unter diesem Begriff versteht: die »materielle« Ableitung, das heißt die Entwicklung der Form der Wörter, der Übergang von lat. *fraxinus* zu frz. *frêne* oder von lat. *flagellum* zu frz. *fléau*, und die »ideale« Ableitung oder Ableitung »von Ideen«, das heißt die Entwicklung ihrer Bedeutung, die Bedeutungsverschiebung, die zwischen der ursprünglichen Wurzel und den Wörtern, die sich davon »ableiten«, eintritt: wir werden weiter unten einige Beispiele dafür sehen.

Die materielle Ableitung rührt von der Schwachheit der Vokale her und von der Fähigkeit der Konsonanten gleicher Artikulation, sich gegenseitig zu ersetzen[1]; das bedeutet, daß sie die Identität des Wortes nicht beeinträchtigt, welche die phonetische Analyse ohne

---

1 Die gleiche Bemerkung bei Bergier, *Éléments primitifs*, S. 31.

Mühe wiederherstellt. So wird man, nachdem festgesetzt ist, daß das lateinische Wort *fort* und das »tudesque« *vald* denselben Ursprung haben, den Unterschied von *o* und *a* als unbedeutend vernachlässigen, da alle Vokale nur einer sind, mehr oder weniger »voll« ausgesprochen, und man wird leicht die artikulatorische Identität des *f* und des *v* (»Labialspiranten«), des *r* und des *l* (»Linguale«), des *t* und des *d* (»Dentale«) erkennen, wobei der einzige Unterschied zwischen den beiden Wörtern in einer generellen Abschwächung (von *f* zu *v*, von *r* zu *l*, von *t* zu *d*) vom Lateinischen zum Deutschen besteht (II, S. 322/23). Von daher dieses Grundprinzip: »In der Etymologie, im Vergleich der Wörter muß man die Vokale vollkommen außer Betracht lassen und die Konsonanten nur in Betracht ziehen, wenn sie von verschiedenen Organen kommen. Wenn die Verschiedenheit im Konsonanten nur vom Unterschied der Modulationen desselben Organs kommt, muß man kühn behaupten, daß es derselbe Buchstabe ist.« (II, S. 159) Man sieht, daß die Etymologie von de Brosses derjenigen von Ménage noch sehr nahesteht und mit der von Voltaire verspotteten Tradition übereinstimmt, für die »die Vokale nichts und die Konsonanten sehr wenig sind«. Der Vergleich zwischen diesen »physischen Grundlagen der Etymologie« und der bewundernswerten methodischen Lektion, die zur gleichen Zeit Turgot in der *Encyclopédie* gibt, ist auf der Ebene der Klarheit und der wissenschaftlichen Strenge eher bitter für unseren Präsidenten.[1] Doch das ist eine andere Geschichte.

Die »Ideenableitung« ist schwerer herabzusetzen, und de Brosses' Haltung besteht eher, wie wir bereits gesehen haben, darin, sie zu übersteigern, um mit der vehementen Empörung eines Cato, der den Verfall der Sitten aufdeckt, »dagegen zu wettern«. Die abgeleiteten Bedeutungen sind Tropen, folglich »verdrehte« (oder »Neben«-)Be-

---

1 Die historische Beziehung zwischen den beiden Texten ist im übrigen signifikativ: Ein Manuskript des zukünftigen *Traité* wurde Turgot für den Artikel »Étymologie« zur Verfügung gestellt; Turgot war der Meinung, es passe mehr zu einem Artikel »Onomatopée«, und beschloß, selbst den Text zu verfassen, den man kennt (zu wenig allerdings); da man ihn sehr zu Unrecht des Plagiats bezichtigt hatte, legte de Brosses Wert darauf, ihn selbst zu exkulpieren, und er fügte hellsichtig hinzu: »Hinsichtlich des Kerns der Dinge weichen wir wesentlich voneinander ab« (siehe Ausgabe Schelle, I, S. 516/17). Der Kern der Dinge ist natürlich die Debatte über die Natur des Zeichens. Erinnern wir daran, daß Turgots Artikel mit einer der entschiedensten konventionalistischen Proklamationen in der gesamten Geschichte der Debatte beginnt: »Die Wörter haben zu dem, was sie ausdrücken, durchaus keinen notwendigen Bezug.«

deutungen, die zu der eigentlichen und ursprünglichen Bedeutung in Opposition stehen, so wie die Dissonanz in Opposition zur Konsonanz steht: »Man kann *Konsonanzen* die Wörter nennen, die in ihrer wahren, physischen, eigentlichen und ursprünglichen Bedeutung genommen werden, und *Dissonanzen* die Wörter, die in einer verdrehten, relativen, übertragenen, abstrakten, geistigen, metaphysischen Bedeutung genommen werden.« (I, S. 28) Der musikalische Vergleich ist ebenso aufschlußreich wie die nachdrückliche Häufung der Adjektive: Die »ursprüngliche« Bedeutung wird mit allen Tugenden der Natur und des Ursprungs ausgestattet, die abgeleitete Bedeutung bekommt alle Verkommenheiten einer verdorbenen Zivilisation aufgebürdet. Die erste Bedeutung ist einfach wie der vollkommene Akkord oder besser wie der Einklang, der Jean-Jacques so teuer ist, er steht im Gleichklang mit dem natürlichen Ausdruckswert des Wortes, dem, was Mallarmé seine »Grundtugend« nennen wird; die abgeleitete Bedeutung steht im Mißklang zur ursprünglichen *Harmonie* der Sprache, pervertiert sie, die *Übereinstimmung (accord)* von Klang und Sinn ist, und zerstört die symbolische Einheit.

Wir haben weiter oben gesehen, wie das Ende des sechsten Kapitels der Ableitung zwei Hauptverfahren zuwies: Annäherung und Vergleich, von denen letzteres am verdammenswertesten war. Merkwürdigerweise insistiert das Kapitel X (»Von der Ableitung und ihren Wirkungen«) fast ausschließlich auf ersterem, das zur Hauptursache für das Abdriften der Sprache geworden zu sein scheint.[1] Paragraph 179 trägt den Titel: »Erstaunliche Wirkungen der Metonymie in der Ableitung« und beginnt so: »All diese Ableitungen, entstanden aus der Gewohnheit, ein Wort von einer Bedeutung zu einer anderen, der ersten benachbarten Bedeutung über irgendeinen wirklichen oder eingebildeten Ort weiterzubefördern, sind eine Folge der Metonymie, einer dem Menschen sehr vertrauten Redefigur.« Anläßlich der Wurzel *Dun* ›Gebirge‹, die er in *Lugdunum* ›Lyon‹ wiederfindet, einer Stadt, die gleichwohl in der Ebene liegt, am Rande des Wassers, wirft er Wachter vor, hier nicht »die Metonymie

---

[1] Die Rolle des Vergleichs scheint hier eingegrenzt auf die Übertragung des Physischen auf das Geistige: so etwa von *mihr* ›Sonne‹ zu *admirer,* ursprünglich ›die Sonne betrachten‹; von *templum* ›Himmel‹ zu *contempler;* von *sidera* ›Gestirne‹ zu *considérer* ; von *moun* ›Mond‹ zu *monere, admonition* (II, S. 241). »Diese Anwendung einer bereits sehr unvollkommenen Methode auf Wesenheiten, mit denen der Vergleich noch ferner lag, machte sie noch unzulänglicher.« (S. 238)

wahrgenommen zu haben, den wichtigsten Tropus des Vortrags. Mit ihrer Hilfe«, fügt er hinzu, »breiten die Wurzelwörter, die selbst in den reichsten Sprachen nur in kleiner Zahl vorhanden sind, sich aus, ohne sich zu vermehren, bis sie Dinge bezeichnen, deren Bedeutungen sehr abgelegen scheinen« (II, S. 119), ja entgegengesetzt: so etwa lat. *altus*, »das gleichermaßen einen hochgelegenen und einen tiefgelegenen Ort bezeichnet«, oder frz. *hôte*, das zugleich den in einer Stadt aufgenommenen Fremden und den Bürger, der ihn beherbergt, bezeichnet (II, S. 112-115)[1]. Auf diese Weise bildet man schließlich unfreiwillige Oxymora wie »junger Senator« (von *senes* ›alt‹, ›Greis‹) oder »écuyer à pied« ›Fußknappe‹ (von *equus* ›Pferd‹ de Brosses zufolge), wahre etymologische Monster (II, S. 106, 110).

Wiederum die Metonymie erklärt auch die Verschiedenheit der Wörter, die denselben Gegenstand nach den verschiedenen »Gesichtern« oder Umständen bezeichnen, unter denen man ihn anvisieren kann. So wird der Priester im Lateinischen *sacerdos* genannt, insofern er die heiligen Funktionen ausübt, *presbyter* wegen seines Alters, *antistes* ›Tempelvorsteher‹, weil er vor dem Altar steht, *pontifex* ›Oberpriester‹ in seiner Eigenschaft als Instandhalter der Brücken, *praesul* ›Vortänzer‹, weil er als erster springt, etc. (II, S. 59/60); aus analogen Gründen bezeichnet man ein und dieselbe Sache auf französisch *région, province, contrée, district, pays, état* etc. (II, S. 56). Selbst die ursprünglichen (und organischen) Wurzeln scheinen bisweilen von dieser metonymischen Wucherung befallen: So kann etwa eine Leiter durch die Artikulation *cl* (in gr. *climax*) wiederge-

---

1 Die gleiche Idee bei Bergier, S. 23-27. Man kennt das weitere Schicksal der Spekulation über die »entgegengesetzten Bedeutungen« bei Abel und dann bei Freud und die klärende Darstellung bei Émile Benveniste, *Problèmes de linguistique générale* I, Paris (Gallimard) 1966, S. 79-83; dt. *Probleme der allgemeinen Sprachwissenschaft*, aus dem Französischen von Wilhelm Bolle, München (List) 1974, die de Brosses recht gut vorwegnimmt, indem er bemerkt, daß die »Kontrarietät zwischen [den entgegengesetzten Dingen] eine Art Beziehung herstellt«, welche natürlich die semantische Kategorie ist, innerhalb derer die Opposition sich artikuliert: so etwa die *Vertikalität*, auf die *altus* diesseits jeder Unterscheidung von hoch und tief referiert. »Sehen wir, wie die Menschen dazu kommen konnten, durch dasselbe Wort *Alt* diametral entgegengesetzte Ideen auszudrücken. Sie wollten jene Idee wiedergeben, daß ein Gegenstand weit außerhalb der Reichweite ihrer Hand in senkrechter Linie lag; und nachdem sie sich dieses Wortes für Dinge weit außerhalb der Reichweite oben bedient hatten, haben sie es auch für die Dinge außer Reichweite unten verwendet; wobei sie nur die Verallgemeinerung dieser Idee berücksichtigten, unter Absehung von der Kontrarietät, die darin relativ zu derjenigen der Positionen des Gegenstandes lag.«

geben werden, die die Neigung denotiert, oder durch *sc* (in lat. *scala*), die die Vertiefung angibt, in die man den Fuß setzt, oder durch *gr* (lat. *gradus*), die die Anstrengung beim Hinaufsteigen (*gravir*, *grimper*) ausdrückt. Diese dreifache Wurzel kommt von den »verschiedenen Weisen, denselben Gegenstand zu betrachten und ihn durch diese oder jene seiner Wirkungen zu erfassen« (II, S. 395)[1]. Es liegt hierin genügend Zündstoff, um den Begriff der eigentlichen Urbedeutung selbst in Frage zu stellen, da jede dieser drei »Wurzeln« in einer Metonymie erscheint, in der man eine Art *ursprünglicher Ableitung* am Werk sehen kann. Eine derartige Bemerkung könnte jedoch das gesamte Gebäude erschüttern, und de Brosses zieht es vor, unter der klaren Verschiedenheit des Verfahrens die Einheit der Funktion und der »Mechanik«, das heißt die stimmliche Nachahmung, zu lesen: »Es gab keinerlei Verschiedenheit im Ziel, das man sich setzte, noch in der Mechanik, die man benutzte. Man hatte stets

---

1 Dieses Thema einer nach der Vielfalt der Aspekte und der Wahrnehmungsweisen diversifizierten Mimesis – unvorstellbar, erinnern wir daran, für den platonischen Essentialismus – ist zumindest seit Epikur (*Brief an Herodot*) und Lukrez (*De natura* V, 1056ff.) eine der naturalistischen Antworten auf das konventionalistische Argument der Verschiedenheit der Sprachen. Bereits Lamy illustrierte es mit diesen Worten: »Es hängt von uns ab, die Dinge zu vergleichen, wie wir wollen, was jenen großen Unterschied ausmacht, der zwischen den Sprachen besteht, die einen selben Ursprung haben [...]. Das Französische, das Spanische, das Portugiesische kommen vom Lateinischen, doch die Spanier nennen die Fenster in Anbetracht der Tatsache, daß sie den Winden Durchschlupf gewähren, *ventana*, von *ventus*. Die Portugiesen haben die Fenster, da sie sie als kleine Türen ansehen, *janella* genannt, von *janua*. Unsere Fenster waren früher in vier Teile geteilt, mit steinernen Kreuzen, deswegen nannte man sie *croisées*, von *crux*. Die Lateiner waren der Ansicht, die Fenster seien dazu da, das Licht zu empfangen, das Wort *fenestra* kommt vom griechischen *phainein*, das ›leuchten‹ bedeutet. Auf diese Weise führen die verschiedenen Weisen, die Dinge zu sehen, dazu, ihnen verschiedene Namen zu geben.« (*Rhétorique* I, 5). Und Vico: »Da die Verschiedenheit der Klimate zur Ausbildung sehr unterschiedlicher Temperamente beigetragen hat, haben sich daraus Sitten und Gebräuche ergeben, die von Volk zu Volk variieren, und diese Verschiedenheit der Temperamente und Sitten hat eine Verschiedenheit der Sprache zur Folge gehabt. Sich voneinander durch ihren Charakter unterscheidend, haben die Menschen in der Tat alles, was sie brauchten oder was für ihr Leben notwendig war, unter verschiedenen Aspekten betrachtet; von daher diese so mannigfaltigen, bisweilen sogar vollständig einander entgegengesetzten Gebräuche; anders kann man die Tatsache, daß es ebenso viele Sprachen gibt, wie es verschiedene Nationen gibt, nicht erklären.« (*Science nouvelle* (1725), übers. v. A. Doubine, 1953, S. 158). Wir werden diesem Thema, mit ebenfalls verschiedenartigen Modulationen, bei Court de Gébelin, bei Nodier, bei Renan wiederbegegnen.

im Blick, den Gegenstand durch einen soweit wie möglich an seine Wirkungen angeglichenen Klang darzustellen.«

Das charakteristischste und am ausführlichsten behandelte[1] Beispiel für diese »Verirrung« des Geistes und »den Mißbrauch, den er mit den Wurzeln treibt, indem er sie benutzt, um Dinge auszudrücken, die zu beschreiben sie keineswegs geeignet sind«, ist die Ableitung, die von der Wurzel *st*, die die Unbeweglichkeit ausdrückt, zu dem juristischen Wort *stellionat* führt, das einen betrügerischen Vertrag bezeichnet. Anfänglich hat man die Wurzel für die Bezeichnung der Sterne (lat. *stellae*) verwendet, in Anbetracht ihrer scheinbaren Unbeweglichkeit. Dann hat man, aufgrund ihrer sternförmig gefleckten Haut, von *stella* den Namen einer Eidechse abgeleitet, die *stellio* (Sterneidechse); anschließend hat man, da eine andere Eigentümlichkeit dieser Eidechse die List oder die Täuschung ist, von *stellio* diesen *stellionat* abgeleitet, dessen Bedeutung nichts mehr, ganz im Gegenteil sogar, mit der anfänglichen Vorstellung von Fixiertheit gemeinsam hat. Man sieht hier, wie der Geist, fehlgeleitet von der schiefen Verknüpfung nebensächlicher Umstände, »ohne den Grundschlüssel, das ursprüngliche und charakteristische Muster, das er erfaßt hatte, aus dem Blick zu verlieren, weitergeht und sich von Vorstellung zu Vorstellung, von Gegenstand zu Gegenstand verirrt [...]. So verfällt die Operation des Geistes, welche die Operation der Natur pervertiert, die bei der Darstellung der Unbeweglichkeit eine gewisse Art von Analogie vorgesehen hatte, auf den Gedanken, sie noch einmal zu verwenden, um die Fleckigkeit und die Täuschung zu beschreiben, welche die dentale Artikulation *st* dem Ohr absolut nicht abbildet.«

Dies sind die Wege der Verderbnis. Wenn eine Sprache an diesem Punkt angelangt ist, hat sie ihre Haupttugend verloren, die nur die *Wahrheit*, die »Treue der Beziehung zwischen dem Namen und dem Gegenstand, den er bezeichnet«, sein kann. Diese Wahrheit »findet sich nicht mehr in den Sprachen, sobald man die Natur durch ideelle Anspielungen verdorben hat, die ihr fremd sind, und so sehr die Ableitung von ihrer ursprünglichen Wurzel abgerückt hat, daß die Verknüpfung, die leicht zwischen ihnen feststellbar sein müßte, nicht mehr wahrnehmbar ist.« (II, S. 54/55)

Diese verlorene Wahrheit, war, das dürfen wir nicht vergessen, eine Wahrheit der *Malerei*. Eine Sprache hat keine Wahrheit mehr, wenn

---

[1] Es nimmt den gesamten Paragraphen 230 ein: II, S. 333-338.

sie es nicht mehr versteht, *die Gegenstände zu malen*. Und hier kommt die Schrift ins Spiel, auf ihre Weise beauftragt, den Mangel der Sprachen zu *entschädigen*, wie Mallarmé sagen wird. Denn die Schrift ist für de Brosses wie für Platon, aus ganz unterschiedlichen Gründen jedoch und mit einer ganz unterschiedlichen Wertkonnotation, eine Malerei[1]: »[Die Hand] konnte die Gegenstände dem Gesichtssinn durch Gebärden, oder indem sie ihr Bild zeichnete, abbilden. Damit wurde der Übertragung der Ideen ein neuer Weg eröffnet, und die Natur, wieder in ihre Rechte tretend und ohne von ihrem Verfahren abzurücken, führte den Menschen auf ihm, wie sie es auf dem vorherigen getan hatte, auf einfache, notwendige und die bedeuteten Gegenstände nachahmende Weise.«

Dieser Mimetismus der Schrift kompensiert und neutralisiert die Untreue der Rede, und in gewisser Weise kann man sogar sagen, daß er sie fördert, indem er sie unschädlich macht. Nachdem die Wahrheit der Malerei jetzt durch die graphische Sprache sichergestellt ist, kann die vokale Sprache ableiten, soviel sie will. Von nun an liegt »das Notwendige [...] in der Malerei und nicht mehr im Namen des Gegenstandes. So kann seine Zuweisung konventionell und sehr viel willkürlicher werden, als sie es zuvor in der rein stimmlichen Methode der nachahmenden Laute gewesen war.« (I, S. 301)[2] Verjagt aus

---

1 Und umgekehrt: »Die Australier der Magellanstraße, ein Volk von äußerst rohem Wesen, das man für auf der ersten Stufe der Kenntnisse der Menschheit stehend halten kann, haben auf dem Heidekraut mit roter Erde das Schiff eines englischen Kapitäns dargestellt. Dies nun nenne ich eine echte Schrift. Jede Malerei verdient diesen Namen. Jede Operation, die ausgeführt wird, um die Ideen durch das Auge wachzurufen, ist eine wirkliche Schriftform, und es ist keine Metapher, wenn man in diesem Sinne sagt, daß die Welt ein großes lebendiges Buch ist, das unter unseren Augen geöffnet ist.« (I, S. 304)

2 Man beobachtet, daß die Schrift hier als zugleich vor der Rede, die nach ihr (und dank ihrer) arbiträrer wird, existierend und später als sie ausgegeben wird, da die Methode der stimmlichen Nachahmung »hiervor« die Durchsetzung der Namen leitete. Diese doppelte Beziehung ist hier keineswegs widersprüchlich, da sie ganz klar drei Etappen impliziert: 1. diejenige einer rein vokalen Sprache, deren Mimesis sich sehr rasch erschöpft; 2. die Erfindung einer »neuen Straße«, nämlich derjenigen der Malerei-Schrift, mimetisch par excellence; 3. die Vokalsprache nach In(ter)vention der Schrift, von nun an ohne Schaden der Ableitung preisgegeben. Manche Formulierungen sind jedoch weniger leicht auf dieses Entwicklungsschema zurückzuführen. So etwa: »Die Gestalt des Gegenstandes, die den Augen präsentiert wird, um die Idee davon entstehen zu lassen, muß, so scheint mir, der Durchsetzung des ebendiesem Gegenstand gegebenen Namens vorausgegangen sein, um jedesmal, wenn dieses Wort ausgesprochen würde, die Idee davon festzulegen oder zu erwecken.« (I, S. 301) Oder auch: »Die Konvention, die Gegenstände mit Namen

der Welt der Laute, in der sie nur ein prekäres und gleichsam unsicheres Leben führen konnte, zieht die Mimesis sich zurück, oder repatriiert sich vielmehr in das, was schon immer ihr wahres Gebiet gewesen ist: dasjenige der »den Augen präsentierten Figuren.«

Es versteht sich von selbst, daß de Brosses sich bei der Präsentation der Schrift (jeder Schrift) als einer »Malerei der Gegenstände« nicht am Modell der phonetischen Schriften orientiert, die er als »verbal« bezeichnet, sondern an demjenigen der unmittelbar darstellenden Schriften, die er »reale« Schriften nennt. Doch die Existenz einer indirekten Graphie, die eine einfache Notation (mimetisch oder nicht) der Rede ist, kann ihm natürlich nicht entgehen. Es gibt nicht eine Schrift, sondern mehrere, die auf ganz unterschiedlichen Grundlagen beruhen, und diese Pluralität verlangt nach einer Typologie und, wenn möglich, nach einer Entstehungshypothese.

Die Theorie von de Brosses steht hier derjenigen sehr nahe, die Warburton etwa dreißig Jahre früher vorschlug.[1] Sie läßt sich in diesem Tableau zusammenfassen, das zugleich taxinomisch und hi-

---

zu versehen, sie durch Wörter zu bedeuten, die sie nicht malen, setzt notwendig einiges vorheriges Wissen von ebendiesen Gegenständen voraus, zu dem man durch einen der Sinne gelangt ist; andernfalls ist das Wort nur ein unbestimmtes Geräusch, vollständig seiner Beziehung beraubt, ohne die es seine Wirkung nicht gäbe. Man hat also begonnen, dem Auge ein grobes Abbild des Gegenstandes darzustellen [...]«. (S. 302) Das Thema der der Rede vorausliegenden (oder zumindest von ihr unabhängigen und zeitgleichen) Schrift ist dem 18. Jahrhundert nicht unbekannt; so etwa Vico: »Die Philosophen haben sehr zu Unrecht geglaubt, die Sprachen seien zuerst entstanden, und später erst die Schrift; ganz im Gegenteil entstanden sie als Zwillinge und gingen ihren Weg parallel« (*Science nouvelle* III, S. 1); oder Rousseau: »Die Kunst des Schreibens rührt keineswegs von der des Redens her. Sie rührt von Bedürfnissen anderer Art her, die früher oder später entstehen, je nach Umständen, die gänzlich unabhängig von der Lebensdauer der Völker sind [...]« (*Essai*, Ausgabe Porset, S. 61). Das de Brossessche Thema der Malerei-Schrift autorisiert natürlich dieselbe Hypothese.

1 Ihre Beziehung ist schwer zu bestimmen. De Brosses behauptet (I, S. 295), sein Kapitel VII geschrieben zu haben, bevor er den *Essai sur les hiéroglyphes* (1744 ins Französische übersetzt) gelesen habe; er gibt jedoch zu, diesem Kapitel »einige Beobachtungen, die mir entgangen waren und die ich dem englischen Autor und seinem Kommentator entnehme«, angefügt zu haben. Der Anteil der Begegnung und der Anteil der Entlehnung sind für uns also nicht auszumachen. Von William Warburtons *Essay* gibt es übrigens auch eine deutsche Übersetzung: *Versuch über die Hieroglyphen der Ägypter*, aus dem Englischen von Johann Christian Schmidt, herausgegeben von Peter Krumme, Frankfurt/M. (Ullstein) 1980. Vorangestellt ist Warburtons Text in dieser Ausgabe der Text »Scribble« von Jacques Derrida (übersetzt von Peter Krumme u. Hanns Zischler). (Zusatz d. Ü.)

storisch ist, da die sechs Grundtypen darin in der Reihenfolge dessen erscheinen, was de Brosses zufolge ihr sukzessives Auftauchen war:

I. *Reale Schriften.*
1. Bildliche Darstellung.
   1. Einfache Malerei oder durch isoliertes Bild (Zeichnung der Australier).
   2. Fortlaufende Malerei, Schrift *in rebus*, die Dinge selbst darstellend, oder Schriftzeichen nach mexikanischer Art.
2. Symbolisch.
   3. Allegorische Symbole, Hieroglyphen, die die Eigenschaften der Dinge darstellen, oder Schriftzeichen nach ägyptischer Art.
   4. Schriftzeichen, die Ideen darstellende Schlüssel, oder Schriftzeichen nach chinesischer Art.
II. *Verbale Schriften.*
   5. Schriftzeichen, die die Silben repräsentieren, oder Schriftzeichen nach siamesischer Art: Silbenschrift.
   6. Organische und vokale Einzelbuchstaben, oder Schriftzeichen nach europäischer Art: Buchstabenschrift.[1]

»Von diesen sechs Klassen«, kommentiert unser Autor, »beziehen sich die ersten beiden auf die äußeren Gegenstände; die beiden anderen auf die inneren Ideen; die beiden letzten auf die Stimmorgane. Es gibt also zwei Arten von Schrift, die von absolut unter-

---

1 Dieses Tableau findet sich so nicht im *Traité*. Ich synthetisiere hier mehrere über das Kapitel VII verstreute Klassifikationen von unterschiedlichem hierarchischem Niveau, die jedoch trotz terminologischer Unsicherheiten unleugbar miteinander kompatibel sind. Die Aufzählung der sechs Klassen nimmt den Paragraphen 101 ein und beherrscht die folgenden bis zum Ende des Kapitels. Die Opposition *real/verbal* taucht S. 346 auf, sie wird an anderer Stelle jedoch besonders durch zwei symmetrische Synekdochen verwischt: Die eine ist der Gebrauch von *symbolisch*, um die Gesamtheit der realen Schriften einschließlich der »bildlichen« zu bezeichnen; die andere ist der Gebrauch von *Buchstaben-* (*littérale*), um alle verbalen Schriften einschließlich der Silbenschrift zu bezeichnen: von daher die Generalüberschrift des Kapitels VII: *De l'écriture symbolique et littérale*. Die Gründe für diese terminologischen Ausweitungen sind ebenfalls symmetrisch: Die symbolische Schrift ist die verbreitetste unter den realen Schriften, die Buchstabenschrift ist am verbreitetsten unter den verbalen. »Im übrigen halte ich mich nicht damit auf, die Silben- und die Buchstabenschrift getrennt zu behandeln. Beide sind organisch, und in Wahrheit gibt es zwischen ihnen fast keinen Unterschied. Was ich über die eine bemerke, trifft in etwa durchaus auch für die andere zu.« (I, S. 436)

schiedlichen Prinzipien ausgehen. Die eine ist die bildliche Schrift, welche die Gegenstände darstellt und durch die Ansicht angibt, was man denken und sagen muß: diese Art umfaßt die vier ersten obengenannten Klassen; die andere, der die beiden letzten Klassen angehören, ist die organische Schrift, welche die Artikulationen des Stimminstrumentes darstellt und ebenfalls durch die Ansicht angibt, was man ausführen und aussprechen muß. Indem die eine solcherart die Ansicht der Gegenstände fixiert, erweckt sie daraus den Namen; die andere geht weiter, sie fixiert die Ansicht des Namens des Gegenstandes selbst. Mit ihrer Hilfe geschieht diese bewunderungswürdige Vereinigung des Gehörs und des Gesichtssinns, von der ich gesprochen habe.« (I, S. 311/12)[1]

Wir werden auf die in diesem letzten Satz erwähnte *bewunderungswürdige Vereinigung* und den Text, auf den sie verweist, zurückkommen; doch wir können schon jetzt eine ganz und gar unerwartete Aufwertung der verbalen Schrift beobachten, die hier als *organisch* bezeichnet und der eine der realen Schrift überlegene darstellerische Leistungsfähigkeit zuerkannt wird. Dies steht anscheinend im Gegensatz zum Prinzip der graphischen Mimesis und der Malerei-Schrift. Wir werden weiter unten sehen, wie diese neue Wendung im gewundenen Gang des de-Brossesschen Kratylismus positiv gerechtfertigt wird, ihre erste Motivation ist jedoch rein negativ: nämlich der prekäre Charakter der realen Schrift oder, genauer, die Beschränktheit ihrer mimetischen Fähigkeit. So zahlreich und so bedeutend die sichtbaren Gegenstände auch sein mögen, sie erschöpfen ebensowenig wie die »geräuschvollen« Gegenstände die Gesamtheit des bezeichenbaren Universums. Die »Eigenschaften der Dinge«, die abstrakten Begriffe, entziehen sich ebenso der direkten graphischen »Darstellung« wie der stimmlichen Nachahmung, und man sieht, wie sich zwangsläufig der tropologische Prozeß in der Schrift wiederholt, durch den sich die Arbeit der »Ideenableitung« der gesprochenen Sprache bemächtigt hatte. Die hieroglyphische Schrift wird also die »natürlichen Figuren« als »Symbole und Anspielungen auf verschiedene Dinge, die nicht geeignet sind, gemalt zu werden, verwenden, durch eine willkürliche Methode von Annäherung und Vergleich, die ganz und gar derjenigen ähnlich ist, deren Folge in der Verfertigung der vom Stimmorgan gebildeten Wörter ich gezeigt habe. [...] Da man die *Voraussicht* nicht malen

---

1 »Bildlich« (*figurée*) bezeichnet hier alle realen Schriften.

konnte, malte man ein Auge, und einen Vogel für die *Geschwindigkeit*. Der Weg ist derselbe und der Gang in der Abstufung ähnlich in dem, was die Hand für den Gesichtssinn getan hat, und in dem, was die Stimme für das Gehör getan hat. Die Natur und die Notwendigkeit haben hier zunächst getan, was die Willkür und die Konvention auf derselben Ebene fortgeführt haben.« (I, S. 305/06). Annäherung und Vergleich, Metonymien (das Auge für *Voraussicht*) und Metaphern (der Vogel für *Geschwindigkeit*), damit ist der Weg des Verfalls – Willkür und Konvention – wieder eröffnet, der stets vom Prinzip der *Allegorie* herkommt: das Zeichen für ein Ding benutzen, um *ein anderes zu sagen*. Einmal mehr zieht die Ideenableitung, Mißbrauch des Signifikats, die materielle Ableitung, Abnutzung und Schadhaftwerden des Signifikanten, nach sich und nährt sie. Der phonetischen Erosion (*fort > vald*) entspricht hier die graphische Verarmung der Figuren, eine zunehmende Schematisierung, die von der ägyptischen Hieroglyphe zum chinesischen Ideogramm führt, in dem sich durch Vereinfachung das Prinzip der pikturalen Schrift abschwächt: »Als die natürlichen Figuren einmal als Symbole für andere Gegenstände anerkannt worden waren, hat man so viele Dinge gehabt, die man sie sagen lassen wollte, daß man die Natur abkürzen, verändern, verderben und die Figuren auf einfachere Schriftzeichen reduzieren mußte, die sie unkenntlich machten.« (I, S. 307) Der Kreis schließt sich also; das große Zufluchtsmittel der Schrift wird nur ein schnell verbrauchter Notbehelf gewesen sein und die zweite Herrschaft der sprachlichen Mimesis ein kurzer Aufschub. Man wird also bei de Brosses keinerlei Versuch einer »hieroglyphischen« Interpretation des modernen Alphabets wie bei Jones finden. Auch hier ist die ursprüngliche »Malerei« ausgelöscht worden.

In der ganz rousseauschen Logik dieser Bewegung könnte man auf eine unwiderrufliche Verurteilung der »realen« Schrift, ungetreue Darstellung einer ungetreuen Darstellung, Verrat zweiten Grades, gefaßt sein. Wir haben es bereits geahnt: dem ist nicht so. Die Erfindung des Alphabets ergibt sich durchaus als Folge dieser neuen »Verdorbenheit«, die von der malerischen Schrift *in rebus* zu den schematischen »Schlüsseln« der chinesischen Schrift führt, sie erbt jedoch anscheinend keinen ihrer Makel. Ganz im Gegenteil, es hat den Anschein, als käme die Bewegung des Verfalls wunderbarer- (und paradoxerweise) hier zum Stillstand. Diese axiologische Umkehrung wird vollkommen deutlich zu Beginn des Paragraphen 98: »Endlich hat, als im Gebrauch anerkannt war, daß formlose Schriftzeichen Dinge bedeuten konnten, ein machtvolles Genie, das die

Vielzahl der Dinge und der Schriftzeichen störte, versucht, ob Schriftzeichen nicht die Silben der Wörter und die verschiedenen Artikulationen des Stimmorgans bedeuten könnten, die gering an Zahl sind [...]«; und mehr noch zu Beginn des Paragraphen 99: »Nun ist dies die erhabenste Erfindung, zu der sich der menschliche Geist jemals erhoben hat, und das Schwierigste, was er jemals unternommen hat [...]«.

Überraschend ist nicht (müssen wir es sagen?) die Ehre, die hier der »erhabenen Erfindung« der Buchstabenschrift erwiesen wird, oder vielmehr, es ist nicht diese Huldigung an sich: Man weiß, daß Saussure selbst das griechische Alphabet als »geniale Erfindung« bezeichnen wird[1], und häufig hat man seitdem seine Erfinder als die ersten Meister der phonologischen Analyse begrüßt. Doch all dies geschieht, wenn ich so sagen darf, in der Werkstatt von Hermogenes, und es nicht erkennbar, was daran die Begeisterung von Kratylos erwecken könnte. Und Rousseau wirft gerade dem Alphabet vor, die Rede zu *analysieren*, ohne sie zu *malen*.[2] Keine Spur dieser Kritik im *Traité*: Das Verdienst der Buchstabenschrift liegt für de Brosses darin, es erreicht zu haben, »soweit es möglich war, in einer einzigen Kunst zwei ganz und gar disparate Dinge zusammenzubringen, deren Natur die Verbindung unmöglich zu machen schien, ich meine den Gesichtssinn und das Gehör; oder sie hat, wenn sie sie nicht selbst zusammengebracht hat, zumindest ihre Gegenstände ein und demselben Fixpunkt unterworfen, während diese beiden Arten von Gegenständen gleichzeitig sehr getrennt voneineinander bleiben in den beiden Wirkungen der Kunst, die sie verbindet; denn die Schrift, und die Lektüre, welche die Rede ist, sind zwei ganz und gar unterschiedliche Dinge, und ebenso wie es die beiden Organe sind, die unumschränkt in jeder von beiden dominieren: das Auge in der einen, das Ohr in der anderen.« (I, S. 309)

Man wird diese Eloge gewiß für ebenso sibyllinisch wie enthusiastisch halten. Vielleicht ist sie einfach nur vorsichtig. Die Buchstabenschrift weiß das Gehör und den Gesichtssinn, oder zumindest ihre »Gegenstände« (den dargestellten Laut und den darstellenden Buchstaben) »zusammenzubringen«, doch nichts macht hier deutlich, was allein die kratylische Sehnsucht befriedigen könnte, daß sie eine echte *Malerei der Rede* darstellt, eine getreue graphische Darstellung der Geräusche der Rede oder der Bewegungen des Stimm-

---

1 *Cours*, S. 64/*Grundfragen*, S. 45.
2 *Essai*, Ausgabe Porset, S. 97.

organs. Weder hier noch an irgendeiner Stelle des *Traité de la formation mécanique*. Eine solche mimetische Lektüre des Alphabets – diejenige Wachters – verlangt eine Kühnheit der Interpretation, die unserem Präsidenten gänzlich fremd ist. Für ihn gibt es nichts als eine faktische Verbindung zwischen dem »Gesichtssinn« und dem »Gehör«, eine dunkle Verbindung, deren mimetischen Charakter nichts zu behaupten wagt – ganz im Gegenteil.

Ganz im Gegenteil: Denn wenn de Brosses sich auch jeder – grundsätzlichen oder detaillierten – Kritik am realen Alphabet enthält, so läßt doch ein Kapitel, das wir bis jetzt beiseite gelassen haben, ohne jeden Zweifel erkennen, daß es ihn nicht vollkommen befriedigt: es ist das Kapitel V: »Vom organischen und universalen Alphabet bestehend aus einem Vokal und sechs Konsonanten«. Es handelt sich hier durchaus um ein mimetisches Alphabet, in dem jeder Buchstabe die Organbewegung *beschreibt*, die es bezeichnet; doch dieses Alphabet ist weder das lateinische, noch das griechische, noch das phönizische, und keines von diesen noch irgendein anderes kommt dem nahe: Es ist vollständig künstlich, und sein Erfinder, der keineswegs beansprucht, es an die Stelle der existierenden Graphien zu setzen, behält es dem technischen und sozusagen professionellen Gebrauch der »Etymologen« vor.

In Wahrheit schlägt de Brosses nicht ein »organisches Alphabet« vor, sondern deren zwei, von denen allein das erste ganz und gar die Bezeichnung »mimetisch« verdient. Die Stimme (der Vokal) wird darin durch eine vertikale gerade Linie repräsentiert, versehen mit einem horizontalen Strich, der je nach der »Länge, in der man das Stimmband oder das Rohr hält« mehr oder weniger hoch sitzt: so etwa von *a* (dem tiefsten) zum *ü* (dem höchsten). Die Verlängerung des Vokals wird durch eine Verlängerung des horizontalen Strichs markiert, seine Nasalisierung durch die Anwesenheit einer Art von schiefem Schnabel am oberen Ende der Vertikale:

La voix, ou les voyelles du nouvel alphabet organique.

Voix pure ou franche.	*Voix allongée.*	*Voix nazale*
⌊ a	⊥ aa	⌈ an
⌊ ai η	⊥ aiai η̃	⌈ ain
⊢ e	⊤ ee	⊢ en
⊢ i	⊤ ii	⊢ in
⊢ o	⊤ oo ω	⊢ on
⌈ ou ȣ	⊤ ouou ȣ̃	⌈ oun
⌈ u	⊤ uu	⌈ un

Voix sourde, et Voix aspirée.

e *muet*	⊥ eu		ℵ *Aleph*	h.
			simple ouverture de la trombe vocale.	*Aspiration sonde et gutturale.*

Die Konsonanten werden durch eine Zeichnung repräsentiert, welche die Form des Artikulationsorgans nachahmt (eine Lippe, eine Kehle, ein Zahn, ein Gaumen, eine Zunge, eine Nase), und eventuell mit einem Punkt versehen, dessen Platz die Artikulationsstärke angibt (ein Punkt rechts für die weiche Artikulation, links für die harte, ein Nullpunkt für die »mittlere« Artikulation). Die Konsonantengruppen verbinden zwei, ja sogar drei Zeichnungen: So wird *scl* etwa bildlich dargestellt durch eine Nase (für das *s*, dessen Nasalität sich hartnäckig hält bei de Brosses), kompliziert durch eine Kehle (für das *c*) und eine Zunge (für das *l*):

Les six lettres ou consonnes du nouvel alphabet organique.

LEVRE.	GORGE.	DENT.	NEZ
P.	O c.	D.	s.
B.	O ch.	Th.	st.
M.	O K.Qu.	T.	ts.
F.	O cl.	Dgh.	scr.
V.	O cr.	Dj.	
Bz.	C s.	Dz.	sc.
Bl.	O cz.	Dr.	
Pr.	O ct.	Tr.	sp.
Ps.	O Gl.	PALAIS.	Spr.
Pt.	O Cr.	J.	spl.
Fl.	O Cn	Z.	str.
Fr.		ch.	
Vr.			scl.
		LANGUE.	
		L.	sr.
		N.	
		R.	sm.
		gN.	
		gL.	sf.
			sl.
			sn.

Das theoretische Verdienst eines solchen Alphabets liegt natürlich in seinem ikonischen Charakter, den zu unterstreichen der Autor nicht versäumt: »Diese Tabulatur hat etwas von der Bild- und Hieroglyphenschrift, insofern ich darin jede Artikulation durch ein grobes Bild des Organs darstelle, das sie hervorbringt.« (I, S. 181) Hat man einmal hingenommen, daß es »sich im Gebrauch niemals durchsetzen wird«, liegt sein praktisches Interesse darin, daß es die Überprüfung der Etymologien erleichtert, indem es die Verwandtschaft der Wörter durch die Ähnlichkeit der Bilder sichtbar macht:

So sind etwa die »organischen« Graphien von *pérégrin* und von *bilgram* fast identisch; einander sehr viel näher jedenfalls als ihre traditionellen Graphien:

Unglücklicherweise wird dieses unmittelbare Darstellungsvermögen mit einer deutlichen Schwierigkeit in der Anwendung erkauft, die in der Komplexität der Bilder liegt. Daher schlägt de Brosses sogleich eine zweite »Tabulatur« vor, die sehr viel weniger ikonisch, aber sehr viel einfacher ist, in der die »Lippe« durch einen vertikalen Strich abgebildet wird, die »Kehle« durch einen nach links geneigten Schrägstrich, der »Zahn« durch einen nach rechts geneigten, die »Zunge« durch einen vertikalen Krummstab, der »Gaumen« und die »Nase« durch einen nach links bzw. nach rechts geneigten Krummstab. Man könnte ironische Bemerkungen machen über die Art und Weise, in der er sich seinerseits auf den verhängnisvollen Weg der »materiellen Ableitung« einläßt, man muß jedoch feststellen, daß die praktische Anwendbarkeit seines Alphabets davon nicht betroffen wird, da in dieser neuen Tabulatur zwei verwandte Wörter zwei analoge Zeichnungen entstehen lassen. Das organische Alphabet verliert hier, was Peirce seinen *Bild*wert nennen wird, es bewahrt jedoch vollständig seine Funktion als *Diagramm*: Die Beziehung der Figuren entspricht weiterhin auf homologe Weise der Beziehung von Vokabeln. Zumindest durch die Verwandtschaft, die es zwischen den verschiedenen Artikulationen ein und desselben Organs zum Ausdruck bringt, bleibt es zugleich logisch und »sprechender« als jedes wirkliche Alphabet.

Autre tablature d'Alphabet organique:

Voix ou Voyelles.	a	a i e i o ou u					

	Alyabân labial. guttural. e muet H	*Alph. ouverture de la bouche vocale*	*Voix nasale* an aa	*Voix grave et allongée* aa	*Voix muette* eu	a *Intact à la syllabe comme durs* a1	a *Finit la syllabe comme durs* s a	a *du milieu de la syllabe comme durs* a1c	*c'est ainsi des autres voyelles franches natales ou allongées. Voy. Pl. I. et III.*

LETTRES ou CONSONNES

Les trois muettes ou fixes représentées par la ligne droite.   *Les trois liquides ou semivocales représentées par une autre courbe.*

Buttées | Sifflées | *Articulées avec inflexion d'un autre organe*

P. B. M. F. V. | Pl. Bl. Pn. Pr. Br. Pf. Bz. Pt. Bd. Fr. Fl. Vr. | Lèvre / Gorge c.d. / Dent g.j. / Langue l.j. / Palais / Nez

LEVRE	c. ch K. Qu. cl.	cn. cl. cr	Cn. Cz. Ct.		
GORGE	D. Th. T.	Dr. Tr.	Tl. Tr.	Gr. Thr. Dj.	Dgh. Dz. Ds. Dn.
DENT	N. R.	gl. gN.	Ld. Rd	Rt. Rgh. Rj.	
LANGUE	J. Z.	ch. ou X. chr. Xg. Cht. Xr. Chth. &c.			
PALAIS	s. st. ts. sb. sr. spl. spr. sd. sɑ. sf. sm. sl. sn. str. sg. sch. sc. sr.				
NEZ					

Man kann also in dem sprachwissenschaftlichen Ansatz des Präsidenten de Brosses, wie ihn im Gegenlicht sein Endpunkt[1] erhellt, die typische Illustration dessen sehen, was wir undeutlich bereits bei Sokrates erkannt und *sekundären Mimologismus* getauft haben: Wie Sokrates (und Kratylos) würde de Brosses eine mimetische Sprache *vorziehen*; wie Sokrates (und Kratylos) glaubt er an die mimetischen Fähigkeiten der lautlichen (und graphischen) Elemente der realen »Sprache«; wie Sokrates (und im Gegensatz zu Kratylos) stellt er mit Bedauern fest, daß diese Sprache nicht immer nach diesen Fähigkeiten gebildet ist; er fügt sogar hinzu, daß sie nicht aufhört, sich von ihnen zu entfernen. Dem berechtigten Kratylismus steht also bei ihm ein faktischer Hermogenismus gegenüber. Der logische Ausweg aus diesem Widerspruch ist natürlich ein Versuch, das Faktum mit dem Recht in Einklang zu bringen, das heißt die Sprache zu korrigieren. Wir haben gesehen, daß Sokrates es verschmähte, diesem Weg zu folgen. De Brosses dagegen geht weiter, zumindest auf dem, für ihn wesentlichen, Gebiet der Schrift, indem er ein »organisches« Alphabet vorschlägt, das imstande ist, die Nachahmungsfähigkeiten der (Stimm)Laute durch einen geeigneten Graphismus auszunutzen. Der realistische Optimismus der Aufklärung mündet hier, wie es sich gehört, in eine Handlung, so begrenzt (»symbolisch«) sie auch sein mag. Man kennt die, für unseren Gegenstand so relevante, Frage des berühmten Sprachwissenschaftlers Joseph Wissarionowitsch Dschugaschwili: »Wer könnte Interesse daran haben, daß das Wasser nicht mehr Wasser heißt?« Weder Kratylos noch Hermogenes (noch Sokrates) kümmern sich um ein solches Projekt: Kratylos, weil für ihn alle Namen, die diesen Namen verdienen, vollkommene Nachahmungen sind, Hermogenes, weil seiner Ansicht nach eine Konvention immer recht gut ist: beide sind konservativ, aus unterschiedlichen Gründen – und Sokrates aus einem dritten, der vielleicht lautet, daß all dies nicht eine Stunde der Mühe wert ist. Der vollkommene sekundäre Mimologe ist der Meinung, daß die Sprache *mimetischer* sein könnte, und träumt davon, sie zu *reformieren*. De Brosses verkörpert auf seine Weise, vor Queneau, die paradoxe Möglichkeit eines reformerischen Kratylismus: Warum sollte man das Wasser (*eau*) nicht so schreiben ~ † ?

---

1 Es handelt sich natürlich um einen logischen und nicht einen wirklichen Endpunkt, da das Projekt eines organischen Alphabets ab Kapitel V präsentiert wird.

Die verallgemeinerte Hieroglyphe

Origine du langage et de l'écriture von Antoine Court de Gébelin, veröffentlicht 1775 in Paris, ist der dritte Band einer Art historisch-philosophischer Enzyklopädie, *Monde primitif*[1]. Der vollständige Titel dieses Bandes lautet *Monde primitif, considéré dans l'Histoire naturelle de la parole, ou Origine du langage et de l'écriture*. Bereits im Jahr darauf veröffentlichte Gébelin eine Art Digest dieses und des vorhergehenden Bandes (*Grammaire universelle*) unter dem Titel *Histoire naturelle de la parole, ou Précis de l'origine du langage et de la grammaire universelle*[2].

Es geht also um den Ursprung der Sprache und der Schrift, und zwar auf sehr viel unmittelbarere und zentralere Weise als bei de Brosses. Von fünf Büchern ist das erste zwar der *etymologischen Kunst* gewidmet, aber das ist sichtlich nur eine Einleitung[3], und die historische Etymologie ist hier nur ein Mittel, ein notwendiger Weg, um zu den Ursprüngen, zur Ursprache, zu den Quellen der Rede zurückzugehen. Gébelin wird es also sehr viel weniger als de Brosses (der vor allem Etymologe sein wollte) mit der katastrophalen Ge-

---

1 Die drei Bände erschienen von 1773 bis 1784; die Themen der anderen Bände sind: die Allegorie, die Universalgrammatik, die Geschichte des Kalenders, die französische, lateinische und griechische Etymologie, die Wappenkunde, die Geldsorten, die Spiele und Verschiedenes. Obwohl er zu seiner Zeit berühmt war, bleibt Gébelin marginal und ist in bezug auf die offiziellen geistigen Strömungen des 18. Jahrhunderts nicht einzuordnen. Baldensperger (»C. de Gébelin et l'importance de son *Monde primitif*«, in *Mélanges Huguet*, Boivin 1940) situierte ihn recht gut zwischen Vico, dessen Einfluß offenkundig ist, und dem romantischen »Ideorealismus«.

2 Paris 1776; neu aufgelegt 1816 mit eher kritischen Anmerkungen und einem Vorwort von Lanjuinais und von Rémusat korrigierten Tafeln. Die vorliegende Studie bezieht sich im wesentlichen auf den Band von 1775, auf den, wenn nicht anders angegeben, alle Seitenangaben verweisen. Jean Roudaut hat umfangreiche Auszüge aus Buch V (*De l'écriture*) in *Poètes et Grammairiens au XVIIe siècle*, S. 288-310, gegeben.

3 64 von 510 Seiten; die Titel der anderen vier Bücher lauten: II. *De l'origine du langage*; III. *Des divers modes dont est susceptible l'instrument vocal*; IV. *Développements du langage, source des mots, base du dictionnaire primitif*; V. *Du langage peint aux yeux, ou de l'écriture*.

schichte der *Ableitung*, oder Verfall der Sprache, zu tun haben. Dieser negative Aspekt des kratylischen Ansatzes bleibt ihm erspart oder, wenn man lieber will, er erspart ihn sich, und dies ist ein erster Unterschied, den man beim Vergleich der beiden Werke festhalten muß[1].

Wenn de Brosses, wie wir gesehen haben, sehr oft, wie Sokrates, ein enttäuschter und unzufriedener Kratylist war, so ist Gébelin, den nichts behindert, das Bild des glücklichen Mimologen selbst.

»Unser großes Prinzip, daß alles Nachahmung ist...« (S. 376) Man wird nicht erstaunt sein, hier dem Prinzip der nachahmenden Sprache wiederzubegegnen, gegründet, wie bei Platon, auf der kategorischen (und implizit jeden dritten Term ausschließenden) Opposition zwischen *arbiträr* und *mimetisch*. Das sokratische Dilemma gewinnt hier seine ganze Kraft zurück: Die Sprache kann nur arbiträr sein, das heißt Ergebnis entweder des Zufalls oder der individuellen Laune, oder »notwendig«, das heißt gerechtfertigt durch eine direkte Beziehung zwischen dem »Namen« und dem »Gegenstand«; die erste Hypothese ist aus Prinzip unhaltbar, sie ist eine logische und geistige Monstrosität: »Niemals wurden der Keim, die Prinzipien, die Entwicklungen einer so wesentlichen und bewunderswerten Kunst wie der Rede, die man *die Zierde und das Erbteil des Menschengeschlechts* nennen kann, der Willkür ausgeliefert« (S. 275)[2]; bleibt also die zweite: »Niemals [wiesen die Menschen einem Gegenstand einen Namen zu], ohne durch eine irgendwie geartete Beziehung zwischen dem gewählten Namen und dem zu benennenden Gegenstand dazu gebracht worden zu sein« – und sogleich die unvermeidliche Spezifizierung, die, ohne mögliche Ausflucht, die »irgendwie geartete Beziehung« allein auf die Analogiebeziehung zurückführt: »Wir sagten es schon und können es nicht genug wiederholen: Die Rede ist nichts anderes als eine Malerei unserer Ideen, und unsere Ideen eine Malerei der Gegenstände, die wir kennen: Es

---

[1] Gébelin hat natürlich de Brosses gelesen, und wenn er sich auch nicht genau als sein Schüler ausgibt, versäumt er es dennoch nicht, ihm mehrfach die Ehre zu erweisen oder ihm vielmehr zuzugestehen, daß sie in ihren »Ansichten übereinstimmen«; so etwa S. 335 und 351. Wir werden jedoch auch einige fast explizite Divergenzen feststellen.

[2] Die humanistische Formulierung (vom Autor selbst hervorgehoben) darf nicht darüber hinwegtäuschen, daß die Rede für Gébelin (einen Genfer Calvinisten, der jedoch 1776 den Freimaurern beitrat) ein Geschenk Gottes ist; dies ist das Argument des zweiten Kapitels des Buches II.

muß also eine *notwendige Beziehung* zwischen den Wörtern und den Ideen, die sie ausdrücken, bestehen, so wie eine zwischen den Ideen und ihren Gegenständen besteht. In der Tat, *das, was malt, kann nicht willkürlich sein, es ist stets determiniert durch die Natur des zu malenden Gegenstandes*. Um einen Gegenstand oder eine Idee zu bezeichnen, waren die Menschen also gezwungen, den Klang zu wählen, der diesem Gegenstand, dieser Idee am meisten *analog* ist.« (ibid., meine Hervorhebung) Man sieht, wie das implizite Axiom hier durch eine Argumentation gewendet oder umgekehrt wird, die zunächst die Nachahmung (*Malerei*) als eine faktische Gegebenheit setzt, dann die Notwendigkeit als eine innere Eigenschaft entwickelt, als eine logische Konsequenz also des mimetischen Vermögens; die Nachahmung wird jedoch im letzten Satz selbst wieder zur Konsequenz, und diese ausgekochte, oder zirkuläre, Argumentation räumt nicht das Postulat aus, das sie verschleiert und das lautet, daß *es keine andere notwendige Beziehung als die Beziehung der Nachahmung gibt*. Man findet es mühelos einige Zeilen weiter in dieser Evokation wieder, die rein beschreibend sein will: »Durch diese Analogie zwischen den Lauten, den Ideen und den Gegenständen wurde der Mensch stets verstanden [...], jedes Wort hatte seinen *Grund*, und dieser Grund war von allen anerkannt, weil man kein malerischeres, ausdrucksvolleres, leuchtenderes wählen konnte« – anders ausgedrückt, kein nachahmenderes. Diese *Zwangslage* der aufgezwungenen Wahl zwischen Arbitrarität und mimetischem Vermögen oder der absoluten Gleichsetzung des Motivierten mit dem Nachahmenden ist vielleicht gerechtfertigt (wir werden darauf zurückkommen); das Überraschende im Gebrauch, den die kratylische Tradition davon macht, ist ihr stets impliziter und gleichsam verstohlener Charakter; ist das ständige Nichtaussprechen dieser einfachen und (für »Kratylos« selbst) entscheidenden Frage: Kann man sich oder kann man sich nicht eine »notwendige Beziehung« zwischen Signifikant und Signifikat vorstellen, die nicht eine Analogiebeziehung ist?

Das mimetische Prinzip ist vorzüglich anwendbar auf die ursprüngliche Sprache oder die gemeinsame Ursprache (»die Sprachen sind nur Dialekte einer einzigen, die Unterschiede, die zwischen den Sprachen herrschen, können nicht die Erkenntnis verhindern, daß sie denselben Ursprung haben«: dies sind die beiden ersten Prinzipien, auf denen die *etymologische Kunst* beruht (S. 38 u. 40)) – man muß jedoch hinzufügen, daß sie unweigerlich dessen Annahme nach sich zieht, da, dem *a contrario* genommenen Saussureschen Argument zufolge, eine mimetische Sprache spontan für universal gehalten wird, zumindest in ihrem Ursprung: »Da es in der Natur der Dinge liegt, daß die Sprache nur Malerei ist und diese Malerei allerorts den größten Bezug hat, sobald es überall dieselben Gegenstände sind, die man malen muß, ergibt sich daraus, daß das Bewußtsein einer allen gemeinsamen Ursprache auf den stärksten Motiven beruht, die man nur durch Tatsachen zerstören könnte.« Nun ist es aber für Gébelin so, daß »die Tatsachen« im Gegenteil dazu neigen, die Hypothese zu bestätigen, »da man um so zahlreichere und erstaunlichere Beziehungen zwischen den entferntesten Sprachen findet, mit je größerer Sorgfalt man sie vergleicht« (S. 363). Die gegenwärtige Verschiedenheit der Sprachen – zurückgeführt auf eine Verschiedenheit der *Benennungen* und folglich auf eine einfache Synonymie – rührt (wie für de Brosses) nur von der Verschiedenheit der *Aspekte* der zu benennenden Gegenstände her: »[...] die unterschiedlichen ein und demselben Gegenstand gegebenen Namen verdanken ihre Existenz nur den verschiedenen Eigenschaften, unter denen jedes Volk ihn betrachtete: So betrachten jene, die das höchste Wesen *Dieu* nannten, es als die Quelle des Lichtes und sahen in ihm ein Wesen rein wie das Licht; jene, die es *El* oder *All* nannten, wollten dadurch seine Erhabenheit bezeichnen; indem man es *God* nannte, bezeichnete man seine Güte; seine Macht, indem man es *Boq* nannte; seine Überlegenheit und den Respekt, den man ihm schuldete, indem man es *Tien* nannte. Aber die Wurzeln all dieser Namen existieren in der Ursprache, mit Bedeutungen, welche jenen ähneln.« (S. 362)[1]

Der Name, der Gegenstand: Dieses andere Postulat der Sprache betrachtet als eine Nomenklatur, das bereits das Vorgehen des *Kratylos* unterschwellig durchzieht und dem wir bei de Brosses wiederbegegneten, bekommt bei Gébelin eine Art diachronische Färbung: Es ist die Idee, daß die Verben alle abgeleitet sind (von Nomen natürlich), daß keines von ihnen ursprünglich ist und daß folglich zumindest die Ursprache vollständig eine Sammlung von Nomen war. »Die Verben [...] sind nichts in unseren Untersuchungen über den Ursprung der Sprache; sämtlich nach dem Ursprung der Sprache

---

[1] Cf. Bonald, *Recherches philosophiques* (1818), I, S. 176: »Wenn es in ein und derselben Sprache mehrere Begriffe gibt, um ein und denselben Gegenstand auszudrücken, und Begriffe, die nicht eigentlich synonym sind, warum sollten dann mehrere Sprachen nicht auch unterschiedliche Wörter haben, um ein und dasselbe Ding zu bezeichnen?«

entstanden, sämtlich von den Nomen entlehnt, sämtlich Nomen betrachtet unter einem besonderen Gesichtspunkt, können sie nicht unter den ursprünglichen Wörtern figurieren [...]. Alles, wozu wir den Verben gegenüber verpflichtet sind, ist, sie mit ihrer wahren nominalen Wurzel zu verbinden und zu zeigen, daß diese Wurzel notwendig der Ursprache angehört.« Fügen wir hinzu, daß diese nominalen Urwurzeln sämtlich einsilbig sind: das ist das dritte Prinzip der etymologischen Kunst: »Die erste Sprache besteht nur aus Einsilbern, die aus der Natur genommen sind und die natürlichen oder physischen Gegenstände malen und Quelle sind aller Wörter.« (S. 361/62, S. 42)[1]

Diese Wurzelnomen, und folglich die Sprache, die sie »bilden«, werden natürlich durch vergleichende Etymologie rekonstruiert, so wie später das Indoeuropäische; doch das etymologische Zurückgehen ist hier sehr viel ehrgeiziger, da es darum geht, auf die universale Ursprache zurückzugehen. Ehrgeizig, doch anscheinend sehr leicht für Gébelin: »Wenn man den Sprachen alle zusammengesetzten und alle abgeleiteten Wörter fortnimmt, bleibt in jeder eine sehr kleine Zahl von einsilbigen Wörtern übrig, über die man nicht mehr hinausgehen kann. Diese kleine Zahl von Wörtern muß man als die Elemente der Sprachen, als die Quelle, aus der man alle anderen Wörter geschöpft hat, ansehen. Und da diese Elemente in allen Sprachen dieselben sind, kann man nicht umhin, sie als die Ursprache anzuerkennen, deren Existenz auf diese Weise zu etwas Erwiesenem, zu einem unumstößlichen Prinzip wird.« (S. 42) Wie man sieht, ist die Ursprache nichts anderes als die Summe der allen gegenwärtigen Sprachen gemeinsamen Elemente. Man braucht nur die größtmögliche Anzahl von ihnen zu vergleichen (das ist das vierte Prinzip der etymologischen Kunst (S. 44)[2]) und dabei diese Naturgabe oder

---

1 Diese beiden Ideen (aus Einsilbern gebildete Ursprache und spätes Auftauchen der Verben) finden sich bereits bei Vico, *Science nouvelle*, S. 81 u. 164. Letztere, die weitverbreitet ist, findet sich unter anderen bei Condillac, *Essai* (1746), II, S. 1, 9, und bei Bergier, *Éléments primitifs* (1764), I, S. 1. Herder (*Abhandlung vom Ursprung der Sprache* (1770)) bestritt sie ausnahmsweise (man beobachtete zuerst, daß das Lamm *blökt*, und dann rief man es mit einem Namen, der auf diesem nachahmenden Verb gebildet war: das Blökende (S. 33)); doch nicht ohne einen Zusatz, der an der Aufwertung des Nomens festhält: daß nämlich die Tatsache, daß das Verb vorher da ist, für ihn ein Beweis für den menschlichen Ursprung der Sprache ist; Gott hätte im Gegenteil, vollkommen wie er ist, mit den Nomen/Namen begonnen.

2 Tatsächlich scheinen die Sprachkenntnisse, die Gébelin zur Schau stellt, für die damalige Zeit sehr ausgedehnt – wenn nicht sehr sicher – gewesen zu sein; seine

dieses Merkmal von Genie darauf anzuwenden, von dem Aristoteles spricht: dasjenige, das *die Ähnlichkeiten sichtbar* macht.

De Brosses beschrieb das Organ der Rede als ein Blasinstrument, in dem die Stimme, der gestaltlose Klang, seine Gestalt von den unterschiedlichen Artikulationen erhielt, die von den verschiedenen längs des Rohrs angeordneten Organen hervorgebracht werden. Bei Gébelin präzisiert und systematisiert sich die musikalische Metapher. Das Stimmorgan wird zu einem vollständigen Instrument, »das alle Vorzüge der Blasinstrumente wie etwa der Flöte vereinigt; der Streichinstrumente wie etwa der Violine; der Tasteninstrumente wie etwa der Orgel, zu der es am stärksten Bezug hat und die von allen Musikinstrumenten, die der Mensch erfunden hat, das klangvollste, das abwechslungsreichste und dasjenige, das sich am stärksten der menschlichen Stimme annähert, ist.« Wie man jedoch sofort sieht, verstärkt das Heranrücken an die Orgel den Vergleich und lenkt ihn in andere Bahnen, da die Orgel selbst bereits ein komplexes Instrument ist, ganz wie die Stimme: »Wie die Orgel hat das Stimminstrument Blasebalge, einen Resonanzraum, Pfeifen, Tasten: Die Blasebalge sind die Brust, die Pfeifen der Rachen und die Nasenlöcher, der Mund ist der Resonanzraum, und seine Wände sind die Tasten.« (S. 74)[1] Dadurch verschwindet die Rolle der Saiten, und das Stimmorgan bleibt im wesentlichen – wie die Orgel – ein *Blas- und Tasten*instrument. Diese Reduktion ist willkommen, denn sie erlaubt es, den musikalischen Vergleich direkt über das lautliche System der Sprache zu artikulieren: Als Blasinstrument bringt das Stimmorgan die Vokale oder *Klänge* hervor; als Tasteninstrument bringt es die Konsonanten oder *Intonationen* hervor. (S. 122)[2]

Beispiele decken fast alle europäischen Sprachen ab, und zusätzlich das Hebräische und das Chinesische.

1 Der Vergleich des Stimminstruments mit der Orgel ist natürlich nicht neu; man findet ihn beispielsweise (wie jenen der konsonantischen Artikulation mit den »Tasten« einer Flöte) bei Lamy, *La Rhétorique* III, 1.

2 Gébelin behält die Begriffe *Vokale* und *Konsonanten* prinzipiell den Graphemen vor (S. 111). Was die Phoneme betrifft, so hatte er zunächst daran gedacht, sie *Klänge* (*sons*) (Vokale) und *Töne* (*tons*) (Konsonanten) zu nennen. Die Verwirrung der ersten Leser ließ ihn dann auf diese Symmetrie verzichten (S. 122). Seine Terminologie trifft sich schließlich mit derjenigen Beauzées im Artikel »Grammaire« der *Encyclopédie*, der die *Elemente* (der Rede) in *Laute* (*sons*) und *Artikulationen* und die *Buchstaben* (der Schrift) in *Vokale* und *Konsonanten* unterteilt, wobei er zugibt, daß der normale Sprachgebrauch diese Begriffe gerne verwechselt. Heute sind die beiden letzten Begriffe natürlich nur noch auf der Lautebene relevant.

Dem Anschein nach sind wir hier wieder bei der Opposition von de Brosses zwischen *Stimme* und *Gestalt* angelangt, doch die Analogie zur Musik ist hier sehr viel aktiver als bei de Brosses, denn sie liefert dem phonematischen Inventar ein systematisches Organisationsprinzip, nämlich das Prinzip der *Harmonie*, das heißt (Gébelin zufolge) die natürliche Anordnung der Töne in Oktaven. De Brosses registrierte, ganz empirisch, sieben Vokale und eine nicht genauer bezifferte Anzahl von Konsonanten. Das harmonische Prinzip wird in diese Unordnung eine strenge Ordnung bringen; zunächst einmal teilt es das vokalische Kontinuum sehr exakt so ein, wie das tonale System die Oktave in sieben Töne einteilt: »Da die Öffnung des Mundes einer sehr großen Zahl von Abstufungen fähig ist, wird zwangsläufig eine sehr große Anzahl von Klängen existieren. Man kann sie indes auf eine kleine Zahl von Grundklängen reduzieren, die untereinander eine Oktave bilden werden, die aus der Natur genommen ist, da das Stimminstrument bezüglich der einfachen Stimme eine echte Flöte ist und da jede Art von Harmonie in der Oktave eingeschlossen ist. Die Stimme unterscheidet sich tatsächlich vom Gesang nur durch die Form: Sie muß also denselben Phänomenen ausgesetzt sein, welche dieser bietet, und man muß in ihr ähnliche Serien finden. Wir können hinzufügen, daß, da jeder Klang zu einer Oktave fähig ist, notwendig in dieser Oktave alle anderen Klänge enthalten sein müssen, die sich folglich auf die Oktave zurückführen lassen. Sie wird also aus *sieben* Hauptvokalen bestehen, so wie die Oktave in der Musik aus sieben Tönen besteht.« (S. 111/12) Die Vokale von de Brosses waren Grade von Fülle oder Intensität; für Gébelin steht die Öffnung des Mundes in umgekehrter Beziehung zur Länge des Stimm»kanals« oder –»rohrs« und folglich, nach dem Prinzip der Panflöte, in direkter Beziehung zur *Höhe* des Klangs: Der offenste Klang wird auch der höchste sein, und umgekehrt wird der geschlossenste auch der tiefste sein. Daher diese absteigende Tonleiter, die in etwa[1] der Leiter von de Brosses entspricht, wobei jedoch das Kriterium der Intensität durch dasjenige der Höhe ersetzt wird: *a-ä-e-i-o-ü-u*, symmetrisch zur musikalischen Tonleiter *si-la-sol-fa-mi-re-do*. »Man kann sagen, daß der Klang [*son*] *a* sich zu den anderen Klängen [*sons*] verhält wie *si*, der höchste Ton [*ton*] der Musik, zu den anderen Tönen [*tons*], während *u* sich zu den anderen Klängen verhält wie *ut*, der tiefste Ton der Musik, zu den anderen Tönen.«(S. 112/13).

---

1 Mit Ausnahme der Umkehrung der Reihenfolge von *ü* und *u*.

Wir sind also jetzt im Besitz von sieben »Klängen«, deren Anzahl nichts *Willkürliches* mehr hat. Die Intonationen ihrerseits werden determiniert von den Tasten des Stimminstruments, die ebenfalls sieben an der Zahl sind: die fünf von der vorhergehenden Tradition anerkannten (labial, dental, nasal, lingual, guttural) plus zwei weitere, die Gébelin ihnen ohne allzu große Unwahrscheinlichkeit hinzufügt, um die harmonische Zahl zu erreichen: die Sibilante und den Zischlaut. Jede dieser Tasten bringt, je nachdem, ob man sie stark oder schwach drückt, zwei Intonationen hervor: eine starke und eine schwache. Von daher dieses Tableau (S. 123):

Taste	stark	schwach
labial	*p*	b
dental	*t*	*d*
nasal	*n*	*m*
lingual	*r*	*l*
guttural	*k*	*g*
Sibilant	*s*	*z*
Zischlaut	*ch*	*j*

Sieben Vokale und vierzehn Konsonanten, anders ausgedrückt, dreimal sieben oder einundzwanzig Phoneme, das ist das ideale System, dasjenige der ursprünglichen Sprache. Die »harmonischen« Motivationen dieses Systems sind ziemlich offensichtlich, und wir werden auf sie zurückkommen in Begleitung des Autors selbst; doch es ist der Mühe wert, zunächst mit einiger Aufmerksamkeit die Art und Weise zu betrachten, wie er zu dieser magischen Zahl gelangt.

Auf der Seite der Konsonanten hält das Tableau nur fest, was Gébelin die »einfachen Intonationen« nennt, was für ihn den Ausschluß der beiden mouillierten Laute *ll* und *ñ* rechtfertigt, aber auch denjenigen der beiden Labiodentale *f* und *v*, die zwei Artikulationsorgane zum Einsatz bringen und die man folglich auch als zusammengesetzte Artikulationen definieren wird, obwohl ihre beiden Bestandteile simultan und nicht sukzessiv sind und obwohl dieser Typ von »Zusammensetzung« sich tatsächlich in jeder konsonantischen Artikulation wiederfindet; so erkennt Gébelin selbst an, daß seine »Nasale« *m* und *n* ausgesprochen werden »vermittels der Anstrengung, welche die Lippen für ersteren vollbringen, und derjenigen, welche die Zunge gegen die Lippen für letzteren vollbringt«

(S. 140), was aus dem einen einen Labionasal und aus dem anderen, wenn ich recht zähle, einen Lingualdentalnasal macht, die ebenso »zusammengesetzt« sind wie das *f* und das *v*, wenn nicht mehr. Die Definition der »einfachen« Intonationen ist also recht dehnbar, um zu gestatten, ihrer vierzehn zu registrieren, nicht mehr und nicht weniger.

Auf der Seite der Vokale erlaubt ein Kunstgriff der gleichen Art, die Nasale zu eliminieren, indem sie, ebenso wie die »aspirierten Vokale«, als einfache »Modifikationen« der einfachen Laute klassifiziert werden, und die Opposition zwischen langen und kurzen zu neutralisieren; was den im Französischen *eu* notierten Laut betrifft, so wird er, aufgrund der Tatsache, daß er mehr oder weniger offen oder geschlossen ausgesprochen wird – also mal näher am *e*, mal näher am *ü* – *oi, ai au* als »gemischter Laut« oder Diphtong an die Seite gestellt, im Gegensatz zu *ou*, der »keinerlei Nuance in seiner Aussprache fähig ist, da er das Ergebnis einer unveränderlichen Öffnung des Mundes ist« (S. 118, 125). Dasselbe Argument würde natürlich auch für *a* und *o* gelten, die sehr vieler »Nuancen« der Öffnung fähig sind, doch Gébelin hütet sich sehr wohl, es auf sie anzuwenden: er braucht sieben Vokale. Gewiß aus demselben Grund berücksichtigt er nicht die in sehr vielen Sprachen häufige Verwechslung zwischen *e und ä* (oder *i*) und zwischen *ü* und *u* (oder *o*). Überdies bestätigt diese Konkurrenz zweier Systeme, mit sieben oder fünf Vokalen, paradoxerweise nur sein harmonisches System: Ganz wie die sieben ist die fünf in der Natur begründet, auf der Anzahl der Sinne und der Finger der Hand; und mehr noch, die Beziehung zwischen fünf und sieben verweist ebenfalls auf das System der musikalischen Oktave, da diese, »in der man sieben Noten zählt, tatsächlich nur fünf Ganztöne einschließt, während die beiden anderen nur Halbtöne sind, was für die gesamte Oktave zwölf Halbtöne ergibt« (S. 327). Anders ausgedrückt, das Intervall, das *e* von *ä* (oder von *i*?) trennt, und dasjenige, das *ü* von *u* (oder *o* ?) trennt, wären zweimal kleiner als die anderen, so wie in der C-Dur-Tonleiter die Intervalle e-f (mi-fa) und h-c (si-do). Wie man sieht, ist die Analogie zugleich unscharf, da die Stellung der vokalischen Halbintervalle unsicher oder veränderlich ist, und hinkend, da das zweite, ganz hypotetisch, innerhalb der vokalischen Tonleiter steht (zwischen fünfter und sechster oder zwischen sechster und siebter Stufe), während das Intervall h-c (si-do) außerhalb der siebentönigen Tonleiter steht, da es der zwölfte Halbton nicht der Tonleiter natürlich, sondern, wie Gébelin selbst sagt, der »gesamten Oktave« ist. Mehr braucht es jedoch nicht, um das Spektrum der Vokale mit dem diatonischen Modell gleichzusetzen, und auch um von einer Art chromatischer oder dodekaphonischer Phonologie zu träumen, die alle Nuancen des menschlichen Vokalismus berücksichtigen würde: »Wir überlassen es Geschickteren zu untersuchen, ob die vokale Oktave nicht ebenfalls in zwölf Töne unterteilt werden könnte und ob man dafür nicht in manchen Sprachen Beispiele fände; ob einige unserer Laute, die man für Diphtonge hält, obwohl sie keine sind, nicht das Ergebnis dieser Eigenschaft der Oktave sind, sich in zwölf aufzuteilen. Dadurch könnte man vielleicht einige Schwierigkeiten bezüglich der Diphtonge ausräumen und würde ein stärkeres Licht auf diese interessante Materie werfen.«

Das Wesentliche bleibt indes für Gébelin die »harmonische« Verteilung der Phoneme in sieben Klänge und vierzehn Intonationen, die den doppelten Vorteil bildet, stärker einem »natürlichen« Modell (der Tonleiter, dem Spektrum) zu entsprechen und in den sprachlichen Phonetismus eine determinierte und gewissermaßen symmetrische Ordnung einzuführen, deren Regularität selbst zugleich Garantie für Wahrheit und, wie in dem Tableau von Mendelejew, Untersuchungsinstrument ist. Doch es ist wohl angebracht, hier dem Autor das Wort zu erteilen:

Diese Einteilung der Klänge und der Intonationen in sieben wird vielleicht denen, die über diese Gegenstände nicht nachgedacht oder die sie nicht in dem Maße analysiert haben, zu harmonisch erscheinen, um wahr zu sein. Man könnte vielleicht fürchten, wie man es bereits hat erkennen lassen, daß dies nur darauf abzielt, abergläubische Vorstellungen zu erneuern, welche die Alten mit der Zahl sieben verbunden hatten.
Wenn es jedoch wahr wäre, was vielleicht schwer zu beweisen sein mag, daß die Alten sich bezüglich dieses Gegenstandes abergläubische und vielleicht falsche Vorstellungen gebildet hätten, darf daraus kein Ärger gegen eine aus der Natur genommene Einteilung hervorgehen, wie es die Einteilung der Klänge in sieben und der Intonationen in sieben starke und sieben schwache ist. Im übrigen ist sie sehr geeignet, klare und genaue Vorstellungen vom gesamten Umfang des Stimminstrumentes zu geben, da die Intonationen dort nur paarweise und stets im Kontrast auftreten. Die anderen Einteilungen, die bis jetzt in Gebrauch waren, vereinten zwei wesentliche Mängel und konnten nur diejenigen verwirren, die sich von ihnen leiten ließen: Denn einerseits hatte die Anzahl der Intonationen, die in jeder Klasse enthalten waren, nichts Festgelegtes, so daß man niemals sicher sein konnte, ob ihre Anzahl vollständig war; und andererseits war man gezwungen anzunehmen, daß man auf ein und derselben Taste andere Intonationen als eine starke und eine schwache finden

konnte, was unmöglich ist, und man war gezwungen, mittlere Intonationen einzuräumen, was absurd war und einen im übrigen in Räume schleuderte, in denen es nichts Festgelegtes mehr gab.[1] Derart handelt die Natur nicht, bei der alles mit der größten Genauigkeit kalkuliert und kombiniert ist.

Fügen wir hinzu, daß die Rede, da sie die Hervorbringung eines klangvollen und harmonischen Instrumentes ist, notwendig der Harmonie unterworfen sein muß.

Da das Stimminstrument, hinsichtlich seiner Klänge, ein Blasinstrument ist, muß es notwendig wie jedes andere Blasinstrument, wie eine Flöte, eine Oktave hervorbringen. Und da es in seinen Intonationen als ein Tasteninstrument betrachtet wird, ist es nicht erstaunlich, daß man darin ebenfalls den Stempel derselben Harmonie bemerkt.

Die Rede, für das Ohr gemacht, wird ebendadurch diesem noch angenehmer, da das Ohr selbst so gebaut ist, daß es auf vollkommene Weise der Harmonie der Oktave entspricht und daß alles, was mit dieser Harmonie nicht übereinstimmt, es verletzt.

Auf diese Weise ist alles in der Natur in Einklang, wie überraschend auch immer die Verschiedenartigkeit ihrer Werke sein mag. Und könnten diese ohne diesen Einklang überhaupt Bestand haben? Könnte sie sich selbst behaupten? Sobald sie das Verhältnis der Oktave zur Regel der Harmonie der Welt erhoben hat, in der wir uns befinden, muß diese Harmonie sich in allem befinden; nicht, daß man sie im Stimminstrument wiedererkennt, sollte überraschen, sondern im Gegenteil weit mehr, wenn man sie dort nicht anträfe; und wenn dieses Instrument, Modell für alle anderen, nach Verhältnissen gemacht wäre, die keinerlei Beziehung hätten zu demjenigen, dem man in jedem beliebigen Instrument zu folgen gezwungen ist.

Diese Harmonie ist es, die der Schöpfer der Natur in die Farben und in eine große Zahl anderer Gegenstände gelegt hat: So belebt dieselbe Harmonie die gesamte Natur und verbreitet überall ihre wunderbaren Wirkungen. So haben die Augen des Herrn der Erde, sein Mund, seine Lippen, seine Ohren, die Luft, die er atmet, das Licht, das ihn beleuchtet, die Klänge, die ihn entzücken, die Farben, die ihn bezaubern, etc. sämtlich dieselbe Analogie, wurden sämtlich auf derselben Waage gewogen, nach denselben harmonischen Verhältnissen, die auch für seine Organe gemacht wurden.

Es ist diese Harmonie, welche die Ägypter feierten, welche Pythagoras[2] begeisterte, welche Cicero nicht verschmähte zu kommentieren; welche für uns nur ein Traum scheint, weil wir diese Beziehungen zu sehr aus

---

[1] Diese typisch »binaristische« Kritik wendet sich natürlich an de Brosses, der starke, mittlere und schwache Artikulationen unterschied.
[2] Die tatsächlich pythagoräische Inspiration dieser ganzen Passage ist vielleicht mit den freimaurerischen Sympathien des Autors in Zusammenhang zu bringen.

dem Blick verloren haben; und ohne welche die ganze Analyse des Stimminstrumentes und folglich jene der Sprachen nicht möglich und nur das wäre, was sie bis jetzt gewesen ist, ein wahres Chaos. (S. 126-128)[1]

Dieses harmonische System verwirklicht, wie wir bereits gesehen haben, allein die Ursprache in seiner Reinheit und Vollständigkeit. Überall anders wird die fundamentale Identität der Sprachen verdeckt durch die Verschiedenheit dessen, was Gébelin schamhaft die »*Modi*, derer das Stimminstrument fähig ist« (S. 142), oder die Varianten der *Aussprache* nennt. Verdeckt, doch nicht zerstört: Ein Phonem verliert nicht seine Natur, weil es von einer Sprache zur anderen verschieden »ausgesprochen« wird, und es reicht für den Etymologen aus, die allgemeinen Prinzipien dieser Substitutionen zu kennen, um unter ihren Verkleidungen überall die Einheit der menschlichen Sprache wiederzuerkennen. Reduziert auf sechs der Synthese zufolge, welche die *Histoire naturelle de la parole* von ihnen gibt, lauten sie wie folgt:

1. Die Vokale neigen dazu, sich abzuschwächen, und zwar die Stufen der »Oktave« hinabsteigend: *a* wird zu *e*, *e* wird zu *i*, *i* wird zu *ü*, etc.
2. Metathese der Silben: *am > ma*.
3. Die Aspiration verschwindet oder wird Konsonant: *hordeum > orge*, *huper > super*.
4. Einige Vokale werden zu Konsonanten: *u > v*, *i > j*: *Ioupiter > Jupiter*.
5. Die Intonationen derselben Taste tauschen sich ständig untereinander aus: *lusciniola > rossignol*, *peregrinus > pèlerin*.
6. Die Intonationen von Tasten, die benachbart sind oder »irgendeine Beziehung untereinander haben«, tauschen sich häufig gegenseitig aus: *gamba > jambe*, *caballus > cheval*.[2]

---

[1] Der folgende Abschnitt führt eine neue numerische Hypothese ein, die das Harmonieprinzip noch verstärkt: »Man könnte noch eine neue Beziehung zwischen diesen verschiedenen Harmonien finden, die darin besteht, daß die Laute sich auf drei Hauptlaute zurückführen lassen, das gutturale *a*, das dentale *e* und *i* und das labiale *o* und *u*, wie Amman sehr richtig erkannt hat, der Methode der Araber folgend, die ihre Vokalpunkte auf diese drei reduzieren. So lassen die Töne der Musik sich auf die Terz zurückführen, und die sieben Urfarben lassen sich ebenfalls auf drei zurückführen, mit denen alle anderen hervorgebracht werden.« Von sieben zu drei, man entkommt der Mystik der Zahlen nicht.

[2] *Histoire naturelle*, Ausgabe 1816, S. 94-96. Hinsichtlich der Einzelheiten siehe *Origine du langage*, S. 152-260.

Die Ursachen dieser Variationen sind selbst unterschiedlich, doch ihr gemeinsamer Wesenszug besteht darin, daß sie in gewisser Weise außersprachlich sind: unterschiedliche Sitten und Gebräuche, Einfluß der Mode, Abmachung, individuelle Laune, »Verlangen, sich zu unterscheiden«, etc. (S. 143-147). Die aktivste – wie die »natürlichste« – ist anscheinend das Klima, und wir begegnen hier (obwohl das Thema auf Epikur zurückgeht) einem der beständigsten Themen im Denken des 18. Jahrhunderts wieder. Wie die Sprache der Schafe, die Montesquieu so teuer ist, zieht die menschliche Sprache ihre »Fasern« zusammen und dehnt sie aus gemäß den Temperaturschwankungen, mit den unmittelbarsten Auswirkungen auf ihre Ausdrucksweise. Doch man wird bemerken, daß zu der rein physischen Wirkung der Wärme und der Kälte oder der Anlage des Gebietes eine Art analoger Determinismus der Landschaft hinzutritt, über den keinerlei direkter oder indirekter Kausalismus Rechenschaft ablegen kann und der sich eher durch mimetischen Einfluß oder, wohl besser, in der Sprache von Bernardin, durch natürliche Harmonie vollzieht: Die Rede der Berge ist überstürzt *wie* der Lauf der Sturzbäche, der Mensch der Täler bringt ein ruhiges Murmeln ganz in »liquiden« und »mouillierten« Intonationen hervor, das sich demjenigen seiner langsamen und friedlichen Flüsse anpaßt. Das Schlußkapitel von *L'Eau et les rêves*, »Die Rede des Wassers«, ist nicht sehr fern. Lauschen wir dieser bezaubernden *Rede des Klimas*:

> Das Stimminstrument ist eine Zusammensetzung von Fasern, welche die Wärme entspannt und die Kälte zusammenzieht, auf dieselbe Weise, wie diese Elemente auf alle anderen Körper einwirken; doch sie können die Fasern des Stimminstrumentes nicht entspannen oder zusammenziehen, ohne daß sich daraus für die Rede voneinander sehr unterschiedliche Folgen ergeben.
> In den Gegenden, in denen die Luft glüht und das Blut mit Ungestüm durch die Adern fließt, werden die Fasern des Stimminstrumentes extrem gedehnt sein und infolgedessen viel Spiel haben: Man könnte also die Klänge mit sehr viel Kraft aussprechen, sie infolgedessen stark aspirieren; man wird sogar um so stärker aspirieren, als der Mund, da seine Muskeln mehr Spiel haben, sich leichter öffnen und häufiger Druck auf seinen inneren Endpunkt ausüben wird; die Stimme wird also leichter zu den höchsten Oktaven hinaufsteigen, sie wird Aspirationen, starke Intonationen, gutturale oder extrem offene Vokale hören lassen; sie wird sämtliche Nuancen der Aspiration ausschöpfen, um den ständigen Gebrauch, den sie davon macht, abwechslungsreich zu gestalten.
> Wenn diese heißen Landstriche von hohen Bergen durchschnitten wer-

den, so werden diese jenes Ungestüm verstärken, indem sie das Blut erschöpfen, es schwächen durch die Erschütterungen, die ihre unebenen und steilen Wege verursachen, indem sie durch diese häufigen Erschütterungen die Tätigkeit der Lungen erleichtern. Die Sprache oder die Rede wird sich dort überstürzen wie die Sturzbäche, welche sich von diesen Bergen hinunterstürzen und alles mit sich reißen, was sich ihnen in den Weg stellt: das Stimminstrument wird dort auf den kürzesten, den höchsten, den klangvollsten Tasten erklingen.

In den Gegenden, auf denen der Reif sich niedergelassen hat, in denen der Lauf all dessen, was sich bewegt, verlangsamt, bisweilen unterbrochen ist durch die Heftigkeit der Kälte, in denen alle Fasern zusammengezogen, verhärtet, fast ihres ganzen Spiels beraubt sind, wird das Stimminstrument sich mit mehr Mühe öffnen; es wird sich also weniger erheben, es wird weniger auf den inneren Teil drücken und sehr viel mehr auf das äußere Ende: es wird also vorzugsweise labiale, dentale, sibilantische Intonationen wiedergeben; es wird so scheinen, als spräche man nur widerwillig.

In den mittleren und glücklicheren Gegenden, deren Luft gemäßigt ist und in denen die Flüsse mit einer majestätischen Langsamkeit fließen, ohne sich von der Höhe der Berge hinabzustürzen, und als bedauerten sie es, ihren ruhigen Aufenthaltsort zu verlassen, werden die Federn des Stimminstrumentes weder durch die Wärme zu sehr gedehnt noch durch die Kälte zu sehr zusammengezogen sein: sie werden sich folglich in mäßiger Spannung befinden, die weiche, ruhige, einschmeichelnde Intonationen hervorbringen wird. Da sie nicht zu den Endpunkten des Stimminstrumentes springen werden und ihr Druck sich in etwa gleichmäßig über seine ganze Ausdehnung ausbreiten wird und infolgedessen in seine Mitte, wird die Sprache dort eine Fülle an Liquiden, an mouillierten Klängen, an Lingualen, an Nasalen, an angenehmen und weichen Klängen aufweisen. Sie wird sozusagen nur ein leichtes Murmeln sein, Zeichen für den köstlichen Aufenthaltsort, den diejenigen bewohnen, welche diese angenehmen Klänge hören lassen.

Die Klimazonen beeinflussen vor allem die Vokale, weil diese einer größeren Dauer und einer größeren Mannigfaltigkeit in ihrer Beschleunigung fähig sind: infolgedessen rasch, lebhaft und abwechslungsreich bei den einen; schleppend, schwach und monoton bei den anderen, hoch und beschleunigt bei jenen, rauh bei diesen, die Sanftheit selbst bei den dritten. (S. 144/45)[1]

---

[1] Diese Geomimologie, der wir bei Nodier wiederbegegnen werden, ist natürlich ein Dauerthema der sprachlichen Imagination. In jüngster Zeit äußert sie sich unter der Feder von P. Viansson-Ponté, der erklärt, das Auvergnatische sei »eine Mundart, ebenso steinig wie die Abhänge der Vulkane in unmittelbarer Nähe«. Worauf der Okzitanist R. Lafont erwidert: »Ich überlasse Sie Ihrer Sprachgeologie, indem

Wie sein Vorgänger de Brosses und wie viele andere nach ihm räumt Gébelin den Vokalen eine ganz und gar geringe Rolle bei der materiellen Bildung der Wörter ein. Das sechste Prinzip seiner »etymologischen Kunst« ist in Bezug auf sie sehr rücksichtslos: »Die Vokale bedeuten nichts im Vergleich der Wörter«; ihre Aussprache ist, wie wir gesehen haben, »die Unbeständigkeit selbst«, und die »Orientalen« haben recht daran getan, sie in ihrer Schrift so wenig zu berücksichtigen. Die Konsonanten sind ebenfalls Variationen unterworfen, die jedoch meist innerhalb der Grenzen ihres Artikulationsorgans bleiben. Daher bleiben sie die »wesentlichen Merkmale der Wörter; sie bilden ihr Gerüst, und ohne sie bliebe nichts übrig«[1]; hier taucht oder taucht wieder dieser fast unvermeidliche Vergleich, dem wir so häufig bei anderen wiederbegegnen werden, zwischen dem Wort und einem Körper auf, dessen Fleisch die Vokale und dessen Skelett die Konsonanten sind. Doch im Gegensatz zu de Brosses – und im Gegensatz auch, müssen wir es sagen, zu jeder Logik – hat diese morphologische Minderwertigkeit des Vokals keinerlei semantische Minderwertigkeit zur Folge: So zweitrangig und »unbeständig« der Vokal auch bei der Bildung des Wortes sein mag, bleibt er doch für Gébelin ebenso wichtig wie der Konsonant bei der Herausbildung seiner Bedeutung. Nichts entgeht hier dem kratylischen Imperialismus: nichts kann unbedeutend sein.

Dies beginnt mit der Opposition zwischen »Tönen« und »Intonationen« selbst, die einen entscheidenden Symbolwert bekommt. Physisch gesehen ist der wesentliche Unterschied zwischen den beiden Kategorien der Kontrast zwischen der »Lebhaftigkeit« der (per definitionem stimmhaften) Vokale und der »Ruhe« der (als »stimmlos« und stumm geltenden) Konsonanten: »Man beobachtet [zwischen Klängen und Intonationen] einen bezüglich ihrer Natur wesentlichen Unterschied, dem man nicht genügend Aufmerksamkeit geschenkt hat, nicht genug zumindest, um aus ihm die wichtigen

---

ich Ihnen suggeriere, daß das Flämische so flach ist wie Flandern und das Eskimo so kristallin wie ein Eisberg.« (*Le Monde*, 16. u. 30. März 1973) Sapir, der sich gegen diese angeblichen klimatischen Einflüsse erhob, hielt eben gerade das »ganz angenehme lautsystem« der Eskimos fest, das sehr wenig mit ihren rauhen Lebensbedingungen harmoniert (zit. in Jespersen, *Die Sprache*, Kap. XIV, § 2, S. 240).

1 Ganz offensichtlich analysiert Gébelin alle Konsonanten einschließlich der »Sibilanten« oder »Zischlaute« als Okklusive: »Da die Intonationen nur das Ergebnis eines sehr kurzen Drucks oder einer sehr kurzen Bewegung sind, haben sie nur die Dauer eines Augenblicks. Man kann das Geräusch nicht nach Belieben verlängern, sondern einzig und allein wiederholen.« (S. 124)

Konsequenzen zu ziehen, die sich daraus ergeben. Die Klänge teilen sich nämlich den Glanz und das Geräuschvolle, sie sind sehr lebendig und sehr lebhaft, während die Intonationen glanzlos und still sind, so ruhig, wie die Klänge ungestüm sein können. Daraus folgt, daß sie, ihrer eigenen Natur gemäß, Gegenstände malen können, die mit absolut unterschiedlichen Eigenschaften begabt sind; daß man durch die Klänge die Geräusche, die Bewegungen, die Erschütterungen, die Erregungen, die Bewegung des Universums und seiner Teile malen kann, während man durch die Intonationen die unveränderlichen und inhärenten Eigenschaften der Gegenstände wiedergeben kann; daß jene geeigneter sind, physische Gegenstände zu bezeichnen, diese die geistigen und verstandesmäßigen Gegenstände, die weniger unter die Sinne treten.« (S. 124/25)

Die Aufgabenverteilung zwischen Vokalen und Konsonanten ergibt sich aus dieser physischen Opposition und aus dem allgemeinen mimetischen Prinzip, das bei dieser Gelegenheit mit dem größten Nachdruck neu formuliert wird: »wie das Modell, so die Kopie« (S. 283). Es fügt sich, daß das Universum der Signifikate, »das, was die Rede malen mußte«, nämlich »die Fähigkeiten unserer Seele, das, was sie empfindet, was sie wünscht, was sie wahrnimmt oder was sie entdeckt, die Eindrücke, die sie von außen empfängt, oder jene, die sie erfahren lassen will«, daß all das sich auf zwei Klassen reduzieren läßt, nämlich die *Sinneseindrücke* (*sensations*) (»die Eindrücke, die wir von außen empfangen, und die verschiedenen Zustände, die unsere Seele dadurch erfährt«) und die *Ideen* (»die verschiedenen Zustände unserer Seele, die das Ergebnis unserer eigenen Fähigkeiten sind«). »Die Sprache besteht also aus zwei Arten von Modifikationen: eine, die unsere Sinneseindrücke erkennen läßt, die andere, die unsere Ideen malt.« Zwischen den jeweils beiden derart definierten Klassen von Klängen und von Bedeutungen ist die mimetische Affinität nun mehr als offensichtlich, und die Korrespondenzen drängen sich von selbst auf: »Schon warnen uns unsere ungeduldigen Leser; schon verkünden sie, daß die Klänge oder Vokale die Sinneseindrücke malen und daß die Intonationen oder Konsonanten die Ideen malen.« Lebendig, lebhaft, geräuschvoll, malen die Klänge vortrefflich die Bewegung und die Erregung der Sinne; die Intonationen dagegen, glanzlos und ruhig, drücken vollkommen die innere Ruhe und Stille der Reflexion aus. (S. 283-286)[1]

---

[1] Die *Histoire naturelle* liefert hier eine wertvolle Bestätigung: die Tiere, die nur Sinneseindrücke haben, bringen nämlich nur Vokale hervor (S. 103). Pech für das

Doch diese plumpe Verteilung erschöpft natürlich nicht die mimetischen Fähigkeiten der Klänge der Rede: Jeder Vokal muß eine besondere Klasse von Sinneseindrücken evozieren, jeder Konsonant eine besondere Klasse von Ideen. Hier die Verteilung, wie sie die Kapitel 11 und 12 des Buches IV entwickeln und illustrieren.

Vokale

- *a*: Als der höchste der Klänge, der erste also der absteigenden Oktave, ist es der unmittelbarste der Schreie und folglich das »natürliche Zeichen« des »Zustands, in dem man sich befindet«, also der Identität und des Eigentums, des Besitzes, der Herrschaft. Es ist par excellence der konstitutive Klang des Verbs *avoir* (»il *a*«) und der »Präposition, die die Beziehung des Besitzes, des Eigentums markiert: ›Cela est *à* lui‹« ›Das gehört ihm‹[1].
- offenes (und anscheinend stets aspiriertes) *è*: Sinneswahrnehmung des Lebens und von allem, was zu ihm beiträgt (lat. *vis, vita*, gr. *bia*), insbesondere die Erde.
- geschlossenes *é*, »der Atmung entlehnt, deren Zeichen und Name es ist«, symbolisiert die Existenz und dient universell zur Bildung des Verbs *être* ›sein‹.
- *i* (im allgemeinen lang, also *ei*): Es ist der natürliche Name der Hand, des Tastsinns, »und ebendadurch von allem, was sich darauf bezieht, des Schutzes und der sorgenden Bemühungen«: hebräisch *id*, frz. *aide*.
- *o*, »Schrei der Bewunderung, wurde der Name des Lichtes, dessen Wahrnehmung so angenehm ist«; von daher die Sonne, das Feuer, die Augen, der Gesichtssinn. So etwa lat. *sol, focus, oculus*.
- *u* »malt die Handlung, die Flüssigkeiten und die Gerüche anzuziehen«; es ist der Vokal des Wassers (gr. *udor*, lat. *humor*. frz. *humide*, engl. *water*) und der Düfte: *odor, humer*.
- *ou* »ist der Klang selbst, den ein beliebiges Geräusch, vor allem der Wind auf die Ohren ausübt«; von daher das Ohr, der Gehörsinn und alles, was damit verbunden ist; frz. *oui*, das eigentlich bedeutet: »C'est entendu« ›Es ist abgemacht‹ (wörtl. ›gehört‹).

Schafsblöken und die *litera canina*. In seinem *Cahier des langues* nimmt Louis-Claude de Saint-Martin die genaue Gegenposition zu dieser Verteilung ein: Für ihn drücken die Vokale die Ideen aus und die Konsonanten die Sinneseindrücke (*La Tour St. Jacques* 7 (1961), S. 186).

1 Dieser letzte Satz stammt aus dem *Dictionnaire étymologique de la langue française* (Band V der *Monde primitif*).

Ganz offensichtlich möchte dieses Tableau auf einen Streich die Gesamtheit der wahrnehmbaren Welt und der Sinnesorgane organisieren: »Die Klänge drücken zugleich die Sinne, die Elemente, die Sinnesorgane, die Eindrücke und die Kenntnisse, die daraus resultieren, aus«; doch ebenso offensichtlich läßt es die Schwierigkeit spüren, vor der man steht, wenn man auf die sieben Vokale die traditionellen fünf Sinne (und vier Elemente) verteilen will: *i* entspricht klar dem Tastsinn, *o* dem Gesichtssinn, *u* dem Geruchssinn, *ou* dem Gehörsinn, doch man weiß nicht, welcher Vokal sich auf den Geschmackssinn bezieht, *a*, *è* und *é* bleiben überzählig, mit bisweilen schwer zu unterscheidenden Bedeutungswerten. Was die Elemente betrifft, so bleiben, nachdem *è* der Erde, *o* dem Feuer, *u* dem Wasser und *ou* der Luft zugewiesen worden sind, drei Vokale ohne Zuweisung.

Konsonanten

Hier scheint Gébelin vor einer Aufteilung der Welt der »Ideen« zwischen den vierzehn einfachen Intonationen gezögert zu haben. Das Tableau unterscheidet folglich nur die sieben »Tasten«, fast ohne je die Opposition zwischen starker und schwacher Intonation zu berücksichtigen:

– Die *labiale* Taste (*p*, *b*, denen sich der Labionasal *m* und der Labiodental *v* anschließen), die den schwächsten Druck verlangt, ist das natürliche Zeichen der Sanftheit; wie de Brosses, den er hier ausgiebig zitiert, sieht Gébelin in ihr die kindliche Artikulation *par excellence*: *papa, maman, fanfan, bonbon, bouillie, baiser, poupon, poupée, bobo, bibi, beau, bon, bien, ami, amie, bambin*.
– Die *dentale* Taste ist im Gegenteil die härteste, sie bringt also die stärksten[1], die geräuschvollsten Intonationen hervor (*t*, *d*): »Man könnte sie die Konsonanten *par excellence* nennen.«[2] Sie sind bestimmt für »die Malerei all dessen, was klang- und geräuschvoll ist: von daher eine Vielzahl ursprünglicher und pittoresker Wörter. Mit dieser Taste *donnert* man (*on tonne*), dröhnt man (*on*

---

[1] Man sieht, daß die Natur der Taste hier sehr viel wichtiger ist als der Artikulationsgrad: der »schwache« Dental *d* wird für stärker gehalten als der »starke« Labial *p*. Tatsächlich ist für Gébelin jeder Dental stark und jeder Labial schwach.

[2] Halten wir im Vorbeigehen fest, daß dieser Bedeutungswert der allgemeinen Charakterisierung der Konsonanten als, wie wir gesehen haben, »stumpf und ruhig« widerspricht.

retitit), *erstaunt* man (*on étonne*), *gibt* man *den Ton* (*on donne le ton*); mit ihr bezeichnet man die lauten Instrumente, die *tambours* ›Trommeln‹, die *timbales* ›Pauken‹, die *tympanons*, die *Trompeten*; von daher die Namen tympan, tintin, tintinnabulum, Namen der Glocken im Lateinischen; die Namen touches, intonations, tact etc. selbst. Mit ihr stachelt man die Hunde zur Jagd an, läßt man seine Stimme in der Ferne erschallen, durchdringt sie die Unendlichkeit der Wälder.« Infolgedessen bezeichnet sie die Quantität, die Totalität, die Perfektion; aus Höflichkeit die zweite Person; den Kopf (tête); und außerdem (Ta, Atta) den Vater »bei allen Nationen, welche sich nicht des Labials für diese Benennung bedienen«: der Name des Vaters schwankt also zwischen Stärke und Zärtlichkeit.

- Die nasale Intonation n, die ausgesprochen wird, indem man die Luft durch die Nasenlöcher hinausläßt, ist ein »stumpfer und abstoßender« Konsonant, der folglich dazu dient, die abstoßenden Gegenstände zu malen; kein Beispiel.
- Die linguale Taste ist im allgemeinen jene der Bewegung, doch hier wird die Unterscheidung zwischen starker und schwacher Intonation relevant, wie bei Leibniz: r wird durch ein rauhes Reiben hervorgebracht, es ist der Konsonant der harten, brüsken und geräuschvollen Bewegungen, die er entweder allein oder in den Gruppen fr, tr, cr ausdrückt; und der groben, hohen, schroffen Gegenstände. L, das mit »einer sehr sanften und sehr fließenden Explosion« ausgesprochen wird, bezeichnet folglich die »sanften Bewegungen, deren Lauf ununterbrochen und ruhig ist«, und die flüssigen und fließenden Gegenstände: liqueurs, limpidité, lymphe, lait, lac; fluide, fleuve etc.
- Die Gutturale (k, g), ausgesprochen in der Tiefe der Kehle »wie in der Tiefe einer Höhlung«, werden den »tiefen und als Kanal gegrabenen« Gegenständen zugewiesen: col, canal, caverne.[1]
- Die Sibilanten (s, z) haben anscheinend eine rein onomatopoetische Funktion, indem sie den Namen der »pfeifenden Geräusche« bilden; was die Zischlaute (ch, j) betrifft, so haben sie aus irgendeinem Grund den Exegeten entmutigt.[2]

---

1 Cf. de Brosses.
2 Natürlich macht Gébelin auch, wie de Brosses, den nachahmenden Charakter der den Organen der Rede selbst gegebenen Namen geltend: Mund, Zahn, Rachen etc. (S. 349).

Das Auffallendste bei der Lektüre dieses Tableaus und der Seiten mit den Beispielen, die es illustrieren, ist natürlich der ganz materielle Charakter der Bedeutungswerte, die den Intonationen zugeschrieben werden und deren ausschließliche Beziehung zur Welt der »Ideen« Gébelin so lautstark verkündet hatte. Man muß durchaus zugeben, daß hier nichts im Detail die allgemeine Verteilung der Phoneme in Vokale-Sinneseindrücke und Konsonanten-Ideen bestätigt. Freilich gab Gébelin, nachdem er die Trennung so deutlich markiert hatte, in einigen verlegenen Formulierungen zu erkennen, daß er Mühe hatte, sie wasserdicht aufrechtzuerhalten; so schreibt er etwa: »Die Vokale waren nicht so stark auf die Sinneseindrücke beschränkt, daß die einen und die andern niemals zuammenwirken würden, um ebenfalls Sinneseindrücke oder Ideen zu bezeichnen. Dies mußte um so leichter geschehen, als die Sinneseindrücke und die Ideen sich beständig im menschlichen Verstand durch ihre Wirkungen vermischen, so daß sie sich ebenfalls unablässig in der stimmlichen Malerei ihrer Wirkungen vermischen mußten.« (S. 329)[1]

Die semantische Arbeitsteilung zwischen Tönen und Intonationen ist also letztlich ein abgebrochener Versuch, eine prinzipielle Behauptung, der es nicht gelingt, in irgendeiner Form sprachliche Realität zu werden, und die lediglich dem Wunsch Nahrung gibt, allen Dingen Sinn zu geben. Ein gewiß hyperkratylischer Wunsch in diesem Fall, da Sokrates seiner Unterscheidung zwischen Vokalen, Halbvokalen und stummen Lauten keinerlei Symbolwert beimaß und sich nicht einmal bemühte, sie in seiner Liste von Bedeutungen zu trennen. Wir werden später anderen Äußerungen dieses Extremismus oder übertrieben mimologischen Eifers begegnen.[2]

---

1 Cf. S. 287: »Auf diese Weise findet eine so beträchtliche Rückkehr von den Sinneseindrücken zu den Ideen und von den Ideen zu den Sinneseindrücken statt, daß es großen Scharfsinns und großer Aufmerksamkeit bedarf, um diese verschiedenen Fähigkeiten auseinanderzuhalten, um die Eigenschaften zu erkennen, die sie charakterisieren, um die Einflüsse einer jeden zu unterscheiden. Doch man darf nicht daraus schließen, daß diese Fähigkeiten sich keineswegs voneinander unterscheiden und daß die Sprache der einen die Sprache der anderen ist; diese überstürzte Schlußfolgerung würde alles trüben und für immer von der Wahrheit entfernen.«
2 Erinnern wir daran, daß de Brosses seinerseits den Vokalen jeden Semantismus verweigert, so wie er ihnen jede phonetische Identität abspricht. Mallarmé wird in seinen Mots anglais die »Wurzelkraft« noch mehr einschränken, indem er sie den Anfangskonsonanten vorbehält. Gébelin scheint mit seinem Versuch ziemlich isoliert dazustehen. Bachelard wird dennoch die folgende Verteilung riskieren: »Die Stimmen der Erde gehören den Konsonanten. Die anderen Elemente den Vokalen [...]«. (Rêveries du repos, S. 197)

Eine letzte Bemerkung zu diesen Phoneminterpretationen: Die Symbolwerte der Konsonanten werden hier, wie bei Platon oder bei de Brosses, von physikalischen – vor allem artikulatorischen – Besonderheiten abgeleitet: Weicheit der labialen Taste, Härte der Dentale, Rauheit des r etc. Die Interpretation der Vokale scheint dagegen unmotivierter oder abstrakter: a drückt die Identität aus, weil es der »erste Vokal« ist, o das Licht, weil es der Schrei der Bewunderung ist; ou, Geräusch des Windes, ist der einzige Vokal mit einem eigentlich lautlichen (auditiven) Wert. Auch hier nichts, was auf einen bewußten Rückgriff auf die synästhetischen Assoziationen hinweist, wie wir ihn so geläufig im 20. Jahrhundert hinsichtlich des Lichtsemantismus der »hohen« Vokale und desjenigen der Dunkelheit der »tiefen« Vokale antreffen werden. Gébelins Symbolismus bleibt im Prinzip[1], wie derjenige der meisten seiner Vorgänger und Zeitgenossen, an die Vorstellung einer direkten Mimesis ohne Vermittlung oder Übertragung gebunden.

Bemerkenswert ist dagegen der beträchtliche Raum, den im Origine du langage die Listen mit bestätigenden Beispielen einnehmen, die, mit unterschiedlichem Erfolg, zu beweisen versuchen, daß die Mehrzahl der Wörter in einer großen Anzahl von Sprachen (die für alle zu stehen beanspruchen) den den Phonemen zugeschriebenen semantischen Werten entsprechen. Verglichen mit der Zurückhaltung Platons oder de Brosses' ist dieses Bemühen natürlich ein Merkmal des primären Mimologismus: Gébelin glaubt nicht nur an die mimetischen Fähigkeiten der Lautelemente der Sprache, er ist auch von der guten Bildung des lexikalischen Materials in allen bekannten Sprachen überzeugt. Hierin ist er ein direkter Erbe des Kratylos und vielleicht sein treuester Schüler.

Dennoch erschöpfen diese Vokabeln, »geboren aus der Beziehung der Töne und der Intonationen mit der Natur«, nicht die Masse des universalen Wortschatzes. »So zahlreich diese Wörter auch sein mögen, sie reichten nicht aus, um die Gesamtheit der Ideen zu malen: man mußte also andere Wortquellen denen hinzugesellen, von denen

---

1 Und nur im Prinzip, denn es ist offensichtlich, daß hier wie im übrigen bei de Brosses die semantischen Werte nicht immer so unmittelbar sind, wie man behauptet; dies gilt etwa für die Übersetzung der »artikulatorischen« »Sanftheit« (douceur) des Labials in geschmackliche Süße (Bonbon) oder gefühlsmäßige Sanftheit (Mama); ein Teil der (unter anderem) metaphorischen »Ableitung« kommt hier tatsächlich fast von der ersten lexikalischen Investition an ins Spiel; doch sie wird nicht zugegeben und noch weniger theoretisiert.

wir soeben gesprochen haben.« (S. 350) Diesen anderen Verfahren ist das Kapitel XIII des Buches IV gewidmet. Doch man darf sich nicht über die Bedeutung dieser Hinzufügung täuschen: Sie rührt keineswegs, wie bei de Brosses, von einem Bankrott der stimmlichen Mimesis her oder von einem irgendwie gearteten sprachlichen Verfall. Das aus Einsilbern bestehende lexikalische Grundmaterial ist einfach nicht reichlich genug, um zu erlauben, alles zu »malen«: eine rein quantitative Erschöpfung der Anzahl der bedeutungstragenden Formen, die zu vermehren oder, wenn man so will, zu vervielfachen folglich notwendig, aber hinreichend ist. Diese »anderen Quellen« oder zusätzlichen Verfahren sind fünf an der Zahl:

1. Der rein onomatopoetische Ausdruck: Gébelin folgt hier getreu der Darstellung der Formation mécanique.

2. Die »Vermischung oder Vereinigung von Intonationen«, das heißt der Rückgriff auf die Konsonantengruppen des Typs fr oder st: »Die Klänge und die einfachen Intonationen waren zu gering an Zahl, um nicht bald erschöpft zu sein; man mußte also Abhilfe schaffen durch verschiedene Hilfsmittel; eines der ersten, ebenso einfach und nicht weniger pittoresk, war die Vereinigung zweier Intonationen. Auf diese Weise haben wir gesehen, wie l und r sich mit f und t verbinden und Wörter bilden, die mit fl, fr, tr beginnen und ebenso kraftvoll, ebenso nachahmend waren wie diejenigen, die mit f und r beginnen.« Man sieht, daß die Verbindung zweier Konsonanten für Gébelin keine zusammengesetzte Bedeutung ergibt: Eine der Intonationen (mal die erste, mal die zweite[1]) verliert hier jeden Symbolwert, um der anderen ein einfaches Mittel der kombinatorischen Vervielfältigung zu liefern. Nichts mit den komplexen Semantiken Vergleichbares, die bei Platon die Gruppe gl oder bei de Brosses die Gruppe tr erzeugen. Höchstens kann man in der Gruppe st die Signal- oder Appellfunktion, die dem s übertragen ist, festhalten[2], oder in den Gruppen fr, tr, cr (S. 343) die Verstärkungsfunktion,

---

[1] Die Formulierung ist nicht eine der klarsten; anscheinend steht fl hier für f, tr für r, fr ist zweideutig. In den anderen zitierten Beispielen begünstigt das Amalgam den zweiten Konsonanten; so haben bl, cl, gl, sl, br, cf, gr »auch an den Bedeutungswerten teil, die diesen lingualen Intonationen (l und r) eigen sind«.

[2] »Dieses Wort (st) bezeichnet die Eigenschaft, fixiert, fest zu sein, an Ort und Stelle zu bleiben; es ist die Bewegung oder der Schrei jener, die wünschen, daß man anhält, daß man an Ort und Stelle bleibt; daher kommt das, wenn nicht davon, daß man, indem man s ausspricht, eine Art Zischen hervorbringt, das die Aufmerksamkeit dessen erregt, der vorangeht, und daß die Intonation t, die anschließend kommt, trocken, kurz und fix ist und ganz natürlich die Unbeweglichkeit ausdrückt, in der

die dem Anfangskonsonanten zugestanden wird. Das semantische Atom ist durchaus das Silbenwort, was auch immer die Anzahl seiner Konsonanten sein mag – und ohne jeden Versuch, trotz der Prinzipien, dabei zugleich den Ideen-Konsonanten und den Sinneseindruck-Vokal zu berücksichtigen: tatsächlich dominiert der eine oder der andere ohne Teilung.

3. Die komplexe Bedeutung taucht also erst mit dem dritten Verfahren auf, der Zusammensetzung. »Jedes zwei-(oder mehr)silbige Wort ist ein aus zwei anderen zusammengesetztes Wort.« Doch das mimetische Prinzip wird darum nicht verraten: Eine komplexe Malerei tritt lediglich die Nachfolge einer elementaren an: »Die zusammengesetzten Wörter bilden ebenso genaue Bilder wie die einfachen Wörter; sie sind lediglich kompliziert im Vergleich zu den von den einfachen Wörtern gebildeten Bildern, die es nicht sind.«

4. Ob einfach oder komplex, all diese Bilder malen nur physische Gegenstände; der Übergang zu den intellektuellen Gegenständen erfordert den Rückgriff auf die übertragenen Wörter (mots figurés), die sich hier auf die Metaphern des Geistigen durch das Körperliche reduzieren. Doch auch hier zieht der Registerwechsel keinerlei Verlust von Mimesis nach sich. Die Metapher ist für Gébelin nicht, was sie für de Brosses war: ein Schritt auf dem Weg der »Ableitung«. Im Gegenteil, sie manifestiert mit um so mehr Glanz die nachahmende Macht der menschlichen Sprache, die fähig ist, selbst das zu malen, was keinerlei äußere Erscheinung hat. »So erhebt sich der Mensch, vermittels seiner Sinne, zu den unsichtbarsten Gegenständen, und nichts kann sich den Wirkungen der Rede entziehen; sie malt auf die lebhafteste und kraftvollste Weise selbst die Dinge, die man nicht sieht, und läßt sie mit derselben Genauigkeit erkennen, und mit mehr Tiefe und Ausdehnung als selbst diejenigen, die man sieht.«

5. Das letzte Verfahren, das im übrigen ein zweifaches ist, antwortet ohne jede Stockung auf diese noch furchterregendere Frage: »Wie soll man malen, was nicht ist?« Es ist dasjenige, das bei der Schaffung der negativen Wörter den Vorsitz führt. In Übereinstimmung mit dem Prinzip der Mimesis besteht es darin, einfach das Gegenteil des entsprechenden positiven Wortes zu nehmen, entweder durch eine Art Metathese: »a, an das Ende eines Nomens gestellt, markierte die Existenz oder den Besitz eines Gegenstandes [es ist anscheinend die Endung der griechischen oder lateinischen 1. Deklination]; a, an den

---

diese Person verharren soll.« (S. 353)

Anfang desselben Wortes gestellt, markierte dessen Nicht-Existenz, das Fehlen« (es handelt sich wohl um das privative a, doch Gébelin gibt hier kein Beispiel); oder auch durch einen Wechsel von der starken Intonation, die das Positive bezeichnet, zu der gegenteiligen, das heißt schwachen, Intonation, die das Negative bezeichnet; so ist etwa lat. gelu ›Eis‹ »nur die schwache Intonation von calor ›Wärme‹«; gr. hedone ›Lust‹: odune ›Schmerz‹; luke ›Licht‹: luge ›Dunkelheit‹; leipo ›lassen‹: lebo ›nehmen‹ etc.

»Auf diese Weise bildete sich diese ungeheure Masse von Wörtern, welche die Sprachen liefern, ohne Anstrengung, ohne Mühe, ohne Übereinkunft, in dem Maße, wie der Mensch ihrer bedurfte: Die Natur der Ideen, die man malen wollte, ließ augenblicklich die geeignetsten Wörter finden, und diese Wörter erhielten, übertrugen, verbreiteten sich mit den Kolonien, weil sie dem Gegenstand, den sie bezeichneten, so sehr angepaßt waren, daß es unnötig war zu versuchen, ihm ein anderes zuzuweisen.« Dies ist in etwa der Schluß (S. 360/61) des Buches IV, das dem Ursprung der Rede gewidmet ist. Er zeugt von einer charakteristischen Euphorie, die niemals nachläßt. Die Vorstellung eines Verfalls der Sprache ist Gébelin ebenso fremd wie die von Sokrates evozierte einer schlechten ursprünglichen Ausbildung oder eines Geburtsfehlers. Alles stand stets, alles steht stets zum besten in der besten aller möglichen Sprachen: Es steckt durchaus etwas von Pangloss in diesem optimistischen Sprachkundigen.

Der Übergang von der Rede zur Schrift wird also für ihn nicht, wie für de Brosses, ein Notbehelf oder die letzte Rettung sein: es gibt nichts zu beheben und nichts zu retten. Der einzige Mangel der Rede, oder vielmehr ihre einzige Schwäche, die in nichts ihre mimetische Kraft leugnet, ist die Beschränktheit ihrer zeitlichen und räumlichen Reichweite: »Nichts ist weniger dauerhaft als die Rede; sie schlägt die Luft und hinterläßt dort keine Spur; und wenn sie auf diejenigen, die sie hören, irgendeinen Eindruck macht, dann ist dieser Eindruck nichtig für diejenigen, die nicht in den kleinen Kreis eingeschlossen sind, den sie durchläuft.« Es mußte also ein Mittel gefunden werden, die Sprache in der Entfernung und in der Dauer auszudehnen, ohne etwas von ihrer natürlichen Beschwörungskraft zu verlieren. »Dieses wunderbare Mittel, seine Gedanken zu verewigen und sie allen Zeiten und allen Orten zugänglich zu machen, ist die SCHRIFT, diese Kunst, die zu den Augen spricht, die für das Auge malt, was die Rede für das Ohr malt; die ebenso beständig ist, wie die Sprache flüchtig ist, die fortbesteht, wenn diejenigen, deren Werk sie ist, schon seit Jahrhunderten in die Nacht des Grabes hinabgestiegen sind; diese Kunst, welche die Wissenschaften fortbestehen läßt, welche deren Erwerb erleichtert, welche bewirkt, daß die Kenntnisse der Vergangenheit dazu dienen, die Kenntnisse der Gegenwart zu vervollkommnen, und daß sie alle zusammen als Grundlage für das gewaltige Gebäude dienen werden, das die Zukunft daraus errichten wird.« (S. 374/75)

Als menschliche Erfindung, als Symbol jeder Zivilisation muß die Schrift jedoch, wie die Rede, »aus der Natur genommen« bleiben, aus der all ihre Tugenden kommen. Dabei gibt es eine kleine Schwierigkeit, die Gébelin zu lösen meint, indem er diese Erfindung mit der Geburt der Landwirtschaft verknüpft. In der Tat braucht allein der Landwirtschaft treibende Mensch »eine Schrift, um all dem Genüge zu leisten, was sein Stand erfordert: um Buch zu führen über seine Leute, seine Herden, seine Felder, seine Einnahmen, seine Ausgaben, über diejenigen, die ihm etwas schulden, über diejenigen, denen er etwas schuldet; um all denen, die von ihm abhängig sind, beizubringen, was sie selbst tun müssen, um zu erfüllen, was ihre eigene Lage erfordert; um einen Befehl, Gesetze, einen Kult, Zeremonien all dem zu geben, was sein Reich bildet, dessen Mitglieder jeden Tag mehr werden; um seine Beobachtungen über die Gestirne, über die Jahreszeiten, über die besten Methoden, seinen Boden zu bewirtschaften, aufzubewahren, um seine Verträge mit all seinen Nachbarn schriftlich festzuhalten.« (S. 407)[1] Nun ist dieser Landwirt, den wir hier mit einer ganzen wirtschaftlichen, sozialen, politischen und kulturellen Organisation belastet sehen, paradoxerweise für Gébelin der einzige echte natürliche Mensch. Er ist der wahre Sohn der Natur, für die der »wilde Mensch« nur ein Bastard oder eine Mißgeburt ist. Hier die Beweisführung, nicht ohne verdächtige Anklänge, da die legitime Abstammung sich hier letztlich durch den Inzest erweist: »Der wilde Mensch ist keineswegs das gehätschelte Kind der Natur; sie ist für ihn nur eine Rabenmutter, er ist für sie nur ein abgetriebenes Wesen. Das Kind der Natur, ihr gehätschelter Sohn, derjenige, der Gegenstand ihrer zärtlichsten Pflege ist, dem sie zulächelt, für den sie ihre

---

1 Die gleiche Argumentation S. 378. Lanjuinais zufolge ist »der Drang, den Gebrauch dieser Kunst auf die landwirtschaftlichen Völker zu beschränken [...] eine Übertreibung, die von der sehr lebhaften Verbundenheit des Autors mit den Systemen, mit der Sprache der Volkswirte herrührt«, das heißt der Physiokraten (Histoire naturelle, Anm. S. 114).

ganzen Reichtümer, all ihren Prunk, all ihre Reize entfaltet, ist der Landwirtschaft treibende Mensch: er allein hebt ihren Schleier, dringt in ihren Schoß ein, genießt ihre Gunst.« (S. 378)

Die Rede (Zeichen der Luft) »schlägt die Luft und hinterläßt dort keinerlei Spur«, wie wir gesehen haben; die Schrift dagegen (Zeichen der Erde) ist – durch Abstammung, vielleicht auch durch Ähnlichkeit, durch irgendeine dunkle Identität – mit dieser Spur par excellence verbunden, welche die Furche ist, die der Feldarbeiter im »Schoß« seiner Mutter Natur zieht.

»Wir werden von unserem großen Prinzip ausgehen, daß alles Nachahmung ist; wir werden zeigen, auf welche Weise die Schrift sich darauf bezieht und es bestätigt« (S. 376): so lautet die Absichtserklärung. Es versteht sich von selbst, daß für Gébelin wie (oder, wie wir sehen werden, sehr viel mehr als) für de Brosses jede Schrift Malerei, folglich Nachahmung ist. »Man wollte eine Idee malen, doch diese Idee malte einen Gegenstand; man hatte also nur diesen Gegenstand zu malen, seine Gestalt zu zeichnen, und die Idee war gemalt. Auf diese Weise schrieb man mit demselben Mittel, mit dem man sprach. Die Schrift war wie die Sprache auf die Nachahmung gegründet; die Natur übernahm dafür alle Kosten.« (S. 379)

Die Taxinomie der Schriften nach Gébelin ist rudimentärer als diejenige seines Vorgängers. Sie enthält nur drei historische Klassen: die chinesische, die ägyptische und die »kadmeische« oder alphabetische – die sich auf zwei formale Typen zurückführen lassen: die ideographische Schrift, die er hieroglyphisch nennt (die »reale« bei de Brosses) und die zugleich die chinesische und die ägyptische illustrieren, und die phonetische Schrift, die er alphabetisch nennt (die »verbale« bei de Brosses), ohne die silbischen zu berücksichtigen. Allerdings ist die formale Unterscheidung, wie wir sehen werden, nur vorläufig.

Die Theorie der »hieroglyphischen« Schrift ist weder sehr entwickelt (S. 381-391) noch sehr originell. Man findet hier die von de Brosses bereits bei Warburton ausgeborgte Idee der Figurativität (im rhetorischen Sinne) der Ideogramme durch Synekdoche, Metonymie und Metapher (S. 382) und jene der fortschreitenden Vereinfachung der Schriftzeichen (S. 386) wieder. Die große Innovation Gébelins im Vergleich zu de Brosses ist seine Theorie des Alphabets. Es ist übrigens charakteristisch, daß das Buch V insgesamt, das heißt dasjenige, das er der Schrift widmet, den Titel trägt: Du langage peint aux yeux, ou de l'écriture, de son origine, et surtout de l'écriture alphabétique (›Von der den Augen gemalten Sprache, oder von der Schrift, von ihrem Ursprung und vor allem von der alphabetischen Schrift‹); und daß seine zweite Sektion (Origine et nature de l'écriture alphabétique) viermal so lang ist wie die erste (De l'écriture en général et des hiéroglyphes en particulier).

Das Grundprinzip dieser Theorie ist einfach, und seine Äußerung lapidar; Überschrift von Kapitel IV: »Jede Schrift ist hieroglyphisch«; Überschrift von Kapitel V: »Daß die alphabetische Schrift hieroglyphisch ist«; erster Satz dieses Kapitels: »Da jede Schrift hieroglyphisch ist, ergibt sich daraus notwendig, daß die alphabetische Schrift es ebenfalls ist.« Kategorischer kann man nicht sein.

Gébelin nimmt also die von Rowland Jones illustrierte Tradition wieder auf, die er im übrigen erwähnt[1], die ideographische Interpretation der phonetischen Schrift. Die alphabetischen Schriftzeichen sind für ihn echte »Hieroglyphen«, das heißt reine Picto-Ideogramme, »wobei jeder Buchstabe die Malerei eines Gegenstandes ist« (S. 402), für die die Evokation der Rede eine nebensächliche und gewissermaßen abgeleitete Funktion ist. Er empört sich gegen die Idee, daß die phonetische Schrift »aus dem Abscheu gegen die hieroglyphische Schrift entstanden ist und daß man aus den hieroglyphischen Schriftzeichen zufällig die Anzahl von Schriftzeichen herausgegriffen hat, die ausreichen, um die Stimmtöne zu malen[2] und auf diese Weise die Malerei der Dinge durch die Zeichen zu ersetzen, welche die Stelle der Töne einnahmen, welche die Rede einfach notierten, so wie man die Musik durch Zeichen notiert, die keinen Bezug zu ihr haben. Doch ist es wahr, daß die Rede einfach notiert worden ist

---

1 Im Kap. II, in Gesellschaft von Nelme, aber auch von Wachter und von van Helmont, der »zu beweisen suchte, daß jeder Buchstabe des Alphabets nur die Malerei der Gestalt sei, welche die Zunge annimmt, um diesen Buchstaben auszusprechen«. Die augenscheinliche Verwechslung dieser beiden Typen (des ideographischen und des phonographischen) erklärt sich durch die Tatsache, auf die wir bereits hingewiesen haben, daß in seinem System Schrift und Rede, da beide mimetisch sind, zueinander in einer indirekten mimetischen Beziehung stehen.

2 In der Tat darf man die sehr viel bescheidenere (und im übrigen von den modernen Grammatologen übernommene) Hypothese, der zufolge sich die alphabetischen Schriftzeichen ganz oder in Teilen in ihrer Form von gewissen Ideogrammen herleiten, nicht mit der ideographischen Interpretation des Alphabets verwechseln, wie Gébelin sie vertritt. So etwa de Brosses: »Wenn man der Figur des samaritanischen Aleph Beachtung schenkt, wird man in ihm ein grobes Bild eines Ochsenkopfes mit seinen zwei Hörnern finden. Man erkennt hier eine Spur vom Übergang der Hieroglyphen zu den geläufigen Buchstaben.« (I, S. 450) Für Gébelin bewahrt das Aleph nicht nur seine Gestalt, sondern auch die Bedeutung »Ochsenkopf«.

durch die alphabetischen Buchstaben? Und wurde sie nicht ebenfalls durch dieses Mittel gemalt wie durch die Hieroglyphen?« (S. 401/02, meine Hervorhebung)[1] Doch diese Formulierung darf nicht vermuten lassen, das Alphabet sei für ihn eine direkte »Malerei« der Laute der Rede: nicht mehr als die ägyptischen Hieroglyphen. Der Ideogramm-Buchstabe malt einen Gegenstand für die Augen; das Phonem, das für ihn ein echtes Ideophon ist, malt diesen selben Gegenstand für die Ohren – und die Ähnlichkeit zwischen diesen beiden Bildern ergibt sich lediglich aus ihrer gleichen Treue ihrem gemeinsamen Modell gegenüber.

Ebenso wie es eine gemeinsame Ursprache gibt, gibt es natürlich ein gemeinsames Uralphabet, von dem sich alle anderen ableiten. Gébelin zufolge enthielt dieses Uralphabet sechzehn Buchstaben, was nur schlecht zu der harmonischen Zahl von einundzwanzig Phonemen paßt. Der Grund für dieses Mißverhältnis scheint darin zu liegen, daß die noch rudimentäre Ursprache bestimmte Laute wie f und v, ü und u etc. nicht unterschied (S. 416). In dieser Hinsicht gibt es große Unzuverlässigkeiten in der Beweisführung. Tafel VI identifiziert diese sechzehn Schriftzeichen als A-B-C-D-E-F/V-I-K-L-M-N-O-P-R-S-T, das Tableau jedoch, das den Titel trägt: Alphabet hiéroglyphique et primitif de seize lettres[2] (Tafeln IV und V) und den ideographischen Wert der Schriftzeichen (und ihre Verwandtschaft in allen Schriften) illustriert, enthält tatsächlich ihrer achtzehn[3] und sogar zwanzig durch Verdoppelung des A und des T.

Das Tableau dieses Alphabets gibt ziemlich klar (wenn auch nicht immer sehr überzeugend) in seinen ersten drei Spalten den Ursprung und die Bedeutung der Schriftzeichen an, so daß es unnötig ist, es diesbezüglich zu kommentieren. Dagegen lohnt es sich, näher die Beziehung zwischen diesen ideographischen Werten und den lautlichen Symbolismen zu untersuchen, die das Buch IV herstellt.

Offen gesagt wird der Vergleich erschwert durch einige Ungleichheiten in der Klassifizierung zwischen den beiden Tableaus. Zunächst werden alle Buchstaben individuell interpretiert, während die

---

1 Man sieht hier, daß Gébelin den teilweise diagrammatischen Charakter der klassischen musikalischen Notation verkennt.
2 Bestätigt in der Histoire naturelle. Die Buchstaben sind dort in einer logischen Reihenfolge angeordnet: Vokale, dann die Konsonanten gruppiert nach Tasten: Labiale, Nasale, Gutturale, Sibilanten, Dentale, Linguale.
3 Nämlich drei mehr (H, Q und OU) und einen weniger: K.

DIE VERALLGEMEINERTE HIEROGLYPHE

DIE VERALLGEMEINERTE HIEROGLYPHE

Orig. du Langage &c.   Pl. V.

ALPHABET HIÉROGLYPHIQUE ET PRIMITIF DE XVI. LETTRES
PLANCHE II.

Lettres	Sons qu'elles designent	Objets qu'elles peignent	Le même simple trait	Caractères Chinois correspondans	Alphab. Phénicien. l'un à l'autre Hérod. & c.	Ancien Hébreu d'Origène	Description de Médailles de Malte	Phénicien Samaritain	Hébreu carré	Grec ancien	Etrusque	
N	Être Produit Né Fruit		⋎	# Attaché l'un à l'autre Herod. &c.	⋎⋎	↙	⋎	55	⌐	⋎⋎	⋎⋎	IX
G	Gorge Cou Canal		⌐	⌐ Burgos	<	⌐	⌐	⌐	⌐	⌐.⌐	⌐	X
C	Creux de la Main Case. x		⌒		⊃K	⋎	⋎	⊓⋎	⊃	⊢K	⊃⋎K	XI
Q	Couperet Bout ce qu'on Coupe		⊃	⊃ Tout ce qui sert à Couper	⊃	⊃⊃	⊃	⊃	⊃	⊃⊃	⊃	XII
S	Scie Dents		⌇	⌇ Mordre à broyer à broyer	4≥≥	W	⌇	W	⊐	Σ'⌇	⌇	XIII
T, 1er Toit, abri			←	← Toit Couvert	←	←	←	∠	⌐	⊤		XIII
T, 2e Parfait Grand			+	+ Perfection Dieu	+	✕ ⊥	┿	≛			+	
D	Entrée Porte		△	⊓ Porte Maison	△	⊐	⊐	⊐	⌐	△	⊐	XIV
R	Nez Tête		⌇	⌇ Aigle Lion	9 9R	⊐	9	99	⌐	⊲⊲	⊲9	XV
L	1er aîle? Flanc 2e bras		⌒	⌒ Aîle	⌇⌇	⌇⌇	⌇	⌇	⌇	⋎⌐⋎	⌇	XVI
					4000 ans	4000 ans	3500 ans	2300 ans	2700 ans	3300 ans	2400 ans	

Konsonanten-Phoneme im allgemeinen pro Intonationstaste vereint waren; dann scheint die Unterscheidung zwischen è und é hier zugunsten des einzigen Graphems E neutralisiert, es sei denn, das H entspräche tatsächlich dem Laut hè; der Buchstabe Q ist bezüglich des Tableaus der Intonationen überzählig; das a und das t schließlich, jeweils ein Phonem, verdoppeln sich als Grapheme.

Unter Berücksichtigung dieser Hindernisse und der Unklarheiten, die sie projizieren, muß man Gébelin das Verdienst eines gewissen Erfolgs bei der schwierigen Abstimmung der lautlichen und graphischen Bedeutungswerte zusprechen (daß diese Abstimmung auf rechtmäßigen oder unrechtmäßigen Interpretationen beruht, ist natürlich eine andere Frage). So harmonieren der Laut a und der erste Buchstabe A, das Bild eines stehenden Menschen, gut in der Idee der menschlichen Herrschaft über die Erde; das zweite A, abgeleitet von dem semitischen Aleph, verbindet den Ochsen der Feldarbeit mit dem befruchtenden Werk des »Feldarbeiters«. Das H, Bild des gepflügten Feldes, harmoniert mit dem Laut hè, der das Leben symbolisierte, so wie das E, abgeleitet von der Form des menschlichen Gesichts, mit der Idee der Existenz, evoziert durch den Laut é. Das I ist beidseitig das Symbol der Hand, das O ist der Schrei der Bewunderung angesichts des Lichtes, hier Form des Auges. Das Diagramm OU soll ein Ohr darstellen, so wie der Laut, den es notiert, das Geräusch (par excellence) des Windes ist. P und B, Buchstaben der labialen Taste, sind beeinflußt von der Form der Lippen und des Mundes, von daher Schachtel, von daher Haus. M, abgeleitet von der Zeichnung des Baumes und Symbol der Produktion, folglich der Mutterschaft, vereint die wichtigsten Bedeutungswerte der labialen Intonation (maman, mamelle...). G (Kamelhals) und C (Höhlung der Hand) bleiben der Idee der Höhlung treu, die die gutturale Artikulation suggerierte. Das Bild des S, Bruchstück der Säge, entspricht dem Geräusch des Zischlautes. Das T als Dach oder Kreuz, das D als Tür (des Zeltes) der Idee der Stabilität und des Verschlusses, welche die dentale Intonation freisetzte. Das R, der Form der spitzen Nase entlehnt, evoziert die Rauheit wie der Laut r, und das L, Flügel oder Arm, angewinkelt, »um besser zu laufen«, die Bewegung, charakteristisch für den Laut l. Ohne lautliches Äquivalent bleiben nur das N, Symbol der Frucht, folglich des Kindes, während die entsprechende Intonation die »abstoßenden Gegenstände« (doch wer weiß?) bezeichnete, und natürlich das Q, das auf der Tafel der Phoneme fehlt; abgeleitet von der Form des Hackmessers bezeichnet es die Handlung des Schneidens und allgemeiner

»irgendeine Teilung: von dieser letzten Bedeutung erhält dieser Buchstabe den Namen, den es im Französischen trägt« (S. 141)[1]: wo sich der Instinkt der Motivation einnistet.

Wir werden ihn ein letztes Mal bei Gébelin am Werk finden anläßlich der Reihenfolge der Buchstaben im Alphabet. Diese Eingebung scheint ihm erst nachträglich gekommen zu sein, denn sie taucht erst in der Histoire naturelle von 1776 auf. Wir haben gesehen, daß für de Brosses die Anordnung des Alphabets in etwa der Reihenfolge des Erwerbs der Stimmlaute durch das Individuum und die Art entsprach. Gébelins Interpretation ist komplexer und von einem ehrgeizigeren Symbolismus. Hier der vollständige Text:

> Es bleibt uns nur noch, die Gründe anzugeben, die bestimmend gewesen sein können, diesen Buchstaben die Reihenfolge zuzuweisen, in der sie angeordnet sind. A wurde als der höchste der Töne und als Bezeichnung des Menschen, Oberhaupt von allem, an die Spitze gestellt. T, das die Vollkommenheit, das Ende bezeichnet, mußte den Marsch abschließen. Dieser letzte Buchstabe zog, als starke Intonation, ohne Mühe die anderen starken Intonationen auf seine Seite: daher sind N, P, Q, R, S, starke Intonationen, zum Ende des Alphabets hin angeordnet, während die schwachen Intonationen, B, C, D, G etc., an der Spitze nach dem A stehen. Fügen wir hinzu, daß die schwachen Intonationen große Gegenstände bezeichneten: B das Haus, G oder C das Kamel, D die Tür des Hauses etc., so daß man sie zusammenstellen mußte. Ebenfalls zusammenstellen mußte man die starken Intonationen, weil sie Teile des Menschen bezeichneten: O das Auge, P den Mund, R die Nase, S die Zähne etc. Es ist auch keineswegs erstaunlich, daß einige Buchstaben häufig untereinander die Aussprache und den Bedeutungswert gewechselt haben; daß T und Th gegenseitig den Platz gewechselt haben; daß D und S den Bedeutungswert untereinander gewechselt haben; daß es sich ebenso mit F und P verhält; daß das französische X den Platz des griechischen X eingenommen hat, obwohl es anders ausgesprochen wird, da dieser griechische Buchstabe ein aspiriertes K ist, weil diese Buchstaben sich niemals voneinander unterschieden haben außer durch leichte Nuancen in der Aussprache. Weit entfernt, über diese leichten Veränderungen erstaunt zu sein, muß man es eher darüber sein, daß nach so vielen Jahrhunderten und so vielen Revolutionen das alte Alphabet sich so wenig verändert hat, daß es unter uns mit so wenig Unterschied fortbesteht. Der Mensch neigt nämlich zur Nachahmung, und er nähert sich stets so weit er kann seinem Modell an. (Histoire naturelle, S. 145-147)

---

1 Wir werden diesem unvermeidlichen Wortspiel bei Nodier und bei Leiris wiederbegegnen.

Wie wir mehrfach beobachten konnten, ist Gébelins Arbeit, in der der Anteil des hermeneutischen Rausches ziemlich sichtbar ist, durch eine enge Allianz zwischen dem strengsten Systemdenken und der ungeniertesten Inkonsequenz gekennzeichnet: eine für den Leser bisweilen lästige Allianz, doch weniger paradox, als es scheint, da eine gewisse Gedankenlosigkeit in der Anwendung der Prinzipien oft zu ihrem Schutz notwendig ist. Diejenigen, die die Origine du langage et de l'écriture zur Schau stellt, sind von einem in der Geschichte der sprachlichen Imagination selten erreichten Ehrgeiz; nicht nur ein Mimologismus der Schrift gesellt sich, wie bereits bei de Brosses, dem traditionellen Mimologismus der Rede hinzu, er dehnt sich auch auf die Zeichen der phonetischen Schrift selbst aus, in einem heroischen Versuch, die Wege der lautlichen und der graphischen Nachahmung untereinander in Einklang und sozusagen in Deckung zu bringen. Die kratylische Utopie kulminiert hier in dem, was Gébelin, noch unerschrockener als Rowland Jones, sich nicht scheut, ein hieroglyphisches Alphabet zu nennen. Doch hieroglyphisch ist dieses Alphabet nicht nur als Liste von Schriftzeichen, sondern bereits als Sammlung von Phonemen. Nicht nur jede Schrift, sondern jedes sprachliche Zeichen ist »Hieroglyphe«. Die Sprache ist laut Gébelin gleichsam eine verallgemeinerte Ideomimographie, in der die symbolische Beziehung, durchsichtig und ohne Bruch, unaufhörlich zwischen dem wahrgenommenen »Ding«, dem wahrnehmenden Organ, dem ausgesprochenen Wort und dem geschriebenen Wort zirkuliert. O ist zugleich und als gleichsam ein einziges Wesen Sonne, Licht, Auge, Zeichnung des Gestirns, Schrei der Bewunderung und der Lust. Eine gefällige, aber auch gefährliche Zirkularität, worauf schon Sokrates hinwies, da die Unterscheidung zwischen dem Zeichen und dem Ding selbst dazu tendiert, dabei zu verschwinden – das ist das wohlbekannte Risiko der zu vollkommenen Nachahmung –, und mit ihr, vielleicht, jede Art von Unterschied. Gébelin hängt unschuldig einem Traum, mit (wir haben es geahnt) einigermaßen inzestuösen Anklängen, der Rückkehr in den Schoß (den mütterlichen natürlich) der »ersten« Unterschiedslosigkeit an. Dieser integrale Mimologismus liegt in gewisser Weise diesseits jeder Sprache – ja jeder Geburt.

Onomatopoetik

Von 1808 (erste Auflage des *Dictionnaire des onomatopées*) bis 1834 (*Notions élémentaires de linguistique*) deckt die philologische Tätigkeit von Charles Nodier[1] ein gutes (erstes) Viertel des 19. Jahrhunderts ab; allerdings muß man vielleicht noch ein wenig weiter zurückgehen, wenn man einräumt, daß das *Dictionnaire*, wie er später behaupten wird, fünf Jahre vor seiner Veröffentlichung verfaßt worden ist[2]. Jedenfalls haben wir keinen Grund, die Beschreibung anzuzweifeln, die er 1828 von den Hintergründen und den Beweggründen seines Unternehmens gibt: »Meine ersten Studien sind der Erforschung und der philosophischen Analyse der Sprachen gewidmet gewesen. Schon sehr früh hatte ich von den

---

1 Ihr Corpus enthält im wesentlichen:
 – das *Dictionnaire raisonné des onomatopées françaises*, veröffentlicht 1808 bei Demonville in Paris; zweite Auflage, »nachgesehen, korrigiert und beträchtlich erweitert«, Paris (Delangle) 1828; die Erweiterung besteht im wesentlichen aus der Hinzufügung von Artikeln, das allgemeine Vorwort ist jedoch in etwa unverändert geblieben;
 – die *Notions élémentaires de linguistique*, Paris (Renduel) 1834 (Band XII der sogenannten *Œuvres complètes*); dieser Band enthält eine Reihe von Chroniken, die von September 1833 bis Juli 1834 in *Le Temps* erschienen sind; Nachdruck Genf (Slatkine Reprints) 1968;
 – den Prospekt, der den Titel *Archéologue* oder *Système universel et raisonné des langues, Prolégomènes* und das Datum 1. Februar 1810 trägt, gedruckt o. J. bei Didier;
 – einige Artikel des *Examen critique des dictionnaires de la langue française*, Paris (Delangle) 1828.
2 Genauer: »Das *Dictionnaire des onomatopées* geschrieben mit achtzehn, veröffentlicht mit dreiundzwanzig« (Vorwort zum *Examen critique*). Tatsächlich war Nodier 1808 jedoch achtundzwanzig. Da er die Gewohnheit hatte, sich jünger zu machen, muß man dreiundzwanzig hier vermutlich mit achtundzwanzig und achtzehn mit dreiundzwanzig übersetzen; das *Dictionnaire* wäre dann um 1803 geschrieben worden. In einer Anmerkung der zweiten Auflage (S. 147) macht Nodier darauf aufmerksam, daß seine Theorien über den Stil »1805 neu waren«. Und noch die *Prolégomènes* von 1810 sprechen von »der allzu verfrühten Herausgabe« seines *Dictionnaire*; der Ausdruck paßt schlecht zu einem Werk, das fünf Jahre in der Schublade gelegen haben soll. Dieses chronologische Labyrinth ist ganz nach der Art dieses – heute so vernachlässigten – Vorläufers von Carroll und Borges.

Vervollkommnungsentwürfen in der Grammatik und von Einheit in der Sprache geträumt, von denen ich ganz natürlich eine große Verbesserung in der Gesellschaft ableitete, den immerwährenden Frieden des Abbé de Saint-Pierre und die weltumfassende Brüderschaft der Völker. Um diese Kinderutopie zu verwirklichen, war nur ein Alphabet nötig, das ich gemacht hatte, eine Grammatik, die ich gemacht hatte, und eine Sprache, die ich machte. Ich hatte die Grundgedanken meiner Methode in einem gedruckten Buch [dem *Dictionnaire*] niedergelegt, und ich verfolgte unerschrocken meine ungeheure Karriere, weil es keinerlei Hindernisse gibt für die Unternehmungen eines achtzehnjährigen Mannes und seinen Fähigkeiten keinerlei Grenze gesetzt ist [...].«

Diese wenigen Zeilen situieren das Werk von Nodier sehr gut im ideologischen Klima des vorigen Jahrhunderts, und der *Archéologue* von 1810, der seinen anfänglichen Absichten gewiß sehr nahe ist, beruft sich unter anderem auf die Vorgänger de Brosses und Gébelin als einer dem Autor von seinem Lehrer David de Saint-Georges weitergegebenen Tradition. De Brosses und Gébelin werden mehrfach im *Dictionnaire* und in den *Notions élémentaires* zitiert[1], und die Kontinuität ist offensichtlich, die auch der sehr gébelinsche Untertitel dieses zweiten Werkes bestätigt: *Histoire abrégée de la parole et de l'écriture* (›Kurzgefaßte Geschichte der Rede und der Schrift‹).

Ein erster Unterschied macht jedoch eine entscheidende Positionsveränderung deutlich: Während bei de Brosses und noch stärker bei Gébelin das mimetische Prinzip der Sprache in der Schrift seinen Höhepunkt erreichte (de jure bei ersterem, de jure und de facto bei letzterem), werden wir es bei Nodier vollständig zur Rede zurückströmen sehen. Es ist charakteristisch, daß das Wort »Malerei«, das beharrlich dazu diente, die mimetische Beziehung zwischen den Wörtern und den Dingen zu bezeichnen, fast ganz aus dem Wortschatz verschwindet. Das Nachahmungsprinzip leitet gewiß auch weiterhin den Ursprung der beiden Sprachen, der mündlichen und der schriftlichen: »Die gesprochenen Namen der Dinge sind die Nachahmung ihrer Klänge gewesen und die geschriebenen Namen der Dinge die Nachahmung ihrer Formen. Der onomatopoetische Ausdruck ist also der Typus der ausgesprochenen Sprachen und die

---

[1] Und die Beschreibung des Stimmorgans als umfassendes Musikinstrument nach Gébelin wird in »La Fée aux miettes« (*Contes*, Ausgabe Castex, Paris (Garnier), S. 321) evoziert.

Hieroglyphe der Typus der geschriebenen Sprachen.«[1] Doch im Gegensatz zu seinen Vorgängern gesteht Nodier der »realen« (ideographischen) Schrift keine große historische Ausbreitung zu: Ihre prinzipielle Überlegenheit wird allzu schnell durch ihre praktischen Nachteile verstellt, die sie zwingen, den Platz der Buchstabenschrift zu räumen: »Die merkwürdige Vielfalt ihrer Zeichen und die vage Willkür ihrer übertragenen Bedeutungen machten ihre Erforschung zu langwierig und zu schwierig für eine Gesellschaft, deren brennende Ungeduld sich von Entdeckung zu Entdeckung bewegte und die jeden Tag neue Ideen und Kenntnisse erwarb.«[2] Von nun an werden die der Schrift gewidmeten Ausführungen in der Hauptsache in einer *Kritik* des Alphabets bestehen.[3]

Nodier verfolgt in keiner Weise den Traum eines »hieroglyphischen« Alphabets, in dem die Buchstaben, während sie gleichzeitig die Laute notieren, unmittelbar die Gegenstände darstellen würden. Die phonetische Schrift ist für ihn durchaus die Darstellung des Stimmlauts und spricht zum Denken nur »durch Vermittlung über das Ohr, indem es ihm die Rede in Erinnerung ruft«[4]. Ein gutes Alphabet wäre für ihn also, wie für de Brosses, ein »organisches«, das heißt phonomimetisches Alphabet, und er gefällt sich darin, ein paar Spuren davon in der griechischen Schrift aufzuweisen, Überreste eines früheren, glücklicheren Zustands, dem der Silben- oder »Wurzel«schrift, in der Mitte zwischen der Ideographie und dem phonematischen Alphabet: »so etwa das *xi* [ξ] der Griechen in Gestalt der Säge, deren Pfeifen es ausdrückt; ihr *psi* [ψ], das dem Ohr das Pfeifen des Pfeils in Erinnerung ruft, die Gestalt genau den Augen; und ihr *thet* [θ], das onomatopoetisch die Handlung des Saugens ausdrückt, stellt eine Brust mit ihrer Brustwarze dar.«[5] Selbst in unserem lateinischen Alphabet, das vollständig »monogrammatisch« (phonematisch) geworden ist, bewahren einige Buchstaben für Nodier den Wert eines »rationalen Zeichens«, das »die Vorstellung des Lautes durch eine visuelle Analogie, die man seinen

---

1 *Dictionnaire*, Ausgabe 1828, S. 11. Alle Verweise auf das *Dictionnaire* beziehen sich auf diese Ausgabe.
2 *Notions*, S. 90/91.
3 Ibid., Kap. VI, VII, VIII, IX.
4 Ibid., S. 91.
5 S. 93. Diese letzte Notation, die originell scheint, fand sich bereits im *Dictionnaire* von 1808, und eine Anmerkung von 1828 bestätigte sie mit Nachdruck und dehnte sie auf »die Mehrzahl der alten Alphabete des Orients« (S. 261) aus.

rebus und seine Hieroglyphe nennen könnte«[1], weckt. So sind »die schlangenartige Gestalt des S und des Z, das T, das einem Hammer ähnelt, das B, das den Mund ausformt und die Lippen malt, die es bilden, das O, das sich unter der Feder rundet, wie sie sich im Augenblick seiner Emission runden, [...] sehr rationale Zeichen, weil sie ausdrucksvoll und malerisch sind.«[2] Ebenso auch das griechische [φ] und das französische *f* (kursive Minuskel), »Hieroglyphe, die von der Schlange spricht, die dieser Konsonant den Augen malt, während er zugleich ihren *Atem* oder ihr *Zischen* dem Ohr ausdrückt«[3]. Dieser Umweg über den »rebus«[4] (die Säge, der Pfeil, die Brust, der Hammer, die Schlange) dürfen nicht dazu verleiten, Nodiers Interpretation gewisser Elemente des Alphabets mit derjenigen, die Gébelin für das Alphabet insgesamt vorschlug, gleichzusetzen: Die Funktion des Buchstabens ist hier nicht die Mimesis außersprachlicher Gegenstände, sondern vielmehr des Stimmlauts, selbst wenn man dabei über die Darstellung eines Gegenstandes gehen muß, der einen analogen Klang hervorbringt. Der Buchstabe ist eine indirekte Hieroglyphe des Klangs. Diese in ihrer Funktion phonographische, in ihrem Verfahren ideographische Mimesis faßt Wachter und Jones, de Brosses und Gébelin in einer besonders ausgekochten (aber, erinnern wir daran, sehr eingeschränkten) Form des *visible speech* zusammen.

Das Alphabet besitzt also durchaus mimetische Fähigkeiten, und es wäre nicht unmöglich, eine »organische« Schrift zu schmieden, indem man aus verschiedenen existierenden Alphabeten ihre *sprechendsten* Schriftzeichen nimmt; wir werden dieser Hypothese später wiederbegegnen. Der Hauptmangel der gegenwärtigen phonetischen Schrift liegt jedoch woanders, und er ist radikaler: »Es gibt kein gutes Alphabet; und ich würde noch weiter gehen: [...] es gibt überhaupt kein Alphabet. In der Tat kann man diesen Namen nicht der zufälligen Mischung verschwommener, zweideutiger, unzuläng-

---

1 *Notions*, S. 140. »Rational« bedeutet hier natürlich *motiviert*.
2 Die Motivation des O trifft sich bewußt mit den Äußerungen des Philosophielehrers im *Bourgeois gentilhomme*, die Nodier übrigens zitiert (S. 23 u. 25): »Hier sind wir nun ganz nah, werden Sie mir sagen, an diesem Philosophielehrer des Herrn Jourdain, der mit guten Argumenten beweist, daß man ein schiefes Gesicht zieht, wenn man U macht. Ich werde nicht das Gegenteil behaupten, aber es ist wirklich nicht meine Schuld.«
3 Ibid., S. 126
4 Der Begriff wird hier natürlich nicht im strengen Sinne gebraucht.

licher Zeichen geben, aus denen alle Alphabete bestehen.«[1] Man darf diese Verurteilung nicht einfach als ein übertriebenes Urteil abtun. Das definitorische Prinzip, das ihr unterschwellig zugrundeliegt, wird an anderer Stelle deutlich und mit Nachdruck ausgesprochen: »die zweideutigen Zeichen« sind nämlich »mit Recht wertlos«. Anders ausgedrückt, es gibt nur bi-univoke Zeichen, die ohne Überschuß und ohne Defizit *einen* Signifikanten und *ein* Signifikat miteinander verbinden, und das Alphabet wäre nur dann ein echtes System von Zeichen, wenn jeder Buchstabe einem einzigen Phonem entspräche und umgekehrt.[2] Das ist nicht der Fall, und in jeder bekannten Sprache ist das Alphabet nicht ein kohärentes System, sondern ein veritables Chaos. »Die Orthographie zu definieren, indem man sie *die Kunst, die Laute durch malerische Zeichen darzustellen, die ihnen eigen sind*, nennt, wäre also etwas Absurdes, denn der Mensch hat seine Rede fast ganz vergessen, als er sein Alphabet ausbildete. Überall herrscht Inkohärenz und sozusagen Antipathie zwischen den Elementen seiner Sprache, wie er sie ausspricht, und den Elementen seiner Sprache, wie er sie schreibt.«[3]

Diese Kritik, die auf die wohlbekannten Seiten des *Cours de linguistique générale* über das »Mißverhältnis zwischen der Graphie und den Lauten« vorausweist, argumentiert auf der Grundlage einer Untersuchung des französischen Alphabets, das als Beispiel für die Mängel aller anderen genommen wird.[4] Die französische Sprache besitzt laut Nodier vierzehn Vokale; nun »können wir aber nur fünf davon schreiben, das heißt ein wenig mehr als ein Drittel«; wir haben einen Buchstaben für den Laut *e* in *patrie*, aber nicht für den Laut *eu* in *heureux*: »so hat der bedeutungslose und zweifelhafte Vokal einen Buchstaben im Alphabet, und der positive und bestimmte Vokal hat keinen«; ebenso gibt es keinen für den durch »unseren angeblichen Diphtong *ou*, ein komplexes Zeichen eines sehr einfachen Vokals«[5], notierten Laut; die gleiche Situation bei den *an, en, on, un* notierten nasalen Vokalen. Umgekehrt, »wenn von den vierzehn Vokalen

---

1 *Notions*, S. 106.
2 Ibid., S. 155. Die *Grammaire de Port-Royal* (Kap. 5: »Des lettres considérées comme caractères«) postulierte bereits diese Bedingung als notwendig, »um die Schriftzeichen zu ihrer Vollkommenheit zu führen«.
3 Ibid., S. 155.
4 Einzelheiten S. 109-133.
5 Nodier kritisiert in diesem Zusammenhang den unpassenden Gebrauch von *Diphtong*, an dessen Stelle er (*Examen critique*, S. 144) *Digramm* vorgeschlagen hatte.

unseres Alphabets neun kein eigenes Zeichen haben, so können wir uns schmeicheln, daß wir als Ausgleich dafür mehrere haben, die eine Überfülle an künstlichen Zeichen aufweisen«: so wird etwa der Laut o »im Französischen auf dreiundvierzig Weisen dargestellt, und es ist sehr gut möglich, daß ich dabei einige vergesse«. Auf der Seite der Konsonanten zweifacher Wert des C, Guttural oder Zischlaut, in letzterem Fall in Konkurrenz zum S, in ersterem zu K und Q, wobei letzterer noch einen weiteren Wert erhält, wenn er sich auf ein U stützt, »so daß dieses unglückliche Zeichen Q, das sich weder durch seinen Namen noch durch seine Gestalt noch durch seinen Ursprung empfiehlt, da er nicht einmal die Ehre hat, griechisch zu sein, zwei unterschiedliche Aufgaben erfüllt, ohne für die eine noch die andere besonders tauglich zu sein, was sich irgendwo anders als in der Sprachwissenschaft wiederfinden könnte«. Digramm CH für den Sch-Laut, PH in Konkurrenz zu F für den frikativen »Labiodental«; Uneindeutigkeit des X, das im Prinzip für *ks* steht, jedoch für *gz* in *exempt*, *ss* in *Bruxelles*, einfaches *k* in *excès*, *s* in *six*, *z* in *sizain* und für gar nichts in *dixme*: »Alles in allem haben wir für das Zeichen X, das kein Zeichen ist, sieben verschiedene Bedeutungen gefunden, darunter eine negative.« Erneut ist das uneindeutige Zeichen keines, und das Zeichensystem, in dem manche (die meisten) keine sind... ist kein Zeichensystem. *Ergo* existiert das französische Alphabet nicht, noch irgendein anderes im übrigen. Nodier ist hier, halten wir es fest, strenger als Saussure, der zumindest das Verdienst der Strenge dem altgriechischen Alphabet zugestehen wird, in dem »jeder einfache Laut [...] durch ein einziges Schriftzeichen dargestellt [ist], und umgekehrt [...] jedes Zeichen einem einfachen Laut, und zwar immer dem gleichen [, entspricht]«[1], und man kann in dieser Ungerechtigkeit den Groll des enttäuschten Mimologen sehen; ein heimlicher Groll, der sich an anderer Stelle in Schmährede äußert: »Der Buchstabe ist die erhabenste aller Erfindungen; das Alphabet ist die dümmste aller Schändlichkeiten.«[2]

Das vollkommene oder »philosophische«, das heißt zugleich strenge (ein Buchstabe pro Laut) und *rationale* (jeder Buchstabe *ahmt*, wie Wachter behauptete, einen Laut *nach*) Alphabet existiert also nirgends, doch es könnte, und müßte folglich, existieren, und also muß man es erfinden. Ein solches Projekt ist typisch für den sekundären Mimologismus, und wir wissen, daß es (unter anderem)

---

1 *Cours*, S. 64/*Grundfragen*, S. 45.
2 *Notions*, S. 116.

de Brosses' Vorschlag eines organischen Alphabets wiederholt. Nodier, der ihn in seinen Prolegomena von 1810 zu einem *Archéologue*, dessen Titel selbst vom Präsidenten entlehnt ist, erwähnt, weiß es auch. Man kann sich also fragen, warum er sich nicht mit der einen oder anderen der Tabulaturen der *Formation mécanique* zufrieden gibt. Der Grund dafür ist wahrscheinlich der, daß Nodier, wie wir gesehen haben, die Hoffnung nicht aufgibt, eine ebenso angemessene Tabulatur allein aus den Quellen der verschiedenen existierenden Alphabete zu gewinnen: partielle und verstreute Quellen, überall zudem unproduktiv gemacht durch die Inkohärenz der Systeme. Wie auch immer, dieses 1810 angekündigte und 1824 wiederaufgenommene Projekt wird das Licht der Welt nicht erblicken, und trotz der bereits zitierten Anspielung (»ein Alphabet, das ich gemacht hatte«) gibt es nicht den geringsten Anlaß zu der Behauptung, daß es auch nur vollständig entworfen worden sei. Doch es hat seinen Wert vor allem *als Projekt*, und es ist nicht überflüssig, ein wenig bei den Formulierungen zu verweilen, die es nacheinander erfahren hat. Hier jene des *Archéologue*: »Ein philosophisches Alphabet muß in der Verteilung der Zeichen, aus denen es besteht, eine Art implizite Geschichte des Phänomens der Rede darstellen, das heißt, die Zeichen müssen in ihm nach der Art ihres Funktionierens und der Einfachheit ihres Kunstgriffs angeordnet werden, beginnend mit der Skala der Vokalbuchstaben [= Vokale] und endend mit den am schwersten auszusprechenden Konsonanten. Es muß den Zeichen klar umrissene Verwendungsweisen zuweisen, das heißt, es darf weder zwei Bedeutungen für ein Zeichen noch zwei Zeichen für eine Bedeutung zulassen; und es darf weder einen einzigen Laut durch ein zusammengesetztes Zeichen noch einen zusammengesetzten Laut durch ein einziges Zeichen darstellen. Schließlich muß es soweit wie möglich eine der Anzahl der Laute, die der Mensch in der Sprache zu benutzen übereingekommen ist und die Teil einer alten oder modernen klassischen Sprache gewesen sind, gleiche Anzahl von Zeichen versammeln.«

Wie man sieht, handelt es sich hierbei um eine phonetische Universalschrift, das heißt eine Schrift, die sämtliche in allen Sprachen existierenden Laute einbezieht. Wie man ebenfalls sieht, ist die Forderung nach graphischer Mimesis noch nicht formuliert; dagegen muß das philosophische Alphabet einem anderen Kriterium entsprechen – ebendem, das de Brosses annäherungsweise im lateinischen Alphabet verwirklicht fand: durch seine Reihenfolge eine »implizite Geschichte der Rede« abbilden, das heißt die Reihenfolge des Erwerbs der Phoneme durch das Individuum und die Art wiedergeben. Man begegnet dieser Forderung in dem Projekt eines »Grammatariums« (*grammataire*) von 1834 wieder, das zusammen mit anderen im letzten Kapitel der *Notions* unter dem charakteristischen Titel *Ce qui reste à faire dans les langues* (›Was in den Sprachen zu tun bleibt‹) dargestellt wird: »Ein universales Alphabet, ein vergleichendes Alphabet, ein philosophisches Alphabet der Sprachen, in dem sämtliche Vokalisierungen und die Artikulationen des Organs der Rede nach ihrer natürlichen Ordnung klassifiziert und durch klar charakterisierte, gut analysierte und gut verabredete phonographische Zeichen dargestellt werden, denn das wäre eine prächtige Einführung in das Studium aller Sprachen im besonderen; und ich scheue mich nicht zu behaupten, daß dieses Alphabet (oder, um genauer zu sein, dieses *Grammatarium*), das nur für unsere europäischen Sprachen geeignet ist, überdies eines der wichtigsten Denkmäler der Zivilisation wäre.«[1] Die »natürliche Ordnung« ist natürlich die Reihenfolge des Erwerbs. Auch hier bleibt das mimetische Prinzip noch unformuliert oder nur schüchtern und doppeldeutig formuliert; doch Nodiers Vorliebe hatte sich bereits in Kapitel VIII unmißverständlich mit folgenden Worten zu erkennen gegeben: »Die Anpassung des Zeichens an die Artikulation ist eine sehr leichte Operation, da sie willkürlich ist und jedes konventionelle Zeichen ebensogut für seine Bedeutung taugt wie ein anderes, wenn es klar definiert und einstimmig anerkannt ist. *Das rationale Zeichen ist indes vorzuziehen* und ist nicht mühsamer zu schreiben.«[2] Das philosophische Alphabet nach Nodier muß also zwingend zugleich historisch und systematisch und vorzugsweise rational, das heißt mimetisch sein.

Nicht mehr indes wie de Brosses erhebt Nodier den Anspruch, dieses erträumte Alphabet in der Praxis des gewöhnlichen Schreibens durchzusetzen. Wie die Tabulatur von de Brosses soll es nur ein wissenschaftliches und technisches Hilfsmittel sein: »Ein derartiges Alphabet würde, wie groß der Grad an Vollkommenheit auch sein mag, zu dem man es bringen könnte, niemals gebräuchlich werden, und man sollte in ihm für die Sprachen nur ein Instrument der Einsicht und ein Mittel der Kommunikation suchen.«[3] Mehr noch, weit davon entfernt, sich eine »phonetischere« Schrift zu wünschen, ist Nodier ein entschiedener Gegner jeder Reform der französischen

---
1 *Notions*, S. 296 (meine Hervorhebung).
2 Ibid., S. 139/40.
3 Ibid., S. 297.

Orthographie, die in diese Richtung geht. Der Grund dafür ist einfach und im übrigen leicht zu erraten: Unsere moderne, phonetisch unzulängliche Graphie ist im Gegenzug ein hervorragendes Zeugnis der alten Lautlichkeit und folglich ein hervorragender etymologischer Hinweisgeber. Nun ist ja die Etymologie der Schlüssel zur Bedeutung: »Was die Orthograpie bewahren muß, ist nicht eine vergängliche Aussprache [...], es ist die Abstammung des Wortes, ohne die kein Wort eine feste Bedeutung hat«[1]; so hängt etwa, was die beiden unmittelbaren Haupterben des Lateinischen betrifft, die kulturelle Überlegenheit des Französischen über das Italienische damit zusammen, daß das Französische sehr viel besser die »tonlosen, aber etymologischen Buchstaben« bewahrt hat, die vor den Augen aller die Wurzelabstammung seiner Vokabeln sichtbar machen. Schlußfolgerung: »Die älteste Orthographie ist die beste, was sie nicht daran hindert, schlecht zu sein.«

Die Mimographie befindet sich also bei Nodier nicht mehr erst im Zustand erratischer Spuren oder abgebrochener Projekte. Das mimetische Prinzip kehrt auf das Gebiet zurück, das es bei Platon, Augustinus oder Wallis einnahm, dasjenige der Laute der Rede; wir werden jedoch weiter unten sehen, daß es sich dabei nicht einfach um einen Rückschritt handelt.

Die Idee einer »organischen« und natürlichen Sprache zieht, paradox genug, für Nodier nicht die einer universalen Ursprache nach sich. Im zehnten Kapitel der *Notions élémentaires* vom »reinen Gold« träumend, das auf dem Grund seines Schmelztiegels dieser Alchimist der Sprache findet, der für ihn der Etymologe ist, trägt er Sorge zu präzisieren: »Ich bin weit davon entfernt zu glauben, dieser Stein der Weisen der Etymologie wäre die Ursprache. Die Sprache, die im ersten Stamm des Menschen gesprochen worden ist, drückte eine so geringe Zahl von notwendigen Ideen aus, daß sie, wenn sie irgendwo grundlegend geblieben ist, dies in einer sehr geringen Zahl von Wörtern ist. Ihre Entdeckung wäre ein sehr erstaunliches Ereignis, das, daran habe ich keinen Zweifel, meine Theorien über die Art und Weise, wie alle Sprachen sich ausgebildet haben, bestätigen würde, die jedoch vielleicht keine zehn nennenswerten Erkenntnisse der philosophischen Geschichte der Rede hinzufügen würde. Die Wortfamilie, die nach dieser gütlichen Rückerstattung *quarum sunt Cae-*

---

1 Ibid., S. 167/68.

saris Caesari, übrigbliebe, wäre, absolut gesehen, nicht die Ursprache; es wäre die autochtone Sprache jedes Landes, das heißt die Ursprache, die ihm eigen gewesen ist [...]«.[1] An die Stelle des Begriffs der *gemeinsamen Ursprache* setzt er also denjenigen der *autochtonen Sprache*, der eine ursprüngliche Differenzierung voraussetzt, eine natürliche Heterogenität der Sprachen; dabei wirft er hier (ohne sie auszulöschen[2]) zwei sich ergänzende Mythen durcheinander: denjenigen der adamischen Sprache und denjenigen der Zerstreuung von Babel – das heißt einer *nachträglichen* und *plötzlich eingetretenen* Differenzierung. Die Sprachen sind zugleich natürlich und verschieden.

Diese so neue Wendung rührt jedoch von einer fast unmerklichen Verschiebung in der Argumentation oder vielmehr der mimologischen Gegenargumentation her, der wir bereits bei Court de Gébelin begegnet sind. Für diesen, wie im übrigen für de Brosses, war die Hypothese einer gemeinsamen Ursprache unumgänglich mit dem mimetischen Prinzip verknüpft; nur eröffnete die Mannigfaltigkeit der Aspekte oder »Qualitäten« eines jeden Gegenstandes von Anfang an die Möglichkeit mehrerer Namen für dasselbe Ding. Die zwischensprachliche Äquivalenzbeziehung (der Übersetzung) zwischen frz. *Dieu*, arab. *Allah* und engl. *God* verwies auf eine Synonymiebeziehung (denotativ, mit konnotativen Nuancen) zwischen diesen gleichen Worten oder ihren »Wurzeln« in der gemeinsamen Ursprache, in der ihre Koexistenz genau von derselben Art war wie diejenige, die de Brosses in der lateinischen Sprache zwischen *sacerdos, presbyter, antistes, pontifex* und *praesul* oder im Französischen zwischen *région, province, contrée, district, pays, état* etc. aufdeckte. Die Pluralität der (gegenwärtigen) Sprachen ließ sich also auf den Reichtum der Ursprache zurückführen und diese auf die Vielfalt von Aspekten des außersprachlichen Referenten; man kann also sagen, diese Pluralität war, zumindest in diesem Stadium und auf dieser Ebene, schlicht und ergreifend evakuiert. Man begegnete ihr später

---

1 Ibid., S. 191/92.
2 Babel als Symbol der Zerstreuung der Völker und der Verwirrung der Sprachen ist bei Nodier nicht abwesend, ganz im Gegenteil, und wir werden ihm noch begegnen. Es ist das *Spätersein* Babels, das verschwindet, das heißt die Hypothese der voraufgehenden adamischen Einheit. Doch die theologischen Implikationen dieses Verschwindens sind anscheinend zu schwerwiegend für den Christen, der Nodier ist; daher läßt er das Thema der ursprünglichen Zerstreuung (was ist das anderes als die *Autochtonie*?) und die Verweise auf die Schöpfung und auf die Erfindung der Namen durch Adam so gut er kann nebeneinander bestehen.

als Verschiedenheit der *Aussprache* eines in ihrem Kern homogenen lexikalischen Materials wieder, und hier kam durch einen zugleich kausalen und analogischen Determinismus der Einfluß der Landschaft und des Klimas ins Spiel. Es ist jedoch deutlich, daß der Unterschied (der »Aussprache«) zwischen sagen wir *Deus* und *Dieu*, der auf einen Unterschied des Siedlungsgebiets zwischen dem Latium und der Île-de-France verweist, nichts mit dem Unterschied zwischen *Dieu* und *God* zu tun hat, der auf einen Aspektunterschied zwischen der Gottheit als Licht und der(selben) Gottheit als Güte verweist. Was jedem Volk *eigen* ist (sein Siedlungsgebiet) bewirkt nur eine leichte und ganz oberflächliche Modifikation (die »Aussprache«), und was die tiefen und eben gerade *grundlegenden* Unterschiede betrifft, so sind sie bereits in der Ursprache enthalten, und infolgedessen tasten sie in keiner Weise ihre Einheit an; man könnte sogar ohne weiteres sagen, daß sie sie bestätigen.

Aspektvielfalt der benannten Dinge, Verschiedenheit der Lebensumstände der benennenden Nationen, diese beiden Motive finden sich fast unverändert bei Nodier wieder – doch statt getrennt zu sein und getrennt und an unterschiedlichen Stellen des sprachlichen Mechanismus zu wirken, werden sie sich vereinigen und ihre Wirkungen verbinden, und das Ergebnis wird eine radikale Veränderung des Systems sein. Hier nun in etwa, wie diese Anordnung in den *Notions* funktioniert. Zunächst im Reinzustand das Argument der Aspektvielfalt: »Man sollte nicht den Schluß ziehen [...], daß die erste Sprache hätte universal werden müssen und daß alle Sprachen, die auf sie gefolgt sind, identisch sein müßten, weil sie in dieselbe Gußform gegossen worden sind und weil sie derselben Bildungsweise gehorcht haben. Stimmte man dieser Hypothese zu, hätte der Verstandeswille des Menschen nichts mehr zu tun mit der Benennung der Dinge, und das war unvereinbar mit den Plänen der Macht, die ihm die Rede als ein ausdrückliches Zeichen des Verstandes gegeben hatte. Nur wird man um so mehr Übereinstimmung zwischen den Wurzeln finden, die die unterschiedlichen Sprachen für die Benennung desselben Wesens angewandt haben, je einfacher dies in seinem wahrnehmbaren Wesen ist und je weniger verschiedenartige Aspekte es dem Denken bietet. Die Tiere, die nur einen Ruf haben, haben sozusagen nur einen Namen auf der ganzen Erde, diese polyglotten Homonyme sind jedoch selten wie ihre Typen. Man wird dagegen nicht überrascht sein, daß die Nachtigall zehn Namen erhalten hat, die sich in ihren Wurzeln unterscheiden, da der geduldige Vogelliebhaber Bechstein, der Dupont von Nemours Deutschlands, sich die Mühe gemacht hat, bis zu zwanzig Artikulationen abzubilden, die ihr eigen sind.«[1] Dann, zehn Seiten weiter, dasselbe Argument, diesmal verknüpft mit dem Thema der natürlichen Zerstreuung der Völker: »Es folgt aus diesem System nicht, daß alle Lebewesen durch universale Homonyme bezeichnet werden müßten, denn dafür wäre es unerläßlich, daß jedes Lebewesen in sich nur ein einziges Merkmal böte und nur durch eine einzige Sinneswahrnehmung beurteilt werden könnte, was eine absurde Vorstellung ist. Die Sitten und Gebräuche, die Neigungen, die Gewohnheiten, die Art, wie man sich beeindrucken läßt, sind von großer Bedeutung für die Tätigkeit des Namengebers, wie die wahrnehmbaren Aspekte, die Formen, die Eigenschaften, die Gewohnheiten in dem benannten Gegenstand, wie der Ort, die Zeit, die Umstände, in denen der Name sich aufdrängt.« Auf diese Weise wird die Vielfalt von Aspekten des »benannten« Gegenstandes nur dann zu einer Vielfalt von Benennungen, wenn sie sich mit der Vielfalt von Verhaltensweisen der »Namengeber«, das heißt der verschiedenen Völker, trifft und in Übereinstimmung bringt. Weit davon entfernt, im Keim, wie Gébelin annahm, die Gesamtheit des späteren Wortschatzes zu enthalten, war die Ursprache – die nicht mehr nur, wie wir gesehen haben, die »im ersten Stamm des Menschen« gesprochene Sprache ist – eine arme Sprache[2], die eine »geringe Anzahl notwendiger Ideen« ausdrückte; und in gewisser Weise ist jede der »autochtonen« Sprachen arm: der Reichtum des Wortschatzes, der einerseits der Verschiedenartigkeit der Aspekte der Wirklichkeit, andererseits der Verschiedenartigkeit der Verhältnisse des Menschen entspricht, findet sich nur in der Summe der existierenden Sprachen.

Unter dem entscheidenden Einfluß des Siedlungsgebietes arbeitet jedes Volk also nicht nur, wie Gébelin es wollte, seine besondere »Aussprache« einer Universalsprache aus, sondern sehr wohl seine eigene Sprache, die sich von allen anderen in dem unterscheidet, was für Nodier, wie für die gesamte kratylische Tradition, der *Kern der Sprache* ist, das heißt das lexikalische Material. Ein wesentlicher Unterschied, den nicht die deutliche Verwandtschaft im Ton zwischen der folgenden Passage und derjenigen Gébelins zum gleichen Thema verdecken darf:

---

1 *Notions*, S. 39/40.
2 Wir werden weiter unten sehen, worin für Nodier das Verdienst der armen Sprachen besteht.

Jedes Volk hat also seine Sprache wie ein einziger Mensch gemacht, seiner Struktur und den vorherrschenden Einflüssen der Gegenden, die er bewohnte, folgend. Daraus ergab sich ganz natürlich, daß die Sprachen des Orients und des Südens im allgemeinen klar, wohlklingend und harmonisch sein mußten, als wären sie geprägt von der Durchsichtigkeit ihres Himmels und durch einen wunderbaren Akkord mit den Klängen vermählt, die von den im Wind gewiegten Palmen ausgehen, mit dem Rauschen der Savannen, welche die Köpfe ihrer wogenden Ernten beugen und wieder aufrichten, mit dem Säuseln, dem Summen, dem Flüstern, das in einer Unzahl unsichtbarer Geschöpfe unter den glänzenden Teppichen der Erde die Entwicklung eines regen, üppigen und fruchtbaren Lebens nicht abreißen läßt. Das Italienische rollt in seinen klangvollen Silben das Rascheln seiner Olivenbäume, das Gurren seiner Tauben und das hüpfende Murmeln seiner kleinen Wasserfälle. Die Sprachen des Nordens sind dagegen Ausdruck der Energie und der Härte eines strengen Klimas. Sie verbanden sich in ihrer derben und kontrastreichen Wortschatzbildung dem Schrei der brechenden Tannen, den hallenden Sprüngen der Felsen, die einstürzen, dem Getöse der hinabstürzenden Katarakte. Es gibt folglich keine der menschlichen Rasse angeborene Ursprache, sondern ebensoviele angeborene Fähigkeiten zur Verfertigung einer Sprache und untereinander mehr oder weniger verschiedene Sprachen, wie es autochtone, das heißt einem besonderen Boden verbundene, Gesellschaften geben wird. Aus diesem Grund werden die Verwirrung der Sprachen und die Zerstreuung der Völker von der Heiligen Schrift als zwei synoptische Ereignisse in der großartigen Geschichte von Babel präsentiert, in der nur eine dieser sublimen Parabeln, wie sie so häufig in den Heiligen Büchern sind, zu sehen vielleicht erlaubt ist.[1]

Für Nodier wie für Gébelin, und mehr noch, übertrifft der geographische Einfluß bei weitem die mechanische Wirkung des Klimas: Durchsichtigkeit des Himmels, Murmeln oder Getöse der Wasser, Rauschen der Pflanzen, Summen der Insekten und Gesang der Vögel vermischen sich in einem »wunderbaren Akkord« und tragen auf subtile Weise zur Ausarbeitung der autochtonen Sprache bei. Ein anderes Kapitel der *Notions* wird ausschließlicher auf der Rolle der Nachahmung der Tierrufe insistieren: Einer bereits klassischen Beobachtung[2] zufolge bewiese das berühmte Experiment von Psamme-

---

1 *Notions*, S. 51-53. Diese Ausführungen waren im Keim bereits im Vorwort zum *Dictionnaire*, S. 12/13, angelegt.

2 Man findet sie beispielsweise bei Claude Fauchet: »Was hätte er [Psammetich] einem Spötter geantwortet, der ihm entgegengehalten hätte, es wäre die Stimme der Geißen, der Ammen dieser Kinder?« (*Recueil de l'origine de la langue et poésie*

tich nur den Einfluß des Blökens der Schafe auf die spontane Sprache der wilden Kinder, die sie genährt haben, und seitdem ist »nur eine leichte Anstrengung« nötig, »um dahin zu gelangen [...] zu meinen, daß die Nachahmung der Tiergeräusche das wesentliche Element der Sprachen in ihrem Anfangsstadium war«. Dieses Experiment verstärkt also »die allgemeine Meinung der Lexikologen, welche die Erfindung unseres ersten Konsonanten stets auf die Ziege (*bique*) oder auf das Mutterschaf (*brebis*) zurückgeführt haben«. Doch es gibt nicht überall Ziegen oder Schafe (die *chèvre* ›Ziege‹ und *mouton* ›Schaf‹ zu nennen Nodier sich hier hütet, der Grund dafür ist einsichtig), und jedes phonologische System wird so einer *faunologischen* Umwelt verpflichtet sein, die ihm eigen ist: »Es gibt in den amerikanischen Sprachen schrille Konsonanten, die ganz offensichtlich nach dem Zischen bestimmter Schlangen gebildet sind, die in unseren gemäßigten Regionen unbekannt sind, und das Schnalzen der Hottentotten erinnert zum Verwechseln an eine Art den Tigern eigenen Schrei, die *ranquent*, ein ganz lateinisches onomatopoetisches Verb, das ich bei Buffon ausborge.«[1]

Klima, Landschaft, umgebende Fauna, eigenes Temperament: all das macht aus jeder Sprache, obwohl sie natürlich oder vielmehr weil sie natürlich ist, eine spezifische, originelle, irreduzible Schöpfung: ein *Idiom* im vollen Sinne des Wortes. Wir sind hier nicht nur von der Universalsprache von de Brosses und von Gébelin weit entfernt,

---

française (1581), S. 4). Oder auch bei Lamy: »Dieser König dachte unvernünftig, denn es ist wahrscheinlich, daß diese Kinder, da sie niemals eine andere Stimme als den Schrei der Geißen, die sie gestillt hatten, gehört hatten, diesen Schrei nachahmten, dem dieses phrygische Wort nur durch Zufall ähnelte.« (*Rhétorique* I, 13) Die gleiche Interpretation bei Beauzée, Artikel »Langue«, und Volney, *Discours sur l'étude philosophique des langues* (1819). Erinnern wir daran, daß es sich laut Herodot um Kinder handelt, die auf Befehl des Pharaos allein in der Wüste aufgezogen wurden und deren erstes Wort das phrygische *bekos* ›Brot‹ gewesen sein soll: angeblich ein Beweis für die Urtümlichkeit dieser Sprache.

1 *Notions*, S. 77-79. Cf. Bernardin, *Harmonies de la nature* (1815), III, S. 232/33: »Die Menschen haben zunächst die Schreie der Tiere und den Gesang der Vögel nachgeahmt, die für ihre Gegend charakteristisch waren. Diejenige der Hottentotten gluckst wie die Strauße, diejenige der Patagonen hat die Klänge des Meeres, das sich an den Küsten bricht; und man kann Spuren davon noch in denjenigen der verschiedenen zivilisierten Völker Europas finden: Die Sprache der Engländer zischt wie die Schreie der Seevögel ihrer Insel, diejenige der Holländer ist erfüllt von ›breck keek‹ und quackt wie die Schreie der Frösche ihrer Sümpfe.« Die Rolle der Nachahmung der Tierschreie in der Entstehung der menschlichen Sprache ist auch eine sehr alte Idee gewesen, die mindestens bis Lukrez zurückreicht und die man bei Monboddo (*The Origin and Progress of Language* (1773), I, III, 6) wiederfindet.

sondern auch von dem sprachlichen Hellenozentrismus des *Kratylos*. Es gibt sehr wohl mehrere Sprachen, keine ist *barbarisch*, jede ist autochton, und alle sind natürlich. Das Saussuresche Argument der Pluralität der Sprachen wird von vornherein widerlegt und mit ihm die Mallarmésche Enttäuschung angesichts der »Verschiedenheit, auf Erden, der Idiome« zurückgewiesen, die daran hindert, Worte zu äußern, die, »durch eine einmalige Prägung, sich stofflich als die Wahrheit selbst entdeckten.« Die Sprachen sind nicht »unvollkommen insofern, als sie mehrere sind«, sie sind mehrere und sie sind (oder waren zumindest) vollkommen. Und man tut Nodiers Überzeugung sicher keine Gewalt an, wenn man präzisiert: vollkommen, weil mehrere. Denn die »Wahrheit« ist vielfältig, und es ist die »einmalige Prägung«, die hier eine Art Lüge wäre. Die Wahrheit der Sprache, die »Richtigkeit« der Namen liegt nicht in einer eindeutigen Nomenklatur, die auf mythische Weise von Adam geschaffen worden ist, indem er in Anwesenheit des Schöpfers jeden Namen jedem Geschöpf zuwies; sie läge vielmehr in dieser »Verwirrung«, dieser Pluralität der Sprachen, deren mißverstandenes Symbol Babel, *felix culpa*, ist.

Ein offensichtliches Paradox im Vergleich zur gesamten vorherigen Tradition[1], die so sehr (und so unbesonnen) die Natürlichkeit der Sprache mit ihrer ursprünglichen Einheit verknüpfte, antwortet dieser babylonische Mimologismus oder Mimologismus der Idiome dennoch einer anderen tiefverwurzelten Versuchung des Kratylismus, nämlich alle Dinge zu naturalisieren und zu *mimetisieren*, und folglich auch die gegenwärtige Vielfalt der Mundarten. Wenn die Sprache der Spiegel der Welt ist, dann ist es ebenfalls verführerisch, sie die Verschiedenartigkeit der Siedlungsgebiete und das bunte Durcheinander der Rassen widerspiegeln zu lassen und in jeder Sprache das getreue Bild einer Volksindividualität zu sehen. Unitarismus und Pluralismus sind die beiden gegensätzlichen und einander ergänzenden Prozeßvertretungen des Mimologismus, und der Akzent verschiebt sich von der einen zur anderen je nach den seinem

---

1 Erinnern wir indes daran, daß für Sokrates die Vielzahl der »Etymologien« für jedes Nomen seine Richtigkeit nicht antastet. Apollon ist durchaus zugleich *apolouon*, *haploun*, *aei ballon* und *homopolon*, und diese Vielfalt möglicher Analysen drückt sehr wohl eine Vielfalt von Aspekten und Funktionen aus, wie zwischen *sacerdos*, *praesbyter* etc., die sich jedoch gleichwohl in der scheinbaren Einheit eines Namens sammelt – als enthielte die eine (griechische) Sprache insgeheim mehrere Sprachen: vollkommen, da vielfältig.

inneren Gleichgewicht äußerlichen Abwägungen. Die Beziehung zwischen der starken pluralistischen Akzentsetzung, die er bei Nodier erhält, und dem *Nationalgefühl*, das die junge europäische Romantik erfüllt, ist ziemlich offensichtlich: derselbe Geist ist zur gleichen Zeit in Humboldts *Sprachphilosophie* spürbar, und wir werden sehen, daß er selbst der Geburt der vergleichenden Grammatik[1] nicht fremd ist. Jede Sprache beschreibt eine Landschaft, erzählt eine Geschichte und drückt ein *Genie* aus, sämtlich spezifisch und untereinander durch einen »wunderbaren Akkord« verbunden. Jedes Idiom verdichtet eine Folklore.

Die mimetische Theorie der Rede oder der Sprache als *onomatopoetisch* stützt sich bei Nodier nicht auf eine so vollständige und genaue phonetische Analyse wie bei de Brosses oder Gébelin. Die Gleichsetzung des Stimmorgans mit einem Musikinstrument wird vollständig wiederaufgenommen: »Tasten-, Streich- und Blasinstrument [, das] in seinen Lungen einen intelligenten und sensiblen Blasebalg [besitzt]; in seinen Lippen einen blühenden, beweglichen, dehnbaren, zusammenziehbaren Rand, der den Ton hinausschleudert, ihn modifiziert, ihn verstärkt, ihn abschwächt, der ihn in Schranken hält, der ihn verschleiert, der ihn dämpft; in seiner Zunge einen geschmeidigen, flexiblen, wellenförmigen Hammer, der sich krümmt, der sich verkürzt, der sich ausdehnt; der sich bewegt und der sich zwischen seine Klappen schiebt, je nachdem, ob es geboten ist, die Stimme zurückzuhalten oder ihr Ausdruck zu geben; der seine Tasten heftig angreift oder sanft streift; in seinen Zähnen eine starke, hohe, gellende Tastatur; in seinem Gaumen ein tiefes und klangvolles Trommelfell«[2]; doch die Verrechnung der Töne und der Artikulationen ist sehr viel nachlässiger und erstrebt keine Systematik. Das gleiche gilt für das Wörterbuch ihrer Symbolwerte.

Ob nun Individuum oder Art[3], der Mensch beginnt mit dem Vokal: »Seine Sprache war zunächst einfach nur vokalisch, wie diejenige der Tiere, die nur durch Zufall in ihrem Brüllen, in ihrem Schnauben, in ihrem Blöken, in ihrem Gurren, in ihrem Zischen auf

---

1 Deren gesamte Arbeit Nodier offensichtlich nicht kennt (1834 ist sein linguistisches Gepäck noch typisch 18. Jahrhundert), mit der er jedoch zumindest gewisse Motivationen teilt.
2 *Notions*, S. 12/13.
3 »Die Gesellschaft hat sich entwickelt [...] wie das Kind in der Wiege, das ihr natürlicher Typus ist.«

schlecht artikulierte Konsonanten stoßen.«[1] Diese Annäherung gab es, wir erinnern uns, bereits bei Gébelin; er arrangiert sich so gut er kann mit der Vorstellung einer Entlehnung des *b* vom Blöken der Herden. Der Vokal ist also die Sprache dessen, was beim Menschen dem Instinkt des Tieres am nächsten ist: »Der Ungestüm eines Wunsches, der Instinkt eines Appetits, das Bedürfnis, das Entsetzen oder der Zorn.«[2] Es ist die vokale Substanz des Ausrufs oder der Interjektion, kurz, des Schreis. Aber dennoch zeigt sich in ihr »der Übergang vom Zustand einfacher Beseelung zum Zustand der Intelligenz. In der Tat erhob der Mensch sich, seltsam genug, seit dieser ersten Zeit und ohne anderes Hilfsmittel als den Vokal oder den Schrei durch die Macht seines Denkens zu den Vorstellungen von Bewunderung, von Verehrung, von kontemplativem Vorherwissen, von Spiritualismus, von Anbetung und von Kult.« Vielleicht, weil der einfache Schrei ausreicht, die stärkste Bewunderung auszudrücken, die das spontane Gefühl des Menschen angesichts des Lichtes ist, sagte Gébelin – und also vor der Gottheit. Der große Beweis jedoch ist, daß der Name Gottes in den ältesten Sprachen des »ersten Ursprungs« ganz in Vokalen geschrieben wird – und wenn möglich unter Benützung aller: »Das heilige Wort der Hebräer, das auszusprechen verboten und wahrscheinlich sehr schwierig war, enthielt alle Vokale dieser Sprache der alten Tage, in der die Vokale nicht geschrieben wurden; und ich möchte zu gern wissen, woraus *Jovis* so lange Zeit danach gemacht worden ist, wenn nicht aus *Jehovah*!, denn im *Zeus* der Griechen den *Jesus* des Christentums, den *Esus* der gallischen Fabeln und die *Isis* der ägyptischen Fabeln zu suchen ist eine so gewöhnliche Induktion, daß sie hier nicht einmal in Erinnerung gebracht werden muß. Man sieht indes an diesen Beispielen, daß der Konsonant nach und nach in die Vokabel der antiken Zeiten eingeführt wurde, die ihn wohl unseren Orientalen und unseren Kelten hinterließen, jedoch den vokalisiertesten, den weichsten, den flüssigsten und infolgedessen den ursprünglichsten Konsonanten, der sich zwischen die Lippen des Menschen gleiten

---

1 *Notions*, S. 13/14. »*Vocal*« bedeutet hier *vokalisch*. Der Vokal ist stets die Stimme im Reinzustand, hier nicht differenzierter als bei de Brosses, obwohl Nodier zustimmend (*Notions*, S. 108 und *Dictionnaire*, S. 23) die berühmte Passage aus dem *Génie du christianisme* über den Vokal *a* zitiert, der wir sehr viel später begegnen werden.

2 Das ist, sagte das *Dictionnaire* (S. 17), die Sprache der elementaren Leidenschaften: Begehren, Haß, Angst, Lust.

lassen kann, wie das Gezwitscher der Vögel, wie der Zephyr, der das Schilf bei seinem anmutigen Flug rascheln läßt und der es nicht streift.« Der »göttliche Einsilber« ist also, zumindest in diesen ersten Formen[1], »der ursprünglichste aller Namen«, da er noch nur ein Ausruf ist: »erster Schrei, der das Denken darstellt«, »erster bewundernder Ausruf, der aus einem menschlichen Herzen aufsteigt im Angesicht der Natur«, »ungeheure Interjektion, die alle Gefühle umfaßt, die alle Ideen enthält [...]. Ja, Gott ist das erste aller in der graduellen Reihe der Wörter hervorgebrachten Wörter, oder die ganze Grammatik ist falsch.«

Dies ist, vom animalischen Bedürfnis bis zu der zugleich einfachsten und höchsten Idee, das Repertoire »dieses (Zeit)Alters gesellschaftlicher Kindheit, das man das (Zeit)Alter des Vokals nennen könnte«. Darauf folgt, die Ära der *artikulierten* oder *konsonantischen* Sprache eröffnend[2], aber anscheinend ebenso kindlich (wie bei de Brosses und Gébelin), das (Zeit)Alter »des ersten Konsonanten«, das heißt des *b* und im weiteren Sinne aller Labiale[3]. Statt die Beispiele aneinanderzureihen, sucht Nodier hier seine Zuflucht in Äußerungen, die eine Illustration nachahmender Harmonie sind: »Ich schlage Ihnen vor, unsere ersten Auskünfte an der Wiege des Kindes zu suchen, das den ersten Konsonanten versucht. Er wird aus seinem Munde hüpfen unter den Küssen einer Mutter. Der Knirps, der Wicht, der Fratz hat seine drei Labiale gefunden; er ist verblüfft, er hält Maulaffen feil, er stammelt, er lallt, er plappert, er sabbert, er sabbelt, er brabbelt, er babbelt, er quäckt, er schmatzt, er schwatzt, er murrt über eine Lappalie, über eine Bagatelle, über eine Läpperei, über eine Dummheit, über ein Baby, über ein Bonbon, über ein Wehwehchen, über ein Kasperle, das in der Auslage des Puppenmachers hängt.[4] Er benennt seine Mutter und seinen Vater mit liebko-

---

[1] Später wird er sich auf Konsonanten stützen, jedoch immer noch auf solche »erster Bildung« (Labiale, Dentale) und fast stets in Einsilbern.
[2] *Dictionnaire*, S. 17.
[3] *Notions*, S. 24-26.
[4] Gerade wegen seiner imitativen Harmonie sei der französische Originaltext hier nicht unterschlagen: »Elle va bondir de sa bouche aux baisers d'une mère. Le bambin, le poupon, le marmot a trouvé les trois labiales; il bée, il baye, il balbutie, il bégaye, il babille, il blatère, il bêle, il bavarde, il braille, il boude, il bouque, il bougonne sur une babiole, sur une bagatelle, sur une billevisée, sur une bêtise, sur un bébé, sur un bonbon, sur un bobo, sur le bilboquet pendu à l'étalage du bimbelotier. [...].« (Anm. d. Ü.)

senden Mimologismen¹, und obwohl er erst die einfache Taste der Lippen entdeckt hat, bewegt seine Seele sich bereits in den Wörtern, die er zufällig moduliert. Dieser Cadmus in der Windel hat soeben die Ahnung eines Mysteriums bekommen, das für sich allein ebenso groß ist, wie der ganze Rest der Schöpfung. Er spricht sein Denken.«

»Mimologismus« ist hier, in Übereinstimmung mit dem rhetorischen Gebrauch der Zeit, fast synonym mit *onomatopoetischem Ausdruck*. Diese Nuance zwingt uns jedoch, eine Parenthese zu öffnen. Das *Dictionnaire* definiert jeden dieser beiden Begriffe so: »Wir haben gesagt, daß die Mehrzahl der Wörter des Urmenschen in Nachahmung der Geräusche gebildet war, die sein Ohr trafen. Das ist, was wir *onomatopoetischen Ausdruck* nennen. Unterrichtet zu hören und zu sprechen hat er seine eigenen Stimmgeräusche gestaltet, seine Schreie, seine Interjektionen. Das ist, was wir Mimologismus nennen.« Diese Definition erfolgt aus Anlaß des Wortes *Haha*, »Mimologismus eines Ausrufs des Erstaunens und, durch Bedeutungsausweitung, der Name einer Schranke oder eines Grabens, deren unerwarteter Anblick den Reisenden diesen Ausruf entreißt. Es gibt kein Wort in der Sprache, das es uns besser erlaubt zu definieren, was wir unter Mimologie verstehen.«² Zwei Seiten weiter gibt Nodier ein weiteres Beispiel dafür mit *haro*: »einer dieser onomatopoetischen Ausdrücke zweiter Bildung, die man *Mimologismen* nennt, weil sie in Nachahmung der Rede selbst gemacht worden sind«. Hier schließlich noch eine konvergierende Formulierung aus

---

1 »*Papa*: Dieses Wort und viele andere gehören zu der Serie der ersten Artikulationen der Kindheit. Zunächst sind sie nur eine vage, unsichere Emission, ohne Gegenstand, und man gewöhnt uns, aus ihr nach und nach den Ausdruck einer Idee zu machen, die ebenfalls zunächst durchaus vage und wenig präzise ist. Lange sprechen die Kinder *Papa* und *Mama* aus, bevor sie die Idee dieser Artikulationen mit derjenigen zweier bestimmter Personen verbunden haben, und erst sehr viel später beginnen sie, sich der Beziehungen ihrer Eltern zu ihnen einigermaßen klar bewußt zu werden [...]. Und da das, was für eine Idee richtig ist, es notwendig auch für alle anderen ist, ist es offensichtlich, daß der menschliche Verstand stets vom Wort zur Idee und nicht von der Idee zum Wort weitergeht.« (*Examen critique*, S. 297)

2 S. 169. Diese verdächtige Etymologie wird auch von Littré und Darmesteter anerkannt; ich finde nichts im FEW. Alexandre Dumas (*Ange Pitou*, S. 6) schlägt seinerseits die folgende Variante vor: Die Bürger von Villers-Cotterêts machen ihren täglichen Spaziergang zu »einem breiten Graben, der den Park vom Wald trennt, eine Viertelmeile von der Stadt gelegen, und den man, wohl wegen des Ausrufs, den sein Anblick den asthmatischen Brüsten entrang, die befriedigt waren, ohne allzu sehr außer Atem gekommen zu sein, einen so langen geraden *Weg* zurückgelegt zu haben, den Haha! nannte.«

dem *Examen critique*: »*Mimologismus, Mimologik*: diese beiden Wörter sind neuerdings, aber sehr zum Vorteil, in die Grammatik eingeführt worden, um die Gestaltung eines Wortes auszudrücken, das nach dem menschlichen Schrei gebildet ist. *Huée* ›Hohngelächter‹, *brouhaha* ›Stimmgewirr‹ etc. sind Mimologismen oder mimologische Vertreter, worin sie sich von den onomatopoetischen Ausdrücken unterscheiden, die nach den elementaren und mechanischen Geräuschen gebildet sind, wie *fracas* ›Getöse‹ und *cliquetis* ›Klirren‹.«[1]

Stricto sensu ist der onomatopoetische Ausdruck also ein Wort, das in Nachahmung eines äußeren Geräusches (einschließlich der Tierrufe) geschmiedet worden ist, und der Mimologismus ein Wort, das in Nachahmung eines Schreis oder allgemeiner eines menschlichen »Stimmgeräusches« geschmiedet worden ist. *Mama* und *Papa* sind also nicht onomatopoetische Ausdrücke, sondern durchaus »liebkosende Mimologismen«, gebildet ausgehend vom ersten bilabialen Gestammel oder den Geräuschen des Saugens an der Mutterbrust oder den Gräuschen von Küssen. Man sieht, daß die Opposition zwischen onomatopoetischem Ausdruck und Mimologismus fast genau jene den Theoretikern des Ursprungs der Sprache vertraute zwischen onomatopoetischem Ausdruck und Interjektion abdeckt. Doch was Nodier hier interessiert ist nicht die Beziehung (von Ursache zu Wirkung und folglich zeitlicher Kontiguität), die den »Gegenstand« (eine Schranke, eine Mutter) mit dem Schrei oder Mundgeräusch verbindet, die es hervorruft (»ha ha!«, »Mama!«), sondern diejenige (der Analogie), die mit diesem Schrei oder Geräusch das *zu seiner Nachahmung* geschmiedete Wort (ein *Haha*, eine *Mama*) verbindet. Die Spezifizität des Mimologismus in seiner Hervorbringung ist also nicht so radikal, wie man zunächst glauben mochte: Es gibt Zweifelsfälle wie *brouhaha*, das im eigentlichen Sinne keinen Schrei nachahmt, und es kommt vor, daß Nodier den einen Begriff für den anderen verwendet. Man kann also den Mimologismus in seinem System als einen einfachen Sonderfall des onomatopoetischen Ausdrucks ansehen, der als »Nachahmung der natürlichen Geräusche« generell angesehen wird.[2] Dennoch sind der

---

1 S. 264.
2 »Benennen durch die Mimologie [...], ein anderes Mittel haben die Sprachen nicht [...]. Der Mensch hat seine Rede durch Nachahmung geschaffen: Seine erste Sprache ist der onomatopoetische Ausdruck, das heißt natürliche Geräusche.« (*Notions*, S. 39/40) In diesem weiten Sinne muß man wohl den Titel des *Dictionnaire* auffassen.

Empfang, den er ersterem bereitet, und die Sorgfalt, mit der er ihn prinzipiell unterscheidet, keineswegs ohne Bedeutung; im wirklichen Funktionieren der Sprache ist die Nachahmung durch den Mimologismus für ihn nämlich sehr viel *wichtiger* als die Nachahmung durch den onomatopoetischen Ausdruck. Wörter wie *fracas* oder *cliquetis* sind nicht sehr lebendig in ihrem Gebrauch, und gewiß würde Nodier sich kaum gegen Saussures Einwand zur Wehr setzen, der den onomatopoetischen Ausdruck in einen sehr begrenzten und marginalen Bezirk der Sprache verweist[1]. *Papa*, *Mama* und andere, denen wir noch begegnen werden, bilden im Gegenteil für ihn den wahren Boden der Sprache, das heißt ihre innere Schicht und ihren zentralen Kern. Das ist es, was er »die *organische Sprache*« nennt, »diejenige, die sich über ihre Instrumente artikuliert und die durch eine natürliche Operation auf alle Errungenschaften, auf alle Formen des Denkens angewandt worden ist.«[2] Daß die Sprache »sich über ihre Instrumente artikuliert«, bedeutet unter anderem, daß es keinerlei Bruch gibt zwischen dem Schrei und dem Wort, zwischen dem kindlichen Geplapper und der artikulierten Sprache, ja zwischen der reinen Atembewegung und den größten »Mysterien« der Sprache und des Denkens. Darauf spielt wohl der etwas sibyllinische Satz an: »[die] Seele [bewegt] sich bereits in den Wörtern [...], die es zufällig moduliert«. Da die Seele zugleich einfacher Lebenshauch und höchste Form des Geistes ist, ist das Wort *âme* ›Seele‹ das vollkommene Beispiel einer Vokabel von hoher Spiritualität, gebildet nach der elementarsten »organischen« Bewegung, derjenigen der Atmung. Das *Dictionnaire des onomatopées* stellt, Court de Gébelin zitierend, die Bewegung des Ausatmens der Silbe *am* der Bewegung des Einatmens und folglich der Inbesitznahme, welche die Silbe *ma* verursacht, gegenüber; von daher *am* = Geist, *ma* = Materie.[3] Der *Examen critique* suggeriert seinerseits eine etwas unterschiedliche, im Ergebnis jedoch konvergierende Opposition zwischen der Ausatmung von *âme* und der Einatmung von *vie* ›Leben‹: »Ich weiß nicht, welcher Etymologe den mehr scharfsinnigen als stichhaltigen Gedanken vorgebracht hat, hier läge etwas anderes vor als eine Kontraktion der *anima* der Lateiner, nämlich eine lebhafte Mimologie des *Ausatmens*. Bei der Bildung dieses Wortes fallen die Lippen,

---

1 *Cours*, S. 101f./*Grundfragen*, S. 80f. Erinnern wir daran, daß de Brosses und Gébelin selbst ihm nur einen beschränkten Platz in ihrem System einräumten.
2 S. 29/30 (meine Hervorhebung).
3 S. 45/46.

kaum einen Spalt geöffnet, um einen Atem hindurchzulassen, geschlossen und kraftlos wieder aufeinander. In dem Wort *vie* dagegen, trennen sie sich sanft und scheinen die Luft anzusaugen: das ist die Mimologie der Atmung.«[1]

Man weiß, daß Bachelard – ein großer Bewunderer Nodiers, den er sich nicht scheut, gerade hier »unseren guten Lehrmeister« zu nennen – diese doppelte Etymologie in einer langen Passage von *L'Air et les songes* über die »respiratorische Dialektik der Wörter *vie* und *âme*« entwickelt und kommentiert hat, die getreu fortsetzt, was man, in diesem Kontext, nicht Inspiration[2] zu nennen wagt: »Wenn man das Wort *âme* in seiner ätherischen Fülle mit der Überzeugung des imaginären Lebens ausspricht, in der richtigen Zeit, in der man das Wort und den Atem in Einklang bringt, wird man feststellen, daß es seine genaue Valeur erst am Ende des Atems annimmt. Um das Wort *âme* aus der Tiefe der Imagination auszudrücken, muß der Atem seine letzten Reserven mobilisieren. Es ist eines dieser seltenen Wörter, die eine Atmung erschöpfen. Die rein ätherische Imagination möchte es stets am Satzende. In diesem imaginären Leben des Atems ist unsere Seele stets unser *letzter Atemzug*. Es ist ein wenig Seele, das sich mit einer universalen Seele vereinigt.«[3]

Das (Zeit)Alter der labialen Taste ist also nicht mehr auf die rein materiellen Eindrücke begrenzt, als es das (Zeit)Alter des Vokals war: dem einen die Vorstellung Gottes, dem anderen die Auffassung vom Leben und vom Tod. Das Vorwort des *Dictionnaire* weist ihm noch diese »essentiell ersten« Vorstellungen zu, »die der Geist der Kinder zuläßt«: nicht nur *boire* ›trinken‹, *manger* ›essen‹, *parler* ›sprechen‹, *parenté* ›Verwandtschaft‹, sondern auch *bien* ›gut‹ und *mal* ›schlecht‹; die *Notions* dehnen dieses Repertoire noch vom »Stammeln des Kindes in der Wiege« auf »die Sprache der ersten Gesellschaft« aus, die »bereits alle grundlegenden Ideen der Zivilisation umfaßt [...]. Daher haben wir es von da an mit einer bereits vollständigen Gesellschaft zu tun, denn sie wird eine gegen Gott errichtete Festung haben, die *Babel* heißt, eine Hauptstadt, die *Biblos* heißt, einen Herrscher, der *Bel* oder *Belus* heißt, einen falschen Gott, der *Baal* heißt, und sogar einen Mystagogen, der die Tiere zum

---

1 S. 33/34.
2 *Inspiration* bezeichnet im Französischen sowohl das ›Einatmen, Atemholen‹ im Gegensatz zur *expiration*, dem ›Ausatmen‹, und im Unterschied zur *respiration*, der ›Atmung‹ allgemein, als auch die ›Eingebung‹ die ›Inspiration‹. (Anm. d. Ü.)
3 *L'Air et les songes*, Paris (Corti) 1943, S. 273.

Sprechen bringt und der *Balaam* heißt. Ein paar Tage noch, und ihr erstes Buch wird, getreu ihrer ursprünglichen Traditionen, *Biblion* genannt werden und ihr erstes Reich *Babylon*.« Dies ist das Reich des Labials.

Die folgende Entwicklungsstufe ist diejenige der dentalen Artikulation: ein weiterer organischer Mimologismus, da er vom Geräusch des Stillens herrührt. »Die Artikulation dieses Buchstabens [*t*] wird uns gewissermaßen vom ersten Tag des Lebens an beigebracht, da das Saugen an der Brust der Mutter notwendig mit einem kleinen Schlagen der Zunge gegen die Zähne oder vielmehr zu dem Ort hin, den sie einnehmen müssen, vor sich geht und weil dieses Geräusch nur durch den weichen oder harten dentalen Buchstaben dargestellt werden kann.«[1] Trotz dieses zärtlichen Ursprungs markiert der Dental einen Fortschritt hin zur Beständigkeit, ja Härte des Erwachsenenalters und der vollkommenen Zivilisation: »Vor allem den hartnäckigen, den Ton tragenden, stürmischen Tönen eigen, der Tastatur, den gehaltenen Tönen, den Intonationen, dem Gezwitscher, dem Geklingel, dem Dröhnen, die eine starke, laute, durchdringende und feste Aussprache erfordern;[2] [...] aus den Zähnen besteht die stärkste Taste und die kräftigste Klaviatur der Rede.«[3] Man begegnet hier dem Bild-Wort *Klaviatur* (*clavier*) wieder, das aus dem Dental die *Taste* par excellence macht, gemäß einer oberflächlichen Einflüsterung des analogischen Denkens und als brächte jeder Zahn eine spezifische Artikulation hervor: Gébelin selbst hatte das nicht gewagt... Doch verfolgen wir diese Interpretation des dritten (Zeit)Alters weiter: »Diese Epoche ist auch diejenige, in der der Name Gottes und derjenige des Vaters, der ihm stets in der chronologischen Reihenfolge der gedachten Wörter folgt, sich auf den dentalen Konsonanten der sekundären Sprachen zu stützen beginnen. Diese neue Entdeckung drängt der Zivilisation ihrerseits die Erinnerung an ihre Herrschaft und an ihre Eroberungen auf, die nicht aufhört weiterzugehen, solange das Alphabet nicht komplett ist; und bei ihr sind die Volkstraditionen häufig stehengeblieben,

---

1 *Dictionnaire*, S. 21. 60
2 Auch hier sei, wiederum der nachahmenden Harmonie, des imitativen Wohlklangs zuliebe, der französische Originaltext nicht unterschlagen: »Essentiellement propre aux sons tenaces, toniques, tumultueux, aux touches, aux tenues, aux intonations, aux trissements, aux tintements, aux retentissements qui exigent une prononciation forte, bruyante, stridente et arrêtée; [...].« (Anm. d. Ü.)
3 *Notions*, S. 27.

wenn sie zu den natürlichen Ursprüngen der Rede zurückgehen wollten. Sie hat uns den *Thot* der Ägypter wie den *Theutat* der Gallier und den *Thevatat* von Siam geschenkt, ein Zusammentreffen von Homonymien, die der Philosophie unerklärlich wären, wenn diese Erklärungen sie nicht rational machten. Diese Titanen der Rede galten als die Erfinder des Buchstabens bei fünf oder sechs Völkern, die die Sprachbefähigung durch den Namen *Tad* oder *Taod* bezeichneten, und das Menschengeschlecht, seine Urgeschichte vergessend, erkannte sie als Götter an.«

Das Alphabet ist noch nicht komplett, doch hier hört das Bemühen um die Rekonstitution dieser »impliziten Geschichte der Rede« auf, die ein gut gebildetes Alphabet abbilden würde. Der Rest ist erratischer. Zitieren wir noch diese Illustration des Linguals, Sprachtaste par excellence: »Diese flüssige, klare, fließende und glatte, flexible und schmeichelnde Artikulation hat wohl ihre biegsame Ausdrucksweise der Erläuterung der Lexika, der Eleganz der Redewendungen, allen auserwählten Gedanken, die Eloquenz beanspruchen, überlassen; [...] Haupthebel der Sprache wie der Logik, der Dialektik und der Gesetze, hat sie ihr einen Namen hinterlassen«[1]; diese Interpretationen des aspirierten *h*: »[...] unter Berücksichtigung der Art und Weise, wie es gebildet wird, die etwas von gierigem Eifer hat, von ungeduldiger Habgier, wird man es dazu ausersehen, die Ideen darzustellen, die einen Bezug zur Handlung des Ergreifens oder des Raubens haben«; und des »rollenden Palatals« *r*, der »dem Ohr ein mechanisches Geräusch malte, das von der Kreisbewegung der Körper erzeugt wird; und da man diesen Laut nicht von der Taste durch eine einfache und nicht zerlegbare Bewegung der Zunge wiedergeben lassen kann, sondern nur durch ein schnelles und verlängertes Streifen dieses Instruments, ist er der Buchstabe all der Zeichen geworden, durch die man die Vorstellung von Kontinuität, von Wiederholung, von Erneuerung wiederzugeben hatte«[2]; schließlich diese eher subtile Motivierung der negativen Bedeutungsvaleur des *n*: »Das Wesen des Buchstabens *n* ist sehr bemerkenswert. Es ist ein Buchstabe, der keine Verwandschaft mit allen anderen hat, gebil-

---

[1] Ibid., S. 29. Auch hier, der imitativen Harmonie wegen, das französische Original: »Cette articulation liquide, limpide, fluide et coulante, flexible et flatteuse, a dû livrer sa liante élocution à l'élucidation des lexiques, à l'élégance des locutions, à toutes les pensées d'élection qui sollicitent l'éloquence; [...] principal levier du langage, comme de la logique, de la dialectique et des lois, elle lui a laissé un nom.«

[2] *Dictionnaire*, S. 23.

det durch ein anderes Mittel, und dessen Organ außerhalb des ganzen Ensembles des Stimminstrumentes liegt. Es ist der einzige Konsonantenbuchstabe, der auf der nasalen Taste widerhallt und der fast mit geschlossenem Mund ausgesprochen werden kann, weil er nicht den Mund als Emissionsweg hat. Endlich ist er ein unveränderbarer Konsonant, der weder verstärkt noch abgemildert werden kann. Es ist also ein isolierter Buchstabe, ein in gewisser Weise abstrakter Buchstabe, ein *negativer* Buchstabe [endlich!] und geeignet, alle Vorstellungen von Verneinung und von Nichts zu charakterisieren [...].«[1]

Bei diesen Phoneminterpretationen haben wir es, erinnern wir daran, immer noch nur mit den mimetischen *Fähigkeiten* der Rede zu tun. Die folgende Frage, bei der sich die primären und die sekundären Mimologismen trennen, lautet, ob der reale Wortschatz der Sprache diese Virtualitäten des phonetischen Symbolismus respektiert, wie Kratylos glaubte. Nodiers implizite Antwort, wie sie für ihn seine Seiten über die nachahmende Harmonie artikulieren, ist natürlich positiv, und seine explizite Antwort stellt ihn, was diesen Punkt betrifft, unmißverständlich in den fortschrittlichsten Flügel der kratylischen Partei. Wäre die Sprache vollkommen, das heißt »adäquat, um ihr Denken zu übersetzen«, wie Mallarmé sagen wird, wäre jedermann Dichter: Nodier zögert kaum, diese extreme Hypothese und Konsequenz im voraus auf sich zu nehmen. Die nachahmende Harmonie ist für ihn auf so »naive« Weise der Sprache eingeschrieben, daß es eher schwierig wäre, sie zu vermeiden:

Warum sollten die Sprachen also auf so naive Weise nachahmend sein, wenn nicht deswegen, weil die Nachahmung sie gemacht hat? Ich betrachte nicht nur die Wirkungen der nachahmenden Harmonie nicht als eine große Schwierigkeit des Stils, sondern ich fände es ungeheuer schwierig, die wahrnehmbaren Wesen zu benennen, ohne sie dem Denken mehr oder weniger wahrnehmbar zu machen. Möge der Dichter es nur versuchen: möge er die Brisen über die Heide rauschen lassen, die Bäche murmeln lassen, die ihre Wasser langsam zwischen blühenden Ufern wälzen, die wogenden Schößlinge schmachten lassen, die sich wiegen, die seufzen; zittern und erschauern lassen das frische Laub; die Turteltaube gurren oder die Eule in der Ferne schreien lassen; möge er die ächzenden Winde wehklagen lassen, möge er sie wütend brüllen lassen; möge er ihr schreckliches Geschrei dem dumpfen Murren des

---

1 Ibid., Stichwort *nez*, S. 200 (meine Hervorhebung).

Sturms beimischen, dem Getöse der Sturzbäche, die sich von Fels zu Fels brechen, dem Tumult der Katarakte, die hinabstürzen, dem Krachen der Donner, die grollen, dem Schrei der Kiefern, die brechen... er könnte sich der Notwendigkeit einer Nachahmung nicht entziehen, die aus den Elementen der Rede selbst zum Vorschein kommt, und so wird es in allen Nomenklaturen der Sprachen sein, deren Geheimnis der Mensch empfangen hat.[1]

Man kann kaum annehmen, daß der Dichter einen großen Anteil beispielsweise an den Terminologien der Künste und Berufe genommen hat; es ist indessen ebenso schwierig, von ihnen zu sprechen, ohne den wahren Namen der Dinge anzutreffen; der Pfeil vibriert, pfeift und flieht, die Schleuder streift die Luft und brummt; das Trommelfell klingt; die Sturmglocke klingelt und läutet in großen Sprüngen; das Feuer knistert unter dem Wasser, das Blasen wirft, kocht und sprudelt; der Hammer dröhnt, die Axt fällt, die Säge kreischt, die Muskete knallt, die Kanone dröhnt, und das Erz der großen Glocke wird brüllend erschüttert. All das ist in Wahrheit kein Stil, denn der Stil wäre zu flüssig, wenn er darin läge; es ist ganz einfach die Rede, wie der Mensch sie gefunden und wie er sie genommen hat.[2]

Die Nachahmung liegt also nicht nur in den elementaren Lauten, sondern sehr wohl in den Wörtern: Die Seite nachahmender Harmonie, die wir soeben gelesen haben, ist für ihren Autor nicht eine künstliche Übung in Alliterationen, sie ist ein Repertoire von onomatopoetischen Ausdrücken, »gefunden in der Sprache« und in eine Situation gestellt. Es kommt hier noch einmal zu einer sehr spürbaren Akzentverschiebung in der kratylischen Aktivität: Die Hauptaufmerksamkeit gilt nicht mehr den Lauten und den Buchstaben, sondern den Vokabeln selbst. Daher das Vorhaben des *Dictionnaire des onomatopées*, in dem – zum ersten Mal, wie es scheint, mit einer

---

1 Die Passage imitativer Harmonie im ersten Absatz des Zitats sei wiederum im französischen Original gegeben: »Que le poète l'essaye: qu'il fasse bruire les brises à travers les bruyères, murmurer les ruisseaux qui roulent lentement leurs eaux entre les rivages fleuris, soupirer les scions ondoyants qui se balancent, qui gémissent; frémir et frissonner les frais feuillages; roucouler la tourterelle ou hurler au loin le hibou; qu'il fasse se lamenter les vents plaintifs, qu'il les fasse rugir furieux; qu'il mêle leur clameur effrayante à la sourde rumeur de l'ouragan, au fracas des torrents qui se brisent de roc en roc, au tumulte des cataractes qui tombent, aux éclats des tonnerres qui grondent, aux cris des pins qui se rompent... il ne pourra se dérober à la nécessité d'une imitation qui surgit des éléments mêmes de la parole, et il en sera ainsi dans toutes les nomenclatures des langues dont l'homme a reçu le secret.« (A. d. Ü.)
2 *Notions*, S. 36-38.

derartigen Intensität – eine Haltung zum Ausdruck kommt, die wir bei einem Claudel oder einem Leiris beispielsweise wiederfinden werden, jene nämlich (um wie Bachelard zu sprechen) eines »Wortträumers«. Ja, Nodier hat »häufig zwischen Wörtern und Dingen geträumt, ganz im Glück zu benennen«[1], und mehr als ein Jahrhundert vor *Noms de pays: le Nom* oder *Biffures* ist das *Dictionnaire raisonné des onomatopées françaises* eine Sammlung von Träumereien über Wörter. Noch einmal müssen wir uns bei Bachelard, so stark ist hier die Konvergenz der beiden Auffassungen, die zutreffendste Beschreibung der Aktivität (denn um eine solche handelt es sich natürlich, so passiv sie auch zu sein vorgibt) ausborgen, die Nodier hier entwickelt: »Verstehen wir es, die fernen Echos richtig in unserer Muttersprache zu empfangen, die in der Tiefe der Worte widerhallen? Wenn wir die Worte lesen, sehen wir sie, wir hören sie nicht mehr. Was für eine Offenbarung war für mich das *Dictionnaire des onomatopées françaises* des guten Nodier. Er hat mich gelehrt, mit dem Ohr die Höhlung der Silben zu erforschen, die das Klanggebäude eines Wortes bilden.«[2]

Man liest dieses fast unauffindbare Buch, das anscheinend keinen Verleger reizt, nicht mehr, wenn man es überhaupt je gelesen hat. Ich habe daher nicht allzu große Bedenken, hier, in alphabetischer Reihenfolge und einer ganz persönlichen Verzauberung folgend, einige seiner Artikel zu zitieren. Wie in jeder Übung in lexikalischem Mimologismus ist das sogenannte Phänomen der »Suggestion durch die Bedeutung« hier allzu offensichtlich, um im Detail darauf aufmerksam machen zu müssen. Genau darin liegt im übrigen das Interesse dieses sprachlichen Spiels, bei dem man so tut, als suche und finde man, was man niemals verloren hatte: oder wie eine von vornherein bekannte Bedeutung (sich in) eine Folge von Lauten investiert und dabei die auseinanderstrebenden Seme auslöscht oder sich so ziemlich ihren Erfordernissen anpaßt; es liegt stets ein wenig Selbstgefälligkeit und Treulosigkeit in diesen semantischen Kompromissen, wie in sehr vielen anderen, und darin liegt das Vergnügen. Wir werden uns also sehr wohl hüten, das Spiel flegelhaft durcheinander zu bringen: Wir werden nach der Mimologie von *bise* nicht nach derjenigen ihres antonymischen Paronyms *brise* fragen; wir werden nicht die lateinische Etymologie von *murmure* geltend machen, die das grollende *murmur* des Donners ist; wir werden nicht

---

1 *La Poétique de la rêverie*, Paris (PUF) 1965, S. 27.
2 *La Flamme d'une chandelle*, Paris (PUF) 1961, S. 42.

ONOMATOPOETIK 197

durch irgendeine grob phonetische Graphie das bezaubernde Vokalkonzert von *oiseau* stören; wir werden *catacombe* nicht das ländliche *combe* gegenüberstellen, das gerade Nodier selbst wieder hat aufleben lassen[1]; wir werden nicht, unpassendes historisches Bedenken, nachprüfen, ob die Katakomben wirklich Särge und Gräber enthielten; wir werden nicht danach suchen, ob dieser onomatopoetische Ausdruck anschaulicher wäre, wenn er sich irgendeiner mißklingenden Metathese bediente, wie dieser »Mann von Geist« (*sic*), der Banville entgegenhielt, daß, wenn *Zitadelle* ein »großes schreckliches Wort« sei, *Mortadella* ein noch sehr viel schrecklicheres sein müsse[2]. Hier also, mögen sie nun »wahr« oder »falsch« sein[3], einige französische onomatopoetische Ausdrücke:

Achoppement ›Hindernis‹: Geräusch eines Körpers, der gegen einen anderen stößt.

Agacement, agacer ›Ärger, ärgern‹: von dem Klang, dessen man sich bedient, um die Tiere zu reizen oder zu ärgern, oder auch von dem Geräusch, das unter den Zähnen eine saure Frucht macht oder eine Frucht, die noch nicht reif ist und deren Wirkung darin besteht, die Zähne zu reizen (*agacer*).

Agrafe, agrafer ›Spange, anheften‹: Nachahmung des Geräusches, das das Zerreißen des Gegenstandes macht, den die Spitzen der Spange fassen.

Asthme ›Asthma‹: Geräusch der plötzlich unterbrochenen Atmung.

Bedon ›Bauch‹: onomatopoetischer Ausdruck für das Geräusch der Trommel.

Biffer ›durchstreichen‹: Geräusch, das eine Feder macht, die plötzlich über das Papier fährt.

Bise ›Nordostwind‹: trockener und kalter Nordostwind, der das Geräusch, nach dem dieses Wort gebildet ist, hören läßt, wenn er zwischen den trockenen Pflanzen rauscht, gegen die Kirchenfenster streift oder durch die Ritzen der Zwischenwände streicht.

Bouillir, bouillie, bouillon ›kochen, Brei, Blase/Brühe‹: von dem Geräusch, das eine auf eine bestimmte Temperatur erhitzte Flüssigkeit macht.

Briquet ›Feuerstein‹: von dem Geräusch zweier harter Körper, die mit Kraft aneinanderstoßen und von denen einer in Stücke zerspringt.

---

1 *Contes*, Ausgabe Castex, S. 547.
2 Dorchain, *L'Art des vers*, Neuausgabe Garnier, 1933, S. 290.
3 Die Unterscheidung wäre hier, wie wir sehen werden, überhaupt nicht relevant; das aktuelle Gefühl für den onomatopoetischen Ausdruck ist unabhängig von der bekannten oder nicht bekannten »realen« Etymologie. Wir werden dieser Frage später anläßlich der Bemerkungen Saussures über den Ursprung von *fouet* und von *glas* wiederbegegnen.

Brouter ›grasen‹: von dem Geräusch, das die Tiere machen, wenn sie die Pflanzen nahe an ihrer Wurzel brechen und sie mit den Zähnen ausreißen.

Broyement, broyer ›Zerkleinerung, zerreiben‹: von dem Geräusch einer etwas widerspenstigen Substanz, die zwischen zwei harten Körpern zerkleinert wird.

Cascade ›Wasserfall‹: Die erste Silbe ist ein künstlicher Klang, der den zweiten zurückprallen läßt, und diese Wirkung stellt auf lebhafte Weise das weitschweifige Geräusch des Wasserfalls dar.

Catacombe ›Katakombe‹: Die Verbindung dieser zwei auf glückliche Weise miteinander vermählten Wörter bringt einen der schönen Nachahmungseffekte der Sprache hervor. Es ist unmöglich, eine Folge von malerischeren Lauten zu finden, um das Dröhnen des Sarges wiederzugeben, der von Stufe zu Stufe auf den spitzen Kanten der Steine rollt und plötzlich inmitten der Gräber stehenbleibt.

Cataracte ›Katarakt‹: reißender und lauter Wasserfall, der hinabstürzt und sich von Fels zu Fels mit großem Getöse bricht.

Clignoter ›blinzeln‹: Viele onomatopoetische Ausdrücke sind, wenn auch nicht nach dem Geräusch, das die Bewegung machte, die sie darstellen, so doch zumindest nach einem Geräusch gebildet, das nach dem festgelegt ist, das diese Bewegung machen zu müssen scheint, wenn man sie in Analogie zu einer anderen Bewegung der gleichen Art und ihren gewöhnlichen Wirkungen betrachtet: beispielsweise verursacht die Handlung des *Blinzelns*, über die [der Präsident de Brosses] diese Vermutungen anstellt, keinerlei wirkliches Geräusch, doch die Handlungen der gleichen Art erinnern sehr wohl, durch das Geräusch, von dem sie begleitet sind, an den Klang, der diesem Wort als Wurzel gedient hat.[1]

Dégringoler ›hinunterstürzen‹: Geräusch eines Körpers, der aus einer gewissen Höhe hinunterrollt.

Éclat, éclater ›Knall, platzen/krachen‹: von dem Geräusch eines harten Körpers, der sich mit Gewalt teilt, wenn man ihn zerquetscht, wenn man ihn aufschlitzt, wenn man ihn zerbricht.

Écraser ›zerdrücken‹: Dieses Wort wird von einem Klang erzeugt, der demjenigen analog ist, der das Wort *éclater* hervorgebracht hat, der jedoch ein weniger gleichzeitiges Brechen darstellt, und aus diesem Grund wird er von dem rollenden Konsonanten verlängert. Der Schrei der Kreide, die bricht und unter dem Fuß zu Staub wird, gibt sehr deutlich diese Wurzel wieder.

Fanfare ›Fanfare/Tusch‹: Die Mehrzahl der Blasinstrumente werden durch den Buchstaben F charakterisiert, weil dieser Konsonant, hervorgebracht durch den Ausstoß der Luft, die zwischen den Zähnen hindurchgetrieben wird, der Ausdruck des Blasens oder des Pfeifens ist. Von daher ist die Fanfare ein Trompetengeschmetter.

---

1 Siehe nochmals Bachelard, *L'Eau et les rêves*, Paris (Corti) 1942, S. 254.

Fifre ›(Quer)Pfeife‹: Der zwischen zwei pfeifenden Buchstaben eingeschnürte Vokal gibt eine sehr zutreffende Idee von dem hohen Geräusch dieses Instrumentes, und die rollende Endung gibt seine etwas rauhe Helligkeit an.

Fleur ›Blume‹: von dem Geräusch, das die Luft macht, die von dem Organ eingeatmet wird, das die Düfte der Blume aufnimmt.

Froissement, froisser ›zerknittern‹: Schrei eines festen Stoffes, den man mit einiger Kraft drückt.

Murmure ›Murmeln‹: malt dem Ohr auf vollkommene Weise das undeutliche und sanfte Geräusch eines Baches, der in kleinen Wellen über die Kiesel rollt, oder des Laubs, das ein leichter Wind schaukelt und das erschauernd nachgibt.

Oiseau ›Vogel‹: Der Aufbau dieses Wortes ist äußerst nachahmend: Es besteht aus den fünf Vokalen, verbunden durch einen sanft zischenden Buchstaben, und aus dieser Kombination ergibt sich eine Art Gezwitscher, das sehr geeignet ist, eine Vorstellung von demjenigen der Vögel zu geben. (Es ist, als eine sehr seltene Merkwürdigkeit in unserer Sprache, zu bemerken, daß das Wort *gazouiller* ›zwitschern‹ aus denselben Vokalklängen wie das Wort *oiseau*, verbunden durch denselben Konsonanten, gebildet ist. Es unterscheidet sich von ihm nur durch seine Intonation, die in einem gutturalen Buchstaben liegt, der folglich sehr gut der Vorstellung entspricht, die er ausdrückt.)

Rincer ›(ab)spülen‹: von dem Geräusch der Finger gegen die Innenseite eines Glases, das man spült.

Ruisseau ›Bach‹: malt dem Geist auf vollkommene Weise das leichte, sanfte und modulierte Murmeln eines lebhaften Wassers, das gegen die Kiesel rollt.

Susurration, susurre, susurrement, susurrer ›Gesäusel, säuseln‹: Ich riskiere hier diese drei Substantive und dieses Verb, die vielleicht recht glückliche Latinismen sind, um des Erschauern des Laubes und das Murmeln des Schilfs auszudrücken, die der Wind bewegt.[1]

Taffetas: genommen von dem Gräusch des Stoffes, den es bezeichnet.

Ich habe trotz der alphabetischen Reihenfolge und um jetzt darauf zu sprechen zu kommen, den Artikel *roue* ›Rad‹ beiseite gelassen. In der Tat, im Gegensatz zu allen vorhergehenden bricht er aus dem Gebiet des eigentlichen onomatopoetischen Ausdrucks oder der eigentlichen Mimologie, das heißt der stimmlichen Nachahmung der äußeren oder inneren Geräusche, aus. Wie wir weiter oben gesehen haben, ist der Laut *r* für Nodier wie für seine Vorgänger auf natürli-

---

[1] Chateaubriand erinnert sich vielleicht an diese Einflüsterung in dem berühmten *Journal de Carlsbad à Paris*: »Es ist nur das Gesäusel des Schilfs...«.

che Weise mit der Vorstellung von Bewegung durch eine klar determinierte artikulatorische Besonderheit (das »schnelle und fortgesetzte Streifen« der Zunge) verknüpft. Der hier gebrauchte Begriff der »zirkulären Bewegung«, das heißt die zwischen der Bewegung und der Kreisform hergestellte Verbindung, ist vielleicht etwas weniger einleuchtend. Der privilegierte Ort dieser Verbindung ist das Rad, und in der mimologischen Analyse dieses Wortes werden wir die Bewegung entstehen sehen, durch welche die Konstitution der Sprache den Kreis der reinen lautlichen Mimesis überschreitet. Nodier stellt zunächst, mit einem ganz offensichtlichen Bemühen um Illustration, fest, daß dieses Wort »von dem Geräusch des Rades und im allgemeinen vom Geräusch eines runden Körpers, der mit Schnelligkeit über eine widerhallende Oberfläche rollt«, herkommt. Es folgen einige von Gébelin ausgeliehene Ableitungen (unter anderen *rouer* ›rädern‹, *rotule* ›Kniescheibe‹, *rôder* ›umherstreifen‹, *rouler* ›rollen‹, *roulade* ›Roulade‹, *roulis* ›Schlingern‹, *rôle* ›Rolle‹, *rotonde* ›Rundbau/Rotunde‹, *rond* ›rund‹, *ronde* ›Runde/Reigen‹, *route* ›Straße/Route‹). Dann eine Scholie, von der ich zunächst die ersten Zeilen zitiere: »Diese Wurzel suggeriert mir im übrigen eine Reflexion, die meine Theorie der Ausdehnung der natürlichen Laute in der Bezeichnung der lautlosen Wesen stützt. Wir haben gesehen, wie sich aus einem Stammlaut, der das Zeichen der Bewegung ist und der sich selbst durch das Rollen der Zunge über den Gaumen hervorbringt, zwei sehr verschiedene Wortfamilien bildeten, deren eine der Vorstellung von Bewegung und deren andere der Vorstellung von Form angehört. Es war nicht schwer, den Berührungspunkt zwischen diesen beiden Familien zu erkennen, und wir haben verstanden, daß das Zeichen der Geräusche, die aus einer kreisförmigen Bewegung resultieren, in der Sprache der Indikator der runden Formen hatte werden müssen.«

Unterbrechen wir hier das Zitat: Wir befinden uns im Lauf dieses symbolischen oder exemplarischen Rads genau an der Grenze der Fähigkeiten der direkten Nachahmung. Das (apikale oder dorsale) *r* ist das Ergebnis eines »palatalen Rollens«, das heißt einer Vibration oder eines Schlagens der Zunge an dem einen oder anderen Punkt der Gaumenwölbung. Gewiß liegt in diesem Begriff des *Rollens* selbst (wie natürlich in der gängigen Redewendung »die *r* rollen«) bereits eine dieser »phonetischen Metaphern«[1], die eine symbolische

---

1 I. Fonagy, *Die Metaphern in der Phonetik – Ein Beitrag zur Entwicklungsgeschichte des wissenschaftlichen Denkens*, Den Haag (Mouton) 1963 (frz. *La Métaphore en*

Interpretation einschließen und vorwegnehmen, wenn sie nicht gar auf dunkle Weise aus ihr hervorgehen. Wie dem auch sei: Motivationen dieser Art sind wir bereits bei de Brosses oder Gébelin begegnet, darunter ebendieser, die auf Platon zurückgeht, und man wird ohne Zögern in der gesamten kratylischen Tradition sagen, daß die Bewegung der Zunge beim Aussprechen des Lautes *r* direkt derjenigen eines Körpers analog ist, der über einen Abhang rollt. Doch hier jetzt die Passage, die ganz anders klingt und fast unerhört unmittelbar am Beginn des 19. Jahrhunderts:

> Doch wenn die Beziehung zwischen den Bewegungen und den Formen zunächst recht natürlich zu sein scheint, um die Ähnlichkeit der Ausdrücke, die sie charakterisieren, zu erklären, dann ist es ebenfalls wahr, daß die Natur erstaunliche Harmonien zwischen diesen beiden ersten Arten von Sinneseindrücken und denjenigen der Farben gestiftet hat. Die bildliche Sprache bietet uns dafür genügend Beweise. Wir haben, unter anderen Beispielen, von »*sombres* gémissements« und von »lueurs *éclatantes*« gesprochen. Die erste dieser Redewendungen präsentiert die Idee eines Geräusches, die spezifiziert wird durch einen Umstand aus der Klasse der Farben, und die zweite die Idee einer Farbe, die durch ein Epitheton determiniert wird, das der Vorstellung von Geräusch angehört. Der berühmte Blindgeborene Saunderson hat, nachdem er lange versucht hat, sich ein richtiges Gefühl für die Farben zu bilden, die Farbe Rot schließlich mit dem Klang der Trompete verglichen; und vor wenigen Jahren verglich der interessante Taubstumme Massieu, als man ihn über die Meinung befragte, die er sich von den Geräuschen und im besonderen über das der Trompete bildete, es ohne Zögern mit der Farbe Rot. Wenn zwischen diesen Wirkungen Harmonie besteht, warum sollten diese Wirkungen nicht durch Laute der gleichen Art ausgedrückt werden?
> Das Wort *rot* (*rouge*) und seine Ableitungen sind also meiner Meinung nach onomatopoetische Ausdrücke, die durch Erweiterung des Stammlautes des Rollens gebildet sind. Im Altfranzösischen wird *ro* für *rouge* und *roe* für *roue* gesagt. Alle Sprachen würden ähnliche Beziehungen liefern.
> Herr Bernardin de Saint-Pierre hat die Harmonie zwischen der kreisförmigen Bewegung, der runden Form und der Farbe Rot anerkannt. Er gefällt sich sogar darin, diese sinnreiche Beziehung mit den liebenswürdigsten Beobachtungen zu untermauern: und wenn er es vernachlässigt hat zu beweisen, daß die Wörter, die bei den meisten Völkern diese Bewegung, diese Form und diese Farbe bezeichnen, eine gemeinsame Wurzel haben, so gewiß deswegen, weil diese Art von Demonstration,

---

phonétique, Ottawa (Didier) 1980).

die den nüchternen Studien der Grammatik entlehnt ist, ihm zu trocken für einen so eleganten und poetischen Gegenstand schien.[1]

Der spezifische Gegenstand dieser mimologischen Spekulation ist also, wie wir *in fine* nicht ohne Verblüffung entdecken, die Ableitung *roue > rouge*, Ausdruck der »erstaunlichen Harmonie« zwischen der runden Form und der Farbe Rot. Eine so erstaunliche Harmonie, halten wir das fest, daß sie nichts anderes als Beweisgrund anführt als die Autorität Bernardins und daß sie Nodier davon dispensiert, sich beispielsweise Fragen über die harmonischen Beziehungen zwischen der kreisförmigen Bewegung und dem Klang der Trompete zu stellen. Was uns hier jedoch interessiert, ist die Vorstellung einer Harmonie zwischen Eindrücken unterschiedlicher Organe und beispielsweise zwischen Klängen und Farben an sich. Diese Art von »Korrespondenzen« ist uns heute sehr vertraut, wenn nicht sehr deutlich im Bewußtsein, und die reziproken Zeugnisse des Blinden und des Taubstummen haben für uns nichts Überraschendes, selbst wenn sie keineswegs auf einmütige Zustimmung stoßen: ihr (synästhetisches) Prinzip ist offensichtlich. Dasselbe gilt jedoch nicht für die Epoche Nodiers, und man muß sich erinnern, daß Gébelin, der so wild auf Harmonien war, sie überhaupt nicht erwähnte und daß de Brosses seinerseits die Erklärungen von »Saunderson« nur erwähnte, um sie ungeprüft zurückzuweisen; und daß das Nichtvorhandensein von Mimesis bei dieser Art von Ableitung (durch Metapher) für ihn der Beginn jeden sprachlichen Verfalls war. Für Nodier dagegen ist, wie für Augustinus, nichts legitimer als diese Extrapolationen, die es den Lauten der Rede, indirekt gewiß, aber getreu und ohne jeden Bruch in der Mimesis, erlauben, sogar Gegenstände ohne jede tönende Existenz nachzuahmen. Die *Préface* des *Dictionnaire* äußert sich darüber mit der größen Deutlichkeit:

> Die Erweiterung der Stammlaute, die ein geräuschvolles Ding in Sinneswahrnehmungen einer anderen Art ausdrücken, ist nicht schwer zu verstehen. Unter den Sinneswahrnehmungen des Menschen gibt es nur eine gewisse Anzahl, die dem Gehörsinn eigen sind, da sich die Rede

---

[1] *Dictionnaire*, S. 230/31. Anspielung auf die zehnte der *Études de la nature*, in der Bernardin die »fünf einfachen Farben« (weiß, gelb, *rot*, blau, schwarz), die »fünf Elementarformen« (Linie, Dreieck, *Kreis*, Ellipse, Parabel) und die »fünf Hauptbewegungen« (rotierend, »senkrecht«, *kreisend*, horizontal, Ruhe) parallel setzt, wobei der zentrale Begriff jeder Serie der vollkommenste und der euphorischste ist.

jedoch an diesen Sinn richtet und sie durch ihn das Zeichen des Gegenstandes, der uns Eindruck macht, überträgt, scheinen alle Ausdrücke für ihn gebildet zu sein. Laute können nicht durch sich selbst die Wahrnehmungen des Gesichtssinnes, des Tastsinnes und des Geruchssinnes ausdrücken, doch diese Wahrnehmungen können bis zu einem gewissen Grad mit denen des Gehörsinnes verglichen und mit ihrer Hilfe offenbar gemacht werden. Diese Vergleiche sind im übrigen ganz natürlich und ungezwungen. Ihnen verdanken alle Sprachen die bildlichen Ausdrücke, und alles trägt dazu bei zu beweisen, daß die Sprache des Urmenschen sehr bildlich war.

Wenn man beispielsweise sagt, daß eine Farbe schreiend (*eclatant*) ist, versteht man darunter keineswegs, daß eine Farbe auf das Hörorgan den Eindruck eines heftigen Geräusches macht wie dasjenige, für das die Wurzel des Wortes *éclatant* Ausdruck ist; sondern vielmehr, daß diese Farbe auf das Sehorgan einen lebhaften und starken Eindruck macht wie derjenige, mit dem man ihn vergleicht.

Der Eindruck, den die scharfen, herben oder sauren Substanzen dem Geschmacksorgan verschaffen, ist von keinerlei Geräusch begleitet, der dem Ohr die Wurzel dieser Eigenschaftswörter wiedergibt, doch er erinnert dem Hörorgan die Eindrücke, die auf es in analoger Weise eingewirkt haben. Wenn man veranlaßt wäre zu glauben, diese Ideen seien übertrieben und der Geist vergleiche nicht so leicht die Sinneseindrücke, brauchte man nur einen Blick auf die frühesten Dichtungen zu werfen, die voll davon sind, oder einen Augenblick der Unterhaltung eines findigen und einfachen Menschen zuzuhören. Die Sprache der Kinder quillt über von bildlichen Ausdrücken dieser Art, und in Ermangelung des passenden Ausdrucks gebrauchen sie häufig das Zeichen einer fremden Sinneswahrnehmung, um die ihre darzustellen. Die Frauen, die eine feinfühligere Sensibilität haben und schneller die feinsten Vergleiche erfassen, machen ebenfalls reichen Gebrauch davon. Schließlich kann man sagen, daß die Sinne so notwendig voneinander Gebrauch machen, daß man ohne die Entlehnungen, die sie gegenseitig von sich machen, kaum anders als unvollkommen die Wirkungen malen könnte, die ihnen eigen sind, und daß es nichts gibt, was ihre Wahrnehmung genauer und tiefer machte.

Lassen wir für den Augenblick den charakteristischen Verweis auf die *Urmenschen*, die *Kinder* und die *Frauen*, die als auserwählte Subjekte der synästhetischen Sensibilität hingestellt werden, beiseite; man sieht, daß das Prinzip des metaphorischen Ausdrucks hier in der – ganz »natürlichen« – Möglichkeit liegt, Sinneswahrnehmungen unterschiedlicher Art zu *vergleichen*, das heißt, ein *gemeinsames Merkmal* zwischen ihnen zu finden: etwa zwischen einer lebhaften Farbe und einem schmetternden Klang die gemeinsame Eigenschaft der *Intensität* (»lebhafter und starker Sinneseindruck«), die es erlaubt, eine Homologie dieses Typs aufzustellen: *éclatant : son : : rouge : couleur*, und anschließend durch einfache Umstellung der äußeren und der mittleren Terme zu dieser neuen Proposition weiterzugehen: *éclatant : couleur : : rouge : son*, die es erlaubt zu sagen »eine schreiende Farbe« (»*une couleur éclatante*«) oder »der rote Klang der Trompete«. Die *Notions élémentaires* werden auf die sprachliche Produktivität dieser »glänzenden Fähigkeit, die Sinneseindrücke zu vergleichen und die Rede bildlich zu gestalten«[1] (man sieht, daß es sich hier für Nodier um ein und dieselbe Fähigkeit handelt), und der »Hilfestellungen, die die Organe sich gegenseitig leisten, um die Sinneseindrücke wiederzugeben, für die ihnen der Name fehlt«, zurückkommen: von daher die Metaphern oder »Anspielungen« wie ein Licht, das *explodiert*, Farben, die *schreien*, Ideen, die *kollidieren*, ein Gedächtnis, das *stolpert*, ein Herz, das *säuselt*, eine Halsstarrigkeit, die sich *aufbäumt*. »All diese Ausdrücke sind onomatopoetisch« – allerdings *übertragen*, ganz wie eine *fahle* Musik, eine *blasse* Vorstellungskraft, *unklare* Erklärungen, *schrille* Farben, *bittere* Küsse. Es ist im übrigen nicht notwendig, daß die Analogiebeziehung objektiv und wissenschaftlich nachprüfbar ist (diejenigen, die »Saunderson« und Massieu, die in diesem Zusammenhang erneut zitiert werden, anbieten, sind es ganz offensichtlich nicht): Es genügt der Metapher wie der Proustschen Reminiszenz eine Gemeinschaft des *Eindrucks*: »Die erste Arbeit des Denkens besteht, wenn sie von einer neuen Wahrnehmung gefangen genommen wird, in der Tat darin, sie mit den vorhergehenden Wahrnehmungen zu vergleichen, die ihr wenn nicht durch ihr Wesen selbst, so doch zumindest durch die Art ähneln, wie sie auf die Seele wirkten, als man sie zum ersten Mal erfahren hat, und es ist dieser Vergleich, der sie benennt. Er ist um so unvermittelter, als die Struktur, in der er sich vollzieht, von den empfindlichsten Sinnen bedient wird, und diese Unvermitteltheit im Erfassen der Beziehungen der Dinge ist genau das, was man Geist nennt. Es ist danach leicht zu begreifen, warum alle schmeichelnden Ideen durch flüssige Laute ausgedrückt worden sind, alle herben Ideen durch rauhe Laute. Der Mensch, der Zeuge eines Verbrechens ist oder der davon erzählen hört, stößt denselben Schrei aus wie derjenige, der sich an einem glühenden Eisen verbrennt oder auf den Schwanz einer Viper tritt;

---

1 S. 57.

und sein Wort, unter diesen Umständen spontan wie sein Schrei, hat durch homophone oder sehr benachbarte Artikulationen analoge, obwohl verschiedene Sinneswahrnehmungen gemalt. Die Sprachen haben nicht anders entstehen können.«

Das Prinzip der Analogie durch Übertragung, das die Metapher begründet, ist also »das fakultative Element bei der Erschaffung der Sprachen«, ganz wie das Prinzip des onomatopoetischen Ausdrucks ihr organisches und mechanisches Element ist. Die mimetische Kraft verliert nichts beim Tausch, ich meine beim Übergang vom einen zum anderen, der übrigens erst bei der Analyse wahrgenommen wird, da das metaphorische »Wort« ebenso »spontan« ist wie der Schrei. Im Gegensatz zu de Brosses und wie bereits Augustinus legt Nodier ganz offensichtlich Wert darauf, daß vergleichen immer noch nachahmen ist. Daher bleibt die kratylische Sehnsucht keineswegs unbefriedigt bei der Äußerung dieses grundlegenden Gesetzes, das seine ganze Theorie der gesprochenen Sprache zusammenfaßt: *Benennen durch die Mimologie, sich bereichern durch den Vergleich, eine andere Möglichkeit haben die Sprachen nicht: sie kommen da nicht heraus.*[1]

Doch was ist Vergleich oder Metapher, wenn nicht eine Figur, und zwar eine poetische Figur? Der erste Fortschritt der Sprache, der Übergang nämlich von einer einfachen materiellen Nomenklatur zu einer echten intellektuellen Aktivität, ist verknüpft mit den poetischen Fähigkeiten des menschlichen Geistes: »Die Art wäre niemals zu einem gewissen Grad von Vollkommenheit gelangt, wenn sie nicht als Dichter geboren worden wäre. Die Ideen untereinander vergleichen, unvermittelt ihre zartesten Beziehungen erfassen, sie durch bewegliche und malerische Namen darstellen, deren Bedeutungen sich nach den unterschiedlichen Aspekten vervielfachen, die ihnen zu verleihen dem Geist gefällt, das ist in der Tat Poesie.«[2]

Die »Art« (und ebensogut im übrigen das Individuum) ist »als Dichter geboren«; sie ist es nicht geworden, ganz im Gegenteil: Das poetische Vermögen, das heißt die Begabung, die Beziehungen zu erfassen und sie in Figuren zu fixieren, ist für Nodier an diese Kindheit der Menschheit und der Natur gebunden, in der jede Tat ein Ereignis und jedes Ereignis ein Wunder war, in der der Mensch vor jeder Logik und jeder Wissenschaft »Dichter war, wie er Mensch war, weil er nichts anderes sein konnte«; es ist ebenso eng, wenn nicht

---

1 *Notions*, S. 39.
2 Ibid., S. 58.

enger, an diese Kindheit der Sprache gebunden, die das Alter der
»Armut«, das heißt der Wortknappheit ist. Dichtung ist nur in einer
armen Sprache möglich, das ist eines der Lieblingsthemen Nodiers:
»außerhalb einer armen Sprache gibt es keine Poesie«. »Den reichen
Sprachen die Kunst und den Geschmack; den reichen Sprachen den
Luxus der Gelehrsamkeit und der Überfülle von Synonymen. Den
armen Sprachen die Lebhaftigkeit des Ausdrucks und das Malerische
des Bildes; den armen Sprachen die Poesie.« Doch umgekehrt kann
eine arme Sprache »nichts anderes sein« als poetisch, weil sie den
Mangel an Wörtern durch den Reichtum ihrer Bedeutungen ausglei-
chen muß, die per definitionem alle (bis auf eine) *übertragene* Bedeutungen (*sens figurés*) sind. Die Ursprache, »arm an Vokabeln, war
zumindest reich an wunderbaren Bedeutungen wie diese Münze des
verfluchten Reisenden, die in allen Ländern die Prägung des regie-
renden Herrschers annimmt und sich stets für jeden Gebrauch ver-
mehrt [...]. Der poetische Ausdruck war für die ersten Menschen,
was ein buntes Glasstück im Kaleidoskop ist. Er wechselte bei allen
Gemütsregungen, die die Sprache bewegen, den Platz und die Wirkung und paßte sich mit stets neuem Glanz allen neuen Gedanken-
verbindungen an.«[1] Man erkennt hier den (vor)romantischen Topos
wieder, den bereits Vico, Blair, Herder, Rousseau und viele andere
unterschiedlich illustriert haben[2], dem zufolge die Poesie der Prosa
in genau dem Maße vorausgegangen sei, wie der leidenschaftliche
und übertragene (bildliche) Ausdruck den Wilden wie den Frauen
und den Kindern »natürlicher« ist als die exakte Sprache unserer
Zivilisationen, die »ein ausschließliches Zeichen für jede der Wahrnehmungen der Sinne und der Vorstellungen der Seele« fordert. Eine
solche Sprache (ebendie, von der Leibniz träumte) hat nichts Poetisches, und »mit der Algebra wird man immer nur Rechnungen
anstellen«[3].

---

1 Ibid., S. 66, 251.
2 Oder genauer reaktiviert und reinterpretiert zu dieser Epoche, da er (zumindest)
bis Strabon und Plutarch zurückreicht. Hinsichtlich dieser Bewegung (und seiner
Grenzen) siehe M. H. Abrams, *The Mirror and the Lamp – Romantic Theory and
the Critical Tradition*, New York (Oxford Univ. Press) 1953, Kap. IV, § 3, »Primitive Language and Primitive Poetry«.
3 *Notions*, S. 58/59. Man sieht, daß Nodier in der Sprache diese Eindeutigkeit miß-
billigt, die er im Gegenteil gerne im Alphabet gefunden hätte; er suchte nämlich in
der Schrift ein wirkliches System von Zeichen (der Rede), das so transparent wäre
wie nur möglich; die Sprache interessiert oder verführt ihn dagegen im Verhältnis
zu ihrer poetischen Ambiguität. Der Antipode zur Algebra ist der *Argot*, eine ihrem

Die Wendung, die Nodier diesem Topos gegeben hat – 1834 zumindest –, offenbart einen extremen Pessimismus, der vor allem, glaube ich, literarischer Art und mit einer lebhaften Enttäuschung über die französische Romantik verbunden ist. Für ihn ist die Klassik tot und die Romantik gescheitert. Ihr Streit erinnert ihn an »denjenigen dieser unbesonnenen Kinder, die sich um das Bild des Mondes streiten, der sich in einem Wassereimer spiegelt, und die nicht begreifen wollen, daß der Mond gar nicht da ist. Die Klassiker haben für immer verloren, was die Romantiker niemals finden werden. Die Poesie ist in Frankreich an der unfruchtbaren Opulenz der Sprache und einigen weiteren Ursachen gestorben. Sie hat ihre letzten Seufzer auf einer kleinen Anzahl von Leiern ausgestoßen, die bereits aufhören zu schwingen. Alles, was sie inspirierte, ist mit ihr verschwunden. Die Götter sind fortgegangen, und die Dichter gehen mit den Göttern.«[1]

Diesen enttäuschten Äußerungen könnte man unter anderen eine Bemerkung des *Dictionnaire* von 1808 gegenüberstellen, die im Gegenteil deutlich ein großes Vertrauen in die fortwährende Erneuerung des Ausdrucks bekundete, wenn nur die verbrauchten Figuren zurückzutreten vermögen vor den neuen oder besser vor der Rückkehr des passenden Wortes und der wörtlichen Ausdrucksweise, die in den Zeiten der rhetorischen Erschöpfung die große und höchste Quelle des Dichters sind:

> Eine neue Figur ist voller Charme, weil sie der Idee einen neuen Gesichtspunkt verleiht. Eine abgedroschene Figur, die zum Allgemeinplatz geworden ist, ist nur noch das nüchterne Äquivalent der eigentlichen Bedeutung. Man muß daher vermeiden, die Figuren in einer verbrauchten Sprache zu vergeuden. Sie stellen nur noch einen abgeschmackten Prunk von Worten und Wendungen dar. Der rein beschreibende Stil wird von da an dem bildlichen Stil vorzuziehen sein, weil der übertragene Sinn für

---

Wesen nach bildliche Sprache: »Es gibt hundertmal mehr Geist im Argot selbst als in der Algebra, die das Meisterwerk der künstlichen Sprachen ist, und der Argot verdankt diesen Vorteil der Eigenschaft, den Ausdruck bildlich darzustellen und die Sprache anschaulich zu gestalten. Mit der Algebra wird man immer nur Rechnungen anstellen; mit dem Argot, so gemein er an seiner Quelle auch sein mag, könnte man ein Volk und eine Gesellschaft neu schaffen.« Eine andere gleichwertige Opposition besteht zwischen den pedantischen wissenschaftlichen Nomenklaturen und den volkstümlichen Benennungen; das gute Modell »ist die Nomenklatur der Astronomie, die *Milchstraße, der Wagen, der Drache, der Stern des Hirten*. Deswegen haben auch die Hirten sie geschaffen.« (S. 209)

[1] S. 72/73.

einige Zeit den eigentlichen Sinn hat vergessen lassen und dieser neu erscheint. Die rosenfingrige Morgenröte, die die Schranken des Morgens öffnet und deren Tränen in feuchten Perlen auf alle Blumen rollen, bietet gewiß ein glückliches und glänzendes Bild; aber man wird heute sehr viel mehr Wirkung erzielen, wenn man die Sonne bei ihrem Aufgang malt, wie sie mit einem noch ungewissen Schimmer die Gipfel der hohen Berge rötet, die Nebel der Ebene, die sich zerstreuen, die Umrisse des Horizontes, die sich auf dem erhellten Himmel abzeichnen, und die Blumen, die sich unter dem Gewicht des Taus neigen.[1]

Dies hat etwas von einem vorzeitigen Manifest[2] der »neuen Schule«, hellsichtiger als viele andere, die folgen werden, und das ein entscheidendes Merkmal der häufig verdunkelten Beziehung zwischen Romantik und »Realismus« erklärt, indem es ihre gemeinsame rhetorische (»terroristische« in diesem Fall, das ist alles eins) Wurzel enthüllt: der »Romantikeffekt« und der »Realismuseffekt« werden beide hier auf eine Umkehrung des bildlichen Codes zurückgeführt. Nodier neigt jedoch nicht vorrangig dieser aktiven Haltung des Schriftstellers zu, der entschlossen ist, die Wege seines Schreibens zu biegen und zu beherrschen. Meist ist es sehr wohl die Sprache selbst, die, und zwar in jeder Hinsicht, die Poesie *macht*. Im Grunde gibt es für Nodier keine Dichter, es gibt nur mehr oder weniger poetische Sprachzustände, und »die Poesie ist«, wie er ohne weitere Nuancen sagt, »mit der Sprache des Menschen einsgeworden«[3]. Die beiden konstitutiven Merkmale jeder Poesie, *Harmonie* und *Figur*, sind ebenfalls für die natürliche Sprache konstitutiv. »Die ersten Sprachen waren aus den wesentlichsten Elementen der Poesie gebildet: in ihrem physischen Funktionieren waren sie nachahmend, das ist die Harmonie; in ihrer Anwendung auf die abstrakten Ideen waren sie voller Anspielungen, das ist die Figur. Nun aber ist die Poesie im Prinzip eine harmonische und bilderreiche (*figurée*) Sprache.«[4] Man muß diesen letzten Satz durchaus wörtlich verstehen: Die Poesie ist nichts anderes als eine harmonische und bilderreiche *Sprache*; nicht

---

1 S. 147.
2 1828 fügt Nodier die folgende charakteristische Anmerkung hinzu: »Es möge uns erlaubt sein, hier darauf aufmerksam zu machen, daß diese Theorien, die ein wenig gewöhnlich geworden sind, 1805 neu waren und daß man sie ausdrücken konnte, ohne zu fürchten, abgedroschene Ideen zu wiederholen.« Innerhalb von zwanzig Jahren ist die Erneuerung selbst gealtert.
3 S. 60.
4 S. 61/62.

eine Gesamtheit von *Werken*, sondern ein Sprachzustand. Daher dieses entscheidende Konzept der *poetischen Sprache* (*langue poétique*), das dem vierten Kapitel der *Notions* seine Überschrift gibt und das, auf trügerische Weise allerdings, das »moderne« (wenn man so sagen kann) Konzept der *poetischen Sprechweise* (*langage poétique*) ankündigt. Eine trügerische Ankündigung, denn es gibt für Nodier, wie für andere später, eben nicht eine »Sprechweise in der Sprechweise« (*langage dans le langage*), die dem poetischen Ausdruck vorbehalten oder vielmehr von ihm ausgearbeitet wäre: Die Poesie ist die Sprache selbst; die wahren Gedichte sind für ihn *die Wörter*, und ihr wahres »Meisterwerk« ist ein einfaches Wörterbuch.

Von allen Eigentümlichkeiten des Nodierschen Mimologismus denen wir bereits begegnet sind – besondere Heraushebung der Rede auf Kosten der Schrift und der Individualität der Idiome auf Kosten der natürlichen Einheit der Sprache; (Wieder)Entdeckung des Korrespondenzprinzips, das in der Figur die mimetischen Tugenden des onomatopoetischen Ausdrucks fortsetzt und erhöht; Verlagerung der Untersuchung von der Ebene der konstitutiven Laute auf diejenige der konstituierten Vokabeln –, von all diesen spezifischen Merkmalen, von denen die einen an die alte Tradition wiederanknüpfen und andere nicht ohne Unstimmigkeiten und Ambiguitäten spätere Varianten (romantische, symbolistische und darüber hinaus) einleiten oder ankündigen, scheint mir dieses, das sie in gewisser Weise alle enthält und zusammenfaßt, das bezeichnendste und das wichtigste zu sein. Niemand hatte bis dahin das Geschick der Sprache und dasjenige der Poesie so vollständig gleichgesetzt, und niemald wird es vielleicht in der Folge so eindeutig tun: Bei Mallarmé oder Valéry wird die Beziehung zugleich direkt und umgekehrt sein, da der Vers den Mangel der Sprachen korrigiert (oder kompensiert), was für Nodier eine Behauptung ohne Sinn wäre. Für ihn ist der Vers die Sprache, an der es nichts zu korrigieren gibt. Daher verleiht er dieser Formel, aus der man in einem weiteren und unbestimmteren Sinn die Devise eines jeden Kratylismus machen könnte, in ihrer Ambiguität eine volle und strenge Gültigkeit: *Wenn [der Dichter und der Sprachwissenschaftler] sich untereinander nicht verstehen, so deswegen, weil einer von beiden seine Kunst nicht verstanden hat und ihre Tragweite nicht kennt.*[1]

---

1 S. 51. Weisen wir zum Schluß auf den amüsanten *Lettre sur les origines de l'alphabet* hin, den Nodier an seinen Freund J. N. Vallot am 27. Januar 1808 adressierte und

Aber welcher?

P.S. Ich nutze eine weiße Seite[1], um die folgenden Zeilen aus *Louis Lambert* zu zitieren, die Balzac an den Rand des *Dictionnaire des onomatopées* hätte schreiben können: »Sind die meisten Wörter nicht von der Idee gefärbt, die sie äußerlich darstellen? Welchem Genie verdanken sie sich! Wenn es einer großen Intelligenz bedarf, um ein Wort zu schaffen, welches Alter hat dann die menschliche Rede? Die Zusammenstellung der Buchstaben, ihre Formen, das Aussehen, das sie einem Wort geben, zeichnen auf genaue Weise, gemäß dem Wesen eines jeden Volkes, unbekannte Wesen, deren Erinnerung in uns ist. Wer erklärt uns philosophisch den Übergang von der Sinneswahrnehmung zum Gedanken, vom Gedanken zum Wort, vom Wort zu seinem hieroglyphischen Ausdruck, von den Hieroglyphen zum Alphabet, vom Alphabet zur geschriebenen Beredsamkeit, deren Schönheit in einer Folge von Bildern liegt, die von den Rhetoren klassifiziert wurden und die gleichsam die Hieroglyphen des Denkens sind? Sollte die antike Malerei der menschlichen Ideen, gestaltet durch die zoologischen Formen, nicht die ersten Zeichen bestimmt haben, derer der Orient sich bediente, um seine Sprachen zu schreiben? Hätte sie dann nicht traditionellerweise ein paar Spuren in unseren modernen Sprachen hinterlassen, die sich alle die Überreste des Urwortes der Nationen geteilt haben, ein majestätisches und feierliches Wort, dessen Majestät, dessen Feierlichkeit in dem Maße abnehmen, wie die Gesellschaften altern; dessen so klangvoller Widerhall in der hebräischen Bibel, so schön noch in Griechenland, sich durch den Fortschritt unserer aufeinanderfolgenden Zivilisationen hindurch abschwächt? Verdanken wir diesem alten

---

den M. Dargaud in der Nr. 304 der *Cahiers du Sud* (1950), S. 379-381, veröffentlichte. Er ist eine knappe Parodie einiger Gemeinplätze der Epoche – von Vico bis Nodier selbst – über das Thema: ursprünglich exklamative Sprache, Aufeinanderfolge von »hieroglyphischer«, silbischer, alphabetischer Schrift; das Ganze anläßlich von Austern, von denen sein Briefpartner ihm einige Dutzend versprochen hatte, vielleicht im Austausch mit dieser flüchtigen Skizze. Man liest dort unter anderem, daß »der ursprüngliche Name der Auster [*huître*] vermutlich der Ausruf, der Ruf des Vergnügens, den der milde Geschmack der Auster ausgelöst hatte, war«: und nicht, wie man hätte schwören können, eine *lebhafte Mimologie* des Aktes, sie auszuschlürfen.

1 Diese weiße Seite ergibt sich dadurch, daß in der französischen Ausgabe dieses Kapitel auf einer rechten Seite (S. 181) endet und jedes neue Kapitel grundsätzlich auf einer rechten Seite beginnt. Dadurch blieb die linke Seite 182 leer/weiß. (Anm. d. Ü.)

Geist die in jeder menschlichen Rede vergrabenen Mysterien? Gibt es nicht in dem *wahren* Wort eine Art phantastische Richtigkeit? Ist im kurzen Laut nicht angelegt, daß er ein undeutliches Bild der keuschen Nacktheit, der Einfachheit des Wahren in jedem Ding verlangt? Diese Silbe atmet ich weiß nicht was für eine Frische. Ich habe als Beispiel die Formel einer abstrakten Idee gewählt, da ich das Problem nicht durch ein Wort erklären wollte, das es zu leicht verständlich machte, wie das Wort *Flug*, wo alles zu den Sinnen spricht. Gilt das nicht für jedes Wort? Alle sind sie geprägt von einer lebendigen Kraft, die sie von der Seele haben und die sie ihr zurückgeben durch die Mysterien einer wunderbaren Aktion und Reaktion zwischen der Rede und dem Denken.« (*Pléiade* XI, S. 591)

Blanc bonnet versus *bonnet blanc* oder Jacke wie Hose[1]

> Ein französischer Grammatiker bedient sich, um das Wesen des Artikels zu erklären, eines Vergleichs, den er ebenso richtig wie schlagend findet: Der Artikel, sagt er, geht dem Nomen voran, wie der Lictor vor dem Konsul ging. Wenn dieser Grammatiker gewußt hätte, daß in vielen Sprachen der Artikel dem Nomen folgt, hätte er mit Sicherheit gesagt: In diesem Fall ist er ein Page, der die Schleppe seiner Herrin trägt.[2]

Die Formen von Mimologismus, denen wir bis jetzt begegnet sind, betreffen nur die elementarsten Ebenen sprachlicher Integrierung: diejenige der eigentlichen, lautlichen oder graphischen, »Elemente«, und diejenige der Vokabeln. Es liegt jedoch auf der Hand, daß die Frage nach dem sprachlichen Mimetismus sich auch auf einer umfassenderen Ebene stellen kann, derjenigen des Satzes; diese phrastische Mimesis kann (im Peirce'schen Sinn) als globales *Bild* aufgefaßt werden, wie es die expressive Stilistik bisweilen tut: So sagt man etwa, daß ein kurzer Satz die Schnelligkeit ausdrückt, ein langer Satz die Unermeßlichkeit etc.; sie kann auch als *Diagramm* aufgefaßt werden, das heißt als homologe Beziehung zwischen zwei Ensembles, deren Elemente sich nicht Term für Term ähneln, deren innere Beziehungen jedoch identisch sind. So ahmt etwa in *veni, vidi, vici* die Aufeinanderfolge der Verben diejenige der Handlungen nach, ohne daß jedes Verb jede Handlung nachahmt, und in *Der Präsident und der Staatssekretär nahmen an der Konferenz teil*[3] ahmt

---

1 Genette spielt hier mit der Redensart »c'est blanc bonnet et bonnet blanc« ›das ist Jacke wie Hose‹ (im übrigen ein brillant pointiertes Fazit der Ausführungen dieses Kapitels). (Anm. d. Ü.)
2 Proudhon, *Essai de grammaire générale* (1837), S. 272.
3 Beispiele, die Roman Jakobson gibt in »Suche nach dem Wesen der Sprache« (1965), in R. Jakobson, *Semiotik – Ausgewählte Texte 1919-1982*, herausgegeben von Elmar Holenstein, Frankfurt/M. (Suhrkamp) 1992 (stw 1007), S. 77-98, hier S. 85.

die Reihenfolge der beiden Subjekt-Nomen die hierarchische Beziehung zwischen den beiden Personen nach, die jedes der beiden auf rein konventionelle Weise bezeichnet. So, wie sie sich hier präsentiert, ist die phrastische Mimologie, sei sie nun intentional oder nicht, objektiv gesehen unleugbar, derartige Äußerungen sind jedoch nicht sehr häufig, und der typische Satz Subjekt-Verb-Objekt wirft ein heikleres Problem auf: In *Die Katze frißt die Maus* oder *Alexander besiegt Darius* kann man die Konstruktion des Satzes, anders ausgedrückt, die Reihenfolge seiner Wörter, nur um den Preis einer Prämisse wie »das Agens geht der Handlung voraus«, »das Agens ist dem Patiens übergeordnet« etc. als mimetisch ansehen. Kommen wir, obwohl Platon kein Wort darüber verliert, überein, daß dieser Typ motivierender Interpretation in das kratylische Gebiet im weitesten Sinne fällt. Wir werden dieser Form von, sagen wir, syntaktischem Mimologismus in einem Streit begegnen, der mehr als ein Jahrhundert lang die Anhänger der französischen Wortstellung in Opposition zu denjenigen der lateinischen Wortstellung brachte. Dieser sogenannte Streit *um die Inversion* ist bereits auf verschiedene Weisen analysiert worden.[1] Es versteht sich von selbst, daß wir ihn hier nur unter dem Gesichtspunkt der mimologischen Imagination ins Auge fassen werden.

Sein spezifischer Anlaß ist ein Vergleich, entstanden aus der »Querelle des Anciens et des Modernes«, der jeweiligen Meriten oder Vorteile der beiden Sprachen, doch wir können uns eine rasche Rückkehr zu den Ursprüngen der Frage nicht ersparen. Man weiß, daß im klassischen Latein, wie in anderen Sprachen mit nominaler Flexion, die Reihenfolge der Wörter im Satz frei bleibt: *Alexander besiegte Darius* kann im Lateinischen prinzipiell und ohne Schaden für die Verständlichkeit heißen: *Alexander vicit Darium, Alexander Darium vicit*, etc. Tatsächlich privilegierte der lateinische Sprachge-

---

1 Der beste Führer ist hier das Kapitel »Direct Order and Inversion« in Aldo Scaglione, *The Classical Theory of Composition from its Origins to the Present – A Historical Survey*, Chapel Hill (Univ. of North Carolina) 1972, S. 222-282. Unter philosophischem Gesichtspunkt cf. Ulrich Ricken, »Rationalismus und Sensualismus in der Diskussion über die Wortstellung« in *Literaturgeschichte als geschichtlicher Auftrag – Werner Krauss zum 60. Geburtstag*, Festgabe von seinen Leipziger Kollegen und Schülern, herausgegeben von Werner Bahner, Berlin (Rütten & Loening) 1961; und unter eigentlich grammatischem Gesichtspunkt Jean-Claude Chevalier, *Histoire de la syntaxe – Naissance de la notion de complément dans la grammaire française*, Genf (Droz) 1968.

brauch, zumindest in der Prosa, bestimmte dieser sechs möglichen Konstruktionen, insbesondere jene, die das Verb ans Ende stellen und die Quintilian aus Gründen der Effizienz empfiehlt[1]; das gleiche gilt für die Stellung des Nomens und des Adjektivs: eher *bonus pater* als *pater bonus*. Diese bevorzugten Konstruktionen definierten eine Norm des Sprachgebrauchs, die bisweilen *rectus ordo* ›rechte (An)Ordnung (Wortstellung)‹ getauft wurde.[2] Der Begriff der *natürlichen (An)Ordnung (Wortstellung)* (*naturalis ordo*) wird dagegen nur für aufzählende, nicht syntaktische Aufeinanderfolgen (*asyndeta*) verwendet, sei es im Namen eines Progressionsprinzips (eher *voleur et sacrilège* ›Dieb und Freveltat‹ als *sacrilège et voleur*), sei es aufgrund einer offensichtlichen chronologischen oder hierarchischen Reihenfolge des Typs *Geburt und Tod*, *Tag und Nacht*, *Männer und Frauen*[3]. Nichts scheint bei den klassischen Grammatikern und Rhetorikern auf eine irgendwie geartete Beziehung zwischen diesen beiden Begriffen und folglich auf eine irgendwie geartete mimetische Motivation des *rectus ordo* hinzuweisen.

Am Ende der Antike und zu Beginn des Mittelalters wird der Sprachgebrauch selbst gleichwohl eine Veränderung erfahren, die mit dem Verfall des morphologischen Systems der lateinischen Sprache verbunden ist. Gewiß, das mittelalterliche literarische Französisch bezeugt auf seine Weise bis zum 15. Jahrhundert das Überleben der klassischen Flexionen (zumindest in der rudimentären Form der Opposition Subjekt-Objekt) und die Bewahrung einer Konstruktion lateinischen Typs: *li filz le pere amet* ›der Sohn liebt den Vater‹. Das Vulgärlatein scheint sich jedoch schon recht früh zu einer festen Wortstellung ähnlich der unseren hin zu orientieren. Ernout und Thomas zitieren als Beispiel hierfür den folgenden Satz aus der *Peregrinatio Aetheriae* (4./5. Jahrhundert): »Item ostenderunt locum ubi filii Israel habuerunt concupiscentiam escarum.«[4] Infolgedessen wird aus dem *rectus ordo* die Determinationsabfolge Subjekt-Prädi-

---

1 *Institution oratoire* IX, 4 (*De compositione*): »Verbo sensum cludere multo, si compositio patiatur, optimum est: in verbis enim sermonis vis est.«
2 Ibid. Bornecque übersetzt hier *rectus ordo* mit »ordre des mots normal« ›normale Wortstellung‹.
3 Ibid. Die Überlegenheit des Progressionsprinzips über das chronologische Prinzip wird einige Zeilen weiter unten klar ausgesprochen: »Nec non et illud nimiae superstitionis, uti quaeque sint tempore, ea facere etiam ordine priora; non quin frequenter sit hoc melius, sed quia interim plus valent nate gesta ideoque levioribus superponenda sunt.«
4 *Syntaxe latine*, Paris 1964, S. 9.

kat, interpretiert als eine »logische« oder »natürliche« Abfolge, welche die Ordnung der Aufeinanderfolge nachahmt, die den Gegenständen des Denkens zugeschrieben wird. Der Aristotelismus kommt zur rechten Zeit ins Spiel, um dieser Konstruktion eine philosophische Begründung und Bürgschaft anzubieten: Das Nomen muß dem Adjektiv vorausgehen, weil die Substanz dem Akzidentellen vorausgeht (*prius est esse quam sic esse*), und aus demselben Grund muß das Subjekt vor dem Verb kommen und das Verb vor der Ergänzung: »Die rechte Wortstellung (*recta ordinatio*)«, sagt Priscian, »verlangt, daß das Pronomen oder das Nomen vor das Verb gestellt wird [...], weil die Substanz oder die Person des Agens oder des Patiens, die durch das Pronomen oder das Nomen bezeichnet wird, der Handlung natürlich vorangehen muß, die ein Akzidens der Substanz ist.«[1] Daher kommen die Grammatiker und die Kommentatoren dieser Epoche dazu, die Konstruktion der klassischen lateinischen Schriftsteller, und insbesondere diejenige der Dichter, als künstlich und abweichend in bezug auf einen *ordo rectus* oder *naturalis*, das ist von nun an ein und dasselbe, anzusehen, den man schlicht und einfach *ordo* nennen und den man implizit, ja explizit wiederherstellen wird, eingeleitet von der sakramentalen Formel *ordo est...*, um eine bestimmte Äußerung, die in ihrer ursprünglichen Konstruktion dunkel geworden ist, zu entziffern; so verfährt Donatus mit Terentius, so verfahren Servius, Priscian, Isidor von Sevilla mit Vergil[2]. Unter dem späteren und einigermaßen antiphrastischen

---

1 Zit. von Scaglione, S. 82. Diese philosophischen Rechtfertigungen waren bereits in der klassischen Epoche von den griechischen Grammatikern vorgebracht worden, die vielleicht unmittelbarer dem peripatetischen Einfluß unterworfen waren, darin aber auch stärker in Einklang mit der griechischen Konstruktion standen, die der unseren näherstebt als der lateinischen. Demetrius von Phaleron ist in Übereinstimmung mit der *natürlichen Wortstellung* (*physike taxis*) der Ansicht, man müsse den Satz mit dem Subjekt beginnen, und gibt als Beispiel den folgenden Satz des Thukydides (I, 24), deren Wortstellung fast genau diejenige des Französischen ist: *Epidamos esti polis en dexia eispleonti eis ton Ionion kolpon* (ein bis hin zu Rivarol häufig von den Verteidigern der französischen Wortstellung zitiertes Beispiel). Und Dionysios von Halikarnassos schrieb: »Das Nomen gibt das Wesen (*ousia*) an, das Verb das Zufällige (*symbebekos*); es ist also natürlich, daß die Substanz dem Zufälligen vorausgeht.« Siehe Scaglione, S. 78.

2 Servius zitiert *Aeneis* II, 347 (*Juvenes, fortissima frustra/Pectora, si vobis audendi extrema cupido,/Certa sequi* [...]) und fügt hinzu: »Ordo talis est: juvenes, fortissima pectora«, etc. Isidor von Sevilla akzentuiert den Kommentar: »Confusa sunt verba; ordo talis est [...]« und nimmt die »Konstruktion« von Servius wieder auf. Priscian stellt, das Incipit *Arma virumque cano* kommentierend, die Wortfolge wie-

Titel »Konstruktion« wird diese Praxis im scholastischen Unterricht und sogar, wie wir sehen werden, weit darüber hinaus fortbestehen: »faire la construction« bedeutete tatsächlich, einem lateinischen Satz die französische Wortstellung – oder allgemeiner diejenige der romanischen Sprachen – überzustülpen.

Die Natürlichkeit dieser Wortstellung wird wesentlich als Treue gegenüber der (zeitlichen) Ordnung der Aufeinanderfolge der Ideen im Denken aufgefaßt. Die metaphysische Priorität der Substanz über das Akzidens oder des Subjekts über die Handlung wird in diachronische Vorzeitigkeit (*prius esse*) überführt und dadurch die Struktur des Satzes zugleich mit der eines Berichtes gleichgesetzt. Die »natürliche« Wortstellung des modernen Satzes ist der einfachen oder natürlichen Erzählung vergleichbar, die die Ereignisse in der Reihenfolge erzählt, in der sie sich zugetragen haben, und die »künstliche« Wortstellung des klassischen lateinischen Satzes einer künstlerischen Erzählung epischen Typs, geprägt vom Einstieg *in medias res* und der Rückblende.[1]

Dieses – keineswegs ganz zufällige – Zusammenfallen von französischer und »natürlicher« Konstruktion sollte der ethnozentrischen Schwärmerei, die, wie wir wissen, häufig mit dem kratylischen Gegenstand verbunden ist, ein hübsches Thema liefern. Gleichwohl scheint dieses Motiv jahrhundertelang unausgebeutet geblieben zu sein, und dies aus einleuchtenden Gründen: spätes Erwachen des Nationalbewußtseins, Achtung vor den Alten, die in der mittelalterlichen Kultur bewahrt und durch die Renaissance und die Klassik gefestigt worden ist, fortdauernde Dominanz der Kategorien der lateinischen Grammatik bis in das Studium der Eingeborenensprachen hinein. Es ist charakteristisch, daß beispielsweise Du Bellays *Défense et Illustration* trotz seines Titels keinerlei Verherrlichung der französischen Sprache im Namen ihrer mimetischen Überlegenheit versucht; und ebenso widmet die *Grammaire de Port-Royal* ihr Kapitel »De la syntaxe, ou construction des mots ensemble« den

---

der her: *Cano virum.* All diese Beispiele werden zitiert von Beauzée, *Grammaire générale*, Paris 1767, II, S. 475-478.

[1] »Naturalis hic est ordo, quando nominativus precedit et verbum cum suis determinationibus et attinentibus subsequitur. Et iste ordo rem, prout gesta est, ordine recto, plano modo declarat et exponit. Artificialis ordo est [...] qui rem gestam vel ut gestam a medio incipit narrare, et postea res narratas de principio ducit ad finem. Et hoc ordine Virgilius utitur in Eneide.« (Konrad von Mure, zitiert von Scaglione, S. 114). Die Verschiebung von der syntaktischen zur narrativen Struktur ist hier ganz auffällig.

Problemen der Angleichung (*accord*) und der Rektion und keineswegs der Worststellung[1]: diese »allgemeine« Grammatik (*grammaire »générale«*) ist in hohem Maße noch eine lateinische Grammatik.

Die wahre »défense et illustration« der französischen Sprache taucht, wie ich bereits sagte, anläßlich der »Querelle des Anciens et des Modernes«[2] und, selbstverständlich, in der Partei der Modernen auf; und sogleich wird die vorausgesetzte Überlegenheit der französischen Wortstellung dieser Partei eines ihrer Lieblingsargumente liefern.

Die zeitlich erste dieser Apologien ist das Werk von P. Le Laboureur *Avantages de la langue française sur la langue latine*[3]. Die allgemeine strategische Position ist charakteristisch für die moderne Partei: Le Laboureur gibt die lateinische Abstammung des Französischen zu und bezieht daraus ein Argument zu seinen Gunsten, im Namen des Fortschritts und des berühmten »Vorteils, als letzte gekommen zu sein« (Perrault). Die große faktische Schwäche des Lateinischen ist die »Schwierigkeit«, verursacht durch die »Umstellung der Wörter«; die höchste Qualität einer Sprache ist die Klarheit, zu der einerseits die Exaktheit (das heißt die Eindeutigkeit) ihrer Begriffe und andererseits ihre »richtige Anordnung«, das heißt diejenige, die getreu der Ordnung der Gedanken folgt, beitragen: »Wenn es stimmt, daß die Wörter die Gedanken darstellen müssen, dann steht fest, daß die Konstruktion von Wörtern, welche die Ordnung der Gedanken mehr nachahmt, die vernünftigere, die natürlichere und infolgedessen die vollkommenere ist [...]. Wollen wir sagen, daß ein Mensch irgendeine Handlung vollbracht hat, beginnen wir mit dem Namen dieses Menschen, fahren fort mit dem Verb, das diese Handlung ausdrückt, und schließen mit dem Namen des Dinges, in dem ebendiese Handlung ihren Abschluß findet. So sagen wir *Le roi a pris la Franche-Comté* und nicht wie die Lateiner *La Franche le Roi Comté a pris*. Diese Abfolge, die unsere, stimmt mit dem überein, was die Philosophen über die Natur erklären, wenn sie sagen *actiones sunt suppositorum*: Das ist ein Axiom, das jedermann

---

1 Der Abschnitt über die »Konstruktionsfiguren« stellt dem Hyperbaton Figuren wie die Ellipse oder den Pleonasmus an die Seite, welche die Reihenfolge nicht antasten, und die Syllepse (*turba ruunt*), die eine typische Figur der Angleichung ist.

2 Und einer damit verbundenen Debatte über die Sprache, in der man die Inschriften der öffentlichen Denkmäler am besten abfaßt.

3 Paris 1667, bes. die *Deuxième Dissertation*, S. 112-172.

anerkennt und das sehr gut zu verstehen gibt, daß man sich keine Handlung vorstellen kann, ohne sich ein Subjekt vorzustellen, das sie ausführt, wohingegen man sich ein Subjekt ohne Handlung vorstellen kann.« Die Franzosen sprechen also, »wie sie denken, und die Lateiner denken anders, als sie sprechen«, es sei denn, sie hätten tatsächlich »anders« gesprochen, »als sie geschrieben haben«: »Ihre Ausdrucksweise war nicht ein wirkliches Bild ihres Denkens: und wenn das Zeichen verschieden ist von dem, was es ausdrückt, so ist das ein deutliches Zeichen dafür, daß es unvollkommen ist« (so lautet wirklich die kratylische Bewertung). Von daher diese, recht berühmte, Formel, deren unmittelbarer Erfolg nicht auf Komik beruhte: »Man muß mir rechtgeben, daß Cicero und alle Römer französisch dachten, bevor sie lateinisch sprachen.« Eine gewagte, aber erstaunliche Formulierung, die für mehr als ein Jahrhundert den Ton angab.

Eines der Argumente von Le Laboureur lautete, wie wir gesehen haben, daß eine »dazwischengeschaltete« Konstruktion im schlimmsten Fall eine endgültige und in den meisten Fällen zumindest eine vorübergehende Verdunkelung zur Folge hat: Der verwirrte Geist muß auf das Ende des Satzes warten, um zu verstehen, worum es geht. Hier sind also für lange Zeit die beiden, de jure sehr verschiedenen Leitgedanken der *Klarheit* und der getreuen Nachahmung des Denkens, die Bouhours *Naivität* nennen wird, miteinander verbunden. Das Kapitel der *Entretiens d'Artiste et d'Eugène*[1] über »Die französische Sprache« zeugt bereits, unter dieser typischen Feder der »goldenen Mitte« (*juste milieu*), von der Herausbildung einer Art Vulgata zugunsten des Französischen: Im Gegensatz zum Italienischen, das »mehr daran denkt, schöne Gemälde als gute Porträts zu machen«, unbekümmert um »diese Nachahmung, in der ebenso die Vollkommenheit der Sprachen wie der Malerei besteht«, »stellt [das Französische] naiv dar, was im Geiste vor sich geht«; es ist die einzige Sprache, »welche gut nach der Natur zu malen versteht und welche die Dinge genau so ausdrückt, wie sie sind«; und dies, weil sie »vielleicht die einzige [ist], welche exakt der natürlichen Ordnung folgt und welche die Gedanken in der Weise ausdrückt, wie sie im Geist entstehen«; die Griechen und die Lateiner beispielsweise »kehren die Ordnung um, in der wir uns die Dinge vorstellen; sie beenden ihre Perioden meist damit, womit die Vernunft will, daß man sie beginne. Der Nominativ, der nach der Regel des gesunden Men-

---

[1] Paris 1671.

schenverstandes an der Spitze der Rede stehen soll, findet sich fast immer in der Mitte oder am Ende [...]. Nur die französische Sprache folgt der Natur sozusagen Schritt für Schritt.«

Mit François Charpentier[1] taucht der Ausdruck *construction directe* auf, eine eher tendenziöse Übersetzung des klassischen *rectus ordo*, die, in dieser Form oder in der Variante *ordre direct*, zur Schlüsselformel der modernistischen Grammatiker wird. Die Überschrift von Kapitel XXX ist, wie Scaglione sagt, sehr nachdrücklich: »Daß die direkte Konstruktion, wie es jene der französischen Sprache ist, unvergleichlich schätzenswerter ist als die verkehrte Konstruktion der lateinischen Sprache und daß die Griechen und die Lateiner selber so darüber geurteilt haben.« Die Zustimmung der Griechen wird durch die Wortstellung des ersten Satzes von *Der Staat* vorgeführt, diejenige der Lateiner durch den Begriff des *rectus ordo* selbst, der interpretiert wird, wie wir es eben gesehen haben; wir werden später diesen Verdrehungen von Zeugnissen wiederbegegnen, die Cicero und Quintilian in eine Reihe mit Donatus und Priscian stellen. Die beiden Hauptmeriten der direkten Konstruktion sind für Charpentier die Klarheit, »welche die höchste Vollkommenheit der Rede ist«, und die Durchsichtigkeit des Natürlichen, die den Inhalt der Botschaft hervorhebt, indem sie die formalen Kunstgriffe vermeidet: »Der Redner scheint sein Bemühen nur auf die Dinge gerichtet zu haben und nicht auf die Worte, und nichts befähigt ihn mehr zu überzeugen als diese scheinbare Einfachheit, welche die Natur unmittelbar nachahmt und uns veranlaßt, seiner Aufrichtigkeit zu folgen« – Aufrichtigkeit, die eben gerade durch die Natürlichkeit der Rede verbürgt ist. Rhetorischer Vorteil also; was die Einförmigkeit dieser Konstruktion betrifft, so darf man darin nicht einen ästhetischen Mangel sehen: »Denn es besteht sehr wohl ein Unterschied zwischen den Schönheiten der Kunst und den Schönheiten der Natur. Erstere können bisweilen Ekel hervorrufen, letztere niemals. So daß man, da die direkte Konstruktion eine natürliche Schönheit in der französischen Sprache ist, keineswegs fürchten muß, sich zu langweilen. So langweilt man sich ja auch keineswegs, wenn man jeden Tag dieselbe Sonne aufgehen sieht, und dieselben Sterne; man langweilt sich keineswegs, wenn man jedes Jahr dasselbe Grün der Wiesen und der Bäume wieder hervorsprießen oder unablässig das-

---

1 *De l'Excellence de la langue française* (1683).

selbe Kristall der Brunnen und der Flüsse rinnen sieht, und eben darin ist die Natur der Kunst überlegen: Wir verlangen von der Kunst stets Abwechslung, und wir sind nicht immer sicher, daß sie uns damit zufriedenstellt; wir erwarten stets dieselben Schönheiten von der Natur und wir finden keineswegs, daß sie uns anekeln.« Ästhetischer Vorteil und gewiß ein wenig mehr als das in dieser Beständigkeit des natürlichen Vergnügens.

Bis hierher stützte sich die Verherrlichung der »direkten« Ordnung lediglich, ganz empirisch, auf die Berücksichtigung ihrer wirklichen oder angenommenen praktischen Vorteile. Bei Frain du Tremblay wird diese Valorisierung erstmals in eine allgemeine Theorie der Sprache integriert.[1] Traditionalistisch hinsichtlich der, ideologisch grundlegenden, Frage des Ursprungs der Sprachen und modernistisch in ihrer Bewertung, wird der *Traité des langues* einen großen Einfluß auf den Fortgang der Debatte und allgemeiner auf die Sprachphilosophie des Jahrhunderts ausüben. Frain übernimmt von Augustinus eine Unterscheidung zwischen der eigentlichen Rede und dem Material der Sprache: »Die artikulierten Laute, welche die Sprachen bilden, sind nicht eigentlich die Rede, sie sind lediglich die Stimme der Rede, wie der Heilige Augustinus an einer Stelle sagt, *vox verbi*. Die wahre Rede ist ganz spirituell, weil sie nichts anderes als das Denken ist.« Die materiellen Zeichen (»artikulierte Laute«) haben keine notwendige Verbindung mit ihrer Bedeutung, sie sind rein *positiv* (konventionell) und *eingesetzt (d'institution)*. Allerdings kann diese Einsetzung nicht menschlichen Ursprungs sein, da jede Konvention bereits eine Sprache voraussetzt, um begründet zu werden: »Die Rede ist der Weg, über den die Menschen sich über alles verständigen; sie könnten sich also nicht über die Rede selbst verständigen ohne die Rede. Wenn man keine Brillen machen kann, ohne zu sehen, kann man auch keine Sprache machen, ohne zu sprechen.« Dies ist meines Wissens das erste Auftauchen eines Arguments, das man zumindest bei Rousseau, Beauzée und Bonald[2]

---

1 Wie der Titel deutlich sagt: *Traité des langues, où l'on donne des principes et des règles pour juger du mérite et de l'excellence de chaque langue, et en particulier de la langue française*, Paris 1703.

2 Rousseau, *Second Discours* (1755); Beauzée, Artikel »Langue«, *Encyclopédie* (1765); Bonald, *Recherches philosophiques sur les premiers objets des connaissances morales*, Paris 1818, Kap. II, »De l'origine du langage«. Für Beauzée und Bonald ist die offensichtliche und zugegebene »Quelle« Rousseau. Ebenso für Saint-Martin, *Esprit des choses* II, S. 127, den Fabre d'Olivet seinerseits so zusammenfaßt: »Wenn

wiederfindet und das, indirekt und wohl unabsichtlich, aus der kratylischen These die einzige Alternative zu derjenigen des göttlichen Ursprungs der Sprache macht – was sie bereits, anscheinend, bei Epikur war: Der einzig mögliche hermogenistische Logothet ist Gott; ohne seine Hilfe können die Menschen sich nur (ohne zu sprechen) über eine natürliche Sprache verständigen, die sich gewissermaßen von selbst begründet[1]. Dieser Sophismus (man beweist auf dieselbe Weise, daß niemand schwimmen lernen kann, etc.) scheint ein Jahrhundert lang schwer gelastet zu haben, und er ist dem mimologischen Engagement aufgeklärter Geister wie Charles de Brosses gewiß nicht fremd gewesen: entweder Kratylos oder Jahwe (nur, oder fast nur Condillac lehnte diese Entscheidung ab). Was Frain betrifft, so reiht er sich natürlich ins entgegengesetzte Lager ein, dasjenige eines theologischen Konventionalismus. Doch diese Parteinahme betrifft, erinnern wir uns, nur die materiellen Zeichen, aus denen die Sprache besteht. Die Rede dagegen ist und muß in der Bewegung, die sie konstituiert und die sie der Materialität der Sprache entreißt, Nachahmung des Denkens sein. In diesem Punkt also trifft sich Frain auf seine Weise zugleich mit dem kratylischen Lager und der modernistischen These: Die Wörter sind arbiträr, ihr »Arrangement« jedoch kann und muß mimetisch sein. Dafür ist nötig und ausreichend, daß die Ordnung des Satzes getreu derjenigen des Denkens entspricht: was der französische Satz verwirklicht und was der lateinische Satz oder zumindest derjenige der lateinischen Schriftsteller verfehlt, »denn ich kann nicht glauben, daß die Römer gewöhnlich auf diese Weise sprachen. Die Menschen sprechen von

---

    die Sprache des Menschen eine Konvention ist, wie hat dann diese Konvention sich begründet ohne Sprache?« (einleitende Abhandlung zu *La Langue hébraïque restituée* (1815), § 1). Weniger erwartet hier und wohl vor dem *Second Discours*, hier noch Turgot, Konventionalist gleichwohl, wie man weiß, im Artikel »Etymologie«: »Suchen wir den Ursprung der Sprachen nicht in einer willkürlichen Konvention, die im übrigen bereits etablierte Zeichen voraussetzte, denn wie soll man sie machen, ohne zu sprechen?« (*Autres Réflexions sur les langues* (um 1751), in *Œuvres*, Ausgabe Schelle, S. 351). Diese falsche Evidenz ist der Typus schlechthin des zeit- und autorlosen Gemeinplatzes; bemerkenswert ist daran eher, daß man um die Jahrhundertwende geglaubt hat, das ganze Verdienst daran Rousseau zuschreiben zu müssen.

1 Das Dilemma göttliche Einsetzung/menschliche Motivation fand sich natürlich bereits bei Leibniz, doch nicht im Namen des gleichen Arguments der Notwendigkeit einer Sprache, die jeder Konvention vorausgeht; der implizite Grund war eher der (für Leibniz) notwendig »philosophische« Charakter einer konventionellen Sprache.

Natur aus, wie sie denken.« Der *ordo naturalis* des Lateinischen ist also nur ein »Werk der Kunst«, eine unglückliche Auswirkung des Schreibens, eine Verirrung des Stils. Die menschliche Rede ist im allgemeinen eine Nachahmung des Denkens, sie kann nichts anderes sein, und keine Sprache kann sich dieser Notwendigkeit ganz widersetzen. »Es gibt keine Sprache, in der man ihre Wörter nicht auf natürliche Weise anordnen und sie auf regelmäßige Weise in Einklang bringen kann und in der man infolgedessen nicht mit dieser Deutlichkeit sprechen kann, die stets von der Klarheit begleitet ist, und mit dieser Naivität, die es niemals verfehlt zu gefallen. Wenn ein Mensch klar sieht, was er sagen will, wenn seine Gedanken wohlgeordnet sind, folgt seine Rede der Ordnung seiner Gedanken, und die Worte nehmen auf natürliche Weise ihren Platz ein; nun ist die Klarheit des Geistes und der Vorstellung keine Gabe, die den Menschen eines Landes oder einer Sprache eigentümlich ist, sie ist den Menschen aller Länder und aller Sprachen gemeinsam, und infolgedessen die Klarheit des Stils.« Frain postuliert hier also, was das implizite Prinzip fast aller Spekulationen des 18. Jahrhunderts über den *ordo* sein wird: Konventionalismus auf der Ebene der Elemente (Laute und Wörter), Mimetismus auf der Ebene ihres »Arrangements«, das heißt des Satzes und der Rede. Wir werden *in fine* auf den sehr eigentümlichen theoretischen Status dieser Version des Kratylismus zurückkommen.

Um diesem Prinzip syntaktischen Mimetismus' seine ganze Schärfe zu geben, zögerte Frain du Tremblay nicht, den Unterschied zwischen den Sprachen herunterzuspielen, indem er selbst dem Lateinischen eine natürliche Fähigkeit zum mimetischen *ordo* zugesteht. Dies ist eine umgekehrte Haltung, die das Hauptwerk der französischen Sprachtheorie im 18. Jahrhundert illustriert – und dessen Einfluß hinsichtlich dieses Punktes entscheidend sein wird: die *Vrais Principes de la langue française* des Abbé Girard[1]. Das methodische Prinzip ist bereits – bis auf eine Nuance – dasjenige, das ein halbes Jahrhundert später den Ansatz der vergleichenden Grammatik leiten wird, daß nämlich das Hauptcharakteristikum einer Sprache nicht in seinem Wortschatz, sondern in seiner Grammatik zu suchen sei. Unter Grammatik wird hier jedoch, gemäß einer Spezifikation, die bereits das Sonderrecht widerspiegelt, das einem bestimmten Modell sprachlichen Funktionierens eingeräumt wird,

---

1 Paris 1747, insbes. S. 21-40.

nicht, wie bei Schlegel oder bei Bopp, die grammatische Form verstanden, die den Wörtern durch die Flexion gegeben wird, die Affixe und all das, was man dann Morphologie nennen wird, sondern vielmehr die Syntax, und näherhin eine Syntax, die im wesentlichen auf die Wortstellung reduziert ist und die Girard »tour de phrase« (›Satzgestaltung‹) nennt: »Der offensichtlichste Unterschied zwischen den Sprachen ist derjenige, der zuerst unsere Ohren trifft; er kommt von dem Unterschied der Wörter; der wesentlichste jedoch zeigt sich nur unserer Reflexion: er entsteht aus der Verschiedenheit des Geschmacks eines jeden Volkes hinsichtlich der Satzgestaltung und der näher bestimmenden Idee des Gebrauchs der Wörter [...]. Wenn der unterscheidende Geschmack in seiner Universalität betrachtet wird, dann ist er das, was man hinsichtlich der Sprachen *Genie* nennt, dessen Natur gut zu kennen für den Grammatiker wichtig ist.« Hier taucht also der entscheidende Begriff des *Genies einer Sprache* auf, definiert, wie wir feststellen und worauf wir zurückkommen werden, als eine spezifische rein formale Anlage. Der Unterschied im *Genie*, das heißt im grundlegenden syntaktischen Muster, leitet für Girard – und für das gesamte Sprachdenken des Jahrhunderts – zugleich die Klassifikation und die Abstammung der Sprachen.

Klassifikation: »Jede Sprache hat [ihr Genie]; sie können dennoch auf drei Arten zurückgeführt werden, und durch dieses Mittel werden die Sprachen in drei Klassen unterschieden.« Diese drei tatsächlichen Klassen lassen sich auf zwei Idealtypen zurückführen, von denen die dritte nur einen Mischzustand darstellt: Die *analogen* Sprachen »folgen gewöhnlich in ihrer Konstruktion der natürlichen Ordnung und der Abstufung der Ideen: das handelnde Subjekt geht als erstes, darauf die Handlung, begleitet von ihren Bestimmungen, danach das, was ihr Objekt und ihr Ziel bildet«; dies sind das Französische, das Italienische, das Spanische; die *transpositiven* Sprachen »folgen keiner anderen Ordnung als dem Feuer der Einbildungskraft und lassen bald das Objekt, bald die Handlung und bald die Bestimmung oder den Umstand vorangehen«: so das Lateinische, das »Slawische« und das »Moskowitische«; die gemischte Klasse, die das Griechische einschließt, ist diejenige der Sprachen, die zugleich eine Flexion wie das Lateinische und einen Artikel wie das Französische haben, was nichts über ihre Konstruktion aussagt; doch Girard mißt diesem Typ sichtlich keine große Bedeutung bei: wesentlich ist für ihn die Opposition zwischen den beiden ersten, in der man, allerdings theoretisiert und gleichsam idealisiert, die Konfrontation zwischen dem Französischen und dem Lateinischen wiederfindet.

Abstammung: Weil diese Opposition irreduzibel und unwandelbar ist, bestimmt hier (im Gegensatz zum folgenden Jahrhundert) die Typologie die Genealogie. Der Unterschied im Genie verhindert jede Abstammungsbeziehung zwischen einer transpositiven und einer analogen Sprache. Man findet hier das Relevanzprinzip der Syntax wieder: Die Verwandtschaft des Vokabulars zwischen zwei Sprachen, etabliert durch die Etymologie, begründet keineswegs die Verwandtschaft zwischen diesen Sprachen selbst: »Die Etymologie beweist nur die Entlehnungen und nicht den Ursprung [...]. Man darf daher weder bei den Entlehnungen noch bei den Etymologien stehenbleiben, um den Ursprung und die Verwandtschaft von Sprachen zu erkennen, sondern muß sich an ihr Genie halten, indem man Schritt für Schritt ihrem Fortschritt und ihren Veränderungen folgt. Der Erfolg der neuen Wörter und die Leichtigkeit, mit der diejenigen der einen Sprache in die andere hinüberwechseln, vor allem wenn die Völker sich vermischen, werden in dieser Hinsicht stets auf die falsche Fährte führen, wohingegen das Genie, unabhängig von den Organen und infolgedessen weniger empfänglich für Entstellung und Veränderung, sich inmitten der Unbeständigkeit der Wörter behauptet und der Sprache den wahren Ausweis ihres Ursprungs bewahrt.« Aus diesem allgemeinen Prinzip ergibt sich eine unvermeidliche Konsequenz, nämlich das Nichtvorhandensein von Verwandtschaft zwischen dem Französischen und dem Lateinischen: Die Konstruktion »steht der Meinung jener entgegen, die versichern, daß die französische, die spanische und die italienische Töchter der lateinischen sind [...]. Wenn man diese lebenden Sprachen mit einem Artikel ausgestattet sieht, den sie nicht aus der lateinischen haben nehmen können, in der es niemals einen gegeben hat, und diametral entgegengesetzt den transpositiven Konstruktionen und den Beugungen der Fälle, die in dieser üblich waren, kann man wegen einiger entlehnter Wörter nicht sagen, daß sie deren Töchter sind, oder man müßte ihnen mehr als eine Mutter geben.« Es ist also nicht mehr, wie bei Le Laboureur, von einem sprachlichen Fortschritt die Rede, von dem das Französische im Vergleich zu seinem unvollkommenen Vorfahren profitieren würde: Alle Brücken zwischen dem Lateinischen und dem Französischen sind abgebrochen, und da dieses anscheinend eine »Mutter« haben muß, sind alle (anderen) Wege offen für eine Spekulation, von der wir später einige Spuren finden werden.

Diese radikale Trennung – deren Maßlosigkeit zu ermessen wir heute kaum Mühe noch das Verdienst haben[1] – beherrscht auch für Girard das, was man damals gerne, absolut, die *Methode* nannte, das heißt die Methode des Sprachunterrichts. Man findet hier eine der ersten französischen Reaktionen, wenn nicht sogar die erste, des Typs Wallis auf die Tyrannei des lateinischen Modells im Unterricht der französischen Grammatik. Girard beglückwünscht sich in der Tat dazu, daß seine Klassifikation, indem sie »die Fesseln [löst], mit denen man unsere Sprache an die lateinische bindet, Gelegenheit geben [kann], die Ketten zu zerbrechen, unter denen die französische Methode stöhnt. So starke Ketten, daß niemand es noch zu unternehmen gewagt hat, sie zu brechen. Alles, was man dem Publikum diesbezüglich gegeben hat, hat sich nur fügsam und den Lektionen der ersten Schulen unterworfen präsentiert: Man hat sich nicht einmal vorstellen wollen, daß es erlaubt sei, sich ein anderes Modell zu geben als das lateinische Elementarbuch der höheren Schule [...] Die Grammatik muß ihre Definitionen nach der Natur der Dinge bilden, ihre Regeln aus der Praxis und dem besonderen Genie der Sprache beziehen, die sie behandelt, vor allem die übliche Klippe vermeiden, die darin besteht, auf die analogen Sprachen anzuwenden, was nur den transpositiven angemessen ist [...]. Die Grammatik im allgemeinen ist weder die lateinische noch die französische Methode, noch diejenige irgendeiner besonderen Sprache; sondern sie ist die Kunst, jede Sprache gemäß ihren Gewohnheiten und ihrem eigenen Genie zu behandeln. Man soll sich daher von der Gewohnheit freimachen, Grammatik einzig und allein im lateinischen Geschmack zu betreiben, da diese Kunst eines anderen fähig ist, und da jeder von ihnen seine Angemessenheit je nach dem unterschiedlichen Genie der Sprachen hat, können und dürfen sie nicht gegeneinander ausgetauscht werden.«

Diese Unabhängigkeitserklärung der »französischen Methode« war begleitet, wie wir sehen, von einer feierlichen Anerkennung der Rechte einer jeden Sprache auf seine eigene Methode und einer Warnung vor jeder umgekehrten Übertreibung. Diese Vorsichtsmaßnahmen waren um so weniger überflüssig, als der Rückstoß

---

1 Im 17. und zu Beginn des 18. Jahrhunderts (siehe Le Laboureur oder Lamy, *Rhétorique* I, Kap. XIII) zweifelte man kaum an der Abstammung vom Lateinischen. Das Kriterium des *ordo* hat vielmehr eine Regression des genealogischen »Wissens« zur Folge.

bereits im ersten Werk des Grammatiker-Philosophen César Chesneau Dumarsais, der *Exposition d'une méthode raisonnée pour apprendre la langue latine* (›Darlegung einer systematischen Methode zur Erlernung der lateinischen Sprache‹)[1] in Erscheinung getreten war. Das Hauptcharakteristikum und die wichtigste Innovation dieser Methode ist die Betonung dessen, was Dumarsais »Routine« nennt, das heißt das praktische Erlernen im direkten Kontakt mit den Texten, in Opposition zur »raison«, die das theoretische Studium der Strukturen und Regeln ist. Eine derartige Methode kollidiert jedoch in diesem Fall mit der Schwierigkeit der »Inversionen« und der »Ellipsen«, die sich auf Schritt und Tritt in den authentischen lateinischen Texten finden. Man kann von den jungen Schülern nicht verlangen, diese Texte in ihrer Wortstellung zu lesen, die der »natürlichen Wortstellung, der das Französische fast immer folgt«, so sehr zuwiderläuft. »Erst in einem vorgerückten Alter können sie diese Anspannung aushalten, und nachdem sie durch Übung die Gewohnheit angenommen haben, den Platz[2] des lateinischen Wortes allein an seiner Endung zu erkennen. Um diese Gewohnheit früher annehmen zu lassen und um ihre ersten Jahre, eine Zeit, die so günstig ist, um Vorräte anzulegen, nutzbringend zu verwenden, beseitige ich diese Schwierigkeit, indem ich die Autoren geordnet nach der einfachen Konstruktion und ohne jede Inversion erklären lasse.« Das ist ganz offensichtlich, über Port-Royal hinaus, die Rückkehr zum *ordo est* und zur scholastischen »Konstruktion«, verschärft jedoch durch das schlichte Setzen des *ordo rectus* an die Stelle der Ordnung des Textes. Anstelle des direkten Kontaktes bietet man den Anfängern also Sätze von Cicero oder Verse von Horaz arrangiert nach der französischen Wortstellung, nachdem man alle »nicht ausgedrückten« Wörter wieder eingesetzt hat[3]. Dumarsais präsentiert selbst als Anhang eine derartige Version des *Carmen saeculare*; zum Ergötzen der Latinisten hier als Beispiel die Behandlung der ersten Strophe: *Phoebe, sylvarumque potens Diana,/Lucidum caeli decus, o colendi/Semper, et culti, date quae precamur/Tempore sacro* wird zu: *O*

---

1 Paris 1722, wiederaufgenommen in den ersten Band der *Œuvres* (1797).
2 Dieser Platz ist natürlich derjenige, den es in einer Konstruktion nach französischer Art einnehmen würde, und folglich die Funktion, die er angibt. Wie wir weiter unten besser sehen werden, sind für Dumarsais »Platz« und Funktion ein und dasselbe.
3 Beispiele für Ellipse nach Dumarsais: *maneo (in urbe) Lutetiae* oder *(sub) imperante Augusto*.

Phoebe, atque Diana potens sylvarum, (o vos) decus lucidum caeli, o (vos) colendi semper, et culti semper, date (ea negotia) quae precamur (in hoc) tempore sacro.

»Es hatte bis jetzt nur eine Sprache über das gegeben, was man gemeinhin die Konstruktion des Satzes nennt. Man glaubte sich zu verstehen, und man verstand sich tatsächlich. In unseren Tagen hat der Herr Abbé Batteux sich gegen das universale Gefühl erhoben und eine Meinung vorgebracht, die exakt das Gegenteil der allgemeinen Meinung ist.« Wenn auch parteiisch und summarisch, so beschreibt die rückschauende Bewertung Beauzées[1] doch recht gut den Stand der Meinung zu Beginn des 18. Jahrhunderts. Der Widerstand der Partei der Alten war tatsächlich schwächer und weniger artikuliert auf der sprachlichen Ebene als auf derjenigen der Werke und der Prinzipien der literarischen Ästhetik. Die Parteigänger des Lateinischen waren vielleicht in der gebildeten Meinung nicht in der Minderheit, doch sie schienen um Argumente verlegen. Ein erstes Zeichen für Wiederbesinnung zeigt sich in der *Rhétorique* von Lamy, und genauer zwischen den drei ersten Auflagen (1675-1688) und der vierten von 1701.[2] Bis dahin begann das Kapitel »De l'ordre et de l'arrangement des mots« (›Von der Reihenfolge und der Anordnung der Wörter‹) mit einer Erklärung, die sich ganz entschieden für die französische Wortstellung aussprach: »Bezüglich der Wortstellung und der Regeln, die man bei der Anordnung der Rede einhalten muß, zeigt das natürliche Licht so lebhaft, was man tun muß, daß wir nicht ignorieren können, was diejenigen täten, denen wir es als Lehrmeister gegeben haben, wenn sie ihm folgen wollten. Man kann den Sinn einer Rede nicht erfassen, wenn man zuvor nicht weiß, was ihr Gegenstand ist. Die natürliche Reihenfolge verlangt also, daß in jedem Satz das Nomen, das sein Subjekt ausdrückt, an den Anfang gestellt wird, etc.« Die Fortsetzung des Kapitels stellte einigermaßen das Gleichgewicht wieder her, indem sie zeigte, daß die Existenz der Fälle das Lateinische legitimerweise davon befreit, »sich wie wir der natürlichen Abfolge zu unterwerfen«, und welche Vorteile es daraus

---

1 *Grammaire générale* II, S. 464.
2 Die »vierte, nachgesehene und um ein Drittel vermehrte« Auflage von 1699 (bei Paul Marret, Amsterdam), nachgedruckt 1969 von Sussex Reprints, ist tatsächlich identisch mit den vorhergehenden, zumindest was dieses Kapitel betrifft. Die wirkliche vierte nachgesehene und vermehrte Auflage ist diejenige von 1701 bei Delaulne, Paris.

zieht: Als ästhetischer Vorteil gibt die Freiheit der Konstruktion »ihm die Möglichkeit, die Rede flüssiger und wohllautender zu gestalten«. Expressiver Vorteil: Das Denken ist tatsächlich nicht so sukzessiv, wie behauptet wird; es ist »wie ein Bild aus mehreren Strichen, die sich verbinden, um es auszudrücken. Es scheint also, daß es passend ist, dieses Bild insgesamt zu präsentieren, damit man auf einen Blick alle miteinander verbundenen Linien betrachtet, wie sie sind, was im Lateinischen geschieht, wo alles verbunden ist, wie die Dinge es im Geiste sind [...] auch sind die lateinischen Ausdrucksweisen stärker, da sie verbundener sind.« 1701 wird der Vorteil des Lateinischen verstärkt, zunächst durch eine hinsichtlich der Evidenz der »direkten« Ordnung sehr viel zurückhaltendere Einleitung: »Es ist gar nicht so leicht, wie man denkt, zu sagen, welche die natürliche Ordnung der Teile der Rede ist, das heißt, welche die vernünftigste Anordnung ist, die sie haben können. Die Rede ist ein Bild dessen, was im Geist präsent ist, was lebendig ist. Auf einmal faßt er mehrere Dinge ins Auge, deren Platz infolgedessen schwer zu bestimmen wäre, ebenso wie der Rang, den jedes einnimmt, da er sie alle umfaßt und mit einem einzigen Blick sieht.« Darauf durch Hinzufügung einer neuen Verteidigung der lateinischen Wortstellung, die ihrerseits als »natürlich« bezeichnet wird, insofern sie »alle Teile eines Satzes untereinander vereint darstellt, wie sie es im Geiste sind«. Schließlich durch eine direkte und explizite Antwort auf »denjenigen, der über die Vorteile unserer Sprache geschrieben hat« (Le Laboureur) und der »diese Überlegung nicht angestellt hatte«, als er sich unglücklicherweise bemühte, die Sprache Ciceros lächerlich zu machen.

Die modernistische Offensive hat Lamy also nicht überzeugt, ganz im Gegenteil, und sein Gegenangriff skizziert bereits recht gut die beiden künftigen Verteidigungslinien der Parteigänger der lateinischen Wortstellung: die ästhetische (freiere Konstruktion, folglich »harmonischere«, das heißt ungezwungen wohlklingende Rede) und die mimetische: gebundenerer Satz, folglich treuer dem Wesen des Denkens gegenüber, das nicht in der Sukzessivität liegt, sondern im Gegenteil in der Einheit und der Simultaneität. Die erste interessiert uns hier nicht direkt: an sie hält sich beispielsweise der Abbé du Bos in seinen *Réflexions critiques sur la poésie et la peinture*[1]: »Die lateinische Konstruktion erlaubt es, die natürliche Wortstellung um-

---

[1] Paris 1719, S. 310.

zustürzen und die Wörter umzustellen, bis man zu einer Anordnung gelangt, in der sie sich ohne Mühe aussprechen lassen und sogar eine angenehme Melodie ergeben«; oder E. S. de Gamaches in seinen *Agréments du langage réduits à leurs principes*[1], der die Fälle durchgeht, in denen, selbst im Französischen, die »Inversion« zur Klarheit und zum Gleichgewicht des Satzes beiträgt.

Diese ästhetische Valorisierung fehlt nicht bei Condillac[2]; die beiden ersten Vorteile der lateinischen Inversionen sind für ihn die Harmonie der Rede und die Lebhaftigkeit des Stils: Der Abstand der untereinander in Übereinstimmung gebrachten Wörter »regt die Einbildungskraft an, und die Ideen sind nur verstreut, damit der Geist, gezwungen, sie selbst wieder zusammenzurücken, ihre Verbindung oder ihren Kontrast mit größerer Lebhaftigkeit wahrnimmt.« Ein dritter Vorteil räumt jedoch den mimetischen Werten einen größeren Raum ein: Die Inversionen »schaffen ein Bild, ich will sagen, sie vereinen in einem einzigen Wort die Umstände einer Handlung, gewissermaßen wie ein Maler sie auf einer Leinwand vereint; wenn sie sie einen nach dem anderen böte, handelte es sich nur um einen einfachen Bericht. Ein Beispiel wird ganz deutlich machen, was ich meine. *Nymphae flebant Daphnim extinctum funere crudeli*: das ist eine einfache Erzählung. Ich erfahre, daß die Nymphen weinten, daß sie Daphnis beweinten, daß Daphnis gestorben war, etc. Da so die Umstände einer nach dem anderen kommen, hinterlassen sie nur einen geringen Eindruck bei mir. Wenn man die Abfolge der Worte jedoch ändert und sagt: *Extinctum Nymphae crudeli funere Daphnim/Flebant*, so ist die Wirkung eine ganz andere, weil ich, nachdem ich *extictum Nymphae crudeli funere* gelesen habe, ohne etwas zu erfahren, mit *Daphnim* einen ersten Pinselstrich sehe, mit *flebant* einen zweiten sehe, und das Bild ist vollendet. Meine in Tränen aufgelösten Nymphen, der sterbende Daphnis, dieser Tod, begleitet von allem, was ein Schicksal beklagenswert machen kann, erschüttern mich zugleich. Derart ist die Macht der Inversionen auf die Einbildungskraft.« Man sieht, wie hier das narrative Modell, das implizit die Parteigänger des *naturalis ordo* beeinflußte, aufgegeben und sogar herabgesetzt (»*einfacher* Bericht«,

---

[1] Paris 1718.
[2] *Essai sur l'origine des connaissances humaines* (1746), 2. Teil, Kap. XII, »Des inversions«.

»*einfache* Erzählung«) wird; nicht, wie bei Lamy, im Namen einer Momenthaftigkeit des Denkens, sondern zugunsten eines anderen objektiven Modells: desjenigen des Bildes. Die vergilsche Ordnung oder, wenn man lieber will, Unordnung, ahmt in ihrer Verweigerung der zeitlichen Aufeinanderfolge besser als die unsere die Simultaneität des Gegenstandes nach, oder vielmehr die Gesamtheit von Gegenständen, die sich beständig unserer Wahrnehmung bieten und unsere Rede fordern. Merken wir an, daß diese Abwesenheit von Linearität, diese atemporale Zersplitterung des Satzes von vornherein die zentrale These des *Laokoon* widerlegen oder zumindest ihre Tragweite vermindern: Manche Sprachen wären spontan narrativ und andere hätten von Natur aus einen Hang zur Beschreibung.

Dies ist der Hauptvorteil dessen, was Condillac immer wieder, ganz wie die Gegner des Lateinischen, *Inversionen* nennt. Doch dieser Begriff hat bei ihm nicht dieselbe Bedeutung wie in der modernistischen Vulgata: Er steht nicht zu dem der »natürlichen Ordnung« in Opposition, sondern zu demjenigen der *Verbindung der Ideen*: die Inversionen »stören die Verbindung der Ideen« oder »tun ihr Gewalt an«. Worum handelt es sich also?

»Wir schmeicheln uns«, sagt Condillac (und dieses *wir* zeigt recht gut den, ihren Gegnern selbst zufolge, *dominanten* Charakter der modernistischen These), »daß die Reihenfolge Subjekt-Verb-Objekt der Aufeinanderfolge der Ideen im Geiste mehr entspricht.« Tatsächlich ist dem nicht so, denn die »Operationen der Seele« sind entweder simultan (siehe Lamy), »und in diesem Fall gibt es keinerlei Ordnung unter ihnen«, oder aber sukzessiv, und in diesem Fall kann ihre Ordnung variieren, »denn es ist ebenso natürlich, daß die Ideen *Alexander* und *siegen* wieder anläßlich derjenigen von *Darius* vor Augen treten, wie es natürlich ist, daß diejenige von *Darius* anläßlich der beiden anderen wieder vor Augen tritt.« Was zählt, ist nicht die Aufeinanderfolge der Ideen, sondern ihre Verbindung, und im Notfall ihre »größte Verbindung«: Die Idee des Subjekts einerseits, diejenige des Objekts andererseits sind am engsten mit der Idee der Handlung verbunden. Daher wird man auf die natürlichste Weise, aber auch auf ebenso natürliche Weise sagen *Alexander vicit Darium* oder *Darium vicit Alexander*. Und wenn man absolut bestimmten wollte, welcher Satz der natürlichere ist, nicht mehr gemäß der Verbindung der Ideen, die sie gleichberechtigt ins Spiel bringt, sondern gemäß der ursprünglichen Reihenfolge ihres Auftauchens im Geist, würde man sogar finden, daß es der zweite ist. Dies verweist uns vom Kapitel XII »Von den Inversionen«, auf das Kapitel IX

»Von den Wörtern«, wo Condillac auf seine Weise die Ursprünge der artikulierten Sprache und genauer die sukzessive Erfindung der Teile der Rede darstellt. Die Menschen haben zuerst gefunden, was zugleich das Leichteste und das Dringendste war, die Namen der wahrnehmbaren Gegenstände (*Baum, Frucht, Wasser, Feuer* etc.), dann die Adjektive, welche die wahrnehmbaren Eigenschaften bezeichnen, dann die Verben, welche die Handlungen bezeichnen. Diese Reihenfolge des Erwerbs findet sich ganz natürlich in derjenigen des ursprünglichen Satzes wieder: Der Wilde bezeichnet zuerst den Gegenstand seines Denkens, das heißt im allgemeinen seines Verlangens, nehmen wir an: *Frucht*: ein Nominalsatz, in gewisser Weise bereits vollständig und ausreichend. Wenn er genauer oder expliziter sein will, wird er sagen: *Frucht wollen*. Von da an, auf der dritten Etappe, »konnte, da das Verb nach seinem Objekt kam, das Nomen, das es regierte, das heißt der Nominativ, nicht dazwischen gestellt werden, denn es hätte ihre Beziehung verdunkelt [das ist bereits das Prinzip der Verbindung]. Es konnte den Satz auch nicht beginnen, da seine Beziehung mit seinem Objekt weniger deutlich gewesen wäre. Sein Platz war folglich nach dem Verb.« Daher: *Frucht wollen Pierre* (der Mann jenes Zeitalters heißt zwangsläufig Pierre), Ergänzung-Verb-Subjekt oder, in der Terminologie jener Zeit, »régime-verbe-nominatif«: *Darium vicit Alexander*. Oder auch, hinsichtlich der Aufeinanderfolge von Nomen und Adjektiv: »Ein von der Höhe eines Baumes überraschter Mensch sagte *grand arbre*, obwohl er bei jeder anderen Gelegenheit [doch gibt es andere?] *arbre grand* gesagt hätte; denn die Idee, von der man am meisten erschüttert wird, ist diejenige, die man auf ganz natürliche Weise veranlaßt ist, als erste zu äußern.«

Letztlich rechtfertigt also doch die Reihenfolge der Aufeinanderfolge oder eventuell der Nicht-Aufeinanderfolge der Ideen für Condillac die lateinische Wortstellung (oder die pseudolateinische, denn das klassische *Alexander Darium vicit* entspricht sehr wenig seinem Modell). Diese Wortstellung ist natürlich, denn sie ahmt bald die Simultaneität des perzeptuellen Bildes nach, bald die ursprüngliche Sukzessivität des Denkens: In ihr findet man – allerdings, natürlich, invertiert – das mimetische Prinzip des *ordo naturalis* wieder.

Ebendieses Prinzip leitet, und zwar noch expliziter, die Demonstration des Abbé Batteux in einem Text, der trotz der Vorzeitigkeit von Condillacs *Essai* als das wahre Manifest der latinistischen Partei aufgenommen wurde: die *Lettres sur la phrase française comparée avec la phrase latine*[1]. Für Batteux ist die Rede »ein Porträt, in dem unsere Seele sich außerhalb ihrer selbst vollständig sieht, wie sie ist, in all ihren Positionen, in all ihren Bewegungen«. Porträt, folglich getreues Bild nicht nur der Seele, sondern der Welt, gemäß einer Kette von Ähnlichkeiten, welche die Ideen mit den Dingen verbindet und die Ausdrücke mit den Ideen: »Die Ausdrücke verhalten sich zu den Gedanken wie die Gedanken zu den Dingen: Es gibt zwischen ihnen eine Art von Zeugung, welche die Ähnlichkeit stufenweise vom Anfang bis zum letzten Wort trägt.« Nun verlangt die Genauigkeit des Porträts nicht nur eine Ähnlichkeit bezüglich eines jeden Details des Modells, sondern auch eine diagrammatische Entsprechung bezüglich ihrer Gesamtanordnung: »Die Vollkommenheit eines jeden Bildes besteht in der Ähnlichkeit mit dem, dessen Bild es ist, und diese Ähnlichkeit muß, wenn sie vollkommen ist, nicht nur die Dinge darstellen, sondern die Ordnung, in der die Dinge sich befinden. Wenn mein Denken mir beispielsweise einen Menschen vergegenwärtigt, so reicht es nicht, daß es mir Arme, einen Kopf, Beine malt, es muß diese Glieder auch an die Stelle setzen, an die sie gehören, das heißt dorthin, wo sie sich wirklich bei dem Menschen befinden, der dargestellt wird, denn sonst wäre das Bild falsch. Von der Reihenfolge und Anordnung der Dinge und ihrer Teile hängt also die Reihenfolge und die Anordnung der Gedanken ab, und von der Reihenfolge und Anordnung des Denkens und seiner Teile die Reihenfolge und Anordnung der Äußerung. Und diese Anordnung ist natürlich oder nicht natürlich in den Gedanken und in den Äußerungen, die Bilder sind, wenn sie den gestalteten Dingen entspricht oder nicht entspricht.«

Die Ordnung des Satzes ist also oder muß vielmehr Abbild der Ordnung der Gedanken und indirekt der Dinge selbst sein. Hier jedoch unterscheidet Batteux, infolge eines vorübergehenden Zugeständnisses an die Modernisten, zwei Konstruktionsordnungen: die *metaphysische*, die nichts anderes als der traditionelle *ordo* Subjekt-Prädikat ist, und die *geistige* (*moral*), »gegründet auf das Interesse der Person, die spricht«, und spezifiziert in einer Aufeinanderfolge nach abnehmender Wichtigkeit: der Hauptgegenstand muß gleich zu

---

1 Veröffentlicht 1748 als Anhang (139 S.) zum 2. Band des *Cours de belles-lettres*. Hellenist und Latinist, Übersetzer von Aristoteles, von Dionysios von Halikarnossos und von Horaz repräsentiert Charles Batteux, durch seine *Beaux Arts réduits à un même principe* (1746) auch einen der Hauptübergänge zwischen der klassischen und der romantischen Ästhetik (und Poetik).

Beginn kommen, »da dieser alle anderen steuert«. Die metaphysische Ordnung entspricht den sogenannten idealen Situationen, in denen man nur »spekulativ« die Beziehung zwischen zwei Gegenständen betrachtet. In jeder Lage, in der das Interesse, im weiten Sinne, des Sprechers stark beteiligt ist, das heißt tatsächlich fast immer, drängt die »geistige« Ordnung sich auf. Ich kann metaphysisch äußern: *Die Sonne ist rund*, doch wenn ich mich wirklich an einen Gesprächspartner wende, um ihn von dieser Rundheit zu überzeugen, wird das »Subjekt« dieser Äußerung dadurch zu einer einfachen gemeinsamen Präsupposition (wir sind uns einig über seine Existenz), und wichtig ist uns natürlich das Prädikat, das als erstes kommen muß: *rotundus est sol*. Die geistige Ordnung ist also zugleich die häufigste und die natürlichste (auch im Sinne von *ursprünglich*), wie zwei Beispiele auf die Weise Condillacs beweisen sollen: »Wenn ich einem anderen Menschen als mir zu verstehen geben will, daß er fliehen oder irgendeinen Gegenstand suchen soll, so werde ich damit beginnen, ihm diesen Gegenstand zu zeigen. Anschließend werde ich ihm begreiflich machen, was er damit tun soll. [...] Ich muß ihm zuerst die Schlange zeigen; anschließend werde ich ihm, falls nötig, mit der entsprechenden Geste bedeuten, daß er fliehen soll. Wenn ich bei Tisch mit einer Geste um Brot bitten wollte und sich meine Blicke mit denen desjenigen treffen, der mir welches geben könnte, würde ich damit beginnen, zuerst auf mich zu zeigen? Würde ich nicht eher auf das Brot zeigen und auf mich danach? Dies ist also die Reihenfolge, der wir für uns selbst folgen, wenn wir nur denken, und für die anderen, wenn wir zu ihnen nur durch Gesten sprechen, und diese Reihenfolge ist von der Natur selbst vorgegeben. Ob nun die Zeichen Gesten oder Worte sind, ist für die Reihenfolge und die Anordnung kaum von Bedeutung: sie muß stets dieselbe sein. So folgt das Lateinische, das sagt: *serpentem fuge, panem praebe mihi*, der natürlichen Ordnung; und das Französische, das sagt: *fuyez le serpent, donnez-moi du pain*, kehrt sie um. Dies ist eine Art von Inversion, von der wir vielleicht keine Ahnung hatten.« Selbst das narrative Prinzip der chronologischen Vorzeitigkeit des Subjekts kann die französische Wortstellung nicht motivieren: *Le père aime le fils* ist ein Hysteron-Proteron, denn »der Anblick des Gegenstandes, das heißt des Sohnes, liegt notwendig vor der Liebe des Vaters. Man kennt das alte Axiom: *ignoti nulla cupido*.«

Die Natürlichkeit der geistigen Ordnung begründet also die Überlegenheit des Lateinischen, das sich in seinen geläufigsten Konstruktionen gewöhnlich nach ihr richtet und das sie darüber hinaus im Bedarfsfall allen Veränderungen des Interessensgebietes anpassen kann, welche die Mannigfaltigkeit der Situationen oder (was auf dasselbe hinausläuft) der Kontexte gebietet. So fährt Cicero nach einer Lobrede auf Rom ganz natürlich fort: *Populus enim romanus sibi Pontum aperuit* ›denn es ist das römische Volk, das sich das Königreich von Pontum geöffnet hat‹; wenn das Königreich von Pontum und nicht das römische Volk der Hauptgegenstand der Rede gewesen wäre, so hätte Cicero geschrieben: *Pontum sibi populus* etc. Aus dieser zweifachen Rechtfertigung folgt natürlich, daß die lateinische Wortstellung, außer wenn gebieterische Gründe des Wohlklangs dem entgegenstehen, *immer* natürlich und *immer* mimetisch ist: »Ihre Sprache nahm alle Formen ihrer Ideen an und stellte sie ohne Veränderung dar, wie in einem Spiegel.« Der Kommentar eines lateinischen Textes wird also für Batteux hauptsächlich in einer *motivierenden Analyse* seiner Konstruktion bestehen. So etwa bezüglich der Einleitung des *Pro Marcello*: Der erste Gedanke des Redners ging notwendig zu dem langen Schweigen, das er im Begriff war zu brechen, folglich mußten seine ersten Worte lauten: *Diuturni silentii* etc. Zweiter Gedanke: »Den Grund für dieses lange Schweigen zu suchen. Das konnte nur die Furcht sein. Doch der Redner will nicht, daß man das denkt, er schiebt diese Idee beiseite: *non timore aliquo*. Was war also der wahre Grund? *Partim dolore, partim verecundia*. Es gibt also eine natürliche Reihenfolge der Gedanken untereinander: eine Reihenfolge, die geregelt wird von einem Prinzip, das dasselbe ist bei demjenigen, der spricht, und bei demjenigen, der zuhört.« Wir werden sehen, daß Diderot diese Identität bestreiten wird, nicht jedoch – ganz im Gegenteil – das Expressivitätsprinzip, das eine ganze neue Stilistik begründet.

Nicht das Lateinische »kehrt« also »um«, sondern eben doch das Französische; nur Gewohnheit und Vorurteil lassen uns die in unserer Sprache »etablierte« Wortstellung als natürlich ansehen. Es bleibt zu erklären, warum diese Sprache auf diese Weise die Natur verraten hat. Batteux zufolge kann dies nur eine Auswirkung seines »Genies« sein, denn wenn es stimmt, daß jede Sprache das ihre hat, muß man sofort, und sogar zuerst, hinzufügen, »daß es ein allgemeines gibt, das aus der Natur des Menschen selbst genommen ist.« Die Verschiedenheit der Genies, die, für Batteux wie für Frain, jene des Klimas zur Folge hat, kann nichts an der natürlichen Wortstellung ändern, denn das Interesse ist bei allen identisch. Die einzig mögliche Erklärung ist also rein materiell und gleichsam mechanisch; sie hat zu tun mit der »besonderen Form und Konstitution der Laute, die das bilden, was man eine Sprache nennt«. Alle haben dasselbe Ziel, »nämlich mit Klarheit und Genauigkeit zu malen«, sie verfügen jedoch nicht alle über dieselben »Farben«, das heißt dieselben »bildlichen Klänge« (*sons figurés*). Die mehr oder weniger große Fülle dieser Artikulationen kann Unterschiede der Konstruktion zur Folge haben, je nachdem, ob eine Sprache beispielsweise über Flexionselemente verfügt oder nicht, die dem Lateinischen seine vollkommene Geschmeidigkeit geben. Die französische Wortstellung ist also, wie in etwa bereits Lamy sagte, nur ein zur Tugend erhobenes Gebrechen.

Eine derartige Umkehrung wenn nicht der Werte (wir werden darauf zurückkommen), so doch zumindest des Systems ihres Funktionierens und ihrer Anwendung hat notwendigerweise praktische Konsequenzen. Die wichtigste ist für Batteux, der sich nicht unmittelbar um Pädagogik kümmert, ein Gebot für den Übersetzer: Respektiere stets die Wortstellung des Textes und ahme sie so getreu wie möglich in der Übersetzung nach. Dieses Prinzip steht natürlich in Opposition zu der geläufigen Praxis der »belles infidèles«, der »schönen Ungenauigkeiten« (wörtlich: »Untreuen«), indirekt aber auch zu der »Methode« von Dumarsais – obgleich dieser niemals vorgeschlagen hat, ihr Rezept auf die literarische Übersetzung auszudehnen. Wenn die Opposition auch indirekt ist, so ist sie doch nichtsdestoweniger sonnenklar in ihrem Geist; Batteux wird später schreiben: »Als die *Lettres sur l'inversion* zum ersten Mal erschienen, kam mir zu Ohren, daß Herr du Marsais keineswegs meiner Meinung war. Das hatte ich vorausgesehen. Was er in seiner *Méthode* geschrieben hat, ist genau das Gegenteil dessen, was ich in diesen Briefen zu begründen versucht habe.«[1] Batteux' Schüler werden den Dissens noch vertiefen, indem sie, wenn auch nicht immer ausdrücklich, so doch auf stets durchsichtige Weise, die Methode von Dumarsais angreifen. So etwa der Abbé Pluche in seiner *Mécanique des langues et l'art de les enseigner*[2], insbesondere in einem Abschnitt, der überschrieben ist: »Man darf die lateinische Wortstellung beim Übersetzen nicht antasten«; es handelt sich jetzt sehr wohl um die

---

1 *De la Construction oratoire*, Paris 1763, Kap. III.
2 Paris 1751. Dieser Titel *Mécanique des langues* hat den Parteigängern des Lateinischen einen Spitznamen eingebracht: man nannte sie »mécaniciens« ›Mechaniker‹; ihre Gegner wurden, wegen der metaphysischen Ordnung, die sie verteidigen, »métaphysiciens« ›Metaphysiker‹ genannt. Ich werde diese bequemen Begriffe bei Gelegenheit wieder aufgreifen.

pädagogische Übung der Version; Pluche ist ebenso wie Dumarsais Anhänger des Prinzips der »Routine«, er legt jedoch Wert darauf, den Anfänger mit authentischen Texten in Berührung zu bringen, deren mimetische Überlegenheit er auf die Weise von Batteux zeigt. So auch Pierre Chompré in seiner *Introduction à la langue latine par la voie de la traduction*[1] und weiteren kleinen Schriften, aus denen wir hier nur die folgende rachsüchtige Passage zitieren wollen: »Ein lateinischer Satz eines alten Autors ist ein kleines antikes Denkmal. Wenn Sie dieses Denkmal zerlegen, um es vernehmbar zu machen, so zerstören Sie es, statt es zu erbauen: so ist das, was wir Konstruktion nennen, tatsächlich eine Destruktion.«[2] Wir befinden uns im Jahre 1757, und wie man sieht, tobt die Schlacht.

In der Zwischenzeit sind in der Tat die Philosophen (Diderot, d'Alembert) und ihre Grammatiker (Dumarsais, später Beauzée) in die Kontroverse eingetreten. Ihre Intervention beherrscht die gesamte Periode, die sich von 1751 (*Lettre sur les sourds et muets*) bis 1767 (*Grammaire générale*) erstreckt. Einflußreich, wenn auch nicht entscheidend, zeigt sie deutlich, wo damals bezüglich dieses Punktes die vorherrschende Meinung innerhalb der französischen Intelligentsia zu finden ist.

Der *Lettre sur les sourds et muets*[3], an Batteux gerichtet, ist durchaus eine Antwort auf die *Lettres sur la phrase française*. Wie stets bei Diderot ist es jedoch unmöglich, auf einen einfachen und eindeutigen Gegenstand diesen komplexen, bisweilen verworrenen Text zurückzuführen, der zumindest nuanciert genug ist, daß Beauzée in ihm die Darlegung einer »dritten Meinung«[4] hat erblicken können, abschweifend natürlich (Diderot bezeichnet ihn selbst als »labyrin-

---

1 Paris 1751.
2 *Moyens sûrs d'apprendre facilement les langues et principalement la latine*, Paris 1757, S. 44.
3 *... à l'usage de ceux qui entendent et qui parlent*, erschienen 1751 ohne Name des Autors.
4 *Grammaire générale*, S. 465. Diderots Fähigkeit zu widersprüchlichen Aussagen wird recht gut durch den Vergleich der beiden folgenden Sätze aus dem Artikel »Encyclopédie« illustriert: »[...] die doppelte Konvention, welche die Ideen mit den Lauten und die Laute mit Schriftzeichen verband [...]« und: »Die Idee verhält sich zum Zeichen wie der Gegenstand zum Spiegel, der ihn wiederholt«. Für uns natürlich Widersprüche; ich nehme an, daß für ihn die Konventionalität und der Mimetismus sich keineswegs ausschließen, was ihm erlaubt, sich abwechselnd den Kasack des Kratylos und denjenigen des Hermogenes überzuziehen.

thisch«) – wobei das Bedeutsamste vielleicht in den Abschweifungen liegt.

Diderot unterscheidet prinzipiell, und ein wenig wie Batteux selbst, eine *natürliche* Wortstellung und eine *wissenschaftliche* oder *eingesetzte (d'institution)* Wortstellung. Die erste wird, wie bei Condillac, durch die anfängliche Reihenfolge des Erwerbs der Redeteile definiert, in der die wahrnehmbaren Eigenschaften notwendig den Abstraktionen vorausgegangen sein müssen: Das Adjektiv muß also, wie im Lateinischen, vor dem Nomen kommen. Der wissenschaftlichen Wortstellung zufolge muß das Substantiv dagegen, da es philosophisch gesehen die »Stütze« des Adjektivs ist, ihm vorausgehen, wie im Französischen. Bis hierher also Gleichstand. Neue Prüfungen werden dieses Gleichgewicht jedoch zerstören: Zunächst erweist (gegen Batteux) die Untersuchung der Gebärdensprache eines Taubstummen (von daher der Titel), daß das Subjekt den Vortritt haben muß: Vorteil für das Französische. Dann beweist eine neue Analyse der Einleitung des *Pro Marcello*, daß Cicero, als er die ersten Worte in obliquen Fällen aussprach, notwendig bereits die letzten (welche diese Fälle determinieren) im Kopf hatte: »In der Tat, was bestimmte Cicero, *Diuturni silentii* im Genitiv, *quo* im Ablativ, *eram* im Imperfekt und so weiter zu schreiben, wenn nicht eine Ordnung der Ideen, die bereits vorher in seinem Geist bestand, ganz im Gegenteil zu derjenigen der Ausdrücke?« – geradezu die Definition der Inversion. Und dann ist das Interesse des Sprechers kein so sicherer Führer, wie Batteux glaubt: »Wenn ich Sie beispielsweise frage, welche von diesen beiden Ideen, die in dem Satz *serpentem fuge* enthalten sind, die Hauptidee ist, so werden Sie mir sagen, daß es die Schlange ist; derjenige aber, der weniger die Schlange als mein Verderben fürchtet, denkt nur an meine Flucht: der eine erschrickt, und der andere warnt mich«; es ist auch nicht so relevant, wie es die rein expressive Stilistik des Abbé will: es deckt sich nicht immer mit demjenigen des Zuhörers, das, in guter rhetorischer Tradition, den Ausschlag geben muß. Schließlich ist das Denken immer simultan, denn »Überlegungen anstellen bedeutet, zwei oder mehrere Ideen vergleichen. Wie soll man nun Ideen vergleichen, die nicht zur selben Zeit im Geiste präsent sind?« Es gibt also keine Ordnung der Aufeinanderfolge im Geist, und infolgedessen »gibt es und kann es vielleicht auch gar keine Inversion im Geiste geben«; eine Formulierung, die hinkt, denn niemand hat behauptet, es gäbe Inversion im Geist, sondern eben in der Rede im Vergleich zur Ordnung des Geistes. Genau das beabsichtigt Diderot jetzt anzufechten, und diese Anfechtung steht hier im Dienste der französischen Wortstellung. Schlußbilanz: Es ist entschieden das Lateinische, das invertiert. »Wir sagen die Dinge im Französischen, wie der Geist gezwungen ist, sie zu betrachten, in welcher Sprache man auch schreiben mag. Cicero ist sozusagen der französischen Syntax gefolgt, bevor er der lateinischen Syntax gehorchte.« Das war in etwa die Formel Le Laboureurs. Man wird dem Lateinischen also den Vorteil der »Einbildungskraft« und der »Leidenschaften« zugestehen, dem Französischen jedoch denjenigen des »gesunden Menschenverstandes«: »Unsere Sprache wird diejenige der Wahrheit sein, wenn sie jemals auf die Erde zurückkehrt; und die griechische, die lateinische und die anderen werden die Sprache des Märchens und der Lüge sein. Das Französische ist gemacht, um zu unterweisen, aufzuklären und zu überzeugen; das Griechische, das Lateinische, das Italienische, das Englische, um zu überreden, zu ergreifen und zu täuschen; sprechen Sie Griechisch, Lateinisch, Italienisch zum Volk, aber sprechen Sie Französisch zum Weisen [...]. So hat, hat man alles wohl erwogen, unsere *Fuß*sprache vor den anderen den Vorteil des Nützlichen vor dem Angenehmen.« Halten wir im Vorbeigehen die plötzliche Ausweitung der Inversion auf alle anderen Sprachen als das Französische fest: Diese Verallgemeinerung weist auf Rivarol voraus.

Als Pamphlet über die Inversion schließt der *Brief* hier. Hier jedoch schlägt er eine ganz andere und äußerst unerwartete Richtung ein – wenn auch nicht ohne Bezug zum Thema: diejenige einer Theorie der poetischen Sprache. Von der zwischensprachlichen Opposition zwischen Nützlichkeit und Annehmlichkeit gleitet Diderot plötzlich zur innersprachlichen Antithese zwischen Prosa und Poesie hinüber. Bis hierher hatte man eine klare Sprache (das Französische) und expressive Sprachen (alle anderen), hier jetzt teilt jede Sprache sich in zwei Ausdrucksebenen: diejenige, die für die »vertraute Konversation« ausreicht (Klarheit, Reinheit, Genauigkeit) und für den Stil der Kanzel (Wahl der Begriffe, Wohllaut und Harmonie), und diejenige, welche die Poesie verlangt: In diesem Fall »werden die Dinge alle zugleich gesagt und dargestellt; zur gleichen Zeit, wie der Verstand sie erfaßt, wird die Seele von ihnen ergriffen, sieht die Einbildungskraft sie und hört das Ohr sie; und die Rede ist nicht nur eine Verkettung von kraftvollen Wörtern, welche das Denken mit Wucht und Würde darstellen, sondern sie ist zudem ein Gewebe aus aufeinandergehäuften Hieroglyphen, welche sie malen. In diesem Sinne könnte ich sagen, daß jede Poesie emblematisch ist.« Diese Theorie der Poesie als Gewebe aus *Emblemen* und *Hierogly-*

phen[1], das heißt als mimetische Sprache, wird durch mehrere motivierende Lektüren illustriert, die jene von Batteux fortsetzen, jedoch auf der Ebene der lautlichen Werte. So sieht Diderot in diesem Distichon von Voltaire:

> *Et des fleuves français les eaux ensanglantées*
> *Ne portaient que des morts aux mers épouvantées*
>
> Und der französischen Flüsse blutige Wasser
> Trugen nur Tote zu den entsetzten Meeren

»in der ersten Silbe von *portaient* die Wasser aufgeschwemmt von Kadavern und den Lauf der Flüsse gleichsam angehalten von diesem Damm«, oder in *épouvantées* den Schrecken der Meere und ihre gewaltige Ausdehnung. Oder in diesen »hieroglyphischen Schönheiten« des Todes von Euryale[2]: »[...] das Bild eines Blutstrahls, *it cruor* [etwas weiter: »*it* ist zugleich dem Blutstrahl und der kleinen Bewegung der Wassertropfen auf den Blättern einer Blume analog«]; und jenes des Kopfes eines Sterbenden, der auf seine Schulter zurückfällt, *cervix collapsa recumbit*; und das Geräusch einer Sichel, die mäht, *succisus*; und die Schwäche von *languescit moriens*; und die Nachgiebigkeit des Stengels des Mohns, *lassove papavera collo*; und das *demisere caput*, und das *gravantur*, das das Bild abschließt. *Demisere* ist ebenso nachgiebig wie der Stengel einer Blume; *gravantur* wiegt ebenso wie sein regenschwerer Kelch. *Collapsa* zeigt Anstrengung und Fall an. Die gleiche zweifache Hieroglyphe findet sich in *papavera*: Die ersten beiden Silben halten den Kopf des Mohns gerade, und die letzten beiden neigen ihn.«

Ein entscheidender Umweg, dessen vorwegnehmende Bedeutung bei weitem die Grenzen seines vergessenen Vorwandes überschrei-

---

1 »Flüchtige Embleme«, »akzidentelle Hieroglyphe« etc. In Übereinstimmung mit der damals herrschenden Vorstellung ist die Hieroglyphe für Diderot der Typ des mimetischen Zeichens; *Emblem* (*emblème*) trägt offensichtlich dieselbe Bedeutung. *Akzidentell* (*accidentel*) ist komplexer: Es vermischt die banale Bedeutung (die akzidentelle Hieroglyphe ist ein Wort, das seinen mimetischen Charakter scheinbar dem Zufall verdankt) und die philosophische Bedeutung (die Hieroglyphe malt ein Akzidenz, das heißt eine wahrnehmbare Eigenschaft des Gegenstandes, den sie bezeichnet) und auch die grammatikalische Bedeutung, die Dumarsais im Artikel »Accident« explizieren wird: Akzidentell ist jede nicht wesentliche Eigenschaft eines Wortes, wie seine (eigentliche oder übertragene) Bedeutung, seine Art (Stamm- oder abgeleitetes Wort), seine Gestalt (einfach oder zusammengesetzt), seine Aussprache.
2 *Aeneis* IX, 433-437.

tet: Nicht nur leitet Diderot hier, allerdings mit mehr Genie, die häufig naiven Praktiken der sogenannten modernen Stilistik ein, für die die höchste Schönheit des Stils stets darin zu liegen scheint, daß er die Bedeutung durch die Nachahmung verstärkt[1], er nimmt auch um mehr als ein Jahrhundert eine Idee der »poetischen Sprache« vorweg, in der wir einen der künftigen großen Zufluchtsorte der kratylischen Sehnsucht finden werden. Wie man feststellen konnte, wird die Trennung, die Frain du Tremblay zwischen einer konventionellen Lautlichkeit und einem konventionellen Wortschatz und einer mimetischen Konstruktion vorschlug, hier vollständig von der neuen Aufteilung durcheinandergeworfen: In der Poesie wird oder scheint alles »hieroglyphisch« zu werden, einschließlich der Elementarlaute. Die Poesie verwandelt, verklärt die Sprache, sie entreißt sie vollständig ihrer Arbitrarität, der gesellschaftlichen Konvention, und gibt sie wunderbarerweise der Natur zurück.[2]

Diderot überragte den Streit durch den Anachronismus seines Ge-

---

1 Siehe Paul Delbouille, *Poésie et sonorité – La Critique contemporaine devant le pouvoir suggestif des sons*, Paris (»Les belles Lettres«) 1961, 2. Teil: »Quand la critique s'égare« ›Wenn die Kritik fehlgeht‹; eine heute durch die »Verirrungen« der letzten fünfzehn Jahre bei weitem überholte Fehlersammlung. Erinnern wir daran, daß zehn Jahre nach der *Lettre sur les sourds* Jean-Jacques in »Der Rabe und der Fuchs« eine »Harmonie« fand, »die Bildkraft hat: Ich sehe einen großen häßlichen Schnabel; ich höre den Käse durch die Zweige fallen« (*Émile*, Buch II).

2 Einige Entwürfe einer solchen Konzeption würde man vor Diderot bei du Bos oder Harris (siehe Todorov, »Esthétique et sémiotique au XVIIIe siècle«, in *Critique* (Jan. 1973)), bei Lamy, ja bei Du Bois Hus finden: »Wenn die gewandten Genies sprechen oder schreiben, scheinen ihre Sprache und ihre Rede die Farben der Dinge angenommen zu haben, welche sie schildern; man könnte meinen, ihre Worte wären rot und fleischfarben, wenn sie von den Nelken und den Rosen sprechen, sie wären gelb, wenn sie die Ringelblumen skizzieren, sie wären weiß, wenn sie Lilien oder Schwäne beschreiben, sie wären grün, wenn sie uns Gehölze, Wälder und Ebenen abbilden [...].« (*Le Jours des jours* (1641), zitiert von Jean Rousset, *L'Intérieur et l'extérieur – Essais sur la poésie et sur le théâtre au XVIIe siècle*, Paris (Corti) 1968, S. 113). Man wird sie vor allem bei Lessing wiederfinden, für den die Poesie »schlechterdings ihre willkürlichen Zeichen zu natürlichen zu erheben sucht [muß]« (Brief an Friedrich Nicolai vom 26. Mai 1769, in Gotthold Ephraim Lessing, *Gesammelte Werke in zehn Bänden*, herausgegeben von Paul Rilla, Neunter Band: *Briefe*, Berlin (Aufbau Verlag) 1957, S. 319). Doch Lessing wird dieses Privileg, durch eine unerwartete Umleitung, allein der dramatischen Gattung vorbehalten, in der die von den Schauspielern gesprochenen Worte auf vollkommene Weise – und aus gutem Grund – die von den Personen gewechselten Worte »nachahmen«. Und von allen Vorläufern des symbolistischen poetischen Mimologismus bleibt Diderot der hervorragendste.

nies, d'Alembert versucht über ihn hinauszuragen und ihn *more philosophico* zu schlichten, allerdings indem er sich den scholastischen Kategorien entzieht[1]. Zu Anfang räumt er, wie Lamy, Condillac und teilweise Diderot, die Simultaneität des Denkens auf der Ebene des einfachen Satzes ein, und folglich die Unmöglichkeit, irgendeine Ordnung auf die vorgebliche Aufeinanderfolge der elementaren Ideen zu gründen. Dennoch muß der Satz doch einer Ordnung folgen, und es ist wichtig zu bestimmen, welche die natürlichste ist. Nehmen wir ein einfaches Urteil wie: *Dieu est bon* ›Gott ist gut‹: Es vergleicht die beiden Ideen der *Göttlichkeit* und der *Güte*, und es stellt ihre teilweise Identität fest. Der Satz, der es ausdrückt, kann entweder, analytisch, die Operation selbst (den Vergleich) widerspiegeln, und in diesem Fall wird man unterschiedslos *Dieu bon est* oder *Bon Dieu est* sagen (Zusammenrücken der beiden Ideen, in beliebiger Reihenfolge, dann Identitätsurteil), oder, synthetisch, ihr Ergebnis: in diesem Fall ist es nötig und reicht aus, das Verb in die Mitte zu stellen, »wie man zwischen zwei Körper die Verbindung stellt, die dazu dient, ihre Vereinigung zu bilden und zu zeigen«: entweder *Dieu est bon* oder *Bon est Dieu*. Zwei Konstruktionen sind bereits ausgeschlossen, jene, die das Verb an den Anfang stellen, denn man kann nicht über das urteilen, was man nicht weiß. Doch wiederum ist jeder Vergleich wie ein Maß, wo es natürlicher ist, zuerst den ausgedehntesten Gegenstand zu erfassen und anschließend den reduziertesten heranzurücken, indem man »den Fuß auf das Größenmaß und nicht das Größenmaß auf den Fuß« stellt. Da also *Dieu* ›Gott‹ erwiesenermaßen umfassender als *bonté* ›Güte‹ ist, weil umfassender als jedes Ding (die Erleichterung, welche die Wahl des Beispiels gibt, ist deutlich), wird man ihn natürlich an den Anfang stellen; es bleiben also nur die beiden Konstruktionen mit initialem Subjekt, das anlytische *Dieu bon est* und das synthetische *Dieu est bon*.

Diese erste Untersuchung betrachtete die Dinge auf eine »metaphysische« Weise, ohne die syntaktischen Beziehungen zu berücksichtigen. Um sie in einer zweiten Phase zu integrieren, wird man das Beispiel wechseln und auf die kanonische Äußerung über Alexander und Darius zurückkommen. Hier verlangen die Rektionsbeziehungen eine und nur eine Reihenfolge: Regierendes-Regiertes (*régissant-régi*). »Nur *Alexander vicit Darium* entspricht der natürlichen Reihenfolge, weil das Verb *vicit* den Nominativ *Alexander*

---

[1] »Erläuterungen über die Inversion und bei dieser Gelegenheit über das, was man das Genie der Sprachen nennt«, *Essai sur les éléments de philosophie* (1759).

voraussssetzt, von dem es abhängt, und weil der Akkusativ *Darium* das Verb *vicit* voraussetzt, von dem er regiert wird.« Die syntaktische Subordination begründet und motiviert eine hierarchische Reihenfolge abnehmender Autonomie, die auch eine pragmatische Reihenfolge ist, da der so gebildete Satz, an welcher Stelle man ihn auch unterbricht, »einen Sinn oder zumindest eine vollständige Idee zum Ausdruck bringt«.

Dritte Phase: Ist auf diese Weise die Reihenfolge Subjekt-Verb-Ergänzung motiviert, kommt die Analogie ins Spiel: »Diese Regel, welche die Klarheit der Rede in manchen Fällen verlangt, ist auf die Fälle selbst ausgeweitet worden, in denen die Klarheit der Rede eine solche Anordnung nicht verlangt« – von daher schließlich: *Dieu est bon*.» Die französische Grammatik verlangt notgedrungen, daß das Verb entweder vor das Objekt, und infolge Analogie, daß es vor das Adjektiv gestellt wird.« CQFD.

Dieser durch seinen Ansatz originelle, in seiner Schlußfolgerung jedoch ganz orthodoxe Beitrag wird beinahe ohne Echo bleiben.[1] Die Hauptströmung der »Metaphysiker«-Partei wird von den sukzessiven Interventionen der beiden Grammatiker-Philosophen der *Encyclopédie* Dumarsais und dann Beauzée repräsentiert und sogar gebildet. Die *Encyclopédie* ist hier unmittelbarer engagiert, denn mehrere ihrer Artikel (»Construction«, »Grammaire«, »Inversion«, »Langue«) werden Teil der Kontroverse sein, stets auf der Seite der Modernisten.

Dumarsais' Demonstration[2] gründet sich auf eine entscheidende

---

1 Es sei denn im Kapitel »Inversion« des *Essai synthétique* von Copineau (1774), der ihn zuverlässig und zustimmend zusammenfaßt.

2 Artikel »Construction«, *Encyclopédie* IV, 1754, wiederaufgenommen in den Band V der *Œuvres* (1797); »Principes de grammaire ou Fragments sur les causes de la parole« (posthum), in *Logique et Principes de grammaire* (1769); ein ebenfalls posthumes Stück über »L'Inversion« in *Logique et Principes de grammaire*, wohl die Skizze eines Artikels für die *Encyclopédie*, das Beauzée als solchen ausgiebig nach Dumarsais' Tod 1756 benutzt hat. Diese drei Texte überschneiden sich und müssen zusammen betrachtet werden. Ich lasse den rein pädagogischen Aspekt beiseite, wo Dumarsais seine Methode gegen die Kritiker Pluche und Chompré verteidigt, und den Rückgriff auf das Zeugnis der lateinischen »alten Grammatiker«, welche die »natürliche Ordnung« zu einer Zeit verteidigt haben sollen, als das Lateinische »noch eine lebendige Sprache war«, und unabhängig von jedem Einfluß einer modernen Sprache; wie bereits bei Charpentier handelt es sich um die anfechtbare Gleichsetzung des klassischen *rectus ordo* mit dem *naturalis ordo* der Scholiasten. Bezüglich einer generellen Kritik siehe Gunvor Sahlin, *Dumarsais et son rôle dans l'évolution de la grammaire générale*, Paris 1928, Kap. III: »La construction«.

Unterscheidung zwischen zwei Funktionen oder »Aufgaben« (*objets*) der Rede oder »Elokution«: die eine rein intellektuell (»verstanden werden«), die andere ästhetisch oder pathetisch (»gefallen oder ergreifen«: zwei verschiedene, hier jedoch anscheinend untrennbare Handlungen): »Die Elokution hat drei Aufgaben. Die erste, die man die ursprüngliche oder wichtigste Aufgabe nennen kann, ist, im Geiste dessen, der liest oder der zuhört, den Gedanken zu wecken, den man zu wecken beabsichtigt. Man spricht, um verstanden zu werden, das ist das erste Ziel der Rede, das ist die erste Aufgabe der ganzen Sprache, und in jeder Sprache gibt es ein eigenes Mittel, um diesen Zweck zu erreichen, unabhängig von jeder anderen Erwägung. Die beiden anderen Aufgaben, die man sich häufig beim Sprechen vornimmt, bestehen darin zu gefallen oder zu ergreifen. Diese beiden Aufgaben setzten stets die erste voraus, sie ist ihr notwendiges Instrument, ohne das die anderen ihr Ziel nicht erreichen können. Es verhält sich mit der Rede sozusagen wie mit einer jungen Person: Will sie gefallen, will sie ergreifen und interessieren, muß sie zuerst dafür sorgen, daß man sie sieht. Wollen Sie durch den Rhythmus, durch die Harmonie, durch den Wohllaut, das heißt durch eine gewisse Übereinstimmung von Silben, durch die Verbindung, die Verknüpfung, das Maß oder Verhältnis der Worte untereinander, so daß daraus eine dem Ohr angenehme Kadenz in Prosa oder in Vers entsteht, gefallen, so müssen Sie sich zunächst einmal Gehör verschaffen. Die klangvollsten Worte, die harmonischste Anordnung können nur gefallen, wie es ein Musikinstrument täte; aber dann geht es nicht mehr darum, durch die Rede zu gefallen, worum allein es hier geht. Es ist ebenfalls unmöglich zu ergreifen und zu interessieren, wenn man nicht gehört [bzw. verstanden (*entendu*)] wird.«[1] Die intellektuelle Funktion determiniert einen Konstruktionstyp, der *einfache* (oder *notwendige, bedeutungsvolle, »enunziative«, natürliche, analoge*) Konstruktion genannt wird; er ist natürlich der scholastische *rectus ordo*, reguliert durch die »sukzessive Ordnung der Beziehungen«, in der das Bestimmte stets dem Bestimmenden vorangeht, die einzige Konstruktion, die natürlich und »konform mit dem Sachverhalt« ist[2]. So natürlich, daß sie tatsächlich die Syntax und die Sinnbildung in allen Sprachen leitet, da in den »transpositiven« Sprachen die Flexion nur dazu da ist, dem Geist zu

---

[1] *Inversion*, S. 196/97. Man beachte das sehr nachdrückliche Spiel mit der Ambiguität des Verbs *entendre*.
[2] *Construction*, S. 7 u. 3.

helfen, das wiederherzustellen, was Dumarsais die »bedeutungsvolle Ordnung« (*ordre significatif*) nennt: »Alle Sprachen stimmen darin überein, daß sie Sinn nur durch das Verhältnis oder die Beziehung der Wörter untereinander im selben Satz bilden. Diese Verhältnisse werden durch die sukzessive Ordnung deutlich gemacht, die in der einfachen Konstruktion eingehalten wird [...] [Diese Ordnung] muß vom Geist wiederhergestellt werden, der den Sinn nur durch diese Ordnung und durch die sukzessive Determination der Wörter versteht, vor allem in den Sprachen, die Fälle haben: die verschiedenen Endungen dieser Fälle helfen dem Geist, die Ordnung wiederherzustellen, wenn der ganze Satz beendet ist.«[1] Allein die Wortstellung schafft die Bedeutung, weil sie allein die syntaktische Beziehung anzeigt oder vielmehr konstituiert. Die Flexion ist kein autonomes grammatisches Instrument, sie ist ein Ersatzmittel, ein Indiz für den Platz, den das Wort einnehmen müßte und den es idealiter in jeder Sprache einnimmt; der Fall ist eine Ordnungsmarke, ein korrektiver Notbehelf, durch den eine transpositive Sprache unabsichtlich der Tugend der analogen Sprachen Ehre erweist. Diese Konzeption der Syntax formalisiert und theoretisiert nur, halten wir das fest, die alte Formel von Le Laboureur; die Lateiner dachten also gemäß der einfachen Konstruktion, bevor sie gemäß der *übertragenen* Konstruktion (*construction figurée*) sprachen.

So tauft in der Tat Dumarsais – und diese Taufe ist nicht ohne Bedeutung, wir werden darauf zurückkommen – jede Konstruktion, welche die notwendige Ordnung der einfachen Konstruktion nicht respektiert. Diese übertragene Konstruktion entspricht der zweiten, ästhetisch-pathetischen Funktion der Rede. Der Übergang von einer Funktion zur anderen fällt also zusammen mit dem Übergang von einer Disziplin zur anderen: von der Grammatik zur *Rhetorik*: »Das Werk der Grammatik ist ein Rohdiamant, den die Rhetorik schleift, was einen unserer scharfsinnigsten Grammatiker zu der Bemerkung

---

1 Eine sehr klare Verteilung zwischen Syntax und Konstruktion wird gleich zu Beginn des Artikels etabliert: »*Accepi litteras tuas, tuas accepi litteras, litteras accepi tuas*, hier gibt es drei Konstruktionen, da es drei verschiedene Anordnungen der Worte gibt; indes gibt es nur eine einzige Syntax, denn in jeder dieser Konstruktionen gibt es dieselben Zeichen der Beziehungen, welche die Worte untereinander unterhalten.« Doch tatsächlich wird diese Unterscheidung schon bald vergessen sein, und ab der folgenden Seite spricht Dumarsais von den syntaktischen Beziehungen als »*sukzessiven* Beziehungen, welche die Worte untereinander unterhalten«, was die gesamte Syntax auf die »Konstruktion« einschränkt und die universelle Hegemonie des *ordo* sicherstellt.

veranlaßt hat, daß genau dort, wo die Grammatik aufhört, die Rhetorik anfängt.«[1] Diese mit einem so umfassenden Auftrag (alles, was in der Rede die reine Sorge um Verständlichkeit übersteigt) betraute Rhetorik wird dennoch auf die engste Weise definiert als ein Repertoire von Konstruktionsfiguren (Ellipse, Pleonasmus, grammatische Syllepse, Hyperbaton oder Inversion, Idiotismus, Attraktion[2]), die selbst als Verletzungen des oder Abweichungen vom *ordo rectus* aufgefaßt werden: »Erstens gibt es in (jeder) Sprache eine analoge und notwendige Wortstellung, durch welche allein die zusammengefügten Worte einen Sinn geben. Zweitens weicht man in der gewöhnlichen Sprache von dieser Wortstellung ab, es liegt sogar Anmut darin, von ihr abzuweichen, und so sind diese Abweichungen zugelassen, vorausgesetzt, daß, wenn der Satz beendet ist, der Geist alle Worte leicht auf die analoge Wortstellung zurückführen und sogar jene, die nicht ausgedrückt sind, hinzufügen kann. Drittens schließlich ergibt sich hauptsächlich aus diesen Abweichungen die Eleganz, die Anmut und die Lebhaftigkeit des Stils, vor allem des gehobenen Stils und des poetischen Stils.«[3]

Allerdings muß man den Status dieser Abweichung präzisieren; ein Umweg wird uns dabei helfen. Wir haben bis jetzt zwei Konstruktionstypen betrachtet; tatsächlich unterscheidet der Artikel der *Encyclopédie* einen dritten, »bei dem die Worte weder alle gemäß der Ordnung der einfachen Konstruktion arrangiert noch alle gemäß der übertragenen Konstruktion angeordnet sind. Diese dritte Art von Anordnung ist am gebräuchlichsten; deshalb nenne ich sie *übliche Konstruktion* [*construction usuelle*] [...]. Ich nenne sie übliche Konstruktion, weil ich unter dieser Konstruktion die Anordnung der Worte verstehe, die in den Büchern, in den Briefen und in der Konversation der anständigen Menschen gebräuchlich ist. Diese Konstruktion ist häufig weder ganz einfach noch ganz übertragen.«[4] Diese Konstruktion, deren Bereich, wie ihr Adjektiv anzeigt, sich ganz auf denjenigen der Rede und der Schrift ausdehnt, ist also prinzipiell ein *gemischter* Zustand, der jedoch den beiden anderen, auf symmetrische Weise, nur den Status eines Idealtyps ohne wirkliche praktische Existenz läßt. Tatsächlich ist diese Symmetrie illusorisch, denn der einzige reine Typ ist natürlich die einfache Kon-

---

1 *Inversion*, S. 206; der scharfsinnige Grammatiker ist P. Buffier.
2 *Construction*, S. 19f.
3 *Inversion*, S. 204.
4 S. 4 u. 36.

struktion; demgegenüber gibt es keine »rein übertragene« Konstruktion, und jede teilweise übertragene Rede ist ganz einfach, wenn ich so sagen darf, eine übertragene Rede; zwischen der Anwesenheit und der Abwesenheit gibt es kein Mittelglied. Daher verzichten die beiden anderen Artikel auf diese Dreiteilung und stellen lediglich die einfache Konstruktion und die »übliche und elegante«, »elegante, gewöhnliche, übliche oder gebräuchliche«[1] Konstruktion einander gegenüber, die stets per definitionem übertragen ist – mehr oder weniger, das ist alles eins –, allein aufgrund der Tatsache, daß sie nicht »ganz einfach« ist.

Die Konstruktionsfigur ist also Abweichung nicht in bezug auf einen Sprachgebrauch, denn der Sprachgebrauch ist selbst durchsetzt von Abweichungen, sondern in bezug auf eine Idealnorm einfacher Konstruktion, »jene, die kein anderes Ziel hat, als das Verständnis zu gewährleisten, und die, wenn auch weniger gebräuchlich, die einzige Grundlage derjenigen ist, die in Gebrauch ist«[2]. Die Norm begründet also den Gebrauch und nicht umgekehrt, und dies nicht, weil der Gebrauch der Norm folgt, sondern eben weil er von ihr abweicht und weil diese Abweichung, die ihn definiert, sich selbst in bezug auf die Norm definiert. Und die rhetorische Aufteilung lautet nicht *Gebrauch-Norm* vs *Figur-Abweichung*, sondern *Norm* vs *Figur-Abweichung-Gebrauch*. Was sehr gut die lateinische Sprache insgesamt illustriert, die nur ein unermeßliches Gewebe aus Figuren ist.

Diese Theorie der Konstruktion erhellt also im Vorbeigehen eine Dunkelheit der Abhandlung über die *Tropen* (ein Vierteljahrhundert früher). Im Kapitel I (»Idée générale des figures«) erinnerte Dumarsais an die zumindest seit Quintilian gängige Meinung, der zufolge die Figuren »von den gewöhnlichen Redensarten entfernte Redensarten« seien, um sie sogleich im Namen dieser (nicht weniger gängigen) Evidenz zurückzuweisen, daß nichts gewöhnlicher sei als der Gebrauch der Figuren. Auf diese Weise einer bequemen Definition beraubt, schlug er eine andere, eher schwache und einigermaßen tautologische, vor, von der Fontanier nicht ohne Grund annehmen wird, daß sie ihren Autor nicht ganz befriedigte: »Die Figuren sind Redensarten, die sich von den anderen durch eine besondere Modifikation unterscheiden, die bewirkt, daß man jede von ihnen auf eine eigene Art reduziert, und die sie entweder lebendiger oder erhabener

---

1 *Inversion*, S. 204; *Fragments*, S. 78 u. 83.
2 *Fragments*, S. 84.

oder angenehmer als die Redensarten macht, die denselben Gedankenbestand ausdrücken, ohne eine andere besondere Modifikation zu haben«; man drehte sich im Kreis, da die Figur sich im Grunde von der Nicht-Figur unterschied, die infolge der Ablehnung des Gebrauchskriteriums und der Unfähigkeit, ein anderes zu formulieren, undefiniert blieb. Der Umweg über den *ordo* liefert uns endlich eine spezifische Definition: Die Konstruktionsfigur ist durchaus eine »entfernte« Redensart, und wir wissen jetzt wovon: nicht vom Gebrauch, sondern von einem idealen *einfachen Zustand*; man braucht jetzt dieses Kriterium nur auf die Gesamtheit des Bereichs der Figuren auszudehnen, um diese Definition zu erhalten: »Die verschiedenen Abweichungen, die man im ursprünglichen und sozusagen grundlegenden Zustand der Wörter oder der Sätze macht, und die verschiedenen Veränderungen, die man ihnen beibringt, sind die verschiedenen Wort- und Gedankenfiguren«, die Dumarsais in dem Artikel »Figure«[1] vorschlagen wird, und diese andere, die Fontanier ihm unberechtigterweise zuschreibt: »besondere Modifikation, durch welche die Wörter oder die Sätze sich mehr oder weniger vom *einfachen, ursprünglichen und grundlegenden* Zustand der Sprache entfernen«[2].

Man sieht also, daß bei Dumarsais die modernistische Position durchaus die Bezeichnung »metaphysisch« verdient: Nach und nach aus der anfänglichen Apologie des französischen Sprachgebrauchs herausgelöst, zeichnet der *ordo rectus* die mythische »Natur« einer Sprache der reinen Verständlichkeit, regiert von einer idealen Grammatik, die dauernd, und vielleicht von Anfang an, die allgegenwärtige Rhetorik des Sprachgebrauchs und der wirklichen Rede verrät. Der Grammatiker-Philosoph hat die reine Rede, aber er spricht nicht.

Diese extreme, merkwürdigerweise aber empirisch und lückenhaft gebliebene Position wird Dumarsais' Nachfolger und direkter Erbe systematisieren, indem er all ihre Implikationen entwickelt und sie

---

1 *Œuvres* V, S. 262. Dumarsais vervollständigt auf diese Weise die Definition Scaligers (»Die Figur ist nichts anderes als eine besondere Anordnung eines oder mehrerer Wörter«), die in etwa diejenige ist, mit der er sich in den *Tropes* begnügte.
2 *Commentaire raisonné*, S. 3. Fontanier will diese Definition in der *Encyclopédie méthodique* gefunden haben. Ich kann sie dort nicht finden, und die Zusätze der *EM* auf dem Gebiet der Rhetorik stammen jedenfalls von Beauzée.

in das Gesamtgebäude einer monumentalen *Grammaire générale* und einer allgemeinen Theorie der Sprache integriert.[1]

Für Beauzée ist der *ordo naturalis*, den er lieber, wir werden sehen warum, »analytische Ordnung« nennt, in dreifacher Hinsicht und aus drei Gründen natürlich:

– *Natürlich, weil mimetisch*: nicht direkt der Ordnung des Denkens, die simultan ist, folglich unteilbar, folglich unmöglich darzustellen, sondern derjenigen seiner Analyse, wie die Logik sie durchführt: »Die Rede muß das Denken malen und sein Bild sein; da das Denken jedoch unteilbar ist, kann es nicht an sich der unmittelbare Gegenstand eines Bildes sein, weil jedes Bild zusammenpassende und ausgewogene Teile voraussetzt. Allein die logische Analyse des Denkens kann also von der Rede abgebildet werden. Nun ist es das Wesen eines jeden Bildes, sein Original getreu darzustellen: So verlangt die Natur der Sprache, daß sie exakt die objektiven Ideen des Denkens und ihre Beziehungen malt. Diese Beziehungen setzen eine Aufeinanderfolge in ihren Gliedern voraus; die Priorität ist dem einen eigen, die Posteriorität ist dem anderen wesentlich. Diese Aufeinanderfolge der Ideen, gegründet auf ihre Beziehungen, ist also tatsächlich der natürliche Gegenstand des Bildes, das die Rede hervorbringen muß; und die analytische Ordnung ist die wahre natürliche Ordnung, die der Syntax aller Sprachen als Grundlage dienen muß.«

Beauzée stimmt hier also mit Batteux überein, von der Rede eine vollständige, detaillierte und geordnete Darstellung ihres Gegenstandes zu verlangen; nicht nur muß jedes Detail vorhanden sein, es muß auch an seinem Platz sein. Daher gibt er sich nicht, wie Con-

---

1 Nicolas Beauzée (1717-1789) war Lehrer für Grammatik an der École royale militaire; seine Artikel für die *Encyclopédie* sind, in einem schwer bestimmbaren Verhältnis, in Zusammenarbeit mit Douchet geschrieben worden. Das hier berücksichtigte Korpus umfaßt: den Artikel »Grammaire« (1757), den Artikel »Langue« (1765), beide zitiert nach dem Nachdruck, den Sylvain Auroux besorgt hat, Paris (Mame) 1973; den Artikel »Inversion« (1765), der zum Teil das von Dumarsais hinterlassene Projekt wiederaufnimmt; und die *Grammaire générale*, Paris 1767 (Nachdruck Stuttgart (Friedrich Frommann) 1974), Buch III, Kap. 9, »De l'ordre de la phrase« (II, S. 464-566). Diese Grammatik ist die einzige des ganzen klassischen Zeitalters mit explizit *kartesianischer* Ausrichtung: »Ich bin hinsichtlich der allgemeinen Grammatik der Untersuchungsmethode gefolgt, die Descartes für alle philosophischen Gebiete vorgeschlagen hat.« (Vorwort, S. XXVII) Beauzée ist die vollkommene Verkörperung des »Philosophen-Grammatikers«, doch seine Philosophie ist sehr viel mehr der klassische Rationalismus als der Sensualismus der Aufklärung.

dillac, mit der einfachen »Verbindung der Ideen« zufrieden; die Verbindung muß in einer und nur einer Ordnung geschehen: »Da die Rede das Bild der Analyse des Denkens sein muß, wird sie ein wirklich vollkommenes Bild davon sein, wenn sie sich begnügt, einfach nur ihre allgemeinsten Züge zu skizzieren? Es muß in Ihrem Porträt zwei Augen, eine Nase, einen Mund, eine Gesichtsfarbe etc. geben. Betreten Sie das erste Atelier, Sie werden all das dort finden: Ist es Ihr Porträt? Nein, weil es nicht ausreicht, um Sie darzustellen, zwei Augen, eine Nase, einen Mund etc. zu vereinen. All diese Teile müssen denen des Originals ähnlich sein, proportioniert und situiert wie im Original. Das gleiche gilt für die Rede: Es genügt nicht, die Verbindung der Worte zu veranschaulichen, um die Analyse des Denkens zu malen, selbst wenn man sich nach der größten Verbindung, nach der unmittelbarsten Verbindung der Ideen richtet; man muß eine bestimmte Verbindung, gegründet auf eine bestimmte Beziehung, malen. Nun hat diese Beziehung ein erstes Glied, dann ein zweites; wenn sie unmittelbar aufeinander folgen, wird die größte Verbindung eingehalten; doch selbst dann ist es, wenn Sie zuerst den zweiten und anschließend den ersten nennen, mit Händen zu greifen, daß Sie die Natur umkehren, ebenso wie ein Maler, der uns das Bild eines Baumes vor Augen führte, der seine Wurzeln oben und seine Blätter in der Erde hätte: Dieser Maler würde sich ebenso nach der größten Verbindung der Teile des Baumes richten wie Sie sich nach jener der Ideen.«[1] Keine Mimesis folglich ohne mimetische Ordnung.

– *Natürlich, weil universell*: Das ist das rationalistische Kriterium der Universalität, das, wie Diderot bereits vorausgeahnt hatte, das Kriterium des Interesses, das Batteux so teuer war, disqualifiziert: »Ich frage, ob die Entscheidungen des Interesses beständig genug, einheitlich genug, unveränderlich genug sind, um als Grundlage für eine technische Disposition zu dienen [...]. Nichts ist in der Tat beweglicher, schwankender, unbeständiger, unsicherer als das Interesse: Was mich gestern interessierte, interessiert mich heute nicht mehr, wenn ich mich nicht sogar für das interessiere, was im größten Gegensatz dazu steht; die Interessen der Individuen stehen untereinander und zu denen der Gesellschaft im Gegensatz, und jene der Gesellschaft können sich von einem Augenblick zum andern ändern wie diejenigen eines jeden Individuums; und man wagt dieses so

---

1 *Grammaire générale*, S. 471, 535.

veränderliche Prinzip als die unveränderliche und natürliche Regel der Elokution zu bestimmen?«[1] Selbst die lateinischen Inversionen sind keineswegs von diesem sogenannten Prinzip inspiriert, sondern vielmehr von der Sorge um die Harmonie. Das einzige universelle und beständige Prinzip ist also das analytische Prinzip, das, dem Anschein zum Trotz, von allen Sprachen respektiert wird, einschließlich der »transpositiven«, denn in der Transposition »wird die analytische Ordnung übertreten, doch respektiert als die ursprüngliche und natürliche Ordnung«; da jede Übertretung den Kode bestätigt, »konstatieren [die Inversionen] das Recht der Analyse, indem sie dagegen verstoßen.«[2] Wie Dumarsais, aber mit mehr Nachdruck, betrachtet Beauzée die Flexion als ein einfaches Ersatzmittel für die analytische Ordnung, einen Notbehelf, der es erlaubt, sie zu erkennen und wiederherzustellen unter den Verkleidungen der Inversion. In den transpositiven Sprachen »wird der Gang des Geistes keineswegs von der Aufeinanderfolge der Worte nachgeahmt«, er wird jedoch »auf vollkommene Weise von den *Gewändern* angezeigt, in die sie gehüllt sind«; die Endungen »tragen den *Stempel*« der analytischen Ordnung; sie sind »das *Etikett* des Platzes, der ihnen in der natürlichen Abfolge zukommt«[3]: Diese Metaphern drücken sehr gut die zweite und »relative« Funktion der Flexion aus, die jedem »umgestellten« Wort, wie die Matrikel dem verlorenen Soldaten, seinen Platz in der Ordnung zuweist, die es verleugnet[4]. Die Opposition zwischen analogen und transpositiven Sprachen ist also keineswegs symmetrisch: Die einen *folgen* der natürlichen Ordnung, die anderen *beziehen sich* indirekt auf sie durch ihre Flexionen; als Sprachen zweiten Ranges, abgeleitet und einigermaßen parasitär, wie so viele Dialekte oder vielmehr Argots[5], tragen sie dauerhaft den Stempel ihres tiefsitzenden Gebrechens, nämlich der Abwesenheit der Mimesis; die anderen *ahmen* den Gang des Geistes *nach*, diese können ihn nur *anzeigen*. Doch dieser Unterschied stellt keineswegs die Universalität des analytischen Prinzips in Frage, denn sie ist nicht Verschiedenheit, sondern Ungleichheit und Unterordnung, aner-

---

1 S. 496, 501.
2 S. 538, 539.
3 S. 470, 474, 515.
4 »Die Wörter können die Plätze, die ihnen [die natürliche Konstruktion] zuweist, nicht aufgeben, ohne mit Flexionsformen versehen zu werden, welche sie darin klar und deutlich in Erinnerung rufen.« (S. 502)
5 Beauzée verwendet diesen Begriff natürlich nicht, wir werden ihm jedoch bei einem seiner fernen Erben begegnen.

kannt und gleichsam eingebrannt durch die Flexion. Die analytische Ordnung ist definitiv »der unveränderliche Prototyp der beiden allgemeinen Arten von Sprachen und die einzige Grundlage ihrer jeweiligen Kommunikabilität[1],« da es Sinn nur durch die grammatischen Beziehungen gibt und weil diese tatsächlich mit der analytischen Ordnung einswerden. So »erkennt man durch die beträchtlichen Unterschiede des Genies der Sprachen hindurch deutlich den einheitlichen Abdruck der Natur, die eine ist, die einfach ist, die unwandelbar ist.«[2]

– *Natürlich schließlich, weil ursprünglich*: Beauzée setzt sich hier, und zwar ganz klar, von Diderot ab, der der Inversion die Epoche – beneidenswert oder nicht – des »Stammelns« der ersten Lebensjahre bzw. Zeitalter zugestand. »Ich würde im Gegenteil meinen«, wendet Beauzée ein, »daß diese Inversionen Wirkungen der Kunst sind, und zwar einer Kunst aus einer Zeit lange nach dem Alter des Stammelns, wenn die Menschen überhaupt jemals gestammelt haben«; und wenn die analytische Ordnung »eine den geistigen Fähigkeiten der ersten Menschen überlegene Metaphysik voraussetzt, ist die einzige Konsequenz, die man daraus ziehen muß, die, daß die ersten Menschen nicht ihre Urheber sind. Doch daß sie sie nicht befolgt haben, ist eine Meinung, die unvereinbar ist mit den anerkannten Kenntnissen über den Mechanismus der Sprachen; alles trägt dazu bei zu erweisen, daß sie die wahre Ordnung der Natur ist und daß sie allen Veränderungen des Sprachgebrauchs und den Innovationen der Kunst vorausgeht.«[3]

Wie man hier entdeckt, ist und kann die Natur, die Beauzée zufolge bei der Konstitution der Sprache den Vorsitz führt, nicht die menschliche Natur, überlassen ihren eigenen Kräften, sein. Die »Metaphysik«, welche die analytische Ordnung voraussetzt, ist diesen Kräften überlegen und kann nur göttlich sein. Der *ordo naturalis* wird so zu einem der Beweise der göttlichen Einsetzung der Sprache – der andere ist, paradoxerweise, die Konventionalität ihrer Elemente. In der Tat stellt der Artikel »Langue«, sich auf die Fest-

---

1 »Langue«, S. 140.
2 *Grammaire générale*, S. 471.
3 S. 509-511. Dieser Einspruch wird Diderot nicht entgehen, der sogleich in einer Rezension in der *Correspondance littéraire* vom November 1767 darauf erwidert; nach einer lebhaften Lobrede fügt er hinzu: »Es gibt kein wahres Wort in dem Kapitel über die Inversionen, wo der Autor behauptet, die französische Syntax ordne die Wörter in der natürlichsten und mit der Entstehung und der Aufeinanderfolge der Ideen am meisten übereinstimmenden Reihenfolge.« (*Œuvres complètes*, CFL, 1970, VII, S. 432)

stellung der Aporie des *Discours sur l'inégalité* stützend und sie bis zu ihrer impliziten Konklusion führend (die bereits, wie wir gesehen haben, von Frain du Tremblay artikuliert worden war), fest, daß eine eingesetzte Sprache eine einsetzende Gesellschaft voraussetzt, und diese ihrerseits ein »Kommunikationsmittel«, das nur diese Sprache selbst sein kann. »Was folgt daraus? Daß man, wenn man sich darauf versteift, die erste Sprache und die erste Gesellschaft auf dem Weg über den Menschen begründen zu wollen, die Ewigkeit der Welt und der menschlichen Generationen einräumen und infolgedessen auf eine erste Gesellschaft und auf eine erste Sprache im eigentlichen Sinne verzichten muß [...]. Wenn die Menschen zu existieren beginnen, ohne zu sprechen, werden sie niemals sprechen [...]. Gott selbst also, nicht zufrieden damit, den beiden ersten Individuen des Menschengeschlechts die kostbare Fähigkeit zu sprechen zu schenken, läßt sie sogleich voll ausüben.«[1] Beauzée setzt also zugleich auf die beiden Karten der Konventionalität der Wörter und des Mimetismus des Satzes, um die orthodoxe These zu erneuern. Daher wird man auch nicht überrascht sein, daß er als Prototypen der analogen Sprachen »die hebräische Sprache« bezeichnet, »die älteste von all jenen, die wir durch auf uns gekommene Denkmäler kennen und die dadurch unmittelbarer an die Ursprache zu grenzen scheint«, vorausgesetzt, daß sie nicht ganz einfach selbst diese Ursprache ist. Von daher diese vorhersehbare Konsequenz für die allgemeine Abstammung der Sprachen: Auf der einen Seite steht der unüberwindliche syntaktische Graben für Beauzée wie für Girard einer Abstammung des Französischen vom Lateinischen absolut entgegen: »Man muß auf die Art und Weise, wie die Wörter gebraucht werden, zurückgreifen, um die Identität oder den Unterschied des Genies der Sprachen zu erkennen und zu entscheiden, ob sie irgendeine Verwandschaft haben oder ob sie keine haben [...]. Wenn zwischen zwei Sprachen keine andere Verbindung besteht als diejenige, welche aus der Analogie der Wörter entsteht, ohne irgendeine Ähnlichkeit des Genies, so sind sie einander fremd; dies gilt für die spanische, die italienische und die französische Sprache hinsichtlich der lateinischen«. Andererseits gehen »die modernen Sprachen Europas, welche die analytische Konstruktion übernommen haben«, anscheinend auf das Keltische zurück, und dieses wahrscheinlich auf das Hebräische[2]: »Hier also unsere moderne Sprache, das Spanische und das

---

1 »Langue«, S. 110, 114.
2 Dieser sprachliche Mythos, in dem sich die »hebraistische« und die »Keltenthese«

Englische, verbunden durch das Keltische mit dem Hebräischen; und diese Verbindung, bestätigt durch die analoge Konstruktion, die all diese Sprachen charakterisiert, ist meines Erachtens ein sehr viel sichereres Indiz für ihre Abstammung als alle vorstellbaren Etymologien, die sie auf transpositive Sprachen zurückführen«[1]; und so werden nach und nach alle diese analogen Sprachen auf diejenige zurückgeführt, die einst das erste menschliche Paar gelehrt worden ist.

Doch diese ursprüngliche Sprache befindet sich an den Antipoden der im 18. Jahrhundert gängigen Vorstellung einer »wilden«, expressiven, eloquenten, poetischen Sprache, beherrscht von der Einbildungskraft und von den Leidenschaften, überladen mit den naiven Figuren einer spontanen Rhetorik. Diese Idee der natürlichen Expressivität, die man bei Condillac, bei Diderot, bei Blair, bei Rousseau, bei Herder und schon bei Vico findet und der Beauzée unvermeidlich bei Batteux begegnet, wird er nicht müde zu bekämpfen und ins Lächerliche zu ziehen. Batteux behauptete gegen Dumarsais, daß eine Konstruktion, die »im Widerspruch zur Lebhaftigkeit, zum Eifer der Einbildungskraft, zur Eleganz und zur Harmonie« steht, notwendig »im Widerspruch zur Natur« stehe. Für Beauzée »setzt [diese Konsequenz] voraus, was weder zugegeben noch wahr ist. Die Natur der Sprache besteht wesentlich und hauptsächlich in der Äußerung der Gedanken durch die getreue Darlegung der Analyse, die der Geist davon gibt [...]. Die Eleganz und die Harmonie, die, wenn man so will, ihre natürlichen Prinzipien sind, sind dennoch Dinge, die für die Äußerung der Dinge ganz unwesentlich und für die Natur der Sprache nebensächlich sind [...]. Die analytische Ordnung kann also zur Eloquenz im Widerspruch stehen, ohne im Widerspruch zur Natur der Sprache zu stehen, für welche die Eloquenz nur eine künstliche Nebensache ist.«[2]

In Wahrheit ist der einzige und wahre Zweck der Sprache »die klare Darlegung des Denkens«[3]. Alles, was nicht zu dieser reinen Verständlichkeit gehört, gehört bereits zur Eloquenz (von der Poesie

---

treffen, geht mindestens bis ins 17. Jahrhundert zurück; Beauzée beruft sich hier auf die jüngeren Autoritäten Bulle (*Mémoires sur la langue celtique* (1754-1760)) und Cranval (*Discours historique sur l'origine de la langue française* (1757)).

1 S. 141/42.
2 *Grammaire générale*, S. 529/30.
3 Diese Wendung kehrt mehrfach wieder; Beauzée vermeidet systematisch das wohl zu affektive »Ausdruck« (*expression*).

spricht Beauzée niemals) und geht aus einer ganz künstlichen Rhetorik hervor, die noch radikaler von der Grammatik getrennt ist, als sie es bei Dumarsais war, falls das überhaupt möglich ist. Der große Fehler der »Mechaniker« besteht, wie Beauzée Batteux heftig vorwirft, genau darin, »die Leidenschaften mit der Wahrheit, die Rhetorik mit der Grammatik und die zufällige Malerei der Bewegungen des Herzens mit der klaren und präzisen Darlegung der intuitiven Wahrnehmungen des Geistes« verwechselt zu haben. Der unglückliche Chompré sieht sich seinerseits angeklagt, seine Kompetenzen zu überschreiten: »Sie sind beauftragt, mich die lateinische Sprache zu lehren, und Sie hemmen die Fortschritte, den ich darin machen könnte, durch Ihre Manie, deren Harmonie und Wohlklang zu bewahren. Überlassen Sie diese Sorge meinem Rhetoriklehrer, das ist sein wahres Los; das Ihre ist, das Denken ins hellste Licht zu setzen, das der Gegenstand des lateinischen Satzes ist, und alles beiseite zu schieben, was dessen Verständnis verhindern oder verzögern kann.« Die Trennung ist also absolut zwischen den beiden Gebieten, und jede Interferenz ist schädlich und verwerflich. »Ein für alle Mal, was in der Grammatik natürlich ist, ist unwesentlich oder fremd für die Rhetorik; was natürlich in der Rhetorik ist, ist unwesentlich oder fremd in der Grammatik.«

Diese Rhetorik besteht für Beauzée, wie für Dumarsais, in einem künstlichen und geregelten Ensemble von »Figuren«, das heißt Verletzungen einer Norm, die selbst nicht durch den Sprachgebrauch, sondern durch die Natur, das heißt den ursprünglichen und grundlegenden Zustand der Sprache, definiert wird. Batteux hatte geglaubt, das Hyperbaton der lateinischen Rhetoriker in Opposition zu den geläufigen Konstruktionen der Sprache definieren zu können. Seine Beweisführung, wendet Beauzée ein, »setzt ein allgemeineres Prinzip voraus: daß nämlich eine Figur eine von der in einer Sprache gewöhnlichen und gebräuchlichen Redensart entfernte Redewendung ist; und ich gebe zu, daß das in etwa die Vorstellung ist, die alle Rhetoren und die Grammtiker von ihr gegeben haben, sie erscheint mir jedoch wenig überlegt [...]. Eine Figur ist eine Redewendung, die nicht von der *gewöhnlichen und gebräuchlichen* Redensart entfernt ist, sondern von der *natürlichen* Weise, dieselben Ideen in welchem Idiom auch immer wiederzugeben.« Dies ist also die Formel, die Dumarsais nicht finden konnte und die den Kern ihres gemeinsamen Denkens ausdrückt.

Die modernistische Vulgata mündet also bei Beauzée in eine streng intellektualistische Philosophie der Sprache, reduziert in ihrem natürlichen Zustand auf die reine »Darlegung des Denkens«, das heißt auf die Funktion einer Algebra. Das unvermeidliche Gegenstück zu diesem fanatischen Intellektualismus ist eine unglaubliche Inflation der Rhetorik, der aufgebürdet wird, alles zu übernehmen, wovon die Grammatik nichts wissen will, das heißt sämtliche praktischen Funktionen (die expressive, die impressive, die persuasive etc.) der Rede und der Schrift. Doch diese Rhetorik, von der man soviel verlangt, ist nicht mehr, wie wir wissen, die ungeheure Disziplin, Wissenschaft und Kunst der Rede, welche die Alten in ihr sahen: Sie ist nur noch ein Repertoire von Figuren, Tropen und »tours de phrase«, behandelt als künstliche, zufällige und nebensächliche Verzierungen, während die »Darlegung des Denkens« auf diese Weise in das Dekor ihres eigenen *Motivs*, das heißt alle Gründe, die man haben kann, um sein Denken darzulegen, zurückgedrängt wird[1]. Hierin liegen eine Verblendung, ein Paradox und ein Ungleichgewicht, die tödlich sind und auf die wir zurückkommen werden – nachdem wir einige letzte Episoden durchlaufen haben.

Batteux hatte Dumarsais indirekt geantwortet – oder vielmehr seine Position gegen Dumarsais' Argumente neu behauptet – 1763 in seiner Abhandlung *De la Construction oratoire*, die eine Wiederaufnahme und Entwicklung der *Lettres sur la phrase* war, bereichert um einige neue Beispiele und ausgestattet mit einer neuen Terminologie: Die *geistige Ordnung* (*ordre moral*) wird zur *rednerischen Konstruktion* (*construction oratoire*), nachdrücklicher denn je definiert als »jene des Herzens und der Leidenschaften; die grammatische oder metaphysische Ordnung ist jene der Kunst und der Methode«; besser konnte man Beauzée von vornherein nicht widersprechen. Nach der Veröffentlichung des Artikels »Inversion« und der *Grammaire générale* wird Batteux sich, diesmal direkt, gegen denjenigen engagieren, der sehr wohl als sein vollkommener Antagonist erscheint: es ist der *Nouvel Examen du préjugé sur l'inversion, pour servir de réponse à M. Beauzée*[2]. Synthese und Testament der mechanistischen Partei, artikuliert die Antwort sich zugleich auf historischer und auf theoretischer Ebene. In historischer Hinsicht weist

---

1 »Ob es nun wahr ist *oder nicht*, daß man stets aus irgendeinem Interesse heraus spricht, es ist eine *ältere und noch sehr viel gewissere* Wahrheit, daß man spricht, um seine Gedanken mitzuteilen.« (S. 532) Die Zurückdrängung des Beweglichen ist charakteristisch.
2 Paris 1767, 78 S.

Batteux die von Dumarsais und Beauzée herangezogenen lateinischen Zeugnisse zurück, das heißt ihre Interpretation des Begriffs des *rectus ordo*; er erklärt, daß, wenn das klassische Latein die analytische Ordnung vernachläßigte, dies nicht aus Sorge um Wohlklang geschah, sondern vielmehr, weil die seine expressiver war; und umgekehrt, daß, wenn das Französische sie respektiert, dies nicht aus Liebe zur Klarheit geschieht, sondern aus Mangel an Flexionen. In theoretischer Hinsicht denunziert er bei seinen Gegnern eine uneingestandene Verwechslung von Syntax und Konstruktion, »syntaktischen Beziehungen« und »syntaktischer Ordnung«. Beauzée wirft er vor, eine Konstruktion als natürlich zu präsentieren, die nur die Analyseordnung eines Denkens spiegele, das er selbst als unteilbar proklamiert habe: diese Analyse könne folglich nur ein »Werk der Kunst, künstlich und gekünstelt« sein. Schließlich und vor allem bestreitet er ganz und gar, daß »der wesentliche und fast einzige Zweck« der Sprache die klare Darlegung des Denkens sei: Man spricht niemals nur, um sein Denken zu äußern, sondern auch, »um in den Geist der anderen die Gefühle zu legen, die man hat, und wie man sie hat«. Die Ordnung der Natur ist also nicht nur diejenige der Vernunft, sondern auch und zuerst »die Ordnung des Herzens«. Niemals vielleicht war die Opposition zwischen zwei Interpretationen der Natur so deutlich gewesen.

Es wird keine Antwort von Beauzée geben, und anscheinend schließt der *Nouvel Examen* die Debatte. Das Echo wird jedoch, direkt oder indirekt, noch recht lange nachklingen, da jeder oder fast jeder zumindest eine der Parteien unterstützen wollte. So etwa Charles de Brosses die Mechaniker[1] und Voltaire die Metaphysiker[2]; doch auch Rivarol, der die Frage an ihren Ausgangspunkt zurückführt (das Lob der »französischen Klarheit«), mit dem bekannten Erfolg – Belohnung der Kühnheit, da der *Discours sur l'universalité* sich nicht scheut, allein dem Französischen das Privileg der »direkten Ordnung« vorzubehalten[3]. Diese gallozentrischen Prätentionen werden eine vorletzte latinistische Reaktion provozieren, diejenige von Garat, der zugunsten der »Sprachen mit Inversion« das Argument der

---

1 *Formation mécanique* (1765), Kap. XXII.
2 *Questions sur l'Encyclopédie*, Artikel »Langues« (1771). Es ist vor allem eine Kritik der *Formation mécanique* und ein Element in dem langen Streit mit de Brosses.
3 *Discours sur l'universalité de la langue française* (1784), Paragr. 64-72.

Klarheit umstößt[1]; und eine letzte, diejenige von Urbain Domergue, der das alte *serpentem fuge* wiederaufnimmt, um den Akademismus des Französischen lächerlich zu machen, den man so lobt: »Ob ich nun auf lateinisch *serpentem fuge* rufe oder auf französisch *un serpent, fuyez!*, so bin ich doch gleichermaßen der direkten Ordnung treu. Und wehe der kalten und absurden Sprache, die, angesichts dieser drohenden Gefahr, möchte, daß man sagt: *Monsieur, prenez garde, voilà un serpent qui s'approche* ›Mein Herr, geben Sie acht, da nähert sich eine Schlange‹. Diese Sprache, wenn es denn möglich wäre, daß sie existierte, wäre die unerträglichste von allen. Und dennoch läßt Rivarol so einen Franzosen sprechen, und das nennt er die direkte Ordnung.«[2]

Das Schlußwort sollte Destutt de Tracy gehören, dem letzten der Grammatiker-Philosophen und dem ersten der Ideologen, der einen von Diderot übernommenen Kompromiß aushandeln wird, indem er allen Konstruktionen das Verdienst des Natürlichen zugesteht: dasjenige der »Kaltblütigkeit« der einen, dasjenige der Leidenschaft der anderen oder vielmehr den anderen, denn wenn es nur einen Grund gibt, so gibt es tausend Leidenschaften oder »Weisen, erregt und besorgt zu werden«: eine »direkte« Konstruktion also für die Momente der Kaltblütigkeit und tausend »invertierte« Konstruktionen für die Momente der Leidenschaft, alle jedoch »ebenso natürlich je nach den Umständen«[3]. Eine vorsichtige Synthese, die aufs beste den Trennungspunkt zwischen den Doktrinen und ebendadurch (ich komme darauf zurück) ihr gemeinsames Vorurteil situiert.

In jedem Krieg gibt es jedoch Fanatiker oder Leichtsinnige, die nach der Waffenruhe schießen oder fallen; und man erinnert sich an einen gewissen Haudegen, den man durch Austrocknung konserviert hatte und der nach sechsundvierzig Jahren bei dem Schrei »Es lebe der Kaiser!« aufwachte. Der Oberst Fougas des Streits um die

---

1 »Die direkte Ordnung kommt, sagt man, der Klarheit sehr entgegen. Richtiger wäre es zu sagen, daß die Klarheit für die direkte Ordnung notwendiger wäre. In den Sprachen, die dieser Ordnung unterworfen sind, gibt es häufig nur eine einzige Konstruktion, um sich sehr klar auszudrücken [...]. In den Sprachen mit Inversion gibt es zwanzig verschiedene Weisen, denselben Satz zu konstruieren. Es sind also die Sprachen mit Inversion, die der Klarheit entgegenkommen, da sie so viele Weisen haben, klar zu sein.« (*Mercure de France* (August 1785)).
2 Einleitung (als einzige veröffentlicht) zu einer *Grammaire générale analytique* (1799), S. 73.
3 *Éléments d'idéologie*, 2. Teil, *Grammaire*, Paris 1803 (Nachdruck Paris (Vrin) 1970), S. 158-160.

Inversion, ein exemplarisches Fossil, erwacht nach einem Jahrhundert bei dem Schrei »Tod dem Lateinischen!« Es ist niemand anderer als Jean-Pierre Brisset, dessen *Grammaire logique* (ein charakteristischer Titel) 1883 erscheint, mitten in der Glanzzeit der historischen Sprachwissenschaft, als die Frage der Wortstellung vollständig aus dem Gesichtsfeld verschwunden und die indoeuropäische Abstammung allgemein anerkannt ist. Wie Girard und Beauzée weigert Brisset sich, irgendeine Verwandtschaft zwischen dem Französischen und dem Lateinischen zuzugeben, deren Konstruktionen streng entgegengesetzt sind; und er treibt die Abwertung des Lateinischen bis in seine letzte logische Konsequenz: Für ihn ist das Lateinische nicht eine Sprache, sondern ein Argot von Räubern und, genauer, ein mechanischer Argot wie das *louchebem* oder das Javanische, dessen ganzes Verfahren darin besteht, die Sätze der autochtonen italienischen Sprache umzukehren. »Das Lateinische ist das auf den Kopf gestellte Italienische [...]. Das Lateinische kommt ebensowenig aus dem Latium wie der Argot aus Argovien oder das Javanische aus Java.« *Latinus* kommt von *latus* ›hingerissen‹ und/oder von *latere* ›verstecken‹ und bedeutet ›verborgene Umstellung‹ oder, wenn Sie lieber wollen: geheime Inversion. Und »trotz der Meisterwerke jener, die umgestellt geschrieben haben: Vergil, Cicero, Horaz und so viele andere große Schriftsteller, ist die lateinische Sprache immer nur eine Sprache im Widerspruch zur Natur gewesen, ein Argot, der sich, wie die Bande, die ihn erfunden hatte, zivilisiert, vervollkommnet, geadelt hat und der schließlich aufgenommen, studiert und mit einer Bewunderung beurteilt worden ist, die um so natürlicher ist, als der menschliche Geist darin sein eigenes Werk erkennt. Die Natur dagegen weist ihn zurück. Sie adoptiert nicht, was nicht ihr Kind ist: gleichgültig setzt sie ihren geraden, einfachen und logischen Weg fort. Was nicht von ihr kommt, kann wohl, aufgrund von Pflege, einige Zeit ein Scheinleben führen, doch es muß verschwinden. Suchen Sie in allen Ländern, die man die lateinischen nennt, eine Provinz, eine Gegend, eine Stadt, ein Dorf, in ein den Bergen verlorenes Tal, eine Familie zumindest, wo das Lateinische eine natürliche Sprache wäre: Sie werden nichts finden. Das Lateinische ist, was es immer gewesen ist: eine künstliche Sprache, ein Werk der Menschen, ein Argot.«[1] Diese letzte Episode ist

---

1 *La Grammaire logique*, § 97, Nachdruck Tchou 1970, S. 87-90. Brisset ist die Sprachwissenschaft seines Jahrhunderts nicht ganz unbekannt, da er zumindest die Existenz des Sanskrit (ebenfalls als künstliche Sprache bezeichnet) erwähnt, sein

komisch, wenn man so will: es ist die in die Paranoia getriebene Partei des *ordo rectus*.

Ende des zu langen Berichts über einen zu langen, buchstäblich *unendlichen* Streit, der seine innere Lösung weder in einer gegenseitigen Übereinkunft noch in dem Sieg eines der beiden Lager finden kann – der jedoch mit einem Mal an dem Tag erlischt, an dem das Feld der Debatte selbst, Ort der Übereinkunft und der Uneinigkeit, zusammenstürzt: die mimetische Motivation der Wortstellung. Ein falscher Streit also, in diesem zweifachen Sinn, daß das gestellte Problem ein falsches Problem ist und daß die beiden Parteien sich über das Wesentliche einig sind, nämlich, natürlich, die Tatsache selbst, es aufzuwerfen. Man sieht daher, wie die Gegensätze sich in dem Maße verringern, wie man sich, sie synthetisierend, dem Knoten der Frage nähert.

Auf der praktischen (und in diesem Fall ästhetischen) Ebene dessen, was man die *Funktion des Diskurses* nennen kann, ist, wie wir gesehen haben, die Opposition zwischen einer *intellektualistischen* Konzeption, jener von Dumarsais und Beauzée, für die der Hauptzweck des Diskurses darin liegt, die Gedanken so klar wie möglich »darzulegen«, ihrer eigenen Ordnung gemäß oder gemäß der notwendigen Ordnung ihrer Analyse, und einer Konzeption, die man ohne weiteres *sensibilistisch* nennen würde, für welche die Rede vor allem dazu dient, die Sinneseindrücke (Condillac) oder die Empfindungen (Batteux), stets in der Ordnung ihrer Aufeinanderfolge, auszudrücken, absolut. Die erste, die hier die dominierende These ist, spiegelt wohl am besten wider, was der Geist der Aufklärung in Frankreich ist, geprägt von einem starken rationalistischen Erbe, in dem im übrigen Descartes Aristoteles nicht völlig ausgelöscht hat.

---

linguistisches Gepäck als Autodidakt ist jedoch typisch 18. Jahrhundert. Er zitiert im übrigen Dumarsais. Sein Streit gegen das Lateinische, auf halbem Wege zwischen Beauzée und Obelix (»Die spinnen, die Römer!«), hat vielleicht einige persönliche Gründe: »Niemals ist das Latein mehr gefordert gewesen als heute. Ein offizielles Diplom, das es ausweist, ist mehr wert als ein halbes Leben als Soldat, als das auf den Schlachtfeldern vergossene Blut und als welche Bildung auch immer, widerstrebend erworben inmitten der Schwierigkeiten des Daseins.« Ganz offensichtlich haben wir es hier mit administrativem Verfolgungswahn zu tun. Und letzte Schmach, auch sie äußerst symbolhaft: die *Grammaire logique*, für einen Preis bei der Académie eingereicht (da haben wir sie ja, die *salle aux prix*), wurde von Renan abgelehnt (siehe das Vorwort Foucaults, S. XVIII). Brisset ist ein echtes Opfer der neuen Sprachwissenschaft.

Sie setzt, indem sie sie erstarren läßt, in gewissem Maße die ästhetische Inspiration der französischen Klassik fort, die jene des Neoklassizismus und des La Harpe'schen Akademismus werden wird. Ihr Hauptmotiv ist die absolute Trennung zwischen dem Sprachlichen, das eine rein intellektuelle Funktion hat, und einer Rhetorik, definiert als kodifiziertes System von Anomalien oder Ausnahmen[1], *Figuren* genannt, der es aufgebürdet wird, all die Aufgaben zu übernehmen, welche die Grammatik verweigerte. Eine verheerende Trennung und eine gefährliche Ergänzung diese in ihrer Definition eingeschränkte und in ihrer Funktion zugleich verallgemeinerte Rhetorik: Alles, was nicht der unmögliche Nullpunkt des Stils ist (das »Monsieur, prenez garde, voilà un serpent qui s'approche« ›Mein Herr, geben Sie acht, da nähert sich eine Schlange‹, über das Domergue sich so lustig macht, ist es nicht bereits allzu lebendig für den Grammatiker? Könnte man darin nicht so etwas wie eine lebhafte und brillante *Apostrophe* sehen? Wäre die reine Darlegung des Gedankens nicht vielmehr, nach der für die Analyse notwenigen Zeit: »Cet homme va sans doute mourir d'une piqûre de serpent« ›Dieser Mann wird gewiß an einem Schlangenbiß sterben‹? Keineswegs, denn zu sich selbst sprechen ist ein *Monolog*), wird als Figur angesehen und als solche gekennzeichnet und registriert: von daher die bekannte Wucherung; die »Klassik« wird an diesem Tumor sterben. Die zweite Konzeption, in der Minderheit in Frankreich, stellt dort einen zweifachen und fesselnden Anachronismus dar: archaisch durch ihre Hinwendung zu den alten Sprachen und Literaturen, erneuernd durch ihre Aufwertung des Empfindsamen und Affektiven und dadurch sehr viel näher der (vor)romantischen Strömung, die, von Vico bis Herder, das übrige Europa beherrscht. Hier besteht keinerlei Bedürfnis nach einer bewußten und artifiziellen Rhetorik, da das Expressive und das Poetische hier als spontane und ursprüngliche Merkmale der Sprache angesehen werden. Daher verflüchtigt sich bei Batteux (und gelegentlich bei Diderot) die Rhetorik zugunsten einer einfachen Lektüre der unmittelbaren Expressivität, welche die »moderne« Stilistik vorwegnimmt, und noch unmittelbarer verschwindet im folgenden Jahrhundert ohne viel Federlesens eine *techne*, die schlicht unnütz und hinderlich geworden ist. Auf

---

[1] Oder *mit besonderen Aufgaben (d'exception)*, wie man von gewissen Gerichten sagt (Sondergerichten): »Es sei mir gestattet, die einfache Konstruktion mit dem gemeinen Recht und die übertragene Konstruktion (*construction figurée*) mit dem Vorzugsrecht zu vergleichen.« (Dumarsais, »Construction«, S. 18)

dieser Ebene also keinerlei mögliche Versöhnung, eine ausweglose Debatte, welche die Geschichte, wie es so geht, zugunsten der Opposition entscheiden wird.

Auf der deskriptiven (und eigentlich linguistischen) Ebene des *Systems der Sprachen* ein anscheinend irreduzibler Konflikt zwischen den Parteigängern der »analogen« und der »transpositiven« Sprachen. Tatsächlich jedoch haben die beiden Parteien das Kriterium der »Konstruktion« als wesentliches Charakteristikum einer Sprache gemeinsam sowie eine generell *fixistische* Konzeption dieses Wesenszugs, der Genealogie und Typologie ineinssetzt und beispielsweise jede vergleichende Erforschung der modernen und klassischen Sprachen – das heißt, wie man weiß, jeden Fortschritt hin zu einer wissenschaftlichen Linguistik – blockiert. Dieser Immobilismus kristallisiert sich auf ganz tyische Weise in dem Schlüsselbegriff des *Genies* einer Sprache, der sehr gut den erblichen und unveränderlichen Charakter der einem Idiom eigenen syntaktischen Schemata oder »tours de phrase« kennzeichnet. Ein um so bemerkenswerterer Charakter, als das Genie einer Sprache damals im allgemeinen nicht für fähig gehalten wird, den Charakter des Volkes auszudrücken, das sie spricht; diese expressive Funktion wird eher von der »Aussprache« übernommen, das heißt vom phonologischen System, das determiniert wird vom Klima und vom Siedlungsgebiet (siehe Bouhours, Lamy, Gébelin etc.), sowie vom Wortschatz, dessen Gliederung jene der Interessensschwerpunkte widerspiegelt[1] (dies ist der zumindest seit Chardin überall strapazierte Topos der tausend arabischen Synonyme zur Bezeichnung des Kamels, des Schwertes, des Löwen etc.). Das syntaktische Genie ist dagegen ein fast immer rein formaler Begriff, der auf keinerlei außersprachliche Realität zu verweisen scheint. Lediglich Condillac schreibt die antithetischen Genies der analogen und der transpositiven Sprachen der »vorherrschenden Neigung« eines bestimmten Volkes für die Analyse oder für die Imagination zu.[2] Beauzée und Batteux stimmen dagegen hinsichtlich einer rein immanenten Definition überein, die es ihnen ebenfalls unmöglich macht, die Existenz des Sprachtyps zu erklären, dem sie jeweils die Natürlichkeit absprechen: Beauzée kommt über die Sorge um die Harmonie, die für die lateinischen Inversionen und

---

[1] »Je nachdem, ob die Völker den Dingen mehr Beachtung geschenkt haben, haben ihre Begriffe deutlichere Bedeutungen, und sie sind zahlreicher.« (Lamy, *Rhétorique*, Kap. I, 5).
[2] Kap. XV, »Du génie des langues«.

indirekt für die kompensatorischen Flexionen verantwortlich ist, nicht hinaus; Batteux verweilt bei dem Fehlen von Flexionen, das wohl die Regularität der modernen *ordo* erklären kann, nicht jedoch deren, für ihn widernatürliche, Richtung. Wie dem auch sei, das syntaktische Genie ist der Sprache wesensgleich, keine Veränderung kann ihm etwas anhaben, kein Einfluß kann es verändern, und sei es durch die Gruppe der Sprecher. Den absoluten »Synchronismus«, den man Saussure bisweilen vorwerfen wird, hier finden wir ihn: Für die Mechaniker wie für die Metaphysiker hat die Rede (*parole*) keinerlei Einfluß auf das Schicksal der Sprache (*langue*).

Scheinbar wird die Sprachwissenschaft des beginnenden 19. Jahrhunderts auch hier der Partei der Mechaniker rechtgeben, da sie sich ihrer Aufwertung der klassischen Sprachen anschließt. Doch einerseits ist das Zusammentreffen oberflächlich, denn das Identifikationskriterium wird nicht mehr syntaktisch, sondern morphologisch sein: Das Lateinische, das Griechische und vor allem das Sanskrit sind nicht länger Sprachen »mit Inversion« oder »mit natürlicher Wortstellung«, sondern *flektierende* Sprachen, und dieser technische Wechsel des Kriteriums zieht nach sich, oder verrät, wie wir sehen werden, eine ideologische Verlagerung des Evaluationsprinzips. Und andererseits wird die typologische Schranke nicht länger ein Hindernis für den Vergleich und für die Abstammung eines Sprachtyps vom anderen sein. Ganz im Gegenteil, der Übergang (die Dekadenz) vom flexivischen zum analytischen Typ wird bei den Komparatisten, die der Typologie am stärksten verhaftet sind, wie Schlegel oder Schleicher, zum Prinzip selbst der allgemeinen Entwicklung der menschlichen Sprachen werden. Batteux steht also auf dieser Ebene, und trotz des äußeren Anscheins, Beauzée näher als Schlegel, von dem ein und derselbe historische Abgrund sie beide trennt.

Auf der, sagen wir, theoretischen Ebene der *Natur der Sprache* wird die Übereinstimmung offensichtlich, und in unserer Perspektive betrifft sie das Wesentliche: den Mimetismus der Konstruktion. Für die einen wie für die anderen ahmt die Ordnung des Satzes die Ordnung des Denkens nach, und man kann sagen, daß der Divergenzpunkt, unterhalb dieser gemeinsamen Behauptung gelegen, nicht mehr die Natur der Sprache, sondern des Denkens selbst betrifft, das die einen als eine Kette von Konzepten auffassen und die anderen als eine Folge von Affekten oder von Sinneseindrücken. Es ist charakteristisch, daß in beiden Lagern die fetischistische Achtung des mimetischen Prinzips den Sieg über das Bemühen um rhetorische Effizienz davonträgt: Die Metaphysiker valorisieren und propagieren, wie wir gesehen haben, eine einförmig logische Gliederung, auf die offensichtliche Gefahr von Monotonie und Ausdruckslosigkeit hin, wobei die »konative« Funktion wie viele andere zugestanden und dadurch in die Ecke der figuralen Ergänzung verbannt wird. Doch die Mechaniker haben ihrerseits keine Angst davor, infolge eines naiv verstandenen hierarchischen Vorurteils (das Wichtigste hat man stets im Kopf) eine Gliederung nach abnehmendem Interesse aufzustellen, die den offensichtlichsten Ansprüchen der Aufmerksamkeit zuwiderläuft – diesmal auf die Gefahr hin, daß der Zuhörer sich vor einem Schluß, der zwangsläufig ohne jedes *Interesse* ist, aus dem Staub macht.

Dieser durch ein Jahrhundert falschen Streites (und dank seiner) beständig neu behauptete und gestärkte syntaktische Mimetismus ist eine sehr spezifische Variante des Kratylismus: ein sekundärer Mimologismus, da die rein diagrammatische Ikonizität des Satzes, die der (hier allgemein anerkannten) Arbitrarität seiner Elemente übergestülpt wird, in jedem Fall ein Faktum der Rede (*parole*) ist, eine individuelle Performanz, die außer Kraft setzen oder überwinden soll, was Mallarmé den »Zufall, der beim Wortlaut verharrt«, nennen wird; die syntaktischen Schemata jedoch, die er nutzt, sind auch Fakten der Sprache (*langue*), die jedem Idiom oder jeder Gruppe von Idiomen eigen und in die Regeln der grammatischen »Kompetenz« des Sprechers eingeschrieben sind; in dieser Hinsicht handelt es sich um einen primären Mimologismus. Eine gemischte oder zweideutige Situation, in der gewissermaßen davon ausgegangen wird, daß die Sprache sich selbst korrigiert und ihren eigenen »Mangel« »entschädigt«, ohne eine andere Einmischung von außen als ein ihren Mitteln entsprechender Gebrauch. Es braucht schon ein »Genie«, um die Sprache zu retten, aber es ist das ihre.

Ein solcher Konsens zwischen zwei anscheinend so gegensätzlichen Lagern offenbart sehr gut die tiefe Ambivalenz eines Valorisationsthemas, wie es der sprachliche Mimetismus ist, und seine Fähigkeit zu vielfältigen und sogar widersprüchlichen Investitionen (oder Motivationen): Der Rationalist motiviert die Mimologie durch die Logik, der Sensualist durch das Strömen der Emotionen, doch das mimetische Thema erträgt und erzwingt diese »philosophischen« Motive der Opposition. Und genau dieser *Gemeinplatz*, Gebiet, Einsatz und Bedingung der Debatte, wird mit einem Mal an der Schwelle zum 19. Jahrhundert untergehen. In der »romantischen«

Sprachwissenschaft ist, wie wir sehen werden, das mimologische Thema fast vollständig verschwunden. Ein Schlegel beispielsweise wird die Sprachen mit »innerer Flexion« nicht mehr als mimetisch, sondern als *organisch* rühmen: Der Begriff verrät (wie übrigens auch der Begriff *Morphologie*) noch eine naturalistische Valorisierung, eines neuen Typs jedoch, der selbst eine neue Konzeption der Natürlichkeit widerspiegelt: nicht mehr als Nachahmung, Übereinstimmung, »getreue Malerei«, sondern als innerer Dynamismus und Fähigkeit zur selbständigen Entwicklung. Die klassischen Sprachen sind »organische« Sprachen, weil die »Wurzel« selbst ihrer Wörter im »Keim« eine Fähigkeit zum Ausdruck der grammatischen Beziehungen enthält, die nichts anderes ist als eine Fähigkeit zu innerer Differenzierung und zur Konstitution in einem paradigmatischen System. Die grammatischen Beziehungen kommen nicht mehr durch eine hierarchische Ordnung der Reihenfolge zum Ausdruck, sondern durch ein spezifisches System arbiträrer und geregelter Unterschiede. Man erinnert sich vielleicht, daß einer der Fehler, die Batteux seinen Gegnern zu Recht vorwarf, die Verwechslung von syntaktischen Beziehungen und syntaktischer Gliederung war. Diese Kritik ist wohl der Punkt, an dem die Mechaniker sich den vergleichenden Grammatikern am stärksten annähern, sie bleibt jedoch rein negativ; nirgendwo haben diese Verteidiger des Lateinischen ein wirkliches *Bewußtsein für die Flexion* als synoptischem und augenblickweisem Ausdruck der grammatischen Beziehungen ausgedrückt und wohl auch nicht empfunden. Am nächsten käme dem noch – nicht bei Batteux, doch bei Condillac und vor allem bei Lamy – das Schwärmen für die *simultane Einheit* des lateinischen Satzes, der all seine Teile so »untereinander vereint« präsentiert, »wie sie es im Geiste sind«, der »mit einem Blick mehrere Dinge sieht« (Lamy), damit seine verschiedenen Gegenstände, ein »Bild« ergebend, »alle zugleich erschüttern« (Condillac). Doch Condillac fügte sogleich hinzu: »derart ist die Macht der *Inversionen* auf die Einbildungskraft«: das syntaktische Modell blieb beherrschend. Seit Schlegel bis hin zu Saussure (und folglich über ihn hinaus) verblaßt, während die syntagmatische Imagination einer ausgedehnten Träumerei über das Paradigma Platz macht, zugleich und notwendig das Thema der Aufwertung der Ähnlichkeit vor dem der Differenz. Die Sprache als Organismus und dann als Struktur setzt die Rede als Widerspiegelung außer Kraft.

Das heißt aber nicht schon, daß Kratylos endgültig und ein für alle Mal das Spiel verloren hätte. Denn wenn man sich auch ein

Jahrhundert lang einig war, in der Ordnung des Diskurses ein getreues Abbild des (individuellen) Denkens als Aufeinanderfolge – und durch dieses der Welt als Ereignis – zu sehen, werden andere doch schon bald im System der Sprache das – komplexere, weniger unmittelbare, aber ebenso *repräsentative* – Abbild dieser (kollektiven) Denkfähigkeit finden können, die ebenfalls System und Konstruktion ist und die man den *Geist* eines Volkes nennen wird.

Innere Flexion

In der gesamten Geschichte des Sprachdenkens hat vielleicht kein Ereignis entscheidenderen Einfluß auf den Lauf der mimologischen Einbildungskraft gehabt als dieser »Wendepunkt« am Saum des 18. und 19. Jahrhunderts, den die »Entdeckung« des Sanskrit und die Geburt der vergleichenden Grammatik der indoeuropäischen Sprachen darstellt.[1] Max Müller hat die Bedeutung des Schocks für die damals herrschenden Ideen über die Abstammung der Sprachen aufgezeigt; er erinnert an die typische Weigerung, bei einem Dugald Stewart beispielsweise, eine Verwandtschaft zwischen den klassischen Sprachen und derjenigen der »schwarzen Bewohner Indiens« zuzugeben. Er unterstreicht zu Recht das Verdienst Friedrich Schlegels, »der Erste welcher sowohl den Thatsachen als den Schlussfolgen der Sanskrit-Gelehrsamkeit kühn ins Gesicht zu sehen wagte« und dessen Abhandlung *Über die Sprache und Weisheit der Indier*, »obgleich nur zwei Jahre [1808] nach dem ersten Bande von Adelungs *Mithridate* erschien[en], von dem Letztern durch eine eben so weite Kluft getrennt [ist], wie das Copernikanische System vom Ptolemäischen. Schlegel war kein tiefer Gelehrter. Viele seiner Angaben haben sich als irrig erwiesen, und nichts würde leichter sein, als seine ganze Arbeit zu zergliedern und schliesslich lächerlich zu machen; aber er war ein Genie, und wenn eine neue Wissenschaft geschaffen werden soll, ist oft die Einbildungskraft des Dichters fast noch besser zu brauchen, als der Scharfsinn des Gelehrten. Es gehörte gewiss eine Art von poëtischer Vision dazu, mit einem einzigen Blick die Sprachen Indiens, Persiens, Griechenlands, Italiens und

---

1 Das entscheidende Datum ist natürlich dasjenige des Vortrags von William Jones in der asiatischen Gesellschaft von Bengalen 1786. Man muß jedoch daran erinnern, daß das Sanskrit damals in Europa nicht ganz unbekannt war und daß die Hypothese der indoeuropäischen Einheit seit dem 16. Jahrhundert vertreten worden war: es ist die sogenannte »Skythenthese« von Goropius Becanus, der wir bei Leibniz wiederbegegnet sind. Der entscheidende Beitrag von Jones bestand darin, die beiden Serien zusammengebracht zu haben.

Deutschlands zu umfassen und sie mit dem einfachen Namen ›Indoeuropäische Sprachen‹ fest an einander zu knüpfen. Dies war Schlegel's Verdienst und er hat damit in der Culturgeschichte *eine neue Welt entdeckt.*«[1]

Natürlich ist die Definition der Ursachen und der Folgen stets mit Vorsicht zu genießen, in diesem Bereich wie auf dem ganzen Gebiet der Ideengeschichte. Manche Geisteshaltungen, die in der Luft liegen, können sehr gut die objektiven Bestimmungen entbehren, die man als unverzichtbar für sie halten würde; so haben wir etwa bei Nodier Richtungswechsel angetroffen, die man bereitwillig dem Einfluß Schlegels oder Humboldts zuschreiben würde, wenn seine Informationen im Detail nicht dazu neigten, diese Hypothese zu entkräften, und analoge findet man bereits bei Herder oder Jenisch[2]. Und umgekehrt weiß man sehr wohl, daß eine »Entdeckung« toter Buchstabe bleiben kann, solange sie keine Resonanz und damit ihre historische Relevanz gefunden hat. Was dieses »neue Faktum« der Einführung des Sanskrit am Ende des 18. Jahrhunderts und diese sehr viel verschwommenere und ungreifbarere Tatsache der Geburt eines »neuen« sprachlichen »Geistes« betrifft, so ist es unmöglich zu unterscheiden, was von beidem mehr zur Konstitution der vergleichenden Grammatik[3] und, direkt oder indirekt, zu diesem Wendepunkt im Kratylismus beigetragen hat, der uns hier beschäftigen wird. Zumindest kann man versuchen, den Einfluß gewisser spezifischer Merkmale der neuen »Wissenschaft« an sich abzuschätzen.

Das massivste, dessen Wirkung am meisten wiegen wird, ist natürlich der Begriff der *indoeuropäischen Familie* selbst, das heißt die

---

1 *Lectures on the Science of Language*, London (Longman, Green, Longman, and Roberts) 1861, Lecture IV: »The Classificatory Stage in the Science of Language«, S. 106-157, hier S. 156/57; dt. *Vorlesungen über die Wissenschaft der Sprache*, für das deutsche Publikum bearbeitet von Carl Böttger, autorisirte Ausgabe, Leipzig (Gustav Mayer) 1983, Vierte Vorlesung: »Die classificirende Stufe in der Sprachwissenschaft«, S. 96-136, hier S. 135/36.

2 Johann Gottfried Herder, *Abhandlung über den Ursprung der Sprache* (1770); D. Jenisch, *Philosophisch-kritische Vergleichung und Würdigung von vierzehn ältern und neuern Sprachen Europens* (1794).

3 Erinnern wir daran, daß Rask in seinen Anfängen komparatistisch arbeitete, ohne das Sanskrit zu kennen; aber nicht ohne auf das Altisländische den gleichen Enthusiasmus zu projizieren wie Schlegel oder Bopp auf das Sanskrit – und nach dem gleichen Motiv der Perfektion des Flexionssystems. Bei einem Geist, der als tatsachenorientiert und rigoros gilt, hat dieser Eifer für die Sprache »unserer Vorfahren« durchaus etwas Romantisches.

Entdeckung der historischen Verwandtschaft und schließlich der ursprünglichen Identität dieser »klassischen« und modernen Sprachen, die man in den vorangegangenen Jahrhunderten gerne unter der optimistischen Bezeichnung »die meisten Sprachen« zusammenfaßte. Die Konsequenz für die Diskussion über die Natur des Zeichens ist die Schwächung einer ganzen Argumentation, die sich auf gewisse semantische Übereinstimmungen zwischen diesen Sprachen gründet. Um das klassische Beispiel noch einmal aufzugreifen: Die (natürliche) Bedeutung »Stillstand« oder »Unbeweglichkeit«, die der Konsonantengruppe *st* zugeschrieben wurde, fand spontan ihren Beweis oder ihre Bestätigung in der bemerkenswerten Ausdehnung des Phänomens quer durch viele ebenso »verschiedenartige« Sprachen wie das Griechische, das Lateinische, das Französische, das Italienische, das Spanische, das Deutsche, das Englische..., so zahlreich und so verschiedenartig, daß sie für manche (mit der Nachilfe von ein bißchen Eurozentrismus und viel Ignoranz) die »Mehrheit« der menschlichen Sprachen darstellen konnten: Der Bedeutungswert *st* = »Stillstand« konnte also schließlich, mit unwesentlichen Ausnahmen, für eines der »Sprachuniversalien« und eines der Indizien für ihre mimetische Natur gehalten werden. Zumindest auf der Ebene dieser übereilten Schlußfolgerungen, an denen sich die vorwissenschaftliche Spekulation befriedigt, die in diesem Fall Universalität mit Natürlichkeit und Natürlichkeit mit Notwendigkeit und insbesondere hier Notwendigkeit mit Mimetismus gleichsetzte. Aus streng theoretischer Sicht *beweist* die (vorausgesetzte) Universalität eines sprachlichen Faktums natürlich nicht seine Natürlichkeit, und umgekehrt löst seine Beschränkung auf eine einzige Sprachfamilie im übrigen keineswegs die Frage ihrer ursprünglichen Motivation: Der Bedeutungswert *st* = »Unbeweglichkeit« könnte durchaus zugleich einer Sprache eigentümlich und dennoch in dieser Sprache wegen seiner mimetischen Natur ausgewählt worden sein – die den »Onomaturgen« aller anderen entgangen wäre. Auf der Ebene der Wahrscheinlichkeit jedoch und der allgemeinen Vermutung sind diese Trennungen nicht gebräuchlich. Das kratylische Argument lautet hier in aller Schlichtheit: »Daß so viele so unterschiedliche Sprachen die Wahl getroffen haben, die Unbeweglichkeit durch Wörter zu bezeichnen, welche die Gruppe *st* enthalten, kann kein Zufall sein; es gibt also eine notwendige Beziehung zwischen diesem Laut und dieser Bedeutung; diese Beziehung ist im übrigen natürlich, etc.« Ebendiese Argumentation stürzt zusammen mit der Konstitution der indoeuropäischen »Familie«: Griechisch, Lateinisch, Französisch etc. werden mit einem Mal auf die (ursprüngliche) Einheit zurückgeführt, und infolgedessen beweist ihre Übereinstimmung nichts mehr: *st* = »Unbeweglichkeit« ist (wie sehr viele andere Bedeutungsverbindungen) nur noch eine »indoeuropäische Wurzel« und hört folglich auf, eines der Sprachuniversalien zu sein; ihre mimetische Motivation verliert dadurch einen großen Teil ihrer Wahrscheinlichkeit.

Paradoxerweise schwächt also die Entdeckung der indoeuropäischen Einheit, die historisch gesehen einen Gutteil der wichtigsten und am besten bekannten Sprachen auf eine einzige zurückführt, die kratylische Vorstellung von der Einheit der Sprache. Tatsächlich kann man die These der ursprünglichen Einheit der Sprachen nämlich auf zwei sehr unterschiedliche Weisen interpretieren – von denen nur eine Kratylos gelegen kommt. Die erste besteht darin zu sagen, am Anfang habe es nur eine einzige Sprache gegeben, diejenige der ersten Menschengruppe, eine Gruppe und eine Sprache, von denen alle Gruppen und alle menschlichen Sprachen herstammen. Diese Hypothese, die beispielsweise diejenige Herders war, läßt die Frage der Natur dieser Ursprache vollkommen offen, die ebensogut konventionell wie motiviert sein konnte – und natürlich nimmt sie den eventuellen universalen Übereinstimmungen, die einfach aus einer Ureinheit hervorgehen, diesbezüglich jeden Hinweiswert. Die zweite nimmt an, daß alle Menschen, so verstreut sie am Anfang auch gewesen sein mögen, spontan, ohne sich zu kennen und ohne sich *verabredet* zu haben, dieselbe Sprache an verschiedenen Punkten des Globus erfunden haben; hier wird die These der Natürlichkeit der Sprache natürlich beträchtlich gestärkt. Diese zweite Hypothese ist meines Wissens und aus recht offensichtlichen Gründen niemals so deutlich formuliert worden; doch die Gunst, in der die unitaristische These bis zum Ende des 18. Jahrhunderts bei der kratylischen Partei stand, rührte stets, so scheint mir, von einer impliziten Verwechslung und einem heimlichen Übergang von der einen zur anderen her. Indem sie die ursprüngliche Gemeinsamkeit der meisten europäischen Sprachen aufweist und (vorübergehend) die Vorstellung einer fortschreitenden Zurückführung aller »Familien« auf eine einzige zuläßt, scheint die vergleichende Grammatik sich der ersten anzunähern; tatsächlich trägt sie jedoch vor allem dazu bei, die zweite zu diskreditieren, da sie eine große Zahl von Übereinstimmungen auf eine einfache historische Abstammung zurückführt. »Nicht gegen den natürlichen Ursprung der Sprachen streiten wir«, sagte Schlegel,

»sondern nur gegen die ursprüngliche Gleichheit derselben [...].«[1] Das bedeutet bereits viel, und es bedeutet unvermeidlich eine Stärkung des konventionalistischen Arguments der Verschiedenheit der Sprachen.

Ein zweites, in der Wirkung subtileres Merkmal hängt mit der Methode der vergleichenden Grammatik selbst zusammen und ist im übrigen an seinem Titel ablesbar. Jahrhundertelang hatte man die Sprachen meist verglichen, indem man Wörter miteinander verglich, da man spontan der Meinung war, der Wortschatz sei die ganze Sprache; von dieser Haltung hatte sich lediglich, vor allem im 18. Jahrhundert, ein Versuch abgesetzt, die Sprachen nach ihrem syntaktischen »Genie« zu definieren: eine scheinbar grammatische Betrachtung, tatsächlich jedoch, wie wir gesehen haben, ebenfalls vom mimetischen Standpunkt inspiriert. Die vergleichende Grammatik gesteht eine entscheidende Relevanz dem zu, was man die grammatische *Struktur* der Sprache zu nennen beginnt, die nicht, wie wir sehen werden, mit der syntagmatischen Struktur des Satzes zu verwechseln ist, sondern den Saussureschen Begriff des *Systems* oder der impliziten paradigmatischen Organisation ankündigt. Von der ersten Seite seiner Abhandlung *Über die Sprache und Weisheit der Indier* an zieht Schlegel aus der Beobachtung, daß die Ähnlichkeit zwischen dem Sanskrit und den europäischen Sprachen »nicht bloß in einer großen Anzahl von Wurzeln [liegt], die sie mit ihnen gemein hat, sondern [...] sich bis auf die innerste Structur und Grammatik [erstreckt]«, sofort diesen Schluß: »Die Uebereinstimmung ist also keine zufällige, die sich aus Einmischung erklären liesse; sondern eine wesentliche, die auf gemeinschaftliche Abstammung deutet.« (S. 3) Dieses hier noch implizite Relevanzprinzip der grammatischen Struktur wird sechs Jahre später von Rasmus Rask explizit gemacht und zur methodischen Regel erhoben werden. Wir werden ihm später in einer genaueren Bestimmung wiederbegegnen.

Die lexikalischen Betrachtungen treten also im Sprachdenken in den Hintergrund: ein ungünstiger Umstand für die kratylische Spekulation, die sich stets in der Hauptsache auf die Beziehungen zwischen »den Wörtern« (und genauer den *Nomen*) und »den Dingen« bezogen hat. Mit der vergleichenden Grammatik wird sich ein erneuter Umsturz der Werte innerhalb des Wortschatzes selbst voll-

---

[1] *Über die Sprache und Weisheit der Indier – Ein Beitrag zur Begründung der Altertumskunde*, new edition with an introductory article by Sebastiano Timpanaro, prepared by E. F. K. Koerner, Amsterdam (Benjamins) 1977, S. 64.

ziehen. Die »hebel aller wörter«, wird Grimm sagen, sind nicht die Nomen, sondern »pronomina und verben«[1]. Das heißt: das Verb und seine Satelliten, oder auch: die Handlung und ihre Träger. Diese Wende ist natürlich entscheidend für die kratylische Einbildungskraft. Die Träumerei über die *Richtigkeit der Nomen* kann nicht ohne tiefgreifenden Wandel zu einer Träumerei über die *Richtigkeit der Verben* werden. Michel Foucault, der ebendiese Formel Grimms zitiert, hat aufgezeigt, wie die nun solcherart charakterisierte Sprache nicht mehr in der Hauptsache von Gegenständen, sondern von Handlungen sprechen und sich von nun an »nicht bei den wahrgenommenen Dingen, sondern beim aktiven Subjekt« *verwurzeln* wird[2]. Dieser, ebenfalls kopernikanischen, Revolution wird Kratylos Rechnung tragen müssen.

Das Austauschen des Nomens durch das Verb als Hauptelement des Wortschatzes ist jedoch noch nicht der entscheidendste Aspekt der Veränderung. Ihre deutlichste Formulierung borgen wir uns bei Oswald Ducrot aus: »Die Linguisten waren sich lange darüber im unklaren, welches die Wörter sind, deren Ähnlichkeit in zwei verschiedenen Sprachen ihre Verwandtschaft beweist, welche Wörter also kaum entliehen sein können und deshalb ererbt sein müssen. Es bildete sich schließlich eine Doktrin heraus, der zufolge dies die grammatischen Zeichen, Endungen, Affixe, Präpositionen, Alternationselemente etc. sein müßten.«[3] Man findet hier das Primat der Grammatik wieder, verkörpert jedoch im lexikalischen Material, in

---

1 Jacob Grimm, *Über den Ursprung der Sprache*, gelesen in der Preussischen Akademie der Wissenschaften am 9. Januar 1851, mit einem Nachwort von M. Rassem, Insel-Verlag Zweigstelle Wiesbaden 1958 (*Insel-Bücherei* 120), S. 43). Hinsichtlich der Geschichte dieses Werteumsturzes am Ende des 18. Jahrhunderts bei Monboddo, Hemsterhuis und Herder siehe Edward Stankiewicz, »The Dithyramb to the Verb in the Eighteenth and Nineteenth Century Linguistics«, in D. H. Hymes (Hg.), *Studies in the History of Linguistics*, Bloomington/London (Indiana Univ. Press) 1974. Auf die zweideutige Position Herders haben wir bereits hingewiesen. Copineau sieht im Verb bereits schärfer »den wichtigsten Teil der Rede« (*Essai synthétique* (1774), S. 54).
2 *Les Mots et les choses*, Paris (Gallimard) 1966, S. 301-304; dt. *Die Ordnung der Dinge – Eine Archäologie der Humanwissenschaften*, aus dem Französischen von Ulrich Köppen, Frankfurt/M. (Suhrkamp) 1971 (stw 96), S. 353.
3 *Einführung in den Strukturalismus*, mit Beiträgen von Oswald Ducrot, Tzvetan Todorov, Dan Sperber, Moustafa Safouan, François Wahl, herausgegeben von François Wahl, aus dem Französischen von Eva Moldenhauer, Frankfurt/M. (Suhrkamp) 1973 (stw 10), S. 30 (frz. *Qu'est-ce que le Structuralisme*, Paris (Seuil) 1966, S. 30).

grammatischen Zeichen: grammatische Wörter, Affixe, Flexionselemente. Und jetzt muß man, als Bestätigung, die Regel von Rask wiederfinden: »Die grammatische Korrespondenz ist eine sehr viel sicherere Anzeige [als diejenige der Wortbestände] der ursprünglichen Verwandtschaft oder Identität, weil eine Sprache, welche mit einer anderen vermischt ist, nur selten oder niemals die *morphologischen* Veränderungen oder Beugungen dieser letzteren entlehnt.«[1] Das entscheidende Wort ist gefallen: Die Grammatik, um die es hier geht und die für mehr als ein halbes Jahrhundert im Vordergrund des Geschehens stehen wird, ist nicht jene Grammatik des Satzes, die, von Port-Royal bis Beauzée, die Vertreter der klassischen »allgemeinen Grammatik« so sehr beschäftigt hatte; sie ist die *in den Wörtern* präsente, in Wörtern oder Wortteilen verkörperte Grammatik, das heißt die *Morphologie*. Die vergleichende Grammatik ist, wie man weiß, in der Hauptsache eine vergleichende Morphologie gewesen, und die unmittelbare Konsequenz dieser Aufwertung des Morphologischen war, daß man das grammatische Wesen der Sprache, das heißt ihr relationales Wesen und ihre Abstraktionsfähigkeit, in das lexikalische Material projizierte. Das hervorstechendste Zeugnis hierfür liefert Wilhelm von Humboldt, dessen Theorie der »grammatischen Formen« (Flexionen und grammatische Wörter) beharrlich diese Grammatikalisierung des Wortes als Abdruck des *Geistes* auf die Sprache und umgekehrt als (einziges) Mittel des Zugangs zu den höchsten Formen der Abstraktion aufwertet. Im Zustand dessen, was er »Formalität« nennt (Gebrauch der reinen Morpheme ohne konkrete Bedeutung), hat das Wort »nicht bloß lexikalische, sondern auch grammatische Individualität; die formbezeichnenden Wörter haben keine störende Nebenwirkung mehr, sondern sind reine Ausdrücke von *Verhältnissen*«[2]. Ich habe hier das Schlüsselwort hervorgehoben, das unablässig wiederkehrt, und nicht nur bei Humboldt; der relationale Charakter der grammatischen Bedeutungen symbolisiert und garantiert ihr hohes Abstraktionsniveau. Die »Beziehungen« sind nicht Dinge, und die Definition der Sprache –

---

1 Zitiert von Georges Mounin, *Histoire de la linguistique des origines au XXe siècle*, Paris (PUF) 1967, S. 165 (meine Hervorhebung).
2 *Über das Entstehen der grammatischen Formen und ihren Einfluß auf die Ideenentwicklung* (1822), in Wilhelm von Humboldt, *Werke in fünf Bänden*, III: *Schriften zur Sprachphilosophie*, herausgegeben von Andreas Flitner und Klaus Giel, Stuttgart (J. G. Cotta'sche Buchhandlung) 1963, S. 55.

und des Wortschatzes selbst – als »Nomenklatur«[1] hat von nun an endgültig ausgedient.

Allerdings gibt es Abstufungen dieser Integration des Grammatischen, und das Wertesystem, das die ersten Komparatisten herausstellen, hat die Hervorhebung der Formen, die so weit wie nur möglich integriert sind, zur Folge. Einer der Gründe für die Faszination, die vom Sanskrit ausgeht, ist die Fähigkeit dieser Sprache, die grammatischen Beziehungen durch das zu markieren, dem Schlegel ausschließlich den Begriff der Flexion vorbehält, das heißt »durch innre Veränderung des Wurzellautes«[2]. Diese extreme Restriktion werden Bopp und seine Erben nicht übernehmen[3], sie enthüllt nichtsdestoweniger eine Sehnsucht. Der ideale Sprachzustand wäre derjenige, in dem die gesamte Morphologie sich im Spiel der vokalischen Alternanzen innerhalb des Stamms konzentrieren würde, unter Ausschluß jeden Einsatzes von Affixen. Eine Passage aus Schlegels Abhandlung *Über die Sprache und Weisheit der Indier* verdeutlicht ausgezeichnet diesen Standpunkt in einem Vergleich zwischen den morphologischen Verfahren des Altgriechischen und des Sanskrit:

> Im Griechischen kann man noch wenigstens einen Anschein von Möglichkeit finden, als wären die Biegungssylben aus in das Wort verschmolznen Partikeln und Hülfsworten ursprünglich entstanden, obwohl man

---

1 Nach dem bereits zitierten Wort von Saussure, das hier nicht ganz und gar aus Anachronismus (wieder)auftaucht. Es gibt bereits mehr als ein wenig Saussurismus oder, wenn man so will, von Strukturalismus in der impliziten Sprachtheorie der ersten Komparatisten, der sich später, durch historizistischen »Atomismus«, bei den Neugrammatikern am Ende des Jahrhunderts verlieren wird. Saussure, der nicht umsonst der Autor des *Mémoire sur le système primitif des voyelles dans les langues indo-européennes* ist, wird diese Inspiration wiederfinden und weiterführen; man darf jedoch nicht verkennen, was seine Auffassung von der Sprache als differentiellem System alles der komparatistischen Praxis verdankt.

2 *Über die Sprache und Weisheit der Indier*, S. 45.

3 Humboldts Position ist komplexer. Er definiert bereitwillig die Flexion auf eine Weise, die Schlegel recht nahe steht, idealiter als »Modification der Sachen bezeichnenden Wörter« (S. 39), »Anfügung, oder Einschaltung bedeutungsloser Buchstaben, oder Silben [...], Umwandlung der Vokale [...], Umänderung von Konsonanten im Innern des Worts« (S. 43). Er glaubt jedoch nicht, daß diese »wahre Flexion« (S. 43) jemals ursprünglich in einer Sprache gewesen sei: Sie ergibt sich stets aus einer Agglutination, einer »Anfügung bedeutsamer Silben« (S. 45), und infolgedessen scheint ihm die Aufteilung in Sprachen mit (innerer) Flexion und in agglutinierende Sprachen »von keiner Seite haltbar« (S. 47). Cf. O. Ducrot, »Humboldt et l'arbitraire du signe«, in *Cahiers internationaux de symbolisme* 26.

> diese Hypothese nicht würde durchführen können, ohne fast alle jene etymologischen Künste und Gaukeleien zu Hülfe zu nehmen, denen man zuvörderst ohne alle Ausnahmen den Abschied geben sollte, wenn man die Sprache und ihre Entstehung wissenschaftlich d.h. durchaus historisch betrachten will; und kaum möchte sichs auch dann noch durchführen lassen. Beim Indischen aber verschwindet vollends der letzte Schein einer solchen Möglichkeit, und man muß zugeben, daß die Structur der Sprache durchaus organisch gebildet, durch Flexionen oder innre Veränderungen und Umbiegungen des Wurzellautes in allen seinen Bedeutungen ramisicirt, nicht bloß mechanisch durch angehängte Worte und Partikeln zusammengesetzt sei, wo denn die Wurzel selbst eigentlich unverändert und unfruchtbar bleibt. (S. 41/42).

Man erkennt hier die organizistische Metaphorik wieder, die so lange die Theorie der Entwicklung der Sprachen überfrachten wird[1]; man muß jedoch die Natur des sprachlichen Vorteils wahrnehmen, der durch dieses biologische Bild hindurch zum Ausdruck kommt: Eine »unfruchtbare« Wurzel ist eine *unveränderliche* Wurzel, das heißt innerer Flexionen unfähig und gezwungen, auf den Einsatz der Affixe zurückzugreifen. Eine fruchtbare Wurzel hingegen ist eine Wurzel, die in sich selbst alle für die Arbeit der Morphologie und der Ableitung nowendigen Hilfsmittel enthält. Sie ist also, natürlich, mehr als eine Wurzel, nämlich ein »Same«, ein »Keim lebendiger Entfaltung«[2]. Die Aufwertung ist hier so stark, daß die griechischen Flexionen, die Schlegel zufolge dennoch wirklich »organisch« sind, fast in Mißkredit gebracht werden, weil sie es nicht offensichtlich genug sind und weil sie, wie Cäsars Frau, Anlaß zu Verdächtigungen geben könnten. Sie leitet natürlich die Schlegelsche Typologie der Sprachen, die Schleicher nur noch nuancieren wird: Es gibt flexivische Sprachen im eigentlichen Sinne, nämlich die indoeuropäischen Sprachen[3], und es gibt all die anderen, das heißt all jene, die, in

---

1 Siehe Judith Schlanger, *Les Métaphores de l'organisme*, Paris (Vrin) 1971, S. 126ff.
2 *Über die Sprache und Weisheit der Indier*, S. 50. An anderer Stelle (S. 55) wird die Parteinahme energisch verneint: »Man würde mich indessen ganz mißverstehen, wenn man glaubte, ich wolle die eine Hauptgattung der Sprache ausschliessend erheben, die andere unbedingt herabsetzen«; doch nur um sogleich (S. 55/56) bestätigt zu werden: »Daß die Sprachen, wo die Flexion in der Structur herrscht, im Allgemeinen den Vorzug haben, wird man nach reifer Untersuchung wohl zugeben [...].« Kurz, die Überlegenheit der flektierenden Sprachen ist nicht »absolut«, weil keine Überlegenheit es per definitionem sein kann; sie ist lediglich erdrückend.
3 Erinnern wir daran, daß für Schlegel die Klasse der »noblen« Sprachen, das heißt derjenigen mit innerer Flexion, den semitischen Klassen verschlossen und das Ara-

unterschiedlichen Graden, den Stamm und die morphologischen Werkzeuge trennen. Sie leitet auch seine Vorstellung von der Sprachentwicklung, die in gewissem Sinne weniger »pessimistisch«, weil komplexer als diejenige seiner Nachfolger (insbesondere von Bopp) ist: Während die flexivischen Sprachen degenerieren (vom Sanskrit zum Englischen), indem sie den (angenommenen) absoluten Synthetismus des Sanskrit zugunsten von mehr und mehr analytischen Verfahren (Artikel, Präpositionen, Wortstellung etc.) verraten, schreiten die anderen im Gegenteil voran (vom Chinesischen zum Arabischen), indem sie ihre ursprünglich außerhalb liegenden Morpheme mehr und mehr in den Stamm integrieren, wobei das vorhersehbare Ergebnis eine Festigung in der allgemeinen Mittelmäßigkeit ist.

Ich erinnere hier an diese wohlbekannten Hypothesen nur ihres Illustrationswertes für die grundlegende Entscheidung, diejenige für die »innere Flexion«, wegen. Auf sehr signifikative Weise ersetzt diese Valorisierung uneingeschränkt diejenige des analytischen *ordo naturalis*: Die »flexivischen Sprachen« sind nichts anderes als die »Sprachen mit Inversion« der Grammatiker-Philosophen, rehabilitiert jedoch und sogar in den Himmel gehoben wegen der genialen Abstraktion ihres grammatischen Verfahrens, das nichts mehr der ungeschickten, ja kindischen Nachahmung der Beziehung der Ideen durch die Anordnung der Worte verdankt. Mit dieser Neuvergabe des sprachlichen Preises wird hier also sehr wohl die mimetistische Parteinahme umgestürzt und diskreditiert. Anderseits jedoch und auf vielleicht noch entscheidendere Weise hat die Aufwertung des flexivischen Zustandes die Kompromittierung des privilegierten Gegenstandes der mimetischen Träumerei zur Folge, des Wortes: Der Ausdruck der grammatischen Beziehungen durch die Wortstellung bot diesen doppelten Vorteil, daß er nicht nur eine nachahmende Syntax begründete, sondern auch jede Vokabel unangetastet ließ, frei von jeder Bindung und unberührt von jeder grammatischen Beeinträchtigung: Sagen Sie *le roi aime le peuple* ›der König liebt das Volk‹

---

bische nur die entwickeltste der Affixsprachen ist. Humboldt wird dagegen die semitischen Sprachen dem Sanskrit »an die Seite« stellen; er gesteht jedoch dem Griechischen die »höchste Vollendung des Baues« (S. 63) zu. Und Renan, der Humboldt zitiert, ist der Ansicht, die semitischen Sprachen hätten ihre Flexionen typischerweise »aus dem Wortinneren heraus«, indem sie »den Kern der Idee durch die Konsonanten und die untergeordneten Veränderungen durch die Vokale« ausdrücken (*Histoire des langues sémitiques*, in *Œuvres complètes* VII, Paris (Albin Michel), S. 545).

oder *le peuple aime le roi* ›das Volk liebt den König‹: jedes »volle« Wort bewahrt seine lexikalische Autonomie und Physiognomie und folglich sein eventuelles mimetisches Vermögen; sagen Sie *populus regem amat* oder *rex populum amat*, und schon sehen Sie, wie die Endungsflexion die beiden Substantive angreift. Wechseln Sie zum Idealzustand der inneren Flexion über, konjugieren Sie gr. *leipo, elipon, leloipa* oder engl. *sing, sang, sung*, und Sie heben fast jede Abgrenzung zwischen Morphemen und Semantemen auf und lösen das traditionelle »Wort« folglich von innen her auf, indem Sie es mit »grammatischen« Elementen bis ins Herz selbst seines semantischen Kerns hinein vollstopfen. De Brosses oder (in geringerem Grad) Gébelin (aber weder Platon noch Wallis oder Nodier) hatten sich zwar einigermaßen gegen diesen Übergriff gesichert, indem sie die Vokale, den Ort par excellence der inneren Flexion, den zufälligen historischen Veränderungen überließen und das Wesentliche des unveränderlichen semantischen Wertes im konsonantischen »Gerüst« konzentrierten, von daher *peregrinus = bilgram*. Aber es ist eine Sache, die Vokale als semantisch leer und folglich transparent anzusehen, und eine andere, sie mit einem ausschlaggebenden grammatischen Bedeutungswert erfüllt wiederzufinden, der sich, hat man ihn erst einmal wahrgenommen, nicht mehr vergessen läßt. Die mimologistische Lösung würde in diesem Fall darin bestehen, die Vokalalternanz selbst zu motivieren, indem man beispielsweise, à la Gébelin, einen Bedeutungswert von Präsenz (*Existenz*) der Stufe *e* von *leipo* zuerkennt, von Aorist (Nulltempus) der Nullstufe *elipon* und von Perfekt (wegen der zirkulären Perfektion) der Stufe *o* von *leloipa*; oder, à la Wallis, in der fortschreitenden »Verdunkelung« *sing/sang/sung* das Bild der temporalen Entfernung Präsens/Präteritum/Perfekt liest. Diese Art von Hypothesen scheint jedoch kaum im Schwange gewesen zu sein, und diese bedingte Abtretung ist nicht zufällig: Der morphologische Kratylismus ist ein historisches Oxymoron oder, wenn man lieber will, ein Anachronismus[1]. Die »unver-

---

1 Ein Anachronismus in dem Sinne, daß die Beachtung der Morphologie grosso modo in dem Moment aufkommt, als der (klassische) Kratylismus stirbt. Nimmt man die Randperiode jedoch näher unter die Lupe, so kann man ein paar Spuren dieser Hybride finden. So etwa bei de Brosses die folgenden Überlegungen über die Grade des Adjektivs: »Alle Nationen haben das natürliche und gemeinsame Verfahren, wenn sie den superlativischen Grad einer Sache ausdrücken wollen, in die Aussprache mehr Kraft zu legen und die Komposition des Nomens stärker zu befrachten. Zu diesem Zweck wiederholen die Amerikaner das einfache Wort zweimal. Die Griechen und die Lateiner verstärken das Wort, indem sie es mit einem nachdrück-

änderlichen und unfruchtbaren Wurzeln«, reduziert also auf den semantischen Kern, kamen der mimetischen Einbildungskraft also gerade recht, die in ihnen reine »Bedeutungs«elemente antraf, befreit von allen relationalen Schlacken und dem glückseligen Tête-à-tête zwischen »Wort« und »Ding« überlassen. Die »fruchtbaren Keime« beseitigen diese Isolierung: Das Wort ist nicht mehr nur das Zeichen für einen Gegenstand, es wird von zugleich abstrakteren und subjektiveren Vorstellungen durchdrungen, gefangen in einem Netz von

---

lichen Stimmdruck beenden, doch mit der gleichen Absicht, auf mechanische Weise den superlativischen Grad auszudrücken, malen die Griechen ihn durch *tatos*, die Lateiner durch *errimus* oder *issimus*. Alle erreichen dasselbe Ziel durch verschiedene Arten von Mitteln der gleichen Art.« (*Formation mécanique* I, S. 47). Hierbei handelt es sich jedoch um einen eher diagrammatischen Mimetismus – den wir im selben Zusammenhang bei Roman Jakobson wiederfinden werden (*high-higher-highest, altus-altior-altissimus*): »Die Morphologie ist reich an Beispielen alternierender Zeichen, die eine gleichwertige Beziehung zwischen *signans* und *signatum* aufweisen.« (»Suche nach dem Wesen der Sprache« (1965), in R. Jakobson, *Semiotik*, Frankfurt/M. 1992, S. 88). Auf klassischere Weise kratylisch, weil die morphologische Motivation hier (wie in meinen imaginären Beispielen im Stil Gébelins oder Wallis') nichts anderes tut, als auf die Affixe die Hypothese des Lautsymbolismus anzuwenden, die folgende Interpretation der Kasusformen, die Humboldt Bopp selbst zuschreibt: »Im Pronomen der dritten Person ist der helle *s*-Laut dem Lebendigen, der dunkle des *m* dem geschlechtslosen Neutrum offenbar symbolisch beigegeben, und derselbe Buchstabenwechsel der Endungen unterscheidet nun das in Handlung gestellte Subjekt, den Nominativ, von dem Akkusativ, dem Gegenstande der Wirkung.« (*Einleitung zum Kawi-Werk – Über die Verschiedenheit des menschlichen Sprachbaues und ihren Einfluß auf die geistige Entwicklung des Menschengeschlechts*, in W. v. Humboldt, *Schriften zur Sprache*, herausgegeben von Michael Böhler, Stuttgart (Reclam) 1973 (*Reclams Universalbibliothek* 6922-24), S. 117). Ich finde diesen Hinweis bei Bopp nicht, der natürlich allen methodologischen Prinzipien des Komparatismus zuwiderläuft: Wenn ein natürlicher (und folglich universeller) Symbolismus die Wahl der morphologischen Elemente beeinflussen kann, so verschwindet damit zugleich ihr Wert als Kennzeichnung der Abstammung. Diese Art von Inkonsequenzen ist gewiß nicht ohne Beispiele (und wir werden einem oder zweien bei Jacob Grimm begegnen), die typische Haltung der Komparatisten besteht jedoch eher darin, jede Fragestellung über den Gegenstand der kratylischen Debatte, die aus dem Feld der sprachwissenschaftlichen Relevanz verbannt wird, abzulehnen: »Nur das Geheimniß der Wurzeln oder des Benennungsgrundes der Urbegriffe lassen wir unangetastet; wir untersuchen nicht, warum z.B. die Wurzel *I gehen* und nicht *stehen* bedeutet, oder warum die Laut-Gruppirung *STHA* oder *STA stehen* und nicht *gehen* bedeute.« (Franz Bopp, *Vergleichende Grammatik des Sanskrit, Send, Armenischen, Griechischen, Lateinischen, Litauischen, Altslavischen, Gothischen und Deutschen* (1833), 3 Bde., dritte Ausgabe, Berlin (Ferd. Dümmler's Verlagsbuchhandlung) 1868-1871, Erster Band, »Vorrede zur ersten Ausgabe«, S. III)

Beziehungen, von Modalitäten und Aspekten, in das das »aktive Subjekt« sich selbst unvermeidlich verstrickt findet.

Drei weitere Überlegungen, ebenfalls inspiriert durch das Studium des Sanskrit und eng miteinander verknüpft, unterminieren das sprachliche Terrain der mimologistischen These vollends. Einer der Vorschläge, die im klassischen Zeitalter breiteste Zustimmung gefunden hatten, selbst bei den unverbesserlichsten Hermogenisten, lautete, daß die Sprache zumindest am Anfang nicht umhin gekonnt hatte, sich ausgehend von natürlichen Lauten (Schreien), onomatopoetischen Ausdrücken und/oder spontanen Ausrufen zu konstituieren, auf die Gefahr hin, anschließend nach und nach die Spuren dieses Anfangs zu verlieren, indem sie den Anteil der Konvention immer mehr ausweitete; eine andere war der zwangsläufig bildliche Charakter der Ursprache, ihre Unfähigkeit zur Abstraktion, die sie zwang, das Abstrakte durch das Konkrete, die Idee durch den Sinneseindruck zu metaphorisieren, wobei der »blumige« Stil der irokesischen oder algonkinischen Reden im allgemeinen für die Demonstration herhalten mußte[1]. Die dritte, die sich in diesem Kontext beinahe von selbst verstand, war das Fehlen von Grammatik in den Ursprachen. Die Grammatik, verbunden mit der Fähigkeit zur Abstraktion, konnte nur eine (gute oder schlechte) Erwerbung des zivilisierten Menschen sein: »Da jede Grammatik«, wie beispielsweise Herder sagte, »nur eine Philosophie über die Sprache und eine Methode ihres Gebrauchs ist, so muß je ursprünglicher die Sprache, desto weniger Grammatik in ihr sein, und die älteste ist bloß das vorangezeigte Wörterbuch der Natur!«[2] Diese drei Punkte widerlegt das Studium des Sanskrit, in dem Schlegel den wahrscheinlichen Vorfahren aller »indogermanischen« Sprachen[3] und folglich ein authentisches Beispiel von Ursprache sieht, auf dreifache Weise: Was den letzten betrifft, so erübrigt die hervorstechende Grammatikalität des Sanskrit jeden Kommentar; was die beiden ersten betrifft... so haben andere Sprachen vielleicht die Nachahmung und die Figur als Ursprung[4], nicht jedoch die »unseren«: Das Sanskrit zeigt bei seiner

---

1 Siehe beispielsweise Hugh Blair, *Lectures on Rhetoric and Belles Lettres* (1783, dt. 1785), frz. Ü., I, S. 112-114.

2 Herder, *Abhandlung über den Ursprung der Sprache*, S. 73.

3 Zweifelnd S. 62, kategorisch jedoch S. 3: »Bei der Vergleichung ergiebt sich ferner, daß die indische Sprache die ältere sei, die andern aber jünger sind und aus jener abgeleitet.«

4 »Mehrere der andern Sprachen scheinen in der That nicht als ein organisches Kunstgebilde bedeutender Sylben und fruchtbarer Keime, sondern ihrem größern Theile

Bildung weder onomatopoetische Ausdrücke noch Interjektionen noch Metaphern; von seinen ersten Schritten an erhebt es sich zur reinsten Abstraktion:

[Das Indische] ist *nicht* aus einem bloß physischen Geschrei und allerlei schallnachahmenden oder mit dem Schall spielenden Sprachversuchen entstanden, wo dann allmählig etwas Vernunft und Vernunftform ausgebildet worden wäre. Vielmehr ist diese Sprache selbst ein Beweis mehr, wenn es dessen noch bei so vielen andern bedarf, daß der Zustand des Menschen nicht überall mit thierischer Dumpfheit angefangen, woran sich denn nach langem und mühevollem Streben endlich hie und da ein wenig Vernunft angesetzt habe; zeigt vielmehr, daß wenn gleich nicht überall, doch wenigstens grade da, wohin uns diese Forschung zurückführt, gleich von Anfang an die klarste und innigste Besonnenheit statt gefunden; denn das Werk und Erzeugnis einer solchen ist diese Sprache, die selbst in ihren ersten und einfachsten Bestandtheilen die höchsten Begriffe der reinen Gedankenwelt, gleichsam den ganzen Grundriß des Bewußtseins nicht bildlich, sondern in unmittelbarster Klarheit ausdrückt. (S. 62/63)

[...]

[...] Und diese hohe Geistigkeit ist zugleich sehr einfach, nicht durch Bilder den zuvor bloß sinnlichen Ausdrücken erst mitgetheilt, sondern in der ersten und eigentlichen Bedeutung selbst der einfachen Grundbestandtheile schon ursprünglich gegründet. Von manchem der Art, was zwar ganz klar ist, aber doch keinen andern Sinn zuläßt als einen ganz metaphysischen, läßt sich das hohe Alter sogar historisch aus dem Gebrauch der Terminologie, oder etymologisch aus den zusammengesetzten Worten nachweisen. Es ist eben auch eine von den ungegründeten Voraussetzungen, daß in der ältesten Epoche jeder Sprache kühne Bildlichkeit und die Fantasie allein herrsche; bei vielen Sprachen ist es wirklich so, aber nicht bei allen, besonders nicht bei der indischen, die sich zunächst und ursprünglich wohl mehr durch philosophischen Tiefsinn und ruhige Klarheit auszeichnet, als durch poetische Begeisterung und Bilderfülle, so sehr sie auch der ersten fähig, und obwohl die letzte in den schmuckreichen Gedichten des Kalidas sogar herrschend ist. (S. 68/69)

---

nach wirklich aus mancherlei Schallnachahmungen und Schallspielen, dem bloßen Geschrei des Gefühls, und endlich den endeiktischen Ausrufungen oder Interjectionen der Hinweisung und Verdeutlichung entstanden zu sein, wo durch Uebung immer mehr conventionelles Einverständnis und willkürliche Bestimmung hinzukam.« (S. 66) Das ist die klassische These (Condillac, Copineau etc.), entkleidet jedoch – eine entscheidende Einschränkung – ihrer Universalität und eingesperrt in einige Idiome minderen Ranges.

Selbst wenn er tatsächlich auf eine einzige Familie von Sprachen (und Völkern) beschränkt ist, es liegt hier der Umsturz eines Topos vor, der, auf dem Gebiet der Sprache, einigermaßen vergleichbar ist mit demjenigen, den Lévi-Strauss eines Tages auf dem der Sozialanthropologie herbeiführen wird: die Entdeckung nämlich eines »wilden« Denkens, das den entwickeltsten Formen des »modernen« Denkens hinsichtlich der Abstraktionsfähigkeit in nichts nachsteht. Daß dieser Umsturz von einer falschen Hypothese ausgeht (derjenigen der »Primitivität« des Sanskrit), ist vielleicht eine List der Vernunft; daß er, infolge eines weiteren Irrtums oder eines ethnozentrischen Vorurteils, auf die indoeuropäische Gruppe beschränkt ist, mit allen ideologischen (und anderen) Konsequenzen, die sich daraus ihrerseits ergeben, ist vielleicht eine List des Wahnsinns, an dem es ebenfalls nicht fehlt. Worauf es uns hier ankommt, ist ein weiteres Mal die Konsequenz dieser wahren oder falschen (wahren *und* falschen) »neuen Fakten« auf die kratylische Debatte. Eine offensichtliche Konsequenz: Hinsichtlich eines begrenzten, aber (aus tausend Gründen) zentralen Punktes des Sprachatlasses wird hier die These der ursprünglichen Mimesis zum ersten Mal vom »Faktum« widerlegt.

Rückzug also der mimologistischen These – für diejenigen zumindest, die, früher oder später, die neue linguistische Vulgata erreichen wird[1]. Denn die kratylische Träumerei ist von Natur aus eine gefesselte Träumerei, ständig bezogen auf die linguistische Information des Träumers und folglich, indirekt, auf den Stand der Wissenschaft seiner Zeit ebenso wie auf die Dynamik seiner mimologischen Sehnsucht. Die wahrnehmbare Folge ist stets ein spezifisches Gleichgewicht zwischen diesen verschiedenen Kräften, die getrennt sehr viel schwerer zu messen sind. Bei vermutlich deutlich gleichen Kenntnissen unterscheiden sich Kratylos und Hermogenes, de Brosses und Turgot, Jespersen und Saussure durch die Stärke ihrer gegensätzlichen Standpunkte, die divergierende Interpretationen einer fast identischen Information determinieren. Bei vermutlich gleichem Standpunkt (wobei alle Vermutungen gewiß sehr unverschämt sind) sind Gébelin und Mallarmé beispielsweise durch ein Jahrhundert (und was für ein Jahrhundert!) Geschichte der Sprachwissenschaft

---

1 Man kennt insbesondere die Verspätung in Frankreich während der gesamten ersten Jahrhunderthälfte auf einem Gebiet, das lange Zeit eine deutsche Spezialität bleiben wird.

getrennt, wobei jeder von ihnen sich in etwa auf dem Wissensstand seiner Zeit befindet; was man natürlich auch von einem Brisset sagen könnte, chronologisch gesehen ein Zeitgenosse Mallarmés, erstarrt jedoch durch Unwissenheit (und Wahn) in einem Rückstand von mehreren Jahrhunderten. Niederlage also des Mimologismus generell und in seinen ehrgeizigsten Formen; aber auch, und vielleicht durch ein unbewußtes Manöver, um die Niederlage zu vermeiden oder hinauszuzögern, Transformation oder Verlagerung. Transformationen und Verlagerungen. Ab dem 19. Jahrhundert (und wir haben es sich deutlich abzeichnen sehen bei Nodier) wird sich der Kratylismus, um zu überleben, gewiß tiefgreifender verändern müssen, als er es jemals zuvor getan hatte. Wie werden später anderen Metamorphosen begegnen, deren gemeinsames Merkmal es sein wird, den mimologischen Traum vom Gebiet der »Wissenschaft« auf dasjenige der »Literatur« zu verlegen: der Poesie, der Fiktion, des als solches anerkannten und angenommenen oder in die »Kindheitserinnerungen« projizierten Spiels. Betrachten wir zuvor die unmittelbarste Veränderung, die nicht nur, gleichsam mechanisch, durch das Erdbeben des Komparatismus ausgelöst wird, sondern auch eine seiner grundlegenden Eingebungen in eine neue Form mimetischer Träumerei einbringt. Die vergleichende Grammatik ist nicht nur, oder nicht genau, Ausdruck einzig und allein von Konventionalismus: Wäre sie es, würde sie uns hier sehr viel weniger unmittelbar angehen. Sie ist auch, oder bewirkt vielmehr einen Umsturz, eine Wende und eine Ablenkung des Mimologismus. Sie bestimmt in ihrem Lauf, was ich, die Bedeutung dieses Schlüsselbegriffs ein wenig sehr verfälschend, eine *innere Flexion* nennen möchte.

Wir haben auf allen Ebenen, auf denen sie zum Tragen kommt, beobachtet, daß die komparatistische Revolution dazu neigte, den Akzent von der sprachlichen Darstellung, vom bezeichneten Objekt auf die Aktivität des bezeichnenden Subjekts, von den gesprochenen »Dingen« auf das sprechende Denken, von der Einheit der außersprachlichen Welt auf die Verschiedenheit der Sprachen und der Völker zu verlagern. Diese Verlagerung konnte nur ein Merkmal des Denkens der Epoche begünstigen und verschärfen, aus dem es, noch einmal, teilweise selbst hervorgeht; nennen wir dieses Merkmal, ein wenig rasch, den romantischen Subjektivismus[1]. Er verträgt sich

---

1 Natürlich verführen die Präsenz von Schlegel, von Humboldt oder von Grimm dazu, die Relevanz des Begriffs Romantik hier einigermaßen zu übertreiben. Tatsächlich geraten, wie wir später sehen werden, Grimm und vor allem August Wil-

natürlich recht schlecht mit den traditionellen Formen der kratylischen Imagination, die ganz der »objektiven« Beziehung zugewandt ist, die das Wort und das Ding verbindet. Wenn der Kratylismus jedoch, wie wir bereits beobachtet haben, aus einer universellen, in wechselnden Gestalten auftretenden Sehnsucht herrührt, für jede bedeutungsvolle Beziehung eine mimetische Motivation zu finden, kann er sich auch, wenn die Gelegenheit sich bietet und/oder jeder andere Weg ihm momentan versperrt ist, bemühen, diese andere bedeutungsvolle Beziehung zu motivieren, die das Zeichen mit seinem Produzenten verbindet. Wenn man in dem (rechtsgültig und legitim erweiterungsfähigen) Begriff des Mimologismus jede Interpretation eines konventionellen Zeichens als ähnliches Bild gelten läßt, wird man es vielleicht auch akzeptieren, *subjektiven Mimologismus* die Haltung zu taufen, die darin besteht, in einer Mundart (Idiolekt, Soziolekt, Idiom) den getreuen »Ausdruck« eines Wesens, einer Gruppe, eines Volkes – oder, wie man damals sehr unvorsichtig sagt, einer »Rasse« – zu finden. Wo man das »Genie der Sprachen« wiederfinden wird, diesmal jedoch unlösbar assoziiert, durch Ähnlichkeit (und reziproke Determination), mit dem *Genie der Völker*.

---

helm Schlegel bisweilen in das Fahrwasser eines klassischeren Mimologismus. Humboldt berücksichtigt die »symbolische« Motivation (*st* = das Feste *l* = das Zerfließende, *n* = das »fein und scharf Abschneidende«, *w* = das Schwankende), die »auf einer gewissen Bedeutsamkeit jedes einzelnen Buchstaben und ganzer Gattungen derselben beruht« und »unstreitig auf die primitive Wortbezeichnung eine große, vielleicht ausschließliche Herrschaft ausgeübt [hat]« (*Einleitung zum Kawi-Werk*, S. 72). Dagegen findet man unter der Feder von Novalis diese eher hermogenistische Warnung: »Auf Verwechselung des Symbols mit dem Symbolisirten – auf ihre Identisirung – auf den Glauben an wahrhafte, voll[ständige] Repraesentation – und Relation des Bildes und des Originals – der Erscheinung und der Substanz – auf der Folgerung von äußerster Ähnlichkeit – auf durchgängige innre Übereinstimmung und Zusammenhang – kurz auf Verwechselungen von Subj[ect] und Obj[ect] beruht der ganze Aberglaube und Irrthum aller Zeiten, und Völker und Individuen.« (*Das Allgemeine Brouillon* (Materialien zur Enzyklopädistik 1798/99), Zweite Gruppe, Fragment 685 (»Über den Anzug – als Symbol«), in Novalis, *Schriften – Die Werke Friedrich von Hardenbergs*, herausgegeben von Paul Kluckhohn und Richard Samuel, zweite, nach den Handschriften ergänzte, erweiterte und verbesserte Auflage in vier Bänden und einem Begleitband, Dritter Band: *Das philosophische Werk* II, herausgegeben von Richard Samuel in Zusammenarbeit mit Hans-Joachim Mähl und Gerhard Schulz, Darmstadt (Wissenschaftliche Buchgesellschaft) 1968, S. 397)

Sprachen der Wüste

Für Renan wie für so viele andere läßt das Auftauchen der »vergleichenden Philologie« unwiederbringlich die Gesamtheit der vorhergehenden Diskussionen über den Ursprung und die Natur der Sprache überholt erscheinen: »Von dem Tag an, an dem die Wissenschaft von den Sprachen eine der Wissenschaften des Lebens geworden war, fand das Problem der Ursprünge der Sprache sich auf sein wahres Gebiet versetzt, auf das Gebiet des schöpferischen Bewußtseins. Ihre Zeugung blieb immer rätselhaft; doch man sah zumindest, auf welche Klasse von Fakten man sie beziehen mußte und von welcher Art Vorstellungen sie abzuleiten angemessen war.«[1] Er beginnt damit, daß er weder der Hypothese einer fortschreitenden Konstitution (Condillac, Herder) noch derjenigen einer bewußten Erfindung (Platon) oder göttlichen Offenbarung (Beauzée, Bonald) rechtgibt. Die Sprache kann sich nur »auf einmal«, auf einen *Schlag* bilden, gemäß dem von Schlegel übernommenen Bild: *Hervorbringung im Ganzen*[2]: »Die Erfindung der Sprache war keineswegs das Ergebnis eines langen Herumtastens, sondern einer ursprünglichen Intuition, die jeder Rasse das allgemeine Profil ihrer Rede und den großen Kompromiß offenbarte, den sie ein für alle Mal mit ihrem Denken schließen mußte« (S. 16, 53, 18). Andererseits jedoch kann diese »ursprüngliche Intuition« nicht überlegt sein: »Die Sprachen sind«, wie bereits Turgot verstanden hatte, »nicht das Werk einer sich selbst präsenten Vernunft«[3]. Diese plötzliche Erschaffung, sofort

---

1 *De l'Origine du langage* (1848), S. 47 des Bandes VIII der *Œuvres complètes*, édition définitive établie par Henriette Psichari, Paris (Calmann-Lévy) 1958, der ebenfalls die *Histoire générale des langues sémitiques* (1855) enthält. Diese beiden Texte, die sich häufig überschneiden, bilden den wesentlichen Teil von Renans sprachwissenschaftlichem Werk. Ich verweise global auf diesen Band, in dem *De l'Origine* die Seiten 11-123 und die *Histoire* die Seiten 129-507 einnimmt.
2 Das ist die Ausdehnung der berühmten Formel, die Duclos der Schrift vorbehielt, auf die Sprache selbst: »plötzlich entstanden, wie das Licht« (*Remarques sur la Grammaire générale* (1754, Kap. V).
3 Zitiert S. 49. Dieser Satz findet sich in den »Remarques critiques sur Maupertuis« (1750), in *Varia linguistica*, Ducros 1970, S. 50.

vollendet, zumindest im Vermögen, so wie »in der Blütenknospe die Blüte bereits vollständig enthalten ist«, gehört einer Kategorie an, die für Renan die Opposition zwischen dem Bewußten und dem Unbewußten und auch zwischen dem Menschlichen und dem Göttlichen transzendiert: derjenigen des *Spontanen*. »Das Spontane ist zugleich göttlich und menschlich. Dies ist der Ort der Versöhnung eher unvollständiger als gegensätzlicher Meinungen, die, je nachdem ob sie sich eher einer Seite des Phänomens anschließen als einer anderen, abwechselnd ihr Körnchen Wahrheit haben.« Das Instrument, oder vielmehr der Ort dieser Schöpfung sind weder die Sinne noch die Vernunft, sondern das kollektive *Genie*: »Die Individuen sind hierin nicht kompetent, welches auch immer ihr Genie sei; Leibniz' *wissenschaftliche Sprache* ist vermutlich als Übertragungsmittel des Denkens weniger bequem und barbarischer gewesen als das Irokesische. Die schönsten und die reichsten Idiome sind mit all ihren Ressourcen aus einer stillen Ausarbeitung hervorgegangen, die sich selbst ignorierte. Die gehandhabten, geschraubten, von Menschenhand gemachten Sprachen tragen dagegen den Stempel dieses Ursprungs in ihrem Mangel an Flexibilität, ihrer mühsamen Konstruktion, ihrer fehlenden Harmonie. Jedesmal wenn die Grammatiker mit Vorbedacht versucht haben, eine Sprache zu reformieren, ist es ihnen nur gelungen, sie schwerfällig, ausdruckslos und häufig weniger logisch als die schlichteste Mundart zu machen.« Nodier sagte in etwa das gleiche, doch es passierte ihm, die Konsequenzen daraus zu verleugnen, indem er zumindest eine Reform der Schrift vorschlug. Jetzt verbietet die ausschließliche Kompetenz des kollektiven Genies (Volk, Rasse) jede Art von sekundärem Mimologismus. »Das Volk ist der wahre Schöpfer der Sprachen, weil er am besten die spontanen Kräfte der Menschheit repräsentiert.« (S. 17, 50/51)[1]

Wie man also sieht, richtet sich diese neue Bestimmung des Problems bereits ganz und gar nicht mehr auf den Gegenstand der sprachlichen Kommunikation, sondern auf ihr Subjekt, ihren Schöpfer und Benutzer. Der Begriff der Kommunikation selbst ist zu objektiv und gleichsam zu distanziert, um zu bezeichnen, um was es geht: Durch die Sprache, oder vielmehr *in* der Sprache kommuniziert der Mensch nicht nur, er formt und prägt ein Denken aus, das andernfalls dieses Namens nicht würdig wäre: »Sprechen bedeutet stets, Intuitionen in Ideen umzuwandeln«, und die Sprache auf die

---

1 Wir sind hier weit entfernt von Platons professionellem Onomaturgen. Doch hatte er nicht schließlich am Ende des Dialogs seine Fehlbarkeit offenbart?

Rolle eines einfachen Übertragungsinstrumentes reduzieren bedeutet, »eine andere nicht weniger wichtige Funktion der Rede« zu verkennen, »die darin besteht, dem Denken als Rezept und Grenze zu dienen« (S. 24-34).

Die klassische Hypothese des onomatopoetischen Ursprungs der Sprache wird nicht wirklich abgelehnt (»die Nachahmung oder der onomatopoetische Ausdruck scheint das gewöhnliche Verfahren gewesen zu sein, nach dem die ersten Nomenklatoren die Benennungen bildeten«), sie wird, auf sehr charakteristische Weise, zur wahren Quelle der mimetischen Bezeichnung hingewendet, die nicht mehr die, scheinbare oder innere, Natur des nachgeahmten Gegenstandes ist, sondern die Seele des Nachahmers und darin bereits, was selten in der kratylischen Tradition auftauchte und was hier ein abgeschwächtes Echo von Schlegel ist: daß das mimetische »Verfahren« je nach Volk und folglich nach Sprache mehr oder weniger aktiv ist: »Deutlich spürbar in den semitischen Sprachen und insbesondere im Hebräischen [...], seltener oder schwerer zu entdecken in den indoeuropäischen Sprachen« (S. 71)[1]; kurz, es gäbe also kratylische und hermogenistische Völker, was die beiden Thesen in einer gleichen Frustration versöhnt. Und darin vor allem, was sich ganz offen als eine Antwort auf Platon präsentiert, daß »die Benennungen keineswegs einzig ihre Ursache im benannten Gegenstand haben (sonst wären sie dieselben in allen Sprachen), sondern im benannten Gegenstand gesehen durch die persönlichen Veranlagungen des benennenden Subjekts« (S. 76). Daher die Betonung des bereits von Epikur bis Nodier benutzten Arguments – das hier jedoch ein zentrales Element des Systems wird – der Verschiedenheit der Benennungen, die verknüpft ist mit der Verschiedenheit der Aspekte gemäß der Verschiedenheit der Temperamente: »Man würde vergebens gegen diese Theorie [des onomatopoetischen Ausdrucks] den Unterschied der Artikulationen ins Feld führen, durch welche die verschiedenen Völker ein identisches physisches Faktum ausgedrückt haben. In der Tat präsentiert sich ein und derselbe Gegenstand den Sinnen unter tausend Gesichtern, unter denen jede Sprachfamilie nach Belieben dasjenige auswählte, das ihr am charakteristischsten schien. Nehmen wir zum Beispiel Donner und Blitz. So wohldefiniert ein solches Phänomen auch sei, macht es doch auf verschiedene Weise Eindruck

---

[1] Cf. S. 74: »Fast ausschließlich bei den sensitiven Rassen wie den Semiten vorherrschend, erscheint es viel weniger in den indoeuropäischen Sprachen.«

auf den Menschen und kann gleichermaßen als ein dumpfes Geräusch oder als ein Krachen oder als eine plötzliche Lichtexplosion etc. gemalt werden. Adelung behauptet, mehr als 353 Ausdrucksweisen gesammelt zu haben, sämtlich den europäischen Sprachen entnommen und natürlich sämtlich nach der Natur gebildet.« (S. 71) Darüber hinaus ließ die Sensibilität der ersten Nomenklatoren, feiner als die unsere, sie tausend »imitative Beziehungen« entdecken, »die uns entgehen und die lebhaften Eindruck auf die ersten Menschen machten«: Das Arabische soll, wie man im übrigen weiß, 500 Wörter für die Bezeichnung des Löwen, 1000 für das Schwert, 5744 für das Kamel kennen. »Die Interpretationsfähigkeit, die nur ein extremer Scharfblick im Erfassen der Beziehungen ist, war bei ihnen entwickelter als bei uns; sie sahen tausend Dinge gleichzeitig. Da wir keine Sprache mehr zu erschaffen haben, haben wir gewissermaßen die Kunst, den Dingen Namen zu geben, verlernt; die ersten Menschen jedoch besaßen diese Kunst, die das Kind und der Mensch aus dem Volk immer noch mit soviel Kühnheit und Glück anwenden. Die Natur sprach zu ihnen mehr als zu uns, oder sie fanden vielmehr in sich selbst ein geheimes Echo, das allen Stimmen von außen antwortete und sie in Artikulationen, in Rede wiedergab.« (S. 72-74) Achten wir auf diese bezeichnende Korrektur: *oder vielmehr...* Es ist nicht mehr die Natur, die spricht: es ist das innere Echo, das in Worten den stummen Stimmen draußen antwortet; und dieses »geheime« Echo ist natürlich mehr und besser als eine Nachahmung.

Diese subjektivistische Umkehrung des kratylischen Themas konzentriert und symbolisiert sich in dem, was, in einem anderen Umfeld, eine terminologische Subtilität scheinen könnte: Indem er die onomaturgische Aktivität der ersten Menschen, geführt von für uns nicht wahrnehmbaren Analogien, der vergleichbaren Aktivität der Kinder und der Menschen aus dem Volk annähert, schließt Renan dieses Kapitel VI mit einer merkwürdigen Formel: »Die Verbindung zwischen Sinn und Wort ist niemals *notwendig*, niemals *willkürlich*; stets ist sie *motiviert*« (S. 76). Erneut werden hier Kratylos und Hermogenes zusammen abgewiesen, weil beide Opfer *derselben* Illusion sind, indem der eine eine objektive, universelle und dauerhafte Verbindung zwischen Sinn und Wort behauptet (»notwendig«) und der andere sie verneint (»willkürlich«), während diese Verbindung nur subjektiv sein kann: *motiviert, aber von innen heraus.*

Eine solche Sprachphilosophie läßt natürlich keinen Platz für die Hypothese einer gemeinsamen Ursprache: »Anzunehmen, es habe am Anfang der Menschheit eine einzige Ursprache gegeben, von der sich die anderen durch direkte Abstammung ableiten, bedeutet, den Fakten die Hypothese aufzuzwingen, und noch dazu die am wenigsten wahrscheinliche« (S. 162). Diese Ablehnung ergibt sich *a priori* aus den Prämissen, die wir soeben gesehen haben, sie wird jedoch darüber hinaus bestärkt durch die Entdeckungen der modernen »Philologie«: »Auf den ersten Blick scheint die Wissenschaft von den Sprachen ein gewichtiges Wort mitzureden. Wenn es tatsächlich ein unbestreitbares Ergebnis gibt, so das, daß das Netz der Sprachen, die auf der Oberfläche des Globus gesprochen wurden oder immer noch werden, sich in Familien gliedert, die absolut nicht aufeinander zurückzuführen sind. Selbst wenn man annimmt (was ich keineswegs einräume und was die gute Philologie mehr und mehr im Begriff ist zurückzuweisen), daß die semitische und die indoeuropäische Familie eines Tages miteinander verschmolzen werden könnten; wenn man annimmt (was ich ebensowenig einräume), daß die beiden afrikanischen Familien, von denen die eine durch das Koptische, die andere durch die Berbersprache oder besser durch das Tuareg repräsentiert wird, eines Tages mit den vorher genannten Sprachen vereinigt werden könnten, so kann man zumindest behaupten, daß es für immer unmöglich sein wird, in dieselbe Gruppe das Chinesische und die Sprachen Ostasiens einzureihen [...]. Es liegt dazwischen ein Abgrund, den keine wissenschaftliche Bemühung zuschütten kann. Wie auch immer die zukünftigen Hypothesen der Wissenschaft über die Fragen des Ursprungs lauten mögen, man kann als mittlerweile gesichertes Axiom den folgenden Satz aufstellen: Die Sprache hat keineswegs einen einzigen Ursprung; sie ist parallel an mehreren Punkten gleichzeitig entstanden. Diese Punkte mögen nahe beieinander gelegen haben; die Sprachen mögen fast simultan aufgetreten sein; gewiß jedoch sind sie verschieden gewesen, und das Prinzip der alten Schule: *alle Sprachen sind Dialekte einer einzigen* muß für immer aufgegeben werden.« (S. 101/02; wiederaufgenommen S. 537) Wenn man eine Einheit der menschlichen Sprache ins Auge fassen wollte, dürfte man sie nicht am Beginn der Entwicklung situieren, sondern an deren Ende, nach einer langen Arbeit der Eliminierung und der Verarmung, so wie Griechenland schließlich seine *koine* etabliert oder Italien die *lingua toscana* adoptiert hat (S. 228/29). Allerdings ging es in diesen Fällen darum, mehrere Dialekte (durch Verschmelzung oder Verdrängung) zu vereinigen. Eine wirkliche Sprache kann sich jedoch für eine derartige Assimilation nicht eignen, weil eine Sprache ein System oder vielmehr ein autonomer und irreduzibler Organismus ist, der sich nur entwickelt, indem er die Virtualitäten entfaltet, die in seinem ursprünglichen »Keim« enthalten sind, »der sich durch seine innere Kraft und den notwendigen Appel seiner Teile entwickelt«. »Ein Keim wird gelegt, der potentiell alles enthält, was das Wesen eines Tages sein wird; der Keim entwickelt sich, die Formen bilden sich in ihren regelmäßigen Proportionen aus, was potentiell war, wird aktuell; aber es wird nichts geschaffen, nichts kommt hinzu: dies ist das gemeinsame Gesetz der Wesen, die den Bedingungen des Lebens unterworfen sind. Dies war auch das Gesetz der Sprache.« (S. 54, 560/61) Das Bild des Keims, das Schlegel auf jede »fruchtbare Wurzel« anwandte, dehnt sich nun auf das Idiom als Ganzes aus und leitet die gesamte Vorstellung Renans von der sprachlichen Entwicklung, die nicht als Geschichte aufgefaßt wird, sondern als ein einfacher Übergang von der Potentialität zur Aktualisierung: Eine Sprache kann nur werden, was sie immer gewesen ist.[1]

Dieser entscheidende Kern, dieses unzerstörbare genetische Erbe kann nicht der Wortschatz sein; es ist die »rationale Form, ohne welche die *Wörter* keinesfalls eine *Sprache* gewesen wären, mit anderen Worten, die Grammatik [...]. Der Irrtum des 18. Jahrhunderts bestand darin, zu wenig die Grammatik in seinen Analysen der Rede zu berücksichtigen. Laute bilden noch keine Sprache, nicht mehr als Sinneseindrücke einen Menschen ausmachen. Was die Sprache ebenso wie das Denken ausmacht, ist das logische Band, das der Geist zwischen den Dingen knüpft.« Eine sehr ungerechte Beurteilung des Jahrhunderts von Harris und von Beauzée, doch wir haben bereits gesehen, was die Grammatik der Grammatiker-Philosophen von derjenigen der komparatistischen Philologen trennte. Für Renan bleibt das linguistische 18. Jahrhundert in der Hauptsache dasjenige von de Brosses und von Gébelin, und er zögert nicht, ganz der neuen Schule das große methodische Prinzip zuzuschreiben, das bereits dasjenige des Abbé Girard war, dem zufolge »im Werk der Klassifizierung der Sprachen die grammatischen Bedingungen sehr viel wichtiger sind als die lexikologischen Betrachtungen« (S. 548). Wodurch der neue Begriff der grammatischen Struktur bei ihm die gleiche fixistische Interpretation erhält, die Girard oder Beauzée

---

[1] Erinnern wir daran, diese These verhindert keineswegs die Verwendung des Wortes *histoire* ›Geschichte‹ (bis in den Titel hinein) und auch nicht die verkündete Überzeugung, daß »die wahre Theorie der Sprachen in gewissem Sinne nur in ihrer Geschichte steckt« (S. 134).

demjenigen des syntaktischen »Genies« gaben. Nichts ist hier von dem Pessimismus eines Schlegel oder eines Bopp zu finden, nichts auch von dem künftigen Optimismus eines Jespersen: nichts bewegt sich. Das Chinesische, »ohne Grammatik« geboren, bleibt für immer ohne Grammatik. Die semitischen Sprachen, ursprünglich ohne ein »befriedigendes System der Zeiten und der Modi«, werden für immer ohne ein solches bleiben. »Jede Sprache ist ein für alle Mal in seiner Grammatik gefangen; sie kann im Laufe der Zeit mehr Anmut, Eleganz und Annehmlichkeit erlangen; doch ihre distinktiven Eigenschaften, ihr Lebensprinzip, ihre Seele, wenn ich so sagen darf, erscheinen zuallererst vollständig gefestigt.« (S. 559) Eine Sprache kann ebensowenig wie ein Lebewesen seine *Seele* wechseln.

Der spezifische Anwendungsbereich dieser Prinzipien werden die semitischen Sprachen sein. Seit 1862 Professor für Hebräisch am Collège de France[1], hatte Renan sich ab 1847 für den ersten Entwurf der *Histoire des langues sémitiques* eine Aufgabe und ein Vorbild gegeben: »Ich hatte mir vorgenommen, entsprechend meiner Kräfte *für die semitischen Sprachen zu leisten, was Herr Bopp für die indoeuropäischen Sprachen geleistet hatte*, das heißt ein Tableau des grammatischen Systems, das zeigen sollte, auf welche Weise die Semiten dazu gelangt sind, dem Denken durch die Rede einen vollständigen Ausdruck zu geben.« (S. 134; meine Hervorhebung). In seinem Vorwort von 1855 erklärt er, wie die systematische Absicht nach und nach von einem historischen Vorsatz verdrängt worden ist; im Prinzip eine vorübergehende Verdrängung, die jedoch endgültig geblieben ist, da der »theoretische« Band, der folgen sollte, niemals erschienen ist. Tatsächlich haben wir bereits beobachten können, daß die Theorie nichts weniger als abwesend ist in diesem ersten Teil (der in großem Umfang das Thema des *Origine du langage* wiederaufnimmt), und die (eben gerade theoretischen) Grenzen seines historischen Blickwinkels erkennen können. Der Unterschied zu Bopp (oder Schlegel) liegt vielleicht nicht genau dort, wo Renan ihn sieht, und vielleicht hängt er eben gerade mit einer allzu großen Treue dem Vorbild gegenüber zusammen. Dies wird sich, hoffe ich, auf den folgenden Seiten klären; bemerken wir für den Augenblick lediglich, daß Herr Schlegel oder Herr Bopp ihrerseits sich niemals – und aus gutem Grund – in ihrer Arbeit über die indoeuropäischen Sprachen

---

[1] Sogleich suspendiert, 1870 wieder aufgenommen.

Vorbilder gegeben hatten; ihr Vorhaben konnte nur selbständig sein. Dasjenige Renans ist es nicht und konnte es im Grunde auch nicht sein. Für die semitischen Sprache zu leisten, was andere für die indoeuropäischen Sprachen geleistet hatten (das heißt eine vergleichende Grammatik), bedeutete fast unvermeidlich zu versuchen, auf diese neue »Familie« an der anderen erprobte Methoden anzuwenden, also zu ihrer Entdeckung aufzubrechen und dabei den Kopf ständig voll zu haben mit den charakteristischen Merkmalen der anderen und sie schließlich nur in Opposition und im Kontrast zu ihr beschreiben zu können. Man wird bei Renan also nicht ein »Tableau« der semitischen Sprachen finden, so wie man bei den Deutschen ein Tableau der indoeuropäischen Sprachen fand, sondern eine Art von *Kehrseite* des letzteren, gegründet auf einen fortwährenden Vergleich, in dem die bei Schlegel bereits spürbaren ariozentrischen Valorisierungen sich auf eine nicht wenig unangenehme Weise entwickeln werden.

Wir müssen sofort präzisieren: Obwohl er ständig die Begriffe »semitische Rasse« und »arische Rasse« verwendet, ist der Unterschied für Renan nicht anthropologischer Art: »Die Trennung in Semiten und in Indoeuropäer ist von der Philologie und nicht von der Physiologie vorgenommen worden. Obwohl die Juden und die Araber einen sehr ausgeprägten Typ haben, der verhindert, daß man sie mit den Europäern verwechselt, hätten die Gelehrten, die den Menschen unter dem Blickwinkel der Naturgeschichte ins Auge fassen, niemals daran gedacht, in diesem Typ ein Rassenmerkmal zu sehen, wenn das Studium der Sprachen, bestätigt von demjenigen der Literaturen und der Religionen, hier nicht eine Unterscheidung hätte erkennen lassen, welche das Studium des Körpers nicht enthüllte.« Und noch deutlicher: »Da die Individualität der semitischen Rasse uns nur durch die Analyse der Sprache enthüllt worden ist, eine Analyse, die zwar eigenartigerweise durch das Studium der Sitten und Gebräuche, der Literaturen, der Religionen bestätigt worden ist, wobei diese Rasse gewissermaßen von der Philologie erschaffen worden ist, gibt es in Wirklichkeit nur ein einziges Kriterium, um die Semiten zu erkennen: nämlich die Sprache.« (S. 102, 180) Arier und Semiten bilden für ihn (gegenüber den »Mongolen« und den »Negern«) eine einzige (»weiße« oder »kaukasische«) Rasse, aus der Gegend von Emmaus stammend, die sich vor der Erschaffung der Sprache in zwei Gruppen aufgespalten hatte. Der Unterschied in der Sprache würde also eine nicht ursprüngliche Opposition widerspiegeln, die biologisch nicht begründet ist und folglich, trotz der zweideutigen Formulierungen, historischer, geographischer und kultureller Art ist[1].

Dieser vielgestaltige und obsessive Vergleich kann nach drei Hauptpunkten gegliedert werden. Da ist zunächst die Opposition zwischen der indoeuropäischen Vielfalt und der semitischen Einheit. Der arische Geist ist pluralistisch, polytheistisch und von Grund auf tolerant. Der semitische Geist ist (folglich) wesentlich einheitlich und intolerant: »Der Monotheismus resümiert und erklärt alle seine Merkmale« (S. 146). Von daher der Kontrast zwischen der Pluralität der indoeuropäischen Sprachen, auseinandergezogen in einem »gewaltigen Band von Irland bis zu den malayischen Inseln« und unendlich in Zweige, Untergruppen und Dialekte gegliedert, und der Einheit der semitischen Sprachen, »eingesperrt in einem Winkel Asiens«, die sich nicht mehr voneinander unterscheiden als die Varietäten ein und derselben europäischen Gruppe, des Germanischen beispielsweise. Die semitische Zivilisation ist einförmig, von Hedjaz bis Andalusien: »In allem erscheint uns die semitische Rasse als eine unvollkommene Rasse durch ihre Einfachheit selbst. Sie verhält sich, wenn ich so sagen darf, zur indoeuropäischen Familie wie das Grau-in-Grau zur Malerei, wie der Gregorianische Gesang zur modernen Musik; es fehlt ihr diese Abwechslung, diese Weite, diese Überfülle an Leben, welche die Bedingung für die Vervollkommnungsfähigkeit ist.« (S. 155/56)[2]

---

1 Wenn man im Kontrast die Subtilität des Renanschen Determinismus würdigen will, hier ein Beispiel einer echten rassistischen Sprachtheorie: »Unter *Rasse* verstehe ich eine primitive Spezies der menschlichen Art. Unter *Sprache* verstehe ich den primordialen silbischen Organismus, in dem jede Rasse spontan die Hervorbringungen ihrer besonderen verstandesmäßigen Struktur Gestalt hat annehmen lassen. So ist jede Sprache nur ein in jeder Rasse anatomisch, physiologisch und psychologisch eigens ausdifferenziertes natürliches Komplement der menschlichen Struktur. Die verschiedenen Charakteristika der produktiven Ursache (eine bestimmte vorgegebene zerebral-mentale Struktur) finden sich zwangsläufig in den hervorgebrachten Ergebnissen widergespiegelt. In seine Sprache legen, was man in seinem Kopf hatte, und die Art und Weise, wie dieser Kopf wahrnahm und verstand, das ist das gemeinsame, erste, spontane und unvermeidbare Werk jeder Rasse. Von daher beispielsweise Folgesätze wie diese: Die chinesische Rasse verhält sich zur chinesischen Sprache wie die indoeuropäische Rasse zur indoeuropäischen Sprache; wie die Rasse, so die Sprache und wie die Sprache, so die Rasse.« (H. Chavée, *Les Langues et les races*, Paris 1862, S. 7).

2 Man muß diesen Erklärungen gleichwohl eine Passage gegenüberstellen, in der Renan, mitgerissen von einem anderen Topos (demjenigen des klimatischen Einflusses) im Gegenteil auf der Verschiedenheit der drei großen semitischen Sprachen insistiert: »Während die Sprachen des Südens reich sind an mannigfaltigen Formen,

Dieser Einheit im Raum entspricht in der Tat eine Einheit in der Zeit, nämlich die Unveränderlichkeit oder Sterilität des semitischen Geistes im Gegensatz zur Entwicklungsfähigkeit und Fruchtbarkeit des indoeuropäischen Geistes. Das arische Asien und Europa sind geschichtsträchtige Gebiete der Veränderungen und des Fortschritts. Der Orient wird nur deshalb unwandelbar genannt, weil man auf ihn im allgemeinen anwendet, »was nur den semitischen Völkern angemessen ist; [...] die Nomadenvölker unterscheiden sich durch ihren dem Wesen nach konservativen Geist.« Beständig zerfressen in ihrem empfindlichen vokalischen System, sind die indoeuropäischen Sprachen nach und nach zerbröckelt und periodisch auf neuen Grundlagen wieder aufgebaut worden, wodurch sie (man findet hier Schlegels Entwicklungsschema wieder) vom ursprünglichen synthe-

---

klangvollen Vokalen, vollen und harmonischen Klängen, sind diejenigen des Nordens, im Vergleich ärmer und nur um das Notwendige bemüht, überladen mit rauhen Konsonanten und Artikulationen. Man ist von dem Unterschied überrascht, den in dieser Hinsicht ein paar Breitengrade hervorbringen. Die drei semitischen Hauptidiome beispielsweise, das Aramäische, das Hebräische und das Arabische, stehen, obwohl sie über einen wenig bedeutenden Raum verteilt sind, in einer genauen Beziehung, was den Reichtum und die Schönheit betrifft, zur klimatischen Situation der Völker, die sie gesprochen haben. Das Aramäische, im Norden gebräuchlich, ist hart, arm, ohne Harmonie, schwerfällig in seinen Konstruktionen, untauglich für die Poesie. Das Arabische, am anderen Ende zu Hause, zeichnet sich dagegen durch einen bewundernswerten Reichtum aus. Keine Sprache besitzt so viele Synonyme für gewisse Klassen von Vorstellungen, keine präsentiert ein derart kompliziertes grammatisches System; so daß man bisweilen versucht wäre, in der fast unendlichen Ausdehnung ihres Wörterbuchs und im Labyrinth ihrer grammatischen Formen einen Überreichtum zu sehen. Das Hebräische endlich, zwischen diesen beiden Extremen gelegen, hält ebenfalls die Mitte zwischen ihren entgegengesetzten Eigenschaften. Es hat das Notwendige, aber nichts Überflüssiges; es ist harmonisch und leicht, ohne jedoch die wunderbare Flexibilität des Arabischen zu erreichen. Die Vokale sind in ihm harmonisch angeordnet und werden maßvoll verwendet, um die zu rauhen Artikulationen zu vermeiden, während das Aramäische, das die einsilbigen Formen sucht, nichts tut, um das Aufeinanderprallen von Konsonanten zu vermeiden, und während im Arabischen im Gegenteil die Worte in einem Strom von Vokalen zu schwimmen scheinen, der sie nach allen Seiten überschwemmt, ihnen folgt, ihnen vorausgeht, sie eint, ohne auch nur einen dieser kontrastreichen Klänge hinzunehmen, welche die im übrigen harmonischsten Sprachen tolerieren.« (S. 95/96, wiederaufgenommen S. 572/73) Wir werden auf diese merkwürdige Unbeständigkeit des Topos zurückzukommen haben, der sich umkehrt, indem er sich verlagert oder vielmehr die Ebene wechselt: Das Aramäische verhält sich hier zum Semitischen generell wie das Semitische zum Indoeuropäischen; und infolgedessen hat das Arabische, dem Aramäischen gegenübergestellt, nichts Semitisches mehr.

tischen Zustand zum modernen analytischen übergingen. Das »semitische Organ« dagegen, das sich nicht um Vokale kümmert, »hat seine zweiundzwanzig Grundartikulationen niemals aufgeweicht [...] die drei Grundartikulationen jeder Wurzel blieben gleichsam eine Art von Knochengerüst, das sie vor jedem Aufweichen bewahrte. Das semitische Schriftsystem hat seinerseits nicht wenig zu diesem Phänomen der Beständigkeit beigetragen. Man kann nicht sagen, daß die Semiten auf ebenso vollkommene Weise schreiben wie die Indoeuropäer: Sie stellen nur das Skelett der Wörter dar; sie geben eher die Idee als den Klang wieder.« Die semitischen Sprachen haben sich also seit Jahrhunderten nicht bewegt. »Sie haben nicht vegetiert, sie haben nicht gelebt; sie haben gedauert. Das Arabische konjugiert das Verb heute auf genau dieselbe Weise, wie es das Hebräische in den ältesten Zeiten tat; die wesentlichen Wurzeln haben sich bis in unsere Tage nicht um einen einzigen Buchstaben verändert, und man kann behaupten, daß ein Israelit aus der Zeit Samuels und ein Beduine des 19. Jahrhunderts sich hinsichtlich der Grundbedürfnisse verstehen könnten.« Sie sind also ebenso unfähig, »sich von sich selbst in der Folge ihrer Epochen zu unterscheiden«, als »sich voneinander zu unterscheiden« (S. 527-530)[1].

Die Verbindung zwischen diesen beiden Kontrasten ist offensichtlich und im übrigen explizit. Der dritte scheint zunächst autonomer zu sein; es handelt sich um die Opposition zwischen der Fähigkeit der Indoeuropäer zu Abstraktion und »Idealismus« (ein weiteres Schlegelsches Thema) und der Unfähigkeit der Semiten zu abstrahieren. Die arische Zivilisation ist dem Wesen nach der Wissenschaft und der Philosophie zugewandt. Die semitische Zivilisation verabscheut sie; ihr auserwähltes Gebiet ist die Poesie, der prophetische Diskurs, die Religion. Und auf sprachlicher Ebene die gleiche Verteilung: Der ganz »metaphysischen« Abstraktion der indoeuropäischen Wurzeln steht, im Koran wie in der Bibel, die fortwährende Metaphorisierung des Geistigen durch das Physische gegenüber. »Wenn man nur die semitischen Sprachen betrachtete, so könnte man glauben, allein die Sinneswahrnehmung habe die ersten

---

1 Hier jedoch S. 522 das (immer noch Schlegelsche) umgekehrte Thema: »Im Gegensatz zu den indoeuropäischen Sprachen haben die semitischen Sprachen sich bereichert und vervollkommnet, indem sie alterten. Die Synthese steht für sie nicht am Anfang, und erst mit der Zeit und durch lange Anstrengungen ist es ihnen gelungen, den logischen Operationen des Denkens einen vollständigen Ausdruck zu verleihen.«

Akte des menschlichen Denkens geleitet und die Sprache sei zunächst nur eine Art Spiegelbild der äußeren Welt gewesen.[1] Wenn man die Reihe der semitischen Wurzeln durchgeht, entdeckt man kaum eine einzige, die nicht eine erste materielle Bedeutung böte, die, durch mehr oder weniger unmittelbare Übergänge, auf die geistigen Dinge angewendet wird. Geht es darum, eine Empfindung der Seele auszudrücken, nimmt man Zuflucht zu der organischen Bewegung, die gewöhnlich ihr Zeichen ist.« Zorn ist der schnelle Atem, Hitze Getöse; Verlangen ist Durst oder Blässe; vergeben ist bedecken oder auslöschen etc. »Mir ist nicht unbekannt, daß analoge Sachverhalte in allen Sprachen zu beobachten sind und daß die arischen Sprachen fast ebensoviele Beispiele liefern würden, in denen man ebenso sehen würde, wie das reine Denken in eine konkrete und wahrnehmbare Form gebunden wird [Renan setzt sich hier von Schlegel ab]. Was die semitische Familie jedoch unterscheidet ist, daß die ursprüngliche Verbindung von Sinneswahrnehmung und Idee in ihr stets bewahrt wird, ist, daß der eine der beiden Begriffe den anderen keineswegs hat vergessen lassen, wie es in den arischen Sprachen geschehen ist, ist, mit einem Wort, daß die Idealisierung sich in ihnen niemals vollständig vollzogen hat; so daß man in jedem Wort noch das Echo der ursprünglichen Sinneswahrnehmungen zu vernehmen glaubt, welche die Wahl der ersten Nomenklatoren bestimmten.« Mit ihrer geschmeidigen und komplexen Syntax, ihren Flexionen, ihren Partikeln, ihren Inversionen, ihren ungeheuren und dennoch solide konstruierten Perioden »versetzen uns die arischen Sprachen zuallererst mitten in den Idealismus und ließen uns die Erschaffung der Rede als ein wesentlich transzendentales Ereignis ins Auge fassen.« Die Semiten dagegen haben sozusagen keine Syntax. »Die Wörter in einem Satz zusammenzufügen ist ihre äußerste Bemühung; sie denken nicht im mindesten daran, die Sätze selbst derselben Operation zu unterwerfen.« Sie verstehen nicht unterordnend zu verknüpfen; sie stellen nebeneinander, sie gehen so weit beizuordnen, und die Kopula *und* »macht das Geheimnis ihrer Periode aus und ersetzt fast alle anderen Konjunktionen«. Ihre Beredsamkeit ist nur »eine lebhafte Aufeinanderfolge von leiden-

---

[1] Man sieht, mit welcher Präzision Renan allein auf die semitischen Sprachen ebendie Vorstellung anwendet, welche die »alte Schule« sich von den Ursprüngen aller Sprache machte. Der klassische Mimologismus wird nicht widerlegt, er wird einfach verbannt; für ihn kommt jedoch diese Verbannung natürlich der Widerlegung gleich.

schaftlichen Wendungen und kühnen Bildern; in der Rhetorik wie in der Architektur ist die Arabeske ihr bevorzugtes Verfahren«. Für jede Periode haben sie ihren Bibelvers, der nur eine willkürliche Zäsur eines atemlosen Propheten ist: »Der Autor hält inne, nicht aus dem Gefühl einer natürlichen Periode der Rede heraus, sondern aus dem schlichten Bedürfnis innezuhalten«. Eine solche Sprache, die so materiell in ihrem Wortschatz und so wenig relational in ihrer Grammatik ist, eignet sich natürlich für keinerlei intellektuelle Spekulation. »Sich einen Aristoteles oder einen Kant mit einem derartigen Instrument vorzustellen ist ebensowenig möglich wie sich ein Gedicht wie dasjenige von Hiob in unseren metaphysischen und überlegten Sprachen geschrieben zu denken.« (S. 96-98, 157-162)[1]

Dies ist, auf ihre wenigen Hauptmotive zurückgeführt, diese schwer zu ertragende Parallelsetzung. Wie man an dem letzten Beispiel sieht, ist die Bestimmung der Sprache durch das Volksgenie nicht ohne Gegenseitigkeit möglich. Der subjektive Mimologismus oszilliert stets zwischen diesen beiden Polen; demjenigen des *Volksgeistes*, der dem Idiom eingeprägt ist, und (wie bereits bei Humboldt und in jüngerer Zeit bei Sapir und Whorf) demjenigen der Sprache, die dem Geist ihrer Sprecher ihre Kategorien aufzwingt. Eine »dialektische« Beziehung, wenn es denn eine ist, die Renan selbst mit der größten Deutlichkeit darlegt: »Der Geist eines jeden Volkes und seine Sprache sind aufs engste miteinander verknüpft: Der Geist macht die Sprache, und die Sprache dient ihrerseits dem Geist als Rezept und als Grenze.« (S. 96) Die erste Bestimmung kommt gleichwohl wieder zum Geist zurück: Die Tätigkeit der Sprache ist eine *auf Gegenleistung*, durch die der *Volksgeist* sich bestätigt und sich in seinem Werk einschließt.

Wie gewöhnlich geben diese theoretischen Formeln jedoch nicht sehr getreu das wahre Vorgehen der sprachlichen Imagination wieder, die sie nachträglich rationalisieren. Der eigentliche Ausgangs-

---

1 Der letzte Satz erscheint hier in der Fassung von *De l'Origine*. Die *Histoire* präsentiert eine interessante Variante: »Sich einen Aristoteles oder einen Kant mit einem derartigen Instrument vorzustellen ist ebenso unmöglich wie eine *Ilias* oder ein Gedicht wie dasjenige von Hiob zu ersinnen, etc.« Homer steht hier auf derselben Seite wie Hiob, was die Antithese ein wenig stört, es sei denn, man rechnete den homerischen »Dialekt« zu den semitischen Sprachen. Erinnern wir bezüglich der metaphysischen Unfähigkeit der Semiten daran, daß Renan 1852 eine Doktorarbeit über Averroës schrieb. Die arabische Philosophie ist für ihn jedoch nicht eine Schöpfung des semitischen Geistes, da sie vollständig von Aristoteles herkommt.

punkt scheint mir in diesem Fall eine Art globale, und *physische*, Intuition des semitischen Wesens zugleich in seiner Sprache und in dem, was man hier nicht seine Kultur nennen kann, zu sein, so deutlich überwiegt darin der Anteil der (geographischen, klimatischen, physiologischen) Natur: Das Mineralische und Knochige ist ein Thema, das ins Auge springt: Trockenheit, Härte, Dürre; unfruchtbare Eintönigkeit des Steins und des Sandes; die aufschlußreichste Formel hierfür lautet, und das ist reinster Michelet: »Die Wüste ist monotheistisch« (S. 147). In sprachlicher Hinsicht ist der Schlüsselbegriff sicher das zugrundeliegende Klischee: »konsonantisches *Skelett*«. Weder Fleisch noch Körpersaft: keine (geschriebenen und fixierten) Vokale, eine Sprache ganz aus Konsonanten, für ein Volk ganz aus Knochen und Sehnen (der archetypische Semit ist stets der Beduine), das sich ernährt von wildem Honig und Heuschrecken[1]. Anstelle des Schlegelschen »fruchtbaren Keims« stellt jede semitische Wurzel (und auf der Ebene der Rede jeder Bibel- oder Koranvers) eine Art harten und trockenen *Kern* dar, unwandelbar und unfähig zu Verbindung und Entwicklung. Diese Trockenheit ist nicht jene der Abstraktion (die Renan im Gegenteil in der salbungsvollen Gestalt der *Idealisierung* aufwertet), es ist das »Wahrnehmbare« in seiner konzentriertesten, brennendsten und gleichsam verzehrten Form. Der physische Eindruck (Magerkeit) und seine sprachliche Projektion (Gutturalität, Dominanz des Konsonantismus, Parataxe) sind hier untrennbar: sie verschmelzen zu einem Bild.

Aber so unmittelbar und spontan dieses Bild auch sei, ist es doch, müssen wir es sagen, nichts weniger als unschuldig. Wir haben es hier, auf allzu offensichtliche Weise, mit einem Kulturkomplex zu

---

1 Dieser traditionelle Hinweis auf Johannes den Täufer wird im Kap. 6 von *La Vie de Jésus* (1863) in Erinnerung gerufen. Johannes der Täufer ist für Renan die Verkörperung des semitischen Geistes in seiner Reinheit, der Erbe des »beduinischen Patriarchen, der den Glauben der Welt vorbereitet«. Man weiß, welche Rolle im *Vie de Jésus* die geo-ethnographische Opposition (»Jedes Volk, das zu Hohem berufen ist, muß eine kleine Welt sein, die in ihrem Schoß die gegensätzlichen Pole einschließt«) zwischen dem trockenen Judäa, dem semitischen Land par excellence, und dem heiteren Galiläa, dessen »weniger streng monotheistischer« Geist die natürliche Quelle des Christentums ist, spielt. Das Bemühen, das Christentum seinen semitischen Ursprüngen zu entreißen, ist offensichtlich. Der Islam wird dagegen »eine Art von Wiederauferstehung des Judaismus in dem, was der Judaismus an Semitischstem hat«, sein; und infolgedessen besteht die Antithese Semit/Arier in der Opposition zwischen einem wesentlich semitischen Islam und einem arisierten Christentum fort.

tun, der voll und ganz die Bezeichnung ideologisch verdient, in einem Sinn, der nicht derjenige von Destutt de Tracy ist und in dem wir die, schwer vermeidbaren, Konsequenzen des Ausgangsvorhabens wiederfinden, »für die semitischen Sprachen zu leisten, was Herr Bopp für die indoeuropäischen Sprachen geleistet hatte«. Das Semitische Renans ist das *von hier aus* gesehene Semitisch, das das ganze Gewicht eines zwangsläufig erdrückenden Vergleichs trägt, da seine Begriffe selbst, seine deskriptiven Kategorien und seine impliziten Valorisierungen von einem der verglichenen Systeme übernommen sind. Renan war nicht und konnte nicht der Bopp der semitischen Sprachen sein, schlicht und einfach, weil er im Unterschied zu seinem Vorbild diese Sprachen in den für (und durch) eine andere Analyse ausgearbeiteten Begriffen analysierte.[1] Der sprachliche Idealtyp bleibt das Indoeuropäische, und an ihm und an seinen Normen wird man ein anderes System messen. Von da an wird jeder Unterschied null und nichtig, und das Tableau kann nur noch negativ sein. Genau dies drückt mit wahrhaft karikierender Deutlichkeit dieser Satz aus der *Histoire* aus: »Die semitische Rasse ist fast einzig und allein an negativen Merkmalen zu erkennen: Sie kennt weder Mythologie noch Epos, weder Wissenschaft noch Philosophie, weder Fiktion noch bildende Künste oder Zivilleben.« (S. 155)

Wir haben es hier mit einer (Paar)Struktur im eigentlichen Sinne, das heißt fähig zu Übertragung oder Übersetzung und paradoxerweise (denkt man an die Intensität der investierten Bilder) unabhängig von ihren Inhalten, zu tun. Der Beweis hierfür ist, daß das Paar absolut bereit ist, seine Opposition zu neutralisieren, so heftig sie

---

1 Auf diese Gefahr hatte bereits Humboldt hingewiesen: »Da man nemlich gewöhnlich zu dem Studium einer unbekannten Sprache von dem Gesichtspunkt einer bekannteren, der Muttersprache, oder der Lateinischen, hinzugeht, so sucht man auf, wie die grammatischen Verhältnisse dieser in der fremden bezeichnet zu werden pflegen, und benennt nun die dazu gebrauchten Wortbeugungen oder Stellungen geradezu mit dem Namen der grammatischen Form, die in jener Sprache, oder auch nach allgemeinen Sprachgesetzen dazu dient. Sehr häufig sind diese Formen aber gar nicht in der Sprache vorhanden, sondern werden durch andre ersetzt und umschrieben. Man muss daher, um diesen Fehler zu vermeiden, jede Sprache dergestalt in ihrer Eigenthümlichkeit studiren, dass man durch genaue Zergliederung ihrer Theile erkennt, durch welche bestimmte Formen sie, ihrem Baue nach, jedes grammatische Verhältniss bezeichnet.« (*Über das Entstehen der grammatischen Formen...*, S. 35) Humboldt tat hier jedoch nichts anderes, als auf das Studium der »unbekannten« Sprachen das von Girard gegen den Imperialismus des Lateinischen formulierte Prinzip der Achtung des »eigenen Genies« anzuwenden. Ein Prinzip, das gewiß leichter zu äußern als anzuwenden ist.

auch scheinen mag, um seinerseits einen der Terme eines neuen Gegensatzpaares zu bilden. Man braucht nur diese beiden letztlich zwillingshaften Zweige der »weißen Rasse« oder »zivilisierten Familie« (S. 577) zusammen mit irgendeiner entfernteren Gruppe zu konfrontieren: dem Chinesischen beispielsweise (oder dem Ägyptischen). Sogleich verschwinden die enormen Kontraste, die Arier und Semiten trennten, eine »große und tiefgreifende Analogie« tritt zutage: »die Existenz einer *Grammatik*. Das Chinesische dagegen hat mit den anderen Sprachen Europas und Asiens nur eines gemeinsam: das zu erreichende Ziel. Dieses Ziel, nämlich den Ausdruck des Denkens, erreicht es ebensogut wie die grammatikalischen Sprachen, allerdings durch vollständig andere Mittel [...]. Wenn die Planeten, deren physische Natur derjenigen der Erde analog scheint, mit Wesen bevölkert sind, die wie wir organisiert sind, so kann man behaupten, daß die Geschichte und die Sprache dieser Planeten sich von der unseren nicht mehr unterschiede, als die chinesische Geschichte und Sprache sich davon unterscheiden. China erscheint uns so als eine zweite Menschheit, die sich fast ohne Wissen der ersten entwickelt hat.« (S. 580) Diese neue Dichotomie kann sich jedoch selbst wieder auslöschen zugunsten einer umfassenderen, die Arier, Semiten und Chinesen zusammen den »niedrigerstehenden Rassen Afrikas, Ozeaniens, der Neuen Welt« gegenüberstellen würde: Jene, die scheinbar an der Schwelle der Menschheit und der artikulierten Sprache stehen bleiben, »trennt ein Abgrund von den großen Familien, von denen wir soeben gesprochen haben«. Man sieht, wie der Mechanismus der kontrastiven Valorisierung sich von neuem in Gang gesetzt hat: Das Chinesische, diese Sprache »ohne Grammatik«, ist nun wieder rehabilitiert angesichts der noch entblößteren Sprachen, ganz so wie das Semitische, Sprache ohne Syntax, rehabilitiert wurde angesichts der Dürftigkeit des Chinesischen. Und so unablässig weiter, nehme ich an, und ebensogut auch in die andere Richtung, wie die folgende, am Rande des Phantastischen angesiedelte Passage zeigt, in der Renan der »absoluten« Vorstellung, die manche Philosophen wie Hegel sich von der Entwicklung der Menschheit machen, eine wesentlich relative Vorstellung gegenüberstellt, die als ein verspätetes Sichbewußtwerden der Illusionen des Ethnozentrismus erscheinen könnte, schlösse sie nicht die Verschiedenheit der Kulturen in die rückhaltlos axiologische Perspektive einer Art gigantischer Preisverleihung ein (S. 588):

Wäre die indoeuropäische Rasse nicht in der Welt erschienen, so ist klar, daß die höchste Stufe der menschlichen Entwicklung etwas der arabischen oder jüdischen Gesellschaft Analoges gewesen wäre: Die Philosophie, die große Kunst, die hochstehende Reflexion, das politische Leben wären kaum repräsentiert gewesen. Wäre neben der indoeuropäischen auch die semitische Rasse nicht erschienen, wären Ägypten und China an der Spitze der Menschheit geblieben: Das moralische Empfinden, die geläuterten religiösen Ideen, die Poesie, der Hang zum Unendlichen hätten fast vollständig gefehlt. Wären neben den indoeuropäischen und semitischen Rassen auch die hamitischen und chinesischen Rassen nicht erschienen, dann hätte die Menschheit im wahrhaft heiligen Sinne dieses Wortes nicht existiert, da sie auf niedrigstehende Rassen reduziert gewesen wäre, die sozusagen der transzendenten Fähigkeiten beraubt sind, welche den Adel der Menschheit ausmachen. Wovon hängt es nun ab, daß sich nicht eine Rasse ausgebildet hat, die der indoeuropäischen ebenso überlegen ist, wie diese den Semiten und den Chinesen überlegen ist? Wir können es nicht sagen. Eine solche Rasse würde unsere Zivilisation für ebenso unvollkommen und mangelhaft halten, wie wir die chinesische Zivilisation unvollkommen und mangelhaft finden.

Renan hatte im vorhinein diese Art von Vorurteilen kritisiert, wobei er sie allerdings, in einem typisch ethnozentristischen Winkelzug, allein den Urvölkern zuschrieb: »Wir finden, daß in den ältesten Sprachen die Wörter, die dazu dienen, die fremden Völker zu bezeichnen, aus zwei Quellen bezogen werden: entweder Verben, die *stottern, stammeln* bedeuten, oder Wörter, die *stumm* bedeuten. Das Volk ist stets geneigt, in den Sprachen, die es nicht versteht, ein unartikuliertes Kauderwelsch zu sehen; ebenso war für den Urmenschen das charakteristische Merkmal des Fremden, daß er eine unverständliche Sprache sprach, die einem formlosen Stottern glich.« (S. 90) Der Stotterer oder der Stumme, das ist immer der *Andere*, ein austauschbarer Barbar, stets aus dem egozentrischen Kreis ausgeschlossen, und auch dies ist, natürlich, bereits präsent im Monolinguismus des *Kratylos*. Auf eine hier sicher besonders ausgeprägte Weise, doch stets bis zu einem gewissen Grad, trägt der subjektive Kratylismus, wenn er auf eine fremde Sprache angewendet wird (was bei den Begründern der »indogermanischen« Grammatik nicht wirklich der Fall war), das Gewicht dessen, was Paulhan »die Illusion der Forscher« nennen wird und was eine der Fallen des Exotismus ist: die Faszination des anderen und die Unfähigkeit, ihn auf andere Weise zu *verstehen* (in jeder Hinsicht), als indem man das Anderssein in einen Kontrast zwingt, der mit einmal erlaubt, ihn *kleiner zu machen*. Solipsismus, oder Barbarei.

In Ermangelung der Sprachen

> Der wahre Schriftsteller ist ein Mensch, der
> seine Wörter nicht *findet*.[1]

Wenn man einem autobiographischen Brief an Verlaine glaubt, so maß Mallarmé seinen *Mots anglais* keinen großen Wert bei: »eine saubere Arbeit, das ist alles, von der man besser nicht spricht.« (16. Nov. 1885). Doch muß man das glauben? Für Valéry ist dieses Buch, ganz im Gegenteil, »vielleicht [...] das enthüllendste Dokument, das wir über Mallarmés vertrauteste Arbeit besitzen«[2]: andere haben in ihm »die Quelle seiner ganzen Poesie« gefunden[3], und diese Hypothese inspiriert mehr als einen Kommentar. Die *Petite Philologie* von 1877 verdient vielleicht weder diese Geringschätzung noch diese Ehre. Ein aufschlußreiches Dokument ist sie gewiß, und nicht nur für die Mallarmésche Theorie der Sprache, sondern allgemeiner für die kratylische Imagination an einem Wendepunkt ihrer Geschichte; ein Dokument aber, daß sich, weit davon entfernt, sich selbst zu genügen, nur im Lichte seines Kontextes – einige andere Seiten Mallarmés – und seiner Situation interpretieren läßt: der ganz besonderen Beziehung eines Dichters zu einem Idiom nämlich, das weder seine Muttersprache ist noch die Sprache, in der er schreibt (selbst wenn er sie, in diesem Fall, gut genug kennt, um sie zu unterrichten und zu übersetzen). Ebenso und mehr noch als der Artikel über Wagner könnte dieses Buch den Untertitel tragen:

---

1 Paul Valéry, *Cahiers* I, II, édition établie, présentée et annotée par Judith Robinson-Valéry, Paris (Gallimard) 1973 (I), 1974 (II) (*Bibliothéque de la Pléiade*), Cahier Poeitik, II, S. 487; dt. P. Valéry, *Cahiers/Hefte*, auf der Grundlage der von Judith Robinson besorgten französischen Ausgabe herausgegeben von Hartmut Köhler und Jürgen Schmidt-Radefeldt (6 Bde.), Frankfurt/M. (Fischer) 1987-1993, VI, S. 97. Ich interpretiere durch Hervorhebung.

2 P. Valéry, »Sorte de préface«, in *Œuvres* I, édition établie et annotée par Jean Hytier, Paris (Gallimard) 1957 (*Bibliothèque de la Pléiade*), S. 686; dt. »Eine Art Vorwort« (Ü. Henriette Beese), in P. Valéry, *Werke*, Frankfurter Ausgabe in 7 Bänden, herausgegeben von Jürgen Schmidt-Radefeldt, 3: *Zur Literatur*, Frankfurt/M. (Insel) 1989, S. 319.

3 M. Monda/F. Montel, *Bibliographie des poètes maudits*, Paris (Henri Leclerc) 1927.

Rêverie d'un poète français (›Träumerei eines französischen Dichters‹). Das Englische, wie man es erträumt, alles in allem, oder, um einen anderen Mallarméschen Titel zu paraphrasieren: *L'Anglais vu d'ici* (›Das Englische von hier aus gesehen‹).

Der vollständige Titel lautet also *Petite Philologie à l'usage des classes et du monde, les mots anglais* (›Kleine Philologie zum Gebrauch der Klassen und der Welt, die englischen Wörter‹)[1]. Der Verleger kündigte einen zweiten Band an, der in Vorbereitung sei und der *Etude des règles*, das heißt der Grammatik, gewidmet sein sollte, und mehrere Anspielungen im Text bestätigen dieses Versprechen, das niemals gehalten werden wird[2]. Dieses als philologisch[3] bezeichnete Gesamtvorhaben und diese sofortige Beschränkung allein auf den Wortschatz bezeichnen recht gut die Ambiguität des Werkes, das die kratylische Tradition mitten in der Epoche der historischen Sprachwissenschaft fortsetzt und umlenkt. Typisch für das 19. Jahrhundert ist das Bewußtsein der Pluralität der Sprachen und, zumindest für die indoeuropäische Familie, ihres komplexen Geflechtes von Verwandtschaften und Unterschieden. »Was ist das Englische?« (S. 889): Die Untersuchung wird sich nicht, wie früher, auf *die* Sprache erstrecken, sondern auf *eine* Sprache, die ihren Platz im allgemeinen historischen Tableau hat (S. 1050) und mehr durch ihre Abstammung als durch ihre Struktur definiert wird. Die letzte Seite bemüht sich durchaus um eine späte typologische Charakterisierung à la Schleicher, allerdings auf eine rein rhetorische oder spielerische Art: Das Englische wäre demnach zugleich »monosyllabisch« (isolierend) wie das Chinesische, »und sogar interjektional, da ein und dasselbe Wort häufig als Verb und als Nomen dient«; agglutinierend durch seine zusammengesetzten Wörter; und flexi-

---

1 Paris (Truchy-Leroy) 1877; wiederaufgenommen in Mallarmé, *Œuvres complètes*, texte établi et annoté par Henri Mondor et G. Jean-Aubry, Paris (Gallimard) 1945 (*Bibliothèque de la Pléiade*), S. 881-1053. Alle Seitenangaben beziehen sich auf diese Ausgabe.
2 *Œuvres complètes*, S. 889, 903, 911, 926, 953. Das Manuskript der *Thèmes anglais* (S. 1055-1156) steht gewiß in Beziehung zu diesem Projekt, es sollte jedoch in einen anderen Komplex eingehen (*Cours complet d'anglais*); und es ist weit mehr eine Phraseologie als eine Grammatik: eine Sammlung von »Sprichwörtern und typischen Redewendungen«, übersetzt ins Französische und in ihr Idiom zurückzuübertragen.
3 *Philologique* ist der französische Begriff der damaligen Zeit zur Bezeichnung der vergleichenden und historischen Grammatik. Renan spricht von »philologie comparée«, von ›vergleichender Philologie‹.

visch durch ein paar Reste von Kasus- und Verbendungen. An anderer Stelle sieht er es, mit nüchternerem Blick, vor allem als monosyllabisch und als »Wurzelsprache«: »Wer verständig sprechen will, der kann über das Englische nur eines sagen, daß dieses Idiom nämlich dank seines Monosyllabismus und der Neutralität mancher Formen, die geeignet sind, mehrere grammatische Funktionen zugleich auszudrücken, seine Wurzeln fast nackt präsentiert.« Das ist jedoch nicht das Wesentliche, und dieses Strukturmerkmal ist, so charakteristisch es auch sein mag, nur eine Wirkung, die auf ihre historische Ursache verweist: »ein Ergebnis, das in der Hauptsache beim Übergang vom Angelsächsischen zum Englischen erzielt worden ist« (S. 963, 962). Dieser Übergang, ein entscheidender Moment innerhalb einer Diachronie, die bis zu den Urindereuropäern des Tales von Oxus zurückgeht, ist seinerseits das Ergebnis eines historischen Ereignisses: Hastings[1], die Eroberung Englands durch die Normannen Wilhelms, die Begegnung und fortschreitende Verschmelzung der beiden Sprachen.

Hier liegt der Schlüssel und die wahre Antwort auf die anfängliche Frage: *Was ist das Englische?*: Es ist eine Mischung aus Angelsächsisch und Frankonormannisch. Wir werden darauf zurückkommen, müssen jedoch sofort festhalten, daß eine solche Antwort trotz ihres offensichtlichen Historizismus nur in den Augen einer Sprachwissenschaft denkbar ist, die noch in den Kategorien und den impliziten Valorisierungen einer älteren Haltung gefangen ist, für die das Wesentliche einer Sprache in ihrem Wortschatz liegt. Um hierüber eine klare Vorstellung zu geben, braucht man nur darauf hinzuweisen, daß J.-P. Thommerel in seinen *Recherches sur la fusion du franconormand et de l'anglo-saxon*[2], nachdem er lediglich 13.330 germanische Wörter gegen 29.854 romanische Wörter gezählt hat, in etwa die Meinung von Villemain[3] unterschrieb: »Die englische Sprache ist noch heute eine ganz und gar teutonische Sprache.« Erstere bilden nämlich »den wesentlichen, unverzichtbaren Teil der Sprache, denjenigen, ohne den sie gewissermaßen nur ein unverdaulicher Katalog von Nomen, Adjektiven und Verben bliebe, ohne Numerus oder Tempus, ohne Modi oder Personen«. Dieses grammatische Bewußtsein der Sprache, das der Konstruktion der Sätze und den relationalen Wörtern die Hauptrolle zuweist, ist ganz offensichtlich abwe-

---

1 Vorverlegt um achtzig Jahre, S. 911.
2 Paris 1841, S. 115 u. 104.
3 *Cours de littérature* (1830).

send in den *Mots anglais*: »Man muß die Grammatik vergessen, um nur an den Wortschatz zu denken« (S. 911). So methodisch, und im Prinzip vorläufig, dieses Vergessen auch ist, es ist nichtsdestoweniger typisch. Es rührt tatsächlich weniger häufig von einer überlegten Parteinahme her als von einer unbemerkten Verschiebung. Mallarmé fragt sich hier: »Was ist die Sprache?« und antwortet mit dem Leben der Wörter; an anderer Stelle wechselt er im selben Satz von einer Kategorie zur anderen, indem er ganz klar Sprache und Wortschatz gleichsetzt (S. 901, 903). Diese Aufwertung des Wortes (hier jedoch nicht des *Nomens*, da, wie wir gesehen haben, die Unterscheidung für Mallarmé im Englischen nicht immer relevant ist[1]) ist ein charakteristisches Merkmal des Mimologismus, und dies ist die andere Seite der *Mots anglais*. Die Frage: »Was ist das Englische?« wird also endgültig auf diese andere Frage zurückgeführt, die da lautet: Was ist der englische Wortschatz?

Derart definiert bietet das Idiom der Neugier des Dichter-Linguisten ein recht seltenes und, wie wir sehen werden, undeutlich emblematisches Schauspiel: das einer *doppelten* Sprache, in der sich, ohne jemals zu verschmelzen und nach verborgenen Gesetzen, die Erben der *langue d'oil* und des Angelsächsischen mischen und einrichten. Dieser »anglo-französische Dualismus« (S. 913) drückt sich zunächst in der wohlbekannten Aufteilung aus, die das Normannische, die Sprache der Sieger, dem politischen und herrschaftlichen Vokabular vorbehält und das besiegte Angelsächsische den »niedrigen und vertrauten« Realitäten; von daher diese »parallelen« Vokabeln, die in der einen Sprache das lebendige Tier der bäuerlichen Realität (*ox, calf, sheep, swine*) und in der anderen das »auf der Tafel des Schloßherrn« servierte Fleisch (*beef, veal, mutton, pork*) bezeichnen: ein klassisches Beispiel soziolinguistischer Aufspaltung oder sozialen Widerstands gegen die Verschmelzung der Sprachen; was Mallarmé jedoch vor allem interessiert ist der ästhetische Aspekt des Phänomens, die pittoreske Juxtaposition der Idiome, die unmittelbare Expressivität ihrer Verteilung[2] – und mehr noch ihre seltsamen poetischen Investitionen: diese zweisprachigen Doubletten, »Modi einzigartiger Rhetorik«, charakteristisch für die Sprache

---

[1] Eine andere Formulierung S. 962: »Viele dieser Wörter sind, reduziert auf ihren einfachsten Ausdruck, zugleich Nomen und Verben.«

[2] Die zugleich ein historisches Faktum – Spur der Ursprünge – ist und ein Faktum diagrammatischer Mimesis auf der Ebene der allgemeinen Struktur des Wortschatzes, der sich *wie* die Gesellschaft aufteilt.

Chaucers, die von einem offensichtlichen Bedürfnis unmittelbarer Übersetzung herrühren (*act and deed, head and chief, mirth and jollity*), diese Umrahmungen durch Adjektive (*the woful day fatal*), wovon »eine der köstlichsten Stilformen der modernen englischen Poesie« (S. 913) herkommt.

Diesem trennenden und redundanten Dualismus gesellt sich jedoch ein anderer hinzu, dessen Wirkungen subtiler, wenn auch ganz spontan sind: derjenige, der sich aus der unvermeidlichen Absorption der einen Sprache durch die andere ergibt, aus der erzwungenen Anglisierung der seit dem 11. Jahrhundert übernommenen französischen Wörter, »unserer Wörter, bedrängt durch die sonderbare Pflicht, eine andere Sprache als die ihre zu sprechen«. Mallarmé widmet ein ganzes Kapitel (II, 1) diesen Formveränderungen und den »Permutationsgesetzen«, die sie regulieren. Hier liest sich eine Sprache nicht mehr neben ihrer Rivalin, sondern hinter ihr, infolge etymologischer Transparenz: *napperon* hinter *apron*, *chirurgien* hinter *surgeon*, *asphodèle* hinter *daffodil* etc. Veränderungen der Form, aber auch der Bedeutung, von daher diese trügerischen Vokabeln, die berühmten »faux amis«, ›falschen Freunde‹, bei denen die Ähnlichkeit der Signifikanten die Nichtübereinstimmung der Signifikate verschleiert – *library* ist eben nicht *librairie* ›Buchhandlung‹, sondern, ohne es zu sein, ›Bibliothek‹; *prejudice* nicht *préjudice* ›Nachteil, Schaden‹, sondern *préjugé* ›Vorurteil‹, und *scandal* nicht ›Skandal‹, sondern ›Verleumdung‹ –, die von einer Sprache zur anderen ein merkwürdiges Hin und Her von Identitäten und Unterschieden stiften; »meist kann eine Ausweitung oder eine Einengung stattfinden, ebenso wie der Übergang von einer eigentlichen zu einer fast rhetorischen Figur«, (Metonymie, das heißt) spontane Tropologie, die immer in jeder Sprache am Werk ist, hier jedoch über deren Grenze hinweg wirkt. Doppelte Veränderungen schließlich, »wahrhaft bizarre Fälle, in denen Bedeutung und Orthographie sich vermischen, um neue Kombinationen hervorzubringen«: Es handelt sich um den wohlbekannten Mechanismus der Volksetymologie, bei dem eine undurchsichtige Vokabel – in diesem Fall, da fremd – mit Hilfe einer paronymischen Kollision reinterpretiert, folglich remotiviert wird. Eine teilweise Kollision, wenn etwa *femelle* zu *female* (vs *male*) wird, *lanterne lanthorn*, »*horn*, das Horn, das als Glas dient«, oder *écrevisse*, Fisch, wenn man so will, zu *crayfish*; oder vollständige Kollision, wie in *asparagus > sparrow-grass*, *buffetier > beef-eater*, *Bellerophon > Billy Ruffian*, und dieses Meisterwerk lautlicher Transposition, das berühmte Schild des *Chat Fidèle*, das

zu *The Cat and the Fiddle* geworden ist. Diese »glücklichen Wortspiele« sind wahrhaftige Sprachspiele, ironischer präjoycescher Umsturz des Konzepts der Übersetzung selbst und der Bedeutungsbeziehung.[1]
Derart ist das Englische, eine ganz originäre Bildung, »weder absolut künstlich noch absolut natürlich«, »Pfropfung« einer »quasi gemachten« auf eine »fast gemachte« Sprache« (S. 915), Sprache mit doppeltem Boden (Bestand), vielleicht zu zweifachem Gebrauch, von denen einer reines Spiel – reine Poesie – sein könnte.

Von diesen beiden Beständen wird einer jedoch ganz deutlich privilegiert – nicht, wie wir gesehen haben, weil er die Verbindung zwischen den Wörtern und der Konstruktion der Sätze leitet, sondern weil er ursprünglich ist, der Urschatz der »bodenständigen Wörter«: Er ist das »gotische oder angelsächsische« Element, dem Mallarmé sein Erstes Buch widmet, und ausschließlich Gegenstand der mimologischen Untersuchung im ersten Kapitel. Für sich genommen ist diese Parteinahme keineswegs typisch für Mallarmé, da wir sie bereits bei Wallis am Werk fanden.[2] Wir werden jedoch später sehen, daß diese Beschränkung, die bereits dem kratylischen Universalismus zuwiderläuft, beim Übergang von diesem zu jenem eine noch stärkere und noch paradoxere Bedeutung annimmt.

Ist das Feld erst einmal so eingeengt, findet man hier das mimetische Prinzip, die *Richtigkeit der Wörter*, wieder am Werk. Und zwar anläßlich des onomatopoetischen Ausdrucks, dessen »untergeordnete« Rolle in der gegenwärtigen Sprache Mallarmé (wie de Brosses)

---

1 Mallarmé fügt hier einen Kommentar anderer Art an, der, ohne daß er es zugibt, den unmittelbaren Einfluß der Thesen von Max Müller über den sprachlichen Ursprung der »modernen Mythen« offenbart: »Mythologie, ebenso wie Philologie, dies: denn durch ein analoges Verfahren haben sich im Laufe der Jahrhunderte überall die Legenden angehäuft und verbreitet.« (S. 997) Man weiß, daß auch die *Dieux antiques* (1880) indirekt (über den Originaltext von Cox) und direkt (ein Satz stammt erwiesenermaßen aus den *Lectures*, Second Series 1864) von Max Müller beeinflußt waren, wiederum allerdings ohne ihn zu nennen (siehe P. Renauld, »Mallarmé et le mythe«, in *Revue d'histoire littéraire de la France* (Januar 1973), S. 48-68). Der Meister von Oxford ist also eine der verborgenen Quellen des Linguisten und Mythologen Mallarmé und – für ihn wie für viele andere zu jener Zeit – der Vermittler der deutschen vergleichenden Grammatik.
2 Nichts erlaubt gegenwärtig zu sagen, ob Mallarmé von ihm Kenntnis hatte, und sei es auch nur indirekt. P. G. Laserstein (»Stéphane Mallarmé professeur d'anglais«, in *Les Langues modernes* (Januar 1974)) glaubt Entlehnungen von Blair auszumachen, was tatsächlich auf Wallis verweise, es kann sich dabei jedoch, wie wir sehen werden, lediglich um einfache Zufälle handeln.

durchaus wahrnimmt, den er jedoch »in unseren Idiomen ein schöpferisches Verfahren, das vielleicht das erste von allen war, fortbestehen lassen« sieht (S. 920); so urtümliche Wörter, daß sie außerhalb jeder Geschichte (jeder Abstammung) stehen und »gestern entstanden« scheinen. »Eure Ursprünge? fragt man sie; und sie zeigen nur ihre Richtigkeit« (das ist die ganze sokratische Eponymie). Wie soll man ihren Ursprung sagen, sind doch diese »richtigen Wörter, fertig aus dem Instinkt des Volkes selbst, das die Sprache spricht, hervorgegangen«, ganz einfach der Ursprung selbst von allem, *das sagt*? Mallarmé präzisiert kaum die Natur und das Verfahren dieser mimetischen Richtigkeit, es sei denn durch einen sehr versteckten, fast zweifelnden Rückgriff auf das Prinzip der organischen Stimmnachahmung, die seinen Vorgängern des vorhergehenden Jahrhunderts so teuer war, indem er die »Beziehungen zwischen der vollständigen Bedeutung und dem Buchstaben« evoziert, »die, falls sie existieren, dies nur tun kraft des besonderen Gebrauchs von diesem oder jenem Organ der Rede in einem Wort« (S. 923).[1] Noch zurückhaltender ist er, wenn er die Verbindung »zwischen den Schauspielen der Welt und der Rede, der es aufgegeben ist, sie auszudrücken«, als »eines der heiligen oder gefährlichen Mysterien der Sprache« beschreibt; »und die man klugerweise erst an dem Tag analysiert, an dem die Wissenschaft, im Besitz des umfangreichen Repertoires der jemals auf Erden gesprochenen Idiome, die Geschichte der Buchstaben des Alphabets durch alle Zeitalter schreiben wird, und welches fast ihre absolute, von den Menschen, den Schöpfern der Wörter, bald geahnte, bald verkannte Bedeutung war« (S. 921). *Bald verkannt*: Das ist genau die von Sokrates gegen Kratylos ins Feld geführte Hypothese des Irrtums des Nomotheten und die Grundlage dessen, was wir übereingekommen sind, sekundären Mimologismus zu nennen: daß die Elemente der Sprache nämlich eine »absolute« – anders ausgedrückt, natürliche – »Bedeutung« haben, welche die Wörter des wirklichen Wortschatzes jedoch verraten können. Einschließlich der englischen Sprache, die selbst nicht immer ohne Tadel ist: »Ja, *sneer* ist ein höhnisches Lächeln und *snake* ein perverses Tier, die Schlange, *sn* wirkt also[2] auf einen Leser des Englischen wie ein unheilvolles

---

1 Wie so oft verschleiert der Gebrauch des Wortes *lettre* ›Buchstabe‹ (für *son* ›Laut, Klang‹) eine wesentlich lautliche (artikulatorische) Konzeption der sprachlichen Mimesis.

2 Dieses *also* macht den induktiven Charakter (wir kommen darauf zurück) dieser Phoneminterpretationen deutlich, die vom realen Wortschatz geleitet werden.

Digramm, mit Ausnahme gleichwohl in *snow* ›Schnee‹ etc. *Fly* ›Flug‹? *to flow* ›fließen‹? doch was ist weniger sich aufschwingend und flüssig als dieses Wort *flat* ›flach‹.« Ebenso war auch die vorhin evozierte expressive »Verbindung« zwischen Welt und Rede in der Sprache nicht gegeben, sondern »etabliert durch die Imagination« dank der »gewaltigen Anstrengung« der Alliteration, das heißt einer gekünstelten imitativen Harmonie, selbst wenn dieses Verfahren »dem nördlichen Genie inhärent« genannt wird. Das ist bereits fast die Mallarmésche Krönung des sekundären Mimologismus: der Dichter (oder der »geschickte Prosaschriftsteller«), dem es auferlegt ist, die mimetische Unzulänglichkeit der natürlichen Sprache auszugleichen. Doch greifen wir nicht vor.

Beschränkt also auf ein Idiom in einem Idiom und nicht ohne vielleicht warnende Vorsichtsmaßnahmen, wird das mimetische Prinzip noch eine Reihe von Reduktionen durchmachen, die seine Wirkung einengen, doch gewiß auch konzentrieren werden. Dabei handelt es sich zunächst um eine entscheidende Trennung der Phoneme in Vokale und Konsonanten, gemäß einer weit verbreiteten metaphorischen Äquivalenz, die in den Vokalen und Diphtongen »gleichsam ein Fleisch« und in den Konsonanten »gleichsam ein heikel zu sezierendes Knochengerüst« sieht (S. 901). Wir finden hier das »konsonantische Skelett« der semitischen Vokabeln und der indoeuropäischen »Wurzeln« wieder, in dem sich die Bedeutungsfähigkeit konzentriert. »Was ist eine Wurzel? Ein Verband von Buchstaben, häufig Konsonanten, die mehrere Wörter einer Sprache als seziert, reduziert auf ihre Knochen und auf ihre Sehnen, ihrem gewöhnlichen Leben entzogen zeigt, damit man zwischen ihnen eine geheime Verwandtschaft erkenne.« (S. 962) *Knochen* und *Sehnen*, Gerippe und Muskulatur: hierin liegt die ganze Kraft. Die Vokale, von »minderer Bedeutung« zumindest in den »Sprachen des Nordens« (S. 926), bewahren nur eine rein grammatische Funktion, Variationen und Ableitungen über das semantische *Thema*, das allein die Konsonanten liefern: »Vokale oder Diphtonge, im Inneren, es gibt nichts Einfacheres als sie, mit ihrer relativen Bedeutungslosigkeit, welche die Anstrengung der Stimme empfangen, die bestrebt ist, den grammatischen Wert des Wortes zu differenzieren« (S. 965). Man sieht, daß der »grammatische Wert« eng mit der Bedeutungslosigkeit verknüpft ist, was darauf hinausläuft, eine radikale Antinomie zwischen Grammatik und Bedeutung anzunehmen. Die Vokale sind von nun an, als reine Morpheme, wie bei de Brosses vom semantischen Spiel ausgeschlossen.

Eine neue Unterscheidung wird jedoch jetzt die Konsonanten selbst unterteilen: nicht nach ihrer Artikulationsweise, sondern nach der Position, die sie im Wort einnehmen: Die Endkonsonanten »erscheinen im Zustand von keineswegs immer erkennbaren Suffixen... diese Konsonanten des Endes, die gleichsam ihre sekundäre Bedeutung dem Begriff hinzufügen, den jene des Anfangs ausdrükken, was ist das? noch keine Affixe: nein, sondern eher sehr alte, abgenutzte und abgeschaffte Endungen«; ihrerseits also in eine grammatische Funktion eingesperrt, einfache Flexionsmittel: Bleibt also der Anfangskonsonant, letzter Zufluchtsort der Semantizität: »Dort, *im Einsatz*, liegt wirklich die Bedeutung [...] der Anfangskonsonant bleibt unveränderlich, denn in ihm ruht die Wurzelkraft, so etwas wie die Grundbedeutung des Wortes«. (S. 926 u. 965) Der Konsonant und nicht, wie bei Wallis, die Konsonantengruppe: Wir haben es hier also mit einer letzten Reduktion zu tun, die den zweit- und drittrangigen Konsonanten nur einen untergeordneten semantischen Wert, Nuance oder Modulation, übrigläßt. Diese entscheidende Aufwertung des Anfangskonsonanten bringt Jean-Pierre Richard[1] sehr richtig mit einer anderen, parallelen oder homothetischen Aufwertung in Zusammenhang: derjenigen des Anfangsbuchstabens des Verses, ebenfalls *Buchstabe des Einsatzes* genannt: »Ich hasse Sie nur«, schreibt Mallarmé an F. Champsaur, »aufgrund der dem Vers genommenen Majuskel, der Buchstabe des Einsatzes hat dort, meiner Meinung nach, die gleiche Bedeutung wie der Reim.« An anderer Stelle nennt er ihn »alliterativen Schlüssel« (S. 654), und die induzierende Rolle dieser musikalischen Metapher ist ziemlich offensichtlich. Der erste Buchstabe des Wortes wie des Verses ist durchaus »der Schlüssel, der [sie] harmonisiert« (Richard), das Vorzeichen am Anfang der Partitur, das den Ton angibt, das die semantische Alliteration reguliert und leitet. Er ist dieser »dominante Konsonant«, durch den man versuchen wird, »die Bedeutung von mehr als einer Vokabel zu erklären«: so definiert Mallarmé selbst sein Vorhaben. Was die Wörter mit Anfangsvokal betrifft, die zwangsläufig zur Zufälligkeit und Willkür verdammt sind, so haben sie das Verdienst der Unauffälligkeit: »Wie wenige Wörter, die als Anfangsbuchstaben einen Vokal haben, dem ursprünglichen Englischen, das heißt dem angelsächsischen Bestand, angehören, wird jedermann bemerken: Es ist in der Hauptsache ein Konsonant, der in den

---

[1] *L'Univers imaginaire de Mallarmé*, Paris (Seuil) 1961, S. 575/76.

Vokabularien des Nordens den Einsatz gibt.« (S. 921, 923) Sprechen wir also nicht mehr darüber.

Das System der semantischen Werte, die den Konsonanten in Anfangsposition zugeschrieben werden, präsentiert sich, wie man weiß, als eine (*Tafel* genannte) Liste von Vokabeln, die nach Familien gruppiert werden[1] (zuzüglich jedesmal einer Nebenliste von »isolierten« Wörtern, die sich der Gruppierung widersetzen), und zwar nach ihrem Konsonanten des Einsatzes, wobei diese selbst nicht in alphabetischer Reihenfolge angeordnet werden, sondern nach einer phonetischen Klassifizierung in Labiale, Gutturale, Zischlaute, Dentale, Aspiranten, Liquide und Nasale. Wir müssen hier das Wesentliche dieser Bedeutungswerte in Erinnerung rufen:

- *b* bedeutet Dicke oder Rundheit: »Bedeutung, verschieden und doch auf geheime Weise alle miteinander verbunden, von Erzeugung oder Geburt, von Fruchtbarkeit, von Ausdehnung, von Aufgeblasenheit und von Wölbung, von Prahlerei; außerdem von Masse oder von Brodeln und manchmal von Güte und von Segen... Bedeutungen, die mehr oder weniger durch den elementaren Labial impliziert sind.«
- *w* zeigt Oszillation an, »vielleicht wegen der vagen Verdoppelung des Buchstabens«, von daher Feuchtigkeit, Ohnmacht und Laune, von daher Schwäche, Zauber, Imagination; doch Mallarmé scheint empfänglicher für die »Mannigfaltigkeit« dieser Familie zu sein als für ihre Einheit. Der Gruppe *wr* wird, wie bei Wallis, allerdings zweifelnd, die Bedeutung von Verdrehung zugewiesen.
- *p*: Anhäufung, Stagnation, bisweilen lebhafte und deutliche Handlung. Die Gruppierungen mit *l* und *r* scheinen keine spezifische Bedeutung hervorzubringen.[2]

---

1 Diese Gruppierung, halten wir es im Vorbeigehen fest, erlaubt es, wie bei Wallis, die indirekte Motivation (durch Etymologie) mit der direkten Motivation des Lautsymbolismus zu verbinden und so die beiden Untersuchungen des *Kratylos* zu versöhnen, allerdings nach einem umgekehrten Vorgehen: Man geht vom Wurzelwort aus und folgt (sehr weit) der Ableitung, ohne dabei, wie de Brosses, irgendeinen Verfall zu beklagen zu haben. Hier zwei oder drei pittoreske Beispiele: *to break* ›brechen‹ > *brook* ›Bach‹, »mit tausend Knicken (*brisures*)«, *brake* ›Kutsche‹, »bricht die Pferde«, *bread* ›Brot‹, »das man bricht«; *to pick* ›stechen, pflücken‹ > *pocket* ›Tasche‹; *to feed* ›füttern, ernähren‹ > *father* ›Vater‹ oder »Ernährer‹; *to grow* ›wachsen‹ > *grass* ›Gras‹, *green* ›grün‹, «wenn die Blätter sprießen»; *shell* ›Muschel‹ > *skull* ›Schädel‹; *short* ›kurz‹ > *shirt* ›Hemd‹.

2 Mallarmé fügt die phonetisch gesehen merkwürdige Bemerkung an, die vielleicht von einer typographischen Verwechslung herrührt, daß «man darin [im *p*] nur selten das Gegenstück, unter den Dentalen, zum Labial *b* sehen kann».

- *f*: starke und feste Zusammenschnürung. *fl*: Flug; von daher durch »rhetorische Übertragung«: Licht; Verströmen. *fr*: Kampf oder Trennung, und Verschiedenes.
- *g*: Begehren. *gl*: befriedigtes Begehren, von daher Freude, Licht, Verschiebung, Wachstum. *gr*: Packen des begehrten Objekts, Zermalmen (vgl. Wallis).
- *j*, sehr selten am Wortanfang, »nur einem Vokal oder einem Diphtong vorangestellt, zeigt es dabei eher eine Tendenz, auf diese Weise eine lebhafte, unmittelbare Handlung auszudrücken, als daß es für sich allein eine dieser Bedeutungen besitzt«; das heißt wohl, daß seine stets *unmittelbar* prävokalische Position ihm diesen Bedeutungswert verleiht.
- *c*, »schneller und entscheidender Einsatz«: lebhafte Handlungen. *cl*: zusammendrücken, spalten, klettern. *cr*: Spalt, Bruch (vgl. Wallis). *ch*: heftige Anstrengung.
- *k*, vor *n*: Knotigkeit, Fuge; »festzuhalten auch die Gruppe *kin*, *kind*, *king*, aus der eine Vorstellung von familiärer Güte hervorgeht«.
- *q*, vor *u*: lebhafte und heftige Bewegung.
- *s*: plazieren oder im Gegenteil suchen: wir finden hier das wohlbekannte Prinzip, dem wir bereits bei de Brosses begegnet waren, der Äquivalenz der »entgegengesetzten Bedeutungen« wieder. Mallarmé hatte vorher geäußert (S. 919): »Das Umschlagen in der Bedeutung kann in dem Maße absolut werden, daß es ebensosehr wie eine echte Analogie interessiert: So scheint etwa *heavy* sich mit einem Mal von der Bedeutung *Schwere* freizumachen, die es angibt, um *heaven* zu liefern, den Himmel, hoch und subtil, betrachtet als geistiger Aufenthaltsort«; trennen, egalisieren. Die wesentlichen Bedeutungen kommen hier jedoch von verschiedenen Gruppierungen: *sw*: Schnelligkeit, Anschwellen, Absorption. *sc*: Spaltung, Einschnitt, Reibung, Erschütterung. *sh*: Strahl; Schatten, Schutz und, »widersprüchlich«, die Handlung des Zeigens. *st*: Stabilität, wie »in vielen Sprachen« (vgl. Wallis); Anstachelung, »Hauptbedeutung vielleicht des Buchstabens *s*«[1]. *str*: Kraft, kurzer stechender Schmerz (vgl. Wallis). *sl*, *sn*: Schwäche,

---

[1] Man beachte die Unvereinbarkeit zwischen dieser «Haupt»bedeutung und derjenigen, die der Anfang des Artikels angab; cf. diesen anderen, wiederum divergierenden Hinweis in einer Anmerkung von 1895: «*s* ist der analytische Buchstabe; zersetzend und verstreuend par excellence» (S. 855).

Gleiten, Perversität. *sm*: Ehrbarkeit, Lächeln. *sr*: sehr feine Arbeit. *spr*: Emporschießen (vgl. Wallis)[1]. *spl*: Spalte.
- *d*: fortlaufende Handlung ohne Aufsehen, Stagnation, Dunkelheit. *dr*: fortgesetzte Anstrengung.
- *t*: Stillstand, Unbeweglichkeit. Diese grundlegende Bedeutung wird »wunderbar durch die Kombination *st* ausgedrückt«. Wunderbar, aber unter krassem Verstoß gegen das allgemeine Prinzip der Prädominanz der Initiale. Von daher *th*: Objektivität (in den Demonstrativpronomina und der zweiten Person, und dem bestimmten Artikel). Und *tr*: moralische Festigkeit, von daher Wahrheit.
- *h*: unmittelbare und einfache Bewegung; Hand, Herz, Kopf; Macht, Herrschaft.
- *l*: Verführung ohne Ergebnis, Langsamkeit, Dauer, Stagnation; aber auch springen, zuhören, lieben.
- *r*, »Artikulation par excellence«: Erhebung, Entführung, Fülle, Riß, Radikalität.
- *m*: »Macht zu machen, folglich männliche und mütterliche Freude«; Maß, Pflicht, Zahl, Begegnung, Verschmelzung, Mittelwert; durch »Umschlagen«: Inferiorität, Schwäche, Zorn.
- *n*: klarer und beißender Charakter; Nähe.

Man kann gar nicht anders, als von dem heterokliten Charakter der meisten dieser Artikel überrascht zu sein, den Mallarmé im übrigen bewußt betont[2]: allein *b*, *w*, *g*, *c*, *d* und *t* scheinen mit einer stabilen und kohärenten Bedeutung versehen. Diese Interpretationsvielfalt ist mit zwei anderen charakteristischen Merkmalen in Zusammenhang zu bringen, die ebenso von der kratylischen Tradition abweichen. Zunächst die extreme Zurückhaltung in den physischen Motivationen. Die einzige, die deutlich angegeben wird, bleibt zweifelhaft: die – in diesem Fall graphische – »Verdoppelung« des *w*, die seinen Bedeutungswert der Oszillation determinieren soll. Die Verbindung zwischen der bilabialen Artikulation des *b* und seinem Bedeutungswert der Aufgeblasenheit wird auf sehr unbestimmte Weise suggeriert, und diejenige zwischen dem »schnellen und ent-

---

[1] Man sieht, daß die Übereinstimmungen mit Wallis (*wr*, *gr*, *cr*, *st*, *str*, *spr*) sich auf einige sehr ausgeprägte, aber auf die Etymologie zurückführbare Konstanten beziehen.

[2] Den die obige Zusammenfassung dagegen zwangsläufig durch ihre Vereinfachung abschwächt.

scheidenden« Charakter des Einsatzbuchstabens *c* und seiner Bedeutung der Lebhaftigkeit nicht viel deutlicher. Selbst so eindeutige Bedeutungswerte wie diejenigen von *g*, *d* oder *t* werden ohne irgendeinen Versuch der Erklärung angegeben; *a fortiori* die zersplittertsten. Nichts, was an die traditionellen Motivationen, von Platon bis Nodier, der *r*, *t*, *l*, den Gruppen *gl* oder *st* zugeschriebenen Bedeutungswerte erinnert. Die Bedeutungen werden einfach konstatiert und registriert, wie sie nicht ohne Verwechslung die (rudimentäre) Statistik der Wortlisten suggeriert. Es ist in der Tat charakteristisch, daß die semantischen Interpretationen stets nach der Auflistung der Vokabeln[1] kommen, die folglich nicht als einfache illustrative (und als solche gewählte) Beispiele fungieren, sondern als echtes Beobachtungsmaterial[2]. Das Vorgehen dieses Kapitels ist im eigentlichen Sinne induktiv, von daher sein häufig unsicherer und gleichsam zögernder Charakter. Die Bedeutung der Buchstaben erweist sich hier nicht mehr als *absolut*, sondern vielmehr als bezogen auf die, häufig launenhaften, Daten eines realen Korpus. Die Verbindung zwischen dieser vielfältigen Bedeutung und der Körperlichkeit der Signifikanten will nicht mehr im eigentlichen Sinne mimetisch, ja nicht einmal auf andere Weise notwendig sein: So liegen die Dinge im Englischen nun mal, und damit Schluß. Und wenn man ausnahmsweise einen weiter verbreiteten Bedeutungswert beobachtet, wie *st* = Stillstand, vermeidet man es sorgfältig, ihn universell zu nennen; man schreibt ihn lediglich »vielen Sprachen« zu und schließt daraus sofort auf die »Verwandtschaft dieser Sprachen«. Eine typische Illustration der Fesseln, die der kratylischen Imagination von der historischen Sprachwissenschaft angelegt werden. Die Beziehung *st* = Stillstand ist nicht mehr ein Faktum der Natur, verbreitet in der ganzen menschlichen Sprache, sie ist, bescheidener und endgültig, eine indoeuropäische Wurzel.

So verzichtet Mallarmé stillschweigend auf beide Schlüsselprinzipien des Kratylismus zugleich, Universalität und Mimetismus – ohne darum auch auf seine Gesamtbewegung und vor allem seine tiefsitzende Sehnsucht zu verzichten: Einerseits postuliert er die »Richtigkeit« der (englischen) Wörter, andererseits weist er jedem englischen Konsonanten eine oder mehrere Bedeutungen zu, deren Richtigkeit

---

[1] Genauer nach jeder Liste der Familien und vor derjenigen der isolierten Wörter.
[2] Vergessen wir nicht, daß die offizielle Funktion des Werkes darin besteht, eine Art systematisches englisches Vokabularium zu sein, in dem die Etymologie und die Motivation eine mnemotechnische Rolle spielen.

fast nichts bestätigt und noch weniger garantiert; und die im Grenzfall rein konventionell sein könnten. Man hätte auf diese Weise – noch einmal im Gegensatz zur sokratischen Hypothese und anscheinend gegen alle Logik – »richtige« (notwendige) Wörter, die aus willkürlichen Elementen bestehen.

Eine paradoxe Form des Mimologismus, in der sich (zumindest) einerseits das *Bewußtsein des onomatopoetischen Ausdrucks* oder der mimetischen Richtigkeit, angesichts zahlreicher englischer Wörter[1], und andererseits die Unmöglichkeit, diese Richtigkeit auf der Ebene der Elemente zu *erklären* (und folglich zu begründen), einrichten. Dies ist in etwa die von Sokrates vorausgesehene und kritisierte Situation, der die Sprachlosigkeit dessen ankündigte, der die (von den einfachen) abgeleiteten Wörter erklären wollte, ohne die einfachen erklären zu können (durch die letzten Elemente), und letzten Endes nur »leeres Geschwätz treiben« würde; tatsächlich sollten diese Elemente für Sokrates das einzig solide Terrain der mimetischen Motivation sein, das zu häufig vom Onomaturgen verlassen wird. Für Mallarmé entzieht sich gerade hier, gewiß nicht de jure, aber de facto, die notwendige Grundlage, als wäre der englische Wortschatz teilweise für den fremden Beobachter der Ort einer Illusion oder, genauer, einer Luftspiegelung gewesen.

Wir müssen also endlich auf dieses spezifische Merkmal der *Mots anglais* (zurück)kommen, das spezifischste vielleicht und gewiß das wichtigste – das paradoxeste jedenfalls: daß sie nämlich (teilweise) eine mimologische Träumerei *angewendet auf eine fremde Sprache* (und, mehr noch, auf den »fremdesten« Bestand dieser Sprache) sind. Einer Sprache implizit oder explizit eine besondere, ja exzeptionelle mimetische Kraft zuzuschreiben ist, noch einmal, nichts Neues, da dies der Hauptvorsatz von Wallis hinsichtlich des Englischen war; und schließlich gab das nationale Vorurteil einem Gébelin oder einem Nodier (der das Bewußtsein des onomatopetischen Ausdrucks angesichts eines französischen Wörterbuchs empfindet) und, auf einem anderen Terrain (demjenigen der Syntax), den klassischen Verfechtern der französischen Wortstellung bereitwillig einige Verbiegungen dieser Art ein – ganz zu schweigen vom spontanen Hellenozentrismus des *Kratylos*. Doch in all diesen und sehr vielen anderen Fällen bezog sich die Aufwertung eben stets auf die »Mutter«sprache – sagen wir, vielleicht zutreffender, die *eigene* Sprache –,

---

[1] Gemeint ist wohl der onomatopoetische Ausdruck, wenn Mallarmé schreibt, »daß es sich um die Seele des Englischen selbst handelt« (S. 920).

ein mehr oder weniger ungewöhnlich getreues, immer jedoch ein Bild *der* Sprache an sich, stets folglich privilegiert als Sprache *par excellence*, deren hoher Grad an Mimetismus gewissermaßen den wesensmäßigen Mimetismus der Sprache abbildete. Allenfalls konnte man mancherlei Abstufungen und mancherlei Fluktuationen in der *excellence* der Sprache einräumen; sich selbst jedoch daraus auszunehmen, indem man sein eigenes Idiom ausnimmt oder ihm einen niedrigeren Rang in der Stufenleiter der Werte zuweist, ist ganz offensichtlich ein Akt, der der mimologischen Sehnsucht zuwiderläuft. Kratylos sagte in etwa: »Die Sprache ist richtig«, wobei er darunter seine eigene verstand, die bescheiden als die einzige angesehen wurde; die Mehrzahl seiner Erben sagte: »Die Sprachen sind richtig und im übrigen alle in ihrem Kern identisch: nehmen Sie (daher) nur die meine«; Wallis sagte ausdrücklich: »Meine Sprache ist die einzig richtige, die anderen sind ein widerwärtiger Wust an Worten«, Chauvinismus nicht mehr, wie bei den Griechen, der siegreichen Verachtung, sondern des besiegten Ressentiments. In all diesen Fällen bleibt die Gleichsetzung des sprachlichen mit dem mimetischen Prinzip unberührt (ich sage nicht unvermindert) durch die ganz natürliche Vermittlung der eigenen Sprache. Das gilt natürlich nicht mehr, wenn der mimetische Wert, und sei es nur implizit, einem fremden Idiom vorbehalten wird, das *a contrario* auf die anderen, und ganz besonders auf die eigene Sprache, den Schatten des umgekehrten Mangels wirft.

Eine solche Interpretation mag im Augenblick stark übertrieben scheinen; in gewisser Hinsicht ist sie es, und wir müssen sie sofort korrigieren oder zumindest nuancieren, bevor wir die Texte außerhalb der *Mots anglais* (wieder)geben, die sie argumentativ untermauern.

Bemerken wir zunächst, daß das Tableau des ursprünglichen Wortschatzes keinerlei Spur von subjektivem Mimologismus aufweist, es sei denn, man muß die Fähigkeit zum Mimetismus selbst als ein Merkmal (das einzige) des angelsächsischen *Volksgeistes* ansehen; der einzige Hinweis in dieser Richtung ist flüchtig und ein wenig am Rande, nämlich die bereits erwähnte Bezeichnung der Alliteration (und folglich der imitativen Harmonie) als »dem nördlichen Genie inhärentes« Verfahren. Was die Formel bezüglich des onomatopoetischen Ausdrucks, »Seele des Englischen selbst«, angeht, so versteht es sich von selbst, daß sie sich auf das Idiom bezieht, ohne notwendig seine Sprecher einzuschließen.

Diese Beschreibung der englischen Sprache stellt zugleich die

Natur (die »Seele«) dieser Sprache und den (linguistischen) Blickwinkel, der ein derartiges Urteil inspiriert, in Frage. Eine erste Frage wäre also, ob die englische Sprache besonders mimetisch ist oder nicht. Wir haben nicht den Ehrgeiz, hier darauf eine Antwort zu geben oder sogar zu entscheiden, ob die Frage wirklich einen Sinn hat. Halten wir lediglich die Übereinstimmung eines eingeborenen Sprechers[1] und eines außenstehenden Beobachters, sowie den allgemein verbreiteten Eindruck einer besonders hohen Anzahl von onomatopoetischen Ausdrücken oder von Wörtern, deren Struktur derjenigen der onomatopoetischen Ausdrücke oder der expressiven Ausrufe ähnelt, in dieser Sprache fest. Der sehr ausgeprägte Monosyllabismus ist diesem Eindruck natürlich nicht fremd, und Mallarmé bezieht sich, wie Wallis, ständig darauf. Eine andere Frage, die man zunächst in all ihrer Allgemeinheit stellen muß, lautet, ob der, richtige oder falsche, Eindruck von Mimetismus der eigenen Sprache oder einer fremden Sprache gegenüber stärker ist. Auch hier liegt die Antwort nicht auf der Hand, und die Meinungen scheinen geteilt. Man kann der Auffassung sein, daß die Undurchsichtigkeit selbst und die höhere (lautliche oder graphische) Intensität einer fremden Vokabel durch die Wirkung des Exotismus dazu führen, ihren expressiven Wert zu überschätzen; dies wäre ein Sonderfall der »Illusion der Forscher«, und man könnte in diese Richtung den Satz von Mallarmé auslegen: »Man sieht ein Wort niemals mit solcher Gewißheit als von außen, wo wir uns befinden; das heißt aus der Fremde.« (S. 975)[2] Umgekehrt kann jedoch die Vertrautheit der eigenen Sprache, die Durchsichtigkeit ihrer Vokabeln, die fast angeborene, bisweilen exklusive Evidenz ihrer Bedeutung den Glauben an ihre Natürlichkeit begünstigen, und es ist natürlich diese Tendenz, die im

---

[1] Wallis natürlich, und Jones, aber auch George Campbell, der die Meinung vertrat, die englische Sprache sei für die Nachahmung am tauglichsten und die französische am untauglichsten (*The Philosophy of Rhetoric* (1776), III, I, 3); und Lord Monboddo, der die Vorstellung eines mimetischen Ursprungs der Sprache generell ablehnt, allerdings die besondere Häufigkeit dieser Art von Wörtern im Englischen festhält, »*such as crack, snap, crash, murmur, gurgle, and the like*« (*The Origin and Progress of Language*, I, III, 5); und Leonard Bloomfield selbst, *Language* (1933), London (George Allen & Unwin Ltd.) 1965, S. 227-230. Jespersen (*Language*, Kap. XX), der dänische Anglist, wäre als ausländischer Beobachter eher mit Mallarmé zu vergleichen; doch seine Theorie des *sound symbolism* geht über den Rahmen der englischen Sprache hinaus.

[2] Eine spezifischere Form der Frage würde lauten, ob etwas in der einen und/oder anderen der beiden Sprachen das Englische für ein *französisches* Ohr besonders mimetisch machen würde.

klassischen Kratylismus zum Ausdruck kommt. Mallarmé erwähnt diese Tatsache im Zusammenhang mit seinen Dichter»kollegen« und würdigt sie mit folgenden eher zweideutigen Worten: »Es ist eine Tatsache, diese abgeschlossen in ihrem Sinn Lebenden oder den Klanglichkeiten der Sprache, deren Instinkt sie verherrlichen, Treuen empfinden gleichsam einen geheimen Widerwillen dagegen, eine andere gelten zu lassen: Sie bleiben unter diesem Aspekt, und weitgehender als jeder andere, Patrioten. Ein notwendiges Gebrechen vielleicht, das bei ihnen die Illusion verstärkt, daß ein Gegenstand, der auf die einzige Weise, auf die er ihres Wissens benannt wird, geäußert wird, selbst natürlich entspringt; aber, nicht wahr? was für eine merkwürdige Sache.« (S. 528) Natürliches Entspringen des Gegenstandes allein bei der Äußerung der Vokabel, die für die einzige gehalten wird, die ihn bezeichnen kann, genau dies ist der Mimologismus der eigenen Sprache – hier jedoch bezeichnet als Illusion und Gebrechen; Illusion, jedoch notwendig für den Dichter: dies ist im Grunde die heute gängige Vorstellung, daß zumindest der Dichter das Bedürfnis hat, an eine Motivation der Sprache – seiner Sprache – zu glauben oder glauben zu machen. Wir werden ihr gleich in einem kaum jüngeren Text wiederbegegnen, so verdünnt allerdings, daß sie fast ins Gegenteil verkehrt erscheint. Es ist noch nicht an der Zeit, den Forderungen dieses Textes in diesem Sinne zu folgen; halten wir hier fest, daß eine solche Kritik des kratylischen »Patriotismus« die (bewußte oder unbewußte) Anwesenheit einer umgekehrten Haltung bei Mallarmé bestätigt, die ihn eher dazu führen würde, die mimetischen Züge einer fremden Sprache zu betonen. Der Blickwinkel »aus der Fremde« wäre bei ihm also derjenige, der die kratylische Illusion am meisten fördert.

Doch wir müssen auch dies noch dialektisieren: Wir sind bereits diesem einleitenden Text begegnet, in dem Mallarmé eine mögliche »Verkennung« der elementaren Bedeutungen durch die Wörter – selbst die englischen – ins Auge faßt: *sn*, unheilvolles Digramm, durchaus fehl am Platz in *snow*, wie das sich aufschwingende *fl* in *flat*. Diese Kritiken, die weitere ankündigen, bestätigen, daß keine Sprache ohne Fehl ist und daß die »Richtigkeit« nicht Sache des Idioms ist. Umgekehrt findet man hier und da einige kratylische Träumereien über französische oder französisierte Eigennamen (halten wir diese Einschränkung fest) *Voltaire*, »Losschnellen des Pfeils und Vibrieren der Saite«, ideales Eponym für diesen »Bogenschützen, verzehrt von der Freude und dem Zorn über den Pfeil, den er verliert, strahlend«; *Théodore de Banville*, »prädestinierter Name, wohlklingend wie ein Gedicht und reizend wie ein Dekor«; *Hérodiade*, »dieses düstere Wort, und rot wie ein offener Granatapfel«, dem Mallarmé, wie er behauptete, die ganze Inspiration zu dem Gedicht verdankt[1]. Anwendungen dieses »Kults der Vokabel« auf die eigene Sprache oder »Verehrung für das Vermögen der Wörter«, die wir bis jetzt nur in das erträumte Englisch investiert gesehen haben.

Der Haupttext jedoch, in dem sich Mallarmés tiefstes – und auch paradoxestes – Sprachdenken in seiner ganzen Kraft ausspricht, ist natürlich die berühmte Passage aus »Crise de vers« ›Verskrise‹, die auch wir hier einmal mehr, nach so vielen anderen, zitieren müssen:

> Die Sprachen, unvollkommen insofern, als sie mehrere sind und die erhabenste fehlt: da Denken ein Niederschreiben – ohne Zubehör noch Flüstern, sondern verschwiegen noch – der unsterblichen Rede ist, hindert die Verschiedenheit, auf Erden, der Idiome jedermann, die Worte auszusprechen, die andernfalls, durch eine einmalige Prägung, sich stofflich als die Wahrheit selbst entdeckten. Dieses Verbot wütet ausgedrückt in der Natur (man stößt sich daran mit einem Lächeln), daß kein Grund ausreicht, sich als Gott zu betrachten; zur Stunde aber Ästhetischem zugewandt, bedauert mein Empfinden, daß die Rede versagt, wenn sie die Gegenstände durch Anklänge auszudrücken sucht, farbliche oder was die Gebärden angeht, die im Instrument der Stimme, unter den Sprachen und manchmal in einer vorhanden sind. Neben *ombre* ›Schatten‹, undurchsichtig, dunkelt *ténèbres* ›Finsternis‹ wenig; welche Enttäuschung vor der Perversität, die *jour* ›Tag‹ wie *nuit* ›Nacht‹, widersprüchlich, hier einen dunklen, da einen hellen Klang verleiht. Der Wunsch nach einem glanzvoll strahlenden Ausdruck oder, daß er erlösche, umgekehrten; einfache Alternativen des Lichts betreffend – *Nur*, müssen wir wissen, *gäbe es nicht den Vers*: er entschädigt, in philosophischer Hinsicht, den Mangel der Sprachen, höheres Komplement.[2]

---

1 S. 872, 265 u. *Corr.*, S. 154. Hinsichtlich des Schlüsselnamens *Hérodiade* siehe die suggestiven Vergleiche von Robert Greer Cohn, *L'Œuvre de Mallarmé: Un coup de dés*, Paris 1951, S. 278, und J. P. Richard, *L'Univers imaginaire de Mallarmé*, S. 120 u. 144.

2 S. 363/64; dieser Text stammt aus dem Jahr 1895; dt. »Verskrise«, in Stéphane Mallarmé, *Sämtliche Dichtungen*, französisch und deutsch, mit einer Auswahl poetologischer Schriften, Übersetzung der Dichtungen von Carl Fischer, Übersetzung der Schriften von Rolf Stabel, Nachwort von Johannes Hauck, München/Wien (Hanser) 1992, S. 282.

Halten wir in diesem unerschöpflichen Text zunächst eine unmißverständliche Formulierung des hermogenistischen Arguments – ebendas, das Saussure wiederaufnehmen wird[1] – der Pluralität der Sprachen fest, »unvollkommen insofern, als sie mehrere sind«, wobei die Unvollkommenheit, oder »Mangel«, hier ganz klar die Abwesenheit von *Richtigkeit* (»Wahrheit«), das heißt von mimetischer Notwendigkeit, ist; die Verschiedenheit der Idiome verhindert, »die Worte auszusprechen, die andernfalls [gäbe es nur eine Sprache auf Erden], durch eine einmalige Prägung, sich stofflich als die Wahrheit selbst entdeckten«, das heißt als das Abbild selbst des Dinges. Auch hier sind sprachliche Einheit und Motivation noch, halten wir das fest, bis zur Gleichsetzung miteinander verknüpft, in einer mehr wahrscheinlichen als strengen Bewegung: Die Pluralität der Sprachen entkräftet die mimetische Hypothese nicht vollständig (und man weiß, wie die kratylische Tradition dieses Argument häufig widerlegt hat); umgekehrt hätte die Einheit der menschlichen Sprache nicht notwendig ihre Richtigkeit zur Folge: vielleicht gäbe sie nur die Illusion davon. Wie dem auch sei, hier wird die starke Hypothese des Mimologismus sehr ausdrücklich abgelehnt: da die Sprache nicht »eine« ist, kann sie nicht »vollkommen« sein.

Die Kehrtwendung geht gleichwohl nicht bis zum absoluten Konventionalismus, da Mallarmé immer noch an der mimetischen *Fähigkeit* der lautlichen Elemente der Sprache festhält, »Anklänge [an die Gegenstände] [...], farbliche oder was die Gebärden angeht, die im Instrument der Stimme [...] vorhanden sind«. Wenn die Sprachen nicht richtig sind, so könnten sie es doch zumindest teilweise sein, vorausgesetzt, sie benutzen auf korrekte Weise diese Anklänge (*touches*), welche die Vokale und die Konsonanten sind[2]. Unglücklicherweise »versagt« die »Rede«, das heißt die reale Sprache, auf diese Weise, abgesehen von erratischen Ausnahmen »unter den Sprachen«, und massiveren vielleicht »in einer« (symbolisch für uns dem Englischen), »die Gegenstände auszudrücken«. Eine doppelte Illustration dieses Versagens, die bezeichnenderweise aus der eigenen Sprache genommen wird, ist die »Perversität« der Paare *jour/nuit* und *ombre/ténèbres*, in denen die »dunkelsten« Klangfarben den hellsten Gegenständen zugewiesen werden und umgekehrt. Dieser sprachliche Irrtum löst Enttäuschung und Bedauern aus. Wir finden hier also die bereits am Anfang der *Mots anglais* deutlich

---

1 *Cours*, S. 100/*Grundfragen*, S. 79.
2 Da das absolute Privileg des Konsonanten hier sichtlich keine Rolle mehr spielt.

gemachte Position wieder: mimetische Fähigkeit der allzu häufig vom Wortschatz »verkannten« Phoneme. Erinnern wir uns, daß diese Position genau die des Sokrates im zweiten Teil des *Kratylos* ist, der dem Laut *r* ohne zu zögern einen Bedeutungswert der Härte zuweist und dann das Wort *sklerotes* ›Härte‹ kritisiert, das so etwas wie *skrerotes* hätte sein sollen.

Mallarmés Haltung unterscheidet sich gleichwohl von derjenigen des Sokrates in drei Merkmalen. Das erste, das wir bereits in den *Mots anglais* ausgemacht haben, ist ein größeres Zögern hinsichtlich der Zuweisung der elementaren Symbolwerte und ein sehr großer Vorbehalt bezüglich ihrer physischen Motivation: All das wird vielleicht eines Tages Gegenstand der Wissenschaft sein[1], für den Augenblick jedoch sind diese Vermutungen unsicher und lückenhaft: so etwa die Lichtwerte, die in *jour, nuit, ombre, ténèbres* am Werk sind und die leicht zu erraten sind, aber nicht präzisiert werden. Das zweite ist natürlich die hier sehr versteckte, von den *Mots anglais* jedoch, wie wir wissen, illustrierte Ausnahme, die für *eine* Sprache gemacht wird, die nicht die unsere ist. Nichts dergleichen bei Platon, ganz im Gegenteil. Bemerken wir gleichwohl, daß das Englische im Mallarméschen System ein wenig die Rolle spielt, die im *Kratylos* die von Homer entlehnte »Sprache der Götter« innehat (391d): diejenige eines nostalgischen oder trostspendenden Mythos, auf den sich aus der Entfernung alle Tugenden projizieren, welche die eigene Sprache als *reale* Sprache: diejenige, die ich spreche und die ich schreibe, nicht aufweist. Das verlorene Sprachparadies oder, wenn man lieber will, eine fast als solche anerkannte und angenommene *Sprachutopie*. Das (erträumte) Englische ist also für Mallarmé der Ort und der Gegenstand nicht einer echten Freude, sondern eines Bedauerns: das umgekehrte Spiegelbild des Mangels. Und alles in allem ging es, wie gewisse Vorbehalte es uns voraussehen ließen, bei all dem – ich meine, in dem Spiel insgesamt – recht wenig um das wirkliche Englisch, wie es ist und wie es gesprochen wird; und jede andere Sprache oder vielmehr jede *andersartige* Sprache wäre vielleicht genauso geeignet gewesen, als »höchste« Sprache zu dienen: eben jene, die »fehlt« und deren Mangel und (im eigentlichen Sinne) *Fehlen* (*défaut*) sie, wenn ich so sagen darf, verkörpert. Ebenso könnte auch

---

[1] Allerdings fügte Mallarmé hier hinzu, daß »es in dieser Zeit keine Wissenschaft mehr geben wird, um das zusammenzufassen, noch jemanden, um es zu sagen« (S. 921).

die Beziehung Englisch-Französisch im Grenzfall umgekehrt werden, wobei die höchste Sprache stets für jede die von gegenüber ist.

Indem wir das Englische auf diese Weise in Mallarmés Sprachträumerei situieren, vermeiden wir vielleicht eine sehr starke Versuchung, die darin besteht, bei der Auswertung der Daten ihre verschiedenen Aspekte auf so etwas wie diachrone Abschnitte zu reduzieren.[1] Man hätte so zunächst einen naiven mimologistischen Mallarmé in den *Mots anglais*, der sich dann ein paar Jahre später zu einer realistischeren Haltung bekehrt. Wir haben bereits gesehen, daß dem nicht so war und daß der Autor der *Mots anglais* nicht naiver (und nicht imaginativer) als derjenige der »Crise de vers« war, daß er lediglich so tat, indem er sorgfältig darauf achtete, hier und da ein paar konträre Indizien einzustreuen – die nicht immer bemerkt worden sind. Sagen wir es also, auf die Gefahr hin, die Dinge ein wenig in die andere Richtung zu übertreiben: Die *Mots anglais* sind eine Fabel oder ein Symbol *a contrario* des universellen *Fehlens der Sprachen*.

Universell, aber nicht unheilbar oder, genauer, unkompensierbar. Genau hier zeigt sich der dritte Unterschied zwischen dem sekundären Mimologismus des Sokrates und demjenigen Mallarmés, der im übrigen diese Bezeichnung noch mehr rechtfertigt. War das Fehlen der Sprache (der Irrtum des Nomotheten) erst einmal konstatiert, gab Sokrates sich in etwa damit zufrieden, Kratylos und einen jeden vor einem so trügerischen und endgültig diskreditierten Instrument zu warnen. Man könnte jedoch, auf denselben Grundlagen und gemäß denselben Werten, eine Reform der Sprache unternehmen oder befürworten oder zumindest erträumen, die ihr die ganze Richtigkeit gäbe oder wiedergäbe, derer sie für fähig gehalten wird: Dies ist der sekundäre Kratylismus im vollen und im übrigen evidenten Sinne, der künstlich einen inexistenten oder verschwundenen Idealzustand (wieder)herstellen will. Einige Spuren oder Andeutungen davon haben wir bei Autoren wie de Brosses oder Nodier gefunden: hier geht es unnachsichtig darum, die Sprache zu korrigieren. Mallarmés Haltung ist vergleichbar, aber subtiler und in eine andere Richtung orientiert: Es ist der »Vers«, dem es »philosophisch« aufgegeben ist, den Mangel der Sprache zu »entschädigen«, das heißt, nicht ihn zu korrigieren – die Poesie verändert nicht die

---

[1] Eventuell präsentiert als hegelsche »Momente«: siehe É. Gaède, »Le problème du langage chez Mallarmé«, in *Revue d'histoire littéraire de la France* (Januar 1968), S. 45-65.

Sprache, sie entscheidet nicht, den Tag *Nacht* zu nennen und umgekehrt –, sondern ihn zu *kompensieren* durch eine Verwendung anderer Art und auf einer anderen Ebene (»höheres Komplement«) als derjenigen der Sprache, die für Mallarmé stets diejenige der Wörter ist. Zu kompensieren, aber auch zu rekompensieren, da das »Fehlen« der Sprachen die *raison d'être* des »Verses« ist, der nur für – und *durch* – diese kompensatorische Funktion existiert. Wäre die Sprache »vollkommen«, so hätte der »Vers« keinen Anlaß zu existieren, oder, wenn man so will, die Sprache wäre selbst Gedicht, die Poesie wäre überall und infolgedessen nirgends. Genauer gesagt, eine spontane Poesie – eine von Natur aus mimetische Sprache – würde die Kunst des Dichters überflüssig machen, welche die Erschaffung einer künstlich motivierten (im Grunde künstlich natürlichen) Sprache ist: des »Verses«. Das bestätigt mit noch größerer Klarheit die folgende Replik in der »mündlichen Skizze« von Viélé-Griffin, das Protokoll (wünschen wir es uns) einer wirklichen Unterhaltung, in der Mallarmé seinem Gesprächspartner einen Gedanken unterschiebt, der seiner ist: »Wenn ich Ihnen folge; Sie stützen das schöpferische Privileg des Dichters mit der Unvollkommenheit des Instruments, auf dem er spielen muß; eine Sprache, die hypothetisch adäquat wäre, sein Denken zu übersetzen, würde den Literaten, der eben deswegen Herr Jedermann heißen würde, abschaffen?«[1]

Der hier von Mallarmé illustrierte sekundäre Mimologismus ist also nicht mehr ein Kratylismus der Sprache, sondern ein Kratylismus des »Verses«, der einen Hermogenismus der Sprache und genauer der Worte überwindet, der selbst einen (Semi-)Kratylismus der Elementarlaute überwindet. Wir haben es hier mit einer Integrationsstruktur zu tun, in der jede Ebene im Wert zu derjenigen in Opposition steht, die sie integriert; um die Dinge auf eine zwangsläufig grobe Art zu schematisieren:

---

[1] *Mercure* (15. Nov. 1924), S. 30/31. Griffins Antwort: »Ja, ich mache aus den Zufällen der Sprachwissenschaft die einzige Entschuldigung unserer Bemühungen und ihrer Bedingung; da in dem imaginären Plan, dessen Hypothese Ihr guter Wille zuläßt, jeder über das verfügt, was der Dichter seine glücklichen Funde nennt, verliert dieser sich in der Menge. – Mallarmé: Was für ein Nachteil?« Anders ausgedrückt, wenn *es den Dichter nicht gäbe*, könnte man sich immer noch – alles in allem – durch die Vollkommenheit der Sprache darüber hinwegtrösten, die umgekehrt den *Mangel des Verses* entschädigte.

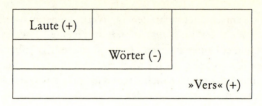

Dem »Vers« ist es also aufgegeben, auf einer zu Recht als »höher« bezeichneten Ebene die Richtigkeit wiederherzustellen, derer die Phoneme fähig sind und welche die Wörter verraten haben. Da man die Sprache nicht »korrigieren« kann, indem man die Wörter verändert, wird man sie in größeren Einheiten anordnen, die gleichsam synthetische Vokabeln bilden werden, welche auf globale Weise richtig und notwendig sind, wobei »der Vers nichts anderes als ein vollkommenes, umfassendes, natürliches Wort ist« (S. 492). *Umfassend*, weil es aus mehreren Wörtern der Sprache besteht; *vollkommen* und *natürlich*, diesen beiden Adjektiven, welche die ursprüngliche oder mythische Richtigkeit der Sprache bezeichnen, sind wir bereits begegnet. Oder, um die berühmteste Formulierung (in der »Crise de vers«) zu zitieren: »Der Vers, der aus mehreren Vokabeln ein totales, neues, der Sprache fremdes und wie beschwörendes Wort schafft [...] mit einer souveränen Geste den Zufall, der den Bezeichnungen verblieben war, trotz des Kunstgriffs ihres wechselseitig stärkenden Wiedereintauchens in den Sinn und den Klang leugnend [...]« (S. 368/288). Der *Zufall* der Bezeichnungen, den die souveräne Geste des »Verses« leugnet (ohne ihn rückgängig zu machen, da er ja *verbleibt*), ist das, was wir die »Arbitrarität« des Zeichens nennen, der nicht notwendige Charakter der Verbindung zwischen *Sinn* und *Klang*. Man könnte also auf den »Vers« anwenden, was eine Notiz von 1869 vom »Wort« sagte: »ein Prinzip, das sich über die Negation eines jeden Prinzips entwickelt, der Zufall« (S. 854). »Der Zufall«, heißt es auch in einem Brief an Coppée, »tastet einen Vers nicht an.« Da er nicht abschaffen kann, was er zudem vielleicht verachtet, überwindet der »Vers« es, *hegeliano more*, indem er es integriert, wie der Wurf eines Würfels, von dem jedes Zahlenbild unbestimmt bliebe, deren Summe jedoch unfehlbar wäre.

Diese zu billige Metapher wird uns nicht davon befreien, uns ein wenig näher anzusehen, worin für Mallarmé diese »souveräne« Synthese besteht, die, auf bis jetzt etwas sibyllinische Weise (von daher unsere stumpfsinnigen Anführungszeichen), das Wort »Vers« bezeichnet. Daß es sich hier nicht nur um den regelmäßigen Vers im engen und traditionellen Sinne (den »offiziellen Vers«, sagt Mallarmé) handelt, bestätigt ausdrücklich die folgende Antwort auf Jules Huret (1891): »Der Vers ist überall in der Sprache, wo es Rhythmus gibt, überall mit Ausnahme der Plakate und der vierten Seite der Zeitungen. In der Prosa genannten Gattung gibt es, bisweilen wunderbare, Verse in allen Rhythmen. In Wahrheit jedoch gibt es keine Prosa: Es gibt das Alphabet und dann mehr oder weniger gedrängte: mehr oder weniger weitschweifige Verse. Jedesmal, wenn es Stilbemühen gibt, gibt es Metrik.« (S. 867) Mallarmé definiert als »Vers« also eine *poetische Sprechweise (langage poétique)*[1], die über die offizielle Poesie bei weitem hinausgeht; man darf diesem Begriff aber auch keine zu weite Bedeutung geben, die ihn auf jedes Syntagma oder jeden Satz ausweitet. Zu einer solchen Interpretation könnte die folgende Formel von Jean-Pierre Richard verleiten: »Dem Pessimismus des Wortes folgt bei Mallarmé ein Optimismus des Verses *und des Satzes*«[2], oder auch der Vergleich mit Abélard, den Edouard Gaède suggeriert: »Nominalist im Hinblick auf die Wörter und Realist im Hinblick auf die Sätze«[3]. Die Vorstellung, daß jeder Satz auf seiner Ebene den Mangel an Richtigkeit der Wörter, die er integriert, korrigiert, wäre absolut denkbar (es gab etwas davon im diagrammatischen Mimologismus des *ordo naturalis*); doch das ist nicht Mallarmés Gedanke. Für ihn ist nicht jeder Satz Vers (andernfalls fände der Dichter sich als »Herr Jedermann« wieder): Es ist zumindest, wie wir gesehen haben, ein »Bemühen um Stil« und um Rhythmus nötig. Bemühen: Es gibt eine *Arbeit* des Verses.

Die Definititon dieser Arbeit, prinzipiell und aktuell, gehört nicht mehr zur Mallarméschen Poetik der Sprache, sondern zu seiner Poetik generell – seiner Poetik des Verses und des Gedichtes, und sei es in Prosa –; sie entzieht sich also, zu(unsere)m Glück, unserer Untersuchung. In Wahrheit bleibt sie weitgehend von Mallarmé selbst unformuliert und folglich fast ganz aktualisiert. Hinsichtlich genauerer Artikulationsversuche des Prinzips der »Entschädigung« in bezug auf *jour* und *nuit* verweise ich auf Jakobson und einige andere – wobei sich all dies, wie wir ein wenig spät bemerken, bereits

---

1 Diese Wendung erscheint in der Anmerkung von 1869, S. 853.
2 *L'Univers imaginaire de Mallarmé*, S. 544 (meine Hervorhebung).
3 a. a. O., S. 61. Die Beziehung zwischen Mimologismus und Realismus, Konventionalismus und Nominalismus ist natürlich eine andere Sache, und von anderer Wichtigkeit...

bei Thibaudet findet; unglücklicherweise stammen die Beispiele hier und da nicht von Mallarmé, sondern von Racine oder Hugo; in Wahrheit illustrieren sie nämlich eine einigermaßen summarische Vorstellung der »Entschädigung«, die in dem besteht, was Jakobson einen »phonologischen Notbehelf« für den Mißklang zwischen Klang und Sinn nennt; so wird sich etwa, wie Thibaudet sagt, »die dunkle Klangfarbe von *jour* in einem Vers aus Einsilbern mit Zwischenräumen aus Licht aufhellen: *Le jour n'est pas plus pur...*«[1]. Natürlich. Diese korrektiven Harmonien machen eine schöne Wirkung, aber es ist ein wenig schwierig, Mallarmés Poetik darauf zurückzuführen. Sie ist von anderer Art und vielleicht undefinierbar: Valéry wird es (wie wir sehen werden) später sagen. Ohne (allzu schnell) vom einen zum anderen überzugehen, müssen wir diese Mahnung bedenken: Die Notwendigkeit des Mallarméschen Verses ist etwas anderes als der insgesamt recht grobe sprachliche Mimetismus, dessen vielleicht – *felix culpa* – in jeder Hinsicht willkommenen Mangel er entschädigt. Die Sprache, selbst die poetische – vor allem die poetische – hat besseres zu tun, als die Welt nachzuahmen; die mimologische Träumerei steht, um Proust zu paraphrasieren, an der Schwelle zum poetischen Leben; sie kann uns dort einführen: sie konstituiert es nicht.

Mallarmés Position bewegt sich also letztlich an den Antipoden des romantischen Spontaneismus, den beispielsweise das *Dictionnaire des onomatopées françaises* illustrierte, und nichts steht wohl in krasserem Gegensatz zu seiner »unwissentlichen« Poetik als die so verbreitete Versuchung, auf seine Gedichte die Symbolwerte der *Mots anglais* anzuwenden[2]. Dies nicht nur wegen des ungerechtfertigten Übergangs von einer Sprache zur anderen und der mißbräuchlichen Verallgemeinerung der lediglich am *Initiallaut* aufgewiesenen Bedeutungswerte, sondern auch, und radikaler, weil Mallarmés poetische Arbeit sich selbst, so überlegt und unbeirrt wie nur möglich, auf der Ebene des »Verses« – des Gedichtes – und nicht der Wörter situiert. Der Begriff des »Mallarméschen Wortes« selbst scheint mir unglücklich. Es gibt bei Mallarmé gewiß, wie bei allen, was im

---

1 *La Poésie de Stéphane Mallarmé*, Paris (Gallimard) 1926, S. 230-232.
2 Der Archetyp hierfür ist natürlich, trotz einiger rhetorischer Vorsichtsmaßnahmen (S. 98), das Kapitel von R. G. Cohn, »Le Mot mallarméen: la signification des lettres«, a. a. O., S. 89-116. Ein Versuch, den J. P. Richard, a. a. O., S. 576/77, bereits kritisierte.

übrigen bekannt ist[1], in der Häufigkeit und/oder strukturell privilegierte Wörter; es gibt bei ihm jedoch nicht im Gedicht ein kratylisches Spiel auf der Ebene der Wörter – dessen Unmöglichkeit und vielleicht Nichtigkeit er auch zugegeben hat. Man würde seine Poetik also nur außerordentlich einengen, wollte man sie, dem naiven Tagesgeschmack folgend, auf Wirkungen von Alliterationen, imitativen Harmonien, Homophonien und andere Anagramme reduzieren. Er schrieb durchaus, wie er Degas in Erinnerung rief, »mit Worten« seine Gedichte, ihnen dabei »die Initiative« überlassend (S. 366). Doch die Initiative ist nicht die Entscheidung, und das Gedicht ist nicht die Summe seiner Worte. Ebenso kann man beobachten, daß sich die »spatiale« Poetik des *Coup de dés* auf keinerlei graphischen Mimologismus stützt. Der poetische Schöpfungsprozeß transzendiert hier vollkommen das sprachliche Ausgangsmaterial, indem er – wie jeder weiß – den Wörtern des Volksstammes (*tribu*) einen *reineren* Sinn gibt.

Mallarmés sprachliche Spekulation mündet also in eine wahrhaftige Spaltung der Sprache in das, was er den »doppelten Zustand der Rede, roh oder unmittelbar hier [das ist die Umgangssprache], essentiell dort«: das ist die poetische Sprache, nennt (S. 368). Ersterer, der nur dazu dient »zu erzählen, zu lehren, sogar zu beschreiben«, kurz, zur »universellen Reportage«, erfüllt lediglich eine »Funktion einfachen und darstellenden Bargeldes«; die Arbitrarität des Zeichens ist hier kein Nachteil, da diese ganz treuhänderische Funktion sich in einer Zirkulation ähnlich der einer »Geldmünze« erschöpft, die man unablässig tauscht, ohne je zu versuchen, sie zu *konvertieren*; dies ist das unvermeidliche Opfer an den Hermogenismus. Der zweite Zustand, den Mallarmé auch das ›Sagen‹ (*le Dire*) oder das ›Wort‹ (*le Verbe*) nennt[2], fügt sich nicht einem solchen »Zufall« (demjenigen der sprachlichen Konvention) und versucht, auf einer »höheren« Ebene und in einer »höheren« Gestalt, die unabweisliche Notwendigkeit einer vollkommenen, »höchsten« und, wenn man so will: göttlichen[3] Sprache zu (re)konstituieren. Von daher der emble-

---

1 Siehe Pierre Guiraud, *Index du vocabulaire du symbolisme*, 3. *Index des mots des poésies de Stéphane Mallarmé*, Paris (Klincksieck) 1953.
2 »Niemals die *Sprache* (*Langage*) mit dem *Wort* (*Verbe*) verwechseln.« (S. 858)
3 Erinnern wir gleichwohl daran, daß die Hypothese einer göttlichen Erschaffung der Sprache (eines der Themen der kratylischen Tradition) auf S. 921 explizit zurückgewiesen wird: »[...] die Menschen, Schöpfer der Wörter«.

matische Wert des sprachlichen »Dualismus«, den, wie wir gesehen haben, das Englische an den Tag legt: Ein wenig (sehr wenig) wie der angelsächsische Bestand im modernen Englischen ist die Poesie eine Sprache in der Sprache, ihre reinste und den ursprünglichen Wahrheiten treueste Form. Die Vorstellung der doppelten Sprache ist in Wahrheit nicht ganz neu (nichts ist jemals neu in dieser Geschichte, in der die GESCHICHTE nur die Akzente verschiebt): wir haben einige Ahnungen davon bereits bei Diderot und anderen gefunden. Sie wird auch nicht ohne Echos bleiben; lauschen wir einigen in ihrem Widerhall.

*

Wie jeder weiß, ist Valérys poetisches Denken gleich von Anfang an als eine Verlängerung desjenigen von Mallarmé aufgetreten, als eine Reflexion über das *Beispiel*, das derjenige bot, der sein Lehrmeister gewesen war, bei dem er vor allem das bewunderte, was er »die Gleichsetzung von ›dichterischer‹ Meditation und Besitz der Sprache sowie die minutiöse Untersuchung ihrer wechselseitigen Beziehungen in ihm selbst«[1] nannte. An anderer Stelle sagt er, und die Formel ist aufschlußreich: »Mallarmé hat die Sprache so begriffen, als ob er sie erfunden hätte.«[2] Und man kann sagen, daß sich seine eigene Poetik der Sprache als eine Wiederaufnahme und eine neue Ausarbeitung der Mallarméschen Vorstellung der *doppelten Sprache* artikuliert.

Es hat insbesondere den Anschein, als hätte die Erfahrung der *Mots anglais* – wir haben gesehen, welche Bedeutung er ihnen beimaß – ihm jede Versuchung von primärem Kratylismus erspart. Man fände nur schwerlich eine Spur davon bei ihm, selbst in diesen Wortträumereien, denen er sich bisweilen wie jeder hingab. Hier zwei Beispiele sozusagen *a contrario*, beide bezüglich fremdsprachlicher Wörter. Das erste betrifft das skandinavische »Danke«, *tak*, »welches das Geräusch eines Schmuckstücks macht, das man ruckartig schließt«. Das zweite, entfaltetere, evoziert den Hafen von Antwerpen, aus dem André Gide ihm schrieb: »Antwerpen! Ein

---

1 Paul Valéry, »Je disais quelquefois à Stéphane Mallarmé...«, in *Œuvres* I, S. 655; dt. »Ich sagte manchmal zu Stéphane Mallarmé...« (Ü. Helmut Scheffel) in *Werke* 3, S. 281/82. Wenn nicht anders angegeben, beziehen alle Seitenangaben sich auf die genannten Werkausgaben, die erste auf die französische, die zweite nach dem Schrägstrich auf die deutsche.
2 Ibid., S. 658/285.

wilder und schwarzer Baudelaire ruht in diesem Wort. Wort voller Gewürze und Perlen, von einem betrunkenen Matrosen unter einem regnerischen Himmel an der Tür einer Taverne ausgeladen... Die rosa Laterne zieht die Neger in die traurigen Straßen, wo die Dirne im Dreck trottet./Und Shanties aus einer fernen Sprache an Bord von Schiffen, die in Stille gehüllt sind, hallen lange nach./Ich lasse mich, wie du siehst, durch solche fremdartigen Worte bis zu Dir, der nicht wankt, davontragen.«[1]

Wenn man ein wenig näher hinsieht, stellt man leicht fest, daß keine dieser beiden Träumereien den Wegen der mimologischen Imagination folgt. Der erste vergleicht die Klanglichkeit des Wortes mit einem Geräusch, dieses Geräusch hat jedoch keinerlei Beziehung zu seiner Bedeutung: *tak* ist (wird) also nicht (als) ein onomatopoetischer Ausdruck (verstanden) – oder aber es ist ein onomatopoetischer Ausdruck, der sich im Gegenstand geirrt hat, eine Illustration, bereits, des Fehlers der Sprachen. Das zweite wendet sich dagegen vollständig von den Klanglichkeiten der Vokabel ab, um Bilder der Stadt zu evozieren, die sie bezeichnet, ohne eine notwendige Beziehung zwischen den einen und den anderen finden zu wollen. Lautliche Beschreibung auf der einen Seite, semantische Beschreibung auf der anderen, und keinerlei mögliche Kommunikation. »Es gibt keine Beziehung zwischen dem Klang und dem Sinn eines Wortes. Die gleiche Sache heißt auf englisch HORSE, auf griechisch HIPPOS, auf lateinisch EQUUS, auf französisch CHEVAL; aber keine Beschäftigung mit irgendeinem dieser Ausdrücke wird mir die Vorstellung des fraglichen Tieres geben; keine Beschäftigung mit dieser Vorstellung wird mir irgendeines dieser Wörter liefern – sonst verstünden wir mit Leichtigkeit alle Sprachen, bei unserer eigenen angefangen.«[2]

Dies ist erneut das Saussuresche Argument der Pluralität der Sprachen im Dienste der sogenannten These von der Arbitrarität des Zeichens. Der Begriff taucht an anderer Stelle auf, verstärkt von

---

[1] André Gide/Paul Valéry, *Correspondance 1890-1942*, préface et notes par Robert Mallet, Paris (Gallimard) 1955; dt. *Briefwechsel 1890-1942*, eingeleitet und kommentiert von Robert Mallet, ins Deutsche übertragen von Paul und Hella Noack, Würzburg/Wien (Zettner) 1958, S. 137, überarbeitete und ergänzte Neuausgabe (mit einem Nachwort von Daniel Moutote) Frankfurt/M. (Fischer) 1987, S. 130 (Brief vom Juli 1891).

[2] »Poésie et pensée abstraite«, *Œuvres* I, S. 1333; dt. »Dichtkunst und abstraktes Denken« (Ü. Kurt Leonhard), in *Werke 5: Zur Theorie der Dichtkunst und vermischte Gedanken*, Frankfurt/M. (Insel) 1991, S. 164.

seinem Mallarméschen Äquivalent: »Wir wissen sehr wohl, daß es fast keinen Fall gibt, bei dem die Verbindung unserer Gedanken mit den Lautgruppen, von denen sie einer nach dem andern hervorgerufen werden, nicht völlig willkürlich oder dem reinen Zufall zuzuschreiben wäre.«[1] Oder auch: »Jedes Wort ist eine Augenblicksverbindung eines *Klangs* mit einem *Sinn*, die in keiner Entsprechung zueinander stehen.«[2] Valérys Hermogenismus ist anscheinend ohne Riß. Jede Sprache reduziert sich für ihn auf ein System von Konventionen: »Die französische Sprache ist ein System von Konventionen unter Franzosen. Die englische Sprache – unter Engländern.«[3] Dieses Denken über die Sprache war bereits sehr früh, wie man weiß, durch die Lektüre der *Sémantique* von Bréal bestärkt worden, die 1897 erschienen war und die Valéry für den *Mercure de France* (Jan. 1898) rezensiert hatte. Wir finden in diesem Artikel eine der ersten Formulierungen seines sprachlichen Konventionalismus (»die sprachlichen Zeichen sind von ihren Bedeutungen absolut unabhängig, kein rationaler oder empirischer Weg vermag vom Zeichen zur Bedeutung zu führen«[4]), und die Skizze einer Verallgemeinerung auf »alle weiteren vielfältigen symbolischen Systeme. Die Algebra, die musikalische Komposition, bestimmte Arten der Ornamentik, die Kryptographie usw. können alle semantisch analysiert werden.«[5] Dies ist in etwa das Programm der allgemeinen Semiologie von Saussure, einschließlich seiner Unterscheidung zwischen den »völlig natürlichen Zeichen [...] – wie die Pantomime« und den »auf die Beliebigkeit (*arbitraire*) des Zeichens begründeten Systemen«[6]: »Von seiten der Bedeutungen betrachtet, müssen all diese Systeme wie auch die Sprache meiner Meinung nach zu einer grundlegenden Differenzierung unter den Modi führen, nach denen mentale Zustände verbunden werden. Wenn wir zwei solcher verbundenen Zustände a und b nennen, so gilt, daß, wenn a gegeben, auch b gegeben ist. In bestimmten Fällen wird man nun eine andere Bezie-

---

1 »Je disais quelquefois...«, I, S. 648/3, S. 273.
2 »Poésie et pensée abstraite«, I, S. 1328/5, S. 157.
3 P. Valéry, *Cahiers* I, Cahier Langage, S. 425/*Hefte* I, S. 528. Die folgenden Zitate aus *Cahiers* I stammen sämtlich aus dem »Cahier Langage«, S. 381-576 bzw. *Hefte* I, S. 469-586.
4 »Michel Bréal, ›La Sémantique‹ (Sciences des Significations), Hachette«, *Œuvres* II, S. 1454; dt. »Die Semantik von Michel Bréal« (Ü. Jürgen Schmidt-Radefeldt), *Werke* 5, S. 25.
5 Ibid., S. 1454/S. 25.
6 *Cours*, S. 33, S. 100/01/*Grundfragen*, S. 79, 80.

hung als die der Abfolge zwischen *a* und *b* finden können. In diesen Fällen wird sich *b* mit Hilfe von *a* konstruieren lassen und umgekehrt. Im allgemeinen folgt daraus, daß jede Veränderung des einen Terms eine Veränderung im anderen nach sich zieht. In anderen Fällen jedoch kann es geschehen, daß zwischen den beiden angenommenen Termen nur eine reine Abfolgebeziehung besteht. Dann wird man sagen können, diese Verbindung sei symbolisch oder konventionell. Die Sprache besteht aus Beziehungen dieser letzteren Art.«[1] Ein Brief an Fourment, der nur sehr wenig später datiert ist, entwickelt und illustriert diese Opposition, deren Terme jetzt, wie es bereits bei Nodier der Fall war, als *rational* (was die motivierten Zeichen betrifft) und *irrational* (was die arbiträren Zeichen betrifft) bezeichnet werden. Beispiel für erstere: »alle Metaphern. Ich berühre den lauwarmen Ofen, ich denke *danach* an einen Frauenhintern. Der gemeinsame Term ist die Wärme, die Zartheit des Steinguts etc. Ich könnte umgekehrt von dem oben anvisierten Hintern zu der Wärme eines angenehmen Ofens übergehen [...]. Die Wortmetapher wäre diese: der *vol* ›Flug‹ ist wie ein *val* ›Tal‹; *sol* ›Boden‹ wie *cil* ›Wimper‹. Die diesen Wörtern entsprechenden Vorstellungen folgen jedoch nicht der leichten Variation ihres Klangs, sie unterscheiden sich *nacheinander* sehr viel mehr. Ich werde Dir ein recht merkwürdiges Beispiel geben. Zeichne ein kleines Haus, das ist das hieroglyphische System. Nun, man kann von diesem Gegenstand direkt zu einem wirklichen Haus übergehen; vergrößere und koloriere, und fertig. Schreibe das Wort *Haus*, Du kannst an ihm herumändern, soviel Du willst, wenn ich die *Bedeutung* dieses graphischen oder tönenden Rätsels nicht kenne, werde ich es niemals lesen. Die Zeichnung ist, insofern sie die Gegenstände darstellt, nicht irrational. Die Sprache ist es.«[2]

Die irrationalen Zeichen werden hier, dem wissenschaftlichen Sprachgebrauch entsprechend (und im Gegensatz zu den literarischen Konnotationen), *Symbole* getauft: »[...] das sind alle Symbole, die Sprachen im allgemeinen«; man kann daraus schließen, daß das oben angeführte Vorhaben einer Untersuchung der »symbolischen Systeme« im allgemeinen die so umstrittene Saussuresche Einengung der semiologischen Analyse allein auf die »arbiträren« Zeichen vorwegnahm, die angeblich besser als die anderen »das Ideal des semiologischen Verfahrens« verwirklichen: anders ausgedrückt,

---

1 »Michel Bréal...«, II, S. 1454/5, S. 25.
2 *Œuvres* II, S. 1465 (Lettre à Gustave Fourment 4 janvier 1898).

die Gleichsetzung des Prinzips des Semiotischen mit dem Arbiträren, in der man eine antikratylische Aufwertung des Konventionellen lesen kann. Erinnern wir uns, daß dies der äußerste Punkt ist, den der Hermogenismus erreichen kann: nicht nur, mit mehr oder weniger Resignation, die Konventionalität des Zeichens zu »konstatieren«, sondern ihm auch eine Art prinzipieller Überlegenheit über jeden anderen Darstellungsmodus zuzuweisen. Die hermogenistische Parteinahme ist bei Valéry mit einem sehr expliziten epistemologischen Konventionalismus verknüpft, der ganz offensichtlich von Poincaré beeinflußt ist, sowie mit einem nicht weniger deutlich herausgestellten ästhetischen Konventionalismus. Die Wissenschaften sind für ihn »nützliche Konventionen«, und man weiß, daß der große Fehler der Geschichte oder der Philosophie darin liegt, die ihren nicht zu erkennen. In der Literatur heißt er die formalen Regeln gut, weil sie arbiträr sind (»Ein großer Erfolg des Reims ist es, die einfältigen Leute zu ärgern, die naiv genug sind zu meinen, es gebe auf der Welt Wichtigeres als eine Konvention.«[1]), und die Klassik, weil sie »an dem Vorhandensein, an der Klarheit und der Alleinherrschaft [ihrer] Konventionen« erkennbar ist[2]. Seine Vorliebe für das *thesei*-Wesen der Sprache kommt klar in den *Cahiers* zum Ausdruck: »Der allergrößte Fortschritt fand an dem Tage statt, als die konventionellen Zeichen auftraten.« »Den großen Fortschritt brachte die Konvention.«[3] Das ist das genaue Gegenteil der Dekadenz nach de Brosses: Die wahre Sprache beginnt mit den arbiträren Zeichen, alles, was vorausgeht, ist Vorgeschichte und sagt nichts über ihr Wesen aus. Auf allen Gebieten gilt im übrigen: »Der Ursprung steht [...] für eine Illusion.«[4]

Dieselbe Rigorosität findet sich auch in anderen Aspekten der Debatte wieder: keine Spur beispielsweise von dieser Aufwertung

---

1 »Tel quel – Littérature«, *Œuvres* II, S. 551; dt. »Literatur«, *Werke* 5, S. 282.
2 »Situation de Baudelaire«, *Œuvres* I, S. 605; dt. »Die Situation Baudelaires« (Ü. August Brücher), *Werke* 3, S. 222; Cf. *Cahiers* II, S. 1089 (Cahier Poésie), *Œuvres* I, S. 478.
3 *Cahiers* I, S. 418/*Hefte* I, S. 520, *Cahiers* I, S. 457/*Hefte* I, S. 564. Anscheinend eine Dissonanz S. 429/S. 532: »Die Sprache hat folgende schwerwiegende Mängel/1. konventionell zu sein, und 2. in verdeckt hinterlistiger Weise konventionell zu sein – die Konventionen in der frühen Kindheit zu verbergen [...]«; der Akzent der Kritik liegt jedoch deutlich auf dem zweiten Merkmal: Es ist bekannt, daß Valéry auf jedem Gebiet die versteckten Konventionen verabscheut, nicht weil sie Konventionen sind, sondern weil sie versteckt sind.
4 »Michel Bréal...«, II, S. 1451/5, S. 20.

des Wortes, von dieser Überbewertung des Wortschatzes im Funktionieren der Sprache, die bei Mallarmé noch so deutlich war. Man kennt die Mißtrauenserklärungen Begriffen wie *Zeit* oder *Leben*, oder... »allen anderen«[1] gegenüber, die nur im Verhältnis zu unserem »raschen Durchschreiten« brauchbar sind, wie »jene leichten Planken, die über einen Graben geschlagen werden oder über einen Bergspalt«, auf denen stehenzubleiben unvorsichtig wäre; ebensowenig darf man bei den Wörtern stehenbleiben, man sähe sonst »die klarste Rede in Rätsel, in mehr oder weniger gelehrte Illusionen zerfallen«[2]. Die isolierten Wörter (und »entsprechendes gilt für eine Vielzahl von Wortverbindungen«[3]) sind treuhänderische Werte, nicht konvertierbar und »zahlungsunfähig«. Diese Kritik rührt nicht nur von einer Art prinzipieller »Skepsis« der Sprache gegenüber her; sie zielt, genauer gesagt, auf die traditionelle linguistische Haltung, welche die Sprache auf eine Sammlung von Vokabeln reduziert. Wenn ein »im Gebrauch eindeutiges, klares Wort dunkel wird, sobald man es abwägt«[4], dann eben gerade nicht, weil sein Gebrauch auf einem Betrug beruht, sondern weil sich das »Abwägen« der Bedeutung nach den Wörterbüchern auf einen fiktiven Zustand des Wortes bezieht, versehen mit der Gesamtheit seiner Definitionen und seiner virtuellen Gebrauchsweisen. Erst der wirkliche, das heißt kontextbezogene Gebrauch befreit es von seinen »Rätseln« und determiniert jedesmal seine Bedeutung: »Sobald man sie isoliert, starrt man sie an – versucht, sie durch die undeterminierte Gesamtheit ihrer Relationen zu ersetzen – wohingegen in der Komposition diese Gesamtheit determiniert ist.«[5] Nicht das Wort schafft also Bedeutung, sondern der Satz (und so weiter). Was uns zu diesem Schluß führt, der so wenig kratylisch wie nur möglich ist: »Es gibt kein isolierbares Wort.«[6] Und innerhalb des Wortschatzes der gleiche Bruch mit der klassischen Aufwertung des Nomens. Bevorzugt werden die Verben (»Die meisten Verben drücken *wahre* Sachverhalte aus, während die Substantive [...] ein Tummelfeld der nichtigen Formationen sind.«[7]) und die grammtischen Wörter: »Was eine Spra-

---

1 »Poésie et pensée abstraite«, II, S. 1317/5, S. 144.
2 Ibid., S. 1317, 1318/S. 144, 145.
3 *Cahiers* I, S. 475/*Hefte* I, S. 585.
4 *Cahiers* I, S. 386/*Hefte* I, S. 481.
5 Ibid.
6 *Cahiers* I, S. 454/*Hefte* I, S. 561.
7 *Cahiers* I, S. 455/*Hefte* I, S. 562.

che hauptsächlich charakterisiert, sind keineswegs die Substantive, Adjektive usw., sondern die Relationswörter wie *wenn* und *daß*, *denn* und *also*.«[1] Das ist natürlich die Lektion des Komparatismus. Die ideale Sprache wäre im Grenzfall eine Sprache ohne Wörter, ganz aus Kombinationen minimaler Elemente bestehend, die so abstrakt wie nur möglich wären, so weit wie möglich entfernt von der Einzigartigkeit des Eigennamens, des kratylischen Gegenstandes par excellence. Hier ein Tableau des Verfalls der Sprache: »Sie verliert an Gliederung. Der Satz weicht zunehmend dem Wort – und das Wort wird Eigenname.«[2] Und hier ein Tableau ihres Fortschritts: »Die Sprache hat sich in ihrer kombinatorischen Eigenschaft erst entwickeln können, als sie sich kurze und einfache Elemente geschaffen hatte. Falls die Sprache Wörter mit sehr komplexer Bedeutung enthält – wie jene Wörter von Wilden, die wiederzugeben moderne Sprachen drei Sätze benötigen –, erweist sich die Kombinatorik als nicht praktikabel./Nach und nach hat sie sich so verändert, daß die Kombinierbarkeit der Wörter immer größer wurde. Das Mögliche wurde auf einen Schlag installiert, da es nur die Kombinationskapazität eines Systems darstellt.«[3] In der »vollkommenen Sprache« Valérys, die natürlich eine »philosophische« Sprache à la Leibniz ist, hat die Ähnlichkeit keinen Platz mehr.

Man fragt sich gewiß, was ein so entschlossen Widerspenstiger im kratylischen Land zu suchen hat. Wir haben nämlich für den Augenblick nur eine Seite seiner Doktrin betrachtet, die ausschließlich für das gilt, was er die »Allgemeinsprache« oder »Umgangssprache« oder »volkstümliche« (*demotische*) Sprache oder einfach »Prosa« nennt[4]; und deren ideale Grenze das funktionalste und transparenteste der Denkinstrumente wäre, auf die Gefahr hin, daß sie sich an die Stelle dieses Denkens setzt und ihm jede Daseinsberechtigung nimmt: »[...] wäre die Sprache vollkommen, würde der Mensch

---

1 *Cahiers* I, S. 397/*Hefte* I, S. 495.
2 Ibid., S. 397/S. 495.
3 Ibid., S. 397/S. 494.
4 »Variations sur les Bucoliques«, *Œuvres* I, S. 212; dt. »Variationen über die ›Bucolica‹ des Vergil«, *Werke* 1: *Dichtung und Prosa*, Frankfurt/M. (Insel), 1992, S. 563; *Cahiers* I, S. 426-428/529-531. *Prosa*, man muß darauf beharren, bezeichnet hier nicht die literarische Prosa (deren spezifisches Statut hier von Valéry ein wenig vernachlässigt wird), sondern die Alltagssprache; im übrigen erlaubt gerade diese Unaufmerksamkeit der Kunst der Prosa gegenüber die bequeme Antithese *Prosa/Poesie* und den Begriff der poetischen Sprache selbst.

aufhören zu denken. Die Algebra befreit von der arithmetischen Beweisführung«. Wir befinden uns also an den Antipoden der Mallarméschen »Vollkommenheit«, deren Mangel sich im Gedicht auflöst. Das System Valérys ist komplexer (in dieser Hinsicht), denn es läßt zwei antithetische Vollkommenheiten zu, die beide anscheinend die Bezeichnung »absolute Sprache« oder »reine Sprache«[1] verdienen. Gegenüber der Algebra gibt es das, was Valéry, plötzlich an die homerisch-platonische Tradition anknüpfend, sich nicht scheut, die »Sprache der Götter« zu nennen: »Der Dichter ist eine besondere Art von Übersetzer: er überträgt die gewöhnliche Rede, auf die eine Gemütsbewegung abwandelnd einwirkt, in ›Sprache der Götter‹ [...].«[2]

Wie in jedem System mit polarer Axiologie ist es zunächst unbedingt notwendig, die beiden Pole nicht im Namen ihrer Wertgleichheit zu verwechseln und durchaus zuzugeben, daß die beiden Vollkommenheiten antithetisch und inkompatibel sind und einander ausschließen. Sie um jeden Preis zu unterscheiden, und fast mit jedem beliebigen Mittel. Diese Unterscheidung ist tatsächlich bisweilen so rücksichtslos und so wenig spezifiziert, daß Valéry jedem dieser Zustände eine andere Sprache vorbehalten zu wollen scheint. So etwa, wenn er Mallarmé die Absicht unterstellt, »die Sprache der Poesie stets deutlich und fast absolut unterschieden von der Sprache der Prosa zu halten«[3]; oder wenn er in seinem eigenen Namen erklärt: »[...] da sich nach meiner Überzeugung die Sprache der Götter so eindrücklich wie nur irgend möglich von der Menschensprache abheben muß, sind alle Mittel, die zu ihrer Unterscheidung beitragen, wenn sie andererseits mit der Harmonie im Bunde stehen, vom Dichter zu beobachten.«[4] Tatsächlich will die Poesie nicht eine andere Sprache sein, sondern, der wohlbekannten Formel gemäß, »eine Sprache in der Sprache«[5], das heißt ein anderer Gebrauch derselben Sprache. Was die Poesie impliziert ist, subtiler, ein »Entschluß [...], der Sprache eine andere Funktion zu geben«[6]. Worin

---

1 Ibid., S. 426/S. 529.
2 »Variations sur les Bucoliques«, I, S. 212/1, S. 564.
3 »Stéphane Mallarmé«, Œuvres I, S. 668; dt. »Stéphane Mallarmé« (Ü. Henriette Beese), Werke 3, S. 297.
4 »Variations sur les Bucoliques«, I, S. 217/1, S. 569/70.
5 »Situation de Baudelaire«, I, S. 611/3, S. 230; cf. a. »Poésie et pensée abstraite«, I, S. 1324/5, S. 153.
6 »Propos sur la poésie«, Œuvres I, S. 1372; dt. »Rede über die Dichtkunst« (Ü. Kurt Leonhard), Werke 5, S. 56.

besteht also diese *poetische Funktion* (wie Roman Jakobson später sagen wird) der Sprache?

Eine erste, in der Tat rein funktionale Antwort besteht darin zu sagen, daß der Zweck des Gedichtes darin liegt, beim Leser eine gewisse Gestimmtheit, *poetischer Zustand* (*état poétique*) genannt, zu schaffen: »Ein Gedicht ist tatsächlich eine Art Maschine, die mit Hilfe der Worte den poetischen Zustand hervorbringen soll.«[1] Eine solche Definition entgeht natürlich nur dann der Tautologie, wenn der poetische Zustand seinerseits anders als die vom Gedicht hervorgerufene Wirkung definiert und beschrieben wird; dieser Zustand muß also auch von etwas anderem als dem Gedicht hervorgebracht werden können – auch wenn darunter seine Spezifizität leiden sollte. Ebendies ist bei Valéry der Fall, der ihn zweimal[2] zumindest als eine »Erregung« beschreibt, die imstande ist, jedes beliebige Schauspiel oder jeden beliebigen Moment der Existenz zu transfigurieren, indem sie sie »musikalisiert«, das heißt, indem sie bewirkt, daß ihre Elemente »sich gegenseitig zum Klingen [bringen]« und »in Harmonie« einander entsprechen. Auf diese Weise entsteht ein »All-Erlebnis« (*sensation d'univers*), die Wahrnehmung einer »Welt« im eigentlichen Sinne oder eines »vollständigen Systems von Beziehungen. Darin sehen die Menschen, die Dinge, die Ereignisse und die Handlungen zwar jeweils denen ähnlich, welche die sinnliche Welt bevölkern und zusammensetzen, die unmittelbare Welt, der sie entlehnt sind; zugleich stehen sie jedoch in einer undefinierbaren, aber wundervoll richtigen Beziehung zu den Formen und Gesetzen unserer allgemeinen Sensibilität. Diese bekannten Dinge und Wesen bekommen dann gewissermaßen einen anderen Wert. Sie rufen sich gegenseitig herbei, sie assoziieren sich ganz anders als unter gewöhnlichen Bedingungen. Sie sind gleichsam [...] *musikalisiert*, sie lassen sich aneinander messen, sie klingen einer im anderen auf.«[3] Diese privilegierten Wahrnehmungen werden also von dem Bewußtsein der

---

1 »Poésie et pensée abstraite«, I, S. 1337/5, S. 169; cf. a. ibid., S. 1321, u. »Propos sur la poésie«, I, S. 1362.

2 »Poésie et pensée abstraite« (1939), I, S. 1319-1321/S. 146-148; »Propos sur la poésie« (1927), S. 1362-1364/S. 45-47. Es handelt sich hier um zwei Fassungen desselben Vortrags, die das Wesentliche der poetischen Theorie Valérys enthalten (*Œuvres* I, S. 1314-1339 bzw. S. 1361-1378/*Werke* 5, S. 141-171 (»Dichtkunst und abstraktes Denken«) bzw. S. 44-64 (»Rede über die Dichtkunst«)).

3 »Propos sur la poésie« (im folgenden »Propos« abgekürzt), I, S. 1363/5, S. 46; cf. die entsprechende Passage in »Poésie et pensée abstraite« (im folgenden »Poésie« abgekürzt), I, S. 1320/21/5, S. 148.

Beziehungen und der harmonischen Einheit geleitet, und dieses Bewußtsein ist natürlich in sich selbst euphorisch. Bleibt noch seine Beziehung zur poetischen Botschaft zu definieren.

Eine erste Definition, Proustscher Art, ist bei Valéry präsent: Als Ekstase der Reminiszenz ist die Euphorie des poetischen Zustands wesensmäßig zufällig und flüchtig; man kann ihn weder auslösen noch beliebig verlängern. Der poetische Zustand ist wie der Traum (dem er auch in anderen Merkmalen verwandt ist) »vollkommen *unregelmäßig, unbeständig, unwillkürlich, zerbrechlich*, und für uns ebenso zerronnen wie gewonnen: nämlich *durch Umstände*. Es gibt ganze Perioden unseres Lebens, in denen diese Erregung und diese kostbaren Figurationen gar nicht in Erscheinung treten. Wir halten sie nicht einmal für möglich. Der Zufall gibt sie uns, der Zufall nimmt sie uns wieder.«[1] Man muß also ein Mittel finden, um »die poetische Erregung willensmäßig von neuem erstehen zu lassen, außerhalb der natürlichen Bedingungen, unter denen sie spontan entsteht, und zwar durch die Kunstgriffe der Sprache.«[2] Dieses Mittel ist das Gedicht. »Alle Künste sind geschaffen worden, um, jede nach ihrer eigenen Wesensart, einem Augenblick flüchtiger Köstlichkeit Dauer zu verleihen und ihn in die Gewißheit einer unendlichen Anzahl köstlicher Augenblicke zu verwandeln. *Ein Werk ist nichts anderes als das Instrument dieser Vervielfältigung oder dieser möglichen Wiedererzeugung.*«[3] Die Analogie zum Proustschen Ansatz ist sehr auffällig, sie darf jedoch einen wichtigen Unterschied nicht verschleiern. Bei Proust war das literarische Werk imstande, die Ekstase der Erinnerung zu verewigen, weil es sich prinzipiell zwang, sie zu übertragen, indem es sie beschrieb und ihr ein genaues Äquivalent in metaphorischer Gestalt gab. In diesem Punkt ist die Position Valérys sehr viel zögernder. Alle Texte, die wir zitiert haben, scheinen eine solche Übertragung zu implizieren, und folglich die Notwendigkeit für den Dichter, zuerst selbst die poetische Erregung zu empfinden, die er mitteilen will. Rechtfertigt er nicht den Begriff selbst der *poetischen Zustände* dadurch, daß »einige von ihnen schließlich ihre Vollendung in Gedichten fanden«[4]? (Freilich bestätigt im Gegenzug nichts, daß diese Gedichte irgendeinen inhaltlichen Bezug zu der Erregung gehabt hätten, die in ihnen »Vollendung

---

[1] »Propos«, I, S. 1364/5, S. 46/47; cf. a. »Poésie«, I, S. 1321/5, S. 149.
[2] Ibid., S. 1362/S. 44/45.
[3] Ibid., S. 1364/S. 47.
[4] »Poésie«, I, S. 1319/5, S. 146.

fand«, und bei ihren Lesern einen analogen Zustand hervorgerufen hätten.) Zweideutiger wird es jedoch, wenn Valéry von den Mitteln spricht, »einen poetischen Zustand zu erzeugen oder wiederzuerzeugen (*reproduire*)«[1] – was zumindest impliziert, daß man ihn produzieren kann, ohne ihn zu reproduzieren. Und vor allem – bekräftigt, wie man weiß, durch hundert andere antiromantische Glaubensbekenntnisse diesbezüglich: »Ein Dichter [...] hat nicht die Aufgabe, den dichterischen Zustand zu empfinden: dies ist eine Privatangelegenheit. Er hat die Aufgabe, ihn bei den anderen zu schaffen.«[2] Wenn es ihm also widerfährt, ihn zu schaffen, ohne ihn empfunden zu haben, so gibt es immer noch zwei Möglichkeiten: Entweder ist sein Gedicht eine Art fingierte Übertragung, eine fiktive Beschreibung eines poetischen Zustands; oder aber das Gedicht bildet in sich selbst einen (verbalen) Gegenstand, der fähig ist, in seinem Leser einen poetischen Zustand hervorzurufen, unabhängig von seinem Thema wie von den Umständen seiner Entstehung. Letztere Interpretation scheint mir innerhalb des Gesamtkontextes am kohärentesten. Sie hat natürlich zur Folge, daß man auf das Gedicht unmittelbar die Eigenschaften anwendet, die vorhin dem poetischen Zustand oder, genauer, seiner Ursache zugeschrieben wurden: Musikalisierung, harmonisches Erklingen der Elemente, die in der Lage sein müssen, ein »All-Erlebnis«, das heißt ein lebhaftes Bewußtsein der Beziehungen zu erzeugen. In dieser Verwendung erscheint der Rückgriff auf den poetischen Zustand nicht mehr als ein Zurückgehen auf die Ursache, sondern vielmehr als eine metaphorische Beschreibung: die erste Skizze einer Beschreibung der poetischen Botschaft.[3]

Der *poetische Zustand* ist also auch ein Zustand der Sprache: Es gibt einen poetischen Zustand der Sprache, der sich vom »normalen« Zustand – demjenigen der Alltagssprache – unterscheidet. Ein neuer Umweg, ein neuer Vergleich wird es erlauben, das Wesen dieses Unterschiedes und folglich der spezifischen Operation, welche die poetische Botschaft hervorbringt, genauer zu fassen. Der Vergleich entstammt diesmal direkt dem musikalischen Bereich, auf den bereits die Begriffe »Musikalisierung« oder »Harmonie« verwiesen. Seine deutlichste Formulierung findet sich in einem der Texte über Mallarmé: »Ebenso wie die vom Ohr so deutlich erkennbare Welt der reinen Klänge abstrahiert wurde aus der Welt der Geräusche, um

---

1 »Propos«, I, S. 1364/5, S. 47/48.
2 »Poésie«, I, S. 1321/5, S. 149.
3 »Propos«, I, S. 1363/5, S. 45.

ihr gegenüberzutreten und das vollkommene System der Musik zu bilden, so möchte der dichterische Geist auf die Sprache wirken [...].«[1] Man findet ihn ausführlich entfaltet in dem Doppelvortrag über die Poesie, in dem der Begriff des *musikalischen Universums* von der Seite her denjenigen des poetischen Zustands oder des poetischen Universums erhellt. Die Welt der *Töne* steht in Opposition zu derjenigen der *Geräusche*, in der wir normalerweise leben, durch einen Kontrast, welcher »der zwischen rein und unrein, zwischen Ordnung und Unordnung«[2] ist; die »Reinheit« der Töne jedoch (die in Opposition steht zum stets vermischten und ungeordneten Charakter der natürlichen Geräusche) ist nur ein Mittel im Dienst der »Ordnung«, das heißt der Konstitution eines geregelten Beziehungsgeflechtes. Die Töne definieren sich als »Elemente, die untereinander in Beziehungen stehen, welche uns ebenso deutlich vernehmbar sind wie diese Elemente selbst. Das Intervall zwischen zweien dieser privilegierten Geräusche ist für uns ebenso deutlich wie jedes einzelne von ihnen.«[3] Von daher ihre wechselseitige und verallgemeinerte Evokationsfähigkeit (»ein Ton, der erklingt, [beschwört] für sich allein schon den ganzen musikalischen Kosmos«[4]); von daher das *All*-Erlebnis – das heißt von einem kohärenten System –, das sie unfehlbar hervorrufen.

Der poetische Zustand der Sprache wird sich also zu ihrem gewöhnlichen Zustand verhalten wie die Welt der Töne zu der der Geräusche: ein Zustand, in dem die inneren Beziehungen ebenso regelmäßig und ebenso wahrnehmbar sein werden wie die der Musik; eine ideale Illustration hierfür liefern Mallarmés Gedichte: »Seine wunderbar vollendeten Kompositionen zwangen sich auf wie Urformen der Vollkommenheit; von so großer Sicherheit waren die Verbindungen zwischen Wort und Wort, Vers und Vers, Bewegung und Rhythmus, so sehr vermittelte jede von ihnen die Vorstellung eines gewissermaßen absoluten Gegenstandes, der sein Dasein einem Gleichgewicht innerer Spannungen verdankt und durch ein Wunder hin- und hergehender Beziehungen jenen unbestimmten Wünschen zu retuschieren und zu verändern völlig entzogen ist, die sich während der Lektüre der meisten Texte unbewußt in uns formen.«[5]

---

1 »Je disais quelquefois...«, I, S. 648/3, S. 272/73.
2 »Poésie«, I, S. 1326/27/5, S. 156; cf. a. »Propos«, I, S. 1367/5, S. 50.
3 Ibid., S. 1326 /S. 155; cf. a. »Propos«, I, S. 1366/67/5, S. 50.
4 »Propos«, I, S. 1367/5, S. 51; cf. a. »Poésie«, I, S. 1327/5, S. 156.
5 »Lettre sur Mallarmé«, Œuvres I, S. 639; dt. »Brief über Mallarmé« (Ü. Dieter

Bei dieser Übertragung des Musikalischen auf das Poetische haben wir jedoch ein beträchtliches Hindernis vernachlässigt, das Valéry keineswegs vernachlässigt und das vorhin bereits dieser Vorbehalt ahnen ließ: »so *möchte* der dichterische Geist...«. Dieses Hindernis besteht darin, daß die Trennung – die physische, technische, die der Musiker bereits durchgeführt findet, wenn er an die Arbeit geht – zwischen Geräusch und Ton keinerlei Äquivalent im Bereich der Sprache hat. »[...] dem Dichter fehlen die ungeheuren Vorteile, die der Musiker besitzt. Er hat keine eigens für seine Kunst gemachte, für den Dienst am Schönen bereitgestellte Gesamtheit von Mitteln vor sich. Er muß sich die *Sprache* ausborgen – die *vox publica*, diese Sammlung von traditionellen und irrationalen, bizarr erschaffenen und umgeformten, bizarr kodifizierten, sehr unterschiedlich verstandenen und ausgesprochenen Ausdrücken und Regeln. Hier gab es keinen Physiker, der die Beziehungen zwischen diesen Elementen festgelegt hätte; keine Stimmgabeln, keine Metronome, keine Erbauer von Tonleitern oder Erforscher der Harmonie. Sondern im Gegenteil das phonetische und semantische Fluktuieren des Wortschatzes. Nichts Reines: sondern eine völlig zusammenhanglose Mischung von akustischen und psychischen Reizen.«[1] Daher hat die musikalische Metapher nicht nur die Funktion, den poetischen Zustand der Sprache zu beschreiben, sondern auch und viel eher, *a contrario* die Schwierigkeiten des Dichters zu illustrieren: »Nichts macht die ganze Schwierigkeit seiner Aufgabe besser begreifbar als ein Vergleich des dem Dichter gegebenen Rohmaterials mit jenem, über das der Musiker verfügt. [...] Ganz anders, und unendlich viel weniger glücklich ist die Ausstattung des Dichters.«[2] Oder aber, um die Dinge andersherum zu nehmen, dieser Vergleich verfolgt nicht den Zweck, den Unterschied zwischen Poesie und Prosa zu erhellen (nach der impliziten Formel *Poesie : Prosa = Ton : Geräusch*), sondern sie viel eher zu verdunkeln und abzustumpfen, indem er auf der Einheit des beiden Diskurstypen gemeinsamen sprachlichen Materials insistiert. Tatsächlich also: *Poesie: Prosa ≠ Ton : Geräusch* – da auf gewisse Weise und auf einer gewissen Ebene *Poesie = Prosa*, während *Ton ≠ Geräusch*.

Dieser Unterschied zwischen Poesie und Musik oder, wenn man lieber will, diese Identität (des Mittels) zwischen Poesie und Prosa,

---

Steland/Elmar Tophoven), *Werke* 3, S. 262.
1 »Poésie«, I, S. 1327/28/5, S. 157; cf. a. »Propos«, I, S. 1368/69/5, S. 52/53.
2 »Propos«, I, S. 1366, 1368/5, S. 49, 52.

wird seinerseits illustriert durch einen neuen Vergleich: die wohlbekannte Parallelität von Poesie und Tanz, die von Malherbe ausgeliehen wird. Auch sie präsentiert sich als viergliedrige Beziehung: *Poesie : Prosa = Tanz : Gehen* bzw., präziser ausgedrückt: So wie der Tanz sich zu anderen Zwecken »derselben Organe, derselben Knochen, derselben Muskeln« bedient wie der Gang, »nur anders koordiniert und in anderer Weise erregt«[1], ebenso benutzt die Poesie zu anderen Zwecken (und nach anderen Koordinationen und Erregungen) dasselbe sprachliche Material wie die Prosa.

Anscheinend hat dieser neue Umweg also keine andere Funktion, als die (partielle) Inadäquatheit des ersten zu illustrieren und einen hinkenden Vergleich durch einen treffenden zu ersetzen. Tatsächlich wird der Vergleich der Poesie mit dem Tanz uns, unerwartet und gleichsam als Dreingabe, eine neue Präzisierung liefern, was das Wesen der poetischen Botschaft betrifft: Der Funktionsunterschied zwischen dem Gang und dem Tanz besteht darin, daß dieser »nirgendshin geht«; er ist »ein System von Handlungen, aber von solchen, die ihr Ziel in sich selbst haben«[2]; er richtet sich nicht auf ein Ziel, das man erreichen muß, auf einen Gegenstand, den man ergreifen muß, sondern auf einen Zustand, den man herstellen muß, eine Euphorie, zu der er nicht *führt*, sondern die mit ihm zusammenfällt, aus ihm besteht und mit ihm stirbt, so daß man die eine nur verlängern oder erneuern kann, indem man den anderen verlängert und unendlich wiederholt. Im Gegenteil, »wenn der Mensch, der geht, sein Ziel erreicht hat [...], wenn er den Ort erreicht hat, das Buch, die Frucht, den Gegenstand, der sein Verlangen erregte und ihn damit aus seiner Ruhe gerissen hat, dann hebt dieser Besitz sofort definitiv sein ganzes Handeln auf; die Wirkung verschlingt die Ursache, das Ziel hat das Mittel aufgesaugt; und wie auch die Handlung beschaffen sein mochte, übrig bleibt nur noch das Ergebnis.«[3] Nun, ebenso verhält es sich mit der Sprache: In ihrem gewöhnlichen Gebrauch (der Prosa) ist auch sie nur ein Mittel, das aufgesaugt und in ihrem Ziel aufgehoben wird. Ihr einziges Ziel ist es, *verstanden*, das heißt »ganz und gar durch ihren Sinn ersetzt« zu werden[4]. »Ich bitte Sie um Feuer. Sie geben mir Feuer. Sie haben mich verstanden.«[5] Das

---

1 »Poésie«, I, S. 1330/5, S. 160; cf. a. »Propos«, I, S. 1371/5, S. 55.
2 »Propos«, I, S. 1371/5, S. 55; »Poésie«, I, S. 1330/5, S. 160.
3 »Poésie«, I, S. 1331/5, 161; cf. a. »Propos«, I, S. 1372/5, S. 56/57.
4 Ibid., S. 1331/S.161; cf. a. »Propos«, I, S. 1372/5, S. 57.
5 Ibid., S. 1324/S. 153.

heißt, daß Ihr »Verstehen« meines Satzes in etwas ganz anderem als ihm *besteht*: eine Handlung von Ihnen, die ihm jedes Recht nimmt anzudauern und sich zu wiederholen, die ihn also aufhebt. »Und hier die Gegenprobe zu dieser Behauptung: die Person, die nicht verstanden hat, *wiederholt* die Worte oder *läßt sie sich wiederholen*.«[1] Oder ich hätte meinen Satz auch auf eine bestimmte von selbst wahrnehmbare und bemerkbare Weise aussprechen können, »mit einer gewissen Betonung [...] und mit einer gewissen Klangfarbe – mit einer gewissen Schattierung der Stimme und einer gewissen Langsamkeit oder einer gewissen Beschleunigung [...].«[2] Selbst wenn Sie ihn verstanden haben, überlebt er also sein Verstehen, kehrt in Ihnen zurück, läßt sich wiederholen, will »dennoch weiterleben [...], aber mit einem ganz andern Leben. Er hat einen neuen Wert angenommen, und er hat ihn *auf Kosten seiner begrenzten Bedeutung* angenommen. Er hat das Bedürfnis geschaffen, nochmals gehört zu werden... Damit befinden wir uns bereits auf der Schwelle des poetischen Zustandes.«[3] Dies ist in der Tat das Kennzeichen der poetischen Botschaft: daß sie es nämlich ablehnt, sich in ihrer Bedeutung aufzuheben. »[...] das Gedicht [stirbt] nicht, wenn es aufhört zu leben: es ist ausdrücklich dazu gemacht, immer neu aus seiner Asche zu erstehen und unbegrenzt wieder zu werden, was es soeben gewesen ist. Die Poesie ist an dieser Eigentümlichkeit erkennbar, die danach strebt, in ihrer Form reproduziert zu werden: sie regt uns an, sie identisch wiederherzustellen.«[4]

Damit ist also der große – der einzig entscheidende – Unterschied zwischen der Prosabotschaft und der poetischen Botschaft bestimmt: Erstere hebt sich in ihrer Funktion auf, letztere überlebt sich und bringt sich partiell *in ihrer Form* wieder hervor: »Wenn ich mir ein Wort aus der technischen Industrie erlauben dürfte, so würde ich sagen, die dichterische Form wird automatisch zurückgewonnen.«[5] Diese Hauptthese hat eine offensichtliche Konsequenz oder vielmehr eine andere mögliche und äquivalente Formulierung: daß die

---

1 Ibid., S. 1326/S. 154.
2 Ibid., S. 1325/S. 153.
3 Ibid., S. 1325/S. 153/54.
4 Ibid., S. 1331/S. 162; cf. a. »Propos«, I, S. 1373/74/5, S. 58.
5 »Propos«, I, S. 1373/5, S. 58; cf. a. »Je disais quelquefois...«, S. 650, 657; »Variations sur les Bucoliques«, S. 212; und *Cahiers* II, S. 1086 (Cahier Poésie)/*Hefte* VI, Frankfurt/M. (Fischer) 1993, S. 219 (Ü. Hartmut Köhler): »Ein schöner Vers wiederholt sich von selbst und bleibt gleichsam mit seinem Sinn vermengt, ihm zur Hälfte überlegen – unablässig Ursprung seiner selbst.«

Prosarede nämlich wesensmäßig übersetzbar und die poetische Rede wesensmäßig unübersetzbar ist.[1]

All dies ist wohlbekannt und seit langem zur Vulgata geworden. Scheinbar ist dieses Thema der Unzerstörbarkeit (ich wähle diesen etwas ungeschickten Begriff wegen seiner Neutralität) des poetischen Textes einfach und unzweideutig – von daher vielleicht sein Erfolg. Tatsächlich werden wir sehen, wie es sich bei Valéry – und vielleicht bei anderen – in zwei einigermaßen divergierende und schließlich fast widersprüchliche Varianten aufgliedert.

Die erste ist die der »Intransitivität« oder, wenn man lieber will, der *Autonomie* der poetischen Form in Bezug auf ihre Bedeutung. Wir sind ihr bereits ganz nebenbei begegnet, als es um den Wert ging, den ein Satz »auf Kosten seiner begrenzten Bedeutung« annahm; das Bedürfnis nach Wiederholung steht in umgekehrtem Verhältnis zum Verstehen, und am massivsten tritt es auf, wenn »die Person, die nicht verstanden hat, die Worte wiederholt oder sich wiederholen läßt«. Im Grenzfall könnte die totale Dunkelheit oder Bedeutungslosigkeit einer Botschaft also eine hinreichende Bedingung für ihren poetischen Wert sein: »Man darf nicht vergessen, daß die dichterische Form jahrhundertelang im Dienste der Zauberei gestanden hat. Diejenigen, die sich mit diesem seltsamen Verfahren abgaben, mußten notwendigerweise an die Macht der Worte glauben, und weit mehr an die Wirksamkeit des Klanges dieser Worte als an ihre Bedeutung. Die magischen Formeln sind oft ohne jeden Sinn; man glaubte eben nicht, daß ihre Macht von ihrem verstandesmäßigen Gehalt abhänge. Hören wir jetzt aber Verse wie diesen: *Mère des Souvenirs, Maîtresse des Maîtresses...* ›Mutter der Erinnerungen, Geliebte der Geliebten...‹ Oder diesen: *Sois sage, ô ma douleur, et tiens-toi plus tranquille...* ›Sei artig, o mein Schmerz, und halt dich stiller...‹ Diese Worte wirken auf uns (wenigstens auf einige unter uns), ohne uns viel zu lehren. Sie lehren uns vielleicht, daß sie uns nichts zu lehren haben.«[2]

Diese Autonomie der Form artikuliert sich selbst auf zwei Arten. Bald (wie wir eben gesehen haben) durch den *nebensächlichen* und

---

1 »Questions de poésie«, *Œuvres* I, S. 1284, dt. »Probleme der Dichtkunst« (Ü. Kurt Leonhard), *Werke* 5, S. 75-91; »Tel que – Littérature«, *Œuvres* II, S. 555, dt. »Literatur«, *Werke* 5, S. 284; »Variations sur les Bucoliques«, S. 210; »Rhumbs – Littérature«, *Œuvres* II, S. 638, dt. »Windstriche«, *Werke* 5, S. 237; »Choses tues«, *Œuvres* II, S. 485, dt. »Verschwiegenes«, *Werke* 5, S. 304.
2 »Poésie«, I, S. 1333/5, S. 164.

nicht relevanten Charakter der Bedeutung in der Poesie: die »schöpferische und fiktive« Rolle der poetischen Sprache »wird so evident wie nur möglich durch die Fragilität oder durch die Arbitrarität des Sujets«; »im Vordergrund nicht der Sinn, sondern die Existenz des Verses«; das ist Mallarmés wohlbekannte Fabel, als er Degas erklärt, daß man Verse »nicht mit Ideen, sondern mit Worten« macht[1]. Bald durch ihren vielschichtigen Charakter, durch die *Polysemie* der poetischen Botschaft: ein Thema, das seitdem ebenfalls eher abgedroschen ist. »Es gibt keinen wahren Sinn eines Textes«[2]. Dies bezog sich auf den *Cimetière marin*, anläßlich seines Kommentars durch Gustave Cohen, und gilt wesensmäßig für den poetischen Text. Man kommt hierauf zurück anläßlich eines neuen Kommentars, desjenigen von *Charmes* durch Alain: »Meine Verse haben den Sinn, den man ihnen gibt. Der, den ich in sie hineingelegt habe, ist richtig nur für mich, er kann niemandem als der einzig wahre entgegengehalten werden. Es wäre ein Irrtum, der dem Wesen der Poesie widerspräche und für sie sogar tödlich sein könnte, zu behaupten, daß jedem Gedicht ein wahrer, einmaliger und einem bestimmten Gedanken des Autors konformer oder identischer Sinn entspricht. [...] Während von der Prosa ein einmaliger Inhalt zu fordern ist, ist hier die einmalige Form das Maßgebende und zum Weiterleben Bestimmte.«[3] Wenn man sich an die Formeln über die wesensmäßige Übersetzbarkeit des Prosatextes erinnert, so sieht man hier eine vollkommen symmetrische Opposition zwischen der Polysemie der Poesie und der Polymorphie der Prosa sich abzeichnen. Charakteristisch für die Prosa ist es, daß sie stets *mehrere Formen für eine einzige Bedeutung* duldet; für das Gedicht umgekehrt, daß es stets *mehrere Bedeutungen unter einer einzigen Form* vorschlägt.

Die poetische »Bedeutung« ist also vielschichtig oder nebensächlich oder im Grenzfall abwesend; in jedem Fall bleibt die Form autonom und hat Geltung für sich selbst: Sie kann nicht an eine so sehr sich verflüchtigende Funktion gebunden sein. Bis hierher ist Valérys Theorie der poetischen Sprache also ebenso vom Kratylis-

---

1 »Tel quel – Littérature«, II, S. 548 (in der deutschen Ausgabe ist die entsprechende Passage nicht übersetzt); »Stéphane Mallarmé«, I, S. 667/3, S. 296; »Poésie«, I, S. 1324/5, S. 152.

2 »Au sujet du *Cimetière marin*«, I, S. 1507; dt. »Betrachtung zum ›Friedhof am Meer‹« (Ü. Eva Rechel-Mertens), *Werke* 1, S. 524.

3 »Commentaires de *Charmes*«, *Œuvres* I, S. 1507, 1509/10; dt. »Kommentar zu ›Charmes‹« (Ü. Eva Rechel-Mertens), *Werke* 1, S. 508, 509.

mus entfernt wie seine Theorie der »Allgemeinsprache«. Hier jedoch tritt eine unerwartete Kehrtwende ein, die uns zu ihm (fast) zurückführen wird; es ist dies die angekündigte zweite Variante des zentralen Themas (desjenigen der Unzerstörbarkeit der poetischen Botschaft).

Die Kehrtwende hängt in Wahrheit mit einer fast unmerklichen Verschiebung zusammen, die man grob so wiedergeben kann: Da die poetische Form nicht, wie die andere, ihrer Bedeutung geopfert wird, ist sie ihr nicht *untergeordnet*, sie ist (zumindest) ebenso wichtig wie diese; und diese gleiche Wichtigkeit wird durch einen neuen Vergleich illustriert: nämlich das Bild des Pendels. Wir haben gesehen, daß der poetische Text, ist er einmal »verstanden«[1], verlangt, in seiner Form wiederaufgenommen zu werden: In der poetischen Erfahrung geht der Geist also von der Form zur Bedeutung und dann von der Bedeutung zur Form (oder zum »Klang«) zurück; und so weiter, wie ein Pendel. »Zwischen der STIMME und dem GEDANKEN, zwischen dem GEDANKEN und der STIMME, zwischen GEGENWART und ABWESENHEIT schwingt das poetische Pendel hin und her./Aus dieser Analyse ergibt sich, daß der Wert eines Gedichtes in der Untrennbarkeit von Klang und Sinn liegt.«[2] Die angekündigte Verschiebung hat uns also von der Autonomie zur Gleichheit, von der Gleichheit zum Gleichgewicht, vom Gleichgewicht zur fortwährenden Pendelbewegung und von der Pendelbewegung zur Untrennbarkeit oder Unauflöslichkeit geführt. Am Ausgangspunkt war die poetische Form unabhängig von ihrem Inhalt, am Zielpunkt ist sie substantiell mit ihm verbunden. Die Strecke verschleiert die Kehrtwendung, doch die Kehrtwendung ist da. Ausgegangen von einer ultraformalistischen Poetik sind wir jetzt wieder bei einer (quasi) kratylischen Poetik angelangt, das heißt bei der Definition der poetischen Sprache als *motivierter* Sprache.

Denn es versteht sich von selbst, daß die *Untrennbarkeit von Klang und Sinn* die Motivation des Zeichens ist. Was, im Bedarfsfall, die Art und Weise bestätigt, in der dieser Text sich in einen Zusammenhang einreiht, den wir bereits kennen. Nehmen wir diese Verbindung wieder auf: »Aus dieser Analyse ergibt sich, daß der Wert eines Gedichtes in der Untrennbarkeit von Klang und Sinn liegt.

---

[1] Valéry vergißt hier, freiwillig oder nicht, daß daran nichts zu verstehen sein muß; eine Möglichkeit, die an diesem Punkt der Demonstration keinen Platz hat.
[2] »Poésie«, I, S. 1333/5, S. 163; cf. a. »Propos«, I, S. 1373/74/5, S. 58.

Dies ist aber eine Bedingung, die das Unmögliche zu fordern scheint. Es gibt keine Beziehung zwischen dem Klang und dem Sinn eines Wortes. Die gleiche Sache heißt auf englisch HORSE, etc.«[1] Dies ist genau die Opposition zwischen dem poetischen Mimologismus und der gewöhnlichen Konventionalität der Sprache, und hier befinden wir uns wieder auf bekanntem Boden. Daß diese Rückkehr nicht nur ein Unfall unterwegs, eine metaphorische Verführung oder ein einfacher Lapsus ist, darauf weisen zahlreiche analoge und im übrigen wohlbekannte Formeln hin. Man weiß, welches Schicksal Roman Jakobson der folgenden bereitet hat: »[...] das Gedicht – dieses fortgesetzte Zögern [das ist immer noch das Schwingen des Pendels] zwischen Klang und Sinn«. Andere sind offen gestanden nachdrücklicher. So geht Valéry etwa anläßlich des oben zitierten Verses von Baudelaire abermals von der »gleichen Wichtigkeit« von Klang und Sinn zu ihrer »Untrennbarkeit« und zu der »Möglichkeit ihrer innersten und unauflöslichen Verbindung«[2] über. An anderer Stelle ist es nötig, »daß Laut und Sinn sich nicht mehr trennen lassen und im Gedächtnis endlos einander Antwort geben.«[3] Wieder an anderer Stelle impliziert und fordert »die Kunst eine Äquivalenz und einen ständig geübten Austausch zwischen Form und Inhalt [...], zwischen Laut und Sinn, zwischen Akt und Materie«[4]. Die ganze Zweideutigkeit der Position ist hier gleichsam konzentriert in dem ambigen Begriff der *Gleichwertigkeit* (*équivalence*), der *strictu sensu* Gleichheit im Wert und in der Wichtigkeit bezeichnet, von jeder Ähnlichkeit (*ressemblance*) einmal abgesehen, hier jedoch fast unvermeidlich zu verstehen gibt: Gleichartigkeit (*similitude*). Wir werden eine parallele Zweideutigkeit bei Jakobson finden.

Wir stehen hier also an der Schwelle einer neukratylischen Poetik, die es der poetischen Sprache, wie bei Mallarmé, aufgibt, die Konventionalität der natürlichen Sprache zu korrigieren. Doch wir werden auf dieser Schwelle bleiben, denn Valérys Position ist hier noch reservierter als diejenige seines Lehrmeisters.

Zunächst, weil die Arbitrarität des Zeichens jetzt so stark (anerkannt) ist, daß sie sich anscheinend jeder Art von Korrektur widersetzt. Entgegen dem Wunsch Lessings kann der Dichter nicht wirklich seine konventionellen Zeichen in motivierte *umwandeln*: Das

---

1 Ibid., S. 1333/S. 163/64.
2 Ibid., I, S. 1334, S. 165.
3 »Situation de Baudelaire«, I, S. 611/3, S. 230.
4 »Je disais quelquefois...«, I, S. 658/3, S. 286.

heißt »das Unmögliche [...] fordern«[1], »das heißt ein Wunder verlangen«[2]. Alles, was er tun kann, ist anscheinend, es seinem Leser vorzutäuschen: Es ist »die Aufgabe des Dichters, uns die *Empfindung [sensation]* der inneren Einheit zwischen dem Wort und Geist zu vermitteln«[3]; »[...] den mächtigen *Eindruck [impression]* erwekken, und zwar über einen durchgehenden [kurzen, momentanen] Zeitraum, daß zwischen der sinnlich wahrnehmbaren Form eines Diskurses und seinem Tauschwert an Gedanken irgendeine mystische Vereinigung besteht, irgendeine Harmonie [...].«[4]; »ein Gedicht [...] muß die *Illusion* einer unauflöslichen Verschmelzung von Klang und Sinn erwecken«[5].

Dann, weil Valéry sichtlich vor der Idee, selbst als Illusion, einer poetischen Form zurückschreckt, die das *Abbild* des Sinns wäre. Wir müssen hier daran erinnern, daß, zumindest im Prinzip, ein motiviertes Zeichen nicht notwendig ein ähnliches Zeichen ist. Die kratylische Spekulation hat, wie wir wissen, niemals so recht gewußt, was sie mit dieser Unterscheidung anfangen soll, und offen gestanden hat sie sie meist verleugnet, die Tropologie jedoch kennt seit langem von anderen Arten der Beziehung (Kontiguität, Inklusion, Kontrast) motivierte Figuren. Wir haben gesehen, daß Valéry bereitwillig eine (Illusion von) Motivation der von ihrem Inhalt »untrennbar« oder »unlösbar« gemachten poetischen Form evozierte; wir sind jedoch noch auf keine Formel gestoßen, welche diese Motivation klar als Mimesis ausweise. Der Schritt, der am weitesten in diese Richtung geht, ist der Gebrauch der Worte *Harmonie* oder *Übereinstimmung (accord)*[6], die natürlich im normalen Sprachgebrauch eine Art von partieller Ähnlichkeit konnotieren; sie werden jedoch jedesmal durch eine sehr charakteristische Vorsichtsmaßnahme modalisiert: *irgendeine* Harmonie«, »eine *gewisse* undefinierbare Übereinstimmung«. Daß diese Vorbehalte (und vor allem letzterer) nicht einfach eine vorsichtige Ausdrucksweise sind, das bestätigt ein entscheidender Text aus *Tel Quel*: »Die Macht der Verse liegt in einem *unbestimmbaren* Einklang zwischen dem, was sie *sagen*, und dem,

---

1 »Poésie«, I, S. 1333/5, S. 164.
2 »Je disais quelquefois...«, I, S. 648/3, S. 273.
3 »Poésie«, I, S. 1333/5, S. 164.
4 »Je disais quelquefois...«, I, S. 647/3 S. 272.
5 »Variations sur les Bucoliques«, I, S. 211/1, S. 562.
6 »Je disais quelquefois...«, I, S. 647; »Sorte de préface«, *Œuvres* I, S. 685, dt. »Eine Art Vorwort« (Ü. Henriette Beese), *Werke* 3, S. 318.

was sie *sind*. ›Unbestimmbar‹ gehört mit zur Bestimmung. Dieser Einklang darf nicht bestimmbar sein. Ist er es, so handelt es sich um Einklang *als Nachahmung* [*harmonie imitative*], was nicht gut ist./Daß diese Beziehung sich ebensowenig bestimmen wie leugnen läßt, macht das Wesen des Verses aus.«[1]

Die imitative Harmonie – die Valéry verachtet, nicht ohne sie gelegentlich selbst zu praktizieren[2] – ist natürlich die poetische Form des gemeinen Mimologismus. Doch was soll eigentlich eine *nicht imitative Harmonie* sein? Man definiert sie gerne, mit dem musikalischen Ursprungs des Begriffes (wie auch desjenigen des *Einklangs* (*accord*)) argumentierend, als eine Beziehung nicht der Ähnlichkeit, sondern des geregelten Unterschieds, der imstande ist, ein ästhetisches Vergnügen auszulösen. Sie auf diese (oder auf jede andere Weise) definieren bedeutet jedoch bereits, merken wir es an, die Valérysche Formel zu überschreiten, die, nach der Art eines antiken Paradoxes, bestimmt, daß jede, selbst als nicht imitativ, definierbare Harmonie per definitionem imitativ ist. Wonach wir also eher suchen müßten ist, worin diese *nicht definierbare* Harmonie besteht... Die Vergeblichkeit einer solchen Frage springt jedoch in die Augen. Die Valérysche Poetik mündet bewußt in die Aporie. Der Augenblick ist vielleicht gekommen, an diese grausame Bemerkung zu erinnern: »Die meisten Menschen haben von der Dichtung eine so unklare Vorstellung, daß diese Unklarheit selbst für sie zur Definition der Dichtung wird.«[3] Zumindest könnte man, indem man diese Kritik auf ihren Autor münzt, sagen, daß bei Valéry die Vagheit (bewußt, was der ganze Unterschied ist) Teil der Definition ist.

Alles in allem handelt es sich jedoch nicht um Vagheit, sondern eher um eine Art von Kern aus irreduzibler Unvereinbarkeit: ebender natürlich, wie wir schon festgestellt haben, zwischen einer »formalistischen« Poetik, welche die Autonomie der poetischen Form dekretiert, und einer neukratylischen Poetik, welche die Unauflöslichkeit von Klang und Bedeutung propagiert. Bis hierher blieben diese beiden divergierenden Ästhetiken in ihren Formulierungen getrennt, verstreut in diesem »Chaos klarer Ideen«, das auch, und vielleicht mehr als alles andere, der Valérysche Text ist. Wenn sie sich versehentlich begegnen, kann ihre Synthese nur ein Paradox sein.

---

1 *Œuvres* II, S. 637/»Windstriche«, *Werke* 5, S. 236.
2 Unvermeidliches Beispiel: *L'insecte ne gratte pas la sécheresse.* ›Das Insekt kratzt die Trockenheit nicht.‹
3 »Tel Quel – Littérature«, II, S. 547/5, S. 279.

Es gäbe vielleicht eine Möglichkeit, diese Unvereinbarkeit aufzulösen, nichts weist jedoch darauf hin, daß diese Lösung zu irgendeinem Zeitpunkt in Valérys Geist aufgeschienen wäre, und dies behaupte ich mit allem Vorbehalt. Wir erinnern uns der Eigenschaften des poetischen Zustands, die freizulegen der Vergleich mit dem musikalischen Universum erlaubt hatte – und die anschließend unterwegs preisgegeben worden waren: strukturale Einheit, Beziehungen zwischen den Elementen, die ebenso wahrnehmbar sind wie diese Elemente selbst. Diese Merkmale bezogen sich natürlich auf den poetischen Text. Derart enge Beziehungen »zwischen Wort und Wort, Vers und Vers, Bewegung und Rhythmus« vermitteln dem Leser zwangsläufig (ich fahre fort, den bereits zitierten Text über Mallarmé in neuem Licht wiederaufzunehmen) »die Vorstellung eines gewissermaßen absoluten Gegenstandes, der sein Dasein einem Gleichgewicht innerer Spannungen verdankt und durch ein Wunder hin- und hergehender Beziehungen jenen unbestimmten Wünschen zu retuschieren und zu verändern völlig entzogen ist [...]«.[1] Dies ist die *Notwendigkeit* des poetischen Textes: eine, wie man sieht, »rein formale«, das heißt der Form »innerliche« Notwendigkeit; die Versuchung wäre jedoch groß, eine notwendige und folglich *in diesem Sinn* (allein durch das »Gleichgewicht [ihrer] inneren Kräfte«) motivierte Form als notwendig und motiviert *in einem anderen Sinn*, nämlich als Ausdruck eines bestimmten Inhalts, zu interpretieren. Von der inneren (musikalischen) Notwendigkeit einer Form würde man so insgeheim zu der Notwendigkeit ihrer Bedeutungsfunktion hinüberwechseln[2]; und dies wäre der Schlüssel zur »Illusion« von Mimetismus in der Poesie. Und nebenbei zur Valéryschen Poetik.

Allerdings muß man daran erinnern, daß für Valéry diese innere Unveränderlichkeit der poetischen Botschaft selbst illusorisch ist: der Eindruck eines Lesers, der, da er keine Ahnung von der Folge von Versuchen und Ersetzungen hat, aus der das Werk hervorgeht, es sich nicht (möglicherweise) anders vorstellen kann und es für »vollendet« hält. In Wirklichkeit aber »[ist] ein Gedicht [...] nie vollendet – es ist stets ein Zufall, der es zu Ende führt«[3], und

---

1 »Lettre sur Mallarmé«, I, S. 639/3, S. 262.
2 Ein Fragment der *Cahiers* II, S. 1117/*Hefte* VI, S. 256, evoziert im Zusammenhang mit dem poetischen Zustand eine »zugleich formale und signifikative Notwendigkeit [...], deshalb der zugleich *notwendige* und *unwahrscheinliche* Charakter – Die Verbindung *Form* und *Inhalt* geht daraus hervor.«
3 »Tel Quel – Littérature«, II, S. 533/5, S. 283.

»vollendetes Sonett« bedeutet einfach »aufgegebenes Sonett«[1]. Kein Text ist also unveränderbar, und die innere Notwendigkeit seiner Form ist stets unvollkommen. Die Illusion des Mimetismus würde also von einer Illusion der Vollendetheit herrühren. Ein zweifaches Mißverständnis – eine zweifache »liebenswürdige Zuschreibung, die der Leser seinem Dichter macht: der Leser überschreibt uns die höheren Verdienste der Gewalten und der Begnadung, die sich in ihm entwickeln«[2]. Der wahre kratylische Thaumaturg, der wirklich »Inspirierte« ist nicht der Dichter, sondern der Leser.

Noch einmal, eine solche (Auf)Lösung wird nirgendwo von Valéry als solche deutlich ausgesprochen. Der Widerspruch bleibt unentschieden zwischen einer sehr lebhaften formalistischen und konventionalistischen Parteinahme und einer Art erblichen Reflexes der Valorisierung der Mimesis. Dieser Widerspruch steht noch heute im Zentrum aller »modernen« Poetiken, und wir werden ihm wiederbegegnen. Vielleicht müssen wir uns also damit zufriedengeben, bei Valéry eine Ahnung dessen bekommen zu haben, was eine hermogenistische Poetik sein könnte – eine *illusionslose* Poetik.

*

Die Sartresche Theorie der poetischen Sprache erscheint im ersten Kapitel von *Qu'est-ce que la littérature?* (1947)[3]. Der Anlaß hierfür ist das berühmte Thema des »Engagements« des Schriftstellers und die Notwendigkeit zu erklären, warum es nicht »oder zumindest nicht in derselben Art« (S. 13) die Malerei, die Bildhauerei, die Musik und selbst die Poesie betrifft. Denn die Poesie steht »auf der Seite der Malerei, der Skulptur, der Musik« (S. 16), in einer Aufteilung, die all diese Künste im Block der Literatur gegenüberstellt, die natürlich auf die »Prosa« reduziert ist. Das Prinzip dieser Aufteilung ist nicht ästhetischer Art, im eigentlichen Sinne (Unterschied zwischen den klanglichen, plastischen, sprachlichen »Stoffen«), sondern vielmehr semiotischer Art: Die Künste verwenden oder vielmehr handhaben und disponieren die *Dinge*, die »durch sich selbst [existieren]« und »auf nichts [verweisen], was ihnen äußerlich ist« (S. 13); die Literatur

---

1 »Propos«, I, S. 1375/5, S. 60.
2 »Poésie«, I, S. 1321/5, S. 149.
3 In *Situations* II, Paris (Gallimard) 1948, S. 59-69; dt. *Was ist Literatur?*, herausgegeben, neu übersetzt und mit einem Nachwort von Traugott König, Reinbeck (Rowohlt) 1981, S. 13-35. Die Seitenangaben beziehen sich auf die deutsche Ausgabe.

dagegen (unter Ausschluß der Poesie) hat nur mit den *Bedeutungen* zu tun, und sie allein ist in dieser Lage: sie ist »das Reich der Zeichen« (S. 16).

Diese Zeichen sind natürlich diejenigen der Sprache, die hier, einmal mehr, allein auf ihre lexikalische Dimension reduziert werden: Die Prosa ist eine Aktivität, welche die *Wörter* als Zeichen verwendet. Dem gegenüber wird sich die Poesie folglich als eine Aktivität – oder vielmehr als eine *Haltung* – definieren, »die die Wörter als *Dinge* und nicht als *Zeichen* [meine Hervorhebung] betrachtet. Denn die Zweideutigkeit des Zeichens schließt ein, daß man es je nach Belieben entweder wie eine Scheibe durchdringen und durch es hindurch das bedeutete Ding verfolgen oder aber seinen Blick seiner *Realität* zuwenden und es als Gegenstand betrachten kann.« (S. 17) Wie man sieht, nimmt Sartre hier den Begriff des »Zeichens« (eher) in seiner geläufigen Bedeutung (ein Gegenstand, der einen anderen darstellt), die in etwa diejenige ist, die Saussure dem Begriff des Signifikanten zuweist. Ich präzisiere: *hier*, denn andere Verwendungen (wie in »das Reich der Zeichen ist die Prosa«) verweisen mehr auf die Bedeutung des Saussureschen Zeichens, das heißt auf »die vom Signifikanten und dem Signifikat gebildete Einheit«; und ich füge hinzu: *eher*, weil wir sehr rasch, vielleicht schon hier, der Ambiguität wiederbegegnen werden – nicht mehr des Zeichens, sondern des Wortes *Zeichen*, wenn dies nicht dieselbe ist.

Das Wort als einen Gegenstand ansehen würde also (vorläufig) bedeuten, von seiner Bedeutung zu abstrahieren und es als reine lautliche und/oder graphische »Realität« zu behandeln, analog (oder zumindest parallel) zu jenen klanglichen oder plastischen Realitäten, welche die Musik oder die Malerei handhaben: Diese lautlich-graphischen Aggregate wären für den Dichter, was die Töne für den Musiker und die Farben für den Maler sind. Hier haben wir die »formalistische« Poetik in ihrer gröbsten – und, wie jeder weiß, unhaltbarsten – Version. Sartre weiß das selbst sehr gut, und er gibt sofort den Grund dafür an: »[...] allein die Bedeutung kann ja den Wörtern ihre verbale Einheit geben; ohne sie zerfielen sie zu Tönen oder Federstrichen.« (S. 17) Man würde vergeblich die lettristischen Experimente dagegen ins Feld führen, die stets offene Möglichkeit einer Aktivität, die tatsächlich zu künstlerischen Zwecken allein das lautliche und/oder graphische Material der Sprache verwenden würde; die implizite Antwort lautet, daß dieses Material in dem Fall nicht mehr aus »Wörtern« bestünde oder zumindest daß diese Wörter hier nicht mehr solche wären. Die Bedeutung ist wesentlich für die Definition des Wortes; es ist folglich per definitionem unmöglich, es als einen *reinen Gegenstand*, als ein reines Ding zu behandeln oder zu betrachten.

An diesem Punkt wird deutlich, daß die anfängliche Opposition zwischen *Ding* und *Zeichen*, verstanden als strenge Alternative zwischen zwei einander ausschließenden Begriffen, zu einer Aporie führt. Man muß also entweder vorzeitig das Spiel aufgeben oder umkehren und das Dilemma einigermaßen mildern. Stellen wir zunächst fest, daß die Opposition auf jeden Fall asymmetrisch war oder hinkte, da die »Zeichen« nur eine bestimmte Art von »Dingen« sein können: jene, die nicht (nur) »durch sich selbst« oder vielmehr *für* sich selbst existieren, sondern (auch) auf etwas anderes verweisen, das ihnen äußerlich ist; ein Stück unbeschriebenes Papier ist ein »Ding«, eine Banknote ist zugleich ein Ding (ein bedrucktes Stück Papier) und ein monetäres Zeichen. Die Opposition *Ding* vs *Zeichen* stellte also tatsächlich die Dinge, die nichts anderes sind (die reinen Dinge), denjenigen gegenüber, die auch Zeichen sind: den Zeichen-Dingen. Die Asymmetrie hindert die Opposition jedoch nicht daran, ausschließend zu sein, wenn man postuliert, daß ein Wort notwendig entweder als reines Ding oder als Zeichen-Ding angesehen werden muß. Wir haben gesehen, daß die erste Hypothese per definitionem ausgeschlossen war; man sieht aber auch, daß die zweite uns ganz in die »Prosa« zurückstößt, das heißt, jede Opposition zwischen Prosa und Poesie aufhebt, was anscheinend unerträglich ist. Man muß also eine dritte schmieden, die lautet: »Aber wenn [der Dichter] bei den Wörtern innehält, wie der Maler bei den Farben und der Musiker bei den Tönen, so heißt das nicht, daß sie in seinen Augen jede Bedeutung verloren haben [...]. Allerdings wird auch sie zu etwas Natürlichem; sie ist nicht mehr das immer unerreichbare und von der menschlichen Transzendenz stets angestrebte Ziel; sie ist eine Eigenschaft jedes Wortes, ähnlich wie der Ausdruck eines Gesichts, der traurige oder heitere kleine Sinn der Töne und der Farben.« (S. 17) In dieser »zu etwas Natürlichem gewordenen« Bedeutung wird man ohne Mühe die kratylische *physei* wiedererkennen, die im rechten Augenblick (wieder) einen dritten Weg zwischen der Bedeutungslosigkeit der »Dinge« und der – implizit als künstlich und konventionell definierten – Bedeutungshaftigkeit der »Zeichen« anbietet. Die Opposition zwischen diesen beiden Typen von Bedeutungshaftigkeit wird später thematisiert und mit einer Terminologie versehen werden, in einem Text, auf den zurückzukommen wir noch Gelegenheit haben werden[1]: Es ist die Unterscheidung zwischen (konventioneller) *Bedeutung* (*signification*) und (natürlichem) *Sinn* (*sens*): »Die Dinge bedeuten nichts. Dennoch hat jedes von ihnen einen Sinn. Unter *Bedeutung* ist eine bestimmte konventionelle Beziehung zu verstehen, die aus einem anwesenden Gegenstand den Stellvertreter für einen abwesenden Gegenstand macht; unter *Sinn* verstehe ich das Partizipieren einer anwesenden Realität in ihrem Sein an dem Sein anderer Realitäten, anwesenden oder abwesenden, sichtbaren oder unsichtbaren, und stufenweise am Universum. Die Bedeutung wird dem Gegenstand von außen durch eine bedeutende Intention verliehen, der Sinn ist eine natürliche Qualität der Dinge; die Bedeutung ist ein transzendentes Verhältnis zwischen einem Gegenstand und einem anderen, der Sinn eine Transzendenz, die in die Immanenz gefallen ist.«

Damit ist die symbolistische Theorie der poetischen Sprache auf glückliche Weise neu formuliert: Die Worte der Prosa haben eine Bedeutung, diejenigen des Gedichts, wie die Dinge, wie die Töne, wie die Farben, einen Sinn. Man bemerkt sofort, daß die Bedeutungslosigkeit der Dinge nur vorläufig als in Opposition stehend zur Bedeutung der Zeichen postuliert worden war; tatsächlich ist der dritte Term an die Stelle des ersten getreten, und letztlich gibt es nur noch zwei Terme, nämlich die beiden Bedeutungshaftigkeiten (*signifiances*[2]): die der eingesetzten Zeichen, oder Bedeutung, die (unter

---

1 *Saint Genet* (1952), S. 283; dt. *Saint Genet, Komödiant und Märtyrer*, deutsch von Ursula Dörrenbächer, Reinbeck (Rowohlt) 1982, S. 476. Erinnern wir daran, daß diese ganze Sektion (»Le langage«/»Die Sprache«, S. 268-288/S. 434-485; im weiteren beziehen sich die Seitenangaben auf die deutsche Ausgabe) des Kapitels »Caïn« eine Art Illustration oder Erprobung *in vivo* der Sartreschen Theorie der poetischen Sprache ist: oder wie ein »straffälliges« Kind, aus der alltäglichen Gebrauchssprache verbannt, nacheinander zum Schweigen (»ein Schuldiger spricht nicht«; spricht er dennoch, haben die Wörter, »Gefängnis« beispielsweise, für ihn nicht dieselbe Bedeutung wie für die Gesellschaft), zur Lüge (also zu einer paradoxen Sprache der Nicht-Kommunikation), zum Argot (eine verschobene parasitäre, typisch figurale und darin bereits »poetische« Sprache), zur homosexuellen Subversion des Argot (siehe das zweisprachige Wortspiel über »On fait les pages«, das sowohl »Man macht die Betten« (*page* in der Argotbedeutung ›Bett‹) als auch »Man macht die Pagen an« (*faire* in der erotisch-vulgären Bedeutung von ›anmachen‹) bedeuten kann, cf. S. 454-456) und schließlich zu einem poetischen Spiel über gewisse »Zauberwörter« oder »Gedicht-Wörter« (*virevolte* ›Volte‹), in dem sich »ein geheimes Einverständnis der Sprache mit dem verborgenen Aspekt der Dinge« offenbart, verdammt wird.
2 Ich gebe dem Begriff eine andere Bedeutung, um die Konzepte von *sens* ›Sinn‹ und *signification* ›Bedeutung‹ zu vereinen.

anderem) das »Reich« der Prosa ausmacht, und die der Dinge, oder Sinn, die Stoff der Kunst und der Poesie ist oder sein kann.

Von dieser poetischen Bedeutungshaftigkeit wissen wir vorerst nur dies: daß sie *natürlich* ist, natürliche »Eigenschaft« oder »Qualität« der Dinge. Man muß sie sorgfältig von diesen marginalen semiotischen Verwendungen unterscheiden, die man von bestimmten Gegenständen machen kann, denen man »durch Konvention den Wert von Zeichen verleiht«, wie in der »Sprache der Blumen« (S. 13). Die Bedeutung »Treue«, die den weißen Rosen zugeschrieben wird, hat nichts mit ihrer »samtigen Schwellung« oder ihrem »süßlich modrigen Geruch« (S. 14) zu tun; sie gehört ihr nicht, sie ist »transzendent«, »von außen verliehen«, wie sie jeder beliebigen anderen Art von Blumen hätte verliehen werden können: das ist die Arbitrarität des Zeichens. Das Natürliche des Sinns ist im Gegenteil die immanente Beziehung zwischen einem Ding und der Bedeutungshaftigkeit, mit der es »durchtränkt« ist, so wie der gelbe Riß des Himmels über dem Golgatha Tintorettos nicht die Angst Christi *bedeutet*, sondern zugleich gelber Himmel und Angst *ist*, oder wie »Picassos lange Harlekine, mehrdeutig und ewig, von einem unentzifferbaren Sinn heimgesucht, untrennbar von ihrer krummen Magerkeit und den verwaschenen Rauten ihrer Trikots, [...] eine Emotion [sind], die Fleisch geworden ist und vom Fleisch aufgesogen wurde wie die Tinte vom Löschblatt« (S. 15/16), wie »die Bedeutung einer Melodie – wenn man überhaupt von Bedeutung[1] sprechen kann – nichts außerhalb der Melodie selbst [ist], im Unterschied zu Ideen, die man auf verschiedene Weise adäquat wiedergeben kann« (S. 15; man erkennt hier die Valérysche Definition der Prosa wieder). Diese von der Kunst entliehenen Illustrationen scheinen noch recht vage zu sein: In der Tat bringen sie nur die undeutliche, fast unaussprechliche Intuition dessen zum Ausdruck, was eine »in die Immanenz gefallene« »dinggewordene« Bedeutung wie die Angst Christi sein kann, »die in einen gelben Riß am Himmel umgeschlagen ist und damit von den Eigenqualitäten der Dinge überzogen, behaftet mit ihrer Undurchlässigkeit, mit ihrer Ausdehnung, ihrer blinden Dauer, ihrer Äußerlichkeit und jener Unendlichkeit von Beziehungen, die sie mit den andren Dingen unterhalten [...]« (S. 14). In diesem typisch »Sartreschen« Diskurs wird der Semiotiker vom Dienst vielleicht ein wenig Mühe haben, seine Werkzeuge wiederzufinden, er muß jedoch

---

[1] Erinnern wir daran, daß Sartre hier (1947) noch nicht über den Begriff *sens* verfügt.

da hindurch, bevor er zu klaren und gewiß allzu klaren Formulierungen vordringt. Hier eine Parallele, die erneut aus *Saint Genet* stammt: »Die Bedeutung kann eine Intuition vorbereiten, ihr die Richtung weisen, aber sie kann sie nicht liefern, da ja der bedeutete Gegenstand grundsätzlich außerhalb des Zeichens ist; der Sinn ist von Natur intuitiv; er ist der Geruch, der ein Taschentuch durchtränkt, das Parfum, das einem leeren und geöffneten Flakon entströmt. Das Sigel ›XVII‹ *bedeutet* ein bestimmtes Jahrhundert, aber in den Museen hängt sich diese ganze Epoche wie Gaze, wie Spinngewebe an die Locken einer Perücke, dringt in Schwaden aus einer Sänfte.« (S. 476/77) Das Beispiel der Louis-XIV-Perücke oder der Sänfte illustriert mit ihrem »immanenten«, inhärenten oder zumindest *adhärenten* Sinn sehr gut, was eine »natürliche« Bedeutungshaftigkeit sein kann; es erhellt besser noch die oben angeführte Definition, die verlangt, daß man ein wenig länger bei ihr verweilt: »*Partizipieren* einer anwesenden Realität an anderen Realitäten, anwesenden oder abwesenden.« Zwischen der Sänfte und dem Sinn »17. Jahrhundert« besteht eine notwendige Beziehung des »Partizipierens«, da die Sänfte tatsächlich diesem Jahrhundert angehört, aus dem sie stammt. Beziehung des Teils zum Ganzen (der Synekdoche) oder auch der Wirkung zur Ursache (der Metonymie): Der Stilgegenstand Louis XIV ist im Grunde ein *Index*, im peirceschen Sinne, des Grand Siècle: ein *Überrest*.

In der Wahl dieser Beispiele liegt etwas, das unsere kratylischen Gewohnheiten (vorübergehend) ein wenig stört: Diesmal ist die notwendige semantische Beziehung nicht eine der Ähnlichkeit, sondern der Kontiguität oder, wie Beauzée sagte, der »Koexistenz«; diesmal ist der Typ des natürlichen Zeichens das Index und nicht das »Ikon«, immer noch im peirceschen Sinne, das heißt das Bild oder das Spiegelbild. Und mehr noch, diese spezifische Wahl lag, wie wir gesehen haben, nicht nur in den Beispielen, sondern bereits in der Definition selbst. Für den Augenblick hat es also den Anschein, als wären die natürlichen Bedeutungshaftigkeiten für Sartre auf die durch Kontiguität motivierten Zeichen zurückzuführen, unter Ausschluß jedes anderen Motivationstyps. Es würde sich hierbei um eine ganz neue Version des Kratylismus handeln.[1]

---

[1] Wir haben beispielsweise gesehen, wie Sokrates diese Perspektive öffnete, ohne sich wirklich auf sie einzulassen, und wie Gébelin sie schloß, indem er die Gattung (*genre*) auf die Art (*espèce*) und jede Motivation auf die Nachahmung zurückführte – was, bewußt oder unbewußt, die gewöhnliche, und wohl natürliche, Bewegung

Hier zeigt sich jedoch ein beträchtliches Hindernis. Der Begriff des Zeichens infolge Kontiguität oder Partizipierens ist vollkommen klar außerhalb der sprachlichen Sphäre, doch was wird daraus, wenn man ihn – was sehr wohl nötig ist, wenn es sich um Poesie handelt – in das Funktionieren der Sprache versetzen will? Gegeben sei die poetische Äußerung, anläßlich und angesichts der Sartre gerade seine Unterscheidung zwischen Sinn und Bedeutung eingeführt hat: »Dadurch, daß Genet sein erstes Gedicht wie einen Gegenstand [weiter oben hat er gesagt: wie ein Ding] herstellt«, fährt er fort, »verwandelt er die *Bedeutung* der Worte in einen *Sinn*.« (S. 477) Sehen wir uns das näher an. Dieses erste »Gedicht« ist das Syntagma: *moissonneur des souffles coupés* ›Schnitter der verschlagenen Atem‹. Die Analyse, die Sartre ihm widmen wird (S. 475-483), müßte, um auf unsere Frage zu antworten, zeigen, wie diese drei oder vier Vokabeln von konventionellen Zeichen, welche sie in der Sprache sind, hier zu indiziellen Zeichen werden oder zumindest den Anschein erwecken, zu solchen zu werden, zu natürlichen Metonymien, die durch »Partizipieren« mit den Dingen verbunden sind, die sie bezeichnen. Tatsächlich jedoch nichts dergleichen in diesen im übrigen glänzenden acht Seiten, die sich vollständig um eine ganz andere Idee drehen, diejenige der »synkretischen Interpenetration der Sinne« in der poetischen Vokabel und im poetischen Syntagma: So verbietet uns das poetische Wesen des Sinns, das »Unbestimmtheit«, »Undeutlichkeit«, »synkretische Vereinigung« ist, zwischen »couper les souffles« ›den Atem abschneiden/verschlagen‹, das in diesem Vers präsent ist, und »couper les tiges« ›die Stengel schneiden‹, das durch *moissonneur* ›Schnitter‹ induziert wird, zu wählen: »[...] die beiden Sinngehalte erweitern sich blindlings einer über den anderen und bestehen nebeneinander, ohne zu verschmelzen oder sich zu widersprechen« (S. 477): die Atem sind gleichzeitig Stengel: Wind, Pflanze, Atmung, alles zugleich »in einer Art Kreisel« (S. 480) – bis zur Schlußoperation, welche die Bedeutung über diese synkretische Vereinigung hinaus *verwirklichen wird*, indem sie aufdeckt, daß ein verschlagener Atem nichts ist, daß ein Schnitter von nichts niemand ist und daß auf diese Weise, nachdem jeder Inhalt annulliert ist, Genets Vers einfach nur sagen wollte: *nichts*. Diese zweifache Demonstration betrifft jedoch die Natur der Beziehungen, im Gedicht, zwischen Signifikaten (»Schnitter von Stengeln« – »Schnitter von Atem«), nicht dieje-

---

der kratylischen Imagination ist.

nige der Bedeutungsbeziehungen, das heißt zwischen Signifikanten und Signifikaten (*Schnitter* – »Schnitter«). Die Interpenetration der Sinne ist an die Stelle des Partizipierens des Sinns (des Sinns als Partizipieren) getreten, diese Substitution ist jedoch weder legitim noch wirkungsvoll. Der Kritiker kann durchaus immer noch behaupten – ein letztes Echo des Themas –, daß »*moissonneur* [...] noch ganz vom Geruch ausgereiften Getreides durchtränkt ist« (S. 477), aber er kann diese Behauptung natürlich nicht beweisen – und anscheinend sorgt er sich nicht mehr darum, als hätte er sich unterwegs anders besonnen. Und vielleicht hätte er große Mühe, sie einfach zu erläutern.

In der Tat, wenn die mimetische Beziehung zwischen Wort und Ding auch diskutierbar ist, so ist sie doch zumindest klar definierbar: Man kann zugeben oder ablehnen, daß *Schnitter* einem Schnitter ähnelt, man sieht in etwa, was hier zur Debatte steht; doch wie soll man hier eine Beziehung des »Durchdrungenseins« oder des »Partizipierens« zugeben oder ablehnen? Was soll man darunter *verstehen*? Die einzige denkbare Beziehung dieses Typs wäre, im onomatopoetischen Ausdruck, jene, die das Wort, das das Geräusch nachahmt, mit dem Gegenstand verbindet, der dieses Geräusch hervorbringt: So könnte man – sehr schnell – sagen, daß das Geräuschwort (Nodier zufolge) *cascade* an dem (geräuschvollen) Gegenstand »cascade« ›Wasserfall‹ partizipiert. Man sieht jedoch sofort, daß die Beziehung des Partizipierens tatsächlich die beiden »Gegenstände«, den Wasserfall und sein Geräusch, verbindet und daß die sprachliche Beziehung woanders liegt: zwischen dem Geräusch und dem Wort, und daß sie nicht eine des Partizipierens, sondern (wenn man so will) der Nachahmung ist; *cascade* würde hier das Geräusch des Wasserfalls onomatopoetisch bezeichnen und den Wasserfall selbst metonymisch, das heißt durch eine Beziehung des Partizipierens *zwischen den Signifikaten*; die einzig mögliche motivierte Relation zwischen Signifikant und Signifikat bleibt jedoch die mimetische. Kommen wir auf unser (Wort) *Schnitter* zurück: Es ähnelt (oder ähnelt nicht) einem Schnitter: direkte Nachahmung; oder aber es ähnelt (oder ähnelt nicht) einem vom Schnitter oder von seiner Sichel oder von was auch immer hervorgebrachten Geräusch: indirekte Nachahmung; doch der Schnitter bringt nicht das Wort *Schnitter* hervor. Man könnte also sagen, und sogar wiederholen, daß das Wort *Schnitter* vom Geruch des reifen Getreides oder von jedem anderen durchdrungen ist, doch diese angebliche Metonymie wird bleiben, was sie ist: eine Metapher. Die Wörter haben keinen Geruch.

Die in *Saint Genet* skizzierte Variante erweist sich also als illusorisch: wir müssen auf den »klassischen« poetischen Kratylismus, auf die poetische Sprache definiert als Mimesis zurückkommen. Außerdem ging der Text aus *Situations* II, als hätte er die Nutzlosigkeit des Umwegs vorausgesehen, direkt von dem allgemeinen Begriff der »natürlichen Bedeutung« zu dem besonderen der mimetischen Beziehung über: Der Dichter steht zunächst »außerhalb der Sprache«, er unterhält mit den Dingen einen »stummen Kontakt«; dann wendet er sich »jener andren Art von Dingen [zu], die für ihn die Wörter sind«, um in ihnen »spezielle Affinitäten mit der Erde, dem Himmel und dem Wasser und allen geschaffenen Dingen« zu entdecken (S. 17). »Da er sich ihrer nicht als *Zeichen* eines Aspektes der Welt bedienen kann, sieht er im Wort das *Bild* eines dieser Aspekte.« (S. 18) *Affinität* blieb zweideutig: Ähnlichkeit oder »Partizipieren«? Das verräterische Wort ist jedoch natürlich *Bild*, dessen Kursivität es ausdrücklich in Opposition zu *Zeichen* setzt und das die Rückkehr zur reinen mimetischen Beziehung sanktioniert, wie, etwas weiter, auch dies: »[...] die gesamte Sprache ist für [den Dichter] der Spiegel der Welt.« (S. 18) Bild, Spiegelbild, das ist sehr wohl die Mimesis, »magische Ähnlichkeit«, künstlich jedoch (wieder)geschaffen in der poetischen Botschaft, über den Fehler der Sprachen hinaus: »[...] das Wortbild, das er wegen seiner Ähnlichkeit mit der Erle oder der Esche wählt, ist nicht notwendig das Wort, das wir benutzen, um diese Gegenstände zu bezeichnen.« (S. 18) Es kann umgekehrt *Erle* für die Esche, *Esche* für die Erle sein, als hätte Mallarmé es gewagt (oder geruht), *Tag (jour)* die Nacht *(nuit)* zu nennen und umgekehrt; es kann ganz etwas anderes sein: Das poetische Bild erschafft die Sprache neu.

Auf diese Weise mit einer mimetischen Funktion versehen, beginnt das poetische Wort für Sartre »durch sich selbst« auf eine wahrnehmbare und, wie Valéry sagte, »physische« Weise zu existieren: »Sein Klang, seine Länge, seine männlichen oder weiblichen Endungen, sein visueller Aspekt geben ihm ein Gesicht aus Fleisch, das die Bedeutung eher *darstellt* als ausdrückt.«[1] So wäre also seine

---

1 Andere würden vielleicht, um dieselbe Nuance auszudrücken, schreiben, daß er sie eher *ausdrückt* als *darstellt*. Es gibt im Wortschatz, um die mimetische Bedeutung der konventionellen gegenüberzustellen, ein fortwährendes Kreiseln von Benennungen, das auf seine, eher ironische, Weise die Arbitrarität des Zeichens illustriert: *sens* ›Sinn‹ vs *signification* ›Bedeutung‹, *représenter* ›darstellen‹ vs *exprimer* ›ausdrücken‹, *symbol* ›Symbol‹ vs *signe* ›Zeichen‹ (Hegel, Saussure), *icon* vs *symbol*

mimetische Kraft, paradoxerweise (wir haben dieses Paradox bereits bei Valéry angetroffen, allerdings in einer weniger naiven Form, und wir werden ihm bei Jakobson wiederbegegnen), weit davon entfernt, die Durchsichtigkeit der Vokabel zu verstärken, die notwendige und hinreichende Bedingung für seine Autonomie und seine ästhetische Undurchsichtigkeit: Je »ähnlicher« das poetische Wort ist, um so *wahrnehmbarer* wird es. Ich sage *Florenz* (*Florence*)..., »und der merkwürdige Gegenstand, der auf diese Weise erscheint, besitzt die Flüssigkeit des *fleuve* ›Fluß‹, den sanften rotbraunen Glanz von *or* ›Gold‹ und gibt sich schließlich mit *décence* ›Dezenz‹ hin und verlängert durch die fortgesetzte Abschwächung des stummen *e* unendlich seine Entfaltung voller Vorbehalte.« (S. 18) Ein merkwürdiger Gegenstand, in der Tat, dessen ganze wahrnehmbare Existenz ihm gleichsam durch die (partiellen) Gegenstände seiner Bedeutung eingehaucht wird: eine typische Serie lexikalischer Assoziationen, sokratische Etymologie oder Leirissche Glosse[1], wo die mimetische Illusion, ohne Macht über das vollständige Nomen, sich entschließt, (es) zu teilen, um, Silbe für Silbe, Fragment für Fragment, über eine geplatzte Vokabel zu herrschen. Das »poetische« Wort ist ein Spiegel – ein zerbrochener.

*

Zu Beginn machen sich die russischen Formalisten von dem, was sie die »poetische Sprache« (*poeticheskij jazyk*) nennen, eine ganz klare, wenn nicht sogar ganz spezifische Vorstellung: In Opposition zur Alltagssprache, der Sprache der reinen Kommunikation, in der die lautlichen, morphologischen etc. Formen keinerlei Autonomie haben, tritt in der poetischen Sprache die kommunikative Funktion in den Hintergrund, und »die sprachlichen Formanten erlangen einen autonomen Wert«[2]. Diese Autonomie des poetischen Wortes hinsichtlich seiner Funktion kommt in einer größeren *Wahrnehmbar-*

(Peirce), *signifier* ›bedeuten‹ vs *désigner* ›bezeichnen‹ (Claudel) etc.

1 Nach der Beschreibung selbst, die Sartre davon gibt: »eine *poetische Definition* von bestimmten Wörtern, die also durch sich selbst eine Synthese von wechselseitigen Implikationen zwischen dem Klangkörper und der Wortseele ist« (*Was ist Literatur?*, S. 19).

2 Lev Jakubinskij (1916), zitiert von B. Ejchenbaum, »La Théorie de la méthode formelle«, in *Théorie de la littérature*, textes des formalistes russes réunis, présentés et traduits par Tzvetan Todorov, préface par Roman Jakobson, Paris (Seuil) 1966, S. 31-75, hier S. 39.

keit zum Ausdruck: »Die poetische Sprache unterscheidet sich von der prosaischen Sprache durch den wahrnehmbaren Charakter ihrer Konstruktion.«[1] Die Wahrnehmbarkeit der Form wird, wie man weiß, eines der Hauptthemen der formalistischen Theorie auf allen Gebieten werden, einschließlich desjenigen der »literarischen Evolution«, da deren Motor der Verschleiß der alten, zur Gewohnheit und folglich durchsichtig gewordenen Formen und das Bedürfnis, sie durch neue und folglich wahrnehmbare Formen zu ersetzen, sein wird: »Die neue Form erscheint nicht, um einen neuen Inhalt auszudrücken, sondern um die alte Form zu ersetzen, die ihren ästhetischen Charakter bereits verloren hat«[2] – und dies ebenso, beispielsweise, auf der Ebene der dramatischen Konstruktionen wie der narrativen Verfahren. Diese Verallgemeinerung vermindert, wie ich bereits gesagt habe, die Spezifizität der poetischen Sprache, im Gegenzug verleiht sie ihr jedoch, wie bei Valéry, einen exemplarischen Wert: Die Poesie ist die Literatur par excellence, die Kunst par excellence, definiert durch ihren bewußten Bruch mit jeder »praktischen« Funktion.

Jakobsons erste Analysen heben sich keineswegs aus diesem Kontext heraus, außer vielleicht bisweilen durch eine größere formalistische Unnachgiebigkeit. So kann man in »Die neueste russische Poesie« etwa lesen, daß in der Poesie »die kommunikative Funktion, die sowohl der praktischen als auch der emotionalen Sprache zukommt, [...] hier auf ein Minimum reduziert [wird]. In bezug auf den Gegenstand der Aussage ist die Poesie indifferent, wie umgekehrt [...] die Gebrauchsprosa, genauer die sachliche Prosa, in bezug etwa auf den Rhythmus indifferent ist.«[3] Poetische Verfahren wie der Neologismus oder die lautliche Wiederholung[4] haben anscheinend keine andere Daseinsberechtigung, als diese »Opazität« der sprachlichen Formen im Gedicht zu begünstigen oder zu betonen: Der Neologismus »schafft einen grellen euphonischen Fleck da, wo alte Wörter auch phonetisch verfallen, sich vom häufigen Gebrauch

---

1 Viktor Sklovskij (1919), ibid., S. 45.
2 Sklovskij, ibid., S. 50.
3 »Die neueste russische Poesie. Erster Entwurf. Velimir Chlebnikow« (1919), in *Texte der russischen Formalisten* II. *Texte zur Theorie des Verses und der poetischen Sprache*, herausgegeben und eingeleitet von Wolf-Dieter Stempel, München (Fink) 1972, S. 18-135 (zweisprachig russisch/deutsch), hier S. 31.
4 Erinnern wir daran, daß sich Ossip Brik in seinem Artikel von 1917 ausdrücklich weigerte, die lautlichen Wiederholungen zu interpretieren, die er lediglich feststellte und klassifizierte.

abnutzen und, was die Hauptsache ist, nur teilweise in ihrem Lautbestand wahrgenommen werden. [...] Es geschieht leicht, daß die Form der Wörter in der praktischen Sprache nicht mehr bewußt empfunden wird, sie erstarrt, versteinert, während die Wahrnehmung der Form eines poetischen Neologismus, der sozusagen in statu nascendi erscheint, für uns obligatorisch ist.« Ebenso wird »die Form eines Wortes [...] von uns nur aufgrund ihrer Wiederholung innerhalb des jeweiligen sprachlichen Systems wahrgenommen. Die vereinzelte Form stirbt ab; so wird auch die Lautkombination im jeweiligen Gedicht [...] lediglich infolge ihrer ständigen Wiederkehr wahrgenommen.«[1] Das ist eine Position, die ein paar Jahre später in einer typisch konventionalistischen Axiologie bestätigt und vor allem motiviert wird:

> Doch wodurch manifestiert sich die Poetizität? – Dadurch, daß das Wort als Wort, und nicht als bloßer Repräsentant des benannten Objekts oder als Gefühlsausbruch empfunden wird. Dadurch, daß die Wörter und ihre Zusammensetzung, ihre Bedeutung, ihre äußere und innere Form nicht nur indifferenter Hinweis auf die Wirklichkeit sind, sondern eigenes Gewicht und selbständigen Wert erlangen.
> Doch wozu dies alles? Weshalb ist es nötig, darauf hinzuweisen, daß das Zeichen nicht mit dem bezeichneten Gegenstand verschmilzt? – Deshalb, weil neben dem unmittelbaren Bewußtsein der Identität von Zeichen und Gegenstand (A gleich A') auch das unmittelbare Bewußtsein der unvollkommenen Identität (A ungleich A') notwendig ist; diese Antinomie ist unabdingbar, denn ohne Widerspruch gibt es keine Bewegung der Begriffe, keine Bewegung der Zeichen, die Beziehung zwischen Begriff und Zeichen wird automatisiert, das Geschehen kommt zum Stillstand, das Realitätsbewußtsein stirbt ab.[2]

Dies ist ein ganz außergewöhnlicher Text innerhalb der Geschichte der poetischen Theorie: Nicht nur wird hier das poetische Zeichen als seinem Wesen nach »verschieden« von seinem Gegenstand bestimmt, diese Verschiedenheit wird auch als derjenigen der Alltagssprache überlegen angesehen, in welcher der Verschleiß durch die Gewohnheit die semantische Beziehung automatisiert und damit naturalisiert; und vor allem wird hier diese Differenzierung als ein Instrument des Sich-der-Realität-Bewußtwerdens gepriesen. Fakti-

---

1 »Die neueste russische Poesie«, S. 89, 95.
2 »Was ist Poesie?« (1934), in R. Jakobson, *Poetik – Ausgewählte Aufsätze 1921-1971*, herausgegeben von Elmar Holenstein und Tarcisius Schelbert, Frankfurt/M. (Suhrkamp) 1979 (stw 262), S. 67-82, hier S. 79.

scher Hermogenismus also, aber auch des Wertes, dessen Emanzipationskraft man vielleicht nicht übertreibt, wenn man im Zusammenhang mit ihm gewisse Formeln Brechts in Erinnerung ruft. Man sieht jedenfalls, daß die *Wahrnehmbarkeit* des poetischen Wortes keineswegs hier an irgendeine mimetische Funktion geknüpft ist, ganz im Gegenteil. Später, in »Linguistik und Poetik«, wird die *poetische Funktion* überdies, unter den sechs Funktionen der Sprache, als die »Einstellung auf die Botschaft als solche, die Ausrichtung auf die Botschaft um ihrer selbst willen«, und nicht um ihrer Beziehung, welcher Art sie auch sei, mit ihrem Gegenstand willen definiert; ganz im Gegenteil, Jakobson präzisiert sofort, daß diese Funktion, »indem sie das Augenmerk auf die Spürbarkeit der Zeichen richtet, [...] die fundamentale Dichotomie der Zeichen und Objekte [vertieft]«[1], eine Dichotomie, welche die Botschaft vollständig frei läßt, sich »um ihrer selbst willen« und nach Harmoniegesetzen zu organisieren, die vollkommen unabhängig von ihrer Bedeutung sind, wie das Beispiel deutlich macht, das sich anschließt: »›Warum sagen Sie immer *Joan and Margery*, und niemals *Margery and Joan*? Ziehen sie Joan ihrer Zwillingsschwester vor?‹ ›Ganz und gar nicht, es klingt nur besser.‹ In einem Satz mit zwei gleichgeordneten Namen gefällt dem Sprecher, sofern das Problem einer Rangfolge keine Rolle spielt, das Vorangehen des kürzeren Namens, ohne daß er sich dessen bewußt ist, als die optimale Satzgestalt der Botschaft.«[2]

Verweilen wir noch etwas länger bei diesem Beispiel und seinem Kommentar: Die »optimale Satzgestalt der Botschaft« ist hier durchaus eine Frage reiner innerer Anordnung, von Rhythmus und Euphonie, ohne irgendeine Möglichkeit der »Interferenz« der gegenseitigen »hierarchischen« Positionen zwischen den beiden von den zwei Eigennamen angesprochenen Personen, zwei gleichermaßen geliebten Zwillingschwestern; die Situation ist, wie wir sehen, sorgfältig kalkuliert worden. Es handelt sich also durchaus um eine *formale* Harmonie. Wenn man ihr Wesen voll würdigen will, muß man sofort ein anderes Beispiel »optimaler Satzgestalt« hinzuziehen,

---

1 »Linguistik und Poetik« (1960), in *Poetik*, S. 83-121 (Ü. T. Schelbert), hier S. 92/93; eine erste Übersetzung von H. Blumensath und R. Klöpfer erschien in H. Blumensath (Hg.), *Strukturalismus in der Literaturwissenschaft*, Köln (Kiepenheuer & Witsch) 1972, S. 118-147, hier S. 124. Erinnern wir daran, daß die poetische Funktion für Jakobson weit über das offizielle poetische Korpus hinausgeht.
2 »Linguistik und Poetik«, hier zit. nach Blumensath, S. 125; Tarcisius verdeutscht die beiden Mädchennamen in »Ruth« und »Hildegard«, *Poetik*, S. 93.

das wir einem anderen Artikel entnehmen, der etwa aus der gleichen Zeit stammt: »Eine Folge wie ›der Präsident und der Staatssekretär nahmen an der Konferenz teil‹ ist bei weitem üblicher als die umgekehrte Reihenfolge, da die Anfangsstellung im Satz den Vorrang in der offiziellen Hierarchie *wiedergibt*«[1]; und Jakobson fährt fort, indem er von der »Entsprechung in der Ordnung zwischen *signans* und *signatum*«[2] spricht. Hier haben wir also, in Opposition zur rein formalen Reihenfolge von »Joan and Margery«, eine imitative Reihenfolge der Hierarchien des Inhalts, die jener Spielart ikonischer Zeichen angehört, die Peirce »Diagramme« oder »Ikons der Beziehung« getauft hat, in Opposition zu den »Bildern« oder einfachen Ikons. Dieses Beispiel ist Teil einer Reihe von Illustrationen der mimetischen Fähigkeiten der alltäglichen Sprache auf syntaktischer (wie in diesem Fall), morphologischer und lautlicher Ebene. »Der Präsident und der Staatssekretär« ist eine Äußerung der »gewöhnlichen«, »alltäglichen«, »prosaischen« Sprache, die als solche von der sogenannten »referentiellen« Funktion beherrscht wird, die auf den »Kontext« oder Gegenstand der Rede zielt. Der offensichtliche Mimetismus ihrer Anordnung ist in nichts poetisch, ganz im Gegenteil: Die Expressivität begünstigt eher ihre referentielle Funktion, und es handelt sich hier nicht mehr um das euphonische Prinzip des »Vorangehens des kürzeren Namens«, demgegenüber unsere Äußerung sich ganz und gar indifferent verhält[3] – ganz so wie sich die poetische Äußerung (ich meine diejenige, welche die poetische Funktion illustrierte) »Joan and Margery« der mimetischen Harmonie gegenüber indifferent verhielt, auf die Gefahr hin, ein schwerwiegendes Mißverständnis (»Ziehen Sie Joan vor?«) zu riskieren. Kurz, eine prosaische Äußerung zielt, im Rahmen des Möglichen, auf die mimetische Ausdruckskraft ab, und eine poetische kehrt ihr den Rücken. Die prosaische Äußerung »gibt« ihren Gegenstand »wieder« oder paust ihn ab: sie stellt ihre diagrammatische Durchsichtigkeit in den Dienst ihrer »kognitiven« Funktion; die poetische Äußerung ist autonomer, weniger ihrem Inhalt unterworfen, folglich

---

1 »Suche nach dem Wesen der Sprache« (1965), in R. Jakobson, *Semiotik – Ausgewählte Texte 1919-1982*, herausgegeben von Elmar Holenstein, Frankfurt/M. (Suhrkamp) 1988, 1992 (stw 1007), S. 77-98, hier S. 85.
2 Ibid., S. 85.
3 Ich kenne den englischen Originaltext nicht, doch man kann annehmen, daß das Syntagma dort *President and Secretary* lautet; die Umkehrung der Längen in der Übersetzung (*le Président et le Ministre*) ist hier kein Nachteil.

weniger durchsichtig und als Gegenstand wahrnehmbarer, und das ist ihre Funktion. Dies ist, noch einmal (ein letztes Mal), die formalistische, oder hermogenistische[1] Poetik.

Dies ist jedoch nur die eine Seite der Jakobsonschen Theorie. Um (nach und nach) die andere Seite zum Vorschein kommen zu sehen, brauchen wir nur die Lektüre von »Linguistik und Poetik« wiederaufzunehmen und fortzusetzen und zum zweiten und dann zum dritten Beispiel poetischer Botschaft weiterzugehen. Das zweite lautet: »horrible Harry«, ›ekliger Erik‹[2]. Warum »eklig« statt »scheußlich«, »schrecklich« etc? Weil *horrible* und *Harry*, wie Jakobson sofort bemerkt, in einer Beziehung der Paronomasie zueinander stehen: stets also auf rein formaler Ebene. Wenn die Person, sagen wir, Fritz hieße, lautete der passende Ausdruck des Abscheus natürlich »der fiese Fritz«; und so weiter. Zwischen diesen beiden Vokabeln herrscht Harmonie und sonst nichts. Dennoch, hier die Rechtfertigung, die Jakobson seinem Sprecher in den Mund legt: »Ich weiß nicht wieso, aber eklig paßt besser zu ihm« (»I dont know why, but horrible fits him better«)[3]; »ihm« repräsentiert natürlich die Person, nicht den Vornamen; die Alliteration wird also (von wem?) als *imitative* Harmonie empfunden. Drittes Beispiel: »*I like Ike.*« Jakobson analysiert es zunächst lautlich und fährt dann fort: »[...] das erste der beiden Alliterationswörter ist im zweiten enthalten: /ay/ – /ayk/, ein paronomastisches Bild des liebenden Subjekts, umfangen vom geliebten Objekt«[4]. Erneut, diesmal jedoch explizit durch den Analysierenden, wird die Paronomasie als »bild«schaffend bestimmt: Die Beziehung zwischen den beiden Vokabeln gibt die Beziehung zwischen den beiden Personen wieder. Wir befinden uns (erneut) auf bekanntem Boden: Die poetische Sprache entfernt sich nicht mehr von den virtuellen Ausdrucksfähigkeiten der Sprache, sie erweist ihnen Ehre und nutzt sie aus; ein Schritt noch, und man wird, nach so vielen anderen, sagen, daß sie sie entwickelt oder sie zumindest stärker exponiert. Dieser Schritt wird kurz darauf vollzogen: »Dichtung ist nicht das einzige Gebiet, wo Lautsymbolik verwendet

---

[1] Das ist natürlich nur so dahingesagt, aber Hermogenes hat immer einen breiten Rücken.

[2] In der französischen Übersetzung ›*l'affreux Alfred*‹, in R. Jakobson, *Essais de linguistique générale* 1. *Les fondations du langage*, traduit de l'anglais et préfacé par Nicolas Ruwet, Paris (Minuit) 1963), S. 219. (Anm. d. Ü.)

[3] »Linguistik und Poetik«, *Poetik*, S. 93, Blumensath, S. 125.

[4] Ibid., S. 93.

wird; doch es handelt sich hier um einen Bereich, in dem die innere Verbindung zwischen Laut und Sinn nicht mehr verborgen bleibt, sondern offensichtlich wird und sich besonders greifbar und intensiv manifestiert [...]«[1]. Oder auch: »[...] der autonome ikonische Wert phonologischer Gegensätze [wird] bei rein kognitiven Mitteilungen abgeschwächt, während er in der poetischen Sprache besonders offensichtlich wird.«[2] Ein letzter Schritt, und die eben beschriebene Situation (mimetische referentielle Sprache vs autonome poetische Sprache) kehrt sich vollständig um: mimetische poetische Sprache vs konventionelle Prosa. Jetzt drängt sich der Verweis auf Mallarmé auf, und tatsächlich erscheint er in beiden Texten[3] gefolgt von den wohlbekannten Bemerkungen über die Art und Weise, in der die französische Poesie »die Schwierigkeit« des Paares *jour/nuit* »umgehen« kann, indem sie den »Fehler« durch einen geeigneten lautlichen Kontext abmildert oder, im Gegenteil, die Signifikate der Klangfarbe der Signifikanten anpaßt: »schwerer, warmer Tag, kühle, luftige Nacht«. Wir werden auf die poetische Triftigkeit dieser Kommentare, an die wir hier wegen ihres kratylischen Gehalts erinnern, nicht mehr zurückkommen. Fügen wir die Zitate von Pope (»der Klang muß ein Echo des Sinns scheinen«[4]) und Valéry (»das Gedicht – dieses fortgesetzte Zögern zwischen Klang und Sinn«) an, und die Bekehrung zum poetischen Mimologismus wird klar zutage treten – mit dieser Nuance, daß den mimetischen Fähigkeiten der Sprache hier gewiß mehr Raum gegeben wird als bei Mallarmé und deutlich mehr Raum als bei Valéry: »Lautsymbolik ist eine unbestreitbar objektive Relation, die auf einer phänomenalen Verbindung zwischen verschiedenen sensorischen Modi gründet, besonders auf visueller und auditiver Erfahrung.«[5]

Ich habe von »Bekehrung« gesprochen, um die Divergenz der beiden Thesen zu unterstreichen; man sollte es jedoch nicht zu vorschnell in einem ganz einfach diachronischen Sinne interpretieren. Es wäre schwierig zu begründen, was nahelege, daß sich Jakobsons Position diesbezüglich zwischen 1920 und 1960 verändert und daß eine persönlichere Interpretation des Poetischen sich nach und nach aus den gemeinsamen Haltungen der formalistischen Gruppe

---

1 Ibid., S. 113
2 »Suche nach dem Wesen der Sprache«, *Semiotik*, S. 94.
3 Ibid., S. 94.
4 »Linguistik und Poetik«, *Poetik*, S. 113.
5 Ibid., S. 113.

herausgelöst hätte. Tatsächlich wird die Verbindung zwischen Wahrnehmbarkeit und Mimetismus bereits in der Vorlesung von 1935 über »Die Dominante« suggeriert, die sich bemüht, die Hierarchie der verschiedenen sprachlichen Funktionen im Inneren des poetischen Werks zu definieren: »In der referentiellen Funktion hat das Zeichen eine minimale interne Verbindung mit dem designierten Objekt, deshalb ist das Zeichen selbst von untergeordneter Bedeutung; andererseits verlangt die expressive Funktion *eine direktere, intimere Beziehung zwischen Zeichen und Objekt* und deshalb größere Beachtung der internen Struktur des Zeichens. Im Vergleich zur referentiellen Sprache ist die emotive Sprache, die primär eine expressive Funktion erfüllt, grundsätzlich enger mit der poetischen Sprache (die sich direkt mit dem Zeichen als solchem auseinandersetzt) verbunden.«[1] Die Position wird hier, wie man sieht, dadurch nuanciert, daß zwischen die referentielle und die poetische Sprache die »expressive« Sprache geschoben wird, mit jeweils zunehmender Wichtigkeit des Signifikanten: die referentielle Rede interessiert sich nicht für ihn, die expressive stellt ihn wegen der expressiven Verbindung selbst deutlicher heraus und die poetische ist bewußt auf ihn »ausgerichtet«. Die Verbindung war jedoch noch enger 1921 in »Die neueste russische Poesie«: »In der emotionalen und der poetischen Sprache konzentrieren die sprachlichen Vorstellungen (die lautlichen wie die semantischen) größere Aufmerksamkeit auf sich, die *Verbindung zwischen dem Lautmoment und der Bedeutung ist enger, intimer* [...].«[2] Man kann also sagen, daß die beiden Themen immer schon im Jakobsonschen Diskurs koexistieren.

Diese Koexistenz ist vielleicht weniger paradox, als es auf den ersten Blick scheint, zumindest theoretisch: Auf der einen Seite ist der »arbiträre« Signifikant in der Tat wahrnehmbar, da arbiträr, und folglich durch seine Nichtmotiviertheit selbst, seine mimetische Inadäquatheit, im Grenzfall seine Inkongruenz, die eine Art von Seltsamkeit (*ostranenje*) ist, herausgehoben; Lessing sagte schon, daß beim konventionellen Zeichen »ich [...] mir der Zeichen [...] bewußter [bin], als der bezeichneten Sache«[3]; und nahm Mallarmé nicht als

---

1 »Die Dominante«, *Poetik*, S. 212-219, hier S. 215 (meine Hervorhebung).
2 »Die neueste russische Poesie«, S. 29.
3 Lessings *Laokoon*, herausgegeben und erläutert von Hugo Blümner, Berlin (Weidmannsche Buchhandlung), zweite, verbesserte und vermehrte Auflage 1880, S. 428 (Zum Entwurf A 4, 3. Abschnitt, aus den Entwürfen zum *Laokoon* aus Lessings handschriftlichem Nachlaß). Der Abschnitt, aus dem das Zitat stammt, lautet ins-

solche, und auf sehr zugespitzte Weise, »perverse« Vokabeln wie *jour* und *nuit* wahr[1]? Auf der anderen Seite aber ist das mimetische (oder als solches anerkannte) Zeichen, theoretisch »durchsichtig« durch seinen Mimetismus, tatsächlich bemerkenswert und folglich wahrnehmbar, aus ebendiesem Grund, vor allem wenn es im Kontext und/oder im System einen Kontrast und eine Ausnahme bildet: eine weitere *ostranenje*, umgekehrt zur vorherigen und vielleicht ebenso wirkungsvoll[2]. Diese theoretischen Rationalisierungen sind also, wie immer, vollkommen umkehrbar, und die Positionen werden tatsächlich bestimmt, und müssen bewertet werden, auf einer ganz anderen Ebene, derjenigen der Parteinahmen und der tiefgreifenden Valorisierungen. Auf dieser (unformulierten und häufig ungedachten) Ebene werden die formalistische Haltung und die kratylische Sehnsucht unvereinbar – sehr zum Vorteil, hier, von letzterem.

Ohnehin sind ihre wirklichen Einsätze bei Jakobson keineswegs vergleichbar: Die »formalistische« Position ist gewissermaßen eine *Ehrensache*, eine Grundsatzposition, deren praktische (technische) Anwendung unbedeutend bleibt. Die mimetische Valorisierung durchdringt dagegen alle Elemente der Jakobsonschen Poetik und insbesondere das (bei weitem) wichtigste, nämlich das Rekurrenz-

---

gesamt: »Eine menschliche Figur von einer Spanne, von einem Zolle, ist zwar das Bild eines Menschen; aber er ist doch schon gewißermaßen ein symbolisches Bild; ich bin mir der Zeichen dabey bewußter, als der bezeichneten Sache; ich muß die verjüngte Figur in meiner Einbildungskraft erst wieder zu ihrer wahren Größe erheben, und diese Verrichtung meiner Seele, sie mag noch so geschwind, noch so leicht seyn, verhindert doch immer, daß die Intuition des Bezeichneten nicht zugleich mit der Intuition des Zeichens erfolgen kann.« (Anm. d. Ü.)

1 »Linguistik und Poetik«, *Poetik*, S. 114. Allein diese Tatsache kratzt, nebenbei gesagt, nicht wenig den beruhigenden und übereilten Topos (Grammont, Dorchain, Bally, Nyrop, Whorf, Delbouille, Mounin) an, dem zufolge die Nichtübereinstimmung zwischen Klang und Sinn niemals wahrgenommen wird; und man versteht nicht so recht, wie Jakobson (ibid., S. 114) so ruhig zwei ebenso widersprüchliche Meinungen wie diejenigen von Mallarmé und Whorf nebeneinanderstellen kann.

2 Ein Zeugnis in dieser Richtung unter anderen, aber ganz besonders explizit: »Das motivierte Zeichen könnte niemals die Durchsichtigkeit des demotivierten Zeichens beanspruchen (Ullmann, *Semantics* S. 80-115), des reinen Zeichens, das aus dem Opfer einer Substanz entsteht, die sich verzehrt, um sich in Referenz zu verwandeln.« (I. Fonagy, »Motivation et remotivation«, in *Poétique* 11 (1972), S. 414) Cf. a. Stephen Ullmann, *Semantics – An Introduction to the Science of Meaning*, Oxford (Blackwell) 1967, chapt. 4: »Transparent and opaque words«, S. 80-115; dt. *Semantik – Eine Einführung in die Bedeutungslehre*, deutsche Fassung von Susanne Koopmann, Frankfurt/M. (Fischer) 1973, Kap. 4: »Durchsichtige und undurchsichtige Wörter«, S. 102-146. (Zusatz d. Ü.)

prinzip. Es taucht, wie wir gesehen haben, 1919 als eines von mehreren Mitteln zur Betonung der Form auf, und zwar in Gestalt der lautlichen Wiederholung. Der Artikel von 1966 über den »grammatischen Parallelismus«[1] wird seine (lautlichen, grammatikalischen und natürlich metrischen) Modalitäten und sein Wirkungsfeld quer durch die hebräische, chinesische, uralo-altaische Dichtung und die russische Volksdichtung beträchtlich erweitern unter Berufung auf jene »großen Verfechter des Parallelismus« Herder und Gerald Manley Hopkins. Weit über die einfachen lautlichen und grammatischen Rekurrenzen hinaus handelt es sich hier um einen »fortlaufenden Parallelismus«, der These Hopkins' zufolge, daß jede Art von Poesie »sich auf das Prinzip des Parallelismus zurückführen [läßt]« – was bestätigt wird von der Etymologie des Wortes *versus* (›Rückkehr‹): »Wir müssen daher alle Folgerungen aus der offensichtlichen Tatsache ziehen, daß auf jeder sprachlichen Ebene das Wesen des dichterischen Kunstwerkes aus ständig wiederkehrenden Elementen besteht.«[2]

Dies Prinzip verallgemeinerter Rekurrenz, inspiriert offensichtlich durch eine besondere Beachtung der traditionellsten Formen (in der Volkskunst oder auch nicht) des poetischen Schaffens (deren Anwendung auf Werke anderer Art die Fachleute durchaus in Verwirrung stürzte) findet sich im Zentrum von »Linguistik und Poetik« wieder, wo es, wie wir sehen werden, etwas mehr tut, als nur zur »Ausrichtung auf die Botschaft« als unterscheidendem Merkmal der poetischen Funktion in Konkurrenz zu treten: »Was ist das empirische linguistische Kriterium der poetischen Funktion?« Erweitert und neuformuliert in Begriffen der strukturalen Linguistik wird der poetische Parallelismus hier, wie man weiß, zur Projektion des »Prinzip[s] der Äquivalenz von der Achse der [paradigmatischen] Selektion auf die Achse der [syntagmatischen] Kombination. Die Äquivalenz wird zum konstitutiven Verfahren der Sequenz erhoben.«[3]

Wir haben es hier mit einer Substitution, ja Verdrängung zu tun, die vielleicht nicht die Beachtung gefunden hat, die sie verdient. Wenn man (sich) fragt, wie die Jakobsonsche Definition der poeti-

---

1 »Der grammatische Parallelismus und seine russische Spielart« (1966), in *Poetik*, S. 264-310.
2 Ibid., S. 297, S. 265; cf. a. »Poesie der Grammatik und Grammatik der Poesie« (1961), in *Poetik*, S. 233-263, hier S. 237ff.
3 »Linguistik und Poetik«, *Poetik*, S. 94, Blumensath, S. 126.

schen Funktion lautet, können einem zwei Antworten in den Sinn kommen: der *Autotelismus der Botschaft* und die *Projektion der Äquivalenz*. Die erste ist eigentlich theoretisch, sie geht aus dem allgemeinen Tableau der sechs sprachlichen Funktionen hervor; die zweite präsentiert sich als einfaches »empirisches Kriterium«, eine Art *rule of thumb*, ein bequemes Mittel, um einen Text mit poetischer Funktion zu »erkennen«. Diese Aufteilung reicht aber nicht aus, um die Beziehung zwischen den beiden Kriterien auf befriedigende Weise zu definieren. Anscheinend ist die Wiederholung (der 1919 vorgeschlagenen Beobachtung zufolge) nur ein technisches *Mittel*, um die Autonomie der Form herzustellen; dann kann man sich jedoch fragen, wie es kommt, daß das Instrument hier offensichtlicher, leichter zu »erkennen« ist als das angestrebte Resultat – ein Indiz, zumindest, für eine schwache Wirksamkeit, wenn die Bemühung die Wirkung in den Schatten stellt. Man kann sich ebenfalls fragen – wie vorhin anläßlich der Natur der semantischen Beziehung –, ob das bezeichnete Mittel in einem solchen Maße das einzig denkbare ist, daß seine Anwesenheit *das* ausschlaggebende empirische Kriterium werden kann. Wie steht es mit anderen von Jakobson selbst einst aufgedeckten *Verfahren* (wie der Neologismus bei Chlebnikow)? Und was ist ferner mit dem umgekehrten Verfahren, der systematischen Abwesenheit von Wiederholung? Die (größte) Wahrnehmbarkeit der Rekurrenz ist, wie diejenige des Mimetischen, ein leicht umkehrbares Prinzip, und es ist ja bekannt, wie mit ebensolcher Wahrscheinlichkeit ganz im Gegenteil behauptet werden konnte, daß allein der Unterschied wahrnehmbar ist und daß die Monotonie einschläfert. Einmal mehr bemäntelt sich also die spontane Vorliebe (schlecht) mit einer rückwirkenden Rationalisierung, gibt sich jedoch in der Überstürzung der Bewegung zu lesen, da das theoretische Kriterium sich, kaum ist es aufgestellt (S. 92), endgültig vor dem empirischen Kriterium auflöst (S. 94), das es angeblich verkörpert oder illustriert und dessen Einführung es tatsächlich dient. Übrigens handelt es sich tatsächlich um dieselbe Valorisierung – in diesem Fall hier (Wiederholung) und dort (Mimetismus) eine Valorisierung *desselben*.

Der entscheidende Begriff der *Äquivalenz* ist in der Tat, im Französischen (im Deutschen) wie im Englischen von bemerkenswerter Ambiguität, die wir bereits bei Valéry schätzen konnten. In strukturaler Terminologie bezeichnet er hier, in sehr weitem Sinne, die Beziehung, die alle Terme unterhalten, die geeignet sind, denselben Platz in der Kette einzunehmen; in diesem Sinne kann eine unvollständige Äußerung wie »das Kind... in seiner Wiege« durch tausend »äquivalente« Verben vervollständigt werden, darunter »schläft ein«, »erwacht«: »Die Selektion vollzieht sich auf der Grundlage der Äquivalenz, der Ähnlichkeit *und Unähnlichkeit*, der Synonymie *und Antinomie*.«[1] Für das allgemeine Bewußtsein jedoch ist Äquivalenz gleich Ähnlichkeit (*similarité*), und tatsächlich greift Jakobson hier, als er den Begriff der Selektion durch ein Beispiel illustrieren muß, auf »semantisch passende [Verben] wie [das Kind] schläft, döst, schlummert, etc.« zurück, wobei die Selektion nun nur noch unter stilistischen Varianten desselben Begriffs stattfindet. Dieser Übergang von der paradigmatischen Äquivalenz zur semantischen Äquivalenz vollzog sich bereits, wie man weiß, in dem Artikel von 1956 über die »Zwei Seiten der Sprache«[2], in dem die Funktion der Selektion als Ähnlichkeit interpretiert und auf den »metaphorischen Pol« der Sprache bezogen wird, wobei die Metapher als Hauptfigur der poetischen Redeweise bestimmt wird. Der »verallgemeinerte Parallelismus« wird also zu einer verallgemeinerten Äquivalenz (im eigentlichen Sinne), auf allen Ebenen und in allen Dimensionen: »Das Prinzip der *Similarität* bildet für die Poesie die Grundlage«[3], und anscheinend ohne Widerspruch zu dulden. Die formalen Rekurrenzen, im Prinzip als semantisch neutral angesehen, oder vielmehr ambivalent (»der metrische Parallelismus der Verszeilen oder die lautliche Gleichartigkeit der Reimwörter legt die Frage nach der semantischen Similarität *und Gegensätzlichkeit* besonders nahe«[4]; »In der Dichtung wird jede spürbare Ähnlichkeit in der Lautgestalt im Hinblick auf die Ähnlichkeit *und/oder die Verschiedenheit* in der Bedeutung ausgewertet«[5]), werden schließlich im Sinne einer wechselseitigen und verallgemeinerten Symbolisierung interpretiert: »Die Projektion des *Äquivalenz*prinzips auf die Sequenz hat eine viel tiefere und umfassendere Bedeutung. Valérys Darstellung der Poesie als ein ›Zaudern zwischen Laut und Bedeutung‹ ist wesentlich fundierter und wissenschaftlicher als eine Voreingenommenheit für phonetischen Isolationismus. [...] *Ähnlichkeit*

---

1 »Linguistik und Poetik«, *Poetik*, S. 94 (meine Hervorhebung).
2 »Zwei Seiten der Sprache und zwei Typen aphatischer Störungen« (1965), in R. Jakobson, *Aufsätze zur Linguistik und Poetik*, herausgegeben und eingeleitet von Wolfgang Raible, Frankfurt/M./Berlin/Wien (Ullstein) 1979, S. 117-141.
3 Ibid., S. 138 (meine Hervorhebung).
4 Ibid., S. 138 (meine Hervorhebung).
5 »Lingusitik und Poetik«, *Poetik*, S. 113 (meine Hervorhebung). Cf. S. 106/07 zum semantischen Wert der Reime.

wird auf Kontiguität überlagert und verleiht der Dichtung ihr durch und durch symbolisches, vielfältiges und polysemantisches Wesen, das Goethe im herrlichen Vers anklingen läßt: ›Alles Vergängliche ist nur ein Gleichnis‹. Technischer ausgedrückt: Jede Sequenz ist ein Simile. In der Dichtung, wo die Ähnlichkeit die Kontiguität überlagert, ist jede Metonymie leicht metaphorisch und jede Metapher leicht metonymisch gefärbt.«[1] Wir haben hier eine ganz und gar bemerkenswerte Verdichtung der Jakobsonschen Poetik: Die textuelle Rekurrenz (im Raum des Textes ausgebreitete formale Ähnlichkeiten) führt zu einer Art paralleler Rekurrenz auf der Bedeutungsebene, welche die metonymisierte Metapher ist: im Raum des Inhalts ausgebreitete Bedeutungsähnlichkeiten. Im Gedicht stellt sich also im Grenzfall ein echtes dreidimensionales symbolisches Volumen her, das es in Wahrheit konstituiert: ein horizontales Netz bedeutungsvoller (*signifiants*) (lautlicher, metrischer, grammatischer, intonatorischer, prosodischer) Äquivalenzen, das auf ein anderes horizontales Netz bedeuteter (*signifiés*) Äquivalenzen vermittels einer Serie (vertikaler) semantischer Äquivalenzen zwischen jeder Form und jeder Bedeutung (Bilder) und zwischen jeder Gruppe von Formen und jeder Gruppe von Bedeutungen (Diagramme) verweist: ein hyperbolischer und vollkommener Zustand des Baudelaireschen »Waldes von Symbolen«. An diesem Punkt verlieren die kleinlichen Unterscheidungen der alten Rhetorik an Relevanz: Die figurale (metaphorisch-metonymische) Verbindung wirkt ebenso vertikal wie horizontal, zwischen Signifikaten, zwischen Signifikanten, zwischen Signifikaten und Signifkanten. Daher kann man schließen, daß »die Relevanz des Laut-Bedeutungs-Nexus [*sound-meaning nexus*] eine einfache Folge der Überlagerung der Ähnlichkeit auf die Kontiguität [ist]«[2] – und vielleicht umgekehrt: daß das Prinzip der Wiederholung seinerseits zu einer Folgeerscheinung des mimetischen Prinzips wird, und das Gedicht zu einem unendlichen Spiel von Spiegeln.

*

---

[1] Ibid., S. 106, 110; man halte den Übergang von *Äquivalenz* (der englische Begriff lautete hier jedoch bereits *equationnal principle*) zu *Similarität* fest.
[2] Ibid., S. 113.

»Nun«, sagte Barrès, »kratzen Sie am Ironiker, und Sie finden den Elegiker«[1]. Man würde die moderne poetische Theorie vielleicht recht gut wiedergeben, wenn man diese Parodie riskiert: *Kratzen Sie am Formalisten, und Sie finden den Symbolisten* (das heißt den Realisten); und folglich, noch ein wenig überspitzter: *Kratzen Sie an Hermogenes, und Sie finden Kratylos (wieder)*. Etwas davon gibt es sogar bei Saussure: Kratzen Sie am Autor des *Cours*, und Sie finden den Träumer der Anagramme; und könnte es eine schönere Anwendung des »Prinzips der Äquivalenz« geben als die paragrammatische Dissemination des Themawortes in der poetischen Botschaft? Man weiß (unter anderem), wie Jakobson diese Hypothesen aufgenommen und sie auf Baudelaires letzten »Spleen« und »Gouffre« angewendet hat[2]. Das moderne poetische Bewußtsein wird sehr weitgehend von den Prinzipien der Äquivalenz und der Motivation »regiert«, und man könnte in dieser Hinsicht die meisten der heutigen Theoretiker und Kritiker zitieren, hier und da die Wenigkeit des Autors dieser Zeilen nicht ausgenommen. Über alle episodischen Antagonismen hinaus und durch eine ganze Menge von Akzent- und Gleichgewichtsverschiebungen hindurch findet man fast überall diese dreifache Aufwertung der analogischen Beziehung: zwischen Signifikanten (Homophonien, Paronomasien etc.), zwischen Signifikaten (Metapher), zwischen Signifikant und Signfikat (mimetische Motivation). Eine solche Konvergenz ist gewiß in einem hohen Maß ein »Wahrheits«indiz; sie ist aber auch, und vielleicht vor allem, ein Zeichen der Zeit und Thema der Epoche. Sie wird unvermeidlich von einer, bewußten oder unbewußten, Wahl innerhalb des poetischen Korpus begleitet, die eine Statistik der Zitate und Analysegegenstände auf beredete Weise zutage treten lassen würde: Unsere »poetische Sprache« ist die Sprache *einer bestimmten Poesie*[3], und man kann sich – um uns nur an ein Gegenbeispiel zu halten – leicht vorstellen, was ein Malherbe, so sehr ein Feind jeder »Wiederholung« und so hartnäckig bemüht, den klanglichen und rhythmischen Fächer des Verses und der Strophe so weit wie möglich zu öffnen, von unserer

---

1 *Sous l'Œil des Barbares*, Paris (Plon) 1966, S. 192.
2 Cf. »Das letzte ›Spleen‹-Gedicht aus den ›Fleurs du Mal‹ unter dem Mikroskop« (1967), in *Aufsätze zur Poetik und Linguistik*, S. 261-278; »›Die Katzen‹ von Charles Baudelaire« (1962; zusammen mit Claude Lévi-Strauss), in *Semiotik*, S. 206-232.
3 Man kennt beispielsweise das Privileg, das Jean Cohen (*Structure du langage poétique*, Paris (Flammarion) 1966) explizit der »modernen«, das heißt tatsächlich symbolistischen Poesie eingeräumt hat. Und weiß, wo sich für Julia Kristeva die »Revolution der poetischen Sprache« ansiedelt.

verallgemeinerten Similarität gedacht hätte; abgesehen von ein paar Kontrastwirkungen und kodifizierten Alliterationen und imitativen Harmonien wurde die französische Poetik des klassischen Zeitalters viel eher von einem Prinzip der Ungleichheit oder der maximalen Unterscheidung regiert[1]. Eine durch und durch auf den »Dämon der Analogie« gegründete Poetik ist eine typisch romantische und symbolistische Vorstellung. Sie ist modern *in diesem Sinne*, das heißt, daß sie weder ewig (und universell gültig) noch *sehr modern* ist; und vielleicht hinkt sie ja bereits (stets der Vogel Minervas) hinter der poetischen Praxis selbst zurück – doch dies ist eine andere Geschichte. Ein ästhetisches Wiederaufleben und letzter (?) Zufluchtsort des Mimologismus, ist diese Vorstellung von der poetischen Sprache als Kompensation und Herausforderung der Arbitrarität des Zeichens einer der Grundsatzartikel unserer literarischen »Theorie« geworden. Sie beherrscht tatsächlich *die Vorstellung selbst* (im allgemeinen und unabhängig von ihrer Spezifizierung) *von der poetischen Sprache*, eine irreführende Metapher, die stets auf der Dichotomie von Poesie und »Alltagssprache« beruht und auf mythische Weise Charakteristika diskursiver Organisation auf die sprachliche Ebene versetzt, die tatsächlich einer ganz anderen Ebene angehören: derjenigen der Figuren, des Stils, der Prosodie etc. Das Faktum des Diskurses wird auf diese Weise heimlich zu einem Faktum der Sprache, und die »Sprachkunst« zu einer »Sprache in der Sprache«[2]. Diese Vorstellung ist uns heute so vertraut, so natürlich, so transparent geworden, daß wir einige Mühe haben, uns vorzustellen, daß sie eine Theorie unter anderen ist, daß es sie nicht immer gegeben hat und daß es sie nicht immer geben wird. Diese Vulgata versteht sich freilich nicht von selbst, wie wir gesehen haben, sie ist eine historische Tatsache: Sie gehört bereits der Geschichte an, alles in allem also der Vergangenheit. Allein die Tatsache, daß man beginnt, sie wahrzunehmen

---

1 Ein Beispiel, fast zufällig herausgegriffen, bei Lamy: »Zu den Mängeln im Arrangement der Wörter zählt man die Ähnlichkeit (*similitude*), das heißt eine zu häufige Wiederholung ein und desselben Buchstabens, ein und derselben Endung, ein und desselben Lautes und ein und derselben Kadenz. Die Mannigfaltigkeit gefällt, die besten Sachen langweilen, wenn sie zu gewöhnlich sind [...]. Nicht allein die Laune macht die Abwechslung notwendig: die Natur liebt den Wechsel, und der Grund hierfür ist folgender. Ein Klang ermüdet die Teile des Hörorgans, wenn er zu lange erklingt, und deswegen ist die Mannigfaltigkeit in allen Handlungen notwendig, weil, wenn die Arbeit geteilt ist, jeder Teil eines Organs davon weniger ermüdet wird.« (*La Rhétorique*, Buch III, Kap. VIII-IX)
2 Die beiden, keineswegs äquivalenten, Formeln stammen von Valéry.

und (ihrerseits) aus ihr einen Diskursgegenstand zu machen, ist vielleicht ein Zeichen dafür, wenn es stimmt, daß »die bloße Wahrnehmbarkeit der Gegenwart bereits Zukunft ist«[1].

---

1 Boris Pasternak, zitiert von Jakobson in »Randbemerkungen zur Prosa des Dichters Pasternak« (1935), in *Poetik*, S. 192-211, hier S. 210.

Das Alter der Namen

In der *Recherche du temps perdu* ist wie im *Kratylos* der bevorzugte Gegenstand der motivierenden Träumerei das, was Proust den Namen nennt, das heißt der Eigenname.¹ Der Unterschied zwischen dem Namen und dem Wort (Gemeinnamen) wird in einer berühmten Passage des dritten Teils von *Swann* angegeben, in der Proust die Träumereien seines Helden über die Namen einiger Länder evoziert, in denen er die nächsten Osterferien zu verbringen hofft: »Die Wörter führen uns von den Dingen ein kleines, deutliches, landläufiges Bild vor Augen, wie jene, die man in den Schulen an die Wände hängt, um den Kindern zu zeigen, was eine Hobelbank, ein Vogel, ein Ameisenhaufen ist, und zwar in einer Gestalt, die allen derselben Art gleichkommt. Die Namen aber geben uns von den Personen – und von den Städten, die sie uns gewöhnen, für individuell, einzigartig wie Personen zu halten – ein unbestimmtes Bild, das aus ihrem grellen oder düsteren Klang die Farbe bezieht, in der es dann durchweg gehalten ist [...]«². Man sieht hier, daß die traditionelle (und anfechtbare) Opposition zwischen der Individualität des Eigennamens und der Allgemeinheit des Gemeinnamens von einem anderen Unterschied begleitet wird, der anscheinend zweitrangig ist, tatsächlich aber die ganze semantische Theorie des Namens nach Proust resümiert: Das »Bild«, das der Gemeinname von dem Ding bietet,

---

1 Dieses Kapitel nimmt, mit einigen Hinzufügungen, die Seiten 232-248 meiner Studie »Proust et le langage indirect« aus *Figures* II, Paris (Seuil) 1969, S. 223-294, wieder auf. Sollte eine Entschuldigung für diese schamlose Wiederverwendung nötig sein, hier also derer zwei: Der erste ist offensichtlich, der zweite ist, daß man sich bisweilen wiederholen muß, um sich verständlich zu machen.
2 *Du Côté de chez Swann*, I, S. 387/88. Genette zitiert nach der ersten, dreibändigen, Ausgabe der *Recherche* in der *Bibliothèque de la Pléiade:* Marcel Proust, *A la Recherche du temps perdu* I-III, édition établie et présentée par Pierre Clarac et André Ferré, Paris (Gallimard) 1954 *(Bibliothèque de la Pléiade)*. Hingewiesen sei auf die deutsche Übersetzung der *Recherche* von Eva Rechel-Mertens, *Auf der Suche nach der verlorenen Zeit* (erstmals 1953-1957), in verschiedenen Ausgaben im Suhrkamp Verlag, Frankfurt/M. Im folgenden zitieren wir allerdings nicht nach dieser Übersetzung, sondern geben die zitierten Passagen in eigener Übersetzung wieder. Die Seitenangaben beziehen sich folglich auf die *Pléiade*-Ausgabe. (Anm. d. Ü.)

ist »deutlich und landläufig«, es ist neutral, transparent, inaktiv und beeinflußt nicht im geringsten die geistige Vorstellung, die Idee des Vogels, der Hobelbank, oder des Ameisenhaufens; im Gegenteil, das vom Eigennamen repräsentierte Bild ist insofern *unbestimmt*, als es seine einzige Farbe aus der substantiellen Realität (der »Klanglichkeit«) dieses Namens bezieht: unbestimmt also im Sinne von *undeutlich*, durch die Einheitlichkeit oder eher Einmaligkeit des Tons; es ist aber auch unbestimmt im Sinne von *komplex*, durch das Amalgam, das sich in ihm zwischen den Elementen, die vom Signifikanten, und denjenigen, die vom Signifikat herkommen, herstellt: die außersprachliche Darstellung der Person oder der Stadt, die, wie wir sehen werden, fast immer mit den vom Namen repräsentierten Suggestionen koexistiert und häufig vor ihnen existiert. Halten wir also fest, daß Proust den Eigennamen diese aktive Beziehung zwischen Signifikant und Signifikat vorbehält, den andere auch für die Gemeinnamen in Anspruch nehmen[1]. Eine derartige Einschränkung mag überraschen bei einem Schriftsteller, der so offenkundig mit der metaphorischen Beziehung vertraut ist; der Grund hierfür ist die bei ihm so ausgeprägte Vorherrschaft der räumlichen, besser gesagt geographischen Sensibilität: Denn die Eigennamen, welche die Träumerei des Erzählers kristallisieren, sind tatsächlich fast immer (und nicht nur in dem Kapitel, das diese Überschrift trägt) Ländernamen – oder Namen adliger Familien, die das Wesentliche ihres imaginativen Wertes aus der Tatsache beziehen, daß sie »stets Ortsnamen«[2] sind. Die Einmaligkeit, die Individualität der Orte ist einer der Glaubens-

---

1 Wenn ich keine vergessen habe, so betrifft die einzige Bemerkung Prousts über die Form eines Gemeinnamens (freilich ist er so wenig einer!) *mousmé*: »[...] wenn man ihn hört, verspürt man die gleichen Zahnschmerzen, als hätte man ein zu großes Stück Eis in den Mund gesteckt« (*Le Côté de Guermantes*, II, S. 357); man sieht jedoch, daß dies nur eine Wahrnehmungsfeststellung ist, ohne Andeutung einer semantischen Motivation.

2 *Contre Sainte-Beuve* suivi de *Nouveaux Mélanges*, préface de Bernard de Fallois, Paris (Gallimard) 1954, S. 274; dt. *Gegen Sainte-Beuve*, deutsch von Helmut Scheffel, Frankfurt/M. (Suhrkamp) 1962 (*Bibliothek Suhrkamp* 83). Cf. die Passage aus *Sodome et Gomorrhe*, in der Marcel einen Trauerbrief erhält, der von einer Menge normannischer Adelsnamen unterzeichnet ist, die auf *ville*, auf *court* und auf *tot* enden: »[...] gekleidet in die Dachziegel ihres Schlosses oder den Putz ihrer Kirche, mit schwankendem Kopf, der die Wölbung oder den Körper ihrer Wohnstätte kaum überragt und nur, um sich die kleine normannische Laterne oder das Fachwerk des Dachs des Wachtürmchens aufzusetzen, schienen sie zum Sammeln all der hübschen Dörfer geblasen zu haben, die im Umkreis von fünfzig Meilen verteilt oder verstreut waren.« (*Sodome et Gomorrhe*, II, S. 786)

artikel des jungen Marcel wie des Erzählers von *Jean Santeuil,* und trotz der späteren Verleugnungen der Erfahrung wird er zumindest ihre Traumspur bewahren, da er immerhin noch anläßlich der Landschaft von Guermantes schreiben kann: »[...] bisweilen überwältigt mich in meinen Träumen [ihre] Individualität mit einer beinahe unglaublichen Macht«[1]. Die angenommene Singularität des Eigennamens entspricht der mythischen Singularität des Ortes und verstärkt sie: »[Die Namen] übersteigerten die Vorstellung, die ich mir von gewissen Orten der Erde machte, indem sie sie eigenartiger und infolgedessen realer machten [...]. Um wieviel individueller wurden sie noch dadurch, daß sie von Namen bezeichnet wurden, wie Personen sie haben.«[2] Indes darf man sich von dieser Trägheit der Sprache nicht täuschen lassen, die hier aus der »Person« das Modell der Individualität selbst zu machen scheint (»Städte [...] individuell, einzigartig wie Personen«): So mythisch sie auch sein mag, die Individualität der Orte ist tatsächlich bei Proust sehr viel ausgeprägter als diejenige der Menschen. Von ihrem ersten Erscheinen an manifestieren ein Saint-Loup, ein Charlus, eine Odette, eine Albertine ihre ungreifbare Vielfältigkeit und das Netz undeutlicher Verwandtschaften und Ähnlichkeiten, das sie mit einer Vielzahl anderer ebensowenig »einzigartiger« Personen, wie sie selbst es sind, verbindet; daher sind auch ihre Namen, wie wir später sehen werden, nicht wirklich fest und gehören ihnen nicht auf wirklich substantielle Weise: Odette ändert mehrmals den ihren, Saint-Loup und Charlus haben mehrere, selbst die Vornamen von Albertine und Gilberte sind so kalkuliert, daß sie eines Tages einswerden können, etc. Zumindest dem Anschein nach sind die Orte sehr viel stärker »Personen«[3] als die Personen selbst; daher *hängen* sie auch sehr viel mehr an ihrem Namen.

Bleibt die Natur dieser »aktiven Beziehung« zwischen Name und Ding zu präzisieren, in der wir die Essenz der nominalen Imagination bei Proust erkannt haben. Wenn man sich an die bereits zitierte

---

1 Marcel Proust, *Jean Santeuil* précédé de *Les Plaisirs et les jours,* édition établie par Pierre Clarac avec la collaboration d'Yves Sandre, Paris (Gallimard) 1976 (*Bibliothèque de la Pléiade*), S. 570; dt. *Jean Santeuil,* in *Werke,* Frankfurter Ausgabe, herausgegeben von Luzius Keller, III, Band 1 und 2, herausg. v. Mariolina Bongiovanni Bertini, aus dem Französischen von Eva Rechel-Mertens, revidiert und ergänzt von Luzius Keller, Frankfurt/M. (Suhrkamp) 1992; *Du Côté de chez Swann,* I, S. 185.
2 *Du Côté de chez Swann,* I, S. 387.
3 *Santeuil,* S. 534/35.

theoretische Äußerung hielte, so könnte man an eine einseitige Beziehung glauben, in der das »Bild« des Ortes seinen ganzen Inhalt aus der »Klanglichkeit« des Namens bezöge. Die wirkliche Beziehung, wie man sie anhand der wenigen Beispiele, die in der *Recherche* auftauchen, analysieren kann, ist komplexer und dialektischer. Zunächst müssen wir jedoch eine Unterscheidung zwischen den von Proust für fiktive Orte erfundenen Namen, wie *Balbec*, und den (realen) Namen realer Orte wie *Florenz* oder *Quimperlé* einführen – wobei es sich versteht, daß diese Unterscheidung nur in Hinblick auf die (reale) Arbeit des Autors relevant ist und nicht für die fiktiven Träumereien seines Helden, für den Florenz und Balbec auf derselben »Realitäts«ebene liegen[1]. Einer Bemerkung Roland Barthes zufolge[2] besteht die Rolle des »Erzählers« (sagen wir, größerer Klarheit zuliebe, des Helden) hier in der Dekodierung, diejenige des Romanciers in der Enkodierung: »Der Erzähler und der Romancier legen in umgekehrter Richtung dieselbe Strecke zurück; der eine glaubt in den Namen, die ihm gegeben sind, eine Art natürlicher Affinität zwischen Signifikant und Signifikat, zwischen der Vokalfarbe von *Parma* und der malvenfarbenen Sanftheit seines Inhalts zu entziffern; der andere, der einen zugleich normannischen, gotischen und windigen Ort zu erfinden hat, muß in der allgemeinen Tabulatur der Phoneme ein paar Laute suchen, die zu der Kombination dieser Signifikate in Einklang stehen.« Es hieße jedoch die Situation etwas zu verfälschen, wollte man annehmen, der Held habe es mit einem realen Namen (*Parma*) zu tun und der Autor mit einem fiktiven (*Balbec*). In der Tat liegt Enkodierung von seiten Prousts nur hinsichtlich der geschmiedeten Namen vor, das heißt hinsichtlich eines sehr schwachen Prozentsatzes der Ländernamen (in der Passage, die uns hier beschäftigt, ist Balbec der einzige); was die realen Namen betrifft, so sind die Situation des Helden und die des Romanciers nicht mehr symmetrisch und umgekehrt, sondern parallel, indem Proust Marcel eine Dekodierung, das heißt motivierende Interpretation der nominalen Form zuweist, die er notwendig »erfunden« und folglich (wobei die beiden Aktivitäten in diesem Fall äquivalent

---

1 Dazwischen liegen die Namen, die der Realität entliehen sind und einem fiktiven Ort zugewiesen werden, wie *Guermantes*; die Freiheit des Romanciers liegt in diesem Fall nicht in der Kombination der Phoneme, sondern in der globalen Wahl einer passenden Vokabel.

2 »Proust et les noms« (1967), in R. Barthes, *Le Degré zéro de l'écriture* suivi de *Nouveaux Essais critiques*, Paris (Seuil) 1972, S. 128.

sind) selbst vollzogen hat. Parallel, aber dennoch nicht identisch, denn zumindest in einem Punkt deckt sich die Erfahrung des Helden nicht mit derjenigen des Schriftstellers: Als der junge Marcel an Venedig oder Bénodet denkt, ist er noch nie an einem dieser Orte gewesen, als Proust diese Passage schreibt, kennt er sie jedoch im Gegenteil bereits, und wir werden sehen, daß er von seinen eigenen Erinnerungen – seiner realen Erfahrung – nicht völlig abstrahiert, wenn er seinem Helden Träumereien unterschiebt, die sich für ihn im Prinzip nur aus zwei Quellen speisen, den Namen dieser Länder nämlich und ein paar Kenntnissen aus Büchern und vom Hörensagen.

In der Tat stellt sich bei etwas aufmerksamem Lesen heraus, daß keines dieser Bilder allein durch die Form des Namens determiniert wird, sondern daß sich im Gegenteil jedes aus einer Wechselwirkung zwischen dieser Form und irgendeiner Vorstellung ergibt, die falsch oder richtig sein kann, in jedem Fall aber vom Namen unabhängig und von anderswoher gekommen ist. Wenn Marcel sagt, daß der Name von Parma ihm »kompakt, glatt, malvenfarbig und süß« schien, so ist ganz klar, daß zumindest die Notierung der Farbe mehr mit den Veilchen der Stadt zu tun hat als mit der Klanglichkeit des Namens, und dies wird auch einige Zeilen weiter bestätigt: »[...] ich stellte es [das Haus in Parma, von dem er träumt, daß er einige Tage dort wohnt] mir allein mit Hilfe dieser schweren Silbe des Namens Parma vor, in dem keinerlei Luft zirkuliert, und all dessen, was ich ihn an stendhalscher Süße und vom Widerschein der Veilchen in sich hatte *aufnehmen lassen.*«[1] Die semantische Analyse wird uns also hier von Proust selbst geliefert, der die Eigenschaften des Kompakten und gewiß des Glatten klar dem Einfluß des Namens, die »Malvenfarbe« der durch Hörensagen erworbenen Kenntnis über die Veilchen und die Süße der Erinnerung an die *Chartreuse de Parme* zuschreibt: Der Signifikant wirkt hier auf das Signifikat ein, um Marcel eine Stadt sich vorstellen zu lassen, in der alles glatt und kompakt ist, ebenso wirkt aber auch das Signifikat auf den Signifi-

---

[1] Meine Hervorhebung. Dieses Wort (*absorber*), das auf sehr deutliche Weise die Wirkung des Signifikats auf den Signifikanten anzeigt, fand sich bereits gleich zu Beginn dieser Passage mit dem gleichen Bedeutungswert: »Wenn diese Namen auf immer das Bild in sich aufnahmen (*absorbèrent*), das ich von diesen Städten hatte, so geschah dies, indem sie es verwandelten, indem sie sein Wiedererscheinen in mir ihren eigenen Gesetzen unterwarfen« (*Du Côté de chez Swann*, I, S. 287). Die Wechselseitigkeit ist hier ganz charakteristisch.

kanten ein, um ihn den »Namen« dieser Stadt als malvenfarben und süß wahrnehmen zu lassen[1]. Und ebenso verdankt Florenz sein »überirdisch duftendes und einer Blütenkrone ähnelndes« Bild ebenso der roten Lilie seines Stadtwappens und seiner Kathedrale Santa Maria dei Fiori wie der floralen Assoziation seiner ersten Silbe, wobei Inhalt und Ausdruck hier nicht mehr in einer Beziehung der Komplementarität und des Austauschs stehen, sondern der Redundanz, da der Name in diesem Fall tatsächlich (wenn auch indirekt, durch Zusammensetzung) motiviert ist. Balbec hat sein archaisches Bild (»alte normannische Töpfereierzeugnisse«, »alter, nicht mehr bestehender Brauch«, »Feudalrecht«, »Örtlichkeit in ihrem alten Zustand«, »altmodische Art der Aussprache«) von den »wunderlichen Silben« seines Namens, doch wie man weiß, infiziert das Grundthema der »Wogen, aufgepeitscht um eine Kirche in persischem Stil«, ohne jede Referenz auf den Namen zwei Hinweise von Swann und von Legrandin; hier ist der sprachlichen Suggestion und der außersprachlichen Vorstellung ihre Verbindung nicht ganz gelungen, denn wenn sich auch das Normannische der Landschaft und selbst der pseudopersische Stil seiner Kirche sehr wohl in den Klanglichkeiten von *Balbec* »widerspiegeln«[2], so ist es doch schwieriger, darin ein Echo der von Legrandin angekündigten Stürme zu finden[3]. Die folgenden Evokationen realisieren wirksamer als im Falle von *Parma* die wechselseitige Infizierung des Namens durch die Vorstellung und der Vorstellung durch den Namen: So erstrahlt die Kathedrale von Bayeux, »so hoch in ihrer rötlichen Spitze«, oben an ihrer Zinne »im altgoldenen Schein seiner zweiten Silbe«; die alten Glasfenster (*vitrage*) seiner Häuser rechtfertigen (»etymologisch«) den

---

1 *Du Côté de chez Swann*, I, S. 388. Cf. *Le Côté de Guermantes*, II, S. 426: »ihr kompakter und allzu süßer Name«. Ein Grenzfall der »Suggestion durch den Sinn«, in dem die mimetische Beziehung ohne den mindesten Versuch einer Rechtfertigung behauptet wird: »Fontainebleau, ein Name, süß und golden wie eine aufgehobene Weintraube!« (*Jean Santeuil*, S. 570). Oder auch: »Versailles (im Herbst), großer rostiger und süßer Name [...]« (*Plaisirs*, ibid., S. 106).

2 Das normannische Wesen, durch Analogie mit Bolbec, Caudebec etc. Der persische Stil des Namens (*A l'Ombre des jeunes filles en fleurs*, I, S. 658: »der Name, fast im persischen Stil, Balbec«) rührt gewiß von der Homophonie mit Namen wie Usbek in den *Lettres persanes* her, ganz zu schweigen vom libanesischen Baalbek. Diese lexikalischen Assoziationen beruhen ebenfalls auf der indirekten Motivation.

3 Außer man geht, wie Barthes nahelegt, über das »konzeptuelle Relais des *rugueux*, des ›Rauhen‹«, das ihm erlauben würde, »einen Komplex von Wellen mit hohen Kämmen, von schroffen Steilküsten und von stachliger Architektur« (a. a. O., S. 129) zu evozieren.

Namen *Vitré*, dessen *accent aigu* seinerseits (man beachte hier die Wirkung nicht mehr der Klanglichkeit, sondern der graphischen Form) in seiner diagonalen Bewegung mit seinem »Rautenwerk aus schwarzem Holz« die alten Fassaden zu versteifen scheint; das »weiche Lambelle«, fast gleichförmig weiß, geht vom »Eierschalengelb« seiner ersten Silbe zum »Perlgrau« der zweiten über; derselbe »Diphtong« *an* erweicht in seiner »golden sich rundenden Fülle« (»gras et jaunissant«) in *Coutances* den »Turm aus Butter« seiner normannischen Kathedrale; aber Tour de Beurre ist tatsächlich, wie man weiß (und aus Gründen, die weder mit seiner Gestalt noch mit seiner Farbe zu tun haben), der Name des rechten Turms von Rouen; und die mineralische Starre von Coutance paßt nur schlecht zu dieser Charakterisierung, die, wie es scheint, ganz und gar von der Klanglichkeit des Namens inspiriert scheint (mit Ausnahme der eventuellen Mithilfe einer Homophonie zwischen *Coutance* und *rance* ›ranzig‹); wir werden dieser verstärkten Assoziation *an* = gelb wiederbegegnen; halten wir gleichwohl fest, daß ihr das »Altgold« von *–yeu* in Bayeux Konkurrenz macht. Das kleine Gemälde *Lannion*, das gewiß keinerlei trégorroissche Spezifizität beansprucht, gibt zur Illustrierung eines provinziellen und dörflichen Charakters der Fabel von der Fliege und der Kutsche eine andere Wendung: »Geräusch der Kutsche (*Lan-*), gefolgt von der Fliege (*-nion*)«. *Questambert* und *Pontorson*, gepaart gewiß, wie Jean-Pierre Richard[1] bemerkt, durch die Identität ihrer »prosodischen Gußform«, aber auch durch die Analogie ihrer konsonantischen Struktur, in der der »komischen« Verdrehung des *rs* diejenige des *st* entspricht (was unvermeidlich ein anderes gemeinsames Muster suggeriert: *Marcelproust*); die »verstreuten weißen Federn und gelben Schnäbel« entsprechen gewiß zugleich diesem Mundtanz und (wie in *Lamballe* und *Coutance*) dem Farbenhören der Nasale – von daher diese Skizze einer Pfütze mit Enten, bestätigt durch die »Nachbarschaft zum Wasser« Pontorsons, zu der mehr schlecht als recht das im Landesinneren gelegene Questambert passen will. In *Bénodet* verdankt die lautliche Leichtigkeit – oder Labilität –, die dem Namen zugeschrieben wird, »ein kaum verhafteter Klang, den der Fluß in sein Algengewirr hineinzuziehen versucht«, mehr der geographischen Realität, wie *Pont-Aven*, »weiß und rosa [*on*] Flattern einer leichten Haube [*v*], das sich zitternd widerspiegelt [von der Höhe der Brücke aus?] in einem

---

1 *Proust et le monde sensible*, Paris (Seuil) 1974, S. 90.

grünlichen [*ven*] Kanalwasser«. Die klaren Bäche schließlich, die schon den Flaubert von *Par les champs et par les grèves* faszinierten, entsprechen der transparenten Geperltheit, die, in phantasievoller Etymologie, den Namen *Quimperlé* beendet.

Die gleiche Interaktion belebt andere Träumereien über Namen, die über die ersten Bände der *Recherche* verstreut sind, wie jene, die der äußerst magische Name Guermantes nährt, der einen »schmalen Donjon, der nur ein Streifen orangefarbenen Lichts war«[1], evoziert: Der Donjon gehört natürlich zu der Burg, welche die angenommene Wiege dieser Feudalfamilie ist, das orangefarbene Licht »strahlt« seinerseits »aus« von der Endsilbe seines Namens[2]. Ein im übrigen weniger direktes Ausstrahlen, als man auf den ersten Blick annehmen könnte, denn derselbe Name Guermantes erhält an anderer Stelle[3] die Amarantfarbe (*couleur amarante*), die sich kaum mit dem Orange verträgt und deren Echoklang vom Goldblond der Haare von Guermantes herrührt. Diese beiden widersprüchlichen Angaben aus der Perspektive des »Farbenhörens« rühren also nicht von der spontanen Synästhesie[4] *an* = gelb her, die vorhin *Coutances* und *Lambelle* und vielleicht *Questambert* bestätigten, sondern auch von einer *lexikalischen Assoziation*, das heißt von der gemeinsamen Präsenz des Lautes *an* im Namen *Guermantes* und in den Farbnamen *orange* und *amarantfarben*, ganz so wie die Säuerlichkeit des Vornamens Gilberte, »sauer und frisch wie die Tropfen aus der grünen Gießkanne«[5], gewiß weniger von der unmittelbaren Wirkung seiner Klanglichkeiten als von der Assonanz *Gilberte – verte* herrührt: Die Wege der Motivation sind oft weniger abwegig als man denkt, und wir haben sehen können, wie häufig die (pseudo)etymologische Annäherung heimlich eine schwache lautliche Ausdruckskraft ausgleicht[6]. Letztes Beispiel: Wenn der Name *Faffenheim* in der Offenheit des Einsatzes und der »stotternden Wiederholung«, die seine ersten

---

1 *Le Côté de Guermantes*, II, S. 13: »vergilbter Turm«, und, in *Contre Sainte-Beuve*, S. 273: »goldener« Name.

2 *Du Côté de chez Swann*, I, S. 171: »das orangefarbene Licht, das von dieser Silbe: *antes* ausstrahlt«.

3 Ibid., S. 209: »diese Amarantfarbe der letzten Silbe ihres Namens«.

4 Eine solche ist offenbar die Assoziation *i* = purpurn, wenigstens zweimal bezeugt (*Du Côté de chez Swann*, I, S. 42, und *Contre Sainte-Beuve*, S. 168), wie Barthes (a. a. O., S. 130) feststellt.

5 *Du Côté de chez Swann*, I, S. 142.

6 Hinsichtlich weiterer Aspekte des Guermantes-Netzes siehe die wertvolle Notiz von Claudine Quémar in *Cahiers Marcel Proust 7*, S. 254.

Silben skandiert, »den Schwung, die affektierte Naivität, die schwerfälligen germanischen ›Delikatessen‹« und im »dunkelblauen Email« der letzten »den Mystizismus eines rheinischen Kirchenfensters hinter den matten und fein gemeißelten Vergoldungen des deutschen 18. Jahrhunderts« evoziert, so nicht nur aufgrund seiner Klanglichkeiten, sondern auch, weil er der Name eines Kurfürsten ist[1]; die Offenheit und die Wiederholung sind durchaus eingeschrieben in *Faffen-*, ihre spezifisch germanische Nuance ergibt sich jedoch aus dem Signifikat, und mehr noch die Erinnerung, welche die erste Version derselben Passage in *Contre Sainte-Beuve*[2] zurückrief, an die »farbigen Bonbons, gegessen in einem kleinen Lebensmittelgeschäft eines alten deutschen Platzes«; das Farbenhören der Endsilbe -*heim* mag die Transparenz eines dunkelblauen Kirchenfensters evozieren, die »Rheinheit« dieses Kirchenfensters und die Rokoko-Vergoldungen jedoch, die es einfassen, gehen nicht in voller Rüstung aus dem hervor, was die erste Version die »vielfarbige Klanglichkeit der letzten Silbe« nannte. Es verhält sich mit diesen voreingenommenen und gelenkten Interpretationen wie mit diesen Programmusiken oder diesen »expressiven« Leitmotiven, bezüglich derer Proust zu Recht bemerkt, daß sie »für die Hörer, die, indem sie vorher das Textbuch durchgelesen haben, ihre Einbildungskraft in die richtige Richtung geschärft haben, prächtig das Flackern der Flamme, das Rauschen des Baches und den Frieden auf dem Lande malen«[3]. Fehlt ihr diese Komplizität des Signifikats, »drückt« die Vokabel nichts mehr oder etwas ganz anderes »aus«. In der kleinen Eisenbahn, die ihn von Balbec-en-Terre nach Balbec-Plage bringt, kommen Marcel Dorfnamen wie Incarville, Marcouville, Arambouville, Maineville seltsam vor, »traurige Namen aus Sand, aus zu luftigen und leeren Räumen und aus Salz, über denen das Wort *ville* fortflog wie Flug in Taubenflug«, kurz, Namen, deren Konnotationen ihm typisch seemännisch vorkommen, ohne daß er ihrer Ähnlichkeit mit anderen, gleichwohl vertrauten, Namen wie Roussainville oder Martinville gewahr wird, deren »düsterer Charme« im Gegenteil von einem Geschmack von Konfitüren oder einem Geruch nach Holzfeuer

---

1 *Le Côté de Guermantes*, II, S. 256. Cf. J. Pommier, *La Mystique de Marcel Proust*, Genf (Droz) 1939, S. 50.
2 Wo der Name merkwürdigerweise analysiert wurde, ohne genannt zu werden, was vermuten läßt (aber das ist wenig wahrscheinlich), daß er nachträglich erfunden wurde (S. 277).
3 *A l'Ombre des jeunes filles en fleurs*, I, S. 684; cf. *Du Côté de chez Swann*, I, S. 320.

herrührt, die mit der Welt der Kindheit in Combray verbunden sind; die Formen sind durchaus ähnlich, der unüberbrückbare Abstand der hineingelegten Inhalte hindert ihn jedoch daran, ihre Analogie auch nur wahrzunehmen: So können etwa «zwei materiell aus mehreren derselben Noten bestehende Motive für das Ohr eines Musikers nicht im geringsten ähnlich klingen, wenn sie sich durch die Farbe der Harmonie und der Orchestrierung unterscheiden»[1].

Man findet also in den poetischen Träumereien Marcels dieselbe Neigung zur Motivation der Sprache am Werk, die bereits die Sprachfehler Françoises oder des Liftboys von Balbec inspirierten; doch statt auf das Material eines unbekannten Wortes einzuwirken, um es auf eine »vertraute und sinnerfüllte« und ebendadurch gerechtfertigte Form zurückzuführen, richtet sie sich, auf subtilere Weise, zugleich auf die Form dieses Wortes (die Art und Weise, in der seine lautliche oder anderweitige »Substanz« wahrgenommen, aktualisiert und interpretiert wird) und auf diejenige seiner Bedeutung (das »Bild« des Landes), um sie miteinander kompatibel, harmonisch und einander wechselseitig evozierend zu machen. Wir haben gesehen, wie illusorisch dieser Einklang von »Klang« und »Sinn« ist, und wir werden später sehen, wie in der *Recherche* das Sich-Bewußtwerden und die Kritik dieser Illusion zum Ausdruck kommen. Doch eine andere Luftspiegelung bezieht sich auf den Sinn selbst: Roland Barthes insistiert zu Recht auf dem imaginären Charakter der von der Träumerei über die Namen evozierten Semkomplexe und auf dem Fehler, der, hier wie anderswo, darin bestünde, das Signifikat mit dem *Referenten*, das heißt dem realen Gegenstand, zu verwechseln; genau diesen Fehler aber macht Marcel, und seine Korrektur ist einer der wesentlichen Aspekte der schmerzlichen Lehrzeit, aus der die Handlung des Romans besteht. Die Konsequenz der Träumerei über die Namen, sagt Proust, bestand darin, das Bild dieser Orte schöner zu machen, »aber auch anders, als die Städte der Normandie oder der Toskana in Wirklichkeit sein konnten, und, die willkürlichen Freuden meiner Phantasie steigernd, die künftige Enttäuschung meiner Reisen schlimmer zu machen«[2]. Wir wissen beispielsweise, was für eine bittere Enttäuschung Marcel empfinden wird, als er entdeckt, daß das synthetische Bild, das er sich von Balbec gemacht hatte (Kirche in persischem Stil, umbrandet von den Fluten), nur eine entfernte Ähnlichkeit mit dem wirklichen

---

1 *A l'Ombre des jeunes filles en fleurs*, I, S. 661.
2 *Du Côté de chez Swann*, I, S. 387.

Balbec hatte, dessen Kirche und Strand einige Meilen entfernt liegen[1]. Und die gleiche Enttäuschung ein wenig später beim Anblick des Herzogs und der Herzogin de Guermantes, »zurückgezogen aus diesem Namen, in dem sie einst, wie ich mir vorstellte, ein unvorstellbares Leben führten«, oder angesichts der Prinzessin von Parma, einer kleinen schwarzen (und nicht malvenfarbenen) Frau, die mehr mit frommen Werken beschäftigt war als mit stendhalscher Süße, angesichts des Prinzen von Agrigenta, »ebenso unabhängig von seinem Namen [»durchsichtiges Glas, unter dem ich, am Ufer des violetten Meeres von den schrägen Strahlen einer goldenen Sonne getroffen, die rosafarbenen Würfel einer antiken Stadt sah«] wie ein Kunstwerk, das er besessen hätte, ohne irgendeinen Abglanz davon an sich zu tragen, ohne es vielleicht jemals betrachtet zu haben« – und selbst angesichts des Prinzen von Faffenheim-Münsterburg-Weiningen, Rheingraf und pfälzischer Kurfürst, der die Einkünfte seines wagnerischen Lehensgutes dazu verwendet, »fünf Charron-Automobile, ein Stadthaus in Paris und eines in London, eine Montagsloge in der Oper und eine an den *Dienstagen* des *Français*« zu unterhalten, und dessen Ansehen dadurch in den Schmutz zieht, und dessen lächerlicher Ehrgeiz darin besteht, zum korrespondierenden Mitglied der Académie des Sciences morales et politiques gewählt zu werden[2].

So darf man, wenn Proust behauptet, daß die Namen, »phantasievolle Zeichner«[3], für die Illusion verantwortlich sind, in der sich sein Held einschließt, unter *Namen* nicht die Vokabel allein verstehen, sondern muß darin vielmehr das vollständige Zeichen sehen, die Einheit, die, der Hjelmslevschen Formel zufolge, durch die Beziehung der *Interdependenz* gebildet wird, die zwischen der Form des Inhalts und der Form des Ausdrucks postuliert wird[4]; nicht die Laut- oder Buchstabenfolge *Parma* erzeugt den poetischen Mythos einer kompakten, malvenfarbigen und süßen Stadt, sondern die »Solidarität«, die sich nach und nach zwischen einem kompakten Signifikanten und einem malvenfarbigen und süßen Signifikat herstellt. Der »Name« ist also nicht die Ursache der Illusion, sondern sehr präzise ihr *Ort*, in ihm konzentriert und kristallisiert sie sich. Die scheinbare

---

1 *A l'Ombre des jeunes filles en fleurs*, I, S. 658.
2 *Le Côté de Guermantes*, II, S. 524, 427, 433, 257.
3 *A l'Ombre des jeunes filles en fleurs*, I, S. 548.
4 Louis Trolle Hjelmslev, *Prolegomena zu einer Sprachtheorie*, übersetzt von Rudi Keller, Ursula Scharf und Georg Stötzel, München (Hueber) 1974.

Unauflöslichkeit von Klang und Sinn, die Motivation des Zeichens begünstigen den kindlichen Glauben an die Einheit und den imaginären an die Individualität der Gegend, die er bezeichnet. Wir haben gesehen, wie die Ankunft in Balbec ersteren zerstreut: Es gibt zwei Balbec; die Ausfahrten mit Albertine in *Sodome et Gomorrhe* werden ihrerseits letzterem Gerechtigkeit widerfahren lassen. In der Tat läßt, im Gegensatz zur Reise in der Eisenbahn, die bei Proust der plötzliche Übergang (von einer Plötzlichkeit, die durch den Schlaf des Reisenden zwischen zwei Stationen begünstigt wird) von einer Essenz zu einer anderen ist, Essenzen, die durch das »Ortsschild« materialisiert werden, das auf jedem Bahnhof den individuellen und unterschiedlichen Namen einer neuen Gegend trägt[1], die ununterbrochene Progression im Wagen die Kontinuität der Landschaft, die Solidarität der Orte hervortreten, und diese Entdeckung macht den Mythos ihrer Trennung und ihrer jeweiligen Singularität zunichte[2], so wie Gilberte zu Beginn von *Le Temps retrouvé* die Grundopposition der »zwei Seiten« aufheben wird, indem sie Marcel ganz einfach sagt: »Wenn Sie wollen, können wir über Méséglise nach Guermantes fahren, das ist der hübscheste Weg.«[3]

Auf diese Weise ruiniert durch den Kontakt mit der geographischen Realität, wird das Ansehen des Namens einem weiteren Angriff ausgesetzt, als der Erzähler, während er den selbstgefälligen genealogischen Erklärungen des Duc de Guermantes zuhört, das ununterbrochene Netz von Verschwägerungen und Erbschaften entdeckt, die so viele adlige Namen – Namen von Gegenden – untereinander verbinden, die er bis dahin für ebenso unvereinbar, ebenso radikal getrennt durch »eine dieser Distanzen im Geist, die nur entfernen, die trennen und auf eine andere Ebene stellen«, gehalten hatte wie jene von Guermantes und Méséglise, von Balbec und Combray. Man weiß, mit welcher Überraschung er, trotz der vorangegangenen Erklärungen von Saint-Loup, bei Madame de Villeparisis erfahren hatte, daß Monsieur de Charlus der Bruder des Duc de Guermantes ist; als dieser ihm beispielsweise enthüllen wird, daß ein Norpois unter Ludwig XIV. eine Mortemart geheiratet hat, daß »die Mutter von Monsieur de Bréauté Choiseul und seine Großmutter Lucinge« war, oder daß »die Urgroßmutter von Monsieur

---

1 *A l'Ombre des jeunes filles en fleurs*, I, S. 644.
2 *Sodome et Gomorrhe*, II, S. 1005.
3 *Le Temps retrouvé*, III, S. 693.

d'Ornessan die Schwester von Marie de Castille Montjeu, die Frau von Timoléon de Castille und infolgedessen die Tante von Oriane war«, wobei all diese Namen »sich anderen an die Seite stellen, von denen ich sie so entfernt geglaubt hätte [...] jeder Name durch die Anziehungskraft eines anderen versetzt, zu dem ich ihm keinerlei Affinität zugetraut hätte«[1], so sind dies immer noch Distanzen, die sich aufheben, Zwischenwände, die niedergerissen werden, für unvereinbar gehaltene Essenzen, die verschmelzen und ebendadurch verschwinden. Das Leben der Namen erweist sich als eine Folge von Übertragungen und widerrechtlichen Inbesitznahmen, die der onomastischen Träumerei jegliche Grundlage entzieht: Derjenige von Guermantes wird schließlich in den Besitz der sehr unadligen Hausherrin, Ex-Verdurin (via Duras) fallen; Odette ist nacheinander Crécy, Swann, Forcheville; Gilberte ist Swann, Forcheville, dann Saint-Loup; der Tod eines Verwandten macht aus dem Prinzen des Laumes einen Herzog von Guermantes; und der Baron de Charlus »ist auch Herzog von Brabant, Edelknappe von Montargis, Prinz von Oléron, von Clarency, von Viareggio und von Dunes«[2]; auf noch mühsamere, aber nicht weniger bedeutungsvolle Weise wird Legrandin zum Comte de Méséglise werden. Ein Name gilt nicht sehr viel.

Freilich konnte Marcel angesichts dieses onomastischen Balletts von *Le Côté de Guermantes* eine Art Taumel empfinden, der nicht der Poesie entbehrt[3]; das gleiche wird nicht für eine letzte, diesmal rein sprachliche Erfahrung gelten, die ihm, ohne ästhetische Kompensation, die Vergeblichkeit seiner Träumereien über die Ortsnamen enthüllen wird: Es handelt sich um die Etymologien von Brichot im letzten Teil von *Sodome et Gomorrhe*[4]. Man hat sich häufig

---

1 *Le Côté de Guermantes*, II, S. 540, 542.
2 *Sodome et Gomorrhe*, II, S. 942. Saint-Loup hatte Marcel in Balbec bereits vor dieser Unbeständigkeit gewarnt: »[...] in jener Familie wechseln sie den Namen wie die Hemden« (*A l'Ombre des jeunes filles en fleurs*, I, S. 755).
3 »Der Name Guermantes selbst erhielt von all diesen schönen erloschenen und um so glühender wieder zum Leben erweckten Namen, mit denen er, wie ich lediglich erfuhr, verbunden war, eine neue, rein poetische Bestimmung« (*Le Côté de Guermantes*, II, S. 542/43).
4 Die funktionale Beziehung zwischen diesen Etymologien und den Genealogien von Basin wird von Proust klar angegeben: Die Adligen sind »die Etymologen der Sprache, nicht der Wörter, sondern der Namen« (*Le Côté de Guermantes*, II, S. 532), doch auch Brichot hält sich an die Etymologie der (Orts)Namen. Erinnern wir daran, daß seine Etymologien zwischen den Seiten 888 und 938 von Band II der Pléiade (in *Sodome et Gomorrhe*) verstreut sind. Vorher hatte es ein paar Etymologien des Pfarrers von Combray gegeben (*Du Côté de chez Swann*, I, S. 104-

Gedanken gemacht über ihre Funktion im Roman, und Vendryès, der in diesen Tiraden eine Satire auf die Pedanterie der Sorbonne sah, fügte hinzu, daß sie auch von einer Art Faszination zeugen. Diese Ambivalenz steht außer Frage, die »etymologische Leidenschaft« hat jedoch vermutlich nicht die Bedeutung, die Vendryès ihr gibt, wenn er behauptet, daß »Proust an die Etymologie als eines rationalen Mittels glaubte, in den verborgenen Sinn der Wörter einzudringen und sich dadurch über die Essenz der Dinge zu unterrichten. Dies ist eine Vorstellung«, fügt er hinzu, »die auf Platon zurückgeht, die heute jedoch kein Gelehrter unterstützen würde.«[1] Das heißt, daß man die Etymologien Brichots ohne Zögern mit denen des Sokrates in Zusammenhang brächte und sie in den Dienst von Marcels »kratylischem Bewußtsein«[2] stellte, für den in der Tat, wie wir gesehen haben, *die Essenz der Dinge* durchaus in dem *verborgenen Sinn* ihrer Namen liegt. Betrachtet man nun diese Etymologien und ihre Wirkung auf den Geist des Helden etwas näher, so überzeugt man sich leicht, daß ihre Funktion genau umgekehrt ist. Wie groß ihr wirklicher wissenschaftlicher Wert auch sein mag, es ist offensichtlich, daß sie sich als Korrekturen der Fehler des gesunden Menschenverstandes (oder des Sprachwissenschaftlers aus Liebhaberei, den der Pfarrer von Combray verkörpert), der naiven oder »Volksetymologien«, der spontanen Interpretationen des Imaginären präsentieren und als solche aufgenommen werden. Gegen all dies, folglich gegen den instinktiven Kratylismus des jungen Helden, der überzeugt ist von der Existenz einer unmittelbaren Beziehung zwischen der *aktuellen* Form des Namens und der zeitlosen Essenz des Dings, stellt Brichot, Symbol der neuen Sprachwissenschaft, die enttäuschende Wahrheit der historischen Abstammung, der phonetischen Erosion, kurz, der diachronischen Dimension der Sprache wieder her. Nicht jede Etymologie ist notwendig der *Realität* verpflichtet; jene des Sokrates sind es, weil sie danach streben, durch willkürliche Analysen eine Übereinstimmung zwischen Klang und

---

106), die jedoch noch keine Kritik beinhalteten; sie werden im übrigen häufig von Brichot widerlegt werden. Hinsichtlich des Zusammenhangs zwischen Genealogien und Etymologien kann man eine in gewisser Weise hybride »Offenbarung« festhalten, als Marcel erfährt, daß der Name Surgis-le-Duc nicht von einer herzoglichen Abstammung herkommt, sondern von einer Mesalliance mit einem reichen Fabrikanten namens Leduc (*Sodome et Gomorrhe*, II, S. 706).

1 »Proust et les noms propres«, in *Mélanges Huguet*, Paris 1940, S. 126.
2 Barthes, a. a. O., S. 134.

Sinn herzustellen, die in der globalen Form des Namens nicht deutlich genug aufscheint. Jene von Brichot sind dagegen fast systematisch antirealistisch. Wenn auch *Chantepie* ausnahmsweise der Wald ist, in dem die Elster (*pie*) singt, so ist die Königin (*reine*), die in *Chantereine* singt, ein gemeiner Frosch (*rana*), ob es Monsieur de Cambremer nun paßt oder nicht; Loctudy ist nicht der »barbarische Name«, den der Pfarrer von Combray darin sah, sondern das sehr lateinische *Locus Tudeni*; Fervaches ist, was auch immer die Prinzessin Sherbatoff darüber denken mag, Eaux-chaudes (*fervidae aquae*); Pont-à-Couleuvre beherbergt keinerlei Schlange (*couleuvre* ›Natter‹), es ist Pont-à-Péage (*Pont à qui l'ouvre*, ›Brücke mit Brückenzoll‹); Charlus hat wohl seinen Baum in Saint-Martin-du-Chêne, aber nicht in Saint-Pierre des-Ifs (von *aqua*); in Torpehomme »bezeichnet *homme* keineswegs, was Sie natürlich zu glauben geneigt sind, Baron«, es ist *holm*, das ›kleine Insel‹ bedeutet; und Balbec selbst schließlich hat nichts Gotisches noch Stürmisches, und vor allem nichts Persisches: es ist eine Deformation von Dalbec, aus *dal* ›Tal‹ und *bec* ›Bach‹; und selbst Balbec-en-Terre bedeutet nicht Balbec im Landesinneren, in Anspielung an die paar Meilen, die es von der Küste und seinen Stürmen trennen, sondern Balbec auf dem Kontinent, in Opposition zum Baronat von Douvres, dem es einst unterstellt war: Balbec jenseits des Ärmelkanals. »Nun, wenn Sie jetzt nach Balbec zurückkehren werden, werden Sie wissen, was Balbec bedeutet«, sagt Monsieur Verdurin ironisch; doch seine Ironie trifft nicht nur denjenigen, gegen den sie sich richtet (den pedantischen Brichot), denn auch Marcel hat durchaus lange geglaubt zu wissen, was Balbec »bedeutet«, und wenn die Enthüllungen von Brichot ihn fesseln, so deswegen, weil sie seine alten Überzeugungen vollends zerstören und ihm die heilsame Ernüchterung der Wahrheit einpflanzen. Daher wird er den Charme der Blume sich verflüchtigen sehen, die man in Honfleur (*fjord* ›Hafen‹) nicht mehr sehen darf, und die Drolligkeit des Ochsen (*bœuf*), die man in Bricquebœuf (*budh* ›Hütte‹) nicht mehr suchen darf; so wird er entdecken, daß die Namen nicht individueller sind als die Orte, die sie bezeichnen, und daß der Kontinuität (oder Kontiguität) der einen auf dem »Terrain« die Verwandtschaft der anderen und ihre paradigmatische Organisation im System der Sprache entspricht: »Was mir besonders vorgekommen war, verallgemeinerte sich: Bricquebœuf gesellte sich Elbeuf zur Seite, und ich war tiefbetrübt, selbst in einem Namen, der auf den ersten Blick so individuell schien wie der Ort, wie in dem Namen Pennedepie, in dem mir die für den Verstand am wenigsten erklärbaren Seltsamkeiten seit unvordenklicher Zeit in einer gemeinen Vokabel, köstlich und hart wie manch normannischer Käse, amalgamiert schienen, das gallische *pen* wiederzufinden, das ›Gebirge‹ bedeutet und sich ebenso in Penmarch wie im Appenin wiederfindet.« Wie die Erfahrung der »sichtbaren Welt« entpoetisiert und demystifiziert auch die sprachliche Lehre: Die Ortsnamen werden »eines Mysteriums halb entleert, das die Etymologie durch die Beweisführung [ersetzt].«[1] Tatsache ist, daß nach dieser Lektion die Namenträumereien endgültig aus dem Text der *Recherche* verschwinden: Brichot hat sie buchstäblich *unmöglich* gemacht. Seine Etymologien haben also durchaus eine »emblematische Funktion«, wie Barthes sagt, aber nicht für einen »kratylischen Charakter des Namens«, ganz im Gegenteil: für eine Widerlegung dieses Charakters durch die »Genauigkeiten der Sprachwissenschaft«[2].

Man darf also den *Optimismus des Signifikanten*, den sein junger Held an den Tag legt, nicht unnuanciert Proust selbst zuschreiben: Der Glaube an die Wahrheit der Namen ist für ihn ein zweideutiges Privileg der Kindheit, eine dieser »Illusionen, die zu zerstören sind« und die der Held eine nach der anderen wird bloßlegen müssen, um den Zustand absoluter Ernüchterung zu erreichen, der der letzten Enthüllung vorausgeht und sie vorbereitet. Wir wissen durch einen Brief an Louis de Robert, daß Proust beabsichtigt hatte, die 1913 vorgesehenen drei Teile der *Recherche L'Age des noms*, *L'Age des mots* und *L'Age des choses* (›Das Alter der Namen, der Wörter, der Dinge‹) zu nennen[3]. Wie immer man auch die beiden anderen interpretieren mag, die erste Formel bezeichnet unzweideutig den Fetischismus der Namen als eine Übergangszeit oder vielmehr als einen Ausgangspunkt.[4] Das Alter der Namen ist das, was *Du Côté de chez*

---

1 *Sodome et Gomorrhe*, II, S. 1109.
2 a. a. O., S. 134.
3 André Maurois, *A la Recherche de Marcel Proust*, Paris (Hachette) 1947, S. 270; dt. *Auf den Spuren von Marcel Proust*, übertragen von Uecker-Lutz und Bremer-Wolf unter Mitwirkung von Hans Georg Brenner (Claassen) 1956, Hamburg, auch Frankfurt/M. (Suhrkamp) 1971 (*Bibliothek Suhrkamp* 286).
4 Man kann im übrigen die Spuren eines parallelen Weges zwischen den in der Fallois-Ausgabe des *Contre Sainte-Beuve* (Kap. XIV: »Noms de personnes«) zusammengestellten Entwürfen und der Endfassung der *Recherche* studieren. In ersteren übt die onomastische Widerlegung noch nicht ihre desillusionierende Macht aus: Der Name mancher normannischen Familie »ist in Wirklichkeit provenzalisch. Das hindert ihn nicht daran, für mich die Normandie zu beschwören«; und die »unvermeidliche Enttäuschung unserer Begegnung mit den Dingen, deren Namen wir kannten« darf den »imaginativen Zauber« der Namensträumerei nicht zerstören,

Swann anläßlich der Bitte Blochs Marcel gegenüber, ihn »cher maître« zu nennen, grausamer »das Alter, in dem man glaubt, daß man erschafft, was man benennt«[1] nennt; und »erschaffen« ist hier in seiner naivst realistischen Bedeutung zu nehmen: Die Illusion des Realismus besteht darin zu glauben, das, was man benennt, sei *so, wie man es benennt.*

Eine Art vorweggenommene Verspottung dieser trügerischen »Magie« der Eigennamen findet man vielleicht in *Un Amour de Swann* in den zweideutigen Scherzen, die Charles und Oriane auf der Soirée bei der Marquise de Sainte-Euverte bezüglich des Namens Cambremer austauschen, Wortspiele und Parodien sokratischer Etymologien, hinsichtlich derer man den berühmten Brichot konsultieren möchte: »Diese Cambremers haben schon einen seltsamen Namen. Er hört gerade rechtzeitig auf, aber er nimmt ein schlechtes Ende, sagte sie lachend. – Der Anfang ist auch nicht besser, antwortete Swann. – In der Tat, diese doppelte Abkürzung!... – Da hat jemand, der sehr wütend war, aber wußte, was sich schickt, nicht gewagt, das erste Wort vollständig auszusprechen. – Aber da er wohl nicht anders konnte, als das zweite anzufangen, hätte er lieber das erste beenden sollen, um ein für allemal damit zu Ende zu kommen.«[2] Mit dem Nachteil, den es haben kann, ohne Vorsichtsmaßnahmen das zu öffnen (oder zu zerschlagen), was Proust in *Contre Sainte-Beuve* die »Urne des Unerkennbaren«(S. 278) nennt.

Die *Recherche du temps perdu* enthält also zugleich ein sehr getreues Zeugnis der mimologischen Träumerei und eine bald explizite, bald implizite, aber immer strenge Kritik an dieser Form der Imagination, die in zweifacher Weise als realistische Illusion bloßgestellt wird: in dem Glauben an eine Identität des Signifikats (des »Bildes«) und des Referenten (der Gegend): dies würde man heute die *referentielle Illusion* nennen; in dem Glauben an eine natürliche Beziehung zwischen dem Signifkat und dem Signifikanten: dies könnte man im eigentlichen Sinne die *semantische Illusion* nennen. Wenn diese Kritik sich auch mit manchen Themen der linguistischen Reflexion trifft oder sie vorwegnimmt, so ist sie doch bei Proust darum nicht weniger an die Bewegung und an die Perspektive einer persönlichen

---

ja nicht einmal entwerten. Der kratylische Optimismus ist vielleicht bei Proust, wie bei anderen, spät erloschen.
1 *Du Côté de chez Swann*, I, S. 91.
2 Ibid., S. 341.

Erfahrung gebunden, nämlich den Lernprozeß, der den Erzähler-Helden zur (Proustschen) Wahrheit führt: das Sich-Bewußtwerden unter anderem des Wertes und der Funktion der Sprache, deren kritische Lektion sich eben gerade mit derjenigen des *Kratylos* trifft: daß man nämlich nicht von den Namen ausgehen darf, um die Dinge kennenzulernen, sondern von den Dingen selbst ausgehen muß[1]. Der Proustsche Weg wiederholt getreu denjenigen des Sokrates: vom anfänglichen Mimologismus bis zu seiner Widerlegung am Ende. Und wie Sokrates übernimmt Marcel nacheinander beide Rollen[2]: Aus dem kratylistischen Helden wird (und dieses Werden ist eine der Lektionen dieses »Bildungsromans«) der hermogenistische Erzähler, der zwangsläufig das letzte Wort haben wird, da er »die Feder führt«. Sprachkritik und Triumph der Schrift.

---

1 Diese kritische Schlußhaltung macht darum noch nicht jede Untersuchung der Proustschen Onomastik, die vor allem auf fiktive Orte oder Menschen angewandt wird, ungültig. Ob nun entliehen (wie *Guermantes*) oder geschmiedet (wie *Verdurin*), die Namen sind gut gewählt bei Proust gemäß einer Expressivitätsstruktur, die eben gerade auf dem sekundären Kratylismus beruht. Allerdings muß man diese Sekundarität sehr wohl einräumen, und berücksichtigen, und folglich die Kritik, die sie voraussetzt und enthält: »richtige« Namen schmieden oder entleihen (d.h. versetzen) bedeutet korrigieren und folglich den »Mangel« der meisten realen Namen zugeben. Man darf Prousts Arbeit (künstlicher Motivation) nicht mit Marcels »Illusionen« hinsichtlich einer natürlichen Motivation verwechseln, deren genaues Gegenteil sie in gewisser Weise ist.

2 Von daher vielleicht der doppelte Widersinn, der beharrliche doppelte Mythos des platonschen und des Proustschen »Kratylismus«.

Im Spiel: Die Schrift

Wie so viele andere seit Mallarmé ist Claudel sich vollkommen des Widerspruchs bewußt, der das mimologische Begehren dem wirklichen Funktionieren der Sprache entgegenstellt. Ersteres findet bei ihm seinen unzweifelhaftesten, oder naivsten, Ausdruck in einer Anmerkung der *Art poétique* aus dem Jahr 1904, die an die klassische Tradition vom *Kratylos* bis hin zu den *Mots anglais* anknüpft: »Jedes Wort ist der Ausdruck eines durch das Hinblicken auf einen äußeren Gegenstand gewonnenen psychologischen Zustandes. Es ist eine Geste, die sich in ihre Elemente oder Buchstaben zerlegen läßt. Der Buchstabe, oder genauer der *Konsonant*, ist eine durch die schöpferische Idee, die sie nachahmt, hervorgerufene klanghafte Erscheinung, die Erregung, das Wort. Wie S zum Beispiel die Idee der Trennung anzeigt, so gibt N, hervorgebracht durch die Verschließung der Stimme, indem die Zunge mit ihrem Ende sich an den Gaumen heftet, die Idee eines innerlich erreichten Niveaus, einer Erklärung von Taubheit, von Weigerung in einer verborgenen Fülle. *In, non, hominem, nomen, numen, omnes, nemo, semen, unus, numerus, nos*, griechisch *nous*, die ganze Gruppe *noscere, nasci* [...]. Die Form der Partizipien des Präsens./›Cratylus hat recht, wenn er sagt, daß es natürliche Namen für die Dinge gibt und daß jeder Mensch nicht ein künstlicher Verfertiger von Namen ist, sondern nur derjenige, der überlegt, welcher Name von Natur aus jedem Ding zu eigen ist, und der seine Ideen in den Worten und Silben hervorzubringen vermag.‹ – Platon, *Cratylus*.«[1] Am anderen Ende der Laufbahn stellt eine Passage von 1952 dieser spontanen Gewißheit das Dementi der »Wissenschaft« entgegen, das selbst sogleich von der innersten Überzeugung zurückgewiesen wird: »Jegliche Ausdrucksweise ist Erfindung. Zwischen einem beliebigen Gegenstand, zwischen irgendeiner Tatsache, einer Empfindung oder einer Handlung und

---

1 *Art poétique* (1906), Paris (Mercure de France) 1951, S. 133/34; dt. *Ars poetica mundi*, in Paul Claudel, *Gesammelte Werke* V: *Kritische Schriften*, mit einem Nachwort von Curt Hohoff, Heidelberg (Kerle)/Einsiedeln/Zürich/Köln (Benzinger) 1958, S. 7-99, hier S. 78/79.

ihrer klanglichen und schriftlichen Darstellung bestehen augenscheinlich keine Beziehungen (obwohl ich mit Platon vom Gegenteil überzeugt bin).«[1] Diese Bewegung, die ohne Diskussion das Wissen und die Überzeugung nebeneinanderstellt, ist charakteristisch, und wir werden ihr wiederbegegnen. In seinem Vortrag über die »Harmonie imitative«[2] erörtert Claudel ohne Umschweife das, was er »eines der grundlegenden Probleme der Poesie und der Sprache« nennt, »über das auch nicht ein Arbeiter der Feder nicht veranlaßt gewesen wäre nachzudenken, ich meine die Beziehungen zwischen Klang und Sinn, zwischen Buchstabe und Geist, zwischen der Idee und ihrer lautlichen und graphischen Darstellung, wie sie durch unseren Klangapparat oder durch ein konventionelles Wort, das ich auf dem Papier hinwerfe, gezeichnet wird.«[3] Er evoziert in diesem Zusammenhang (wir wissen es bereits) die »gewaltige Akte«, eröffnet von Platon, die über die arabischen Mystiker, das Jâffr-Alphabet, die Kabbala und die hinduistische Esoterik und den *Jardin des racines grecques* bis zu den *Mots anglais* reicht und in der in verschiedenen Abwandlungen diese magische Überzeugung zirkuliert, »daß man ein Ding herbeiruft, indem man es benennt«. Noch (oder schon) hier bekämpft die negative Meinung des Sprachwissenschaftlers die »Phantasie« des Dichters: »Ich errate, ich verstehe, und bis zu einem gewissen Grade billige ich all diese Proteste, die ein so dreist proklamiertes und angewandtes Prinzip dieser Art in den Reihen der rein wissenschaftlichen Studenten der Sprache und der objektiven Gesetze, nach denen sie sich bemüht haben, ihre Morphologie, wie sie sagen [der typische Verweis auf die vergleichende Grammatik], zu arrangieren, auslösen muß. In den bisweilen, wie man zugeben muß, gewagten Behauptungen eines Mallarmé sehen sie nichts als Phantasie und Willkür. Die Wörter sind für sie das Ergebnis eines langen Entwicklungsprozesses, in dem der Zufall, die Bequemlichkeit, ge-

---

1 »La Poésie est un art« (1952), in *Œuvres en prose*, édition établie par Jacques Petit et Charles Galpérine, Paris (Gallimard) 1973 (*Bibliothèque de la Pléiade*), S. 52, auch in *Œuvres complètes* XVIII: *Accompagnements, discours et remerciements*, Paris (Gallimard) 1961, S. 14-22; dt. »Dichten ist eine Kunst«, in P. Claudel, *Gedanken zur Dichtung*, Auswahl, Übertragung und Nachwort von Edwin Maria Landau, München/Wien (Langen Müller) 1967, S. 47.

2 »L'Harmonie imitative« (1933), in *Œuvres en prose*, S. 95-110, auch in *Œuvres complètes* XVIII, S. 285-302. Es handelt sich um ein Florilegium des Gedichts von de Piis, *L'Harmonie imitative de la langue française* (1785-1788), gewebt aus expressiven Alliterationen.

3 »L'Harmonie imitative«, S. 96.

wisse Verbiegungen, gewisse stimmliche Gewohnheiten, gewisse Verhaltensweisen der Rasse und vor allem gewisse historische Entwicklungen ihren Beitrag geleistet haben, so daß dieses alte Kostüm nur einen ganz und gar konventionellen Bezug zu den Gefühlen des Neuankömmlings hat, der gezwungen ist, es anzuziehen.«[1] Erneut bleibt jedoch die im Prinzip »verstandene und bis zu einem gewissen Grade gebilligte« Widerlegung wirkungslos angesichts der praktischen Forderung des Dichters und des Benutzers: »Auf diese soliden Argumente, auf die Rügen der Grammatiker und der Philologen etwas zu entgegnen, hüten sich der Dichter, der Wortkünstler oder einfach der aus dem Volk stammende Kunde dieses gewaltigen Ladens von Begriffen, gekommen aus allen Ecken des Horizonts und der Geschichte, der unsere französische Sprache ist, aus gutem Grund. Doch er verhält sich genau so, als wäre das entgegengesetzte Prinzip, das heißt die Anpassung des Klanges an den Sinn, eine absolute und unumstößliche Wahrheit, weil es ohne es unmöglich wäre zu sprechen, so wie es unmöglich wäre zu gehen ohne einen Glauben an die Wahrheit des Raumes.«[2]

Angesichts dieses zugegebenen Widerspruchs bieten sich zwei Auswege an, die zueinander in Konkurrenz stehen und deren erster uns bereits vertraut ist: nämlich die poetische Sprache als sekundärer Mimologismus, künstliche und/oder illusorische Kompensation der Arbitrarität des Zeichens. Die semantische Verfassung der »Alltags«sprache wird, nach einer Metapher, die sich bereits bei Mallarmé und Valéry findet, als eine treuhänderische Beziehung mit rein instrumenteller Funktion definiert: »Das will heißen, daß wir im Alltagsleben die Worte nicht recht eigentlich gebrauchen, insofern sie Gegenstände *bedeuten*, sondern insofern sie diese *bezeichnen* und es uns praktischerweise ermöglichen, sie zu nehmen und uns ihrer zu bedienen. Sie liefern uns von diesen Gegenständen eine Art tragbare, grobe Reduktion, einen Wert, so banal wie Geld.«[3] So wie Sartre den poetischen *Sinn* der prosaischen *Bedeutung* gegenüberstellte, stellt Claudel dieser *Bezeichnungs*funktion das poetische Wesen der Sprache gegenüber, welches die wirkliche *Bedeutung* ist:

---

1 Ibid., S. 97.
2 Ibid., S. 98.
3 »Lettre à l'Abbé Bremond sur l'inspiration poétique« (1927), in *Œuvres en prose*, S. 45-49, hier S. 47; dt. »Brief an den Abbé Bremond über die dichterische Eingebung«, in *Gedanken zur Dichtung*, S. 103-107, hier S. 105 (auch in *Gesammelte Werke* V, S. 104-108, hier S. 107).

»Der Dichter aber bedient sich der Worte nicht auf gleiche Weise. Er bedient sich ihrer nicht aus Zweckmäßigkeitsgründen, sondern um aus all diesen Klangphantomen, die das Wort zu seiner Verfügung stellt, ein begreifbares und zugleich Freude erweckendes Gemälde herzustellen.«[1] Die Vereinigung des Begreifbaren und des Freude Erweckenden ist der Einklang und, wenn möglich, die Verschmelzung von Sinn und Klang. Wie für Valéry oder Jakobson setzt dieser Einklang für Claudel eine Art Reaktivierung des Signifikanten voraus, in der die poetische Arbeit im wesentlichen besteht: »Ein Künstler findet in der Sprache stets neue und unerwartete Ressourcen, nicht nur um sein Denken auszudrücken, sondern um ihm die Spannung, die Projektions- und Durchdringungskraft zu geben, die er wünscht. Unter seiner Feder bekommt alles Gewicht, Tiefe und Gestalt. Wenn das Wort, das der Sinn herbeiruft, nicht die Farbe und die Schärfe hat, die das Ohr und die Imagination fordern mochten, verstärkt er es, indem er die Nebenbedeutungen schärft, oder durch eine lebhaftere Gestaltung der Syntax. Wenn das Substantiv erloschen ist, hindert der Strahl, der neben ihm ein unerwartetes Adjektiv erleuchtet, den Leser daran, dessen gewahr zu werden. Bald reißt der Sinn, das Interesse für die Idee den Besucher mit und läßt ihn, ohne daß er es bemerkt, über eine Folge abgestumpfter Vokabeln hinweggleiten, bald lädt ihn das innere fröhlich erwachte Orchester ein und empfängt ihn von Saal zu Saal und von Treppenabsatz zu Treppenabsatz.«[2] Ich habe diese Auferstehung der Sprache (welche die sprachlichen Halluzinationen des *Poème du haschich* beschwört) als eine Bedingung des poetischen Kratylismus, in der Art Jakobsons, präsentiert, und als genau dies fungiert sie auch implizit in diesem Text, in dem sie sich unmittelbar im Anschluß an den Glauben des Dichters an die »Anpassung des Klanges an den Sinn« artikuliert; es würde jedoch ausreichen, sie aus ihrem Kontext herauszulösen, um sie als eine Arbeit ohne andere Zweckbestimmung als der ästhetischen, eine einfache »Akzentuierung der Botschaft« aus reinem Vergnügen am physischen Genuß erscheinen zu lassen[3]; wir finden

---

1 »Lettre à l'Abbé Bremond sur l'inspiration poétique«, S. 47/S. 105/06.
2 »L'Harmonie imitative«, S. 98/99.
3 Dieser Aspekt tritt u. a. deutlich in den »Réflexions et propositions sur le vers français« (1925), in *Œuvres en prose*, S. 4; dt. »Betrachtungen und Gedanken über den französischen Vers«, in *Gedanken zur Dichtung*, S. 61-103, hier S. 61, 62, auf: »Das geschriebene Wort wird für zweierlei Zwecke verwendet: entweder wollen wir im Geist des Lesers einen Zustand der Erkenntnis hervorrufen oder einen Zustand der Freude. [...] Im ersten Fall handelt es sich um Prosa, im zweiten um Dichtung.«

hier, wie bei Valéry und Jakobson, die Ambiguität der so definierten »poetischen Sprache« wieder, die sich stets in einem instabilen Gleichgewicht zwischen dem formalistischen Autotelismus und der mimetischen Durchsichtigkeit befindet.

Die Ehre, die hier der mallarméschen (oder pseudo-mallarméschen) Tradition erwiesen wird, wird jedoch ohne weitere theoretische Folgen bleiben; und man kann darin sogar bereits einige bedeutungsvolle Nuancen oder Dissonanzen ausmachen. Man hat vielleicht vorhin die, in einem solchen Kontext unerwartete, Annäherung zwischen dem »Wortkünstler« und dem einfachen »aus dem Volk stammenden Kunden« – nicht des Gedichts, sondern der Sprache – bemerkt. Die Unterscheidung zwischen dem aktiven Wesen der Sprache (Poesie) und ihrem passiven oder amorphen Wesen (Prosa) wird nicht mehr, wie in dem Dialog zwischen Mallarmé und Viélé-Griffin, mit der Trennung zwischen dem Dichter und »Herrn Jedermann« – und noch weniger zwischen dem Schriftsteller und dem einfachen Sprecher – gleichgesetzt, denn für Claudel gibt es mehr Poesie in der Sprache des Volks als in den meisten geschriebenen Texten: »Diese Arbeit der Angleichung und Auswahl, der sich unser Ausdrucksbedürfnis am fertigen Material hingibt, das uns zur Verfügung gestellt wird, ist nicht den Professionellen vorbehalten. Schon beim flüchtigsten Hinschauen kann man feststellen, daß in der Ausarbeitung der Wörter, aus denen unsere modernen Sprachen bestehen, in dem Repertoire, aus dem wir uns heute unsere Kommunikationsmittel holen, nicht die reine Idee, das intellektuelle Konzept, das realisierte Bild die Hauptrolle gespielt haben, sondern die expressive und phonetische Bequemlichkeit. Wir wollen, wie man sagt, mit einem Wort, einem Ausdruck den Mund voll haben. Wir wollen ihn unter unserer Zunge, zwischen unseren Zähnen besitzen, und bisweilen, wenn ich so sagen darf, aus vollem Halse, wie ein Werkzeug, das gut in der Hand des Arbeiters liegt und eins mit ihr wird. Von daher diese Spiele, die den Gelehrten der Etymologie so häufig in Verzweiflung bringen, von daher dieser verblüffende Erfolg vulgärer und abgewiesener Wörter, wie des Wortes *tête* beispielsweise. Von daher die Scheidung zwischen der geschriebenen und der gesprochenen Sprache, bei der letztere, ich scheue mich nicht, es zu sagen, fast immer recht hat.«[1]

Man weiß, wie sehr Claudel die »Grammatik« als Hüterin der

---

1 »L'Harmonie imitative«, S. 99.

»Korrektheit« (*correction*), die jede Spracherfindung von seiten des Schriftstellers wie des Sprechers aus dem Volk kastriert, verachtete.¹ An die Stelle der einfachen Opposition zwischen Poesie und Alltagssprache setzt er also, nach der Art Pascals, eine dreigliedrige »Abstufung« mit einer Umkehrung des Für und Wider: Das Volk, das dem Sprachinstinkt folgt, ist ebendadurch im Besitz der poetischen Wahrheit; die Halbgeschickten, die den Instinkt verloren haben und den strikten Befehlen von Léopold Auguste folgen, befinden sich im Irrtum; der Dichter, in einer gelehrten Unwissenheit, die bekannt ist, weist die falschen Korrektheiten, die zur Sterilität führen, zurück und erlangt den Instinkt des Volkes zurück; die beiden »Extremitäten« vereinigen sich in der Wahrheit und lassen diejenigen »dazwischen« die Fachleute spielen und über alles schlecht urteilen. Die auf diese Weise als »instinktive Regung der Sprache«² definierte Poesie ist also nicht mehr Sache von Spezialisten, und man kann sogar zögern, sie als *Kunst* im strikten Sinne (*techne*) zu definieren, da sie sich überall im Naturzustand befindet, überall, wo die natürliche Bewegung der Sprache fortbesteht: »Sowenig wie die Eingebung ist die Dichtung ein Phänomen, das nur einer kleinen Zahl von Bevorzugten vorbehalten ist. Sowenig wie die Farben den Malern vorbehalten sind. Wo immer es Sprache, wo immer es Worte gibt, gibt es auch Dichtung im verborgenen Zustand. Das ist noch nicht genug gesagt, und ich bin geneigt hinzuzufügen: wo immer ein Schweigen herrscht, ein bestimmtes Schweigen, wo immer es ein Aufmerken gibt, ein bestimmtes Aufmerken, und vor allem wo immer es eine *Beziehung* gibt, diese geheime Beziehung, die ganz anderer Natur als die Logik und auf wunderbare Weise fruchtbar ist, Beziehung zwischen den Dingen, Personen und Vorstellungen, die man auch als *Analogie* bezeichnet und woraus die Rhetorik die Metapher entwickelt hat, gibt es auch Dichtung. Das Gefüge selbst der Sprache, und demzufolge auch des Denkens, ist aus Metaphern gebildet... Dichtung gibt es überall. Es gibt sie überall, ausgenommen bei schlechten Dichtern.«³

---

1 Siehe »Réflexions et propositions sur le vers français«, S. 41/S. 99/100, und »Introduction à quelques œuvres«, in *Œuvres complètes* XVIII, S. 355; dt. »Einführung zu einigen Werken«, in *Gedanken zur Dichtung*, S. 358-368; und natürlich *Le Soulier de satin* (*Der seidene Schuh*), Dritter Tag, Szene II.
2 »Réflexions et propositions sur le vers français«, S. 41/S. 100.
3 »La Poésie est un art« (1952), S. 54/S. 50. Das Paradox liegt im Titel dieses Textes: *Dichten ist eine Kunst*.

Eine solche Haltung ist an sich nicht sehr originell, das ist das wenigste, was man sagen kann: Wir finden hier einen romantischen Topos, dem wir beispielsweise bei Nodier begegnet sind und der Claudel, wie eine ganze Reihe anderer Merkmale eines pseudopopulistischen Antiintellektualismus, mit einer vormallarméschen Tradition verbindet, die er im übrigen mit zahlreichen Zeitgenossen aller Richtungen teilt. Doch sie ist nicht ohne Einfluß auf die spezifische Orientierung seines Kratylismus – die in gewisser Weise bereits der Verweis auf Nodier recht deutlich macht: Den technischen und künstlichen Charakter der poetischen Sprache leugnen oder abzuschwächen bedeutet gleichzeitig, der Lösung des *sekundären* (poetischen) Mimologismus den Rücken kehren, da dieser per definitionem aus einem Kunstgriff besteht, aus einer Arbeit an der Sprache, die sie verändert und sie korrigiert, und sei es, um sie zu ihren ursprünglichen Tugenden zurückzuführen. Claudel nimmt, wie wir gesehen haben, die Sprache, wie sie (geworden) ist, und in diesem Zustand will er sie ihrer poetischen Funktion zurückgeben oder vielmehr überlassen. Von daher diese vorhersehbare Kehrtwendung, die eine Rückkehr zu dem Kratylismus ist, der allein mit derartigen Prämissen vereinbar ist, dem *primären* Mimologismus, angewendet nicht auf den Vers, sondern eben auf die Sprache. Doch da ihrerseits die bereits zugegebene wissenschaftliche Widerlegung daran hindert, »ernsthaft« eine solche Position zu vertreten, bleibt nur noch ein Weg, den vorhin bereits diese charakteristische Behauptung ankündigte: Der Dichter oder der aus dem Volk stammende Kunde hütet sich sehr wohl, die hermogenistische These zu verwerfen, allein, er »verhält sich genau so, als« hätte diese These keinerlei Einfluß auf ihn: Er *tut so*, als ignoriere er sie, und wird folglich einen Mimologismus praktizieren, den man als *fiktiv* bezeichnen kann. Fiktiv, und nicht *nachgemacht* (*factice*): Der sekundäre Mimologismus der symbolistischen Theoretiker ist nachgemacht in dem Sinne, daß er auf die Sprache wirkt oder zu wirken behauptet, um ihr eine mimetische Kraft zu verleihen, die sie nicht hat, oder um dies seinem Leser zumindest (Valéry) vorzuspiegeln. Ihr spezifischer Modus gehört also dem Bereich des *So-tun-Daß* an. Derjenige des fiktiven Mimologismus besteht, wie Claudel deutlich sagt, im *So-tun-als-Ob*, wobei er ganz genau, oder fast, weiß, daß dem nicht so ist: Es ist keine Arbeit mehr, es ist ein *Spiel*: »[...] ein kleines Spiel, dem Sie sich diesen Sommer hingeben können, auf dem Land, wenn der Regen die Spaziergänge verbietet. Letztlich taugt es genauso viel wie die Bilderrätsel oder die Kreuzworträtsel«; »Vergnügung eines Regentages«[1]; »Vergnügen, an der Sie teilhaben zu lassen ich glücklich wäre«[2], etc. Wohlgemerkt, der Anteil des Spiels war bereits in den *Mots anglais*, im *Dictionnaire des onomatopées* und selbst im *Kratylos* offensichtlich, wo der ironische Verweis auf die Inspiration durch Eutyphron wie ein halbes Geständnis wirken konnte, und man kann in der spielerischen Komponente gleichsam eine Konstante der kratylischen Tradition sehen. Niemals jedoch war sie so klar zur Schau gestellt worden, selbst wenn sich unter diese Zurschaustellung, wie es sich gehört, der Anspruch auf eine »Parzelle Wahrheit«[3] mischt: Ist diese Parzelle nicht ihrerseits Teil jeder Definition des Spiels?

Und hier nun ein zweites spezifisches Merkmal, das uns unmittelbar zu dem führt, was den Claudelschen Kratylismus am meisten kennzeichnet: Man wird bei ihm sozusagen keinerlei mimetische »Phantasie« finden, die durch die lautliche Realität der Sprache inspiriert ist.[4] Das Claudelsche Spiel erstreckt sich im wesentlichen auf die *Schrift*. Der Vortrag über de Piis, der gleichwohl zwangsläufig, wie sein Anlaß es verlangt und sein Titel ankündigt, der imitativen Harmonie gewidmet ist, bietet auf seinen ersten Seiten eine sehr aufschlußreiche Abweichung: Nachdem er die uns bekannte allgemeine Theorie dargelegt hat, gibt Claudel zu, daß sie ihn etwas von seinem Gegenstand abgebracht hat, und lockt seine Zuhörer sogleich in »erneute Schleifen«; er zitiert das Sonett über die »Voyelles« und schlägt dann vor, diese »visuelle Interpretation« auf die Konsonanten auszuweiten. »Natürlich kann man«, fügt er hinzu, »einem Konsonanten keine Farbe geben. Doch liegt es nicht auf der Hand, daß jeder von ihnen, daß jeder Buchstabe generell eine unterschiedliche Dynamik hat, daß er nicht auf dieselbe Weise *arbeitet* [...].« Es folgen vier Seiten, auf die wir zurückkommen werden, mimetischer Interpretationen von Buchstaben und geschriebenen Wörtern. In einer paradoxen Bewegung, der wir jedoch bereits bei de Brosses und Gébelin begegnet sind und auf die wir nachher zurückkommen werden, verbindet sich die Aufwertung des Konsonanten (im Prin-

---

[1] »L'Harmonie imitative«, S. 102; »Idéogrammes occidentaux« (1926), in *Œuvres en prose*, S. 90, auch in *Œuvres complètes* XVIII, S. 303-314.

[2] Fragment eines Vortragstextes aus dem Claudel-Archiv, mitgeteilt in den Anmerkungen zu dem Essai »Les Mots ont une âme« in *Œuvres complètes* XVIII, S. 457/58, hier S. 457.

[3] Ibid.

[4] Mit Ausnahme der bereits zitierten Anmerkung zur *Art poétique*.

zip ein rein lautlicher Begriff) unvermeidlich mit einer Aufwertung des »Buchstabens generell«, das heißt des graphischen Aspekts der Sprache.

Natürlich berücksichtigt Claudel auch hier, und sogar noch stärker, auf seine Weise den linguistischen Einwand. Auf seine Weise, was bedeutet, daß er auf ihn hinweist, ihm sehr kühl die Ehre erweist und über ihn hinweggeht: »Ich weiß nur zu gut, was die Philologen mir entgegenhalten könnten. Ihre Argumente wären noch erdrückkender gegen den Symbolwert des geschriebenen Zeichens als gegen denjenigen des lautlichen Zeichens. Und dennoch wird keine Demonstration einen Dichter je überzeugen können, daß es nicht eine Beziehung zwischen dem Klang und der Bedeutung eines Wortes gibt, andernfalls bliebe ihm nichts weiter übrig, als auf seinen Beruf zu verzichten. Und ist es denn so absurd zu glauben, daß das Alphabet der kurzgefaßte Abriß und der Überrest aller Akte, aller Gesten, aller Haltungen und folglich aller Gefühle der Menschheit im Schoß der Schöpfung, die ihn umgibt, ist?«[1] Einmal suggeriert er sogar, daß die graphische Mimesis beständiger sei als die andere, weil sie »dem großen Einwand der Philologen gegen die Analogie« entgeht (und ihn indirekt beantwortet), »die alle Dichter zwischen dem Klang und der Bedeutung der Wörter annehmen, ich meine die Homonyme. Es gibt beispielsweise keinerlei Beziehung zwischen *eau* ›Wasser‹ und *haut* ›hoch‹, *être* ›sein‹ und *hêtre* ›Buche‹, zwischen *mon* ›mein‹ und *mont* ›Berg‹, und dennoch ist der Klang dieser Wörter absolut identisch. Nun erlaubt uns die orthographische Anatomie dieser Vokabeln Buchstabe für Buchstabe, ihren Aufbau auf sehr viel genauere Weise zu verstehen, als es durch ihre einfache Explosion dem Ohr möglich wäre.«[2] In Wahrheit ist der (faktische) »große Einwand« der Philologen eher die Synonymie, und insbesondere die Synonymie zwischen den Sprachen (*cheval/horse*), gegen den die Graphie keinerlei Hilfe ist; Claudels Argumentation ist darum jedoch innerhalb ihrer Grenzen keineswegs weniger triftig: Es gibt keine, oder fast keine, graphischen Homonyme, und die Graphie erlaubt es tatsächlich, all das zu individualisieren, was im Lautlichen dazu neigt zu verschmelzen. Eine ganz spontane Zuflucht übrigens, denn »die Wahrnehmung eines Wortes, das wir

---

1 »Idéogrammes occidentaux«, S. 90. Man beachte hier die Uneinigkeit mit Mallarmé, der aus dem Mangel der Sprache im Gegenteil die *raison d'être* der Poesie machte.

2 *Œuvres complètes* XVIII, S. 457.

aussprechen und das wir hören, ist nicht nur für einen Zivilisierten ein Faktum des Ohres und des Mundes. Es mischt sich stets eine gewisse graphische Darstellung mit hinein, die uns daran hindert, gleiche Laute mit verschiedener Bedeutung zu verwechseln.«[1]

Wir sind jetzt also, nach einer Abwesenheit von mehr als einem Jahrhundert[2], zum Kratylismus der Schrift, zur mimographischen

---

1 Ibid., S. 458.
2 Hugo hatte sich neben anderen durchaus an einer »hieroglypischen« Interpretation des Alphabets versucht; die allerdings nicht den Anspruch erhob, die »Bedeutung« der Buchstaben (einfache – und evidente – figurative Virtualität) bis in die Konstitution der geschriebenen Wörter hinein zu investieren. Ich rufe dennoch diesen Text (»Voyage de Genève à Aix«, 24. 9. 1839) in Erinnerung (V. Hugo, *Œuvres complètes*, édition chronologique publiée sous la direction de Jean Massin, Paris (Club français du livre), VI, S. 715), der hier und da unwillkürlich bei Claudel, bei Leiris, bei Ponge nachklingen wird:

»Haben Sie bemerkt, wie sehr das Y ein malerischer Buchstabe ist, der Bedeutungen ohne Zahl hat? –

Der Baum ist ein Y; die Gabelung zweier Straßen ist ein Y; der Zusammenfluß zweier Flüsse ist ein Y; ein Esels- oder Ochsenkopf ist ein Y; ein Glas auf seinem Fuß ist ein Y; eine Lilie auf ihrem Stengel ist ein Y; ein Flehender, der die Arme zum Himmel erhebt, ist ein Y.

Im übrigen kann man diese Beobachtung auf all das ausdehnen, was auf elementare Weise die menschliche Sprache ausmacht. All das, was in der demotischen Sprache ist, ist durch die hieratische Sprache in sie gegossen worden. Die Hieroglyphe ist die notwendige Wurzel des Schriftzeichens. Alle Buchstaben sind zuerst Zeichen gewesen, und alle Zeichen sind zuerst Bilder gewesen. Die menschliche Gesellschaft, die Welt, der Mensch insgesamt ist im Alphabet. Die Freimaurerei, die Astronomie, die Philosophie, alle Wissenschaften haben dort ihren Ausgangspunkt, unmerklich, aber real; und das muß sein. Das Alphabet ist eine Quelle. – A ist das Dach, der Giebel mit seinem Querbalken, das Brückenjoch, *arx*; oder es ist die Umarmung zweier Freunde, die sich küssen und die sich die Hand schütteln. D ist der Rücken, B ist das D auf dem D, der Rücken auf dem Rücken, der Buckel; C ist die Mondsichel, ist der Mond; E ist der Unterbau, der rechte Fuß, die Konsole und der Vordersteven, die ganze Deckenarchitektur in einem einzigen Buchstaben; F ist der Stützbalken, die Gabel, *furca*; G ist das Horn; H ist die Fassade des Gebäudes mit seinen zwei Türmen; I ist die Kriegsmaschine, die ihr Geschoß schleudert; J ist die Pflugschar und das Füllhorn; K ist der Reflexions- gleich Einfallwinkel, einer der Schlüssel der Geometrie; L ist das Bein und der Fuß; M ist das Gebirge oder es ist das Feldlager, das Zeltpaar; N ist die mit ihrem Schrägbalken verschlossene Tür; O ist die Sonne; P ist der Lastträger, aufrecht mit seiner Last auf dem Rücken; Q ist die Kruppe mit dem Schwanz; R ist die Ruhe, der Lastträger, gestützt auf seinen Stock; S ist die Schlange; T ist der Hammer; U ist die Urne; V ist die Vase (daher kommt, daß man sie häufig verwechselt); was das Y ist, habe ich bereits gesagt; X, das sind die gekreuzten Klingen, das ist der Kampf; und wer wird der Sieger sein? man weiß es nicht; daher haben die Hermetiker X als das Zeichen des Schicksals genommen, die Algebraiker als das Zeichen des Unbekannten; Z ist

Träumerei zurückgekehrt (aber unter spielerischen Vorzeichen). Hier wie anderswo eröffnet sich sofort eine Wahl zwischen dem Phonomimographismus (im Stile Wachters) und dem Ideomimographismus (im Stile Rowland Jones'). Bereits der Titel von Claudels Hauptbeitrag zum kratylischen Korpus, »Idéogrammes occidentaux«, reicht aus, um die Richtung seiner Parteinahme anzudeuten; doch die Versuchung des *visible speech* ist ihm nicht gänzlich unbekannt: »Muß man glauben, daß die Beziehung zwischen der phonetischen Geste und dem geschriebenen Zeichen, zwischen dem Ausdruck und dem Ausgedrückten quer durch die ganze sprachliche Genealogie rein zufällig und willkürlich ist? – oder daß im Gegenteil alle Wörter durch eine unbewußte Zusammenarbeit des Auges und der Stimme mit dem Gegenstand gebildet sind und daß die Hand zur gleichen Zeit zeichnet, wie der innere Mund zurückruft? Ist nicht beispielsweise jeder Vokal das Porträt des Mundes, der ihn ausspricht? Für das o ist dies offensichtlich, ebenfalls für das u, das nichts anderes ist als zwei vorgeschobene Lippen; und gilt dies nicht auch für das a, das nur ein verbreitertes, erhöhtes o ist, unterstrichen durch den seitlichen Strich wie durch einen Finger, der zeigt [man muß hier natürlich an das handgeschriebene *a* denken], für das e, das eine um die Hälfte reduzierte Öffnung ist, und schließlich für das i, das das Porträt eines gespaltenen Mundes und des von der Zungenspitze zwischen die Zähne gestellten Punktes ist?«[1] Wir begegnen hier dem uralten Thema wieder, das bis in manche Beispiele hinein von Molière im *Bürger als Edelmann* verspottet worden ist; hier jedoch noch nachdrücklicher, und allgemeiner, da auf die Konsonanten ausgedehnt: »Es scheint ziemlich wahrscheinlich [...], daß die Buchstaben ursprünglich eine Art schematische Zeichnung unseres Sprechappa-

---

der Blitz, ist Gott.

So also zuerst das Haus des Menschen und seine Architektur, dann der Körper des Menschen und seine Struktur und seine Mißbildungen; dann die Justiz, die Musik, die Kirche, der Krieg, die Ernte, die Geometrie; das Gebirge; das Nomadenleben, das Klosterleben; die Astronomie; die Arbeit und die Ruhe; das Pferd und die Schlange; der Hammer und die Urne, die man zerstört und die man zusammenfügt und woraus man die Glocke macht; die Bäume, die Flüsse, die Wege; schließlich das Schicksal und Gott, all dies also enthält das Alphabet.

Es könnte auch sein, daß für einige dieser geheimnisvollen Erbauer der Sprachen, welche die Fundamente des menschlichen Gedächtnisses bauten und die das menschliche Gedächtnis vergißt, das A, das E, das F, das H, das I, das K, das L, das M, das N, das T, das V, das Y, das X und das Z nichts anderes waren als die verschiedenen Träger des Gebälks des Tempels.«

1 »Idéogrammes occidentaux«, S. 90/91.

rates im Augenblick, in dem er jeden einzelnen ausspricht, gewesen sind. Derselbe Grund, der den Sprecher dazu geführt hat, sich dieses oder jenes Lautes zu bedienen, um diese oder jene Idee auszudrükken, findet sich in der graphischen Darstellung dieser oralen Geste wieder, ich meine im Buchstaben.«[1] Man bemerkt jedoch schon in diesem letzten Satz, wie man es vorhin auch bei der Hypothese einer »unbewußten Zusammenarbeit des Auges und der Stimme mit dem Gegenstand« ahnen konnte, etwas, das, ebenfalls unbewußt, oder undeutlich, die reine Nachahmung des Klangs durch den Buchstaben übersteigt, welche die vorangegangenen Beispiele illustrierten: Tatsächlich handelt es sich hier um eine kombinierte Nachahmung des Gegenstands durch den Klang und den Buchstaben; wir befinden uns nicht mehr bei Wachter, sondern bei Gébelin, in der »Zusammenarbeit« – und der *indirekten* Ähnlichkeit – zwischen Ideophon und Ideogramm; welches von nun an ungeteilt den Claudelschen Kratylismus dominieren wird.

Dessen Modell, oder zumindest Ursprung, ist natürlich die chinesische Schrift, wie Claudel sie während seines Aufenthaltes in China (1895-1909) und später in Japan (1922-1927) entdeckt und Umgang mit ihr gehabt hat (wenn er sie auch nicht wirklich praktisch beherrscht hat) – und wie ihn die Lektüre von P. P. Wieger und Tchang Tcheng Ming[2] sie nach seinem Wunsch zu interpretieren ermutigte, das heißt als eine mimetische Ideographie ohne Spur von Phonetismus. Das chinesische Logogramm spielt im 20. Jahrhundert typischerweise, und gemäß der gleichen Einbildung, die Rolle eines bestätigenden Mythos und eines exotischen Pfandes, wie sie vor Champollion die ägyptische »Hieroglyphe« gespielt hatte.[3] Claudel legt übrigens bereitwillig eine gewisse Distanziertheit diesen Fürsprechern gegenüber an den Tag: Das »köstliche« Buch Wiegers über den Übergang »vom Bild zum Zeichen« ist für ihn eine »unerschöpfliche Quelle des Interesses und des Vergnügens«, seine mimetische Interpretation ist »amüsant«; bei Tchang Tcheng Ming findet er »kleine unendlich lebendige und amüsante Zeichnungen«. Aber der

---

1 *Œuvres complètes* XVIII, S. 457.
2 P. Wieger, *Caractères chinois – Leçons étymologiques* (1923); P. B. Tchang Tcheng Ming, *L'Écriture chinoise et le geste humain* (1937).
3 Man weiß, was Ezra Pound und einige andere mit den auf schwachen Füßen stehenden Theorien Fenellosas angestellt haben, und kennt den anhaltenden Rückgriff, *passim*, auf die chinesische Logographie als Modell einer vom Wort, ja von der Sprache unabhängigen Schrift.

Gültigkeitsgrad dieser Vermutungen ist im Grunde ohne Bedeutung, denn sie sind jedesmal nur ein Ausgangspunkt für ein anderes, noch gewagteres, aber viel amüsanteres Spiel: die Anwendung der mimographischen Hypothese auf die »abendländische« Schrift selbst, in diesem Fall das lateinische Alphabet – oder, genauer, wie wir sehen werden, auf die nach dem lateinischen Alphabet geschriebenen Wörter: »Ich bin veranlaßt gewesen, mich zu fragen, ob man nicht in unserer abendländischen Schrift ebenfalls eine gewisse Darstellung der Gegenstände, die sie bedeutet, finden könnte.«[1] »[...] und mit einem Mal kam mir die Erleuchtung. Aber wir haben ja auch Ideogramme, und unsere Sprachen sind ebenso geeignet wie das Chinesische, eine graphische Darstellung der Gegenstände zu geben.«[2] »All dies ist nur ein allzu summarisches Resumee eines reichen und faszinierenden Themas, einzig dazu bestimmt, als Vorwort zu einer Art Entdeckung zu dienen, die ich, ein unverbesserlicher Fachmann der Feder, begründet oder nicht in unserer abendländischen Schrift gemacht habe./ Daß nämlich auch sie Ideogramme enthält!«[3]

So entsteht die spielerische Hypothese des abendländischen Ideogramms. Doch wenn man das sehr spezifische Wesen ihres Funktionierens deutlich erfassen will, muß man zunächst all das berücksichtigen, was für Claudel die beiden auf diese Weise gegenübergestellten Schriften unterscheidet. Die Gegenüberstellung geht auf die bewundernswerte »Religion du signe«[4] zurück, die die »römische Letter« als wesensmäßig vertikal dem chinesischen Schriftzeichen, wesensmäßig horizontal, gegenüberstellt – Merkmale, die später von der kompensatorischen Anordnung der lateinischen Schrift in horizontalen Linien und der chinesischen in vertikalen Kolonnen bestätigt werden[5]. Die Horizontale symbolisiert die Stetigkeit von »jedem Ding, das allein im Parallelismus zu ihrem Prinzip eine hinreichende Daseinsberechtigung findet«; die Vertikale »gibt die Handlung an und setzt die Bejahung«: sie ist punktuell, flüchtig. Das chinesische

---

1 »Idéogrammes occidentaux«, S. 81/82.
2 »L'Harmonie imitative«, S. 101.
3 »La Figure, le mouvement et le geste dans l'écriture en Chine et en Occident« (Text geschrieben nach der Lektüre des oben genannten Buches von Tchang Tcheng Ming), in Œuvres complètes XVIII, S. 454-457, hier S. 455.
4 (1896), in Connaissance de l'Est, Paris (Mercure de France) 1929, S. 61-66; dt. »Zeichenreligion«, in P. Claudel, Erkenntnis des Ostens, deutsch von Eduard Plüss, Zürich (Arche) 1977, S. 48-52 (auch in Gesammelte Werke IV: Länder und Welten, mit einem Nachwort von Carl J. Burckhardt, Heidelberg 1960, S. 133-136.
5 »Idéogrammes occidentaux«, S. 89.

Schriftzeichen zeigt »ein schemenhaftes Wesen«, »eine Schriftperson« an, es ist unbeweglich und synthetisch; die Letter ist dagegen ihrem Wesen nach »zerlegend: jedes Wort, das sie bildet, ist ein fortlaufender Ausdruck von Feststellungen, die Auge und Stimme buchstabieren«.[1] Als er diesen Text 1925 in seinem Vortrag über die »Philosophie du livre«[2] wiederaufnimmt, insistiert Claudel auf dem Kontrast zwischen der »Starrheit« des chinesischen Wortes, »diesem abstrakten Bild des Gegenstandes« in seiner »strahlenden und überdauernden Bedeutung«, und der Beweglichkeit des abendländischen Wortes, »ein schlecht beschwichtigtes Teilstück des Satzes, ein Abschnitt auf dem Wege zum Sinn, eine Spur der flüchtigen Vorstellung. Es fordert uns dazu auf, nicht selber stehenzubleiben, sondern die Bewegung der Augen und des Gedankens bis zum Endpunkt fortzusetzen.«[3] Das auf diese Weise gesetzte Thema (unbeweglicher Orient, dynamischer Okzident) ist von großer Banalität, uns interessieren hier jedoch dessen skripturale Induktoren. Sie bestätigen und präzisieren sich 1926 im Schluß von »Idéogrammes occidentaux«, den man auf diese drei Grundoppositionen reduzieren kann: analytisch *vs* synthetisch; Akt, Bewegung *vs* unbewegliches Wesen[4]; vertikal *vs* horizontal. Claudel wird noch 1938 auf die »innere Immobilität« der chinesischen Schrift zurückkommen, »ganz verschieden von dieser beständigen Spur, welche die Metallspitze zwischen unseren Fingern von unserer Persönlichkeit im Begriff, sich zu erklären, hinter sich zurückläßt. Wenn, *Es ist drei Uhr* schreibend, meine Feder am Ende des Satzes ankommt, ist es schon nicht mehr drei Uhr. Doch die drei Striche des chinesischen Pinsels reichen aus, um diesen kurzen Augenblick der Substanz der Ewigkeit einzuschreiben. Es ist nicht nur drei Uhr, es wird vielmehr jedesmal, wenn ein menschliches Auge sich auf diese intellektuelle Zeichnung richten wird, niemals aufhören, drei Uhr zu sein.«[5] Claudel schreibt dieses Merkmal der »Art von Faszination« zu, die auf ihn dieser Schrifttyp ausübt. Eine Faszination jedoch, die, wie wir sehen werden, gleichwohl nicht das Zeichen einer wirklichen Zustimmung ist.

---

1 »Zeichenreligion«, S. 48, 49.
2 (1925), in *Œuvres en prose*, S. 68-81; dt. »Die Philosophie des Buches (Vortrag zur Buchmesse von Florenz 1925)« in *Gedanken zur Dichtung*, S. 107-120.
3 Ibid., S. 111.
4 »Idéogrammes occidentaux«, S. 89/90; Claudel neutralisiert hier die 1896 geäußerte Opposition zwischen vertikal = Handlung und schräg = Bewegung. Die abendländische Schrift ist jetzt gleichermaßen gerade oder »geneigt«.
5 *Œuvres complètes* XVIII, S. 454.

Diese verschiedenen kontrastiven Züge lassen sich recht gut auf einen einzigen zurückführen, der die vorgebliche unteilbare *Einheit* des chinesischen Schriftzeichens der *Teilbarkeit* seines abendländischen Äquivalents gegenüberstellt. Man wird, trotz der ein- oder zweimal vorgeschlagenen Parallele zwischen Schriftzeichen und *Buchstabe*, ohne Mühe daraus folgern, daß dieses Äquivalent nicht der Buchstabe ist, sondern das *Wort*. Diese offensichtliche Binsenwahrheit (da jeder weiß, daß die chinesischen Schriftzeichen Wörter notieren) ist nicht ohne Bedeutung für uns, denn sie unterscheidet deutlich Claudels Haltung von derjenigen, beispielsweise, eines Jones oder eines Gébelin, die sich zunächst und vor allem für die Bedeutung der Buchstaben interessierten, auf die Gefahr hin, sekundäre Bestätigungen in den Vokabeln zu suchen, die sie als Additionen und Kombinationen buchstäblicher Bedeutungswerte ansehen. Claudels graphischer Mimologismus ist dagegen seinem Wesen nach[1] lexikalisch, wie der lautliche Mimologismus Nodiers. Die abendländischen Pendants der chinesischen Schriftzeichen sind für ihn durchaus die Wörter, behandelt als Mimographien und, wenn ich so sagen darf, skripturale onomatopoetische Ausdrücke; ebenso kann man in seinen Listen von Ideogrammen[2] von einer Nuance abgesehen, auf die wir gleich zurückkommen werden, das graphische Pendant zum *Dictionnaire* von Nodier sehen. Diese spezifische Haltung, die meines Wissens ohne Vorbild in der Tradition, aber nicht ohne Wurzeln in der allgemeinen Sprachimagination ist, ist zutreffend von Charles Bally beschrieben worden: »Man weiß, daß die geschriebenen Wörter, vor allem in den Sprachen mit launenhafter und willkürlicher Orthographie, wie dem Englischen und dem Französischen, für das Auge die Gestalt globaler Bilder annehmen,

---

1 Aber nicht ausschließlich, wie wir sehen werden.
2 Und zwar: etwa sechzig Artikel, jeder nur ein paar Zeilen lang, in den »Idéogrammes occidentaux« (1926) (*Œuvres en prose*, S. 81-91), etwa fünfzig flüchtigere in »Les Mots ont une âme« (1946) (ibid., S. 91-95), etwa zehn in »L'Harmonie imitative« (1933) (ibid., S. 95-110), etwa zwanzig im Band XVIII der *Œuvres complètes* und zusätzlich ein paar verstreut hier und da in den *Conversations dans le Loir-et-Cher* (*Œuvres en prose*, S. 667-819) und im *Journal*; insgesamt, unter Abzug der Wiederholungen (manche Varianten sind allerdings der Beachtung wert), etwa hundertzwanzig Glossen. Wenn nicht anders angegeben, entstammen die unten zitierten Beispiele den »Idéogrammes occidentaux«. Siehe die Studie von Jean-Claude Coquet, »La Lettre et les idéogrammes occidentaux«, in *Poétique* 11 (1972), S. 395-404, wiederaufgenommen in J.-C. Coquet, *Sémiotique littéraire – Contribution à l'analyse sémantique du discours*, Tours (Mame) 1973, S. 131-145.

von *Monogrammen*; doch darüber hinaus kann dieses visuelle Bild recht und schlecht mit seiner Bedeutung assoziiert werden, so daß das Monogramm zum *Ideogramm* wird; diese Annäherungen sind meist kindisch, doch die Sache ist an sich gar nicht so belanglos. Manche behaupten, *lys* wäre schöner als *lis* ›Lilie‹, weil das *y* darin den Stiel der Blume abbildet, die in den Konsonanten erblüht. Andere werden sagen, daß eine vage Ähnlichkeit zwischen dem Auge und dem französischen Wort, das es bezeichnet (*œil*), bestehe. Für Herrn Paul Claudel [...].«[1] Wir werden selbst noch zu diesen Beispielen kommen, zunächst müssen wir jedoch ermessen, was das Claudelsche Ideogramm von der Nodierschen Mimologie (und, wie wir gesehen haben, vom chinesischen Schriftzeichen, wie Claudel es sieht) trennt: Der Abstand ergibt sich aus dem analytischen oder vielmehr analysierbaren Charakter des geschriebenen Wortes. Der onomatopoetische Ausdruck wird meist als ein global mimetisches Wort verstanden, in dem jedes Lautelement nicht getrennt für sich allein jeweils ein Semelement des Gegenstandes nachahmt: Man wird beispielsweise sagen, daß *ruisseau* rauscht wie der Bach, man wird jedoch nicht, zumindest nicht spontan, ein bestimmtes Phonem einem bestimmten Tropfen oder einem bestimmten Kiesel zuweisen. Für Claudel ist das lateinische Ideogramm im Gegenteil ein komplexes Symbol, in dem jeder Buchstabe im Prinzip ein Sinnelement repräsentiert[2]. Seine Lektüre ist im wesentlichen eine Analyse[3], und

---

1 *Linguistique générale et linguistique française*, 4. Aufl. Bern (Francke) 1965, S. 133. Halten wir fest, daß Bally, wie Claudel, *Ideogramm* ganz offensichtlich einen vollen Sinn gibt, denjenigen nämlich von *mimetischem Ideogramm*: aufschlußreiche Verschiebung einer spontanen und fast universellen Interpretation, während doch de jure und de facto das Ideogramm oder Logogramm sehr wohl rein konventionell oder nicht mimetisch motiviert sein kann.

2 Dies setzt, wie in jedem graphischen Mimologismus, eine globale oder punktuelle Determination des Graphietyps voraus; handschriftlich oder mechanisch, Majuskel oder Minuskel etc.: es gibt wenig formalen Bezug zwischen r und R oder zwischen g und G. Claudels Praxis ist, wie wir sehen werden, variabel, im allgemeinen jedoch explizit.

3 Einzige (partielle) Ausnahmen von dieser Regel einer »orthographischen Anatomie Buchstabe für Buchstabe«: *locomotive*, dessen globale Länge diejenige des Gegenstandes nachahmt (aber die Analyse folgt); *pain*, dessen »vier Buchstaben nur eine einzige Silbe bilden wie der Teig« (der Begriff der Silbe ist jedoch rein lautlich, und die Analyse geht voraus); und, wenn man will, *mouvement*, weil die Elemente hier gleichsam undifferenziert und gleichwertig sind und das Wort »entweder eine Linie von Beinchen kleiner Infanteristen, die marschieren, oder die Reihe von Kolben [sic], die sich unseren Augen bietet, wenn wir die Motorhaube unseres Wagens heben«, evoziert.

man kann die Claudelschen Ideogramme nach dem Analysetyp, dem sie entsprechen, unterscheiden und klassifizieren.

Ein erster Typ entspricht dem schwächsten Grad von Beziehung zwischen der graphischen Figur und dem Signifikat: Es handelt sich hier um eine einfache Semanalyse, bei der jeder Buchstabe eine Eigenschaft oder einen Aspekt des Gegenstandes repräsentiert, ohne relevante Korrespondenz jedoch zwischen den räumlichen Anordnungen auf beiden Seiten. Dies versteht sich von selbst für die »abstrakten« Wörter, deren Signifikat keinerlei Spatialität aufweist, wie *être* (»t ist alles, was sich aufrecht hält in der Höhe und der Breite, e ist das, was mit sich selbst kommuniziert, was in seinem eigenen Herzen Wurzel schlägt. R ist das, was sich zurückwendet, was sich selbst ansieht. Und das zweite e ist Existenz, während das erste Essenz ist, es gibt eine Krone darüber!, ein dreieckiges Streben Gott entgegen«), *âme* (»a[1] ist zugleich Öffnung und Begehren, Vereinigung von Mann und Frau, das, was aus- und einatmet, m ist die Person zwischen zwei Wänden, e das Wesen«), *vie* (»v ist die Begegnung der beiden Elektroden, i der Funke, der überspringt, e das, was das Wesen aus sich selbst schöpft«), *toi* (»Die Vertikale des t ist die Darstellung par excellence des Gegenstandes, der unseren Blick anhält, der Einheit, jemand, dem wir zugewandt sind; der Querstrich des t zeigt die Richtung an, die Aufforderung, die Vereinigung des o und des i ist der Typ jedes menschlichen Diphtongs, der Punkt über dem i ist dieses Auge des anderen, das wir mit unserem eigenen Blick bannen«) oder *tu*: »Dasselbe und die beiden Lippen, die sich spannen.« Wie man sieht, ist der Anteil der Redundanz hier beträchtlich: Die buchstäblichen Bedeutungen unterscheiden sich und konvergieren doch; jeder Buchstabe ahmt anders eine fast identische Bedeutung nach. Ein wenig mehr semantische Vielfalt, allerdings immer noch ohne räumliche Verteilung, herrscht in der Behandlung der Vokabeln mit konkreterem Signifkat, wie *vol* (»v die beiden Flügel des Vogels, o der Kreis, den er beschreibt, l der Vogel, der hin und her fliegt«), *maison* (»M gibt uns die Mauern, die Dächer und die Zwischenwände, a, der Knoten, ist der innere Verkehr, i ist das Feuer, o ist das Fenster, s die Flure und die Treppen, n die Tür, und der Punkt ist der Bewohner, der mit Bewunderung dieses prächtige Gebäude betrachtet!«), *corps* (»c ist der Mund, der atmet und verschlingt, o alle runden Organe, r die Flüssigkeiten, die auf- und absteigen, p der

---

[1] Nochmals als handgeschriebenes *a* zu lesen, das, wie wir sehen werden, in *o* + *i* analysiert wird.

eigentliche Körper mit dem Kopf (oder den Armen), s das gesamte Rohrnetz oder der Atem«), *pied* (»zwei Überreste des Fußes, von denen der eine die Zehen, der andere die Ferse betont, i ist die Richtung, e ist eine artikulierte Wippbewegung, der Knöchel«) oder *faux*: »f ist der Stiel und der Griff der Sichel, a der Platz, zu dem man kommt, um zu mähen, und man sieht das Messer, das sich entfernt, x all das, was Schnitt ist, das gierige Sensenmesser, das überall seine Kiefer öffnet«. Das Wort bietet uns hier gleichsam ungeordnet eine Serie von beschreibenden Elementen, deren Platz gleichgültig und unbestimmt ist: *vol* könnte man ebenso, und auf identische Weise, *lov*, *vlo* etc. geschrieben lesen.[1]

Der zweite Grad bringt die räumliche Anordnung ins Spiel, die Vokabel wird gelesen als komplexe Zeichnung eines komplexen Gegenstandes, in der jeder Buchstabe soweit wie möglich einen Teil dieses Gegenstandes an dem Platz, der ihm zukommt, darstellt. Das ist ganz und gar offensichtlich für OMO, »die beiden Augen unter den Arkaden der Augenbrauen«, *eye*, »das die Nase hinzufügt«[2], *toit* (»Haben wir hier nicht eine vollständige Darstellung des Hauses, dem nicht einmal die beiden Kamine fehlen? O ist die Frau und I der Mann, charakterisiert durch ihre wesentlichen Unterschiede: die Bewahrung und die Stärke; der Punkt des i ist der Rauch des Herdes oder, wenn Sie lieber wollen, der eingeschlossene Geist und das innere Leben des Ganzen«[3]) oder *monument* (»ein wahrhaftiges

---

[1] Claudel behauptet (»Idéogrammes occidentaux«, S. 89), daß »im Französischen die hauptsächliche symbolische Darstellung im allgemeinen in der Mitte des Wortes stattfindet, das sich symmetrisch zu ihr organisiert. Beispielsweise das *b* von *arbre*, das *o* von *noir* etc.« Dieses Prinzip kommt jedoch außerhalb dieser Beispiele kaum zur Anwendung. »Es würde sich empfehlen«, fügt er hinzu, »in jedem Wort zu unterscheiden zwischen dem Hauptzeichen und dem, was ich das Bindegewebe nennen werde, zwischen dem Körper und dem Kleid, den Endungen beispielsweise, die eine Art ›Omnibus‹-Werkzeug ohne charakteristischen Bedeutungswert sind.« Tatsächlich haben in der Mehrzahl der Glossen alle Elemente mehr oder weniger eine Funktion, einschließlich der »omnibus«haftesten Endungen, wie das *-ir* in *courir*. Das Ideogramm unterscheidet nicht zwischen Wurzel und Flexion.

[2] »L'Harmonie imitative«, S. 101.

[3] Das Manuskript betonte diesen mimetischen Wert mit Hilfe einer anschaulicheren Graphie: *toît*. Dies ist eine Ausprägung von sekundärem Mimographismus, nicht mehr, wie bei de Brosses, durch die Schaffung eines künstlichen Alphabets, sondern durch eine *ad-hoc*-Veränderung der bestehenden Schrift, ein graphisches Äquivalent der lautlichen Akzentuierungen des Typs *immmense* oder *pitit pitit*. Dieses Verfahren findet sich häufig in paraliterarischen Formen (Werbung, Comics, Graffitis), vor allem in den USA: So schreibt man beispielsweise LO⊙K oder NIXON. Der Status einer Verzerrung wie das Flaubertsche *hénaurme* ist subtiler, denn hier

Gebäude aus der Zeit Ludwig XIV., mit seinen beiden symmetrischen Flügeln und seiner Loggia in der Mitte, ganz umrahmt von Säulen«[1]), wo die graphische Symmetrie mehr oder weniger streng der räumlichen Symmetrie des Gegenstandes entspricht. In *arbre* »erhebt sich [das b] inmitten der typographischen Insel gleich einer Zypresse«, und in *tree* »ist [t] der große Baum im Vordergrund, r der Bach zu seinen Füßen, dessen doppeltes e die anmutigen Windungen darstellt«; <u>*locomotive*</u> schließlich ist »eine wirkliche Zeichnung für die Kinder. Zunächst ist die Länge des Wortes das Bild von derjenigen des Tieres. L ist der Rauch, o die Räder und der Kessel, m die Kolben, t der Geschwindigkeitsmesser, wie in *auto* nach der Art eines Telegraphenmasten, oder auch die Pleuelstange, v ist der Hebel, i die Pfeife, und die Unterstreichung ist die Schiene!«

Der dritte Grad – der einzige, der der zeitlichen Sukzessivität (Claudel zufolge) der abendländischen Schrift vollständig Gerechtigkeit widerfahren läßt – ist wenig repräsentiert. Er ist die höchste Integrationsebene und folglich am schwierigsten zu realisieren, da er nicht nur die räumlichen Beziehungen berücksichtigt, sondern auch die diachronische Dimension des Gegenstandes, repräsentiert durch die unumkehrbare Reihenfolge der von links nach rechts angeordneten Buchstaben, während die Wörter des zweiten Typs (selbst *locomotive*) ebenso gut auch verkehrt herum gelesen werden können und diejenigen des ersten in jede beliebige (Un-)Ordnung aufgelöst werden können. Die Vokabel ist hier nicht mehr eine einfache Sammlung von beschreibenden Merkmalen, nicht einmal ein einfaches Bild, sie wird zur getreuen Nachahmung einer Folge von Ereignissen, sie wird Bericht. So etwa *quilles* ›Kegel‹: »Die Hand, welche die Kugel hält, fünf Kegel ungleicher Größe, die Kugel, die rollt (der Punkt auf dem i), und der Aufprall am Ende (e)«; oder, auf einer ganz anderen Investitionsebene, *soi*: »Das S stellt diese gewundene Treppe dar, wie man sie auf diesem Bild von Rembrandt im Louvre sieht, das man *Der Philosoph* nennt, und über die man in das Bewußtsein

---

vergreift sich der graphische Metaplasmus, wobei keineswegs sicher ist, daß er einen lautlichen Metaplasmus notiert, nicht an der Form der Buchstaben, sondern lediglich an ihrem Gebrauch. Was das Apollinairesche Kalligramm betrifft, so spielt es sich nicht eigentlich mit der Graphie, sondern lediglich mit der räumlichen Anordnung des Wortes oder des Satzes. All diese Wirkungen würden gewiß eine strengere und systematischere Analyse verdienen. (J. Dubois et al., *Rhétorique générale*, Paris (Larousse) 1970, S. 65/66; dt. *Allgemeine Rhetorik*, übersetzt und herausgegeben von Armin Schütz, München (Fink) 1974 (UTB 128))

1 »L'Harmonie imitative«, S. 95.

steigt. Und was finden Sie dort, bitte schön? Ein O und ein I, das heißt einen Leuchter und einen Spiegel«[1]; oder *Rêve:* »RÊVE ist ein ganzes Gemälde. Da gibt es den Schmetterling des *accent circonflexe.* Da gibt es den mit einem Netz bewaffneten Jäger, der das Bein vorschiebt in der Verfolgung dieses ausweichenden Krümels. Mit einer Leiter, das ist das E, versucht er ihn zu erreichen. Er streckt den Arm nach ihm aus, in umgekehrter Geste zum ungreifbaren Zeichen, und das ist V. Vergebens, es bleibt nur die Leiter.«[2]

Wie wir an diesen wenigen Beispielen sehen konnten, zwingen derartige Analysen die Bestimmung von mehr oder weniger konstanten elementaren Bedeutungswerten auf der Ebene der Buchstaben, ja noch einfacherer graphischer Züge auf. Manche dieser Bedeutungswerte sind von Claudel selbst am Rande oder als Abschluß seiner lexikalischen Interpretationen herausgearbeitet worden. Der Buchstabe M beispielsweise, der in dem Artikel »Les Mots ont une âme«[3] als Kennbuchstabe und roter Faden dient, wird dort folgendermaßen interpretiert: »[...] bewunderungs- und denkwürdiger Buchstabe, der sich inmitten unseres Alphabetes wie ein Triumphbogen erhebt, gestützt auf seine drei Beine, es sei denn, die Typographie macht aus ihm eine geistige Ausbuchtung des Horizontes. Diejenige der Welt (*Monde*) beispielsweise, und warum nicht diejenige des Todes (*Mort*)?« Eine ganz eigentümliche Interpretation erfährt das

---

1 Auf einem losen Blatt zu »L'Harmonie imitative«, mitgeteilt in *Œuvres en prose,* S. 1419; cf. u. a. »Idéogrammes occidentaux«, S. 88, und *Œuvres complètes* XVIII, S. 456, sowie den Kommentar des Rembrandt-Gemäldes in »Seigneur, apprenez-nous à prier« und in der »Introduction à la peinture hollandaise« (1934), in *Œuvres en prose,* S. 169-204; dt. »Einführung in die holländische Malerei«, in *Vom Sichtbaren und Unsichtbaren – Gedanken zur Kunst und Musik,* München (Prestel) 1962, S. 58-92 (auch in *Gesammelte Werke* V, S. 283-322).

2 Dies ist die Fassung der *Œuvres complètes* XVIII, S. 456. Hier diejenige der »Harmonie imitative«, S. 103: »R ist das Schmetterlingsnetz und das vorgestreckte Bein, der *accent circonflexe* ist der Schmetterling der Psyche, und das E darunter ist die Leiter, das heißt das Werkzeug, mit dem wir schwerfällig versuchen, diesen Lufthauch zu erhaschen. Die Arme, die wir ihm in einer asymmetrischen und umgekehrten Geste entgegenstrecken, ist das V. Und der letzte Buchstabe schließlich ist die Leiter, die allein bleibt. Es gibt keinen Schmetterling mehr.« Auf und dann unter dieser (Jakobs?)Leiter, kann man sich, auf den Rücken gefallen und mit ernsthaften Prellungen, Onkel Sigmund oder irgendeinen anderen Hermeneutiker vorstellen. Der Schmetterling ist bereits fern.

3 Mit autoillustrativem Titel, dessen erste Version übrigens »La Lettre M« lautete (siehe *Œuvres complètes* XVIII, S, 457).

X in einem der École polytechnique gewidmeten Text¹: »X ist zunächst eine Kreuzung, der Treffpunkt von vier Richtungen. Ich vergleiche es mit einem Herz, das bis in seine äußersten Endpunkte eine ausgewogene Übereinstimmung von Konsequenzen anzieht und abweist. Die vier Ecken, die seine beiden Zweige bestimmen, bilden das Prinzip jeder planen Geometrie, während sie, indem sie durch Rotation zu Flügeln werden, die Sphäre schaffen. Das X steht im Zentrum jeden Maßes und jeder Schöpfung. Es ist der Baum, es ist der breitbeinig dastehende Riese, der den Himmel stützt. Es ist das Zeichen der Multiplikation. Und es ist das Zeichen des Kreuzes, das den Ungebildeten als Unterschrift dient [etc.].« Das T »suggeriert zugleich die Idee eines Kreuzes, eines Hebels, einer Waage, einer Kreuzung«, und das O »läßt zugleich an ein Rad, an den Horizont, an die Öffnung einer Vase oder eines Mundes, an eine Riemenscheibe, an das Steuerrad eines Automobils etc. denken«². Schließlich und vor allem arbeitet der Schluß von »Idéogrammes occidentaux« *a posteriori* einige typische Konstanten heraus: »Manche der Buchstaben, die ich zu erklären versucht habe, sind echte Maschinenteile. Das e ist eine Kippschaltung, das u ist ein Kolben oder ein Rohr, das L ist ein Hebel, das T ist ein Stützbalken, das o ist ein Rad und eine Riemenscheibe, das r ist ein Siphon oder bisweilen (r) ein Haken, das s ist eine Feder, eine Spirale, das f ist eine Klinge oder als Majuskel (F) ein Schlüssel, die Vokale mit ihren Akzenten sind echte kleine Sprengstoffe: Das Alphabet stellt einem jede Art von Seilen und Bändern, von Griffen und Stiften zur Verfügung, einen kompletten Werkzeugkasten.«³

Dieser letzte Text ist sehr charakteristisch für die Claudelsche Interpretation: Die Buchstaben, graphische Elemente, repräsentieren sehr wohl elementare Bedeutungswerte, Sinnelemente; der Fortschritt der Analyse ist symmetrisch auf den beiden Ebenen dessen, was Hjelmslev (der Verweis drängt sich auf) Inhalt und Ausdruck nennen würde. Die Sinnelemente bestehen hier jedoch nicht, wie in der semantischen Analyse leibnizschen Typs, aus reinen Abstraktionen und allgemeinen Kategorien; sie sind gewissermaßen technologische Elemente, einfache Werkzeuge und Maschinen (das typische

---

1 *Œuvres complètes* XVIII, S. 458.
2 »L'Harmonie imitative«, S. 100.
3 »Idéogrammes occidentaux«, S. 90; man beachte die Relevanz der Opposition Majuskel/Minuskel, die der Text respektiert, und auch der Opposition handgeschrieben/mechanisch (für das r), die hier unmöglich wiederzugeben ist.

Claudelsche Wort ist *engin* ›Gerät‹), Einzelteile dieses »gewaltigen Ladens«, austauschbar, aber Spezialteile, stets bereit, dem zu dienen, was für Claudel die Schöpfung ist. Wir werden diesem Charakteristikum wiederbegegnen.

Andere Elementarbedeutungen bleiben verstreut, und ihre Synthese bleibt dem Leser überlassen. Diese Arbeit wird zunächst erschwert durch eine gewisse Anzahl von Polyvalenzen, von denen Claudel manche innerhalb ein und desselben Artikels ausbreitet; wir sind derartigen Vorschlägen wie dem Punkt auf dem i von *toit*, der Rauch oder Geist ist, oder dem t von *locomotive*, Mast oder Pleuelstange, oder dem s von *corps*, Atem oder Rohrnetz, bereits *ad libitum* begegnet. Die meisten ergeben sich aus dem Vergleich zweier oder mehrerer Kommentare, und selbst wenn man manche *Ad-hoc*-Interpretationen vernachlässigt, die unmittelbar vom sprachlichen Kontext beeinflußt sind – wie das a von *pain*, das ein Laib oder »die kreisende Geste des Bäckergesellen, der knetet« ist, das A von *Ane*, dessen Querstrich »der Schwanz« sein könnte, »den das Tier ganz gerade hält, um sich beim Iahen zu helfen, wenn man der Comtesse de Ségur glaubt«, oder das Leiter-E von RÊVE[1] –, muß man durchaus mit einigen anderen rechnen, die konstanter sind: So wird das C etwa bald als konkav (= »Höhlung«), bald als konvex (= alles, was sich rundet, um »der Liebkosung entgegenzugehen«) gelesen; das V steht für zwei Elektroden, zwei ausgebreitete Flügel, zwei erhobene Arme, wobei all dies gewiß auf eine Dialektik der Einheit und der Dualität (»Einheit im Begriff, sich zweizuteilen wie Tannennadeln«[2]) zurückzuführen ist, die man in identischer, oder umgekehrter, Weise im Y wiederfindet, »dem in unsere Einheit eingewurzelten Augenpaar«. Die typischste und bezeichnendste ist diejenige des Paares O-I (fast immer als »Diphtong« gruppiert). Ausgehend von einem auf der Hand liegenden geometrischen Bedeutungswert (Kreis *vs* vertikale Gerade) erhält man Beziehungen wie: Tisch/Licht (oder Feuer: es ist stets die Vertikalität der Flamme); Spiegel/Licht; Mund/Atem; Grundriß/Erhebung; und vor allem natürlich: Frau/Mann, das Paar

---

[1] Oder auch der *accent circonflexe*: Schmetterling in *Rêve*, Waagebalken in *même* und fragende Augenbraue in *môme* (»Les Mots ont une âme«, S. 93). Claudel macht sich anläßlich des P in *Plaine*, *Pain* und *Poids* selbst über diese gefälligen Interpretationen lustig (*Conversations* (Samedi 16 mars 1928), S. 799; dt. *Gespräche im Loir- und-Cher*, in Gesammelte Werke V, S. 411-577, hier S. 555/56).

[2] *Journal* II (1933-1955), texte établi et annoté par François Varillonet et Jacques Petit, Paris (Gallimard) 1969 (*Bibliothèque de la Pléiade*), S. 807.

par excellence, das aus OI »den Typ eines jeden menschlichen Diphtongs« macht. Die sexuellen Motive dieser Interpretation sind offensichtlich, und Claudel bezeichnet selbst das O als »weibliches Prinzip« und das I als »Phallus«[1], an anderer Stelle mataphorisiert oder metonymisiert, wie wir gesehen haben, als Öffnung/Begehren oder Bewahrung/Stärke.

Sind diese verschiedenen Polysemien erst einmal reduziert, kann man einige relativ konstante Bedeutungswerte herausarbeiten: c = Konvexität/Konkavität; e und j = Einrollen, Reflexion; i = Vertikalität, Einheit; l = Hin und Her; m = Horizont oder Zwischenwände (letzteren Bedeutungswert teilt es mit n); o = Rundheit; (handschriftliches r = Aufstieg und Abstieg; t = Vertikalität + Horizontalität; u = nach oben offene Höhlung; s = vertikale Gewundenheit, absteigende Spirale; v, y = duale Einheit; x = Intersektion; z (gesehen als ein liegendes s in fliehender Perspektive) = horizontale Gewundenheit, Mäander. Die bemerkenswertesten Abwesenheiten[2] lassen sich in einfachere Elemente analysieren, wie a in o + i oder c + i, oder wie b, d, p und q in o (oder c) + ein selektiveres Kennzeichen von Vertikalität als i, da bald nach oben, bald nach unten gerichtet. Man sieht also, daß der Buchstabe für Claudel nicht gänzlich ein graphisches Atom ist; bisweilen läßt er sich auf einen anderen, einfacheren Buchstaben reduzieren, bisweilen auf ein Graphem unterhalb des Buchstabens, aber immer noch bedeutungstragend: Kurve, vertikale, horizontale oder schiefe Gerade, Schleife, Querstrich, Grundstrich – wobei das kleinste (der Punkt auf dem i, »eingeschlossener Geist und inneres Leben des Ganzen«) nicht das unbedeutendste ist.[3]

Wie man gewiß bemerkt hat, macht Claudel hier keinen Unterschied zwischen Vokalen und Konsonanten, die durchgängig nach identi-

---

1 *Journal* I (1904-1932), texte établi et annoté par François Varillonet et Jacques Petit, Paris (Gallimard) 1968 (*Bibliothèque de la Pléiade*), S. 19/20; cf. Coquet, »La Lettre et les idéogrammes occidentaux«, in *Poétique* 11 (1972).
2 K und W erscheinen nirgendwo.
3 Coquet behauptet, alle Buchstaben seien für Claudel »auf Transformationen des I und des O reduzierbar, anders ausgedrückt der (vertikalen, horizontalen oder schrägen) *Gerade* und des *Kreises*, der Einheit und des Ganzen. Kleinere Elemente gibt es nicht.« Tatsächlich ist O hier nicht ein letztes Element, C und U sind unterschiedlich orientierte Teile davon; I kann für Claudel nur vertikal sein, und er faßt keine Neutralisierung der für ihn grundlegenden Dimensionen der Vertikalität und der Horizontalität ins Auge; E, L, R, S, Z schließlich bleiben irreduzibel; allerdings läßt »Transformation« reichlich Spielraum.

schen Symbolisierungsschemata behandelt werden. Diese Gleichstellung ist natürlich legitim, da es sich um eine rein lautliche Unterscheidung handelt, die auf der Ebene der Schrift in nichts zum Ausdruck kommt[1]. Sie ist darum nicht weniger aufschlußreich, denn bei Vorgängern wie Wachter, Jones oder Gébelin hatte der Einfluß des Phonetismus zumindest jeweils eine Umgruppierung der Vokal- und Konsonanten-Buchstaben zur Folge. Bei Claudel jedoch geht die Aufwertung der Artikulation – stets geknüpft, wir haben es gesehen und geglaubt, den Grund dafür zu erkennen[2], an diejenige der Schrift – gewiß weiter, als dies in der vorangegangenen Tradition je der Fall gewesen ist, mit einer massiven Auswirkung auf die Interpretation des graphischen Symbolismus.

Diese Aufwertung ist bereits auf der lautlichen Ebene sehr spürbar. Wir haben gesehen, wie Claudel, Rimbaud zitierend, von der *Farbe* der Vokale zur *Dynamik* der Konsonanten hinüberglitt; diese Verteilung ist grundlegend und bereits valorisiert. An anderer Stelle stellt er »die Klangfarbe, die der Vokal dem Wort aufdrückt«, und »die Form, die Kraft, den Antrieb, die Energie, die besondere Handlung, die ihm der Konsonant verleiht«, einander gegenüber[3]; »es sind die Konsonanten, die impulsiv, antreibend, dynamisch« sind[4]. Er gibt zu, im alphabetischen Repertoire von de Piis systematisch die Illustrationen der Konsonanten ausgewählt zu haben, »obwohl die Vokale darin einen nicht minder pittoresken Platz haben. Der Grund hierfür ist, daß für mich das wesentliche Element im Vortrag der Konsonant ist. Er gibt dem Wort seine Energie, seinen Plan, seine Handlung, während der Vokal das rein musikalische Element ist.«[5] Diese bewußte Parteinahme ist, mit ihren charakteristischen Motivationen, mit Claudels eigener Poetik in Verbindung zu bringen, wie sie beispielsweise in den *Réflexions et propositions sur le vers français*

---

1 Wenn nicht, und wohl durch Zufall, durch die Tatsache, daß all unsere Vokalbuchstaben eine kompakte Gestalt ohne Schwanz noch Wampe haben; doch Claudel trägt dem keine Rechnung.

2 Siehe hierselbst, S. 103/04; cf. diese Formel, der wir bereits in der *Art poétique* begegnet sind und die ein direktes Echo von de Brosses und Gébelin ist: »der Buchstabe oder, genauer, der *Konsonant*«.

3 »Idéogrammes occidentaux«, S. 91.

4 *Œuvres en prose*, S. 1420.

5 »L'Harmonie imitative«, S. 107; cf. u. a. »Für den Schriftsteller [...] ist das Wesentliche der Konsonant. Der Vokal ist der Stoff; der Konsonant ist die Form [...], die Antriebsmaschine, von der der Vokal nur das Projektil ist.« (in J. Samson, *Paul Claudel, poète musicien*, Genf 1948, S. 80).

zum Ausdruck kommt, und die in der Tat mehr dynamisch als musikalisch, wesentlich rhythmisch und artikulatorisch ist und gegründet auf das, was er das *Motiv* nennt, »diese Art von dynamischem *Modell* oder von *Zentrale*, die dem ganzen Gedicht ihre Form und ihren Antrieb aufzwingt«[1]. Die Annäherung, die fast eine Gleichsetzung ist, zwischen *Form* und *Antrieb* ist typisch, ganz wie die Formel *dynamisches Modell*, die übrigens fast paradox wäre: Für Claudel ist die Form stets dynamisiert als Figur von und Fähigkeit zu Bewegung.

Daher nimmt die graphische Neutralisation des Unterschiedes zwischen Vokalen und Konsonanten bei ihm das sehr ausgeprägte und sehr bezeichnende Aussehen einer Angleichung (im eigentlichen Sinne) ersterer an letztere an. Keine Erwähnung hier der leuchtenden und chromatischen Bedeutungswerte, die den Vokalen traditionell zugeschrieben werden[2]; Form und Bewegung gilt hier alles, und die einzige generische Erwähnung der Vokale, versehen (stets?) mit ihren Akzenten, macht aus ihnen kleine Explosivstoffe: noch ein Versprechen von Bewegung.

Man versteht nun die emblematische Bedeutung des Gerät-Sems (*sème-engin*). Das Rad, der Hebel, die Riemenscheibe sind eben gerade materialisierte motorische Fähigkeiten, generative oder transformatorische Formen von Bewegung: *Artikulationen*. In der Werkstatt des *homo faber* haben nur Konsonanten Platz.

Diese Interpretation der Schrift, und über sie der Sprache, setzt das Thema der traditionellen Valorisierung *männlicher Konsonant* vs *weiblicher Vokal* fort, akzentuiert es jedoch gemäß der eigenen Gegebenheiten eines wesensmäßig dynamischen Genies, eines handelnden und unternehmerischen Genies, dessen symbolischste Figur der Held des *Soulier de satin*, des *Seidenen Schuhs*, ist, derjenige, der sich nicht irren kann, weil er, wie Kolumbus, »die Sonne zum Führer

---

1 »Réflexions et propositions sur le vers français«, S. 14/S. 72.
2 »Man hat häufig von der Farbe und der Kraft der Worte gesprochen. Aber man hat nie etwas über ihre *Spannung* gesagt, über den *Spannungszustand* des Geistes, der sie hervorbringt, dessen Anzeichen und Kennzeichen sie sind, über ihre *Ladung*.« (»Réflexions et propositions sur le vers français«, S. 6/S. 64) Man weiß, daß Claudel bei Jules Renard die Abschaffung der Farbadjektive bewunderte und daß er dieses Merkmal zumindest in *Connaissance de l'Est* nachgeahmt hat; siehe P. Claudel, *Connaissance de l'Est*, édition critique avec introduction, variantes et commentaire par Gilbert Gadoffre, Paris (Mercure de France) 1973, S. 17-20.

nimmt«. Das implizite Oxymoron des *abendländischen* Ideogramms bekommt hier seinen ganzen Sinn und seine ganze Gültigkeit: Das chinesische Schriftzeichen, statisch und gleichsam passiv, ist eine immer schon geschriebene Schrift, *scriptura scripta,* der Betrachtung und der Faszination dargeboten; der abendländische Buchstabe, dynamisch, aktiv, ist eine Schrift im Begriff zu schreiben, *scriptura scribens,* Symbol einer rastlosen Energie. Es scheint mir sehr bezeichnend, daß Claudel mit einiger Ironie den uralten Topos, demgemäß »die Schöpfung wie ein geschriebenes Buch ist«[1], behandelt. Das Motiv des Buches wird bei ihm bereitwillig durch die apathischen Metaphern der *Sammlung,* des *hohlen Gefäßes,* des *Glasbehälters,* des *Herbariums* entwertet[2]. Wir haben hier, wie anderswo, eine sehr lebhafte Opposition zwischen dem Buch als vollendeter und toter oder zumindest schlafender Totalität und der Schrift als Geste, Handlung, Heftigkeit[3]. Für Claudel *hat* Gott nicht geschrieben, er *ist im Begriff* zu schreiben, »im Begriff, vor uns wie ein Maler auf einer Leinwand zu schaffen«[4] und man erinnert sich an das Motto des *Soulier:* »*Deus* escreve *direito por linhas tortas*« ›*Gott* schreibt *gerade auf krummen Linien*‹.

So wird die mimologistische Spekulation, die gewöhnlich mit dem verbunden ist, was Bachelard eine *Träumerei der Ruhe* nannte, da Träumerei über die Ähnlichkeit und folglich über die Sicherheit des Gleichen, bei Claudel der Anlaß für eine dynamische Träumerei, *Träumerei des Willens,* gegründet auf die Bewegung und die Energie. Oder vielmehr, und um eine Claudel und Bachelard (unter anderen) gemeinsame Kategorie zu benutzen: Kratylos geht hier von der *anima* zum *animus* über, vom Prinzip der Träumerei zum Prinzip der Handlung; er träumt nicht mehr über die Schrift, er *bringt* sie *ins Spiel,* im eigentlichen Sinne, das heißt, setzt sie in Gang und stellt sie zugleich in Frage; kurz, er *erweckt (réveille)* sie – und wir würden

---

1 »[...] hat man uns in der Tat nicht gesagt und oft genug wiederholt, die ganze Schöpfung sei wie ein geschriebenes Buch? Was also, wenn es nicht vollständig ist, wenn ein einziges Kapitel darin fehlt? Nunmehr ist das überwunden, das ganze Werk ist schlecht und recht zusammengetragen und gebunden. Wir haben nur noch das Eine zu tun, uns bis zum Hals hineinzustecken wie der Blinde, der, beide Hände voller Braillebuchstaben, gierig in der Bibel wühlt!« (*Conversations* (Samedi 16 mars 1928), S. 798/S. 555).
2 »La Philosophie du livre«, S. 78/79/S. 118/19.
3 »Die Idee des Buches, die stets auf eine natürliche Totalität verweist, ist dem Sinn der Schrift zutiefst fremd.« (J. Derrida, *Grammatologie,* S. 30).
4 »Conversations (Dimanche 31 juillet 1927)«, S. 725/S. 476/77.

gerne unsererseits, in einer letzten Abschweifung, es neubildend (*réveille*), mit diesem Wort spielen, dessen kratylische Etymologie ein tiefes Paradox ist: denn ist es nicht wahr, daß, bisweilen, *der Traum wacht, que le rêve veille*?

Signe : singe oder Zeichen : Zechine

Symbolisch ist in der Autobiographie von Michel Leiris der Anfang ein Ende. Ein kaum paradoxes Symbol, da ein *Ausgangs*punkt zwangsläufig ein Ort ist, den man verläßt, eine Zeit, die zu Ende geht, damit eine andere Zeit eröffnet wird. Dieser zweifache Grenzpunkt, dieses Schluß- und Anfangsereignis ist hier wie anderswo ein Fall. Das heißt tatsächlich zwei Fälle, von denen der erste, ganz körperliche, den zweiten, ganz geistigen, auslöst, aber auch abbildet. Ein Kinderspielzeug, ein zerbrechlicher Blei- oder Pappsoldat, fällt zu Boden. Das Kind hebt ihn auf, stellt fest, daß er nicht zerbrochen ist, und »drückt« seine Freude in dem Ruf »aus«: »...Reusement!« Ein Erwachsener oder »klügerer« Älterer korrigiert ihn: Man sagt nicht ...*reusement*, sondern *heureusement* ›zum Glück‹. Und jetzt folgt auf die Freude ein seltsames Unbehagen:

> Dieses Wort, von mir bisher ohne das leiseste Bewußtsein seiner wirklichen Bedeutung wie ein reiner Ausruf verwendet, verbindet sich mit »heureux« und fügt sich plötzlich kraft der Magie einer solchen Annäherung in eine ganze Sequenz präziser Bedeutungen. Dieses Wort, das ich bis dahin stets verstümmelt hatte, mit einem Schlag in seiner Unversehrtheit zu erfassen, wird zu einer Entdeckung und ist wie das brüske Zerreißen eines Schleiers oder das Zersplittern einer Wahrheit. Damit ist also diese vage Vokabel – die bisher völlig zu meiner Person gehörte und wie versiegelt blieb – durch einen Zufall in die Rolle eines Kettenglieds für einen ganzen semantischen Zyklus erhoben. Nicht länger ist sie mein Eigentum: sie nimmt teil an jener Wirklichkeit, welche die Sprache meiner Brüder, meiner Schwester und meiner Eltern ist. Etwas mir Angehörendes wird etwas Öffentliches und Geöffnetes. Und in einem einzigen Aufblitzen wurde diese Vokabel geteilt oder – wenn man so will – *sozialisiert*. Sie ist nicht länger mehr der konfuse Ausruf, der meinen Lippen entschlüpft – wie das Lachen oder der Schrei meinem innersten Wesen noch ganz nah –, sie ist jetzt unter abertausend anderen eines der grundlegenden Elemente der Sprache, jenes weiten Instruments der Mitteilung [...]. Dieses verstümmelte Wort, das mir von sich gerade eine andere Wirklichkeit als jene, an die ich bisher geglaubt hatte, offenbarte, versetzte mich in einen Zustand, in dem ich – dank der Natur einer

derartigen Verbiegung und Verschiebung, die sich somit meinem Geist aufdrängte – dunkel spürte, wie die gesprochene Sprache, spinnwebartiger Stoff meiner Beziehungen zu den anderen, mich übersteigt und von allen Seiten ihre mysteriösen Fühler vorschiebt.[1]

Um, unsererseits, anzufangen (und zu enden), müssen wir uns diese initiatorische Seite, die letzte des ersten Kapitels von *La Règle du jeu*, etwas näher anschauen. Präzisieren wir zunächst, worin der Ausgangspunkt hier (nur) symbolisch ist: Der Bruch, um den es sich handelt und der nicht anders datiert ist, ist eine Realität unter anderen, die er durch Synekdoche und Delegation darstellt. Was in diesem Augenblick zu Ende geht, war gewiß bereits mehrmals zu Ende gegangen und wird noch mehrmals und sogar unendlich oft zu Ende gehen. Wir wollen jedoch mit Leiris so tun, als sei dieser Fall wirklich punktuell, einmalig und abgeschlossen und trenne sein Vorher mit einem Schlag von seinem Nachher. Ein Spielzeug ist wirklich zerbrochen beim Hinunterfallen – daher das Ende der Freude –, und dieses Spielzeug ist nicht, wie man geglaubt hatte, der Bleisoldat, sondern ein »Wort« und durch es hindurch eine ganze Sprache oder zumindest ein Zustand von Sprache und genauer von Beziehung zur Sprache, den diese autonome und (partiell) idiolektale Vokabel: *...reusement* symbolisierte. Dieser Zustand, den wir der Einfachheit halber die Kindersprache nennen wollen, war vollkommen unbewußt, er enthüllt sich in seinem Verschwinden – wie das Paradies in seinem Verlust – und definiert sich durch die Negation dessen, was auf ihn folgt, das heißt, natürlich, das erwachsene Sprachbewußtsein. Die beiden Hauptmerkmale dieses Bewußtseins sind zwei Merkmale der »Einfügung« oder der »Teilnahme«, anders ausgedrückt, der Verbindung: von jeder Vokabel zu »einem ganzen semantischen Zyklus« und, darüber hinaus, zu der ganzen plötzlich in ihrer Immanenz als kohärentes System wahrgenommenen Sprache; aber auch in ihrer Transzendenz als ein »weites Instrument der Mitteilung« und folglich durch sie hindurch zu einer ganzen familiären Gruppe und nach und nach zur gesamten Gesellschaft: »etwas Öffentliches und Geöffnetes«, »spinnwebartiger Stoff meiner Beziehungen zu den anderen«, offenbart die Erwachsenensprache ihre

---

[1] *La Règle du Jeu* I: *Biffures* (1948), Paris (Gallimard) 1968, S. 11/12; dt. *Die Spielregel*, Band 1: *Streichungen*, aus dem Französischen von Hans Therre, München (Matthes & Seitz) 1982, S. 11/12. Im folgenden beziehen sich die Seitenangaben, wenn nicht anders angegeben, ausschließlich auf die deutsche Ausgabe.

zugleich innere und äußere Verbindung, ihre systematische Struktur und ihre soziale Funktion. *A contrario* also entdeckt die Kindersprache rückblickend ihren Hauptwesenszug, die *Autonomie* nämlich: des Sprechers den anderen gegenüber, da er für sich selbst sprach, ohne sich an jemanden zu wenden; und eines jeden sprachlichen Elements einem noch unbekannten Sprachsystem gegenüber. Tatsächlich versteht es sich von selbst, daß die erste Autonomie illusorisch war, und wir werden sehr rasch sehen, daß die zweite ganz relativ ist, und, genauer, daß das kindliche Bewußtsein an die Stelle der tatsächlichen Verbindungen des Sprachsystems häufig andere, imaginäre, setzt. Die Tatsache jedoch, daß sie erfunden oder vermutet sind, nimmt von ihnen das ganze Gewicht der Konvention und folglich der sozialen Zwänge und verleiht ihnen eine Art psychologischer Freiheit. Das Kind ist Gebieter über eine Sprache, die es für »etwas ihm Angehöriges« hält und die nur von seinen Entscheidungen abhängt. Wir befinden uns noch nicht im Mimologismus, doch bereits in der kratylischen Situation des souveränen Nomenklators, in der die soziale Bindung nichts zählt und sich alles zwischen den »Wörtern«, den »Dingen« und demjenigen, der über ihre Beziehung entscheidet, abspielt.[1]

Derart ist das verlorene Sprachparadies, und man übertreibt kaum, wenn man im Werk von Leiris – oder zumindest in dem Teil dieses Werkes, der uns hier interessiert – einen Versuch sieht, es wiederzufinden oder wiederherzustellen. Er hat selbst mehrfach die engste Verbindung zwischen seiner literarischen Berufung und »der extremen Bedeutung« hergestellt, die er stets dem beigemessen hat, »was Sprache berührt« (S. 297). Was als perfekte Platitüde erscheinen könnte bekommt tatsächlich hier einen genaueren und originelleren Sinn: Die »Welt der Wörter« ist für Leiris nicht nur – und vor allem nicht *zuerst* – das Instrument der literarischen Tätigkeit, sie ist ihr Gegenstand selbst: »Sucht man nach den frühesten Zeichen für meinen allmählich sich abzeichnenden Verkehr mit der Literatur, muß man sich [...] auf dieses konfuse Hingezogensein zur Sprache *als solcher* berufen.« (S. 297/98) Ebendies erklärt das späte Auftreten

---

1 Im Gegensatz zu Claudel gibt es bei Leiris keinen direkten Verweis auf den *Kratylos*; auch nicht auf die mimologische Tradition, es sei denn, auf recht vage Weise, wir wir sehen werden, in *Biffures*, S. 52 (frz. Ausg.) und marginal in *Mots sans mémoire*, Paris (Gallimard), 1969, S. 132; dt. *Wörter ohne Gedächtnis – Prosa, Glossar, Poesie*, aus dem Französischen von Simon Werle, herausgegeben und mit einem Nachwort von Hans-Jürgen Heinrichs, Frankfurt/M. (Qumran) 1984.

dieser Berufung: »[...] wenn man einen Hang zum Lesen und Schreiben entwickelt, hält man dies in der Regel für die Berufung zum Schriftsteller; doch wenn man die Sprache in ihrer unermeßlichen, abrupten Nacktheit vor sich hat, steht die Wette eins zu hundert, daß keine Berufung weit und breit zu sehen ist.« (S. 298) Leiris findet die Sprache *vor sich*, nicht als Mittel, sondern als Zweck. Das Werk ist für ihn die *Suche nach der Sprache*; und man kann diese paradoxe Situation natürlich nur verstehen, wenn die Sprache als Gegenstand der Suche auf eine gewisse Weise verborgen oder verloren ist. Von daher dieses andere erneuerte Klischee der »zweite[n] [wiedergefundenen] Kindheit, unter dem Banner der Poesie auch als solche erkannt und ausgeübt« (S. 95), was der Banalität nur dann entgeht, wenn die wiederzufindende Kindheit diese Kindheit der Sprache ist, für die uns das eröffnende *reusement* vorübergehend als Emblem dient: »Mißverständnisse, Irrtümer in der Textgestalt selbst oder in der Bedeutung einer Vokabel, Lautähnlichkeiten [...], die Erinnerungen wachrufende Kraft gewisser Elemente des Wortschatzes, der Reiz, der von den Namen historischer und legendärer Personen ausgeht [...], das doppelte Gesicht von Wörtern, deren Bedeutung, die sie für uns besitzen, sich nicht unbedingt mit der Definition des Wörterbuchs deckt, verschiedene Typen sprachlicher Unebenheiten [...]: dies ist das Ensemble zerbrechlicher, doch intensiv erfahrener Wirklichkeiten (vor allem in der Kindheit, wo die Fähigkeit zu staunen am größten ist), das zum Gegenstand meiner Sammlung wurde und den Urkern bildete, um den sich – ohne daß ich zunächst dieses sprachliche Feld verließ, das für immer eine privilegierte Sphäre blieb – allmählich alles andere verdichtete.« (S. 356)

Dieses »alles andere« ist hier explizit der Text von *Biffures* und, spezieller, der ersten fünf Kapitel (»...reusement!«, »Chansons«, »Habillé-en-cour«, »Alphabet«, »Perséphone«), die sich im wesentlichen in proustscher Manier als ein Versuch der Wiedererinnerung an die Kindersprache präsentieren. Doch diese Wiedererinnerung kann, wie viele andere, nur, von seiten des erwachsenen Schriftstellers[1], für denjenigen funktionieren, für den, wie er erkennt, nachdem die kindliche »kostbare Kabbala« seit langem erloschen ist, »die Buchstaben und Wörter *tote Buchstaben*, jedenfalls fehlt nicht viel, geworden sind« (S. 96/97) – ohne einen Anteil von künstlicher Wiederherstellung (»retrospektiver Wiederaufbau«) und vielleicht

---

1 *Biffures* ist im wesentlichen zwischen 1940 und 1944, also zwischen dem 39. und 43. Lebensjahr, geschrieben worden.

von Simulation. Im Gegensatz zum Proustschen Erzähler, der implizit eine vollkommene Authentizität beanspruchte, ist Leiris der erste, der die künstlichen Aspekte seines Unternehmens betont, indem er hier von »Betrug« spricht, »der der Sprache im nachhinein wunderwirkende Kräfte verleiht, die, seit ich gelernt habe, die auditiven oder visuellen Zeichen zu bestimmten Zwecken (seien sie nun nützlich oder nicht) zu lesen, zu schreiben, zu nutzen, sie – auf die rein menschliche Rolle des Instruments beschränkt – für mich fast ganz verloren hat« (S. 58/59), und dort von einer »ziemlich nichtigen Zerstreuung«, weit entfernt von dem »alten und tiefsinnigen Spiel, bei dem ich jetzt nur schwer genau ermessen kann, was daran so ernst und stahlhart war« (S. 87). Wie bei Claudel kehren die Begriffe des *Spiels* und des *Amüsements* meist wieder, um diese rückschauende Aktivität zu bezeichnen. Doch vielleicht bewahrt die oberflächliche Belustigung des Erwachsenen dem »tiefsinnigen Spiel« der Kindheit eine gewisse Treue; dies zumindest möchte der Autor von *Biffures* letztlich gerne glauben, »als wäre ich unfähig, mich damit abzufinden, daß mein Spiel bloß ein Spiel ist, und als könnte ich es nur voll auskosten, wenn ich ihm eine fast religiöse Bedeutung beimesse« (S. 64), sich darin gefallend, in ihm eine »in der Kindheit angenommene« Gewohnheit zu erkennen. So könnte die künstliche Zerstreuung die unbewußt verlorenen Überzeugungen wiedererwecken, »Erinnerungen wieder auffrischen – sie auf irgendeine Art zu dopen oder mit ihnen etwas jener künstlichen Beatmung Vergleichbares anzustellen, mit deren Hilfe man Ertrunkene wiederzubeleben sucht« (S. 74). Widersprüchliche Erklärungen, in denen die zwangsläufig problematische Authentizität die, sehr Leirissche, Form des Skrupels und der Unzufriedenheit mit sich selbst annimmt. Wir werden hier nicht die unmögliche und vielleicht nutzlose Trennung zwischen der Erinnerung und ihrem Pastiche versuchen, und wir werden grosso modo annehmen, daß allein der Grad an Überzeugung, auf der Grundlage eines sprachlichen »Materials«, das ihnen gemeinsam ist, den jungen Helden und den erwachsenen Erzähler trennt. Bleibt, daß der zweideutige »Ludismus« des letzteren sich sehr viel weniger von der Leichtgläubigkeit des ersteren entfernt als die ausdrücklich kritische Haltung des Proustschen Erzählers. Proust lehnte unzweideutig, wenn nicht gar unnachsichtig, den Kratylismus des jungen Marcel ab. Leiris würde es, so enttäuscht er auch sein mag, eher bedauern, seine »Illusionen« verloren zu haben – und dadurch zeigen, daß er sie nicht gänzlich verloren hat, wie diese Seite im übrigen mit einer Doppeldeutigkeit bestätigt, die man mit der

Claudels vergleichen könnte, wäre die Suche nicht eine Art wissenschaftliches Pfand: »Ich tue hier weiter nichts, als mich zu unterhalten, und unter all diesen Entsprechungen ist wenig, was ich ernst nehme, ich meine: was sich mir mit Überzeugung aufdrängt. Doch scheint es mir lohnenswert, in dieser Richtung weiterzusuchen. [...] Desgleichen präzisiert man inzwischen die Zusammenhänge zwischen Lauten und Farben auf der Basis objektiver Daten, gibt man einem großen Teil jener Entsprechungen, welche jahrhundertelang nirgendwo anders eine Rechtfertigung erfuhren als auf dem Feld der Mystik oder der Poesie, eine rationale Grundlage.« (S. 63/64)

Die kindliche Sprachträumerei bezieht sich zugleich auf die Elemente der Sprache und auf die bestehenden Vokabeln, und vielleicht beginnt sie, vor jeder Analysefähigkeit, mit letzteren. Wir werden der Abfolge des Textes, und gewiß auch des Gelebten, einigermaßen Gewalt antun, um mit den *elementaren* Spekulationen zu beginnen, denen Leiris, auf im übrigen sehr homogene Weise, die ersten fünfzehn Seiten des just »Alphabet« überschriebenen Kapitels widmet.

Eben, *Alphabet*. Es versteht sich von selbst, daß für das Kind die eigentliche lautliche Analyse lange Zeit unerreichbar und gewiß unbegreiflich ist. Die graphische Analyse ist ihm dagegen sozusagen, in zugleich einfachen und verlockenden Formen, in den verschiedenen Erscheinungen (Bilder, Würfel, »erhabene Schriftzeichen auf Schildern« etc.), die man unter diesem Begriff zusammenfassen kann, gegeben. Eine bereits fertige Analyse ist jedoch nicht mehr (oder noch nicht) eine wirkliche Analyse: Hier präsentiert jeder Buchstabe sich ganz einfach als eine autonome und malerische Form, ja als ein konkreter Gegenstand, vor jedem Bewußtsein einer möglichen Verwendung in einer umfassenderen sprachlichen Einheit, Silbe, Wort, Satz. Anfangs ist die einzige wahrnehmbare Einheit natürlich das Alphabet selbst. Die Buchstaben sind also konkrete Gegenstände, die einer konkreten Einheit angehören, nämlich dem »Gegenstand Alphabet«, etwas, das »Form und Gewicht«, »Opazität und Konsistenz« hat. Dieser Seinsmodus lenkt spontan die Aufmerksamkeit des Kindes auf die Materialität der Elemente der (noch nicht als solche begriffenen) Schrift.

Graphische Materialität natürlich, plastisch (»lockere Stufenleiter der Buchstaben«, »das ungreifbare Balkenwerk«, »eingedickter Raum des Buches«), chromatisch (Alphabet »von gelblicher Farbe«) und vor allem, in diesem Fall, mit dem Geschmack und in gewisser Weise mit Nahrungsmitteln verbunden. Diese Aufgliederung könnte geradezu idiosynkratisch wirken, und gewiß ist sie es hier in ihren ursächlichen Anlässen: *Alphabet* reimt sich nämlich zufällig mit *Olibet*, einer Biskuit- und Butterkeksmarke, die ihm seine gelbliche Farbe verleiht (bekräftigt durch den »gelben Umschlag« der ABC-Fibel) und seine Konsistenz aus »dünnem und festem Teig«; zufällig besteht auch eine seiner materiellen Realisationen aus »Suppennudeln«[1], von daher diese fast alltägliche Erfahrung: »ein A, ein B, ein C, ein D essen...« (S. 60) und folglich »von der Frucht des Baumes der Erkenntnis kosten« (S. 61), von daher auch diese andere, offenbar einmalige, aber entscheidende, Erfahrung: »[...] eines Abends, als mir wohl irgendeine Laus über die Leber gelaufen war und ich zu hastig zuviel Suppe hinuntergestürzt hatte, auf einen Schlag, sehr zum Schaden der Decke und des tiefen Brotkorbes in meiner Nähe, eine umfassende Serie von Buchstaben wieder von mir gegeben zu haben, die ich mir nicht einverleiben konnte und die ebenso lesbar blieben wie der Fettdruck, worin, wenn nicht die Schlagzeilen, so zumindest die Untertitel einer großen Zeitung gesetzt sind.« (S. 61) Baudelaire verglich Hugo mit dem Propheten Ezechiel, dem Gott eines Tages befahl, ein Buch zu essen. »Ich weiß nicht«, fügte er hinzu, »in welcher Welt Victor Hugo im voraus das Wörterbuch der Sprache gegessen hat, die zu sprechen er berufen war; aber ich sehe, daß das französische Lexikon, wie es aus seinem Munde kommt, eine Welt geworden ist, ein vielfarbiges Universum in melodischer Bewegung.«[2] Man sieht, wie im Vorbeigehen das Buch (Text, tatsächlicher Diskurs) zum Wörterbuch (virtuelles Repertoire der Sprache) geworden ist; um den Preis einer neuerlichen Verschiebung vom Wörterbuch zum Alphabet, das heißt vom Wortschatz zu seinen phonographischen Elementen, realisiert der junge Leiris auf seine Weise die tiefgründige Baudelairesche Metapher, der zufolge sprechen bedeu-

---

[1] Eine Erinnerung, die in *L'Age d'homme* (1939), dt. *Mannesalter*, aus dem Französischen übersetzt von Kurt Leonhard, Neuwied (Luchterhand) 1963, S. 148, bestätigt wird.

[2] »Victor Hugo« (1861), in *Réflexions sur quelques-uns de mes contemporains* (ursprünglich erschienen unter dem Titel *L'Art romantique* (1869)) in Charles Baudelaire, *Œuvres complètes*, texte établi et annoté par Y.-G. Le Dantec, édition révisée, complétée et présentée par Claude Pichois, Paris (Gallimard) 1961 (*Bibliothèque de la Pléiade*), S. 700-713; dt. »Victor Hugo«, in *Betrachtungen über einige meiner Zeitgenossen* (Ü: Friedhelm Kemp), in Ch. Baudelaire, *Sämtliche Werke/Briefe in acht Bänden*, herausgegeben von Friedhelm Kemp und Claude Pichois in Zusammenarbeit mit Wolfgang Drost, Band 7: *Richard Wagner, Meine Zeitgenossen, Armes Belgien! 1860-1866*, München (Hanser) 1992, S. 137-151, hier S. 142.

ten würde, einen zuvor in sich aufgenommenen Sprachschatz wieder von sich zu geben und irgendwo jenseits der homerischen Barriere der Zähne zu speichern. »Wenn ich glaube, ein Esser von Sprache zu sein, indem ich ›Alphabet‹ sage, so ist das eine Illusion, die sich durch die Vermittlung des Buches bildet« (S. 49): Durch einen bemerkenswerten Umweg, der nur anscheinend zufällig ist, enthüllt und manifestiert die Schrift die tiefe und irreduzible *Oralität* der Stimme und der artikulierten Sprache. »›Alphabet‹, das ist alles in allem ein Ding, das man im Mund führt, wenn man es wirklich oder in Gedanken ausspricht, etwas, das man ein konkretes Wort heißt und das den von Gurgel, Zunge, den Zähnen und dem Gaumen umschriebenen Hohlraum mit einem wahrnehmbaren Inhalt füllt.« (S. 48) »*Ne pas mâcher ses mots* (›kein Blatt vor den Mund nehmen‹), *être mal embouché* (›ein loses Maul haben‹) einen ›scharfen‹, ›bitteren‹, ›zuckersüßen‹, ›honigsüßen‹ Ton in der Stimme haben: so viele Redewendungen, die jede auf ihre Weise zeigen, wie das gesprochene Wort im Denken der Menschen seinem Ursprungsort, der Mundhöhle, verhaftet bleibt.« (S. 61) Wir werden dieser Geschmacks- und Nahrungsdimension wiederbegegnen.

Die so in ihrer materiellen Existenz bestätigten und verstärkten Elemente der Sprache werden ganz natürlich einen eigenen evokatorischen Wert, eine unmittelbare und autonome Bedeutung bekommen: »So bleiben die Buchstaben keine ›toten Buchstaben‹, sondern werden vom Saft einer kostbaren Kabbala durchströmt«. (S. 55) Wie bei Hugo oder Claudel finden wir hier ein Repertoire formaler Äquivalenzen zwischen Buchstaben und Gegenständen: A ist eine zweischenklige Leiter, I ein Soldat oder eine Säule, O der »ursprüngliche Sphäroid der Welt«, S »Schlängelpfad« (*sentier*) oder Schlange, Z der Blitz, X das Kreuz, Y eine Baumgabelung oder das Bruchstück eines Säulengangs, D ist ein fetter Bauch, E eine gekrümmte Zinke F ein Mauervorsprung, J Angelhaken oder umgekehrter Krummstab, L beinloser Stuhl, N Zick-Zack-Formation, T der einzige tragende Pfeiler eines Architravs, U Vase im Längsschnitt, »G, ein großer Florentiner Herr, im Wams mit Puffärmeln, die Faust posiert in Höhe der Hüfte und in nächster Nähe des schweren Stickblatts seines Degens oder des Griffs seines Dolches; K, wo sich eine Art Winkel eingenistet hat oder das ein Axthieb verwüstet hat, der ihm die ganze Mitte des Gesichts spaltete, das nun so zerschlagen aussieht wie bei der bösen Fee Carabosse: zwischen den monströsen Aufragungen von Stirn und Kinn der tief herabhängende Mund und plattgedrückte Nasenlöcher; Q mit dem runden und jovialen Gesicht des Liebhabers gängiger Sprachspiele, mit einem auf dem kleinen Knoten der Krawatte abgestützten Doppelkinn« (S. 56); unter den graphematischen Zusatzzeichen evoziert das Cédille einen »kleinen Schweineschwanz« und, eine spezifischere Erinnerung, eine »Handkurbel, jener ähnelnd, die der Besitzer des Ladens an der Ecke Rue Michel-Ange und Rue d'Auteuil zum Aufkurbeln der Markise gebrauchte, die seine Auslagen schützte« (S. 66). Jeder Buchstabe wird, wie man bemerkt hat, allein nach der Form des Druckgroßbuchstabens interpretiert, was noch einmal die Dominanz des Alphabets bestätigt. Beim Aufstellen dieser Liste habe ich die Reihenfolge und die Klassifizierung von Leiris ein wenig umgestoßen und vor allem jede Interpretation auf eine Gegenüberstellung von Buchstabe und Gegenstand reduziert, wobei ich im Vorbeigehen einige rechtfertigende Details oder Umwege weggelassen habe, auf die wir weiter unten zurückkommen werden.

Wie es sich von selbst versteht, sind diese Buchstabenwerte rein formaler (visueller) Art: jeder Buchstabe aufgefaßt als vereinfachte Zeichnung des Gegenstandes, den er evoziert. Auf der lautlichen Seite ist die Beziehung vielfältiger: »Wenn das Alphabet, rein von der Logik her, vom Bereich des Sehens abhängt, so hängen Vokale und Konsonanten, Geräusche, die aus dem Mund kommend zum Ohr dringen, sicherlich vom Bereich des Hörens ab, sind aber ebenso in gewissem Maße an den Geschmacksorganen beteiligt, da dort im Raum der Rachenhöhle und unter dem Gaumenbogen, wo sich der Stalagmit der Zunge abwechselnd hebt und senkt, die Luftströme geboren werden, die das Fleisch der Vokale und Konsonanten bilden, Göttliches in dieser Grotte geschürt wird und auf schwacher Flamme schmort wie zwischen den Kesselwänden eines alchimistischen Athanors. Nichts verbietet uns, dem sichtbaren Kaleidoskop der Schriftzeichen nach Belieben noch ein hörbares und gar ein schmeckbares Kaleidoskop beizugesellen; fehlen nur noch Tast- und Geruchssinn, um das Vergnügen vollständig zu machen.« (S. 61/62) So kündigt Leiris sein Repertoire lautlicher Symbolismen an, doch diese Ankündigung wird nicht ganz eingehalten: Das »hörbare Kaleidoskop« fehlt in der Liste, in der kein Phonem mit einem direkten onomatopoetischen Bedeutungswert versehen erscheint. Indem er den von Nodier begonnenen Plan bis zum Äußersten treibt, schlägt Leiris nur Bedeutungswerte durch Synästhesie vor. Allerdings muß man die bemerkenswerte Abwesenheit der visuellen Bedeutungswerte festhalten, als hätte das »Kaleidoskop der Schriftzeichen« deren Quelle oder das Verlangen danach erschöpft: Leiris erwähnt sehr wohl, wie wir weiter oben gesehen haben, die »Korrespondenz« par excellence, diejenige der »Zusammenhänge zwischen Lauten und Farben« (S. 64), doch er macht hier keinen Gebrauch davon[1].

Tatsächlich reduziert sich das Lautrepertoire also auf drei Typen von Bedeutungswerten: den Geschmackssinn, den Geruchssinn und den Tastsinn betreffend. *Geschmackssinn*: Gemäß einer Stufenleiter vom Tiefen zum Hohen evozieren die Vokale mehr oder weniger schwere und feste Substanzen: *a* Erbspüree; *o* Kartoffeln; *e*, *é*, *è*, »neutrale« oder »Begleit«vokale, Brot; *i* und *u*, »schärfer und leichter«, Zitrone, frische Gemüse; die Konsonanten, weniger substanzreich, dafür muskulöser, bezeichnen global und ohne weitere Spezifizierung: Fleisch. *Geruchssinn*: Die nasalen Vokale evozieren »organische Düfte« und starke Gerüche (Käse, Wild), die leichten Vokale *i* und *u* die Blumen, *f* und *v* (wir werden sehen warum) Alkoholika und Fermente; halten wir im Vorbeigehen fest, daß das Olfaktorische sich, von den Blumen abgesehen, tatsächlich mit dem Schmeckbaren verbindet. *Tastsinn*: Die Vokale sind hier ausgeschlossen, da sie »amorph« sind (wie bei de Brosses oder Gébelin gibt es Form hier nur in der Artikulation); unterschieden werden »Moos«konsonanten (stumpfe Konsonanten), die alle Kontinua sind (*j*, *l*, *m*, *n*), und »spitze« Konsonanten: die velaren Okklusive *g* und *k* als scharfkantig; die Labiale und Dentale *b*, *d*, *p*, *t* als »aufs Geratewohl losschlagend«; das *r* als nagend (»fräsend und fressend«; es ist immer noch der *litera canina*), die labiodentalen Aspiranten *f* und *v* »mit der Schärfe von Rasierklingen und mitunter auch mit der zweifelhaften Sanftheit von Veloursamt«; die Zischlaute *s*, *x*, *z* »Sprungfedern, die loszirren«; die beiden Halbvokale *w* und *y* schließlich teilen sich einen Bedeutungswert des Einschmierens, fett und »ölig« für *w* (Honig, Butter), feucht für *y* (»nicht zufällig spricht man bei jedem Konsonanten, dem ein schwaches *y* folgt, von ›Anfeuchtung‹ (*mouillure*)«). (S. 62/63)[2]

Dies sind für den Augenblick, wie man feststellen konnte, nur

---

[1] Es gibt auch keine Farben im Repertoire der visuellen Bedeutungswerte der Schriftzeichen.

[2] Die, im übrigen aus freien Stücken veralteten und rudimentären, phonetischen Bezeichnungen führe ich in diese Passage ein, nicht jedoch die Gruppierungen, die deutlich die Tendenz zu einer Strukturierung der expressiven Werte erkennen lassen: Im Gegensatz zu den Buchstaben evozieren die Phoneme fast niemals isoliert, einzeln für sich, sondern in oppositiven Paaren: Vokale/Konsonanten, Okklusive/Kontinua, vordere/hintere Phoneme etc. Wir werden darauf zurückzukommen haben.

lauter »evokatorische Kräfte« der graphischen und lautlichen Elemente, ohne irgendeine mimetische Beziehung zwischen diesen beiden Ausdruckssystemen und ohne irgendeine Ausnutzung dieser Kräfte bei der Bildung des realen Wortschatzes. Wie Leiris hinsichtlich einer Reihe von buchstäblichen Bedeutungswerten sagt: »Hier ist alles spielerische Form; allein der Blick ist beteiligt, das Schriftzeichen schmarotzt nicht von den Wörtern, mit denen es verknüpft ist, und vermischt sich auch nicht mit dem Laut, den es zu bezeichnen hat.« (S. 56/57) Nun kann die mimetische Funktion der Sprache nur über die elementaren Virtualitäten allein begründet werden, das wissen wir seit dem *Kratylos*, und Leiris weiß es ebensogut. Er merkt es deutlich im Hinblick auf die Schrift an, die nicht einfach nur dadurch motiviert werden kann, daß jeder Buchstabe eine Gestalt evoziert; diese Gestalt muß auch tatsächlich dazu dienen, entweder den Laut, den sie notiert, herbeizurufen (Phonomimese), oder den Gegenstand nachzuahmen, zu dessen Bezeichnung sie beiträgt (Ideomimese): »Beim Alphabet gibt es demnach ein Zusammentreffen von Elementen verschiedenster Herkunft: als System der Schrift ist es zunächst ein Katalog visueller Zeichen, die sich an die Augen wenden, ihnen einen Vorrat an Bildern unterbreiten; doch als Umschrift der gesprochenen Sprache korrespondiert es ebenso mit den lautlichen Bestandteilen der letzteren und gewinnt damit eine Bedeutung fürs Hören, wobei jedes der Schriftzeichen, aus denen es sich zusammensetzt, zur formalen Entsprechung eines realen oder angenommenen Lauts wird und nicht nur ein Bild, das einzig dem Blick zur Beute wird; schließlich, da Mittel zum Schreiben von Wörtern, lautliches Zeichen von Dingen oder Ideen, erwirbt es durch seinen uranfänglichen Umgang mit diesen Dingen und Ideen gleichfalls eine Ahnung von den Mitteln, den Intellekt umzustürzen, indem es die Illusion schürt, eine bestimmte vorsehungshafte Handlung, bei der Ausarbeitung der gesprochenen Sprache unternommen, um darin den adäquaten Ausdruck der wahren Natur der Dinge zu schaffen, hätte ebenso bei der Bildung der geschriebenen Sprache mitgewirkt und aus den Buchstaben – die jedoch weiter nichts als willkürliche Merkzeichen sind – das Gewand, wenn nicht sogar den Körper dieser Wörter gewoben, wobei diese selbst aufs innigste (und seit Ewigkeiten) mit dem Kern der Dinge in Verbindung stehen.« (S. 57)

Wie bei Claudel wird die phonomimetische Beziehung hier sehr wenig illustriert; man kann höchstens eine dreifache Übereinstimmung zwischen Klang und Form für das S ausmachen, »dessen zischende Tonführung mit seiner Schlängelung in Einklang steht«; für das R, »das, wie ein schroffes Riff aufgerichtet, zugleich ein rauh röchelndes Rollen hören läßt« (S. 57) (beachten Sie die Übereinstimmung mit Nodier, was das S und die alliterativen Bestätigungen[1] des Textes betrifft). Was das Q angeht, so ist die Motivation komplexer, da sie die doppelte Verstärkung des Buchstabennamens[2], der eine Andeutung von Lexikalisierung ist, und des (im Französischen) homophonen Namens des bekannten Körperteils benutzt: »gängiges« und unvermeidliches Wortspiel, dem wir bereits bei Gébelin und Nodier begegnet sind und das diese Glosse autorisiert: »Q, ein Buchstabe, der, spricht man ihn, schneidend ist wie der Axthieb, der in den nun in die beiden Hinterbacken gespaltenen primordialen Globus diese tiefe Furche zog« (S. 56); anders ausgedrückt, die Gestalt dieses Buchstabens (eine Axt: *hache*) evoziert indirekt den Klang seines eigenen Namens durch die metonymische Verstärkung einer »Furche«, die sich ausspricht wie er; eine Situation, welche die »Bilderrätsel« (*rebus*) Nodiers evoziert, allerdings noch indirekter, selbst wenn man die ungelegene Anwesenheit eines anderen Buchstabennamens (H, französisch *hache*) vernachlässigt, auf die wir gleich zurückkommen werden.

Die Ideographie (oder -phonie) ist entwickelter, zumindest als willkommener – und in Wahrheit künstlich bewirkter – Einklang zwischen dem Bedeutungswert gewisser Buchstaben (oder Phoneme) und der Bedeutung von (den) *Wörtern*, zu deren Bildung sie dienen: H verbindet just sein Aussehen einer Guillotine mit einem Namen, der mit demjenigen eines anderen schneidenden Instruments homophon ist[3]; W, ein Maschinenteil, findet sich wieder in

---

[1] Im Original lauten die zitierten Passagen für das S: »dont la sonorité sifflante concorde avec son serpentement«; für das R: »qui fait entendre un roulement rauque et rocailleux en même temps qu'il se tient debout à la manière d'un roc escarpé«. (Anm. d. Ü.)

[2] Wie man weiß, haben diese Namen im Französischen (im Gegensatz zum griechischen *alpha* oder zum hebräischen *aleph*) nur eine lautliche Existenz: man weiß nicht, wie man sie schreiben soll; ihr Status ist sonderbar und, meines Wissens, wenig untersucht.

[3] Hugo gab vom H eine Interpretation, die dem monarchischen Prinzip gewogener ist: »Die Wörter haben eine Gestalt. Bossuet schrieb *thrône*, nach dieser prachtvollen Orthographie des 17. Jahrhunderts, die das 18. auf so törichte Weise entstellt, gestutzt, verstümmelt hat. Nimmt man *thrône* das *h*, nimmt man ihm den Sessel. Das große H ist der Sessel von vorne gesehen, das kleine h ist der Sessel von der Seite gesehen.« (Reliquat aus *Littérature et Philosophie mêlées*, Ausgabe Pauvert, S. 1250 B).

tramway oder *wagon*; *a* und *o* in *pois cassé* ›Erbspüree‹ und *pomme de terre* ›Kartoffel‹, *y* in *yeux*, *f* und *v* in *ferment* ›Ferment‹ und *vin* ›Wein‹; hier weist Leiris selbst den (zirkulären) Gang der illusorischen Motivation, indem er voraussetzt, daß die beiden Grundwerte sich aus der Bedeutung der beiden Wörter schließen lassen. Dasselbe gilt gewiß für andere, noch nicht erwähnte Bedeutungswerte, wo die Buchstaben »mehr oder weniger den Inhalt gewisser Wörter inkorporieren, deren Anfangsbuchstabe sie sind: V keilt sich ein zum Flügelschlag wegen des Wortes *vautour* ›Geier‹, zum *ventre évidé* ›hungerhohler Bauch‹ wegen *vorace* ›Völlerei‹, wird zum Krater, denkt man an den Vesuv oder einfach an den Vulkan. R ahmt den rauhen Umriß von *rocher* ›Riff‹ nach; B die bierbauchige Form von ›Bibendum‹ (diesem dicken Biedermann, der sich in schrecklicher Atmung auf- und abbläht), das Lippenmaul von *bébé* ›Baby‹ oder das Verdichtende von B-Moll; P hat etwas Erhöhtes in *potence* ›Hochgericht, Pranger‹ oder in Prinz; M die Majestät von *mort* ›Tod‹ oder Mutter; C das Konkave von *cavernes* ›Höhlen‹, *conques* ›Muscheln‹ oder *coquilles d'œufs* ›Eierschalen‹, die gern zerbrechen.« (S. 55). Die Digramme Œ und Æ teilen sich die Evokation der klassischen Antike: *æ* die Latinität, »unter wechselndem Geläut von Bronze [*a*] und Kristall [*e*]«; *œ*, »welches wegen des Runden, das es vom O hat, wegen seiner breiteren Lautung mehr als das Æ den Eingeweiden verbunden ist, innigeren Bezug zum Bauch und zu den gewichtigen Partien des Daseins hat« (S. 67), aber auch weil man es in *œuf* ›Ei‹, *œil* ›Auge‹, *nœud* ›Knoten‹, *bœuf* ›Ochse‹, *œsophage* ›Speiseröhre‹ (das man *les ophages* hören kann, wie *les intestins* ›Därme‹ und *les entrailles* ›Eingeweide‹) findet, evoziert »mit seinen Verschlingungen, seinen ineinander verhafteten Buchstaben, unentwirrbar verknotet und verwickelt«, »ein noch verworrenes Bild des Labyrinths, des ursprünglichen Chaos und des in den finsteren Falten organischer *Tiefen* kauernden Lebens« (S. 66/67): archaisches Griechenland, dasjenige von *Œdipe* natürlich, das in *Philopœmen* überleben möchte. Eine letzte Serie schließlich verdankt ihren Erfolg der glücklichen Konvergenz des lautlichen und des graphischen Mimetismus: *ravin* ›Schlucht‹, dessen *v* »das Wesen klar und deutlich zum Ausdruck bringt« (die Idee einer Spalte oder eines Einschnitts) durch eine schneidende Klanglichkeit und zugleich eine spitzwinklige Form; *mort*, dessen einziger Vokal *o*, die Figur eines Tunnel- oder Stolleneingangs (die Unterwelt natürlich) abbildet, wo das Echo eines Glockenschlags zurückgeworfen wird; *gouffre* ›Abgrund‹, das mit dem »erstickten Schrei« »eines Überrumplungsschrecks« beginnt und im Geräusch eines Falls endet und einem »fortissimo des Schreckens« (*ff*); *calme* ›ruhig‹ schließlich, diese Landschaft, die man für den *Ideogrammes* Claudels entsprungen halten könnte: »[...] vollkommen still, wie von der Sanftheit eines Sees gewoben [...]; zwischen dem Hügelwurf des M und der Silbe *ca*, ein gut gesetzter Kubus einer kleinen *cabana*, läßt das mittlere L seinen einsamen Baum sprießen.« (S. 58)[1]

Der lexikalische Einsatz der elementaren Bedeutungswerte hat uns also nach und nach zur mimetischen Interpretation von ganzen *Vokabeln*, gelesen in der Art eines Nodier oder eines Claudel, als mimologische und/oder mimographische Bilder geführt. Man könnte versuchen, aus den gut hundert nominalen Träumereien, die über *Biffures* verstreut sind, ein neues *Dictionnaire des onomatopées* zu gewinnen, eine letzte und köstliche Illustration des lexikalischen Kratylismus. Tatsächlich würde der Versuch jedoch fast sofort fehlschlagen, und zwar aus einem Grund, der, wie wir sehen werden, an das Wesentliche der sprachlichen Imagination von Leiris rührt. Hier also einige Leirissche Mimologien: *Noël*, dessen Trema »den zweiten Vokal wie zu Reif erstarren läßt und das Glitzern [seiner] doppelten Spitze auf den Stall hin richtet« (S. 77); *Balthasar*, »ein dreifaches *a*, das der kräftige Gliederbau der Konsonanten wie einen Gong oder eine Totenglocke (*glas*) erschallen läßt« (S. 87); *bristol* ›Kartonpapier‹, welches das Geräusch einer »abwechselnd in die eine, dann in die andere Richtung« gebogenen Karte nachahmt (S. 130); *métal* ›Metall‹, »auf drei Konsonanten ausgesprochen, die sich auf zwei perlklare Vokale bar jeder Gangsteinspur stützen« (S. 130); *bronze* ›Bronze‹, »Gongen von Glocken« (S. 133); *airain* ›Erz‹, »das Getöse

---

[1] Sehr nach Art Claudels auch diese Beschreibung der Sprache als Werkzeugkiste (S. 59): »[...]; winzige Eisenwerkteile, die uns das Geschäft des Einpassens und Zusammenfügens der abertausend Materialien, deren Lagerschuppen unser Kopf ist, zu einem einheitlichen Ganzen von logischer Gestalt erlauben; der Inhalt einer Werkzeugkiste, die mich vielleicht ebenso anzieht wie mich früher der Hammer, der Schraubenzieher, die Zange, das Stemmeisen, das hölzerne Klappmeter, die Stifte aller Größen, der Draht, die Schrauben, die Beißzangen anzogen [...].«
Man kann diesen Buchstabeninterpretationen ein Fragment aus *La Règle du jeu* III: *Fibrilles*, Paris (Gallimard) 1966, S. 218, dt. *Die Spielregel*, Band 3: *Fibrillen*, aus dem Französischen von Hans Therre, München (Matthes & Seitz) 1991, S. 301, zuordnen: »›Kürzel‹, die [...] im wesentlichen an einen Mann mit gespreizten Beinen und mit nach SS-Art vor den Bauch gehaltenem Gewehr gemahnen, den man sich, flankiert von einem idiotischen Glotzauge und einer ihren Geifer oder ihr Gift verspritzenden Schlange in der Mitte der Inschrift O.A.S. vorstellt; [...].«

aufeinanderprallender Helme und Waffen« (S. 133); *chemise* ›Hemd‹, »das Rascheln und leise Reiben der gestärkten Manschetten meines Vaters, wenn er sie an- und ablegte« (S. 238).[1] Und das ist beinahe schon alles.

Warum? Weil die gewaltige Mehrzahl der in *Biffures* niedergelegten lexikalischen Glossen etwas anderes enthalten als eine reine Nachahmung des Signifikats durch den lautlichen oder graphischen Signifikanten. Versuchen wir beispielsweise *Pâques* ›Ostern‹, »ein Name, der wie Zucker knackt, mit einem langen geschlossenen O [*avec un â bien circonflexe*], das sein zierlich bemaltes Ei im Mund nachrundet« (S. 37): wir sehen, daß die direkte, so gelungene Evokation des Ostereis durch die Form des *â* [bzw. *o*] gewissermaßen verstärkt und überdeterminiert wird durch die Ähnlichkeit zwischen *Pâques* und anderen Wörtern, die im übrigen in der Glosse anwesend sind (*craquetant* und *sucre*) und seinen schmeck- und tastbaren Bedeutungswert über einen ganz anderen Weg sichern, dem der lexikalischen Assoziation oder *indirekten Motivation*, den wir seit den »Etymologien« des *Kratylos* gut kennen und von dem wir wissen, daß seine Hauptfunktion darin besteht, ein Fehlen von Mimesis zu beheben oder vielmehr zu verschleiern (*soma-sema*): *Pâques* knackt nicht, oder nicht genug, es reimt sich jedoch mit *craque*, das ihm ein wenig von seinem mimetischen Bedeutungswert leiht. Betrachten wir jetzt *Caïn*: sein Hiatus »knirscht feindlich – ein spitzer und kantiger Körper, der sich an einem anderen, ebenfalls spitzen und kantigen Körper reibt«, eine direkte Mimesis der Bosheit; hier jedoch die Fortsetzung: »Das Trema auf dem *i* [...] entspricht einer Art von höhnischer Verzerrung, eine Aufwerfung von Lefzen, die zwei scharfe, die anderen Zähne überragende Eckzähne (*canines*) freigibt« (S. 71/72); man bemerkt nun, daß die mimetische Härte des Hiatus und des Trema zumindest bestätigt wird von einer anderen, derjenigen, die sich, ohne andere Mimesis als der Ähnlichkeit zwischen zwei Vokabeln, aus der Annäherung *Caïn-canine* (sorgfältig vorweggenommen durch *babines* ›Lefzen‹) ergibt. Auf symmetrische Weise verdankt die antithetische Sanftheit von *caillou* ›Kiesel‹ viel seiner Beziehung zu *doux* und *mouillé* (S. 72). *Nabuchodonosor* (Nebukadnezar) gibt dem assyrischen Despoten seine »maßlose Länge«, doch das *or* ›Gold‹ seines Gewandes verdankt sich dem Reim (S. 86); und wenn *Lannion* »durchaus ländlich klingt« und

---

[1] Wenn nicht anders angegeben, entstammen die hier evozierten nominalen Träumereien den ersten fünf Kapiteln.

»Bauern« evoziert, »die zum Markt gehen, den Henkel der [...] Körbe in die Armbeuge geklemmt« (S. 202), so hat die Homophonie *Lannion-campagne-panier* gewiß etwas damit zu tun.[1]

In all diesen Fällen spielt die lexikalische Assoziation gewissermaßen die Nebenrolle, zugleich maskiert durch eine Interpretation, die sich rein mimetisch gibt, und enthüllt durch die Anwesenheit, die nicht unwillkürlich sein kann, der im Text der Interpretation selbst assoziierten Vokabel(n), als wollte der Autor uns zugleich eine Falle stellen und uns den Schlüssel dazu geben. Tatsächlich ist nämlich der Hauptgegenstand der Leirisschen Träumerei nicht die mimetische Interpretation, sondern durchaus die indirekte Motivation, das Spiel zwischen den Wörtern. Man sieht es sehr schön auftauchen in dieser kindlichen Version der Volksetymologie, einer gewagten Interpretation von »entstellten Wörtern, die ihre Rätsel anbieten«: lauter unbekannte oder vom Kind schlecht wahrgenommene Wörter oder Syntagmen, meist Eigennamen, die stets opaker sind, wie man weiß, oder Worte aus Chansons oder Monologen, häufig, um die Verwirrung noch größer zu machen, auf dem alten Familienphonographen gehört, entstellt also und neu interpretiert gemäß einer Analyse oder einer Affinität, die für wahrscheinlicher gehalten werden als die rätselhafte Vokabel: *à Billancourt* wird zu *habille-en-cour* (S. 45), die *Salpêtrière* zu *salle Pétrière* (S. 154), *en guerre s'en allait* zu *en berçant la laisse* (S. 17), Hugos *étranges syllabes* ›seltsame Silben‹ zu *tranche-syllabes* ›Silben-Scheiben‹ (S. 75), ein perfektes Emblem der eponymischen Analyse. Manons *petite table* gebiert einen *petit totable*, und sogleich geht die motivierende Träumerei auf die Suche nach Homophonien, die imstande sind, diesem zufälligen Neologismus Sinn zu geben: *table* ›Tisch‹ natürlich, *étable* ›Stall‹, *retable* ›Altaraufsatz‹, (eau) *potable* ›Trinkwasser‹, von daher *lavabo* ›Waschtisch‹; dazu kommt der Druck des Kontextes (Des Grieux im Seminar), um die Suche nach dem wahrscheinlichen Gegenstand auf das Kirchen- oder Sakristeimobiliar zu lenken, irgendwo zwischen Betstuhl und Nip-

---

1 Eine andere Verbindung der beiden Motivationstypen in *L'Age d'homme*, S. 30/*Mannesalter*, S. 37, für *suicide* ›Selbstmord‹: »[...] da ist das S, dessen Form ebenso wie dessen Zischen mir nicht nur die Windungen eines hinsinkenden Körpers, sondern auch die Kurvenform der Klinge ins Gedächtnis ruft; Ui vibriert seltsam und dringt ins Gehör, wenn man so sagen darf, wie das Überspringen des Feuers oder die stumpfwinkligen Zacken eines gefrorenen Blitzes; CIDE greift am Ende ein, um alles zu beschließen mit seinem *Azid*geschmack (›*acide*‹) [meine Hervorhebung], der etwas Schneidendes und ätzend Scharfes in sich enthält.«

pestisch, wobei letzterer auf sehr verräterische Weise trotz seiner mimetischen Adäquatheit abgelehnt wird: »[...] obgleich diese stolpernde Anfangssilbe unverkennbar das Geräusch von Nippestischbeinen beschwört – ihr Hopsen und Scharren –, wenn man den Tisch über den Fußboden zieht, um seinen Standort zu verändern« (S. 24); *totable* (oder *tetable*) wird also nur halb determiniert bleiben und wird seine ganze Magie aus dem beziehen, was »zwar eine Bedeutung vorspiegelt, aber nichts bezeichnet und Etikett eines schieren Nichts oder eines auf immer unbegreiflichen Objekts bleibt«. »Wahrscheinlich«, fügt Leiris hinzu, »hängt sich immer ein Fetzen von Ding-an-sich an die Rockschöße jener Wörter, die einer präzisen Wirklichkeit zu entsprechen scheinen, in Wahrheit aber bar jeder Art von Sinn sind. Daher rührt ihr *Offenbarungs*charakter, denn sie sind per definitionem Formeln des Unformbarsten, Namen für unerhörte Wesen, die eine Welt außerhalb unserer Gesetze möblieren.« (S. 25) Die *paroles oiseuses*, die ›nichtsnutzigen Reden‹ des Monologs von Polin, zu *paranroizeuses* geworden (S. 35), durch ihren Kontext zunächst auf die Truppenfolkore gemünzt, das Manöverfeld des Boulevard Suchet, was durch eine ländliche Lautlichkeit (»ein ländlicher, verhaspelter, regnerischer Name [...] eine Mischung aus weißen Drillichen, mit Nägeln beschlagenen Schuhen, dem weichen Geräusch von Schritten, tapsigen Manövern« (S. 32)) bestätigt wird, werden in *palissade, barricade, balayeuse, demoiselle, arroseuse* Rückhalt für eine instrumentale und straßenarbeitermäßige Spezifizierung suchen; in *octroi, roi, pavois, tournoi* für mehr historische Würde; in *zouave, patois, ouailles, paroisse* und *Fouillis-les-Oies*, um in den Schlamm der Provinz oder eines Vororts zurückzufallen: lauter Versuche (und Irrtümer), um das treibende Signifikat mit den homophonischen Ressourcen des Signifikanten in Einklang zu bringen, so wie man die Definition eines Wortes in einem Reimlexikon suchen würde (S. 32-35). In einem letzten Fall ist das Signifikat – oder vielmehr das Designat, da es sich um einen Eigennamen handelt – bereits bekannt, und das Kind weist ihm irrtümlich, *felix culpa*, einen richtigeren Namen zu, nämlich *Dictolétien* für *Dioclétien*. Die Epenthese *ct* bildet einen »stofflicheren« Namen, »kantiger und präziser gezeichnet«; soviel zur direkten Motivation, das Übrige wird über lexikalische Assoziationen laufen, *dictateur, licteur, pactole, pectoraux*, umgeleitete Konnotationen physischer Gewalt, militärischen Imperiums und einträglicher Eroberungen (S. 89-92).

Die Mehrzahl der nominalen Träumereien in *Biffures* bezeichnen auf diese Weise ihre Vermittler oder Motivationsinduktoren mit einer Bereitwilligkeit, die keinen Zweifel an der Natur des Verfahrens oder, wenn man lieber will, der *Spielregel* läßt: *Blaise* ist blaß wie eine Steilküste (*falaise*; hier bleibt der andere Vermittler, *blême* ›bleich‹ ausnahmsweise unerwähnt und vielleicht unbemerkt) (S. 18); *Abel* ist schön (*bel*) und gut (S. 71); *Moïse* treibt auf der Oise in einer Wiege aus Weidenruten (*osier*) (S. 73); *Bethléem* ist »schwerdampfend von der wohligen Tierwärme der Weihnachtskrippe« (»contient la bonne chaleur de *bête* à grosse *haleine* de la crêche«) (S. 77); *Épiphanie*, das Epiphaniasfest, schmückt sich mit der verblichenen Anmut (grâce *fanée*) ähnlich derjenigen von *Fanny* (S. 80); die *Philistins* sind »ein verheddertes Fadenknäuel (pelote de *fil*) grünlicher Innereien (*intestins*), Gegurgel *indistinkter Instinkte*« (S. 84); *Jésus-Christ* evoziert *crypte* ›Krypta‹ und *cris* ›Schreie‹, ausgestoßen am Kreux (*croix*) (S. 84); *Éléazar* schiebt sich unter den Bauch eines *Elefanten*, gewaltig wie die Gare Saint-*Lazare* (S. 87); *Perséphone* vereint *perce*-oreille ›Ohrwurm‹ und gramo*phone* (S. 111), dessen *diaphragme* sich mit *fragment* verbindet (S. 127), anfranctuosité ›Unebenheit‹, offen dem Getöse (*fracas*) (S. 129); *laiton* ›Messing‹, Legierung par excellence, evoziert die Verschmelzung der Metalle durch die Flüssigkeit der Milch (*lait*) (S. 133); *expérience* ›Erfahrung, Experiment‹ ist geduldig (*patiente*) und seriös (*sérieux*), auf halbem Weg zwischen Hoffung (*espérance*) und *Expedient* (*expédient*) (S. 147/48); *éclair* ›Blitz‹ paart sich, antithetisch, mit *éclipse* ›Finsternis‹ (S. 157); *verglas* ›Glatteis‹ beginnt mit *verre* ›Glas‹ und endet mit *glas* ›Totenglocke‹ (S. 161); *Waterloo* ist ein zweisprachiger Regenschauer, ein Tropfen für Wellington, ein Tropfen für Napoleon, etc.[1] Wir verübeln es uns, auf diese Weise stets sorgfältig geknüpfte und gefaltete Geflechte, deren subtile Windungen und komplexe Verzweigungen bisweilen, wie im Fall von *Perséphone*, ein ganzes Kapitel umhüllen, auf ihr lexikalisches Schema zu reduzieren. Als Beispiel und als Ausgleich wollen wir etwas länger bei dem Kom-

---

1 Eine andere Serie lexikalischer Assoziationen in *La Règle du jeu* II: *Fourbis*, Paris (Gallimard) 1955, S. 78, dt. *Die Spielregel*, Band 2: *Krempel*, aus dem Französischen von Hans Therre, München (Matthes & Seitz) 1985, S. 108: »Le Tremblay (das, glaube ich, früher wohl wegen seines ›schweren Geländes‹ bekannt war und dessen Name an das Getrampel des über feuchten Grund galoppierenden Felds von Pferden erinnert [*trembler*]), Maisons-Laffitte (nach einer ›appellation de grand cru‹ klingend, wie ›Château-Margaux‹ [*Château-Lafite*]), Chantilly (das sich aristokratisch abhebt, obwohl sein Name weit eher an ›lentilles‹ – Linsen – als an ›mantilles de dentelles‹ – Spitzenmantillas – oder an die Crème Chantilly gemahnt) [...].«

mentar über *Saül* verweilen. Das Übersehen des Tremas weist zunächst auf einen ›Weidenkönig‹ (*roi-Saule*), irgendwo zwischen dem König Kandaules (*roi Candaule*) und dem Erlkönig (*roi des aulnes*), doch nicht ohne Bezug zum König *Lear*, »oder vielleicht *roi-lyre*, ein alter Monarch, wahnsinnig im Wind umherirrend, der seinen Trauerweidenbart in eine Äolsharfe verwandelt« (S. 81): Der Wahnsinn rückt Saul und Lear zusammen, doch der lautlich abweichende Name Lear wird wie durch ein Wunder in *lyre* ›Leier‹ eingeholt, durch die Assoziation mit der Harfe Davids, eine Assoziation, die ihrerseits motiviert wird durch die Analogie zwischen David angesichts der Dämonen Sauls und Orpheus angesichts der Tiere; bleibt die weitergesponnene Masche der Weide *(saule)* wiederzufinden: Shakespeare führt uns zur »Weidenromanze« (*Romance du Saule*) Desdemonas, einer anderen Inkantation, die andere königliche Rasereien besänftigen soll; über dieses Netz literarischer Evokationen legt sich dann ein zweites, beruhigenderes lexikalisches Netz (*pendule* ›Pendeluhr‹, *scrupule* ›Gewissenhaftigkeit‹, *calcul* ›Kalkül‹), wegen dieses Namens (i.e. *Saül*), »geschmückt wie mit zwei silbernen Tröpfchen, die in der Dämmerung (*crépuscule*) von einer Maultierschelle (*clochette de mule*) perlen« (S. 82); beruhigend, aber »trügerisch«, weil es einer maßlosen, »jähzornigen und grausamen« Persönlichkeit Sanftmut und Maßhalten zuschreibt: ein *a contrario*, als Maske und Ableugnung zu nehmender Name also. Allerdings berücksichtigt diese Beschreibung nicht – Netz von Netzen – die Verbindung, die ihr gemeinsames Trema zwischen den verschiedenen biblischen – hebräischen – Namen *Caïn, Moïse, Esaü, Saül* und *Noël* herstellt: »Zweiheit« des Tremas, Insignien einer zwiespältigen Macht, von der »einige der merkwürdigsten Wegstrecken aus[gehen], die ich in meiner Kindheit zu durchlaufen hatte, quer durch jene Welt der Irrwische und Phantasmen, welche die Sumpflöcher der Sprache ausdünsten« (S. 68).

Es sind diese interlexikalischen Beziehungen, »Lautähnlichkeiten, die von Wort zu Wort ein Netz seltsamer Verbindungen weben« (S. 356), welche die Wahl eines »doppelgesichtigen« Titels: *bifurs/biffures* rechtfertigen, der präzise diesen Typ von »sprachlichen Unebenheiten« bezeichnet, die zugleich Weiche, Gabelung des auf den Schienen der formalen Analogie geführten Denkens und Irreleitung der Sprache, die sich »verspricht« (*fourche*) und sich verbessert, der Feder, die auf Abwege gerät, bevor sie ihre schlechte Spur verwischt, ist: bewußtes Halbwortspiel, in dem das Fortbestehen der väterlichen Ticks und der nervenden Familienspäße vielleicht aktiver ist, als es Leiris lieb ist[1], Halblapsus (»sobald unterlaufen, sofort wieder getilgt«), aufschlußreiches Material im Dienste einer Autobiographie, die auch, subtiler und tiefgründiger als *L'Age d'homme*, eine Selbstanalyse ist.

Formal gesehen funktioniert jede dieser Streichungen (*biffures*) wie eine partielle (geträumte) Etymologie: *laiton* ›Messing‹ motiviert durch *lait* ›Milch‹ sein Wesen als Metallegierung, befördert durch die Vor- und Nachteile einer prosaischen und vage abschätzigen Pseudoendung (S. 133), *Dictolétien* ist nur durch seine erste Silbe *Diktator* (*dictateur*), etc. In sehr vielen Fällen jedoch kommen derselben Vokabel, wie wir gesehen haben, zwei oder drei Assoziationen zugute, die sie letztlich in ihrer Gesamtheit abdecken. Man könnte sich also damit vergnügen, die Ding-Vokabel und die induzierenden Kerne nebeneinanderzustellen, wie in einem Wörterbuch nicht mehr von onomatopoetischen Ausdrücken, sondern von Etymologien. Man erhielte beispielsweise die folgende Reihe:

BLAISE	*blême falaise*
BETHLÉEM	*haleine de bêtes*
ÉCLAIR	*éclipse claire*
EXPÉRIENCE	*expédient d'espérance*
PERSÉPHONE	*perce aphone*
PHILISTIN	*fil d'intestins aux instincts indistincts*
VERGLAS	*verre, glas*
WATERLOO	*water, l'eau*

In diesen wenigen Reduktionen werden diejenigen, die mit Leiris vertraut sind, ohne Mühe das Verfahren erkannt haben, welches das *Glossaire* beherrscht und das als eine Art halb humoristische, halb poetische[2] Formalisierung nominaler Spekulationen beschrieben werden kann, die denen analog sind, die der Text von *Biffures* wiedergibt oder wiederherstellt. Eine derartige Beschreibung will natürlich nicht behaupten, daß das eine Werk sich tatsächlich vom anderen ableitet, schon allein deswegen nicht, weil das *Glossaire* erheblich früher entstanden ist als *Biffures*[3]. Sie läßt jedoch, durchaus

---

[1] Siehe S. 241f. eine sehr heftige Tirade gegen die Vulgarität der väterlichen Wortspiele und der Familienscherze; ein bißchen zu heftig vielleicht...

[2] »Poetische Kalauer«, sagt *L'Age d'homme*, S. 227/*Mannesalter*, S. 250.

[3] Es erscheint 1925-1936 in drei Lieferungen in der *Révolution surréaliste*, dann, verändert, als Broschüre 1939 (diese Version wird 1969 in die Sammlung *Mots sans mémoire*, dt. *Wörter ohne Gedächtnis* (1984) übernommen). Etwa dreißig neue

zu Recht, dem autobiographischen Charakter des letzteren Gerechtigkeit widerfahren, das heißt seinem Status als *Dokument* (und sei es auch partiell künstlich) über die kindlichen Gedanken, das dazu einlädt, diese Gedanken als den Boden, ja das Material der späteren Ausarbeitungen einschließlich derjenigen des *Glossaire* anzusehen. Dort, wo *Biffures* eine *Erfahrung* mit ihren (wie der Titel sagt) Versuchen und Irrtümern, ihren vielfältigen Anstrengungen, ihrem Tasten, ihren Wiederaufnahmen, ihren Fortschritten, ihren Sackgassen, ihren Irreführungen, ihren Abbrüchen, ihren zweideutigen und unsicheren Ergebnissen wiedergibt oder mimt, bietet das *Glossaire* eine Serie vollendeter und unwiderlegbarer sprachlicher Gegenstände, versehen mit diesem (illusorischen) Siegel des Endgültigen, welches das Kennzeichen des »Poetischen« ist. Wesentlich ist im übrigen, wie wir sehen werden, hier nicht das, was die beiden Werke trennt, sondern das, was sie verbindet.

Unter dem Gesichtspunkt des formalen Bezugs zwischen Glosse und Stichwort lassen die Artikel des *Glossaire* sich in vier Typen[1] einteilen, die wir in der Reihenfolge zunehmender Komplexität behandeln werden, die sich im übrigen mit der Reihenfolge zunehmender Häufigkeit[2] deckt.

Der erste Typ verfährt nach der Art der Elemente von Bilder- oder Kreuzworträtseln, wo ein Buchstabe oder eine Buchstabengruppe ein Wort »phonetisch« darstellen, das man rekonstruiert, indem man es buchstabiert; so ergibt GN *géhenne* und ABC *abaisser*. Man könnte dieses Verfahren, in Ermangelung einer besseren Bezeich-

---

Glossen erscheinen jedoch 1973 in Pierre Chappuis, *Michel Leiris*, Une étude avec un choix de textes, bibliographie, des illustrations, Paris (Seghers). Ein drittes großes Glossar erscheint schließlich unter dem Titel »Souple mantique et simples tics de glotte« in dem Band *Langage tangage ou Ce que les mots me disent*, Paris (Gallimard) 1985, S. 7-68 (dt.: M. Leiris/Felix Philipp Ingold, *Suppe Lehm Antikes im Pelz tickte o Gott Lotte – Ein Glossar*, Berlin (Rainer) 1991 – der deutsche Titel ist eine homophone deutsche Nachschrift des französischen Titels). [Zusatz d. Ü.]. Das *Glossaire* begleitet also wohl die gesamte literarische Karriere seines Autors.

1 Man könnte notfalls einen fünften erwägen, der sich anscheinend auf ein einziges Beispiel reduziert: Glosse durch Paronymie (CAHIER – *caillé* ›HEFT – Dickmilch‹); und einen sechsten, ebenfalls nicht produktiven, durch Polysemie (wie *sema-sema*): PERSONNE – *personne* ›PERSON – niemand‹. Hinsichtlich der Verfahren des *Glossaire* cf. Xavier Durand, »Michel Leiris et la substance verbale«, in *Cahiers dada-surréalisme* (1970).

2 Als Stichprobe: Die Liste der Wörter, die mit A beginnen, enthält keine Glosse des ersten Typs, 4 des zweiten, 12 des dritten und 48 des vierten.

nung, *lexikalisiertes Buchstabieren* nennen. Die Besonderheit besteht hier im *Glossaire* natürlich darin, daß die Arbeit des Buchstabierens an einer Buchstabengruppe ausgeführt wird, die bereits ein Wort bildet; sie besteht also darin, aus einem Wort, indem man seine Buchstaben einzeln ausspricht, eine Gruppe von Worten, ja einen Satz zu gewinnen, der seine Glosse bilden wird. So kann man etwa CHAINE lesen als *c'est hache haïe et nœud*; CHEVAL: *c'est achevé à ailes* (Pegasus); HOMME: *à chaud, aime et meut*; MER: *émeut aires*; WALHALLA: *double, vais à ailes, hache à ailes est là!* Und, approximativer, OPIUM: *au pays eu, aime et hume*; CŒUR: *c'est haut! sa cohue erre*. Und noch entfernter (ohne Metaglosse geht es hier nicht) MERE: *et: Meuh! exsangue rave, et: Reuh! (C'est une vache)*.

Der zweite Typ ist derjenige des *ale theia* im *Kratylos*, die Analyse: CONTRADICTION – *contrat d'Ixion*; LIQUEUR – *lie-cœur*; MORPHINE – *mort fine*; TRANSCENDANCE – *transes sans danse*; leicht verschleiert: DIEU – *il dit; ses paroles sont des œufs* (– dit œufs).

Der dritte Typ ist die Entstellung, sei es durch Metaplasmus des Konsonanten (RIVIÈRE – *civière*; SOURCE – *course*) oder des Vokals (ANTHROPOLOGIE – *en tripes au logis*; JÉSUS-CHRIST – *gésier creux*), sei es durch graphische Metathese (AVENIR – *navire*; BAISER – *braise*; SIGNE *-singe*: hier haben wir das mimetische Zeichen) oder lautliche und im allgemeinen approximativere: BOURREAU – *beau rouge*; PATRIE – *tripaille*; der Titel selbst wird in diese Kategorie eingereiht: GLOSSAIRE – *j'y serre mes gloses*; manche dieser Metaplasmen explizieren und motivieren die Umkehrung als Ausdruck einer Umkehrung der Bedeutung: CLERGÉ – *»j'éclaire« à l'envers*; JARDIN – *retourné, il donne un nid de rage* (nidraj).

Der vierte und letzte Typ, bei weitem der häufigste, benutzt die Ressourcen der beiden vorhergehenden, um über das Stichwort oder *Thema-Wort* ein stärker entfaltetes Syntagma zu bilden, das gleichsam dessen Ausweitung oder lautliche Paraphrase ist. Man erkennt noch immer ziemlich leicht das Verfahren der Analyse, jedoch freier ausgenutzt, in Glossen wie den folgenden, in denen ich in eckigen Klammern die eingeschobenen, epenthetischen Elemente isoliere: PARIS – *Pa*[scal] *rit*; CRATÈRE – [*il*] *cra*[*che la*] *terre*; ÉGLISE – [*des*] *aigles* [*s'y en*]*lisent*; CADENCE – *quad*[*rature du sil*]*ence*; oder dasjenige der Metathese in SPERME – *terme du spasme*. Doch mannigfache Zerlegungen und Substitutionen vermischen und verstärken sich in komplexeren Glossen wie PRINTEMPS – *l'empreinte de Pan*; AQUARIUM – *square humide des requiems*; ARMÉE – *merde amère*; FENÊTRE – *fait nôtre un air neuf*. Die Verstärkung ist sehr deutlich in

PSYCHANALYSE – *lapsus canalisés au moyen d'un canapé-lit*; dann verwirrt sich alles in vielfältigen Anamorphosen in VERBIAGE – *herbage des mots sans vie*; ALGÈBRE – *abrégé agile des givres cérébraux*; ANTIQUITÉ – *temps inquiétant quitté, que hantaient les Titans*; ICARE – *le hic qui le contrecarra, c'est la carence de la cire*; ŒDIPE – *yeux perdus pour ce peu: le meurtre d'un père hideux, le déduit d'une mère adipeuse*; JUDITH – *Juive judicieuse: tire la tige justicière du gîte putassier de ses jupes*; und zum Schluß das längste Beispiel: ACROBATE – *embarqué de bas en haut, de haut en bas, il bat du corps et baratte l'air sans accrocs.*[1]

Diese Paraphrasen erinnern natürlich an die entfaltetsten sokratischen »Etymologien« wie SELENE – *selas aei neon te kai henon* oder an die Saussureschen Paragramme (SCIPIO – *Taurasia cisauna Samnio cepit*) oder auch – dem Signifikanten jedoch die ganze Disseminationswirkung vorbehaltend – an ebendiese mittelalterlichen Glossen oder *farcitures*, die Zumthor wie folgt beschreibt: »Die Rede wird als in einem einzigen Wort enthalten konzipiert [...], dessen

---

1 Die Glosse von *Nord* ist außergewöhnlich, denn tatsächlich enthält sie zwei Stichwörter (Synonyme), von denen sich das zweite *in fine* enthüllt: NORD – *tu draines jusqu'à ses bords énormes la tente nocturne, ô sceptre des ténèbres que nous nions, Septentrion!* ›NORDEN – du entwässerst bis an seine enormen Ufer das nächtliche Zelt, oh Szepter der Finsternis, das wir verneinen, Septentrion (Norden)!‹
Als innersprachliche, »intralinguale« Übersetzungen durch »Versetzung« von Buchstaben, Lauten, Phonemen auf der Wortebene nach bestimmten Regeln entziehen sich die Glossen des *Glossaire* naturgemäß einer adäquaten zwischensprachlichen, »interlingualen« Übersetzung und sind, wie Felix Philipp Ingold es ausdrückt, »auf exemplarische Weise *un*übersetzbar« (cf. F. Ph. Ingold, »›Übersetzung‹ als poetisches Verfahren«, in Michel Leiris, *Wörter ohne Gedächtnis – Prosa, Glossar, Poesie*, aus dem Französischen von Simon Werle, herausgegeben und mit einem Nachwort von Hans-Jürgen Heinrichs, Frankfurt/M. (Qumran) 1984, S. 96-107, hier S. 103). Dennoch wurden Versuche einer »Übertragung«, einer »Versetzung« des Glossars von Simon Werle und Felix Philipp Ingold versucht (enthalten in der oben zitierten deutschen Ausgabe der *Mots sans mémoire*, S. 55-91 (Simon Werle unter dem Titel »Glossar, die Glasrose«) und S. 108-111 (Auszüge von F. Ph. Ingold unter dem Titel »Glossar – Grosse Wortschar«)). Da jedoch in diesem speziellen Fall der Originaltext, wiederum mit Ingolds Worten, »keinerlei Darstellungsfunktion zu erfüllen hat und auch keine außersprachlichen Bedeutungs- oder Geltungsansprüche stellt« (S. 103) – hierüber ließe sich allerdings streiten –, übernehmen beide Übersetzer lediglich das lexikalische Basismaterial, dessen deutsche Entsprechungen sie wiederum alphabetisch ordnen, sowie Leiris' Verfahren innersprachlicher »Versetzungen« oder »Verrückungen«, wobei die »Zahl der semantischen Äquivalenzen zwischen den so gewonnenen deutschen Neuschöpfungen und denen des Originals«, wie Simon Werle sagt, »erwartungsgemäß sehr gering« bleibt (S. 93/94). (Anm. d. Ü.)

aktuelle Amplifikation sie bildet, die sie entfaltet, indem sie von ihm hervorgebracht wird.«[1] Doch diese entfernten Bürgen sind vermutlich nicht präsent in Leiris' Geist. Das *Glossaire* ist Desnos gewidmet, und die direkte Verwandtschaft mit den mannigfachen Sprachspielen der Surrealistengruppe, insbesondere mit den Gedichten von Rrose Sélavy, die in einem Satz die beiden Seiten eines Schüttelreims verbinden (»Rrose Sélavy demande si les Fleurs du Mal ont modifié les mœurs du phalle«; »Aragon recueille *in extremis* l'âme d'Aramis sur un lit d'estragon«), ist ziemlich offensichtlich. Auf gewisse Weise reduziert Leiris den Satz ganz einfach auf seine ursprüngliche Metathese, indem er Äußerungen des Typs: FLEURS DU MAL – *mœurs du phalle* oder ARAGON – *âme d'Aramis sur un lit d'estragon* vorschlägt.[2] Diese formale Modifikation hat jedoch eine bemerkenswerte Funktionsveränderung zur Folge, auf die uns der sokratische Präzedenzfall, an den wir soeben erinnert haben, wohl bereits hinreichend hinwies: Die Anlage des Wortspiels als Wörterbuchartikel mit einem Stichwort, gefolgt von seiner Glosse, verleiht dem letzten Syntagma unvermeidlich eine offensichtliche *Erklärungs*funktion hinsichtlich des Signifikanten (Etymologie) oder des Signifikats (Definition). Genau so beschreibt Leiris im Vorwort von 1925 das Funktionieren der gewöhnlichen Wörterbücher, »in denen die Wörter katalogisiert werden, versehen mit einer wohldefinierten Bedeutung [...] gegründet auf die Gewohnheit und die Etymologie«, ausgestattet mit ihrer »gebäuchlichen Bedeutung« und mit ihrer »etymologischen Bedeutung«[3]. Die Glossen von Leiris präsentieren sich formal als Etymologien in dem Sinne, daß sie zu dem Signifikanten des Stichworts in einer Beziehung lautlicher und/oder graphischer Analogie stehen – eben jener, deren verschiedene Ausprägungen wir vorhin herausgearbeitet haben; und zugleich fungieren sie unver-

---

1 *Langue, Texte, Énigme*, Paris (Seuil) 1975, S. 51.
2 »Ich sage kategorisch, daß ich, hätte es die Wortspiele von Desnos nicht gegeben, nicht die Idee gehabt hätte, das *Glossaire: j'y serre mes gloses...* zu machen. Ich glaube, daß wirklich Desnos der Erfinder des lyrischen Wortspiels gewesen ist. Es waren Wortspiele, unter denen es manchen gelang, eine Art philosophischer Sinnsprüche zu sein. Dasjenige, das mich am meisten beeindruckt hatte, lautete: ›Les lois de nos désirs sont des dés sans loisir.‹ (›Die Gesetze unserer Begierden sind Würfel ohne Muße.‹) Das vermutlich habe ich am meisten bei Desnos bewundert. Im *Glossiare* wollte ich die Sache noch weiter treiben und ein Wörterbuch in Form von Wortspielen machen.« (*Le Monde*, 10. Januar 1975)
3 Dieses Vorwort, dem wir wiederbegegnen werden, ist in *Brisées*, Paris (Mercure de France) 1966, übernommen worden (S. 11).

meidlich als *Definitionen*, das heißt, sie taugen als Erklärung seines Signifikats. Vergleichen wir, im Anschluß an Philippe Lejeune[1], eine Leirissche Glosse und den Artikel eines echten Wörterbuches über ein und dieselbe Vokabel (*cratère*). Das Wörterbuch gibt uns einerseits eine Etymologie (lat. *crater*), das heißt ein einfaches (mehr oder weniger genaues) lautliches Analogon, und andererseits eine Definition (»Öffnung eines Vulkans«), das heißt ein semantisches Äquivalent ohne formale Analogie; diese Trennung läßt sehr deutlich die Konventionalität der Bedeutungsbeziehung hervortreten: das Wörterbuch ist seinem Wesen nach (und notwendigerweise) hermogenistisch. Das *Glossaire* dagegen bietet uns in einer einzigen Aussage (»il crache la terre« ›er spukt Erde‹) das lautliche Analogon und das semantische Äquivalent. Das bedeutet, daß es das *Zusammenfallen der lautlichen Analogie und der semantischen Äquivalenz* anbietet (oder aufdrängt) – und folglich, implizit, die wechselseitige Übereinstimmung, die Entsprechung des Lautlichen und des Semantischen, kurz, die – in diesem Fall indirekte – Motivation des Zeichens. Das *Glossaire* ist ein kratylistisches Wörterbuch, für das *cratère* als sokratisches Eponym ein richtiges Wort ist, weil es *richtig* (bewahren wir diesem Adverb seinen üblichen Bedeutungswert als Feststellung einer Kongruenz) sagt, was es sagen will, oder, wenn man lieber will, weil es mit seiner eigenen Definition (beinahe) verschmilzt, weil sein Signifikant (das Stichwort) seinem Signifikat (der Glosse) analog ist: *estin hoion logos to onoma*[2].

Man wird hier, offenbar zu Recht, einwenden, dieses Beispiel sei allzu gut gewählt und andere Glossen funktionierten nicht ebenso gut in dieser Weise, weil die semantische Entsprechung der lautlichen Paraphrase hier nicht ebenso eng oder ebenso offensichtlich sei. In der Tat ist es so, daß der Druck des Sinns (das Grauen vor der semantischen Leere, das eine natürliche Veranlagung des Geistes ist) einerseits und andererseits die unendliche Verfügbarkeit (oder Formbarkeit) der Assoziationen bewirken – und gerade die Erfahrung des *Glossaire* beweist es –, daß keine lautliche Paraphrase dem *Motivationseffekt* entgeht (genau dem, der in anderen surrealistischen Sprachspielen zum Ausdruck kommt, wie dem *cadavre exquis*:

---

1 *Lire Leiris*, Paris (Klincksieck) 1975, S. 158/59. Siehe auch das Kapitel über Leiris in *Le Pacte autobiographique*, Paris (Seuil) 1975. Und dasjenige in J. Mehlmann, *A Structural Study of Autobiography – Proust, Leiris, Sartre, Lévi-Strauss*, Ithaca/London (Cornell Univ. Press) 1974.
2 Siehe hierselbst, S. 29. Wörtlich: ›der Name steht ganz allein für eine ganze Rede‹.

auch die zufälligste Annäherung von Wörtern macht noch Sinn). Philippe Lejeune erfindet absichtlich eine Glosse, die so willkürlich ist wie nur möglich: CRATÈRE – *crabe de l'éther* ›Ätherkrabbe‹, und sofort muß er zugeben: »Selbst *crabe de l'éther* ist nicht ganz frei von Kratylismus.« *Éther* reicht hier aus, ein Schleudern in atmosphärische Höhen zu evozieren – dem *crabe* sich, so gut es eben geht, anpaßt. Vielleicht würde *crabe délétère* ›schädliche, verderbliche Krabbe‹ mehr Widerstand bieten, und so weiter, aber dennoch kann der Geist stets einen Sinnbezug zwischen dem Thema-Wort und seiner Glosse herstellen, und wäre es auch nur eine Beziehung der Unverträglichkeit. Mit jeder Art von Glosse erzwingt das *Glossaire* unvermeidlich den Eintritt in das kratylische Spiel, in dem selbst die Ablehnung (wie wir bei Platon mit *sklerotes* und bei Mallarmé mit *jour* und *nuit* gesehen haben) bereits (oder immer noch) einen Anteil von Zustimmung enthält. Übrigens hat Leiris ganz offensichtlich niemals die Absicht, in einem solchen Maße die Schwierigkeit zu suchen: Unter den zahllosen möglichen Paraphrasen wählt er zwar meist gewiß nicht die am plattesten motivierte, aber doch zumindest jene, die am besten eine gewisse Dosis Überraschung mit einer gewissen Dosis wahrnehmbarer Entsprechung verbindet. Im übrigen hat er explizit auf die semantische Funktion seiner Glossen hingewiesen, und dies mehrfach. So etwa in *L'Age d'homme*, wo er von sich sagt: »Ich zergliederte die Wörter des Vokabulars und fügte sie in poetischen Kalauern wieder zusammen, die mir *ihre tiefste Bedeutung herauszuholen* schienen«[1]; oder in einer bibliographischen Anmerkung in *Brisées*, in der er an die »ferne Epoche« erinnert, »wo ich hoffte, eine gewisse Art, die Wörter zu zerreiben, würde mir erlauben, *das letzte Wort aller Dinge* zu fassen«[2]. Es bliebe natürlich noch die Nuance genau zu bestimmen, die jedesmal diese restriktiven, da superlativischen Bestimmungen implizieren: *die tiefste*, *das letzte Wort*. Ich werde gleich darauf zurückkommen.

Das *Glossaire* verhält sich also zur indirekten Motivation wie das *Dictionnaire des onomatopées françaises* zur direkten Motivation, und es bestätigt in auffälliger Weise die Prädominanz im Kratylismus von Leiris, der, in seiner Gesamtbewegung, eine bemerkenswerte Rückkehr zur sokratischen Position bewerkstelligt: einerseits (*Alphabet*) die unmittelbare Expressivität der lautlichen und graphischen Elemente; andererseits (*Glossaire* und die Mehrzahl der lexi-

---

1 *L'Age d'homme*, S. 227/*Mannesalter*, S. 250 (meine Hervorhebung).
2 *Brisées*, S. 289 (meine Hervorhebung).

kalischen Motivationen in *Biffures*) eine ausgeprägte Entwicklung der »etymologischen« Motivation; dazwischen ein Schwachpunkt, der für den reinen Mimologismus natürlich das Wesentliche ist: die lexikalische Investierung der elementaren Bedeutungswerte, die, wie wir gesehen haben, fast vollständig zugunsten von Wortspielen und mannigfachen Homophonien verschwunden ist.

Der Kreis hat sich also anscheinend geschlossen, die kratylische Reise ist zu ihrem Ausgangspunkt zurückgekehrt. Zwischen der Absicht der sokratischen Eponymien und derjenigen der Etymologien des *Glossaire* bleibt jedoch ein entscheidender Unterschied bestehen, dessen Richtung uns recht gut ein anderer Text von Leiris angibt: »Einen Gegenstand durch einen Ausdruck zu bezeichnen, der ihm entspricht, nicht im übertragenen, sondern im eigentlichen Sinne, würde die Kenntnis des Wesens dieses Gegenstandes selbst bedeuten, was unmöglich ist, da wir nur die Phänomene kennen können, nicht aber die Dinge an sich.«[1] Wir befinden uns hier an den Antipoden der sokratischen Forderung, der zufolge die Funktion des Namens nur darin bestehen kann, das *Wesen* der Dinge zu bezeichnen (und, in der kratylischen Hypothese, nachzuahmen). Die Aufgabe dieser essentialistischen Forderung, oder dieses Anspruchs, haben wir bei den Mimologen des klassischen Zeitalters beobachtet, die, gezwungen, zwischen dem Wesen und dem Mimetismus zu wählen, es vorzogen, ersteres letzterem zu opfern, wobei das »richtige« Wort für sie zur Nachahmung eines einfachen »Aspekts« unter anderen – oder, um wie Leiris im Kantschen Vokabular zu sprechen – eines einfachen »Phänomens« wird. Doch Leiris bestätigt nicht nur diese Aufgabe, er betont sie, motiviert sie und valorisiert sie, und hierin liegt die entscheidende Rechtfertigung seines Unternehmens – in *Biffures* wie im *Glossaire* –, wie sie sich im Vorwort zum *Glossaire* artikuliert, das wir jetzt vollständig zitieren müssen:

> Eine monströse Verirrung läßt die Menschen glauben, die Sprache sei entstanden, um ihre gegenseitigen Beziehungen zu erleichtern. In dieser nutzbringenden Absicht verfassen sie Wörterbücher, in denen die Wörter katalogisiert werden, versehen mit einer wohldefinierten Bedeutung (glauben sie), gegründet auf die Gewohnheit und die Etymologie. Nun ist die Etymologie eine vollkommen nutzlose Wissenschaft, die keinerlei Auskunft gibt über die *wirkliche* Bedeutung eines Wortes, das heißt die besondere, persönliche Bedeutung, die *jeder* ihm zuzuweisen sich schuldig ist, ganz nach dem Belieben seines Geistes. Was die Gewohnheit

---

1 »Métaphore«, in *Brisées*, S. 25.

betrifft, so ist es überflüssig zu sagen, daß sie das niedrigste Kriterium ist, auf das man sich beziehen kann.
Der gebräuchliche Sinn und der etymologische Sinn eines Wortes können uns nichts über uns selbst beibringen, da sie den kollektiven Bruchteil der Sprache darstellen, denjenigen, der für alle und nicht für jeden von uns gemacht worden ist.
Indem wir die Wörter, die wir lieben, sezieren, ohne uns darum zu kümmern, der Etymologie oder der allgemein anerkannten Bedeutung zu folgen, werden wir die verborgensten Kräfte und die geheimen Verästelungen entdecken, die sich durch die ganze Sprache ausbreiten, kanalisiert durch die Assoziationen von Lauten, von Formen und von Ideen. Die Sprache verwandelt sich dann in ein Orakel, und wir haben da (so gespannt er auch sein mag) einen Faden, der uns leitet, im Babel unseres Geistes.

Wie man sieht, ist die Suche nach einer motivierten Bedeutung auch, und im wesentlichen, für Leiris die Ablehnung der *gebräuchlichen* und *allgemein anerkannten* Bedeutung, Zurückweisung des »kollektiven Bruchteils der Sprache«. Die *wirkliche* Bedeutung eines Wortes, die weder die Gewohnheit noch die Etymologie kennen, ist eine Bedeutung *für jeden von uns*, eine *besondere, persönliche* Bedeutung, die *jeder* ihm zuzuweisen sich schuldig ist, *ganz nach dem Belieben seines Geistes*. Diese Formulierung ruft unvermeidlich eine andere in Erinnerung: »Wird also einer, wenn er so redet, *wie er eben glaubt, daß man reden müsse*, richtig reden [...] Wie nun, wenn ich irgendein Ding benenne, wie, was wir jetzt Mensch nennen, wenn ich das Pferd rufe und was jetzt Pferd, Mensch, etc.« Diese streng individualistische Haltung ist, wie man sich vielleicht erinnert, die Position des Hermogenes, wie Sokrates sie karikierte, um sie besser zurückweisen zu können: die Arbitrarität des Zeichens als *Belieben* und individuelle Laune, zu der eben gerade die Universalität des natürlichen, das Wesen nachahmenden Zeichens in Opposition tritt. Leiris kehrt diese Opposition vollständig (und in gewisser Weise legitim) um: Für ihn ist das konventionelle Zeichen »kollektiv« und das motivierte Zeichen »willkürlich«, weil es – im Prinzip[1] – aus einer

---

1 Präzisieren wir, daß es sich hier um das explizite Vorhaben des *Glossaire* handelt, wie sein Vorwort es darlegt. Tatsächlich implizieren manche Glossen (für *armée* ›Armee‹, *clergé* ›Klerus‹, *église* ›Kirche‹ etc.), wie wir gesehen haben, eine Art ideologischen Konsens, grob gesagt denjenigen des Vorkriegsanarchismus im vage intellektuellen Milieu. Und sehr viele andere finden das Einverständnis des Lesers mit größerer Leichtigkeit, als das Vorwort vorauszuahnen schien, selbst wenn die Gründe für diese Zustimmung sich nicht immer decken. Die Glosse verspricht – und das macht ihren Reiz aus – ein wenig goldene Berge.

ganz persönlichen Motivation hervorgeht. Die Konvention ist per definitionem vertraglich und gesellschaftlich: die mimetische Motivation ist »tief«, »geheim«, sie lehnt den kollektiven Zwang ab. Spielerisch im aggressivsten Sinne, ist sie Laune und Aufruhr. Hermogenes ist der Mann der Stadt, das heißt des Konsenses. Sein Gegner entfernt sich, zum »Dichter« geworden – aber war er es nicht schon von Anfang an? –, freiwillig oder nicht (Sokrates schubst ihn, wie wir wissen, ein wenig) von dieser Stadt. Er geht ins Exil und schließt sich ein in das, was er zur Wahrheit – »seiner« Wahrheit – der Sprache und der Welt macht. Von Stund an fremd jeder gemeinen *Kommunikation*, widmet er sich der Erforschung seines inneren Universums und seines inneren Wortschatzes, das ist alles eins, aus denen er, mag man sie annehmen oder nicht, seltsame Sprachgegenstände ans Tageslicht holt, die seinen Stempel tragen und ohne Diskussion aufzwingen: *Cratyle, il crache son style*, Kratylos spuckt seinen Stil.[1]

---

[1] *Appendix.* Man kann in Zusammenhang mit dem *Glossaire* (der Vergleich ist im übrigen in die andere Richtung bereits von Matila Ghyka in *Sortilèges du verbe*, Paris (Gallimard) 1949, S. 154, vorgeschlagen worden) ein anderes phantasievolles Lexikon bringen, das *Petit Dictionnaire des mots retrouvés*, das in der *Nouvelle Revue Française* vom Januar und Februar 1938 unter der durchsichtigen Signatur M.D., P. de L. und B. de R. veröffentlicht wurde. Dieses Wörterbuch, mehr humoristisch (und von einem bisweilen betonten Humor) als poetisch, präsentiert sich in seinem Vorwort parodistisch als ein Unternehmen der *Restauration*, der Rückkehr zum ursprünglichen Sinn von Wörtern, die seit langem durch den Verfall der Sprache eine andere Bedeutung bekommen haben. Unter diesem pseudo-de-Brossesschen Deckmantel setzt es tatsächlich für jede Vokabel an die Stelle der gängigen Definition eine frei erfundene Definition. Um das Prinzip dieser Ersetzung besser zu erkennen, muß man die anderen möglichen Verfahren, zu denen es in Opposition steht, genauer ansehen. Die ausgetauschte Definition könnte vollkommen willkürlich sein (»wie, was wir jetzt *Mensch* nennen, wenn ich das *Pferd* rufe...«): es würde genügen, zufällig in einem Wörterbuch die Definition eines anderen Wortes herauszugreifen; das wäre ein surrealistisches Spiel, mit den unvermeidlichen Sinneffekten, auf die wir bereits hingewiesen haben. Sie könnte durch direkte Mimesis motiviert sein: man gäbe beispielsweise, Mallarmé beim Wort nehmend, *nuit* die Bedeutung von *jour* und umgekehrt; dies wäre die radikale Illustration des klassischen sekundären Mimologismus. Das Prinzip des *Petit Dictionnaire* beruht dagegen auf einem sekundären Kratylismus *durch indirekte Motivation*; anders ausgedrückt, es verhält sich zum sekundären Mimologismus wie das *Glossaire* zum primären Mimologismus.

Jedes Stichwort wird in ihm mit einer Definition bedacht, die durch ein anderes Wort (oder mehrere) inspiriert ist, dem (denen) es ähnelt oder das (die) es enthält (was zu entdecken bleibt: das ist einer der Aspekte des Spiels). So etwa: ACROBATE: *place publique à Corinthe. Le peuple se réunit sur l'Acrobate.* ›AKROBAT – öffentlicher Platz in Korinth. Das Volk versammelt sich auf dem Akrobaten.‹ Oder: ESTRAGON: *Province d'Espagne.* Oder: CYCLAMEN: *amateurs de bicyclette. Expression anglaise en usage vers 1880.* ›ALPENVEILCHEN: Fahrradliebhaber. Englischer Ausdruck, gebräuchlich um 1880.‹ [Natürlich kann man auch diese Definitionen – fast – ebensowenig wie diejenigen des *Glossaire* einfach »übersetzen«, da hierbei meist der Witz verloren geht. D. Ü.]. Der Vergleich des Stichwortes, dessen gängige Bedeutung bekannt ist, mit der ausgetauschten Definition schafft eine komische Wirkung, die häufig noch begünstigt wird durch die, wie Freud sagen würde, »tendenziöse« Wahl des Stichwortes (*pédéraste, falzar* ›Hose‹, *phallus* etc.) und/oder durch ein Beispielzitat ausgenutzt und unterstrichen wird, wie wir bei *acrobate* gesehen haben. Diese Wirkung ist um so intensiver, wenn das Beispiel oder die Definition selbst eine Art Anspielung auf die gängige Bedeutung enthalten. So etwa ASPIRINE: *épouse d'un aspirant de marine. Généralement très élégante, elle donne à la mode un cachet particulier.* ›ASPIRIN: Gattin eines Marineaspiranten. Im allgemeinen sehr elegant, gibt sie der Mode einen besonderen Touch (bzw. Tablette).‹ Oder KOULAK: *gâteau volumineux et indigeste. »Le commissaire est bien malade. Il a encore mangé du koulak.«* ›KOULAK: voluminöser und schwerverdaulicher Kuchen. ›Der Kommissar ist richtig krank. Er hat schon wieder Koulak gegessen.‹‹ Oder auch PÉRINÉE: *chaîne de montagnes fabuleuses, couvertes de forêts, que les anciens situaient entre Lesbos et Chio.* ›DAMM [anat.]: sagenhafte Gebirgskette, bedeckt von Wäldern, welche die Alten zwischen Lesbos und Chio situierten.‹ Oder schließlich, für mich am ökonomischsten: CALVINISTE: *coiffeur genevois* ›KALVINIST: Genfer Friseur‹. Diese Verdrehungen der konventionellen Bedeutung zugunsten einer motivierten imaginären Bedeutung suggerieren, über ihre komische Funktion hinaus, eine der sophistischsten Versionen des Kratylismus. Will man mehr Details, so sehe man sich die ungefähr zweihundert Artikel des *Petit Dictionnaire* an oder versuche sich darin, einige weitere zu produzieren. Hier schon einmal vorweg der längste: CRATYLISME: *hallucination verbale causée par l'absorption excessive d'un vin de mauvaise qualité. Chez le sujet en crise »tout se dédouble, sans qu'il puisse distinguer où est la chose et où est le mot«* (Platon, *Cratyle*, 432d). ›KRATYLISMUS: verbale Halluzination, verursacht durch übermäßigen Genuß minderwertigen Weines. Bei der betroffenen Person ›würde alles zweifach da sein, und sie würde von keinem von beiden mehr angeben können, welches das Ding selbst wäre und welches das Wort‹ (Platon, *Kratylos*, 432d).‹

Im Namen der Wörter

Die theoretische Formel des Pongeschen Mimologismus ist in einer einfachen und wohlbekannten Gleichung enthalten: »*Im Namen der Dinge* kommt gleich *Beachtung der Worte.*«[1] Eine in Wahrheit sogleich komplizierte, ja widerlegte Gleichheit einer Addition in ungleichen, wenn nicht gar umgekehrt variablen Teilen: »Gewisse Texte werden mehr INDD, andere mehr BDW untergemischt haben... Das heißt nicht viel. In jedem Fall muß es das eine wie das andre dabei geben. Sonst ist nichts zu machen.«[2] Es handelt sich hier ganz offensichtlich um die Arbeit des Schriftstellers und nicht um den einfachen Zustand der Sprache – und es geschieht sogar (einmal), daß Ponge, wie Mallarmé, aus deren »Fehler« eine Bedingung seiner eigenen Übung macht. So beklagt er etwa die Vollkommenheit der *Mimosa*, die ihm nichts zu sagen übrigläßt: »Vielleicht ist das, was meine Arbeit so schwierig macht, daß der Name der Mimosa bereits vollkommen ist. Wenn man den Strauch und den Namen der Mimosa kennt, wird es schwierig, etwas Besseres zu finden, um die Sache zu definieren, als diesen Namen selbst.«[3] Doch diese Situation bleibt außergewöhnlich und die Klage selbst rein rhetorisch und versöhnend; der Beweis: das Gedicht. Die angenommene Gleichung zwischen der »Dichte der Dinge« und der »seman-

---

[1] *Méthodes*, Paris (Gallimard) 1961, S. 19; dt. in Francis Ponge, *Ausgewählte Werke – Stücke, Methoden*, deutsch von Gerd Henniger, Frankfurt/M. (Fischer) 1968, S. 237 [hingewiesen sei in diesem Zusammenhang auch auf den 1. Band: *Ausgewählte Werke – Lyren*, deutsch von Gerd Henniger, Frankfurt/M. (Fischer) 1965 (enthält: *Douze petits écrits/Zwölf kleine Schriften*; *Le Parti pris des choses/Im Namen der Dinge*; *Proëmes/Vorreden*; *Lyres/ Lyren*; eine Auswahl aus dieser zweibändigen zweisprachigen Ausgabe enthält F. Ponge, *Einführung in den Kieselstein und andere Texte*, französisch und deutsch, mit einem Aufsatz von Jean-Paul Sartre, Frankfurt/M. (Fischer) 1986 (Zusatz d. Ü.)]. Hinsichtlich alles Folgenden cf. das Kapitel »Mesure(s) du mot« in Marcel Spada, *Francis Ponge*, Étude, choix de textes, biographie, bibliographie, filmographie, illustrations, Paris (Seghers) 1974.

[2] *Methoden*, S. 237. Im folgenden beziehen sich die Seitenangaben, wenn nicht anders angegeben, auf die französischen Ausgaben. (Anm. d. Ü.)

[3] *Tome premier*, Paris (Gallimard) 1965, S. 309.

tischen Dichte der Wörter«[1] ist nicht wirklich ein Hemmnis für das Pongesche Schreiben, es ist eine seiner Ressourcen und häufig sein Gegenstand.

Die Wörter bilden in sich selbst »eine konkrete Welt, ebenso dicht, ebenso existierend wie die äußere Welt«. Wie jeder Gegenstand hat das Wort seine Dichte und seine drei Dimensionen, nicht im Raum, sondern, auf subtilere Weise, eine »für das Auge«, eine andere »für das Ohr, und die dritte ist vielleicht so etwas wie ihre Bedeutung«; und weiter unten: »Vielleicht ist das Wort ein dreidimensionaler Gegenstand, folglich wirklich ein Gegenstand. Die dritte Dimension liegt jedoch in dieser Bedeutung.«[2]

Die beiden ersten weisen keinerlei Zweideutigkeit auf, obgleich (wie wir sehen werden) der klangliche Aspekt in Ponges Arbeit kaum eine Rolle spielt. Die dritte verlangt ein wenig mehr Aufmerksamkeit. Tatsächlich handelt es sich um diese diachronische Dichte, die für jede Vokabel der Artikel im Littré offenbart – ein bevorzugtes Instrument, wie man weiß: die historische Dimension abgelegt und gleichsam kristallisiert in einer wuchernden Polysemie: »Alle Wörter aller Sprachen, und vor allem der Sprachen, die eine Literatur haben, wie die deutsche, die französische, und die auch – wie soll ich sagen, die von anderen Sprachen kommen, die bereits Denkmäler gehabt haben, wie das Lateinische, diese Wörter, jedes Wort ist eine Kolonne im Wörterbuch, ein Ding, das eine Ausdehnung, selbst im Raum, im Wörterbuch hat, aber es ist auch ein Ding, das eine Geschichte hat, das seinen Sinn (*sens*) verändert hat, das eine, zwei, drei, vier, fünf, sechs Bedeutungen hat.« Dieser semantischen Vielfalt, welche die Vokabel in alle Richtungen (*sens*) zerreißt, entspricht das umgekehrte üppige Wuchern der homophonischen Annäherungen, welches das Spiel der indirekten Motivationen begründet. Die Etymologie, phantasievoll oder nicht[3], wird unter diesen Umständen »die dem Dichter am meisten nötige Wissenschaft«. Hier können wir uns ihr, wie bei Platon, über die Eponymie der Eigennamen annähern: *Claudel* zwischen *clame* und *claudique*, oder *Braque* zwischen *Bach* und *Baroque*, aber auch, durch Anagramm eines seiner bevorzugten Themen, *barque renversée* ›umgestürztes Boot‹; und *Mal-*

---

1 Spada, S. 60.
2 *Méthodes*, S. 272-274.
3 Als Rechtfertigung der vielfältigen Etymologien: »Etymologen, fahrt nicht auf! Kommt es nicht vor, daß zwei Pflanzen mit sehr verschiedenen Wurzeln bisweilen ihr Blattwerk vereinigen?« (*Méthodes*, S. 98).

herbe, »etwas Männliches, Freies« (*mâle*, mauvaise *herbe* ›Unkraut‹); und *Assyrie*, »kosmetische Verunreinigung [»eine gewisse Art, sich den Bart zu frisieren«] Syriens«[1]; dann, das Verfahren auf die Namen der Dinge ausdehnend: »in *voyage* steckt *voir*«; »so wie in *tamaris tamis* steckt, steckt in *mimosa mima*«; *olive* steht *ovale* nahe, *escargot* ›Schnecke‹ beginnt wie *escarbille* ›Flugasche‹ und endet mit dem Anfang von *go on*, und *cageot* ›Gitterkasten‹ befindet sich, wie man weiß, in jeder Hinsicht »auf halbem Weg vom Käfig (*cage*) zum Kerker (*cachot*)«. *Ustensile* ›Gerät‹ kommt zugleich von *utile* ›nützlich‹ (*outil* ›Werkzeug‹) in frequentativer Form und von *ostensible* ›offenkundig‹: es ist ein Gerät, das man häufig benutzt und das man an die Wand der Küche hängt; eine gewisse Verwandtschaft besteht auch mit *combustion* ›Verbrennung‹ und, an seinem Nagel aufgehängt, eine gewisse Homophonie der Endung mit *oscille* ›pendelt‹. *Pré*, die ›Wiese‹, ist, wie bei Varro, zugleich schön gemacht (*paré*), hergerichtet (*préparé*), »nahe am Felsen und am Bächlein, bereit, gemäht oder abgeweidet zu werden« (»*près de la roche et du ru, prêt à faucher ou à paître*«); ganz einfach nur *pré*, ist es »das Partizip Perfekt par excellence« und das »Präfix der Präfixe«. Doch auch die Suffixe spielen ihre Rolle, denn *lézard*, die ›Eidechse‹, teilt nicht umsonst ihre Endung mit *flemmard* ›Faulpelz‹, etc., wie *gymnaste* ›Turner‹ mit *dévaste* ›(er) verwüstet‹, *chaste* ›keusch‹ und *baste* ›basta‹, und gewiß *huître*, die ›Auster‹, mit *opiniâtre* ›eigensinnig‹, *blanchâtre* ›weißlich‹ und einigen anderen[2]. Was *hirondelle*, die ›Schwalbe‹, betrifft, so wird man sie, *socratico more*, in *horizondelle* oder *ahurie donzelle* ›verdutztes Frauenzimmer‹ analysieren – eine Analyse, die sich, wie stets, wie eine Leirissche Glosse liest: HIRONDELLE – *horizon d'ailes* ›Horizont von Flügeln‹. Schließlich führt die spielerische Etymologie hier wie anderswo ziemlich schnurstracks zum Amalgam im »*mot-valise*«: *patheux*, das den Teig (*pâte*) mit dem

---

[1] *Lyres* (1961), S. 29; *Le Peintre à l'étude* (1949), S. 494; *Pour un Malherbe* (1965), S. 12; *Méthodes*, S. 217.

[2] *Méthodes*, S. 98; *Tome premier*, S. 307; *Pièces*, Paris (Gallimard) 1961, S. 110; *Tome premier*, S. 57 u. S. 43; *Méthodes*, S. 218; *Nouveau Recueil*, Paris (Gallimard) 1967, S. 205 (der *Nouveau Recueil* 1-3 (1961; nouvelle édition revue et corrigée 1976/77 enthält: *Lyres, Méthodes, Pièces*); *Pièces*, S. 95; *Tome premier*, S. 72, 48; cf. *Entretiens avec Philippe Sollers*, Paris (Gallimard/Seuil) 1970, S. 111: »Es ist offensichtlich, daß, wenn sich in meinem Text Wörter wie *blanchâtre, opiniâtre, verdâtre* oder Gott weiß was finden, dies auch deshalb der Fall ist, weil ich durch das Wort *huître* festgelegt bin, durch die Tatsache, daß es dort *accent circonflexe* über Vokal (oder Diphtong) *t, r, e* gibt.«

Pathos verbindet, die feuchte *amphibiguité* des Herbstes oder die parfümierten *tonitruismes* des Pferdes[1].

Wir haben mit der dritten »Dimension« des Wort-Dinges begonnen, dem dritten Gleis seiner »Gleichung«. Das zweite – die lautliche Motivation – ist sozusagen abwesend. Bei Ponge scheint sich, wie bei Claudel, die ganze sprachliche Mimesis in den Graphismus zurückgezogen zu haben: eine Verschiebung, die nicht überrascht bei einem typisch »visuellen« Schriftsteller mit einer ganz pikturalen Ästhetik; eine seit 1937 »proklamierte« Entscheidung, gerechtfertigt durch eine Entwicklung der Literatur selbst vom Mündlichen zum Schriftlichen: »Kein Zweifel, daß die Literatur immer weniger durch die

---

1 *Pièces*, S. 190; Spada, S. 64; *Pièces*, S. 147. Erinnern wir daran, daß das *mot-valise* (cf. hierselbst S. 60) eine Art künstliche und umgekehrte sokratische Etymologie ist: Anstatt eine bestehende Vokabel in mehrere Wörter zu analysieren, die angeblich ihre Bedeutung explizieren und rechtfertigen (*aletheia = ale + theia*, *greedy = gripe + needy*, *hirondelle = horizon d'ailes*) amalgamiert man mehrere Wörter zu einem Neologismus mit vielfältiger Bedeutung: *stagnation + inflation = stagflation*, *amphibie + ambigu = amphibigu*. Ist das »Mischwort« (*blending*) erst einmal anerkannt oder durchgesetzt, braucht man es nur noch seinerseits zu analysieren, um sich wieder in der sokratischen Lage zu befinden; genau dies tut Humpty Dumpty, wenn er den *Jabberwocky* kommentiert: »Well, *slithy* means *lithe* and *slimy*.« Kunstgriff oder nicht, die motivierende Funktion des *mot-valise* beruht ganz offensichtlich auf der diagrammatischen Korrespondenz zwischen Form- und Sinnamalgam, und die Motivationskraft ist proportional zur Innigkeit der Mischung: *stagflation* ist noch nicht sehr weit weg vom einfachen zusammengesetzten Wort des Typs *homme-grenouille* ›Froschmann‹ oder *moissonneuse-batteuse* ›Mährdrescher‹; in *slithy* (oder *smog*) ist die Verschmelzung sehr viel hochgradiger und suggeriert eine wirkliche Durchdringung der Eigenschaften. Andererseits ist das Gefühl für die »Richtigkeit« anscheinend um so stärker, wenn die Synthese verwandtere Signifikate betrifft, deren Nähe eben gerade durch das Amalgam offenbart wird. Der *Rilchiam* des Vorwortes zu *The Hunting of the Snark* ist durchaus, um mit Deleuze zu sprechen (*Logique du sens*, 7. Serie), eine »disjunktive Synthese« von *Richard* und *William*: auf halbem Wege zwischen zwei Termen, die heterogen bleiben. »Ich weiß nicht, ob dieser König William oder Richard war, also antworte ich Rilchiam«: dies ist nur ein (vorsichtiger) Kompromiß. Dagegen ist *frumious* der Ausdruck einer Sinngemeinschaft zwischen *furious* und *fuming*, welche bereits die Nähe der Signifikanten, ihre Eignung zu einer sozusagen bereits in die Sprache eingeschriebenen Vermählung suggerierte, deren Realisierung nur eine Regulierung ist. Das vollkommene Beispiel für diese ökonomischste (und folglich am wenigsten *sekundäre*) Form von kratylischer Intervention ist Laforgues *violupté* [als deutsche Entsprechung sei *Vergewollustigung* gewagt (Einmischung des Übersetzers)], bei der man sehr gut sieht, daß es sich nicht um eine Kompromißbildung handelt: Die Vergewaltigung (*viol*) *ist* wollüstig (*voluptueux*), die Wollust (*volupté*) *ist* gewalttätig (*violente*), das aufzudecken, und damit auch, daß die Sprache es wußte und es beinahe sagte, braucht es keine große Mühe.

Ohren *in uns eindringt*, immer weniger durch den Mund *von uns ausgeht* [...]. Kein Zweifel, daß sie mehr und mehr *über die Augen* ein- und ausgeht.« Und, noch einen Schritt weitergehend, vom Geschriebenen zum Gedruckten: »Aber mir scheint, es besteht auch kein Zweifel, daß sie immer seltener als Manuskript unsere Augen passiert./Die Begriffe Literatur und Typographie decken sich heute praktisch [...]./Die Grundlage unserer Arbeit liegt an diesem Punkt, vielmehr als es uns bewußt ist.«[1]

Dennoch hat die Pongesche Mimo(typo)graphie nichts Systematisches, sie ist ganz zufällig und stets, ohne Bedenken, *ad hoc*: Es ist das »gewundene« Z (»*tortillard*« ›Krummholz‹) in *lézard*, das vertikale I in *pin* ›Kiefer, Pinie‹, das gitarrenförmige B in *Braque*, das M in *Ministre*, Frack und »Prozession der offiziellen Unterschriften«, das dreifache s in *Assyriens*, »gleichsam ein Kamm, der nur schwer durch eine gelockte Mähne kommt«, das »in œ gespaltene o« in *œillet* ›Schnürloch‹, so wie der Knopf sich spaltet und in kleine Zungen zerbricht, das G des Belle-Epoque-Turners (*gymnaste*), das Spitzbart, Schnurrbart und Schmachtlocke zeichnet, und sein Y, das Trikot mit seinen zwei Falten in der Leistenbeuge, das hohle U in der Mitte von *cruche* ›Krug‹, umgeben von der »brüchigen, rauhen Erde, die leicht Risse bekommt«, seiner Ränder, das V und das U, die das *verre d'eau*, das ›Wasserglas‹, beginnen und beschließen, um es »dem Gegenstand anzupassen, den es bezeichnet«, so wie sein A (oder *a*?) »Rechenschaft ablegt von dem Auge, das die Präsenz des Wassers dem Glas gibt, das es füllt« (dasselbe *verre d'eau* gibt, ausnahmsweise, zu zwei lautlichen Motivationen Anlaß; das stumme und »graue« *e*, das, nehme ich an, der geschmacklichen Neutralität des Wassers angemessen ist, und das doppelte Rollen des *rr*, »denn es scheint, daß es genügen würde, das Wort *verre* sehr stark oder sehr heftig angesichts des Gegenstandes, den es bezeichnet, auszusprechen, damit, indem das Material des Gegenstandes durch die Schwingungen der Stimme, die seinen Namen ausspricht, heftig geschüttelt wird, der Gegenstand selbst in Splitter auseinanderfliegt, was eine der Haupteigenschaften des Glases sehr gut wiedergeben würde: seine Zerbrechlichkeit«); das S in *oiseau*, das »dem Profil des Vogels in Ruhe ähnelt«, während die beiden Vokalgruppen, die es flankieren, »die beiden dicken Fleischfilets sind, die den Brustbeinkamm

---

1 »Proclamation et petit four«, *Méthodes*, S. 214-217; dt. in Ponge, *Die literarische Praxis*, deutsch von Hildegard Baumgart, mit einem Nachwort von Gerda Zeltner-Neukomm, Olten u. Freiburg (Walter) o.J. (*Walter-Druck* 4), S. 7-9, hier S. 7.

umgeben« – und hier kommt auch einmal der reformatorische Dämon des sekundären Mimologismus zum Vorschein: »Das Wort *oiseau*: Es enthält alle Vokale. Wunderbar, einverstanden. Doch statt des S als einziger Säule hätte ich das L des Flügels vorgezogen: *oileau*, oder das V des Brustbeinkamms, das V der ausgebreiteten Flügel, das V von *avis*: *oiveau*«; dies hat, mag es auch so scheinen, nichts mit der Mimologie Nodiers, mit den »fünf durch einen leicht zischenden Buchstaben verbundenen Vokalen« gemeinsam, die Vokale sind nur da wegen der fleischigen Masse des Digraphs *oi* und des Trigraphs *eau*, und der, vorgefundene oder erträumte, Konsonant ist nur Zeichnung, trotz des zusätzlichen Wortspiels mit *aile*; hier zwitschert nichts, der Vogel von Ponge ist, wie derjenige von Braque, ein stummer Vogel[1].

Dominanz der Etymologie und der Mimographie, diese beiden Merkmale finden sich wieder in dem exemplarischen Text *14 JUILLET*, der nichts anderes ist als eine motivierende Lektüre seines eigenen Titels. Diesmal müssen wir ganz zitieren:

> Ein ganzes Volk lief herbei, um diesen Tag in das Album der Geschichte, in den Himmel von Paris einzutragen.
> Zuerst eine Pike, dann eine Fahne, vom Wind des Ansturms gestrafft (einige sehen in ihr ein Bajonett), dann – zwischen anderen Piken, zwei Dreschflegeln, einem Rechen – über den Längsstreifen der Hosen der Sansculotten eine Mütze, zum Zeichen der Freude in die Luft geschleudert.
> Ein ganzes Volk am hellen Morgen, die Sonne im Rücken. Und etwas in der Luft steht dem vor, etwas neues, ein wenig Grundloses, Treuherziges: der Geruch von weißem Holz aus dem Faubourg Saint-Antoine – und das J hat ja auch die Form des Hobels.
> Das ganze neigt sich in englischer Schreibschrift nach vorn, aber in der Aussprache beginnt es wie Justitia und endet wie ça y est, und nicht einmal die aufgespießten griesgrämigen Köpfe von Launay und Flesselles werden diesen Hochwald aufgereckter Buchstaben, dieses zitternde Pappelgehölz, die im Gedenken der Menschen für immer die starken Zwingtürme ersetzen, ihres Frohlockens berauben.[2]

---

1 *Pièces*, S. 95; *Tome premier*, S. 340; *Le Peintre à l'étude*, S. 494; *Lyres*, S. 18; *Méthodes*, S. 217; *Tome premier*, S. 301, 72; *Pièces*, S. 105; *Méthodes*, S. 127; *Tome premier*, S. 273.
2 *Pièces*, S. 50/*Stücke*, S. 53/55. Auf diesen Text hat mich einst ein unveröffentlichter Kommentar von Gérard Farasse aufmerksam gemacht, dem ich dafür danke.

Eine indirekte Motivation, diese doppelte eponymische Lektüre von *JUILLET*: paronymisch *joyeux*, analytisch erklärend *justice ça y est*. Mimographie: die Pike der *1*, die gestraffte Fahne oder das Bajonett der *4*, die verschiedenen Piken oder Längsstreifen von *JUILLET*, dessen beide L sich in Dreschflegel spezifizieren, das T in einen Rechen und der Punkt auf dem I in eine fröhliche Mütze, das J schließlich in einen Hobel. U und E sind unberücksichtigt geblieben, ebenso wie wohl eine ganze Reihe von Aspekten des Ereignisses nicht ihr Ideogramm gefunden haben; wie gewöhnlich ist der mimologische Kommentar eine Kompromißform, die aus dem, was sein kann, das Beste macht und den Rest schweigend übergeht. Vergessen wir nicht den ausgekochten ersten Abschnitt, der, indem er das Klischee *ein Datum eintragen* beim Wort nimmt und folglich remotiviert, die beiden Fäden miteinander verknüpft und die bedeutende und die bedeutete Seite in einer Möbiusschen Fläche zusammenfügt. Ja, und das ist genau das, was man eine *Seite der Geschichte* nennt.

Das Genre der Träumerei

> Die Heirat ist ein *Mysterium*, und was für ein Mysterium? das Emblem der Vereinigung von Jesus Christus mit seiner Kirche. Und was würde aus diesem Mysterium, wenn die *Kirche* sich einen Namen mit maskulinem Genus gewählt hätte?[1]

Wie Nodier oder Leiris, die er mehrfach zitiert und kommentiert[2], ist Bachelard das, was er selbst einen »Wortträumer« nennt, und wir haben bereits gesehen, mit welchen Worten er seine besondere Schuld gegenüber dem *Dictionnaire des onomatopées* eingesteht. Die Gleichgültigkeit, die ihm heute häufig vorgeworfen wird, der poetischen Arbeit und der Gesamtstruktur dieser Werke gegenüber, in denen er immer nur eine Art fragmentarische Verführung zur Träumerei zu suchen scheint – ein Vers hier, ein »Bild« dort, ohne allzu große Aufmerksamkeit für den Kontext und noch weniger für die Funktion innerhalb der Konstruktion –, diese relative Gleichgültigkeit könnte sehr wohl von der gleichen Art sein und aus den gleichen Motiven hervorgehen wie diejenige, deren Existenz wir bei Nodier selbst vermutet haben, indem wir von vornherein seinen sprachlichen Quietismus dem Mallarméschen Willen, durch die Ausarbeitung des Verses »den Mangel der Sprachen zu entschädigen«, gegenüberstellten. Wenn die Sprache ohne Fehl (erträumt) ist, in sich selbst poetisch befriedigend, reduziert die Aufgabe des Dichters sich fast auf die Funktion eines Enthüllers oder Zur-Geltung-Bringers der Sprache und eines Erziehers zur sprachlichen Sensibilität. Auf seine indirektere Weise, doch ebenso wie die mimologische Glosse hat das »poetische Bild« durch eine unerhörte, aber unbe-

---

1 Stendhal, *De l'Amour*, Kap. LVI.
2 Nodier in: *L'Eau et les rêves* (*ER*), S. 254; *L'Air et les songes* (*AS*), S. 272 (»unser guter Lehrmeister«); *La Poétique de la rêverie* (*PR*), S. 27; *La Flamme d'une chandelle* (*FC*), S. 42; Leiris in: *La Poétique de l'espace* (*PE*), S. 139; *La Terre et les rêveries de la volonté* ((*TR*), S. 278.

stimmt erwartete Annäherung auch die Rolle, ein »fernes Echo« »in der Tiefe der Wörter widerhallen zu lassen«, das es nicht erfunden, sondern lediglich, gleichsam durch einen glücklichen Zufall, entdeckt hat, indem es zwei Worte miteinander vermählt (*bûcher de sèves* ›Scheiterhaufen aus Lebenssäften‹, *feu humide* ›nasses Feuer‹), die sich noch nie begegnet waren und deren tiefen Widerhall es offenbart: »*Bûcher de sèves*, nie gesagtes Wort, heiliges Samenkorn einer neuen Sprache, welche die Welt mit Poesie denken soll«; »ein Satz-Gedanken-Bild wie jenes von Joubert [»die Flamme ist ein nasses Feuer«] ist eine bemerkenswerte Leistung des Ausdrucks. Das Wort überholt hier das Denken«. Denn »es gelingt uns nicht, in einer Region nachzudenken, die vor der Sprache läge«; »die Sprache ist unserem Denken immer ein wenig voraus, ein wenig brodelnder als unsere Liebe«, stets »an der Leitstelle der Imagination«.[1] So kann das poetische Ereignis, stets punktuell und ohne strukturale Beziehungen, da stets in unmittelbarer Nähe zur isolierten Vokabel, bei Bachelard, der Bemerkung Barthes' zufolge[2], Gegenstand von Lektüre, von Vergnügen, von glücklicher Träumerei sein, ohne zunächst Gegenstand des Schreibens im eigentlichen Sinne, das heißt von Arbeit, gewesen zu sein. Die poetische Lektüre löst sich im Grenzfall ganz in Wortträumereien auf – im bekannten doppelten Sinne, da zunächst die Wörter träumen und es, damit man sie seinerseits träumen kann, genügt, ihnen beim Träumen zuzuhören, »so wie das Kind dem Meer in einer Muschel lauscht«. Und trotz einiger Proteste gegen das »ungerechte Privileg der Klanglichkeiten«[3] ist der natürliche Hang dieser Träumerei hier, wie bei Nodier, derjenige der *mimophonischen* Interpretation: Für denjenigen, der es versteht, »mit dem Ohr die Höhlung der Silben zu erforschen, die das Klanggebäude eines Wortes bilden«, ist *clignoter* ›blinken‹ ein »onomatopoetischer Ausdruck für die Flamme der Kerze«, in dem das »Unbehagen der Flamme« in kontrastreichen und zitternden Silben gerinnt; *piauler* ›weinen, wimmern‹ ist ein anderer, »in der Molltonart, mit Tränen in den Augen«; *vaste* ›weit‹ ist eine »Macht der Rede«, eine »Vokabel der Atmung«, die uns lehrt, »mit der Luft zu atmen, die auf dem Horizont ruht«, durch die Eigenschaft dieses *a*, das »der Vokal der

---

1 *FC*, S. 74, 24; *PE*, S. 7; *AS*, S. 288; *TR*, S. 8.
2 *Le Plaisir du texte*, Paris (Seuil) 1973, S. 61; dt. *Die Lust am Text*, aus dem Französischen von Traugott König, Frankfurt/M. (Suhrkamp) 1974 (*Bibliothek Suhrkamp* 378), S. 57.
3 *PE*, S. 138; *PR*, S. 16; *AS*, S. 283.

Unermeßlichkeit« ist; *miasme* ›giftige Ausdünstung‹ ist dagegen »eine Art stummer onomatopoetischer Ausdruck des Ekels«; *rivière* ›Fluß‹, *grenouille* ›Frosch‹, *gargouille* ›Traufe‹, *glaïeul* ›Gladiole‹ sind »Wörter des Wassers«, »spöttisches« Sprechen der liquiden Konsonanten: *rivière* »hört nicht auf zu fließen«, *grenouille* »ist phonetisch – in der echten Phonetik, welche die imaginierte Phonetik ist – bereits ein Tier des Wassers«; die *gargouille* »ist ein Klang gewesen, bevor sie ein Bild war, oder es ist zumindest ein Klang gewesen, der sofort sein Steinbild gefunden hat«, gestaltet, um, wie sie, »die gutturalen Beleidigungen des Wassers auszustoßen«; die Dichter haben recht – gegen die Erfahrung –, aus der *glaïeul* eine Wasserpflanze zu machen, denn »wenn man singt, hat der Realismus immer unrecht [...] die Gladiole ist also ein besonderer Seufzer des Flusses [...] eine Halbtrauer des melancholischen Wassers [...] ein leichter Schluchzer, den man vergißt«. In dieser letzten Glosse erkennt man leicht den uneingestandenen Anteil der indirekten Motivation (*Trauer, Schluchzer*), doch der Bachelardsche Kommentar schreibt alles dem »flüssigen Sprechen« des »Wasservokals« *a*, den »liquiden Konsonanten« (*r, l, gr, gl*), der »Korrespondenz zwischen Sprache und Realität« und dem semantischen Mitteilungsbedürnis des onomatopoetischen Ausdrucks gut, der, der Lehre Nodiers zufolge, imstande ist, alle wahrnehmbaren Eigenschaften in sprachliche Klanglichkeiten zu transponieren und zu »delegieren«, denn »das Ohr ist viel liberaler, als man annimmt, es will durchaus eine gewisse Transposition in die Nachahmung akzeptieren, und bald ahmt es die erste Nachahmung nach. Seiner Freude zu hören stellt der Mensch die Freude des aktiven Sprechens an die Seite, die Freude der ganzen Physiognomie, die sein Talent zum Imitator ausdrückt. *Der Klang ist nur ein Teil des Mimologismus.*«[1]

Wie man sieht, folgt Bachelard hier nur einem der vertrauten Wege der kratylischen Träumerei und illustriert ihn. Sein spezifischster – und, wie es scheint, auch der am gründlichsten motivierte – Beitrag erstreckt sich auf einen weniger klassischen Aspekt des sprachlichen Funktionierens, das Genus der Nomen nämlich; es handelt sich um eine motivierende und folglich sexualisierende Interpretation dessen, was zwei erfinderische Grammatiker (darunter ein Psychiater) einst eben genau die *sexuisemblance* der Substantive genannt haben[2].

---

1 *FC*, S. 42, 45; *PE*, S. 179/80; *TR*, S. 68; *ER*, S. 252f.
2 J. Damourette/E. Pichon, *Des Mots à la pensée – Essai de Grammaire de la Langue Française* (1911-1940), Paris (Éditions d'Artrey) 1968-1970, tome première, livre

Man weiß, daß die Unterscheidung der grammatischen Genera weder universal noch in allen Sprachen, die sie praktizieren, identisch ist: Manche weisen ein zweistufiges System auf oder ein dreistufiges, an dem auch das Neutrum (unbelebt) teilhat, wobei die Opposition maskulin/feminin im Prinzip den belebten und sexuellen Wesen vorbehalten ist. In diesem Fall kann das Phänomen der *sexuisemblance* nicht zum Tragen kommen, da kein unbelebtes Signifikat hier ein pseudosexuelles Merkmal zugewiesen bekommt; dies ist der Fall im Englischen, zumindet wenn keine expressive oder poetische Intention den Rückgriff auf die Personifizierung zur Folge hat, eine Figur, die sofort die Wahl eines Geschlechts erzwingt (wobei diese im wesentlichen poetische Figur auch einen alltäglichen und sogar volkstümlichen Gebrauch kennt: *car* oder *ship* beispielsweise werden in sehr idiomatisch geprägter Weise feminisiert). Die *sexuisemblance* kann dagegen zum Tragen kommen, sobald der Gebrauch des Neutrums nicht streng systematisch ist und gewisse unbelebte Nomen maskulin oder feminin sein können: Dies ist der häufigste Fall beispielsweise im Griechischen, im Lateinischen oder im Deutschen; er tritt *a fortiori* in den modernen romanischen Sprachen ein, die kein Neutrum kennen[1]. Die Gliederung der unbelebten Nomen in maskuline und feminine ist hier sehr launenhaft, das Ergebnis rein mechanischer Ursachen, eine ziemlich hervorstechende Illustration der »Arbitrarität« des Zeichens. Dies ist zumindest die allgemeine Meinung der Linguisten[2], die Bachelard natürlich

---

IV, chap. IV: »Sexuisemblance du substantif nominal«, S. 354-423. Für diese Autoren war die *sexuisemblance* jedoch anscheinend eine *apriorische* Motivation des grammatischen Geschlechts, eine »fortwährende Metapher, durch welche die sowohl materiellen wie immateriellen Dinge ein Geschlecht zugewiesen bekommen« (E. Pichon, »La polarisation masculin-féminin«, in *L'Évolution psychiatrique* (1934), fsc. III, S. 67) und in deren Namen die Erschaffer-Benutzer der Sprache die Gegenstände, selbst die unbelebten, in maskuline und feminine einteilen. Ich verstehe dagegen unter *sexuisemblance* eine *a posteriori* induzierte metaphorische Sexualisierung des grammatischen Geschlechts der Nomen, die selbst im allgemeinen von einer ganz mechanischen Evolution ererbt ist.

1 »Welche Wohltat empfängt man vom Französischen, einer leidenschaftlichen Sprache, die kein ›neutrales‹ Genus bewahren wollte, dieses Genus, das nicht wählt, während es doch so angenehm ist, die Möglichkeiten der Wahl zu vervielfachen.« (*La Poétique de la rêverie*, S. 34) Jene Wahl ist das, was Proudhon (zitiert S. 40) »ihren Wörtern Geschlecht geben« nennt.

2 »Das grammatische Geschlecht ist eine der am wenigsten logischen und unerwartetsten grammatischen Kategorien [...]. Diese Unterscheidung, welche die ganze Sprache durchzieht, hat in der großen Mehrzahl der Fälle keine Entsprechung:

nicht unbekannt ist, die ihm jedoch kaum in den Kram paßt: »Es wäre sicher von Vorteil gewesen, hätte ich mich bei den Grammatikern unterrichtet. Drücken wir dennoch unser Erstaunen darüber aus, daß so viele Linguisten sich das Problem vom Halse schaffen, indem sie sagen, es sei rein zufällig, ob ein Nomen maskulin oder feminin ist. Natürlich findet man dafür keinen Grund, wenn man sich eben auf vernünftige Gründe beschränkt. Es wäre vielleicht eine traumhafte Untersuchung nötig.«[1] Die implizite Hypothese dieses Untersuchungsprojektes oder dieser *génosanalyse*[2] lautet offenbar, daß die Verteilung der Genera ursprünglich einer mehr oder weniger bewußten (»traumhaften« [*onirique*]) Motivation bei den Schöpfern der Sprache entspricht. Bachelard zitiert die charmante Vermutung Bernardin de Saint-Pierres, der zufolge die Frauen die maskulinen Nomen geschaffen hätten, um die »mit Stärke und Macht« begabten Gegenstände zu bezeichnen, und umgekehrt die Männer die femininen Nomen für die »mit Anmut und Liebreiz« begabten Gegenstände. Weniger phantasievoll und im allgemeinen sehr wenig der motivierenden Spekulation förderlich, wagte James Harris selbst die Behauptung, daß, wenn »in einigen Wörtern das Material des Wortes selbst diese Unterscheidungen determiniert hat: die eine oder die andere Endung, die Deklination, in der es seinen Platz gefunden hat,

---

Manche abstrakten Nomen beispielsweise sind maskulin, andere feminin und wieder andere neutrum, ohne daß man den Grund für diese Unterschiede erkennt. Der Name gewisser Gegenstände ist ohne ersichtlichen Grund maskulin, derjenige gewisser anderer feminin und derjenige wieder anderer neutrum.« (A. Meillet, »Le Genre grammatical et l'élimination de la flexion« (1919), in *Linguistique historique et Linguistique générale*, Paris 1921, S. 202) »Der Unterschied zwischen maskulin und feminin läßt sich fast nie auf eine definierte Bedeutung zurückführen, außer in den, insgesamt wenig zahlreichen, Fällen, in denen er dazu dient, die Opposition zwischen dem Männlichen und dem Weiblichen zu markieren.« (»La Catégorie du genre et les conceptions indo-européennes«, ibid., S. 228) »Dieses System ist niemals kohärent gewesen; denn von Anfang an, und mehr noch in der Folge, hat die Willkür bei der Bezeichnung der Dinge und der abstrakten Ideen geherrscht, während die Gründe für die Bezeichnungen mythischer Art aufhörten, wahrgenommen zu werden.« (A. Dauzat, »Le Genre en français moderne«, in *Le Français moderne* (Juni 1937), S. 193) Doch diese Vulgata ist nicht ohne einige Nuancen, die wir undeutlich bei Damourette und Pichon gesehen haben und denen wir wiederbegegnen werden.

1 *La Poétique de la rêverie*, S. 30 (wenn nicht anders angegeben, stammen die folgenden Zitate sämtlich aus diesem Buch und insbesondere aus seinem ersten Kapitel »Le Rêveur de mots«).
2 Ich verstehe diesen Begriff ein wenig in der Bedeutung, die auf S. 35 dafür vorgeschlagen wird: »Analyse einer literarischen Seite durch das Genus der Wörter«.

haben ausgereicht zu bestimmen, daß es dieses oder jenes Genus hat […], es so scheint, als habe es welche gegeben, deren Genus von einer konsequenteren Argumentation festgelegt worden wäre, die in den Gegenständen selbst, die kein Geschlecht haben, eine Art entfernte Analogie mit dieser großen natürlichen Unterscheidung sichtbar machte, die, der Äußerung Miltons zufolge, das Prinzip des Lebens aller Wesen ist.«[1]

Wir sehen, wie die sexualisierende Träumerei sich mit dem mimologischen Thema verbindet: Sie besteht darin, das Genus eines Nomens durch eine Beziehung der Übereinstimmung zwischen diesem Genus und der sexuellen Zugehörigkeit, die dem benannten Gegenstand metaphorisch zugeschrieben wird, zu *rechtfertigen*. Es handelt sich hier um eine partielle Motivation, da sie sich nur auf einen Aspekt bezieht und nicht auf die Vokabel insgesamt: Man kann, wie Bachelard, sagen, daß das feminine Genus des französischen Wortes *eau* ›Wasser‹ durchaus in Einklang steht mit der »Weiblichkeit« des aquatischen Elements, das impliziert jedoch nicht, daß beispielsweise die Klanglichkeit oder der Graphismus dieses Wortes irgend etwas Weibliches an sich hat. Es handelt sich auch um eine rein und sozusagen abstrakt grammatikalische Motivation, die sich auf das Genus selbst und nicht auf seine materielle morphologische Markierung bezieht; man darf sie folglich nicht mit dieser Spielart des klassischen Mimologismus verwechseln, die darin besteht, ein Genusmorphem durch ein lautliches Merkmal zu motivieren, das als seiner Funktion »adäquat« angesehen wird: so etwa wiederum für Bachelard die »Sanftheit« oder »Trägheit« der weiblichen Endungen[2]; ebenso beobachtete Proudhon, daß »in allen Sprachen die weibliche Endung [ursprünglich, ihm zufolge, die Markierung des Diminutivs] sanfter, weicher ist, wenn man so sagen kann, als die männliche: Im Hebräischen, im Griechischen, im Lateinischen etc. lautet sie auf *a*, im Französischen ist es das stumme *e*, und man weiß, wieviel Sanftheit und Anmut diese beiden Endungen dem Stil ver-

---

[1] *Hermes* (1751), frz. Ü. von Thurot (1806), S. 47. Diese Hypothese scheint im übrigen im 18. Jahrhundert nicht einhellig anerkannt worden zu sein. In seiner 8. *Lecture on Rhetoric and Belles Lettres* (1783) zitiert Blair sie mit ihren Beispielen, doch nicht ohne »einige Zweifel diesbezüglich zu äußern«; die Sprachen scheinen ihm »in keinem Punkt wunderlicher und weniger irgendeiner Regel unterworfen«.

[2] »Die weiblichen Endungen haben etwas Sanftes«; »das Weibliche in einem Wort betont das Glück zu sprechen, doch man braucht etwas Liebe für die trägen Klanglichkeiten.«

leihen«. Für Grimm wurde »in der flexion [...] das männliche genus am vollkommensten und rührigsten geprägt, das weibliche ruhiger und schwerer. so daß jenem mehr konsonanzen und kurze Vokale, diesem lange zusagen [...]«; und wenn, Renan zufolge, »das *a* und das *i* die charakteristischen Vokale des Femininums in allen Sprachen sind, so gewiß deswegen, weil diese Vokale dem weiblichen Organ mehr entsprechen als die virilen Laute *o* und *u*«.[1] Diese morphologische Motivation ist im Prinzip auf alle im eigentlichen Sinne weiblichen (belebten) Nomen anwendbar wie *lupa* vs *lupus* oder *louve* vs *loup*. Sie kann sich auch (wie häufig bei Bachelard) mit der sexualisierenden Motivation der Genera (unbelebter Nomen) treffen und dadurch ihre Wirkung verstärken, wie in, sagen wir, *rivière* vs *ruisseau* oder *cuillère* vs *couteau*; sie verschmilzt jedoch nicht mit ihr. Die gleichen psychologischen Projektionen machen sich hier und da bemerkbar, aber in gänzlich unterschiedlichen sprachlichen Verfahren. Die eigentliche *sexuisemblance* ist unabhängig von der Motivation der Genusmorpheme; sie bezieht sich auf den Begriff des Genus selbst, ohne sich um dessen Morpheme zu kümmern – die sehr häufig übrigens, zumindest im Französischen, der Vokabel äußerlich sind: *eau* ist nur durch die Markierungen weiblich, die es an anderen Wörtern (seinem Artikel, seinem Adjektiv) determiniert, die sich ihm »angleichen«, und *rivière* ist morphologisch gesehen nicht weiblicher als *fleuve*, *femme* als *homme*, und *sœur* ist es eher weniger als *frère*, so wie *fagus* es weniger war als *poeta*.

Wir haben hier also einen relativ abstrakten psycholinguistischen Sachverhalt vorliegen, in dem der Signifikant nicht notwendig eine lautliche oder graphische Realität ist, sondern eine grammatische Kategorie, ungeachtet ihrer Markierung oder Abwesenheit von Mar-

---

1 Proudhon, *Essai de grammaire générale* (1837), S. 265; Grimm, *Über den Ursprung der Sprache*, S. 47; Renan, *De l'Origine du langage*, S. 22. Der Einfluß, der dem *weiblichen* Organ (dem phonatorischen, nehme ich an) hinsichtlich der Wahl der Morpheme zugeschrieben wird, ist eine weitere Verschiebung hin zum subjektiven Mimologismus, wie sie für Renan charakteristisch ist: Manche Phoneme sind weiblich infolge Übereinstimmung nicht mit dem bezeichneten Objekt, sondern mit dem bezeichnenden Subjekt. Es sei denn, man nimmt, um die beiden Funktionen in Einklang zu bringen, an, wie Renan es hier zu tun scheint, daß die »weiblichen« Gegenstände von den Frauen und die männlichen von den Männern benannt worden sind: die umgekehrte Hypothese im Vergleich zu derjenigen Bernardins, und gewiß weniger liebenswürdig.

kierung. Was das Signifikat betrifft, so ist es natürlich metaphorisch[1], und das Wesentliche der Rolle der Imagination liegt in der Konstitution dieser Metapher. Die Motivation wird also darin bestehen, das Wesen oder zumindest diesen oder jenen Wesenszug des Gegenstandes in Kategorien der Weiblichkeit oder der Männlichkeit zu interpretieren. Diese Interpretation setzt selbst eine analogische Erweiterung der Definition der Geschlechter (*sexes*) voraus, und natürlich ergibt sich diese Erweiterung, die nichts weniger als objektiv ist, ihrerseits aus einigen typisch ideologischen Investitionen, die, unter anderen Umständen, den kritischen Blick des Epistemologen Bachelard auf sich gezogen hätten. So kann man, Harris zufolge, »mutmaßen, daß man als maskuline Substantive jene angesehen hat, bei denen man entweder die Fähigkeit bemerkt hat, Eigenschaften oder Merkmale von Aktivität, von Stärke, von Energie mitzuteilen, und dies unterschiedslos im Guten wie im Schlechten, oder schließlich jene, die Ansprüche auf irgendeine Art von Überlegenheit, schätzenswerte oder andere, hatten. Dagegen hat man als weiblich jene angesehen, welche die Eigenschaft hatten, das Leben zu empfangen, zu enthalten oder hervorzubringen und zu geben; oder die ihrer Natur nach eher passiv als aktiv waren oder die sich in besonderem Maße durch Anmut und Schönheit auszeichneten oder Beziehung zu gewissen Ausschweifungen hatten, für die man die Frauen empfänglicher als die Männer hielt.« Die Sonne ist also (im Französischen: *le* soleil) im allgemeinen[2] männlich, weil sie Licht, Wärme und befruchtende Energie spendet; der Mond (*la* lune) ist weiblich, weil er das Sonnenlicht nur empfängt und weil seine zurückgeworfenen Strahlen sanfter sind. Der Himmel ist männlich als Quelle der befruchtenden Regenfälle, die Erde weiblich als Mutter aller Lebewesen; der Ozean hätte als Sammelbecken aller Wasser weiblich sein können, doch seine schreckliche Gewalt hat den Ausschlag zugunsten des Männlichen gegeben. Die Zeit (*le temps*), der Schlaf, Gott, der Tod (*la mort*) sind aus demselben Grund meist männlich, die Tugend weiblich aufgrund ihres Charmes und ihrer Schönheit, das Laster (*le vice*) männlich wegen seiner Häßlichkeit, das Glück (*la Fortune*) weiblich aufgrund seiner (ihrer) Launen, etc.[3].

---

1 »Den Wesenheiten ohne Geschlecht (Sexus) ein Genus zuzuweisen war eine wahrhaftige Metapher« (Proudhon, a. a. O., S. 266).

2 Harris stützt sich hier vor allem auf den Sprachgebrauch des Griechischen und Lateinischen sowie auf die Personifikationen des poetischen Englisch.

3 Wie so oft bei dieser Art von Analysen, die rein hypothetische kollektive Darstel-

Wie man sieht, ist das zentrale Motiv für die metaphorische Erweiterung hier sehr einfach und unmittelbar den Charakteristika der (männlichen Vorstellung von der) sexuellen Beziehung entlehnt:

---

lungen betreffen, ist die Trennung zwischen objektiver Vermutung und unbewußter Projektion unmöglich. Wir finden diese Ambiguität bei Meillet selbst wieder anläßlich dessen, was er die »indoeuropäischen Vorstellungen« vom Genus nennt: »Der Name des Schlafs, *hypnos* im Griechischen, *somnus* im Lateinischen etc., ist männlich, weil der Schlaf eine mächtige Kraft ist, welche die Menschen ihrem Willen unterwirft [...]. Die Nacht, deren religiöser Charakter sehr viel lebhafter empfunden wird als derjenige des Tages, weil er etwas Geheimnisvolleres hat, hat überall einen weiblichen Namen [...] der Himmel, von dem der befruchtende Regen kommt, gehört zum Männlichen, die Erde, die befruchtet wird, gehört zum Weiblichen; der Fuß gehört zum Männlichen, die Hand, die empfängt, gehört zum Weiblichen.« (a. a. O., S. 222, 225, 229) Man würde hier gerne über die Maskulinität des Fußes phantasieren, doch ein anderer Text von Meillet gibt uns dafür eine unerwartete Erklärung: »[...] der Fuß, der auf den Weg tritt, wird als männlich begriffen, und der Weg als weiblich« (»Essai de chronologie des langues i.-e.: la théorie du féminin«, in *Mémoires de la Société de Linguistique* XXXII, fsc. 2, S. 7). Pichon, der diese Hypothese und einige andere analoge desselben Autors zitiert, spricht diesbezüglich, ein verräterischer Halblapsus, von »dieser metaphorischen Art des Denkens, die wir veranlaßt sind, unseren fernen indoeuropäischen Vorfahren zu *unterstellen*« und die »auch bei uns selbst noch anzutreffen wir durchaus gefaßt sein müssen« (a. a. O., S. 68). Hier in der Tat ein paar sehr klare Manifestationen dieses Denkens: »Die Sprache neigt dazu, alles ins Maskulinum zu setzen, was undifferenziert ist, und insbesondere alles, was man mit den Jungen der Tiere vergleicht, die noch in einem Alter sind, in dem das Geschlecht noch nicht zählt; alles, dem man eine individuelle Seele zuschreibt, Quelle unabhängiger und unvorhersehbarer Aktivität; alles, was in einer präzisen, methodischen und gewissermaßen materiellen Abgrenzung erstarrt ist; ins Femininum die immateriellen Substanzen, präsentiert als rein abstrakt außerhalb jeden Phänomens; alles, was im Begriff ist, eine exogene Aktivität zu erleiden; alles, was eine unveränderliche Fruchtbarkeit evoziert, imstande, unendlich denselben Typ produktiver Aktivität zu wiederholen [...] Diese Kenntnisse über die psychologische Bedeutung der Genusverteilung zeigen uns bereits, so unvollkommen sie auch noch sein mögen, daß wir es mit einer *Sexus*metapher zu tun haben. Dies ist besonders auffällig für das Femininum: Die Frau ist passiv, die Frau ist Mutter, eine Gebärmaschine, die der Mann befruchtet«. (S. 70) Oder auch: »Unsere Sprache scheint dazu zu neigen, ins Femininum die Gegenstände, die Ergebnisse oder die Rückstände einer exogenen Aktivität (Beispiel: *Verletzung*), die Maschinen, die eine immergleiche produktive Aktivität ausüben (Beispiel: *Dreschmaschine*), und schließlich die als rein abstrakt außerhalb jeden Ereignisses begriffenen immateriellen Substanzen (Beispiel: *Güte*) zu setzen. Die psychologische Anspielung auf das weibliche Geschlecht ist in allen drei Fällen deutlich: Das besessene Weibchen, die Gebärmaschine und die göttliche *Schakti paredra* eines jeden Gottes sind immer noch vollkommen lebendig auf dem Grund unserer französischen Seele.« (»Genre et questions connexes«, in *Le Français moderne* (Jan. 1938), S. 33) Zu jener Zeit hatte der »Sexismus« ein gutes Gewissen.

Der Mann ist aktiv, potent und häßlich, die Frau ist passiv, fruchtbar und anmutig. Wir sind der Thematik dieser Opposition bereits bei Bernardin und Proudhon begegnet, und wir finden sie unvermeidlich bei Bachelard wieder, bis auf einige Nuancen: Der weibliche Bedeutungswert der Fruchtbarkeit verschwindet fast ganz bei ihm, und wenn er ihm bei Proudhon begegnet, weist er ihn als eine oberflächliche Rationalisierung zurück; Proudhon wirft er auch vor, das Motiv der Kleinheit in der Schwebe zu lassen, aber er verfolgt es selbst kaum. Das wirkliche Thema der Weiblichkeit ist für Bachelard dasjenige, das die beiden Merkmale offenbaren, die den »weiblichen Klanglichkeiten« zugeschrieben werden, der *Sanftheit* (oder Zärtlichkeit) und der *Trägheit*. Was die Weiblichkeit valorisiert ist ihr grundlegend tiefes und intimes Wesen. Das Maskulinum ist das Genus der äußeren Aktion und der Ausbeutung: »Die Dinge wegen ihres Gebrauchswertes zu lieben ist männlich. Sie sind die Einsätze unserer Handlungen, unserer lebhaften Handlungen.« Das Femininum ist das Genus der Kontemplation und der inneren Kommunion mit der natürlichen Tiefe: »[...] sie jedoch innig zu lieben, um ihrer selbst willen, mit den Trägheiten des Weiblichen, das zieht uns ins Labyrinth der innersten Natur der Dinge hinein.« Diese grundlegende Opposition inspiriert einige der Paare, die Bachelard bereitwillig zusammenstellt[1]: l'*angle* und la *courbe*[2], le *courage* und la *passion*, le *jour* und la *nuit*, le *sommeil* und la *mort*, le *berceau* und la *berce*, »in der man den wahren Schlaf kennenlernt, da man im Weiblichen schläft« – verräterische Formulierung –, »die treue Uhr und der exakte Chronometer«, »die herzliche Lampe und die blödsinnige Stehlampe (le *lampadaire*)«, »die abweisende Pforte (*huis*) und die einladende Tür«, die »gerade und kraftvolle« Tanne (le *sapin*) und die (in Heines Gedicht weibliche) Palme (le *palmier*), »offen in all ihren Zweigen, aufmerksam auf jede Brise«; hier erlaubt der Wechsel von einer Sprache zur anderen, »ein Femininum zu erobern« und folglich – charakteristische Konsequenz – »ein ganzes Gedicht zu vertiefen«, eine glückliche Revanche für die »außerordentliche Inversion«, die der Sonne (im Deutschen) das weibliche Genus gibt und dem Mond das männliche, sprachlicher Skandal, außergewöhnlicher Fehler einer Sprache, die dem (französischen) Träumer »den

---

1 Nicht alle: manche scheinen konventioneller, wie *orgueil/vanité*, oder unbedeutend, wie *coffre/terrine*, *glace/miroir*, *feuille/feuillet*, *bois/forêt*, *nuée/nuage*, *vouivre/dragon*, *luth/lyre*, *pleurs/larmes*.
2 *La Poétique de l'espace*, S. 138.

Eindruck« vermittelt, »daß seine Träumerei pervertiert wird«[1]. Weitere Skandale das maskuline Genus von *fleuve*, von *Rhein*, von *Rhône*, »sprachliche Monster«, welche die »Weiblichkeit des echten Wassers« verraten, die im Gegenteil die Namen dieser wahren Flüsse (*rivières*) illustrieren wie die *Aube*, die *Mosel* und (Pech für die geographische Terminologie) die *Seine* und die *Loire*; oder auch das maskuline Genus von *Brunnen*, das zu der richtigen Weiblichkeit von *fontaine* kontrastiert; allerdings legitimiert (remotiviert) Bachelard hier letztlich einigermaßen dieses Durcheinanderbringen der Träumerei: »Es ist nicht dasselbe Wasser, das aus der *fontaine* und aus dem Brunnen fließt«, dieses »rauscht tiefer« und »breitet sich weniger sanft aus«, es läßt ahnen, was die paradoxe Wahrheit eines männlichen Wassers sein könnte; »doch es ist gewiß eine Teufelsverführung, in einer Sprache zu träumen, die nicht die Muttersprache ist. Ich muß meiner *fontaine* treu sein.« Das Thema der Weiblichkeit leitet in der Tat die gesamte aquatische Träumerei und suggeriert eine sexualisierende Reduktion der berühmten vier Elemente: Das Wasser ist seinem Wesen nach weiblich und tritt dadurch in Opposition zum Feuer, das seinem Wesen nach männlich ist (le *feu*)[2]; man wird auf den Augenblick letzter Nachsicht und Versöhnung warten müs-

---

1 Der Skandal angesichts dessen, was Damourette und Pichon die germanische »répartitoire de sexuisemblance« nennen, ist natürlich einer der Topoi der sprachlichen Französischheit (*francité*). Hier eine typische Illustration aus der Feder von Michel Tournier oder zumindest seines naiven pädophoren Helden: »Ganz und gar unsinnig ist aber das Geschlecht, das die deutschen Worte den Dingen, ja sogar den Menschen geben. Die Einführung [sic] eines sächlichen Geschlechts wäre eine interessante Verbesserung, falls sie mit Maß und Ziel angewandt würde. Statt dessen aber muß man sehen, wie sich ein bösartiger Wille austobt, der alles in ein anderes Gewand kleiden will: *La lune* wird ein männliches, *le soleil* ein weibliches Wesen. *La mort* wird männlich, *la vie* sächlich. Auch *la chaise* ist vermännlicht, so verrückt das sein mag; dafür ist *le chat* verweiblicht – was auch dem äußeren Anschein entspricht. Der Gipfel des Widersinns ist es jedoch, wenn die Frau selbst *zum Neutrum* gemacht wird, was die deutsche Sprache mit großer Hartnäckigkeit tut (Weib, Mädel, Mädchen, Fräulein, Frauenzimmer).« (*Le Roi des aulnes*, Paris (Gallimard) 1970; dt. *Der Erlkönig*, deutsch von Hellmut Waller, Frankfurt/M. (Fischer Taschenbuch Verlag) 1984, S. 276/77)

2 *L'Eau et les rêves*, S. 8; die Weiblichkeit des Wassers steht auch, auf einer anderen Ebene, in Opposition zur Virilität des Weins (immer noch die *französische Seele*): »Für den, der die Substanzen in ihrem inneren Akt träumt, sind Wasser und Wein feindliche Flüssigkeiten. Sie zu mischen ist Medizin. Ein vermischter Wein, ein mit Wasser vermischter Wein – die gute französische Sprache täuscht sich darin nicht – ist wirklich ein Wein, der seine Virilität verloren hat.« (*La Terre et les rêveries de la volonté*, S. 327)

sen, um die Weiblichkeit einer *Flamme* zu entdecken oder zu empfangen, jene der späten und stillen Kerze. Die Erde ihrerseits ist weiblich, sie steht zumindest einmal zum Himmel in Opposition und folglich implizit zur (im Französischen) männlichen Luft: Daher inspiriert sie eine (zweifache) *Träumerei* (*rêverie*), während die Luft die (im Französischen männlichen) *Träume* (*songes*) leitet. Man muß hier natürlich ein bißchen mogeln, denn das weibliche Wasser befehligt die männlichen Träume (*rêves*), und die irdischen Träumereien gehören zur Hälfte dem Willen (la *volonté*), einem weiblichen Wort für eine männliche Realität, und zur Hälfte der Ruhe (le *repos*), einem männlichen Wort für den weiblichsten aller Zustände (allerdings ist die Weiblichkeit vor allem der *Ort* einer Ruhe, die gewiß diejenige des Mannes ist); die Zweiteilung bleibt jedoch offensichtlich, was das Wesentliche betrifft: Die Luft und das Feuer teilen sich das männliche (König)Reich (*royaume*) oben, die Erde und das Wassser das weibliche (Kaiser)Reich (*empire*) unten.[1]

Eine solche Aufteilung könnte eine einseitige Aufwertung der Männlichkeit als Kraft der Erhebung und folglich als Zeichen von Überlegenheit, »schätzenswerter oder anderer«, sagte Harris, sein. Wir wissen bereits, daß dem bei Bachelard nicht so ist oder daß, genauer, der Akzent hier fast ganz auf die kompensatorische Gegen-

---

[1] All diese Beispiele illustrieren die metaphorische Sexualität unbelebter Gegenstände. Der Einfluß des Genus ist jedoch noch spürbarer im Fall gewisser Namen (die Pichon »figurativ« nennt) von Tierarten, welche die Umgangssprache *en bloc* maskulinisiert oder feminisiert: Jeder weiß, wie schwer es ist, die weibliche Version von *renard*, von *léopard*, von *éléphant* oder die männliche von *panthère*, von *cigale*, von *fourmi* zu denken; und wie sehr drängen sich der kindlichen oder folkloristischen Imagination diese rein sprachlichen Paarungen auf: *le rat et la souris* (die Ratte und die Maus), *le crapaud et la grenouille* (die Kröte und der Frosch), *le pigeon et la colombe* (der Gimpel und die Taube) etc. Die Gründe, die manche Linguisten für diese willkürlichen Verteilungen angeben, sind überdies recht aufschlußreich hinsichtlich der sexuistischen Interpretation: »Wenn manche Tiere weibliche Namen ohne Ansehen des Geschlechts haben, so sind dies nur kleine Tiere, vor allem Insekten« (Meillet, S. 213). »Ein generischer Ausdruck kann weiblich werden, wenn das Tier durch seine Anmut, seine Leichtigkeit etc. eine weibliche Vorstellung weckt: das ist der Fall bei *souris* ›Maus‹, die im Lateinischen männlich war.« (Dauzat, S. 205) »In der figurativen Gruppe regelt sich das Genus über den Vergleich, der zwischen dem allgemeinen Verhalten der Tierart und demjenigen einer Frau oder demjenigen eines Mannes angestellt wird: die *souris*, die Maus beispielsweise, trippelnd, Sammlerin kleiner Vorräte, gilt als weiblich, wie die *fourmi*, die Ameise; der *éléphant* ›Elefant‹ dagegen, majestätisch, mutig, intelligent, gefürchtet, ist männlich.« (Pichon, S. 75). Dem Wal, *la baleine*, fehlten, oh Ahab, gewiß der Mut und die Intelligenz.

aufwertung¹ gelegt wird, nämlich die Preisung des Weiblichen als *Tiefe*, das heißt als aufrechterhaltene, aber als solche aufgewertete Unterlegenheit. Das weibliche Reich (*empire*) ist die einladende, beruhigende und versöhnende Tiefe des *Zufluchtsortes*: der mütterliche »Schoß« natürlich, die Rückkehr in die Sicherheit der uterinen Zärtlichkeit. Daher ist die gesamte *Poétique de la rêverie* nicht nur eine sexualisierende Träumerei, sondern auch eine *feminisierende* Träumerei, eine Suche nach der sprachlichen Weiblichkeit, in der jedes »eroberte« Femininum ein Sieg und ein Zuwachs ist, ein Glücksversprechen.

Man könnte versucht sein, diese Haltung auf ein banales Psychologem (oder Psychanalem) zurückzuführen, und diese Interpretation wäre nicht gänzlich unbegründet. Sie dürfte jedoch nicht diese topischere Eigentümlichkeit verleugnen oder im Vorbeigehen niederschlagen: daß nämlich diese Seiten über die Weiblichkeit auch und zuallererst ein Kapitel über die Träumerei sind und daß die Träumerei selbst für Bachelard eine ihrem Wesen nach weibliche Aktivität ist (was gewiß nicht heißt eine Frauenaktivität). Das beherrschende Paar ist hier *Träumerei* (*rêverie*) vs *Traum* (*rêve*) (»im großen und ganzen ist der Traum männlich und die Träumerei weiblich«), das sofort auf die grundlegende, von Jung entlehnte Opposition zwischen *anima* und *animus* verweist. Weiblich ist die Träumerei offensichtlich in dem Sinne, daß sie nur einen weiblichen Gegenstand investieren kann, und der Analytiker (der *génosanalyste*) muß sich seinerseits, um »den Kern der weiblichen Träumerei zu investieren«, »dem Weiblichen der Wörter anvertrauen«. Allein die weiblichen Wörter »sind Wörter für die Träumerei, sie gehören der Sprache der *anima* an«. Die Träumerei über das Weibliche ist daher letztlich eine zirkuläre, autokontemplative Träumerei: wie ihr Titel sagt, eine *Träumerei über die Träumerei*. Man sollte also die Bachelardsche Aufwertung des Weiblichen nur durch diese andere (und gleiche) Aufwertung der Träumerei befragen, die ihre Feminisierung unter anderem so sehr zum Freudschen »Tagtraum« in Opposition stellt, der als Traum und als »Tag«traum doppelt männlich ist. Doch das ist nicht unser Gegenstand. Halten wir dagegen fest, daß, wenn die »Weiblichkeit« der Träumerei von dem herrührt, was in sie an »ödipaler« Sehnsucht nach Rückkehr in die ursprüngliche Geborgenheit, das heißt in die Sicherheit der Unterschiedslosigkeit, der Undiffe-

---

1 Hinsichtlich einer analogen Wirkung anläßlich von *jour/nuit* siehe »Le jour, la nuit«, in *Figures* II, S. 101-122, insbes. S. 102-109.

renziertheit, der Identität, investiert wird, die mimologische Träumerei, wie wir mehrfach beobachten konnten, Träumerei par excellence ist, da Ablehnung des und Flucht vor dem Unterschied, Sehnsucht oder Nostalgie, projiziert auf die sprachliche Realität, nach einer beruhigenden und glückseligen, vielleicht trägen Identität von Wort und Ding, von Sprache und Welt. In diesem Sinne ist der Mimologismus nicht eine Sprachträumerei unter anderen, sondern die Träumerei der Sprache selbst – hier ein weiteres Mal im doppelten Sinn, als träumte die Sprache selbst, den »Fehler« vergessend, von dem sie lebt, ihre eigene (und illusorische) Geborgenheit, ihre eigene (und unmögliche) Identität mit sich, ihre eigene (und tödliche) Ruhe.[1]

---

1 Hinsichtlich der mimetischen Aufwertung der eigenen Sprache siehe das Zeugnis von Julien Green in »Mon premier livre en anglais«, in *L'Apprenti psychiatre*, Livre de Poche 1977, S. 59-83.

Eingeschränkte Mimophonie

Eines der häufigsten und produktivsten Themen der Interpretation und der Valorisierung, die der mimologischen Träumerei teuer sind, ist – wir hatten mehrfach Gelegenheit, es festzustellen – die Opposition zwischen Vokalen und Konsonanten. Diese Opposition hat, sagen wir es gleich, ohne auf die Einzelheiten der phonetischen Gegebenheiten einzugehen, mehr imaginären Widerhall als objektive Realität. »In der Praxis«, sagt ein Linguist, »ist die Grenze nicht immer deutlich.«[1] Für das naive Sprachbewußtsein jedoch ist die Antithese offensichtlich, und ihr Hauptmotiv ist natürlich, wie man deutlich bei de Brosses oder Nodier oder Claudel erkennt, der Kontrast zwischen der einfachen Stimmemission und der artikulatorischen Anstrengung oder Geste. Von daher ein Netz von Metaphern, die alle diesen Kontrast als Opposition zwischen Stoff und Form, Substanz und Bewegung, Farbe und Zeichnung, Fleisch und Knochen interpretieren. Den Texten, denen wir bereits begegnet sind, füge ich einige Zeugnisse an, die ich im Halbzufall einer gelenkten Lektüre zusammengetragen habe. *Form* vs *Materie*: »Ich sage mir, daß es *Vokal-Wörter* und *Konsonanten-Wörter* gibt. Jene liefern den Stoff der Ausdrücke, diese die Figur.«[2] *Form* vs *Farbe*, *Gerüst* vs *Gewebe*: »Wenn wir unter allgemeinem Gesichtspunkt die Poesie mit der Architektur vergleichen, so könnte man sagen, daß die Konsonanten das Gerüst des Gebäudes und die Träger, die all seine Teile miteinander verbinden, sind, während die Vokale die glänzenden Metopen des Frieses zu sein scheinen. Wenn wir in der Malerei nach Vergleichspunkten suchen, so werden die Konsonanten Formen sein, die, auf derselben Ebene oder auf verschiedenen Ebenen, an ein und derselben Handlung mitwirken; während die Vokale die Farben sein werden, die miteinander harmonieren, um eine machtvolle Wirkung durch die Einheit und die Abwechslung hervorzubringen.«[3] »Es sind die Konsonanten, die das Gerippe oder das

---

1 André Martinet, *Éléments de linguistique générale*, Paris (Colin) 1960, S. 50.
2 Valéry, *Cahiers* I, S. 453 (Cahier Langage)/*Hefte* 1, S. 560.
3 Becq de Fouquières, *Traité général de versification française* (1879), S. 222.

Gerüst der Wörter bilden, und dieses Gerippe evoziert die operationellen Energien, suggeriert Handlungen [...].«[1] *Bewegung* also vs *Körper*: »Man weiß, daß die sprachliche Schöpfung, von der die poetische Erfindung nur einen vollkommeneren Zustand bildet, nach motorischen Schemata vorgeht, daß die sprachlichen Wurzeln in den indoeuropäischen und noch mehr in den semitischen Sprachen Konsonantenverbände sind, das heißt sprachliche Bewegungen, und nicht Laute, das heißt Sprachkörper. Jede Wurzel, jede Sprachbewegung kann sich je nach Fall in feste Wörter, in präzise Vokalisationen auflösen oder zum Stillstand kommen, indem sie sich um Vokale verfestigt; *esprit, inspiration, respirer* repräsentieren lokale und präzise Realisierungen, bei denen es uns nicht so vorkommt, daß in ihnen die aus Konsonanten gebildete Grundwurzel alle sprachlichen Möglichkeiten ausschöpft, mit denen sie trächtig ist, solange sie lebt: Die Hunderte heutiger indoeuropäischer Wörter, die sie auf ihrem Weg gleichsam abgelegt hat, sind wenig im Vergleich zu denjenigen, die sie dort hätte ablegen können. Und dennoch ist diese unendlich fruchtbare Realität der aus Konsonanten gebildeten Wurzel eine einfache Realität. Sie repräsentiert für uns den Typ des motorischen Schemas, den Grundtyp allen sprachlichen Lebens.«[2]

Diese offensichtliche Beziehung zwischen der Energie der artikulatorischen Bewegung und der amorphen Statik der Stimmemission geht meist soweit, daß sie aus der interpretativen Praxis eines der phonetischen Merkmale tilgt, das gleichwohl für die Opposition konstitutiv und der Ursprung des Wortes *Konsonant* ist, daß nämlich die Konsonanten im Prinzip nicht allein ausgesprochen werden und eine Silbe bilden können, ohne sich auf einen Vokallaut zu stützen, was den Vokalen den Vorteil der lautlichen Autonomie gibt. Mehr noch, diese Abhängigkeit wird fast immer als ein Merkmal der Überlegenheit empfunden, spontan übersetzt als *Aktivität* vs *Passivität*: Vom Konsonanten wird behauptet, er präge seine artikulatorische Form der vokalischen Materie auf (de Brosses sprach von »eindrücken«), die ihn unterstütze; der Konsonant *artikuliere* gewissermaßen *den Vokal*. Von daher diese hartnäckige Metapher, die man beispielsweise bei Grimm liest: »Offenbar muß den vokalen insgesamt ein weiblicher, den konsonanten insgesamt ein männlicher grund beigelegt werden«[3]; oder bei Gabriel Bounoure, zustimmend

---

[1] Matila Ghyka, *Sortilèges du verbe* (1949), S. 57.
[2] Albert Thibaudet, *Réflexions sur la littérature*, Paris (Gallimard) 1938, S. 477.
[3] Grimm, *Über den Ursprung der Sprache*, S. 42.

zitiert von Bachelard: »Den Konsonanten, welche die männliche Struktur der Vokabel zeichnen, vermählen sich die veränderlichen Vokale, die feinen und nuancierten Färbungen der weiblichen Vokale.«[1] Worin man (trotz der Genusidentität der Begriffe) die *sexuisemblance*-geprägte Verteilung (*le répartitoire de sexuisemblance*) und die sexistische Träumerei wiederfindet. Eine derartige Äquivalenz kann die Opposition natürlich nur fixieren, indem sie sie überdeterminiert. Sie beherrscht ein Netz symbolischer Zuweisungen, von dem wir bereits einigen Elementen begegnet sind und dessen Konstanz ebenfalls sehr bemerkenswert ist: So drücken die Vokale etwa, als weiblich-gefühlsbetont, die Sinneseindrücke aus, während die Konsonanten, männlich-intellektuell, die Ideen ausdrücken (Gébelin); als weiblich-introvertiert drücken die Vokale die inneren Gefühle aus, während die Konsonanten, männlich-extrovertiert, Bilder oder Darstellungen der äußeren Welt sind (Swedenborg, A. W. Schlegel).[2]

Als System subjektiver Mimologie macht das evolutive Schema, dem wir bei de Brosses und bei Nodier begegnet sind, aus dem Vokal das urtümlichste Lautelement, das heißt zugleich das grundlegendste und inchoativste: Das »Alter des Vokals« ist die Kindheit der Sprache. Für Rousseau ist die »erste Sprache« durch das »Wenige an Artikulationen« gekennzeichnet; »einige eingeschobene Konsonanten, die den Hiat der Vokale beseitigen, würden genügen, um sie fließend und leicht aussprechbar zu machen. Die Laute wären dagegen sehr abwechslungsreich, und die Mannigfaltigkeit der Akzente würde dieselben Stimmtöne vervielfachen: Die Quantität, der Rhythmus wären neue Quellen der Kombination, so daß die Stimmtöne, die Laute, die Akzente, der Wohlklang, die natürlich sind, den Artikulationen, die konventionell sind, wenig zu tun übriglassen, man würde singen, statt zu sprechen.«[3] Bernardin zufolge gibt das Verhältnis der Vokale und Konsonanten sogar ziemlich genau das Alter einer Sprache an: »Die Vokale sind im Überfluß vorhanden in den Sprachen der erwachenden Völker; sie sind in ihnen häufig verdoppelt, und die Konsonanten sind in ihnen selten und gering an Zahl; dies kann man in den Vokabularien der Völker des Meeres des

---

1 Vorwort zu Edmond Jabès, *Je bâtis ma Demeure*, Paris (Gallimard) 1959.
2 Siehe Tzvetan Todorov, »Le Sens des sons«, in *Poétique* 11 (1972), S. 446-459; August Wilhelm Schlegel, *Kritische Schriften*, ausgewählt, eingeleitet und erläutert von Emil Staiger, Zürich/ Stuttgart (Artemis) 1962, S. 187.
3 *Essai sur l'origine des langues*, Kap. IV.

Südens feststellen. Ihre Sprache ähnelt hierin noch derjenigen unser Kinder. Wenn die Sprachen begonnen haben, einen Charakter anzunehmen und sozusagen die Worte zu zeichnen, indem sie sie artikulieren, dann haben die Konsonanten sich vervielfacht; dies ist in unseren europäischen Sprachen spürbar, die nur Dialekte von Ursprachen sind. Und dies kann man vor allem in der russischen Sprache, abgeleitet vom Griechischen, feststellen, die zweiundvierzig Buchstaben in ihrem Alphabet hat, von denen mehrere nichts anderes als unsere Konsonanten sind, nur anders ausgesprochen. Es gibt also diesen Unterschied der Ursprachen zu den Dialekten, die von ihnen lediglich abgeleitet sind, daß die Wörter der Ursprachen überreich an Vokalen sind und diejenigen der Dialekte an Konsonanten: daß erstere sozusagen gesungen werden, da sie nur aus Tönen bestehen, und letztere gesprochen, da sie durch Konsonanten artikuliert werden.«[1] Für Chateaubriand schließlich ist, spezifischer, der Vokal *a* (»der erste Vokal«) Indiz par excellence für eine ganz schäferidyllenhafte Ursprünglichkeit:

> Man kann feststellen, daß der erste Vokal des Alphabetes sich in fast allen Wörtern findet, die ländliche Szenen malen, wie *charme, vache, cheval, labourage, vallée, montagne, arbre, pâturage, laitage* etc., und in den Epitheta, welche diese Nomen gewöhnlich begleiten, wie *pesante, champêtre, laborieux, grasse, agreste, frais, délectable* etc. Diese Beobachtung trifft ebenso auch auf alle bekannten Idiome zu. Da der Buchstabe A als erster entdeckt worden ist, als erste natürliche Äußerung der Stimme, haben die Menschen, Hirten damals, ihn in den Wörtern benutzt, die das einfache Wörterbuch ihres Lebens bildeten. Die Gleichförmigkeit ihres Lebens und die geringe Abwechslung in ihren Ideen, die zwangsläufig von den Bildern der Felder gefärbt waren, mußten auch an die Wiederkehr derselben Klänge in der Sprache erinnern. Der Klang des A entspricht der Ruhe eines ländlichen Herzens und dem Frieden der bäuerlichen Bilder. Der Ton einer leidenschaftlichen Seele ist schrill, pfeifend, überstürzt; das A ist zu lang für sie: Es ist ein Hirtenmund nötig, der sich die Zeit nehmen kann, ihn langsam auszusprechen. Gleichwohl dringt er aber sehr gut auch in die Ebenen, in die Tränen der Liebe und in die naiven *ach* eines Ziegenhirten. Schließlich läßt die Natur diesen ländlichen Buchstaben in ihren Geräuschen vernehmen, und ein aufmerksames Ohr kann ihn unterschiedlich akzentuiert wiedererkennen, in dem Gemurmel

---

1 *Harmonies de la nature* III, S. 234. Hier bedeutet, wie bei de Brosses, *articuler* ›artikulieren‹ *dessiner* ›zeichnen‹; und *parler* ›sprechen‹ hält klar die Mitte zwischen *chanter* ›singen‹ und *écrire* ›schreiben‹.

manch schattenspendenden Laubwerks wie in demjenigen der Espe und des Efeus, in der ersten Stimme oder in der letzten des Blökens der Herden und, nachts, im Bellen des Bauernhundes.[1]

Diese evolutionistische Vulgata trifft sich mit einer anderen, mehr geographisch inspirierten, ebenfalls durch Rousseau illustriert[2], der zufolge der Vokal in den »Sprachen des Südens« dominiert und der Konsonant in den »Sprachen des Nordens«, wie dem Polnischen, »der kältesten aller Sprachen«. Und auch für Hugo

> bringt [die Sonne] die Vokale hervor, so wie sie die Blumen hervorbringt, der Norden strotzt von Konsonanten wie von Eis und von Felsen. Das Gleichgewicht der Konsonanten und Vokale stellt sich in den mittleren Sprachen her, die in den gemäßigten Klimazonen entstehen. Hier liegt eine der Ursachen für die Vorherrschaft des französischen Idioms. Ein Idiom des Nordens, das Deutsche beispielsweise, könnte nicht zur Universalsprache werden: Es enthält zu viele Konsonanten, welche die weichen Münder des Südens nicht kauen könnten. Ein südliches Idiom, angenommen das Italienische, könnte sich ebenfalls nicht allen Völkern anpassen; seine zahllosen, im Innern der Wörter kaum unterstützten Vokale würden sich in den rauhen Aussprachen des Nordens verflüchtigen. Das Französische dagegen, gestützt auf die Konsonanten, ohne von ihnen zu strotzen, abgemildert durch die Vokale, ohne dadurch farblos zu werden, ist so gebildet, daß alle menschlichen Zungen es annehmen können [...]. Wenn man die Sprache unter musikalischem Gesichtspunkt untersucht und über die geheimnisvollen Ursachen der Dinge nachdenkt, welche die Etymologien der Wörter enthalten, gelangt man zu dem Ergebnis, daß jedes Wort, für sich genommen, gleichsam ein kleines Orchester ist, in dem der Vokal die Stimme ist, *vox*, und der Konsonant das Instrument, die Begleitung, *sonat cum*. Die Instrumentalmusik – ein frappierendes Detail, das zeigt, auf welch lebhafte Weise eine einmal gefundene Wahrheit alle anderen aus dem Schatten heraustreten läßt – ist den Ländern mit Konsonanten, das heißt im Norden, eigentümlich und die Vokalmusik den Ländern mit Vokalen, das heißt im Süden. Deutschland, das Land der Harmonie, hat Symphoniker; Italien, das Land der Melodie, hat Sänger. Daher also der Norden, der Konsonant, das Instrument, die Harmonie; vier Fakten, die logisch und notwendig auseinander hervorgehen und denen vier andere parallele Fakten entsprechen: der Süden, der Vokal, der Gesang, die Melodie.[3]

---

1 *Le Génie du christianisme* II, Buch III, Kap. VI.
2 *Essai*, passim und insbes. Kap. VII. Cf. Renan, hierselbst S. 290/91.
3 *Tas de pierres* III (1838-1840), in *Œuvres complètes* VI, Ausgabe Massin, S. 1160.

Der Ur- und/oder südliche Mensch (die beiden Züge verschmelzen natürlich, wenn man, wie es häufig geschieht, annimmt, daß die Menschheit im Süden entstanden ist) wird hier, nach dem ontogenetischen Modell, klar als ein Wesen in der Kindheit begriffen, zu schwach, zu träge, vielleicht zu glücklich, um die Anstrengung der Artikulation zu versuchen. Ein anderes Bild des Urmenschen und der wilden Natur (brutale und dunkle Stärke) leitet dagegen ebenfalls bei Hugo die Vorstellung einer ersten barbarischen und verworrenen Sprache mit endlos langen Wörtern und gespickt mit Konsonanten: »Je unwissender der Mensch ist, um so mehr reizt ihn das Dunkle; je barbarischer der Mensch ist, um so mehr gefällt ihm das Komplizierte. Nichts ist weniger einfach als ein Wilder. Die Idiome der Huronen, der Botokuden und der Chesapeaks sind Wälder von Konsonanten, durch die sich, halb versunken im Schlick der schlecht wiedergegebenen Ideen, ungeheure und scheußliche Wörter schleppen, so wie die vorsintflutlichen Ungeheuer unter den unentwirrbaren Vegetationen der Urwelt krochen. Die Algonkins übersetzen dieses so kurze, so einfache, so sanfte Wort *France* mit *Mittiguchiuekendalakiank*.«[1] Es gibt also zwei mögliche Urmenschen: den guten Wilden der Meere des Südens, der süß in der Sonne vokalisiert, und den grausamen, wilden oder, in diesem Fall, eher *barbarischen* Indianer des Nordens, der seine Konsonanten wie Pfeile und Kriegsbeile schwingt. Die phonetische Intuition jedoch bleibt gleich: die Vertikalität (Gespicktsein, Wald, Harmonie), das heißt die rauhe Virilität der konsonantischen Artikulation, in Opposition zur ruhigen Süße (Melodie) des Vokallauts. Rousseau und Hugo haben nicht immer dieselbe Vorstellung vom Wilden, doch sie haben sehr wohl dieselbe Vorstellung von der Opposition Vokal/Konsonant, und sie ist systembildend.

Diese grundlegende Symbolik hat natürlich widersprüchliche Valorisierungen zur Folge oder determiniert vielmehr ein instabiles und stets umkehrbares Gleichgewicht zwischen Valorisierung und Gegenvalorisierung. Das männliche Privileg des Konsonanten ist offen-

---

[1] *Œuvres de Victor Hugo*, nouvelle édition: *Le Rhin – Lettres à un ami* I-III, Paris (Houssiaux) 1875, Brief XX, II, S. 1-68, hier S. 23. Man findet diese Vorstellung urtümlicher Barockheit, bestärkt von der gleichen metonymischen Metapher, beispielsweise bei Jespersen: »[...] die ursprache [wies] einen überfluß an unregelmäßigkeiten und abweichungen [...] auf. Sie war unberechenbar und phantastisch und entfaltete ein üppiges wachstum von formen, die untereinander verfilzt und verwickelt waren wie die bäume in einem urwald.« (*Die Sprache*, Kap. XXI, § 9, S. 418)

sichtlich bei de Brosses, bei Mallarmé, bei Claudel. Man begegnet ihm beispielsweise bei Clemens Brentano wieder, der Bettina scherzhaft eine sprachliche Rangordnung nach Hindumanier empfahl »der Consonanten als Aristokraten, die den bürgerlichen Vokalen gar den Eintritt nicht gestatten«, und sich Mühe gab, im Anschluß daran einen ganzen Satz unter Weglassung der Vokale zu schreiben.[1] Doch das System ist sehr viel ausgewogener bei Gébelin oder Nodier, die den Vokalen einen vollen Ausdruckswert zubilligen, und es wird völlig auf den Kopf gestellt bei Rousseau, für den, auf sehr logische Weise, die Urtümlichkeit des singenden, unartikulierten, der Schrift sich widersetzenden Vokals positiv gekennzeichnet ist – auch in der Politik, da die Demokratie eine Sprache voraussetzt, in der ein Redner sich dem unter freiem Himmel versammelten Volk leicht verständlich machen kann, eine »klangvolle, prosodische, harmonische« Sprache also wie das Altgriechische; dagegen »stelle man sich einen Mann vor, der auf französisch dem Volk von Paris auf der Place de Vendôme eine Ansprache hält: Mag er auch aus Leibeskräften schreien, man wird hören, daß er schreit, aber man wird nicht ein Wort verstehen [...]. Nun sage ich, daß jede Sprache, mit der man sich dem versammelten Volk nicht verständlich machen kann, eine sklavische Sprache ist; es ist unmöglich, daß ein Volk frei bleibt und daß es jene Sprache spricht.«[2] Oder, wie wir soeben gesehen haben, bei Hugo, der den Konsonanten in eine barbarische und dysphorische Ursprünglichkeit zurückstößt. Man findet sogar zumindest einmal, bei Herder, eine Verteidigung des Vokals, motiviert durch seine lautliche Autonomie, und eine Kritik der semitischen Schrift, schuldig, wie man weiß, nur die Konsonanten zu notieren: »Woher

---

1 Brief an Bettina von Ende März 1801, in Clemens Brentano, *Sämtliche Werke und Briefe*, historisch-kritische Ausgabe, veranstaltet vom Freien Deutschen Hochstift, herausgegeben von Jürgen Behrens, Konrad Feilchenfeldt, Wolfgang Frühwald, Christoph Perels, Hartwig Schultz, Band 30: *Briefe*, Zweiter Band: Bettine von Arnim, »*Clemens Brentano's Frühlingskranz*« und handschriftlich überlieferte Briefe Brentanos an Bettine 1800–1803, herausgegeben von Lieselotte Kinskofer, Stuttgart/Berlin/Köln (Kohlhammer) 1990, S. 28: »[...] die Großmutter läßt von dem Gedanken nicht los Deine Sprachfähigkeit durch Latein auszubilden, ich hab ihr vorgeschlagen sie soll Dich lieber die Derwisch-, Fakiren-, Bonzen- und Braminensprache lassen lernen, wo so viel grillenhafte Superfeinheit drinn ist, die an die mehrere hundert und zwei und neunzigsylbige Wörter gränzt und eine Rangordnung eingeführt hat der Consonanten als Aristokraten, die den bürgerlichen Vokalen gar den Eintritt nicht gestatten nd lssn ns s ws hnn gfllt xpngrn ns brll, s dß mnchml n wrrwrr ntstht, dß kn Tfl drs klg wrdn knn.« (Anm. d. Ü.)
2 *Essai*, Kap. XX.

kommt die Sonderbarkeit, daß ihre [i. e. der hebräischen Sprache] Buchstaben nur Mitlauter sind und daß eben die Elemente der Worte, auf die alles ankommt, die Selbstlauter, ursprünglich gar nicht geschrieben wurden? Diese Schreibart ist dem Lauf der gesunden Vernunft so entgegen, das Unwesentliche zu schreiben und das Wesentliche auszulassen [...]. Bei uns sind die Vokale das Erste und Lebendigste und die Türangeln der Sprache [...].«[1] Dies war von vornherein die genaue Gegenposition zu Brentano.

Es wäre gewiß unklug, diese Schwankungen des axiologischen Gleichgewichts auf eine einfache und eindeutige historische Bewegung zurückführen zu wollen. Gleichwohl scheint es so, als könnte man ganz summarisch die Aufwertung des Konsonanten auf eine Diathese klassischen und modernen Typs zurückführen, in der eine formale und dynamische Sensibilität (de Brosses, Mallarmé, Claudel) dominiert, und jene des Vokals auf einen (im baudelaireschen Sinne) romantischen Typ, in dem die substantiellen und chromatischen Werte dominieren. Und man kann es bezeichnend finden, daß Hugo, der, wie wir eben noch gesehen haben, die Konsonanten derart abschätzig behandelte, auch einer der ersten gewesen ist, der den, seitdem so abgedroschenen, Topos der »Vokalfarbe« behandelt hat, der im 19. Jahrhundert das beherrschende Motiv der sprachlichen Imagination wird.[2] Hier diese erst kürzlich wieder ans Licht gekommene Seite[3]:

---

1 *Abhandlung über den Ursprung der Sprache*, Erster Teil, Erster Abschnitt, S. 12/13.
2 Man sieht, denke ich, warum die Idee einer *Farbe der Konsonanten* schwer vorstellbar ist. Für Claudel war diese Schwierigkeit, wir erinnern uns, eine offensichtliche Unmöglichkeit. Copineau und Nodier assoziierten die rote Farbe durchaus mit dem Konsonanten *r*, allerdings über die einigermaßen künstliche Vermittlung der üblichen Vorstellung von Lebhaftigkeit. Meines Wissens findet sich die einzige massive Ausnahme bei Nabokov, der in die Liste seiner Synästhesien ein schwarzes *r*, ein stahlfarbenes *x*, ein dunkelindigoblaues *z*, ein heidelbeerfarbenes *k*, ein braunes *q*, ein hellblaues *c*, ein perlmuttfarbenes *s*, ein erlenblattfarbenes *f*, ein apfelgrünes *p*, ein pistazienfarbenes *t*, ein mattgrünes und violettes *w*, ein cremefarbenes *d*, ein kastanienbraunes *g*, *j* und *h*, ein sienarotes *b*, ein flanellrosa *m*, ein böhmischrubinrotes *v* aufnimmt (*Autres rivages*, Paris (Gallimard) 1961, S. 33-35; dt. *Andere Ufer – Ein Buch der Erinnerung* (1964)); wie gewöhnlich sind bei ihm jedoch Idiosynkrasie und Mystifikation hier nur schwer zu unterscheiden.
3 *Journal de ce que j'apprends chaque jour* (1846/47), Ausgabe Journet et Robert, Paris (Flammarion) 1965, S. 256/57; *Œuvres complètes* VII, Ausgabe Massin, S. 601/02. Spalte 2 ist diejenige der Wörter mit *i*, 1 diejenige der Wörter mit *a*, 3 diejenige der Wörter, die beide Vokale enthalten; die Reihenfolge ist wiederhergestellt in der zweiten Serie.

Könnte man nicht [ein fehlendes Wort], daß die Vokale für den Blick fast ebenso existieren wie für das Ohr und daß sie Farben malen? Man sieht sie. *A* und *i* sind weiße und glänzende Vokale. *O* ist ein roter Vokal. *E* und *eu* sind blaue Vokale. *U* ist der schwarze Vokal.

Es ist bemerkenswert, daß fast alle Wörter, welche die Vorstellung von *Licht* ausdrücken, *a*'s und *i*'s enthalten und manchmal beide Buchstaben. So etwa:

2	1	3
lumière	astre	rayon
briller	ardre	rayonner
scintiller	ange	éclair
étinceler	éclat	éclairer
étincelle	éclater	diamant
pierreries	aube	braise
étoile	aurore	fournaise
Sirius	flamme	constellation
soleil	flambeau	arc-en-ciel
ciel	enflammer	
resplendir	allumer	
œil	auréole	
luire	chandelle	
	candélabre	
	lampe	
	lampion	
Dieu	charbon	
	escarboucle	
	regard	
	lanterne	
	matin	
	planète	
	Aldebaran	

Feu drückt die Vorstellung von Grellheit notwendig nur dann aus, wenn es ausbricht. Es wird dann zu *flAmme*.

Keiner dieser beiden Vokale findet sich in *lune*, der nur im Dunkel glänzt. Die ›Wolke‹, *nuage*, ist weiß, die ›Regenwolke‹, *nuée*, ist düster. Man sieht die Sonne durch den ›Nebel‹, *brouillArd*; man sieht sie nicht durch den ›dichten Nebel‹, *brume*. Die Wörter, in denen sich die Vorstellung von Dunkelheit und die Vorstellung von Licht mischen, enthalten in der Regel das *u* und das *i*. So etwa *Sirius*, *nuage*, *nuit*. Die Nacht hat die Sterne.

Es wäre nicht unmöglich, daß diese beiden Buchstaben, durch diese geheimnisvolle Macht, die den Zeichen verliehen ist, etwas mit der Lichtwirkung zu tun haben, die manche Wörter hervorrufen, die gleichwohl nicht der physischen Sphäre angehören. So etwa:

âme	esprit	royauté
amour	intelligence	pairie
	génie	puissance
	gloire	gaîté
César	victoire	saillie
sénat	pouvoir	enthousiasme
	empire	
	joie	

Dieser Text verlangt einige Bemerkungen, deren offensichtlichste lautet, daß das Tableau weder vollständig ist hinsichtlich der Liste der Vokale (es fehlen beispielsweise der Laut *u* und die Nasalvokale; man weiß nicht so recht, was der Buchstabe E hier notieren soll; die gängige Verwechslung des Lautlichen und des Graphischen wirkt sich hier wie anderswo aus: der Laut *i* ist vollständig abwesend in *étoile, gloire, joie*, die dafür ein *a* enthalten, das Hugo nicht wahrnimmt), noch hinsichtlich der Liste der Farben: kein Beispiel für rotes *o* und blaues *e/eu*, außer vielleicht die Namen dieser beiden Farben selbst, die durchaus die wahren Induktoren der Assoziation sein könnten; und nichts für die fünf anderen Töne des Spektrums. Das Wesentliche bezieht sich also auf zwei »Farben«, die gar keine sind: das Schwarz und das Weiß. Die Assoziation U-schwarz wird illustriert durch *lune* (wenn man sich bereit erklärt, auf das Gestirn der Nacht die ihn umgebende Dunkelheit zu übertragen[1]), *nuée, brume*: Nichts wirklich Schwarzes ist darin enthalten, ebenso wie die Listen, welche die Bedeutungswerte A-weiß und I-weiß erhärten sollen, keinen einzigen wirklich weißen Gegenstand enthalten; man findet hier sogar die Antithese *charbon* ›Kohle‹. Tatsächlich nämlich ist man stillschweigend (unbemerkt) von den eigentlich chromatischen Werten zu Lichtwerten hinübergewechselt, wie es die »weißen und *glänzenden* Vokale«, dann die »Vorstellung von *Licht*« und etwas weiter die »Vorstellung von *Dunkelheit*« ankündigten: Die Regenwolke (*nuée*), der dichte Nebel (*brume*) sind nicht schwarz, sondern dunkel; der Stern (*étoile*), die Morgendämmerung (*aube*), die Glut (*braise*) sind nicht weiß, sondern leuchtend. Diese Verschiebung ist, wie wir sehen werden, ganz und gar bezeichnend.

---

[1] Man bemerkt, daß im Gegensatz zu den Sternen der Mond für Hugo nicht ausreicht, die Nacht zu erhellen.

Hugos Tableau ist, wie man im übrigen weiß, nur ein Zeugnis unter anderen. Vor ihm findet man zumindest eines der gleichen Art bei A. W. Schlegel und eines bei Jacob Grimm. Nach ihm haben Georg Brandes, Rimbaud, René Ghil, Nabokov, Matila Ghyka andere vorgeschlagen, denen man einige individuelle oder kollektive Beiträge hinzufügen kann, die von verschiedenen modernen Psychologen und Linguisten gesammelt worden sind. In seinem Kapitel über das *Sonnet des voyelles*[1] hat Etiemble einige dieser Tableaus in einer rein kritischen Haltung verglichen, wobei er auf ihren unleugbaren Unvereinbarkeiten und Verworrenheiten insistiert. Ich werde hier die Gesamtheit dieser Zeugnisse wiederaufnehmen und dabei für jeden »Vokal« die individuellen Antworten und die bedeutungsvollen Dominanten der statistischen Antworten festhalten, ohne mich allzu sehr mit den Unsicherheiten aufzuhalten, die durch die Graphie oder den Wechsel von einer Sprache zur anderen hervorgerufen werden – Verwechslungen zwischen vorderem [a] und hinterem [ɑ] (notiert als A), zwischen geschlossenem [o] und offenem [ɔ], zwischen offenem [ɛ], geschlossenem [e], offenem [œ] und geschlossenem [ø] (E, bisweilen EU), zwischen [y] und [u] (U und OU), im Englischen zwischen [i] und [aj] (I), Abwesenheit der französischen Nasalvokale, Opfer, wie [u] und [ø], ihres Digraphen – noch bei der seltsamen »methodischen« Entscheidung, fast immer (mit einer Ausnahme bei Chastaing) die »Farbe der Vokale« und fast nie den Vokal der Farben zu suchen. Bei einem so unsicheren Gegenstand büßt das Bemühen um Strenge (zum Glück?) all seine Relevanz ein.[2]

---

[1] *Le Mythe de Rimbaud* II: *Structure du mythe*, Paris (Gallimard) 1952, S. 84-95; Tableaus, die wiederaufgenommen werden in Paul Delbouille, *Poésie et sonorités*, S. 248-250.

[2] Quellen: für Brandes, Fletcher, Legrand, X, die Untersuchungen von Grüber, Jean de Cours und Flournoy: Étiemble, *Le Mythe de Rimbaud* II; für Grimm: Benloew, *Aperçu général de la science comparative des langues* (1872); A. W. Schlegel, *Kritische Schriften und Briefe*; René Ghil, *Traité du verbe* (1887); für Fechner: Delbouille, *Poésie et sonorités*, S. 84; Nabokov, *Autres Rivages*; M. Ghyka, *Sortilèges du verbe*, S. 53; für K. Langenbeck (deutsch, 1913), S.P. (tschechisch) und Deichmann (deutsch, 1889): R. Jakobson, *Langage enfantin et Aphasie* (1941), S. 89; für F. Boas (Untersuchung bei den Dakota-Indianern), E. Werth (Zeugnis einer jungen Amerikanerin serbischen Ursprungs, 1927): Richards/Jakobson/Werth, »Language and Synesthesia«, in *Word* (Aug. 1949); Chastaing, Untersuchung geführt in *Vie et Langage* (Dez. 1960 u. Juli 1961). Die ersten 16 Zeilen betreffen individuelle Zeugnisse, die letzten 6 kollektive Untersuchungen.

EINGESCHRÄNKTE MIMOPHONIE

	A	E	I	O	U	OU	EU
SCHLEGEL	rot		himmel-blau	purpur	violett	dunkel-blau	
GRIMM	weiß	gelb	rot	blau		schwarz	
HUGO	weiß	blau	weiß	rot	schwarz		blau
BRANDES	rot	weiß	gelb			dunkel-blau	
RIMBAUD	schwarz	weiß	rot	blau	grün		
GHIL	schwarz	weiß	blau	rot	gelb		
FECHNER	weiß	gelb		rot			
NABOKOV	braun	gelb	gelb	elfenbein	gelb-grün		
GHYKA	schwarz	gelb	weiß	rot	grün		
FLETCHER	Licht/Schatten	grün	blau	rot	purpur/gelb		
LEGRAND	rot	weiß	gelb	schwarz	grün		
X	rot	weiß	schwarz	gelb	braun	matt gold	schmutzig-weiß
WERTH	braun	gelb	weiß	dunkel-blau			purpur
LANGENBECK	rot	gelb	weiß	blau	grau	braun	himmel-blau
S. P.	rot	hell-grün	gelb	blau/rot			dunkel-blau
DEICHMANN	rot	gelb	weiß	rot/braun		braun	
BOAS	rot	gelb	weiß				
ARGELANDER	rot weiß dunkel	gelb	weiß	braun		schwarz	
GRÜBER	schwaz blau weiß	weiß	gelb rot	braun rot	schwarz		
COURS	rot	grau	gelb	orange	grün		
FLOURNOY	weiß rot schwarz	gelb blau	rot weiß	gelb rot	grün	braun	
CHASTAING	rot	orange	gelb	violett rot	grün		blau

Aus den vollständigen Ergebnissen einiger Erhebungen schloß Étiemble nicht ohne Grund, daß »*alle* Farben *jedem* Vokal zugewiesen werden«. Dies gilt nicht im selben Maße für unser Tableau, weil es von den kollektiven Erhebungen nur die mehrheitlichen Antworten berücksichtigt; daher begegnet man hier weder dem grünen *a* oder *o* noch dem roten oder schwarzen *e*, weder dem blauen *ü* noch dem weißen *u* oder dem roten, grünen oder gelben *eu*; umgekehrt stellt man einige recht ausgeprägte Dominanzen fest wie rotes *a* (12 von 29), gelbes und weißes *e* (10 und 6 von 22), weißes und gelbes *i* (8 und 7 von 23), rotes *o* (11 von 25), grünes *ü* (7 von 16), braunes, dunkelblaues und schwarzes *u* (3, 2 und 2 von 8), blaues *eu* (4 von 6; die Hypothese eines lexikalischen Einflusses des Wortes *bleu* ist hier sehr verführerisch, man muß dann jedoch das widersprüchliche Fehlen des roten *u* festhalten). Wenn man diese Dominanzen als ein Zeugnis akzeptiert, das Aufschluß gibt über die stärksten Neigungen des »Farbenhörens«, so stellt man fest, daß sich keine klare Beziehung zwischen der Skala der Vokallaute und derjenigen der Farben des Spektrums herstellt – höchstens eine privilegierte Assoziation zwischen *a* (und *o*) und rot, die Jakobson kommentiert als »Neigung, die chromatischsten Vokale mit den hellsten Farben zu verbinden«[1]. Die Bezeichnung »chromatisch« ist hier eine zirkuläre Metapher; objektiver könnte man vielleicht sagen, daß diese Vokale physiologisch gesehen die mittlersten und die offensten und akustisch gesehen die kompaktesten sind.[2] »*U* und *i*«, fährt Jakobson fort, »sind im Gegenteil mit den am wenigsten chromatischen Farben verbunden, und sogar mit der Serie weiß-schwarz«; *i* ist durchaus, im Gegensatz zu *a*, der geschlossenste (minimale Amplitude des Mundresonators) und diffuseste Vokal, das gleiche könnte man aber schwerlich vom *u*

---

1 R. Jakobson, *Kindersprache, Aphasie und allgemeine Lautgesetze* (geschrieben 1939-1941 auf deutsch in Oslo), Frankfurt/M. (Suhrkamp) 1969 (es 330), S. 115; frz. *Langage enfantin et Aphasie*, Paris (Minuit) 1969, S. 88 (erweiterte Neuausgabe Paris (Flammarion) 1980).

2 Erinnern wir daran, daß die Vokaltöne unter akustischem Gesichtspunkt durch die Frequenz ihrer beiden Haupt»formanten« charakterisiert sind, wobei der Höhenformant den Schwingungen des Mundhöhlenresonators und der Tiefenformant denjenigen des Rachenresonators entspricht; die Vokale sind um so »diffuser«, je größer der Abstand zwischen den beiden Zahlen ist, das heißt für *i* 2500/250 Perioden pro Sekunde, und um so »kompakter«, je kleiner er ist, das heißt 1100/750 für das hintere *a*, den Zahlen zufolge, die Pierre Delattre, »Les Attributs physiques de la parole et l'esthétique du français«, in *Revue d'esthétique* (Juli-Dez. 1965), nennt.

behaupten; die Beziehung zwischen vokalischer Klanglichkeit und Chromatismus bleibt also schwer definierbar. Dagegen tritt, worauf Jakobson hier sehr schön hinweist, die Beziehung zwischen ebendiesen Klanglichkeiten und der Skala der Helligkeit sehr deutlich zutage: Die am häufigsten mit den »hellen« Farben (einschließlich Weiß) assoziierten Vokale sind die Vokale mit vorderer Artikulation und (folglich) hoher Frequenz, *i, e, ä, ü*; der massiv als dunkel geltende Vokal ist das hintere *u* mit niedriger Frequenz[1].

Dieser Wechsel vom Chromatischen zum Leuchtenden, den wir bereits bei Hugo beobachteten, zeigt sich auch in den Schlußfolgerungen aus der von Maxime Chastaing unter den Lesern von *Vie et Langage*[2] durchgeführten Untersuchung. Die Frage lautete: »Hier sechs Farben: rot, orange, gelb, grün, blau, violett. Welcher Vokal scheint Ihnen zu jeder Farbe zu passen?«; das heißt, sie folgte der chromatischen Reihenfolge des Spektrums; die Ergebnisse ordnen die Farben dagegen nach einer approximativen Skala abnehmender Helligkeit (gelb-grün-orange-blau-rot-violett) und lassen folgendes Gesetz hervortreten: »Je höher ein Laut ist, um so leuchtender ist die Farbe, mit der er sich verbindet« – oder, artikulatorisch ausgedrückt: »Die klaren Farben entsprechen eher vorderen oralen Vokalen und die düsteren Farben hinteren oralen Vokalen«. Das spezifischste Interesse dieser Untersuchung liegt natürlich in diesem impliziten Gleiten (das der Untersuchende in keinem Augenblick hinterfragt) von einer Skala zur anderen, in dem klar der Rückzug einer zu starken Hypothese auf vorsichtigere und solidere Positionen zum Ausdruck kommt. Für sich selbst genommen – das heißt ohne Versuch in Richtung auf die Chromatik – war die Beziehung zwischen Höhe (oder vorderer Artikulation) und Helligkeit bereits häufig seit Beginn des Jahrhunderts vermerkt worden. So etwa bei Jespersen, der eine »natürliche verbindung auch zwischen hohen tönen (lauten mit sehr schnellen schwingungen) und helligkeit und umgekehrt zwischen tiefen tönen und dunkelheit« sah, »wie zu

---

1 Es handelt sich hier nur um die Frequenzen des Höhenformanten, dessen Schwankungen am deutlichsten sind, von 2500 für *i* bis 750 für *u*, während der Tiefenformant nur von 250 (*i, ü, u*) bis 750 (*a*) schwankt – und anscheinend die am stärksten wahrnehmbaren. Delattres Zahlen zeigen, daß die absteigende Skala der Frequenzen derjenigen der Artikulationsorte von vorne nach hinten entspricht, und dies aus gutem Grund: je weiter hinten die Emission stattfindet, um so weiter ist der Mundhöhlenresonator und die Schwingung folglich langsam.
2 »Audition colorée« und »Des Sons et des couleurs«, in *Vie et Langage* (Dez. 1960 u. Juli 1961).

sehen [ist] in der häufigen verwendung von adjektiven wie ›hell‹ [*light*] ‘und ›dunkel‹ [*dark*], wenn man von tönen spricht.«[1] Maurice Grammont nannte, wie man weiß, die hinteren »dunkle« und die vorderen »helle« Vokale[2]; Whorf bezeichnet sie als »dunkel« und als »glänzend«[3]. Mehrere Untersuchungen der experimentellen Psychologie haben die Konstanz dieser Assoziation erwiesen, insbesondere jene, deren Ergebnisse Chastaing 1962 veröffentlicht hat[4]: So wiesen 30 Schüler höherer Volksschulklassen im Durchschnitt die folgenden Helligkeitskoeffizienten zu: *i*: 2,5; *e*: 1,4; *a*: 0,3; *o*: -0,6; *u*: -1,5. Die erfundenen Wörter *kig*, *kag*, *koug* wurden gelesen als »hell«, »neutral«, »dunkel«; *peb*, *pib*, *pob*, *poub* übersetzt als »Morgenröte«, »Tag«, »Dämmerung«, »Dunkelheit«; *i* = »Tag«, *u* = »Nacht«, *limière* wäre richtiger als *lumière*, etc. Ganz offensichtlich haben wir es hier mit einem sehr verbreiteten synästhetischen Bedeutungswert zu tun, der sehr wenig der individuellen Auffassung schuldet.

Noch offensichtlicher ist er nicht der einzige, vielleicht nicht einmal der am universellsten anerkannte; diese Palme gebührt gewiß der Beziehung zwischen der Skala der Frequenzen und der Kategorie der Größe, der Jespersen 1922 eine Studie widmete, die man als den Archetyp der Gattung ansehen kann[5], und aus der ich für den Augenblick nur die folgende lustige Beobachtung zitiere: »Eines Sommers, als eine schwere Dürre in Fredriksstad (Norwegen) herrschte, wurde der folgende Satz in einer Toilette aufgehängt: ›Ziehen Sie die Spülung nicht für *bimmelin*, sondern nur für *bummelum*‹ – und jedermann verstand auf der Stelle.«[6] 1929 stellte Edward Sapir eine Reihe von Experimenten auf der Grundlage von Neologismen vor, die geschmiedet worden waren, »um jede Assoziation mit bedeutungsvollen Wörtern [des realen Wortschatzes] zu vermeiden«; so wurde etwa das Paar *mil*/*mal* von ungefähr 80% der

---

1 *Language* (1922), Kap. XX, § 6.
2 *Traité de phonétique*, Paris (Delagrave) 1933, 1966, S. 385; *a* wird als »grell« (*éclatant*) bezeichnet.
3 »Langage, esprit et réalité« (1942), in *Linguistique et Anthropologie*, Paris (Gonthier) 1971, S. 220.
4 »La Brillance des voyelles«, in *Archivum linguisticum* (1962), f. 1.
5 »Symbolic Value of the Vowel *i*« (1922), übernommen in *Linguistica*, Kopenhagen 1933.
6 Im Französischen spielt der kindliche Wortschatz hier mit einer analogen Opposition *i/a*, die das lateinische *pissiare* und *cacare* liefert, die jedoch pseudo-onomatopoetisch ausgenutzt wird.

Versuchspersonen als »klein«/»groß« interpretiert.[1] Chastaing ist in jüngerer Zeit[2] mit ebensolchem Erfolg darauf zurückgekommen: *kigen* und *kougon* teilen sich in »klein« und »groß« zu etwa 100%; zu ungefähr 75% verteilen junge Kinder auf die gleiche Weise die Paare *iba/aba*, *pim/poum*, *kina/kouna* und die Skala *pim/pam/poum*; »die Kinder«, beobachtet der Autor, »stellen eine Wechselbeziehung zwischen einer akustischen und einer semantischen Gliederung her: je heller der Klang eines Vokals ist, um so mehr scheint er ihnen zum Ausdruck der Kleinheit zu passen; je weniger hell er ist, um so weniger scheint er ihnen zu passen«. Die Erklärung scheint hier auf der Hand zu liegen und hat weniger mit der Synästhesie als mit der direkten Analogie zu tun: Die hohen Laute werden durch einen sehr kleinen Mundresonator hervorgebracht, die tiefen Laute durch einen weiteren; Sapir hatte es bereits bemerkt, und Chastaing versäumt es nicht, doch die Meinung eines so orthodoxen Linguisten wie André Martinet wird vielleicht noch bezeichnender wirken:

> Die Existenz eines universellen Symbolismus im Falle gewisser Laute der Sprache [...], die lange Zeit nur eine sehr plausible Hypothese gewesen ist, scheint heute allgemein anerkannt. Die Individuen mögen hierfür mehr oder weniger empfänglich sein, doch man stellt nicht fest, daß ihre Reaktionen widersprüchlich wären, wenn diese Beobachtung mit allen erforderlichen Sicherheiten gemacht wird: Die Klangfarbe des [i] beispielsweise geht Hand in Hand mit der Vorstellung von Kleinheit, was weder das *big* noch das *small* des Englischen in Frage stellen; die Klangfarbe des [u] (französisches *ou*) evoziert ganz natürlich Dicke und Schwere. Dies sind nur die auffälligsten Merkmale dieses Symbolismus, doch sie genügen für unsere Zwecke. Es ist nicht notwendig, ein großer Spezialist für artikulatorische Phonetik zu sein, um das Warum derartiger Gleichsetzungen zu verstehen: [i] ist der Vokal, bei dem die Organe sich bemühen, zum vorderen Teil des Mundes hin die kleinstmögliche Resonanzhöhle zu bilden, indem sie die Masse der Zunge gegen den inneren Teil des Gaumens drücken und die Lippen so weit wie möglich gegen das Zahnfleisch zurückziehen; für das [u] dagegen wird die Masse der Zunge nach hinten zurückgezogen und die Lippen werden nach vorne geschoben, damit die Resonanzhöhle so weit wie möglich ist. Die symbolischen Gleichungen [i] = Kleinheit und [u] = Dicke haben eine evidente physio-

---

1 »A Study in Phonetic Symbolism«, in *Journal of Experimental Psychology* (1929); frz. Ü. in *Linguistique* (Minuit) 1968.
2 »Le Symbolisme des voyelles, signification des *i*« in *Journal de psychologie* (Juli-Sept. und Okt.-Dez. 1958); »Dernières Recherches sur le symbolisme vocalique de la petitesse«, in *Revue philosophique* (1965).

logische Grundlage, und diese Grundlage erlaubt es anzunehmen, daß sie für alle Menschen gültig sind, obwohl die Beobachtungen, auf die sie sich gründen, sich nicht auf die gesamte Menschheit erstreckt haben, weitgefehlt.[1]

Mit dieser Stufenleiter der Größen kann man gewiß einige andere Symbolwerte der Skala der Vokalfrequenzen in Zusammenhang bringen, die mehr oder weniger abgeleitet oder verwandt sind: spitz/stumpf, von daher hart/weich (Whorf); hoch/tief, von daher leicht/schwer[2], von daher vielleicht schnell/langsam; nah/fern, für die Jespersen eine bezeichnende Anwendung in deiktischen Systemen wie *ci/ça* oder *this/that* fand. Der Lichtsymbolismus leitet sich vielleicht selbst von diesen räumlichen Bedeutungswerten ab, da die »dunklen« Vokale aus den »unteren Regionen« des stimmbildenden Apparats kommen, dunklen Tiefen, während die »hellen« Vokale aus den hohen und vorderen Regionen kommen, die am stärksten dem Licht geöffnet sind – wenn die Relation nicht direkt zwischen den relativen Frequenzen der akustischen Schwingungen und denen des Lichts zustandekommt.

Auf der Seite der Konsonanten – die im wesentlichen, erinnern wir uns, aus *Geräuschen* mit unregelmäßigen Schwingungen bestehen, begleitet oder nicht (stimmhaft/stimmlos) von *Tönen*, die, wie die Vokale, von Schwingungen des Kehlkopfes hervorgebracht werden – scheint es so, daß, im Gegensatz zu den *apriorischen* Spekulationen des klassischen Mimologismus (de Brosses, Nodier beispielsweise), die modernen Untersuchungen ihrem mehr oder weniger vorderen Artikulations*ort* (bilabial, apiko-dental, palatal etc.) weniger symbolische Relevanz zubilligen als ihrer Artikulations*weise*: Okklusive/Kontinua, Stimmhafte/Stimmlose, Laterale/Vibranten etc. So symbolisiert etwa in dem berühmten Experiment von Köh-

---

[1] »Peut-on dire d'une langue qu'elle est belle?«, in *Revue d'esthétique* (Juli-Dez. 1965), S. 231.

[2] Siehe Brown/Black/Horowitz, »Phonetic Symbolism in Natural Languages«, in *Journal of Abnormal Social Psychology* (1957); Ivan Fonagy, »Le Langage poétique«, in *Problèmes du langage*, Paris (Gallimard) 1966. Claude Lévi-Strauss motiviert offensichtlich (und explizit) durch die Opposition leicht/schwer sein zweisprachiges Paar *cheese* ›fromage blanc‹/*fromage* ›pâte grasse‹. Erinnern wir daran, daß er diese sensoriellen Konnotationen, für die er ein denkwürdiges (aber außersprachliches) Beispiel anläßlich des Paares *feu vert*/*feu rouge* gibt, »Motivationen *a posteriori*« nennt (*Anthropologie structurale*, Paris (Plon) 1958, S. 107/08 (dt. bei Suhrkamp)).

ler[1], in dem die beiden Neologismen *takete* und *maluma* mit zwei Figuren, einer eckigen und einer abgerundeten, konfrontiert werden, die Gruppe der Okklusive ganz natürlich die Härte, folglich die Eckigkeit, und die Gruppe der Kontinua die Weichheit oder Sanftheit, folglich die Rundheit; eine Assoziation, die bestätigt wird durch eine Reihe von Experimenten von Chastaing über einige konsonantische Variationen in onomatopoetischen Ausdrücken[2]. Der Kontrast zwischen (okklusiven oder frikativen) Stimmlosen und Stimmhaften, der vor allem zwei Grade von Anstrengung und folglich artikulatorischer Härte gegenüberstellt, ist homothetisch und wird analog interpretiert: »Was ist am zartesten? ein *sata* oder ein *zata*? *Zata* erhält 10 von 10 Stimmen«[3]; doch die Anwesenheit/Abwesenheit von Stimmhaftigkeit scheint hier der Opposition zwischen vorderen und hinteren Vokalen eine symbolische Kategorie hinzuzufügen, der wir bereits begegnet sind: diejenige der Größe und folglich des Gewichts: *ava* wird als größer als *afa* empfunden, *slid* als schwerer als *slit*, *mib* als langsamer als *mip*. In der Antithese r/l (Vibrant/Lateral) schließlich finden wir das kratylische Paar par excellence wieder, die klassische Oppositon zwischen Rauhheit und Sanftheit[4]: Für die ungarischen Kinder, die Fonagy befragt hat, ist *r* ein Mann und *l* eine Frau: »Das *r*«, kommentiert der Autor, »wirkt männlich aufgrund der größeren muskulären Anstrengung, welche die Emission erfordert«; für die Studenten von Chastaing evoziert *r* fest, hart, beißend, bitter, rauh, stark, heftig, schwer, nah; *l* sanft, glatt, schwach, sanftmütig, leicht, entfernt, hell[5].

---

1 Eine Zusammenfassung dieses Experiments findet man in Jean-Michel Peterfalvi, *Recherches expérimentales sur le symbolisme phonétique*, Paris (CNRS) 1970, S. 36; bis auf den heutigen Tag die beste Darstellung des Problems insgesamt.
2 »Pop, fop, pof, fof«, in *Vie et Langage* (Juni 1965). Natürlich kann eine Kurve härter sein als eine Spitze, die Tatsache jedoch, daß bei gleicher Härte eine Spitze mehr verletzt als eine Kurve, reicht aus, um die Schlußfolgerung zu rechtfertigen.
3 Chastaing, »L'Opposition des consonnes sourdes et sonores a-t-elle une valeur symbolique?«, in *Vie et Langage* (Juni 1964).
4 Fügen wir zu den bereits zitierten Texten diesen hinzu: »Von den konsonanten wird *l* das linde, *r* das rauhe bezeichnet.« (Grimm, *Über den Ursprung den Sprache*, S. 42)
5 Fonagy in *Poétique* 11 (1972); Chastaing, »Si les *r* étaient des *l*«, in *Vie et Langage* (Aug. u. Sept. 1966).

Wie man häufig bemerkt hat[1], erstrecken sich fast all diese Untersuchungen nicht auf bilaterale Beziehungen, in denen ein Laut von sich aus einen Symbolwert freisetzen würde, sondern auf scheinbar komplexere Beziehungen meist zwischen Paaren ($i : u$ :: hell : dunkel, $r : l$ :: männlich : weiblich), mit einer viergliedrigen Proportion, bisweilen zwischen Skalen mit jeweils mehreren Gliedern ($i : a : u$ :: hell : glänzend : dunkel). Aus dieser unvermeidlichen Beobachtung zieht man gelegentlich (Delbouille implizit, Todorov explizit) einen negativen oder restriktiven Schluß, was die Existenz der symbolischen Beziehung angeht: Die Notwendigkeit dieser Art von Vierecksverhältnis oder Verhältnis mit mehreren Paaren würde die Schwäche, ja den illusorischen Charakter der symbolischen Vermählung offenbaren: »a ist nicht an sich groß, sondern im Vergleich zu i«, sagt Todorov, was natürlich eine Schwäche konnotiert: Die relative Größe ist weniger groß als die absolute Größe. »Es ist also nicht ein Laut, der einer Form ähnelt (wie könnte er es?) sondern eine Beziehung von Lauten zu einer Beziehung von Formen; was uns auf einen anderen Typ von Symbolismus verweist, der nicht mehr auf den semantischen Theorien beruht, sondern auf den diagrammatischen.« Doch kann es überhaupt irgendeinen Symbolismus – und Semantismus – außerhalb des »Diagrammatischen«, das heißt des Relationalen und des Relativen geben? Die Größe »an sich« ist natürlich nur ein Phantom, und ebensowenig sind auch die Helligkeit, die Schärfe, die Weiblichkeit an sich – und, auf der Seite der lautlichen Charakteristika, die vordere Artikulation, die Okklusivität, die Stimmhaftigkeit etc., absolute Werte: Es gibt nur relative Eigenschaften, und die einfachste Wahrnehmung setzt, wie man im übrigen weiß, von jedem Symbolismus einmal abgesehen, eine kategoriale Achse voraus und folglich ein Diagramm: Wenn man einer Versuchsperson eine runde und grüne Figur zeigt und sie fragt, welches ihr charakteristisches Merkmal ist, so wird sie zu Recht zwischen Rundheit und Grünheit zögern; wenn sie mit einer anderen Figur gepaart wird, die grün und viereckig ist, oder rund und rot, so wird sie nicht mehr zögern. Der Diagrammatismus eliminiert also nicht den Semantismus; er situiert ihn auf der Ebene kategorialer Relativität, die jene aller Wahrnehmung und aller Bezeichnung ist. Genau dies wollte Jakobson wohl in einer wohlbekannten Passage aus »Linguistik und

---

1 So Paul Delbouille, »Recherches récentes sur la valeur suggestive des sonorités«, in *Le Vers français au XXe siècle*, Paris (Klincksieck) 1967, S. 143, und T. Todorov, »Le Sens des sons«, in *Poètique* 11 (1972), S. 449.

Poetik« unterstreichen, die aus dem Diagrammatismus eine legitime und keineswegs disqualifizierende Bedingung des lautlichen Symbolismus macht:

> Lautsymbolik ist eine unbestreitbar objektive Relation, die auf einer phänomenalen Verbindung zwischen verschiedenen sensorischen Modi gründet, besonders auf visueller und auditiver Erfahrung. Wenn sich Forschungsergebnisse auf diesem Gebiet zuweilen vage und widersprüchlich ausnehmen, so ist dies primär einer ungenügenden Sorgfalt in den psychologischen und/oder linguistischen Untersuchungsmethoden zuzuschreiben. Der Zusammenhang wurde besonders vom linguistischen Standpunkt aus durch die Vernachlässigung des phonologischen Aspektes der Sprachlaute oder durch zwangsläufig vergebliche Operationen mit komplexen phonematischen Einheiten, anstatt mit ihren letzten Komponenten, verzerrt dargestellt. Wenn wir beispielsweise beim Testen phonologischer Oppositionen wie dunkel gegen hell fragen, ob /i/ oder /u/ dunkler klingt, dann mag einigen Versuchspersonen diese Frage sinnlos erscheinen; hingegen wird wohl keiner behaupten, /i/ sei der dunkelste der beiden Laute.[1]

---

1 *Poetik*, S. 113. Ernst Hans Josef Gombrich illustriert die (von Jakobson in einem Gespräch ihm gegenüber angesprochene) Theorie scherzhaft durch das Paar *ping/pong*: »Der berühmte Linguist Professor Roman Jakobson war es, der mich darauf aufmerksam machte, daß Synästhesie eine Frage von Relationen ist. Um diese Idee zu erproben, erfand ich ein einfaches Gesellschaftsspiel. Es besteht darin, sich die denkbar einfachste Sprache vorzustellen, in der Beziehungen noch ausgedrückt werden können, das heißt eine Sprache, die nur aus zwei Wörtern besteht – nennen wir sie ping und pong. Wenn wir in dieser Sprache, sagen wir, einen Elefanten und eine Katze zu benennen hätten, bestünde doch kaum ein Zweifel, welches Tier ping und welches pong heißen würde. Oder denken wir an Suppe und Himbeereis. Für mich jedenfalls ist Suppe eindeutig pong und Himbeereis ping. Oder wie steht's mit Rembrandt und Watteau? Es ist doch klar, daß Rembrandt pong sein muß und Watteau ping. Ich will aber nicht behaupten, daß die Sache immer funktionieren muß oder daß sich alle Beziehungen irgendwie in ein solches zweiteiliges System einordnen lassen. Zum Beispiel gibt es Meinungsverschiedenheiten über Tag und Nacht oder über männlich und weiblich. Aber vielleicht könnte man auch da mehr Übereinstimmung erzielen, wenn man die Fragen anders formuliert. Junge Mädchen sind doch offenbar ping und gesetzte Matronen pong. Es kommt also auf die Aspekte des Weiblichen an, an die die Versuchsperson gedacht hat, ebenso wie die Nacht, die alles in ihren schützenden Mantel hüllt, pong sein wird, während ihre Kälte und Unbarmherzigkeit oder auch die Vorstellung von Tanz und Lichtern zu ping hinführt.« (*Kunst und Illusion – Zur Psychologie der bildlichen Darstellung*, übertragen von Lisbeth Gombrich, Köln (Phaidon) 1967, Neuausgabe Stuttgart/Zürich (Belzer) 1978, S. 406/07.

Die Frage lautet also nicht, scheint mir, ob es den Untersuchungen von Jespersen und seinen Nachfolgern gelungen ist oder nicht, die Existenz eines »Symbolismus der Laute« zu begründen. Die Symbolkraft der Sprachlaute ist eine Evidenz oder, genauer, eine *apriorische* Gewißheit: Wie jede Art physischen Ereignisses haben die Sprachlaute wahrnehmbare Charakteristika; sie sind mehr oder weniger hoch oder tief, rauh oder sanft, dünn oder breit etc., und diese Charakteristika stehen unvermeidlich in direkter analogischer Beziehung zu denjenigen anderer Laute und Geräusche der Welt und in indirekter oder schiefer (synästhetischer) analogischer Beziehung zu denjenigen anderer physischer Ereignisse. Eine teils stabile und universelle, teils instabile und subjektive indirekte Beziehung, deren Kern an Objektivität heute jedoch allgemein anerkannt und im übrigen, wie wir gesehen haben, eher trivial ist. Die wirkliche Frage lautet, wie wir seit dem zweiten Teil des *Kratylos* wissen (immer noch *sklerotes* – und *kinesis*), ob die Sprache diese imitativen Fähigkeiten respektiert und in ihr Funktionieren einbringt. Die bis jetzt erwähnten Untersuchungen erörterten diesen Punkt nicht, da sie sich stets auf isolierte Phoneme oder auf experimentelle »Neologismen« bezogen, die der Sprache fremd waren und bleiben sollten; oder wir wollten, genauer gesagt, bisher nur diesen außer- (oder *vor-*)sprachlichen Aspekt der Untersuchungen festhalten, der am wenigsten umstritten ist. Wir müssen sie jetzt also noch in ihrem daran anschließenden Vorgehen betrachten, das sich auf das eigentlich sprachliche Einbringen der lautlichen Expressivität bezieht.

Das günstigste, ich meine das am leichtesten zugängliche Feld ist natürlich das des onomatopoetischen Ausdrucks im strengen Sinne, das heißt der ganz offensichtlich »durch lautliche Nachahmung des benannten Dings« (*Petit Robert*) geschaffenen Wörter. Ein beinahe zu günstiges Feld, da die »lautliche Nachahmung«, die in Schöpfungen wie *bêê* ›bäh‹ oder *coucou* ›kuckuck‹ am Werk ist, noch nicht auf dem Symbolismus verstanden als schiefe Expressivität beruht: Es gibt keinerlei Synästhesie in diesen Vokabeln, höchstens, wie Grammont in einem Kapitel, welches die beste Darstellung dieser Frage bleibt[1], zeigt, eine Art phonematische *Interpretation* von unserem Artikulationssystem fremden Lauten oder Lautgruppen, die im Grunde den Annäherungen ziemlich nahe kommen, denen wir uns, leider, beim Erlernen fremder Sprachen spontan überlassen: »Wenn

---

1 »Phonétique impressive«, in *Traité de phonétique*, S. 377ff.

wir durch einen onomatopoetischen Ausdruck einen äußeren Laut wiedergeben, übersetzen wir ihn in unsere Sprache [...]. Warum interpretieren wir durch *coucou*, was in Wirklichkeit *ou-ou* ist? Weil wir kaum gewohnt sind, denselben Vokal ohne Konsonanten zweimal hintereinander auszusprechen; weil wir bei einer gewissen Entfernung die Okklusive verwechseln oder sogar überhaupt nicht wahrnehmen; von daher unsere Gewohnheit, sie in den Wörtern wiederherzustellen, die wir erkennen, und in den anderen anzunehmen [...]. Die einzigen Okklusive, die wir vor einem Vokal annehmen, sind jene, die denselben Artikulationsort haben wie er. Die Konsonanten, die den velaren Vokal *ou* normalerweise einführen, sind die velaren Okklusive *q* und *g*; das *g* enthält jedoch eine Klanglichkeit und eine Weichheit, die nicht passend sind, wenn der Einsatz des Vokals brüsk ist. Allein das *q* (*c*) erfüllt alle erforderlichen Bedingungen, und *coucou* ist eine untadelige Übersetzung, aber es ist eine Übersetzung«. Das gleiche gilt natürlich auch für *bäh, miau, iah, kikeriki...* und jeder weiß genau, daß diese phonologischen Annäherungen von einer Sprache zur anderen variieren. Es handelt sich hier nicht genau um eine sensorielle Transposition, sondern um eine einfache Anpassung eines klanglichen Systems an ein anderes. Die Ausnutzung des schiefen Symbolismus beginnt mit diesen expressiven Apophonien, welche die onomatopoetischen Ausdrücke mit Verdoppelung wie *ticktack* oder *piff-paff-puff* benützen. Grammont beobachtet, gewiß nicht als erster, daß diese »speziellen«, vom System der in die Morphologie investierten Vokalalternanzen unabhängigen[1] Apophonien einem einfachen und strengen Gesetz gehorchen, das (zumindest in den modernen europäischen Sprachen) verlangt, »daß ihre akzentuierten Vokale allgemein gesehen *i, a, u* sind, vom hellsten zum dunkelsten fortschreitend, ohne daß diese Reihenfolge umgekehrt werden kann.« Er gibt keinerlei Erklärung für diese Tatsache, eine Bemerkung im unmittelbaren Kontext bringt uns jedoch auf den richtigen Weg: »Jede der Silben von *piff-paff-puff* bildet auch einen einsilbigen onomatopoetischen Ausdruck, der dazu dient, ein einzelnes Geräusch zu bezeichnen; sie werden jedoch

---

[1] Dies ist nicht die Meinung von T. K. Davis, der die englische Alternanz *sing/sang/sung* als Distanzsymbolismus interpretiert: »[...] die Analogie ist einfach: das Präsens *i* ist hier, das Präteritum *a* ist dort und das Perfekt *u* ist noch weiter entfernt« (zitiert von J. Orr, »On Some Sound-Values in English«, in *Words and Sounds in English and French*, Oxford 1953): ein schönes Beispiel für Morphomimologismus.

nicht unterschiedslos für jedes beliebige Geräusch benutzt. So kann *piff* dasjenige bezeichnen, das ein Gewehrabzug macht, der auf das Rohr schlägt, *paff* dasjenige eines Gewehrschusses, *puff* dasjenige des Falls eines Menschen, der auf seinen Hintern fällt. Wenn man uns sagte, ein Sack Mehl, der auf die Erde fällt, habe *piff* gemacht, würden wir sofort fragen, wie er wohl ein solch unerwartetes Geräusch hat machen können. Die Arbeiter des Steinbruchs von Fontainebleau haben drei onomatopoetische Ausdrücke, um die verschiedenen Qualitäten von Sandstein zu bezeichnen: Sie nennen *piff* denjenigen, der sehr widerstandsfähig ist, *paff* den Stein von guter Qualität und *puff* denjenigen, der beim geringsten Stoß in Sand zerfällt.« Die »unumkehrbare« Reihenfolge *piff-paff* oder *ticktack* ist vielleicht nicht immer auf einen Unterschied der Größe, des Gewichts, der Entfernung, der Helligkeit etc. gegründet, den die Opposition *i/a* zu symbolisieren scheint, doch es gibt zumindest im Unterschied der Lauthöhe den Hinweis auf einen obligatorischen Weg *hoch-tief*, der derjenige einer ununterbrochenen Auflösungsöffnung des Typs *Frage-Antwort* oder *Dominante-Tonika* ist. Aus einem wenig klaren Grund, der jedoch offensichtlich mit ihrer Ausdrucksfähigkeit zusammenhängt, haben die hohen Vokale systematisch einen Wert von Protasis und die tiefen von Apodosis. *Pattatipatata,* ›*Papperlapapp*‹, das ist die (euphonische) Abfolge der Rede.

Da die expressive Funktion der Laute im onomatopoetischen Ausdruck evident und von allen anerkannt ist, läuft die Frage der Mimologie einmal mehr anscheinend darauf hinaus, welches der Anteil des onomatopoetischen Ausdrucks im System der Sprache ist. Diese von Augustinus bis Nodier klassische Problematik finden wir fast intakt bei Saussure wieder, der in einer recht umstrittenen Passage, wie man weiß, das Schicksal des »Prinzips« der Arbitrarität des Zeichens an ein Streben nach systematischer Reduzierung des onomatopoetischen Ausdrucks geknüpft hat. Auf diesen charakteristischen Text müssen wir uns hier beziehen:

> Man könnte unter Berufung auf die Onomatopoetika sagen, daß die Wahl der Bezeichnung nicht immer beliebig ist. Aber diese sind niemals organische Elemente eines sprachlichen Zeichens. Außerdem ist ihre Anzahl viel geringer als man glaubt. Wörter wie *fouet* ›Peitsche‹ und *glas* ›Totenglocke‹ können für manches Ohr einen Klang haben, der an sich schon etwas vom Eindruck der Wortbedeutung erweckt. Daß dies aber jenen Wörtern nicht von Anfang an eigen ist, kann man aus ihren lateinischen Ursprungsformen ersehen (*fouet* von lat. *figus* ›Buche‹, *glas = classicum*); der Klang ihrer gegenwärtigen Lautgestalt, in dem man diese Ausdrucks-

kraft zu finden glaubt, ist ein zufälliges Ergebnis ihrer lautgeschichtlichen Entwicklung.

Was die eigentlichen Onomatopoetika betrifft (von der Art wie *glou-glou* ›Gluckgluck‹, Geräusch beim Einschenken, *Ticktack*), so sind diese nicht nur gering an Zahl, sondern es ist auch bei ihnen die Prägung schon in einem gewissen Grad beliebig, da sie nur die annähernde und bereits halb konventionelle Nachahmung gewisser Laute sind (vgl. franz. *ouaoua* und deutsch *wauwau*). Außerdem werden sie, nachdem sie einmal in die Sprache eingeführt sind, von der lautlichen und morphologischen Entwicklung erfaßt, welche die anderen Wörter erleiden (vgl. engl. *pigeon* von vulgärlat. *pipio*, das seinerseits von einem onomatopoetischen Wort kommt): ein deutlicher Beweis dafür, daß sie etwas von ihrem ursprünglichen Charakter verloren und dafür der allgemeinen Natur der sprachlichen Zeichen, die unmotiviert sind, sich angenähert haben.[1]

Auf von seiten des Autors des *Cours* unerwartete Weise, worauf wir gleich zurückkommen werden, wird hier aus der Intention das Kriterium der Expressivität und aus der Diachronie der Test der expressiven Intention gemacht – sorgfältig darauf achtend, sie jedesmal auf Kosten der Motivation ins Spiel zu bringen: Wenn die Lautentwicklung einen »echten onomatopoetischen Ausdruck« (*pipio > pigeon*) zerstört, so ist das der Beweis dafür, daß das Sprachbewußtsein auf die Expressivität nicht genügend Wert legte, um gegen die Zersetzung des expressiven Signifikanten anzukämpfen; wenn sie welche schafft (*classicum > glas*), so kann dies nur ein »zufälliges Ergebnis« sein, und folglich kann dies, bei fehlender Intention, kein »echter onomatopoetischer Ausdruck« sein. Die Diachronie kann also nur unablässig den onomatopoetischen Bestand zerstören, ohne ihn jemals wiederherstellen zu können.

Diese Indienstnahme der Diachronie für die Arbitrarität des Zeichens stellt die genaue Gegenposition oder vielmehr die axiologische Negativposition zu gleich zwei mimologischen Thesen dar, einer sehr alten und einer sehr jungen, jünger sogar als die Publikation des *Cours*, die sich auf dieselben Fakten stützten. Die traditionelle These, der wir, mit Ausnahme des *Kratylos*, auf unserer Forschungsreise immer wieder begegnet sind, ist die Vorstellung von einer ursprünglichen Ausdrückbarkeit – der onomatopoetische Ausdruck als Quelle der Sprachen –, die nach und nach unter der Wirkung einer unabwendbaren phonetischen und/oder semantischen Entwicklung und aufgrund einer stufenweisen Abschwächung des mimetischen

---

1 *Cours*, S. 101/02/*Grundfragen*, S. 81.

Instinkts und der mimetischen Sensibilität verschwunden wäre; anstatt jedoch, wie Saussure, diese Untreue zu unterstreichen und implizit zu valorisieren, insistierte man auf dem Ursprung als der Offenbarung einer Natur. *Pipio > pigeon* fungiert hier als die universelle Formel der menschlichen Sprache, in der das Vergessen des Ursprungs nichts gegen das ursprüngliche Wesen vermag und in welcher der Verrat selbst noch ein Geständnis ist: Die Quelle eines jeden »arbiträren« Wortes kann also – und ist folglich – ein expressives Wort sein; die Arbitrarität ist plötzlich dazugekommen, sie ist ein Faktum der Geschichte und nicht der Natur; es hat keine ursprüngliche Konvention gegeben, und folglich überhaupt keine Konvention, denn eine Serie von Zufällen ist keine Konvention. Man kann also durchaus sagen, daß die Sprachen arbiträr (geworden) sind, aber nicht, daß sie (dem Wesen nach) konventionell sind. Wir haben gesehen, wie die Geburt der vergleichenden Grammatik diese klassische These disqualifiziert hatte, indem sie zeigte, daß eine Sprache, von der man annahm, daß sie dem Ursprung nahestünde, wie das Sanskrit, um nichts mimetischer war als ihre fernen aktuellen Nachkommen. Das Studium der Sprachen der sogenannten wilden Völker Amerikas oder Afrikas sollte etwas später eine parallele »Widerlegung« bringen. Von daher vielleicht das späte Auftauchen einer umgekehrten These, welche die Arbeit der Diachronie in der anderen Richtung ausnutzen will und sie nicht als zerstörerisch, sondern im Gegenteil als mimologisch schöpferisch interpretiert, und deren emblematische Formel diesmal *classicum > glas* lauten könnte. Dies ist die (präzise im, wie wir sehen werden, darwinschen Sinne) evolutionistische These von Otto Jespersen.

Damit *classicum > glas* (oder jede andere Ableitung gleichen Typs) einen symbolischen Wert hat, muß man natürlich das Saussuresche Kriterium der Relevanz der durch den Ursprung offenbarten Intention ablehnen; anders ausgedrückt, die plötzlich dazugekommene Expressivität darf (zumindest) nicht durch den zufälligen Charakter ihrer (unwillkürlichen) Hervorbringung disqualifiziert werden. Daher nimmt Jespersen sich auch unfehlbar den Schwachpunkt der Saussureschen Argumentation vor: »Da haben wir«, schreibt er, »einen ganz charakteristischen zug der neueren sprachwissenschaft vor uns: sie ist so voreingenommen durch die etymologie, durch den wortursprung, daß sie viel mehr gewicht darauf legt, woher die wörter gekommen sind, als wozu sie geworden sind. Ist ein wort durch seinen klang nicht immer anregend gewesen, so wird seine tatsächliche suggestive kraft außer acht gelassen, ja man erklärt sie sogar als bloßes phantasiegebilde. Ich hoffe, dieses kapitel bietet durchwegs einen psychologisch richtigeren und sprachwissenschaftlich fruchtbareren standpunkt.«[1] Man kann kaum mit mehr (vielleicht unfreiwilligem) Humor den offensichtlichen Widerspruch zwischen dem von Saussure gebrauchten diachronischen Argument und dem Saussureschen Prinzip der Autonomie der Synchronie ausbeuten. Und um das Maß voll zu machen, erlaubt Jespersen sich noch den Luxs, die beiden von Saussure vorgeschlagenen Beispiele abzulehnen: »Ich muß gestehen, daß ich nichts symbolisches in *glas* und recht wenig davon in *fouet* hören kann (obgleich das verbum *fouetter* etwas von der kraft des englischen *whip* und des deutschen *peitschen* an sich hat). Im großen ganzen erscheint mir vieles, was die leute aus einem wort ›heraushören‹, phantastisch und dazu angetan, vernünftige versuche, die zu einer einsicht in das wesen der lautsymbolik führen wollen, in mißkredit zu bringen.«[2] Hier wird Saussure also zugleich zum erbärmlichen Kratylisten in der Wahl seiner »expressiven Wörter« und zum ungeschickten Hermogenisten durch seinen übertriebenen neugrammatischen Historizismus.[3]

Und hier sind (wieder) dem mimologischen Konto der Diachronie die *faktischen* onomatopoetischen Schöpfungen des Typs *classicum* > *glas* gutgeschrieben, selbst wenn Saussure hier ein schlechtes, oder allzu gutes, Ohr hat. *A fortiori* müssen wir jedoch, wenn es denn so ist, die intentionalen Schöpfungen dazurechnen, das heißt, natürlich, die »echten onomatopoetischen Ausdrücke« jüngerer Bildung, deren Existenz Saussure implizit – und unvorsichtig – leugnete, wie, sagen wir, um in der Belle Epoque zu bleiben, *töff-töff* oder *vrumm-vrumm*; doch auch, und auf für die Saussuresche These sehr viel unangenehmere Weise, die Tatsachen der Evolution, die, zum Zwecke der Expressivität, die Gesetze der historischen Phonetik übertreten würden. Diese Übertretung kann rein negativ sein; genau dies tritt ein, wenn, im Gegensatz zu *pipio*, ein alter onomatopoetischer Ausdruck der phonetischen Erosion widersteht: Beispiel: *kuckuck*; positiv wäre sie, wenn gewisse Vokabeln nicht mehr expressiv geblieben, sondern geworden wären, indem sie sich gegen die Lautgesetze entwickelten; hierfür gibt es jedoch anscheinend kein Beispiel. Bleibt also eine letzte Möglichkeit, die nicht mehr mit dem

---

1 *Die Sprache*, Kap. XX, § 13, S. 399/400; es handelt sich um das Kapitel XX: »Lautsymbolik« insgesamt.
2 Ibid., Kap. XX, § 13, S. 399, Anm. 1.
3 Zweifache Kritik, wiederholt von Derrida, *Glas*, Paris (Galilée) 1974, S. 105-108.

Signifikanten, sondern mit dem Signifikat rechnet: ein Wort, das seine Bedeutung nach und nach seiner Form anpaßt. Jespersen hat sich diesem Phänomen ganz besonders angenommen, das er, mit einer Wendung, die uns von vornherein vertraut ist, *sekundären Mimetismus* oder *Symbolismus* (*secondary echoism* oder *symbolism*) tauft; Beispiel: »Das englische verbum *patter* kommt von *pater* (= *paternoster*) und hieß zuerst, dieses gebet wiederholt hersagen, seine gebete herunterleiern, herplappern; aber dann wurde es zusammengebracht mit dem gleich klingenden verbum *patter* ›trappeln, trippeln‹ und kam unter den einfluß von echowörtern wie *prattle, chatter, jabber* ›schwatzen, schwätzen, schnattern, plappern, klatschen‹; wie diese bedeutet es nunmehr ›schnell und geläufig sprechen, plappern‹ und ist ganz und gar ein symbolisches wort geworden.«[1] Oder das französische *miniature*, ursprünglich ›Bild, gemalt mit Mennige (*minium*)‹, das seine aktuelle Bedeutung »aufgrund seines *i*«, Symbol, wie wir bereits gesehen haben, der Kleinheit, bekommen hätte.[2] Wie man sieht, schreibt Jespersen in beiden Fällen, und besonders im Falle des französischen Beispiels (bezüglich dessen er nicht einmal den offensichtlichen Einfluß der Familie von *minus* erwähnt), dem Lautsymbolismus zu, was tatsächlich, oder vor allem, auf der lexikalischen Ansteckung und der pseudoetymologischen Wiederherstellung beruht; eine gängige Verwechslung, wie wir wissen, die jedoch auf einzigartige Weise hier die Hypothese des *secondary symbolism* schwächt, indem sie sie ernstzunehmender Beweise beraubt. Doch wer spricht von Beweisen? Es handelt sich um eine allgemeine, ganz spekulative und deutlich vom Darwinschen Evolutionismus inspirierte Theorie, der zufolge die expressivsten Wörter besser überleben *müssen* als die anderen, aufgrund einer natürlichen Auslese der tauglichsten (in diesem Fall der »richtigsten«), die nicht notwendig vom Wissen der Sprecher abhängt:

> Aber wenn der laut eines wortes aus dieser klasse auf irgendeine art für seine bedeutung eingebungen brachte oder anregend wirkte, – wenn, sagen wir, ein wort, das den vokal [i] an auffallender stelle enthält, »klein« oder etwas kleines bedeutete – dann übte der laut starken einfluß aus und verschaffte dem ausdruck allgemeine beliebtheit; für die leute war es ein anreiz, just dieses besondere wort zu wählen und vorzuziehen und den gebrauch von anderen nicht so begünstigten ausdrücken für denselben

---

1 *Die Sprache*, Kap. XX, § 10, S. 394.
2 »Symbolic Value...«, S. 301.

> begriff aufzugeben.[1] Wir können behaupten, die lautsymbolik macht manche wörter lebensfähiger und gewährt ihnen beträchtliche hilfe in ihrem daseinskampfe [*struggle for existence*]. [...]
> [...]
> [...] In allen sprachen ist anscheinend die schöpfung und der gebrauch von echo- und symbolischen wörtern in geschichtlicher zeit im wachsen gewesen. Nehmen wir dazu noch den ausscheidungsvorgang, wodurch wörter mit nur sekundär erworbener lautsymbolischer geltung sich durchsetzen auf kosten weniger passender ausdrücke oder weniger entsprechender formen derselben wörter und damit einen schwarm von ableitungen aufkommen lassen, so können wir dann wohl behaupten, daß im laufe der zeiten die sprachen an symbolischen wörtern immer reicher und reicher werden. Wir sind gewiß weit davon entfernt, an ein goldenes urzeitalter zu glauben, wo alles und jedes in der sprache ausdrucksvoll und unmittelbar verständlich war wegen des bedeutungswertes jeglicher lautgruppe, hier wie auch auf anderen gebieten kommen wir vielmehr zur vorstellung einer langsam fortschreitenden entwicklung, die eine stets wachsende zahl leicht zu erfassender, angemessener ausdrücke zeitigt – ausdrücke, wobei laut und sinn in einer viel innigeren verbindung vereint sind, als es sich unsere vorfahren in grauer vorzeit je einfallen ließen.[2]

Diesem umgekehrten Mythos fehlt es nicht an wirkungsvollem Auftreten in seinem Antikonformismus, doch ganz wie der andere bleibt er ohne wirklichen Anschluß an die sprachliche Wirklichkeit. Bei Jespersen wie bei de Brosses – bei Saussure wie bei de Brosses und Jespersen – bemüht man sich, die Geschichte zum Sprechen zu bringen; doch wie so oft sagt die alte Dame, auf der richtigen oder auf der falschen Seite, weder ja noch nein. Die platte Wahrheit ist vielleicht jene, die der weise Maurice Grammont gegenzeichnet: »Was die Lautentwicklung einer Sprache unter dem Gesichtspunkt des onomatopoetischen Ausdrucks nimmt, das gibt sie ihr auf der anderen zurück. Verluste und Gewinne gleichen sich in etwa aus.«[3] Damit ist die Untersuchung also wieder in die Synchronie zurückverwiesen.

Im Gegensatz zu den sokratischen Abneigungen geht es hier darum, die Stimmen zu zählen wie in der Ekklesia, um zu sehen, ob

---

1 Das ist nicht ganz der Fall in der Konkurrenz zwischen *little* und *small*. J. Orr (a. a. O.) beruft sich überzeugender auf die fehlende Posterität des lateinischen *parvus*, das in den romanischen Sprachen von Vertretern wie *petit*, *piccolo* etc. ersetzt worden ist.
2 *Die Sprache*, Kap. XX, § 11, S. 395, § 13, S. 400.
3 *Traité de phonétique*, S. 400.

die expressiven Wörter auf statistisch »bedeutungsvolle« Weise im wirklichen Wortschatz den Sieg davontragen. Jespersen blieb hinsichtlichlich des *i* noch bei günstigen Beispiellisten ohne relative Bewertung und folglich ohne Beweiswert stehen. Die Statistik kommt vor allem bei Maxime Chastaing ins Spiel, der sich mit einem gemäßigten Optimismus zunehmenden Bemühens um Strenge ihrer angenommen hat; ich werde lediglich ihre Gesamtkurve andeuten. 1962 gibt eine Liste von Begriffen, die Licht und Dunkelheit bezeichnen, entnommen dem (französischen) *Dictionnaire des synonymes* von Bénac, für den Wortschatz des Lichts 36 vordere Vokale gegen 21 hintere und für den der Dunkelheit 13 vordere gegen 19 hintere an, Mißverhältnisse, die den anerkannten Symbolwerten entsprechen. Eine analoge Erhebung im Englischen ergibt 41 vordere, 18 mittlere und 5 hintere für das Licht, 31 vordere, 11 mittlere und 25 hintere für die Dunkelheit, ein unentschiedeneres Ergebnis, da die vorderen auf beiden Seiten überwiegen. 1965 gibt dasselbe Wörterbuch diesmal für den Wortschatz der Kleinheit 61% vordere Vokale gegen 25% hintere (und 14% »mittlere«) und für denjenigen der Größe, Bestätigung durch Gegenprobe, 33% vordere gegen 53% hintere (auch hier enttäuscht das Englische mit 65-35 und 52-48, wenn das Spanische mit 56-44 und 46-54 bestätigt); der Autor ist sich jedoch des wenig repräsentativen Charakters eines derartigen Korpus bewußt, in dem Wörter mit sehr unterschiedlichen Verwendungshäufigkeiten nebeneinander stehen; er zieht daher den realen Wortschatz einer französischen Studentengruppe heran. Bei einer Verteilung der Vokale hier in vordere (*i, ü, e, ä*; offenes und geschlossenes *oe*; *un, in*) und hintere (offenes und geschlossenes *a* und *o, u, an, on*) erhält man jetzt etwa 71 zu 29 für die Kleinheit, 47 zu 53 für die Größe. Hier jedoch erneut Bedenken: »ein [selbst lebendiger] Wortschatz ist keine Sprache«, und Chastaing glaubt diese Schwierigkeit überwinden zu können, indem er auf die Häufigkeitstabellen zurückgreift. Jene von West über die 2000 meistgebrauchten englischen Wörter gibt für die Klarheit 77 vordere gegen 23 hintere, für die Dunkelheit jedoch wiederum 53 gegen 47. Für das Französische gibt die Tabelle von Dottrens-Massarenti klar 48 gegen 52, für die Dunkelheit 25 gegen 75, was über das erste Ergebnis hinwegtröstet. Für den Wortschatz der Größen ergeben sich im Durchschnitt die überwältigenden Ergebnisse von 90 zu 10 für die Kleinheit, 20 zu 80 für die Größe; von 63 zu 37 für Nähe, Leichtheit, Schnelligkeit, Höhe, 27,5 zu 72, 5 für die entgegengesetzten Eigenschaften. Eine vergleichbare Mischung im Englischen ergibt 71,5 zu 28,5 und 50 zu

50, wobei das Englische einmal mehr auf diesem Gebiet seinen Ruf als Meister der Expressivität widerlegt[1].

Diese Reihe von Untersuchungen, an die wir hier nur sehr summarisch erinnert haben, aber doch, wie ich hoffe, ohne sie allzu verzerrt darzustellen, entgeht vielleicht nicht ganz der methodischen Kritik: Das Material der Experimente (die Wortlisten) wird nicht mitgeteilt, und die zugrundeliegenden Kategorien sind jeweils eher unscharf definiert: Was ist eigentlich der Wortschatz der Helligkeit, der Kleinheit etc.; wo liegt genau die Grenze zwischen vorderen und hinteren Vokalen, warum gibt es mal eine mittlere Klasse und mal nicht, etc.? Auf derart vage und schwankende Daten angewandt erscheint das Bemühen um Strenge bezüglich der Zahlen wenig triftig und folglich ohne großen Nutzen: Wie Bachelard gezeigt hat[2], ist es immer leichter, die Berechnungen zu verfeinern als ihre Grundlage zu definieren und zu wissen, was man eigentlich zählt. Schließlich, und selbst wenn man die Fehler oder die Unsicherheiten der Methode vernachlässigt, um sich mit ihren Ergebnissen zu befassen, zögert man zumindest, die enthusiastische Schlußfolgerung zu unterschreiben, die Chastaing daraus zieht: »Er ist also nicht mehr nur eine Laborwahrheit [wie bei den Experimenten über die Neologismen], er ist nicht mehr nur eine stilistische [wie bei den Übungen in imitativer Harmonie der Dichter] oder lexikalische [wie in den Synonymwörterbüchern] Wahrheit: er [der Lautsymbolismus] ist eine Wahrheit der Sprache, die wir sprechen.«[3] Es reicht vielleicht nicht aus, die Häufigkeitsangaben zu integrieren, um eine »lexikalische Wahrheit« als »Sprachwahrheit« zu begründen, und auf der anderen Seite kann man nicht vergessen, daß diese eventuelle »lexikalische Wahrheit« sich selbst bis jetzt auf einen äußerst kleinen Teil des Wortschatzes einer sehr kleinen Anzahl von Sprachen reduziert, und es bleibt problematisch, in welchem Maße sie sich ausweiten läßt[4]. Wenn man also, unter Vernachlässigung aller Hindernisse, hier die Existenz eines Herdes (oder einer Tasche) der Mimologie ein-

---

1 *Archivum linguisticum*, *Revue philosophique* und »Nouvelles Recherches sur le symbolisme des voyelles«, in *Journal de psychologie* (Jan.-März 1965).
2 *La Formation de l'esprit scientifique*, Paris (Vrin) 1947, S. 213ff.
3 »Nouvelles Recherches...«, S. 82.
4 Andere Experimente, die einen umfassenderen Bereich des Wortschatzes nach einer anderen Methode (Versuchspersonen die Bedeutung gewisser Wörter aus Sprachen, die sie nicht kennen, erraten lassen) erforschen sollten, haben zu widersprüchlichen Ergebnissen geführt; siehe Peterfalvi, a. a. O., S. 129-135.

räumt, so muß man gleich hinzufügen, daß es sich bestenfalls um eine *eingeschränkte* Mimologie handelt.

Doch vermutlich ist selbst der Begriff der Mimologie hier noch zu hochgegriffen. *Mimophonie* träfe die Sache eher – doch unter der Voraussetzung, man würde endlich anerkennen, daß weder die Mimophonie noch die Mimographie (noch ihre Addition), sind sie erst einmal etabliert, ausreichen können, eine wahrhaftige Mimologie zu begründen. Parodieren wir auf plumpe Weise die Pascalsche Dialektik: Aus allen Phonien und Graphien vereint kann man nicht ein einziges sprachliches Faktum ableiten: das ist unmöglich und eine andere Geschichte.

In der Tat, während Jespersen und seine Erben sich bemühten, auf experimenteller Grundlage die objektive Existenz eines Lautsymbolismus zu begründen, trat auf dem Gebiet der Sprachwissenschaft ein Ereignis ein, das man, unter dem Gesichtspunkt, der uns hier beschäftigt, als das bedeutendste seit der Geburt der vergleichenden Grammatik ansehen kann und das als ein *Bruch zwischen dem Lautlichen* (oder auch dem Graphischen oder jeder anderen materiellen Stütze des Funktionierens der Sprache) *und dem Sprachlichen* beschrieben werden kann. Dieser Bruch war bereits in der Saussureschen Theorie des rein *formalen* und *differentiellen* Charakters des Signifikanten angelegt. Wenn es keinerlei »Substanz im sprachlichen Phänomen« gibt, sondern lediglich »greifbare Elemente, die konventionellen Bedeutungswerten als Stütze dienen«, ohne mit ihnen mehr »verschmelzen« zu können als das Metall oder das Papier mit dem Geldwert, wenn der sprachliche Signifikant »nicht von seiner materiellen Substanz, sondern allein von den Unterschieden, die sein akustisches Bild von allen anderen trennen«, gebildet wird, so folgt daraus notwendig, daß dieser Signifikant »in seinem Wesen« dem lautlichen Bereich nicht mehr angehört als jedem anderen materiellen Bereich; es ist folglich »unmöglich, daß der Laut, ein materielles Element, von sich aus zur Sprache gehört. Er ist für sie nur etwas Zweitrangiges, eine Materie, von der sie Gebrauch macht.« Oder auch, anders ausgedrückt, »das Wesentliche der Sprache ist dem lautlichen Charakter des sprachlichen Zeichens fremd«.[1] Diese nachdrücklichen, aber rein theoretischen Positionen sollten ihre empirische Anwendung und Verifizierung ein paar Jahre später in der

---

1 *Cours*, S. 169, 164, 21/*Grundfragen*, S. 146, 141, 8.

Phonologie finden, die vollständig auf der strengen Unterscheidung zwischen den *Lauten der Sprache* (deren Studium der Phonetik überlassen wird) und den eigentlichen *Phonemen*, definiert, nach einigen Schwankungen, als rein sprachliche Funktion, beruht.[1] Die Autonomie des Phonems im Vergleich zum Laut kommt von da an in der Spezifizität der phonematischen Wahl zum Ausdruck, die jedes Idiom aus dem fast unendlichen Schatz der phonetischen Virtualitäten trifft, und in der Freiheit der Beziehungen zwischen den beiden »Ordnungen«: Im Französischen bilden zwei so unterschiedliche Laute wie das apikale *r* und das velare *r* nur ein Phonem, weil ihr physischer Unterschied niemals dazu dient, zwei Wörter zu unterscheiden, zwei so nahe beieinanderliegende Laute wie das apikale *r* und das *l* bilden dagegen zwei verschiedene Phoneme; offenes und geschlossenes *a* sind zwei Phoneme im Französischen, aber ein einziges im Englischen, etc. Das Phonem ist nicht der Laut, und die Sprache besteht nicht aus Lauten, sondern aus Phonemen. Hier zerbröckeln also nicht nur, wie zu Beginn des 19. Jahrhunderts, die *faktischen Argumente* des Mimologismus, sondern es wird ihm seine *rechtmäßige Grundlage* entzogen: Das Sprachliche entzieht sich dem Lautlichen wie jeder materiellen Determination, und die Symbolisierungsfähigkeiten der *mimema phone* verlieren alle Relevanz im Funktionieren des sprachlichen Systems. Wir begegnen noch einmal der Position des Sokrates am Ende des *Kratylos*, verwandelt jedoch und gewissermaßen radikalisiert. Nicht mehr: »Die Sprache verrät von Anfang an die expressiven Fähigkeiten seiner Lautelemente«, sondern: »Die Elemente der Sprache als solche sind nicht lautlich, die lautliche Expressivität kann also, wenn sie existiert, nicht in die Sprache eingehen; oder vielmehr, sie kann zwar in sie eingehen,

---

1 Hinsichtlich der Vorgeschichte und der Geburt der Phonologie und hinsichtlich der parallelen und dann konvergierenden Herausbildung des Begriffs *Phonem* verweise ich auf die Klassiker der Geschichte der Sprachwissenschaft sowie auf die wertvollen historischen Kapitel des zweiten Bandes der *Essais de linguistique générale*. Erinnern wir lediglich daran, daß *Phonem* am Anfang (1873) und auch noch bei Saussure nur ein Äquivalent für *Sprachlaut* war, daß Kruszowski beginnt, es negativ vom reinen Geräusch zu unterscheiden, daß Baudouin de Courtenay ihm eine rein psychologische Definition gibt, die noch N. S. Trubetzkoy 1933 gelten läßt (»was man sich vorstellt auszusprechen« (»Lautvorstellung«) in Opposition zu »was man in Wirklichkeit ausspricht«) und die endgültig in seinen *Grundzügen der Phonologie*, Göttingen (Vandenhoeck & Ruprecht) 1958 (verfaßt vor 1938) zugunsten einer funktionalen Definition aufgegeben wird: »Das Phonem ist vor allem ein funktioneller Begriff, der hinsichtlich seiner Funktion definiert werden muß.« (S. 38)

ja in ihr wohnen, doch sie gehört ihr nicht und kann sie daher nicht konstituieren.«

Die nachdrücklichste Anwendung dieser Prinzipien auf die kratylische Debatte findet man gewiß in Karl Bühlers Artikel von 1933 für die berühmte Sondernummer des *Journal de psychologie*[1]. Der große Sprachpsychologe erkennt hier uneingeschränkt die Existenz einer »Tendenz, mit Hilfe der Laute der Sprache zu *malen*«, an, anzutreffen »nicht nur bei Dichtern, sondern allenthalben in Sprachwerken«, eine Tendenz, die einen »Anschauungshunger«, eine »Sehnsucht nach einem direkten Kontakt und Verkehr mit den Sinnendingen« ausdrückt und die zu diesem Zweck die unbestreitbaren »*malerischen* Potenzen der menschlichen Stimmittel« ausnützen möchte, die ihrem »erstaunlichen Reichtum an Klangfarben« zu verdanken sind. Diese Tendenz kann jedoch nicht wirklich in das Funktionieren der Sprache eingebracht werden, die auf einem System indirekter und konventioneller »Darstellung« beruht und die der Sehnsucht nach stimmlicher Nachahmung nacheinander drei »Riegel« vorschiebt auf der *syntaktischen* (feste Wortfolge in jeder Sprache), der *lexikalischen* (Unmöglichkeit, individuell expressive Wörter zu schmieden) und der *phonologischen* Ebene (das ist diejenige, der wir gerade begegnet sind). Die Menschheit hätte sich gerne, wie Sokrates – und möchte es immer noch –, ein wirkliches Instrument der stimmlichen Nachahmung gegeben, und gewiß hätte sie das auch gekonnt; aus einem Grund jedoch, auf den Bühler nicht näher eingeht, hat sie in einem gewissen Stadium ihrer Entwicklung, »wie Herakles am Scheideweg des Lasters und der Tugend«, eine entgegengesetzte Wahl getroffen. Nachdem er gewiß lange am Scheideweg gezögert hat, wo das linke Schild die Aufschrift: »archaische Logik und malend zupackendes Darstellen mit Lauten« und das rechte die Aufschrift: »symbolisierende Sprache« (im wissenschaftlichen Sinne des Begriffs, das heißt nicht analogisch) trug, hat die menschliche Sprache, wie wir sie kennen, wie einst Herakles den rechten Weg gewählt. Seit dieser »Urentscheidung« ist die Geschichte der späten

---

1 »L'Onomatopée et la fonction représentative du langage«, in *Journal de psychologie* (Jan.-April 1933), übernommen in die Auswahl von J.-C. Pariente, *Essais sur le langage*, Paris (Minuit), S. 111-132; cf. a. das entsprechende Kapitel in Karl Bühler, *Sprachtheorie – Die Darstellungsfunktion der Sprache*, Stuttgart (Gustav Fischer Verlag) 1934, 1965; Frankfurt/M. (Ullstein) 1978 (*Ullstein Buch* 3392), § 13: »Die lautmalende Sprache«, S. 195-216, dem wir die deutschen Zitate entnehmen [Zusatz d. Ü.]. Siehe auch die »Présentation« von Pariente, S. 14/15.

Anstrengungen der Menschheit, um wieder auf den linken Weg zurückzukehren, nur eine »Liste verpaßter Gelegenheiten« gewesen: Das »Malbedürfnis« hat Befriedigung nur in den »Fugen« und den »Spielräumen« des Sprachsystems gefunden, »zerstreuten, sporadischen Fleckchen, wo Freiheitsgrade bestehen«, die jedoch niemals mehr ein »kohärentes Darstellungsfeld« (werden) bilden können: Diese Fugen und Spielräume des Systems (»echte« oder nicht echte onomatopoetische Ausdrücke) sind wie ein abnagbarer Knochen, den es der mimetischen Sehnsucht überläßt.

Trotz der Art von Legitimität *in ihrem Bereich*, die er dieser Sehnsucht durchaus zugestehen will, valorisiert Bühler, ganz wie Saussure, sichtlich die einigermaßen mythische »Urentscheidung« zugunsten der Konvention, die durchaus der Weg »zur Rechten« ist, das heißt derjenige der *Tugend*. Man findet hier die hermogenistische Aufwertung des Konventionellen wieder, der wir bereits bei Leibniz begegnet sind. Wenn man diese Position erneut durch ihre Antworten auf die drei Schlüsselfragen der Debatte[1] charakterisieren wollte, so wäre die Antwort natürlich negativ auf die Fragen A (Muß die Sprache mimetisch sein?) und C (Ist die Sprache mimetisch?). Die Frage B erhält hier jedoch eine zweideutige oder vielmehr komplexe Antwort: Die Sprache *hätte* mimetisch *sein können*, doch sie *kann es nicht mehr sein*, weil sie eines Tages verstanden hat, daß sie es nicht sein durfte, und unwiderruflich beschlossen hat, es nicht zu sein: sie könnte es noch auf der lautlichen Ebene sein, die nicht die ihre ist, doch nicht auf der phonologischen, welche die ihre ist. Eine Position, die man annäherungsweise durch das folgende Tableau darstellen kann:

A	B	C
−	+/−	−

Diese hinkende Formel hat gewiß nur das Verdienst zu demonstrieren, wie es der modernen Linguistik, nach fünfundzwanzig Jahrhunderten »aussichtsloser Debatte«, gelungen ist, diese Debatte oder, wenn man lieber will, ihre Begriffe zu verschieben. Saussure selbst, der sich gern in den Begriffen eines klassischen Konventionalismus à la Locke oder à la Whitney ausdrückt, ist sich dessen nicht immer

---

1 Siehe hierselbst S. 80.

bewußt. Doch eine dumpfe Ratlosigkeit kehrt bei ihm in anderer Form zurück: seine Unfähigkeit beispielsweise, 1894 eine Notiz über Whitney zu formulieren, seine widersprüchlichen Entwürfe und diese auf charakteristische Weise zweideutige Formulierung: »Von dem Augenblick an, da es nur noch um universelle Dinge geht, die man über die Sprache sagen kann, fühle ich mich mit keiner Schule generell einig, mit der vernünftigen Lehre Whitneys nicht mehr als mit den unvernünftigen Theorien, die er siegreich bekämpft hat.«[1] Was man paraphrasieren könnte, indem man sagt, daß die moderne Linguistik, wenn sie auch in gewisser Weise ersterer den Sieg über letztere zugesteht, sich weder der (vernünftigen) Lehre des Hermogenes noch der (unvernünftigen) Theorie des Kratylos anschließt, weil *das Feld selbst oder, wenn man lieber will, der Gegenstand der Debatte* – die lautliche, graphische etc. Substanz – *ihr fremd geworden ist*. Wir haben es hier mit einem (für diesmal) wirklichen »epistemologischen Einschnitt« zu tun, der in der Aufgabe einer realistischen und substantialistischen (im Sinne Bachelards) Haltung zugunsten eines abstrakteren Modells und dem Sich-Bewußtwerden dessen, was man, mit Husserl, die *Idealität* des sprachlichen Signifikanten nennen wird, besteht. Ich sage sehr wohl des Signifikanten, denn auf gewisse Weise war die Idealität oder zumindest die (offensichtliche) Abstraktion des Signifikats bereits eines der Themen – und eines der Argumente – des klassischen Hermogenismus: siehe das magistrale Kapitel III,3 des *Hermes* von Harris. Was mit der Saussureschen Theorie der sprachlichen *Identität* zutage tritt (der Ausruf *Messieurs!*, mit sich selbst identisch durch die unendliche Verschiedenheit seiner physischen Vorkommen hindurch, so wie der »Expreß Paris-Genf« durch alle Veränderungen seiner materiellen Elemente hindurch) und was das phonologische Verfahren illustriert, das ist eben die Transzendenz des Signifikanten (Vokabel, Morphem, Phonem oder Graphem) in bezug auf all seine konkreten Realisationen und folglich in bezug auf jede Art von Substanz.[2] Eine

---

1 Zitiert von Jakobson, *Essais* II, Paris (Minuit) 1973, S. 277.
2 »Das ausgesprochene Wort, die aktuell geredete Rede, genommen als ein sinnliches, speziell als ein akustisches Phänomen, unterscheiden wir doch von dem Worte und Aussagesatze selbst oder der eine größere Rede ausmachenden Satzfolge selbst. Nicht umsonst sprechen wir – im Falle, daß wir nicht verstanden worden sind und wiederholen, – eben von einer Wiederholung *derselben* Worte und Sätze. [...] Das Wort selbst, der grammatische Satz selbst ist eine ideale Einheit, die sich mit ihren tausendfältigen Reproduktionen nicht vervielfältigt.« (*Husserliana*, Edmund Husserl, *Gesammelte Werke* XVII: *Formale und transzendentale Logik – Versuch einer*

epistemologische Entscheidung, gewiß, ein konstruiertes Modell, wie im übrigen das des Atoms, um den sprachlichen Gegenstand den Erkenntnisverfahren besser unterwerfen zu können, und in dieser Hinsicht ist die Konventionalität der Sprache selbst durchaus eine wissenschaftliche Konvention: »Wahrscheinlich weil sie arbiträr ist und weil man definieren kann, unter welchen Bedingungen sie Bedeutung trägt, kann die Sprache Gegenstand der Wissenschaft werden«[1] – und sollte sie es zufällig nicht sein, so könnte man mit der Sprachwissenschaft rechnen, um »so zu tun als ob...«. Die Arbitrarität des Zeichens ist die Parteinahme (*parti pris*), welche die Linguistik begründet, und folglich unvermeidlich so etwas wie die *professionelle Ideologie* des Linguisten. Doch man muß wohl hinzufügen – und hier verliert der billige Vergleich mit dem Atommodell jede Gültigkeit –, daß dieselbe Parteinahme auch die Sprache selbst begründet, indem sie diesem Begriff einmal mehr die Doppelbedeutung verleiht, welche die gegensätzlichen Redensarten anzeigen: *prendre* son *parti* ›sich mit etwas abfinden‹ und *prendre* le *parti de quelque chose* ›für etwas Partei ergreifen‹[2]. Wie auch immer die »Urentscheidung« ausgesehen haben mag, von der Bühler spricht, man muß sich vorstellen, daß die Menschheit sich der praktischen *Unmöglichkeit* einer mimetischen Sprache bewußt wurde – die im Grenzfall ebenso hinderlich wäre wie die Gegenstandssprache von Balnibarbi[3] und ebenso »lachhaft« wie das von Sokrates evozierte doppelte Universum, in dem jedes Wort die exakte Nachbildung eines Dings wäre, »und man würde von keinem von beiden mehr angeben können, welches das Ding selbst wäre und welches das Wort« – und sich für immer diesem »Verrat« des Realen widmete, der jede Sprache begründet und jede Wissenschaft eröffnet.

Wenn man diese Fabel oder zumindest die Wahrheit, die sie ausdrückt, akzeptiert, bemerkt man sofort, daß diese (doppelte) Entscheidung einen sehr hohen Preis fordert, den Verzicht nämlich –

Kritik der logischen Vernunft, mit ergänzenden Texten herausgegeben von Paul Janssen, Den Haag (Martinus Nijhoff) 1974, S. 24, 25) Man beachte die Nähe zur Saussureschen Demonstration. James M. Edie, der diese Passage zitiert, fügt zu Recht hinzu, daß die Bemerkung auch für das Phonem gilt, das »in nichts ein Laut ist«, sondern eine »abstrakte Entität« (»La Pertinence actuelle de la conception husserlienne de l'idéalité du langage«, in *Sens et Existence*, Paris (Seuil) 1975, S. 119).

1 M. Foucault, *Les Mots et les choses*, S. 119/*Die Ordnung der Dinge*, S. 144.
2 Daneben gibt es noch eine dritte Bedeutung in der Redensart *prendre* un *parti* ›einen Entschluß fassen‹. (Anm. d. Ü.)
3 Jonathan Swift, *Gulliver's Travels* (1726), Part Three.

auf dieser Ebene – auf alle Verführungen der analogischen Beziehung[1]. Die hier unterdrückte Sehnsucht versucht also Befriedigung zu finden oder sich zumindest anderswo zu äußern, und diese Rückkehr nimmt zwei parallele Wege: einen praktischen, den, wie wir gesehen haben, Bühler als Druck des »Mal«bedürfnisses durch die Lautsubstanz hindurch auf die »Fugen« und die »Spielräume« des Sprachsystems beschrieb; Jespersen, Chastaing und einige andere gefallen sich darin, die Wirkungen dieses Drucks abzuschätzen. Der andere Weg ist »theoretisch«: es handelt sich um die phantastische Beschreibung der Sprache als *ihrem Wesen nach* dieses Analogon des Realen, das sie nur nebenbei und am Rande sein kann, und dies ist natürlich der Kratylismus selbst.

Wenn ich die mimologistische These als »phantastisch« bezeichne, so will ich damit nicht auf eine ganz relative »Falschheit« hinweisen, die keineswegs unser Gegenstand ist, sondern einfach nur die wesentliche Rolle konnotieren, die im mimologischen Denken, ein ausgezeichnetes Beispiel für *wishful thinking*, ein mehr oder weniger bewußtes komplexes System von Sehnsüchten, sagen wir, von zu befriedigenden Vorlieben, spielt: Substantialismus (Ablehnung der Abstraktion), Beharren – oft hier beobachtet – auf den »konkretesten« Elementen der Sprache, Lauten und Vokabeln, Semantemen eher als Morphemen, Nomen eher als Verben, Eigennamen eher als Gemeinnamen; Bedürfnis nach Valorisierung (Ablehnung der Neutralität), das ständig dazu führt, daß man Partei ergreift, daß man dieses oder jenes *vorzieht*, eine Sprache einer anderen, die Vokale den Konsonanten, die Konsonanten den Vokalen, den *ordo rectus* oder den *rectus ordo*, das Maskulinum oder das Femininum, auf die Gefahr hin, unablässig die erste Valorisierung durch eine kompensatorische Gegenvalorisierung auszugleichen, indem man privilegiert, was man defavorisiert; Motivationsinstinkt (Ablehnung von Unmotiviertheit, Grauen vor der semantischen Leere), der nur »notwendige«, begründete und gleichsam durch irgendeine *natürliche*

---

1 »Die Wissenschaft ist eben«, sagt Freud, »die vollkommenste Lossagung vom Lustprinzip, die unserer psychischen Arbeit möglich ist.« (*Beiträge zur Psychologie des Liebeslebens* I: »Über einen besonderen Typus der Objektwahl beim Manne« [und nicht »Dostojewski und die Vatertötung«, wie Genette irrtümlich angibt. D. Ü.], in Sigmund Freud, *Gesammelte Werke*, chronologisch geordnet, Achter Band: *Werke aus den Jahren 1909-1913*, unter Mitwirkung von Marie Bonaparte, Prinzessin Georg von Griechenland, herausgegeben von Anna Freud, E. Bibring, W. Hoffer, E. Kris, O. Isakower, London (Imago Publishing) 1943, S. 67). Auch hier beginnt die »Wissenschaft« mit der Sprache.

Beziehung unter ihren Gliedern entschuldigte Bedeutsamkeit duldet; vorherrschender Geschmack schließlich an der Analogie (Ablehnung des Unterschieds), der unwiderruflich und als gleichsam auf der Hand liegend diese Suche nach »Richtigkeit« hin zu deren ganz besonderem Sonderfall der Rechtfertigung durch Ähnlichkeit lenkt. Wir haben gemeinsam die tatsächliche Schwierigkeit erkannt, sich eine andere Motivationsweise[1] vorzustellen; doch die spontane und charakteristische Regung der kratylischen Sehnsucht ist eben, es nicht einmal zu versuchen und direkt auf ihren Gegenstand zuzugehen; eine andere konstante Verschiebung (wir sind ihr beispielsweise begegnet bei Proust, bei Leiris und vorhin bei Jespersen), parallel oder vielmehr konvergent, ist diejenige, die der Mimologie ganz spontan das zuschreibt, was auf der indirekten Motivation beruht: die phantasievolle Etymologie, die lexikalische Assoziation. Diese Entscheidung für die Ähnlichkeit ist der eigentliche Kern des kratylischen Denkens, und es ist vielleicht nicht allzu gewagt, in ihm einige wohlbekannte Anklänge an die Psychoanalyse zu hören: Das »ödipale« Thema der uterinen Unterschiedslosigkeit, das »narzißtische« Thema der Spiegelbeziehung – das aus dem Mimologismus eine *Spekulation* im doppelten Sinne des Wortes macht – und, mit Lacan gesprochen, die Flucht vor dem Symbolischen und die Zuflucht ins Imaginäre[2].

Von dieser Befrachtung mit imaginären Investitionen, wie sie im Detail, das sich der Kompetenz des Kritikers entzieht, auch immer aussehen mag, rührt die ästhetische Würze oder, wie man einst sagte, die *Literarität* des mimologischen Diskurses her. In zwanzig Jahrhunderten »vernünftiger Theorie« hat Hermogenes nichts hervor-

---

1 Hierselbst S. 354/55. Das einzige, allerdings ganz hypothetische, Beispiel für eine metonymische Beziehung zwischen Signifikat und Signifikant, auf das wir gestoßen sind, ist die Erklärung, nach Jakobson, des Labials von *Mama* durch die Bewegung des Saugens beim Stillen (»Pourquoi papa et maman«, in *Langage enfantin et Aphasie*); dieser Hypothese zufolge würde der Name der Mutter der Mutter nicht *ähneln*, sondern von ihr *herrühren* gemäß einer Ursache-Wirkung-Beziehung. Was die synekdochische Beziehung (der Teil als Symbol für das Ganze) betrifft, die Coleridge und dem romantischen Symbolismus so teuer ist, so scheint sie keinerlei rein sprachliche Spekulation inspiriert zu haben. Schade: Die Träumerei vom Wort als Glied und Mikrokosmos des Dings wäre amüsant.

2 Wir begegnen hier dem unvermeidlichen Hindernis der dem Begriff *Symbol* und seinen Ableitungen zugewiesenen Bedeutung wieder: bald (Peirce, Bühler, Lacan) steht das Symbolische in Opposition zum Analogischen, bald (Hegel, Saussure, Jespersen und jeder, der von »Lautsymbolismus« spricht) ist es mit ihm fast gleichbedeutend und steht in Opposition zur konventionellen Semiosis.

gebracht, das verführen könnte, und sein Korpus, von Demokrit bis Saussure, reduziert sich fast auf ein paar lakonische Negationen. Kratylos hinterläßt uns dagegen eine Reihe pittoresker, amüsanter, bisweilen verwirrender Werke, von denen wir auf unserem Weg einige in Ruhe haben auskosten können. Hier erweist sich die einigende Regel Nodiers (»Wenn der Dichter und der Sprachwissenschaftler sich untereinander nicht verstehen, so deswegen, weil einer von beiden seine Kunst nicht verstanden hat und deren Tragweite nicht kennt«) als von einem etwas vorschnellen und letztlich reduktiven Monismus inspiriert; ich halte ihr gerne, kurzsichtige Regel gegen kurzsichtige Regel, jene, ein wenig »dialektischere«, aus der *Psychanalyse du feu* entgegen: »Die Achsen der Poesie und der Wissenschaft sind zunächst umgekehrt. Alles, was die Philosophie erhoffen kann, ist zu erreichen, daß Poesie und Wissenschaft einander ergänzen und sich vereinen wie zwei gut gestaltete Gegensätze.«[1] Als Illustration vielleicht dieses Prinzips beobachte ich, daß die explizite oder implizite Axiologie des Kratylismus dem Reiz nur sehr schlecht Rechnung trägt, der dem kratylischen Text, dem Mimologismus als poetischer Produktion eignet. In der Tat rührt dieser Reiz keineswegs von der mimetischen Evidenz her – welche die Fadheit und die überflüssige Redundanz nicht vermiede –, sondern im Gegenteil in jedem Fall von der Überraschung der Annäherung zwischen einer Form und einer Bedeutung, die bis dahin getrennt waren: Ländlichkeit des *a*, »caninité« des *r*, Weiblichkeit des Vokals, Fluvialität von *Moïse*, tödlicher Sturz von *catacombe*. Eine flüchtige Überraschung, im allgemeinen gefolgt oder begleitet von einer Art Zustimmung oder Halbzustimmung oder marginalem Einwand, Beziehung sowohl des Eintritts ins Spiel als auch des guten Funktionierens der Falle: In Ermangelung dieser wechselnden Billigung des Lesers scheint der mimologische Diskurs sich bisweilen in ein autistisches und zielloses Delirium einzumauern. Als unerwartete, aber glückliche Vermählung ist jeder geglückte Mimologismus echte Schöpfung, das heißt zugleich Erfindung und Entdeckung: tätiger Widerruf und immanente Widerlegung der faden – und impotenten – Ästhetik des Pleonasmus[2].

---

1 Bachelard, *Psychanalyse du feu*, Paris (Seuil), S. 10.
2 Ästhetik, wenn man so sagen kann, deren aktuelles Wiederaufleben, passim, eine jämmerliche Vorstellung von unserer kritischen Imagination gibt. Wenn man so viele implizite Elogen der imitativen Harmonie liest, könnte man wirklich meinen, die »Form« habe nichts besseres zu tun als den »Inhalt« (*fond*) zu verdoppeln. Jean

Trotz der konstanten und vielfältigen Bemühung so vieler betroffener Disziplinen (Ideengeschichte, Geschichte der Sprachwissenschaft, Sprachphilosophie, Epistemologie etc.) wird die Triebfeder dieser Studie also eher die ästhetische Verführung eines Mimologismus gewesen sein, der verstanden wird als eine der Schönen Künste – sagen wir (sagen wir es erneut) als eine literarische Gattung. »Die Eigenart dessen, was wirklich allgemein ist, besteht darin, daß es fruchtbar ist«: Die Fruchtbarkeit, die der kratylischen Allgemeinheit oder Generizität eigen ist, besteht vielleicht darin, daß sie Texten einen Kontext (einen Intertext) und folglich eine Bedeutung, eine Relevanz, eine Existenz gibt, die andernfalls, und ich wage zu behaupten bis jetzt, vernachlässigt, ja ignoriert worden sind: isoliert, ohne Situierung, ohne nähere Bestimmung, ohne Transzendenz und folglich ohne Funktion, unbrauchbar und folglich nicht wahrnehmbar.

Unsere Untersuchung erhob gewiß keinen Anspruch auf Exhaustivität, und konnte dies auch gar nicht: eine einzige Tradition, fast eine einzige Sprache, zumindest ein gewaltiges Schweigen (das Mittelalter[1]), hier von Lücken zu sprechen, wäre allzu geschmeichelt. Wie wir von Anfang an wissen, handelte es sich eher um eine Forschungs- und Besichtigungsreise, geeignet vielleicht, andere vorzubereiten – für andere. Als solche indes scheint mir diese stichprobenartige Erhebung erlaubt zu haben, in etwa die Typologie der Gattung abzuschreiten und die großen Linien ihrer Geschichte zu skizzieren. Eine übrigens sehr einfache Geschichte, im Gleichklang mit sehr vielen anderen: von Platon bis Nodier zweiundzwanzig Jahrhunderte Stillstand – was, wie wir gesehen haben, nicht Gleichförmigkeit bedeutet; doch die gleichsam zeitlose und stets umkehrbare Entfaltung der mannigfachen möglichen Varianten, sämtlich

---

Renoir murrt dagegen: »Wenn das Bild sagt *ich liebe dich*, muß die Musik sagen *das ist mir schnuppe.*« (Dies war umgekehrt, hinsichtlich der filmischen Illustration seines Werks, der Wunsch von Edgar Varèse.) Das ist ein bißchen einfach, aber es ist ein kleiner Fortschritt gegenüber der einfachen Tautologie.

[1] Es versteht sich von selbst, daß für den Nicht-Spezialisten die »seltenen« Texte, die im allgemeinen unser Korpus bilden, für die mittelalterliche Periode besonders schwer zugänglich sind, und dieses reicht aus, jenes zu erklären; doch ich frage mich, ob die mimologische Tradition nicht *stricto sensu* dort wahrhaftig durch Abwesenheit geglänzt hat. Zugunsten, einerseits, der etymologischen Spekulation (Isidor von Sevilla etc.) und, andererseits, jener mimographischen Phantasien, von denen man ein paar Spuren im *ABC par équivoque* von Huon le Roi findet: siehe Zumthor, *Langue, Texte, Énigme*, S. 44/45.

virtuell enthalten in dieser *Ilias* der Gattung, welche der Gründertext ist, dessen unerschöpfliches (retrospektives) *Vorherwissen* nicht aufgehört hat, uns zu verwirren; dann, unter dem entscheidenden und gleichsam desintegrierenden Schock, am Ende des 18. Jahrhunderts, der Geburt der Linguistik, einem Ereignis im wahrsten Sinne des Wortes, Bruch und Punkt, von dem eine Umkehr nicht mehr möglich ist, zersplittert die Gattung, einen Augenblick lang vom Tode bedroht, in eine Garbe von Ersatzformen: »subjektiver« Kratylismus des romantischen *Volksgeistes*, sekundärer Mimologismus als Theorie der »poetischen Sprache«, Rückzug auf die eingeschränkte Mimophonie des *sound symbolism*, fiktive Mimologie, als solche akzeptiert oder auf das bequeme Alibi des kindlichen Bewußtseins, des spielerischen Kratylismus[1] projiziert. Mit dieser letzten Verwandlung stimmt die Gattung gewissermaßen ihrem innersten Wesen zu, indem sie (fast) jeden wissenschaftlichen Anspruch aufgibt und von einer impliziten Literarität zu einer bewußten und organisierten Literarität hinüberwechselt. Fortschritt oder Dekadenz? In dieser Gestalt geht sie jedenfalls natürlich und legitim jeder »Widerlegung« aus dem Weg und erlangt eine Unverwundbarkeit, ja Unsterblichkeit, wenn sie zumindest eine letzte – die größte – Gefahr zu vermeiden weiß, das Ersticken nämlich an sich wiederholender Wucherung. Alle Gute wünscht ihr – wünscht uns – der späte Kritiker, in Erwartung, wer weiß? neuer und unvorhersehbarer Metamorphosen.

---

1 Spielerisch, doch stets, wie wir ebenfalls gesehen haben, mit einem ernsten Kern, selbst wenn es sich, wie bei Proust, um einen *kritischen* Ernst handelt. Meines Wissens ist das einzige Beispiel einer *Parodie* von (in diesem Fall graphischem) Mimologismus das »Comment s'est fait l'alphabet« der *Histoires comme ça*. Es sei denn, Sokrates selbst...

Namensregister

Die fett gesetzten Seitenzahlen beziehen sich auf diejenigen Seiten, auf denen der betreffende Autor ausführlich(er) behandelt wird; kursiv gesetzte Seitenzahlen geben an, daß der Autor auf der jeweiligen Seite in einer Fußnote genannt/zitiert wird.

Aarsleff, Hans 68
Abel *122*
Abélard 323
Abrams, M. H. *206*
Adelung, Johann Christoph 265, 286
Aelius Stilo 46, 47, 52
Alain (Émile Auguste Chartier) *342*
Alembert, Jean Baptiste Le Rond d' 236, **241-242**
Amman *148*
Antistius Labeo 47
Apollinaire, Guillaume *409*
Argelander *480*
Aristoteles 36, 51, *52*, 54, *56*, 142, 215, 259, 295
Arnim, Bettine von *475*
Augustinus **48-56**, 60, 178, 202, 205, 220, *491*
Aulus-Gellius 47
Auroux, Sylvain *248*
Averroes (Mohammed Ibn Roschd) *294*

Bachelard, Gaston *156*, 191, 196, *198*, *416*, **455-468**, 471, 498, *503*, *507*
Bacon, Roger 56
Baldensperger, Fernand *137*
Bally, Charles *19*, 22, 93, *365*, *405*, *406*
Balzac, Honoré de 210
Banville, Théodore de 197, *317*
Barrès, Maurice *370*
Barthélémy, Jean-Jacques 71
Barthes, Roland *376*, *378*, 382, *386*, 388, 456
Batteux, Charles Abbé 227, **231-235**, 236, 237, 239, 248, 249, 253, 254, **255-256**, 260, 261, 262, 264
Baudelaire, Charles 89, 114, 327, *330*, *333*, 344, 369, *370*, *424*, *476*
Baudouin de Courtenay, Jan Ignacy *500*
Beauzée, Nicolas 52, *57*, 99, *106*, 142,
183, *216*, 220, 227, 236, 242, **247-255**, 256, 257, 258, 259, 261, 262, 272, 283, 288, 353
Becanus, Goropius 74, *266*
Bell, Melville *82*
Bellay, Joachim du *216*
Benloew *479*
Benveniste, Émile *122*
Becq de Fouquières *469*
Bergier, Nicolas-Sylvain 99, *119*, *122*, *141*, *461*
Black *485*
Blair, Hugh *57*, *206*, 253, *278*, *305*, *460*
Bloomfield, Leonard *315*
Boas, Franz *479*, *480*
Bochart 88, *99*
Böhme, Jakob 73
Boethius, Anicius Manlius Torquatus Severinus *56*
Bollack, Jean 29
Bonald, Louis Gabriel Ambroise Vicomte de *140*, 220, 283
Bopp, Franz 223, 267, 273, 275, *277*, 289, 297
Borges, Jorge Luis *9*, *170*
Bornecque *214*
Bos, Charles Abbé du 228, *240*
Bossuet, Jacques Bénigne *429*
Bouhours, Dominique 218, *261*
Bounoure, Gabriel *470*
Bouvet, B. *71*, *77*
Brandes, Georg *479*, *480*
Braque, Georges *449*, *453*
Bréal, Michel 54, 328, *329*, *330*
Brecht, Bertolt *360*
Bremond, Henri Abbé *393*, *394*
Brentano, Clemens *475*, *476*
Brik, Ossip *358*
Brisset, Jean-Pierre **258-259**, 281
Brosses, Charles de 54, 75, 82, **97-136**,

NAMENSREGISTER

137, 138, 140, 142, 143, *147*, 151, 154, *155*, *156*, 157, 158, 159, 160, 162, *163*, 168, 169, 171, 172, 176, 177, 179, 183, *185*, *186*, 187, *190*, 198, 201, 202, 205, 221, 256, 276, 280, 288, 305, 307, *309*, 310, 320, 330, 398, *408*, *414*, 427, *446*, 469, 470, 471, *472*, 475, 476, 485, 496

Brown *485*
Bühler, Karl **501-502**, *506*
Buffier, P. *245*
Buffon, Georges Louis Leclerc 183
Bulle *253*

Campbell, George *315*
Carroll, Lewis *60*, *160*, 451
Castel, P. *114*
Cato, Marcus Porcius 120
Champollion, Jean François (le Jeune) *89*, 402
Champsaur, F. 308
Chappuis, Pierre *438*
Charpentier, François **219-220**, *242*
Chastaing, Maxime 479, 480, 482, 483, 484, 486, 497, 498, 505
Chateaubriand, François René Vicomte de *76*, *91*, *199*, *472*
Chaucer, Geoffrey 303
Chavée, H. *291*
Chevalier, Jean-Claude *213*
Chlebnikow, Velimir V. *358*, 367
Chompré, Pierre 236, *242*, 254
Cicero, Marcus Tullius 54, 147, 218, 219, 226, 228, 234, 237, 258
Claudel, Paul 11, 86, 93, *117*, 196, *357*, **391-417**, *420*, 422, 425, 428, 431, 449, 451, 469, 475, 476
Cohen, Gustave 342
Cohen, Jean *370*
Cohn, Robert Greer *317*, *324*
Coleridge, Samuel Taylor *506*
Collart, Jean *47*, 48
Condillac, Étienne Bonnot de 95, *115*, *141*, 221, **229-231**, 233, 236, 240, 248f., 253, 259, 261, 264, *279*, 283
Copineau, Abbé *115*, *242*, *271*, *279*, *467*
Coppée, François 322
Coquet, Jean-Claude *405*, *413*
Cordemoys, Géraud de *83*
Cours, Jean de *479*, 480
Court de Gébelin, Antoine *37*, 76, 86, *89*, *123*, **137-169**, 171, 173, 179, 181, 182, 183, *185*, 186, 187, 190, 192, 200, 201, 202, 261, 276, *277*, 280, 288, 313, *353*, 398, 402, 405, *414*, 427, 429, 471, 475
Couturat, Louis *68*, 70, 72, *77*
Cox *305*
Cranval *253*

Dalgarno, George (Georgius Dalgarnus) 68, 69, 77, *80*, 89
Damourette, J. *457*, *459*, *465*
Dargaud, M. *210*
Darmesteter, Arsène *188*
Darwin, Charles 493, 495
Dauzat, Albert *459*, *464*
David, Madeleine V. *70*, 71, *78*
Davis, T. K. *490*
Degas, Edgar 325, 342
Deichmann *479*, 480
Delattre, Pierre *481*, *482*
Delbouille, Paul *240*, *365*, 479, 487
Deleuze, Gilles *451*
Demetrius von Phaleron *215*
Demokrit *36*, *46*, 507
Derrida, Jacques 20, *103*, *126*, *416*, *494*
Descartes, René *248*, 259
Desnos, Robert 441
Destutt de Tracy, Antoine Louis Claude 257, 297
Diderot, Denis *114*, 234, **237-240**, 241, 249, 251, 253, 257, 260, 326
Dieckmann, Liselotte *89*
Dionysios von Halikarnassos 22, *46*, *215*
Domergue, Urbain 257, 260
Donatus, Aelius 215, 219
Dorchain *197*, *365*
Dottrens, Robert Alexandre 497
Douchet *248*
Dschgaschwili, Joseph Wissarionowitsch 136
Dubois, J. *409*
Duclot 283
Ducrot, Oswald 271, 273
Dumarsais, César Chesneau **225f.**, 235, 236, 239, 241, **242-247**, *248*, 250, 253, 254, 256, 259, *260*
Dumas, Alexandre *188*

Edie, James M. *504*
Ejchenbaum, Boris M. *357*
Epikur *46*, *123*, 149, 221, 285
Ernout 214

NAMENSREGISTER

Estienne, Henri 99
Etiemble 479, 481
Euthyphron 13

Fabre d'Olivet, Antoine 220
Farasse, Gérard 453
Fauchet, Claude *182*
Fechner *479*, 480
Fenellosa *402*
Flaubert, Gustave *408*
Fletcher *479*, 480
Flournoy, Théodore *479*, 480
Fonagy, Ivan *200*, *365*, *485*, 486
Fontanier 54, 246, 247
Foucault, Michel *259*, 271, *504*
Fourment, Gustave 329
Frain du Tremblay **220-222**, 234, 240, 252
Fréret, Nicolas 70
Freud, Sigmund *122*, *447*, *505*
Friedrich der Große 98

Gaède, Edouard *320*
Galeotus Martius 83
Gamaches, E. S. de 229
Garat 256
Ghil, René *479*, 480
Ghyka, Matila *446*, *470*, *479*, 480
Gide, André 327
Girard, Abbé **222-225**, 252, 258, 288, 297
Goethe, Johann Wolfgang von 369
Goldschmidt, Victor *14*, *36*, *40*
Golius, Jacques 68, 70, 72
Gombrich, Ernst Hans Josef *488*
Grammont, Maurice *9*, 51, *365*, 483, 489, 490, 496
Green, Harriet C. *82*
Green, Julien *468*
Grimm, Jacob Ludwig Karl 271, *277*, *281*, 461, 470, *479*, 480, *486*
Grüber *479*, 480
Guichard 99
Guiraud, Pierre *23*, *325*

Harris, James *240*, 288, 459, 462, 466, 503
Hegel, Georg Wilhelm Friedrich *56*, 298, *320*, *356*, *506*
Helmont, Franciscus Mercurius Baron van 83, *163*
Hemsterhuis, Franz 271
Heraklit 13, 42

Herder, Johann Gottfried *115*, *141*, 206, 253, 260, 267, 269, *271*, 278, 283, 366
Hermogenes 13, 14, 15, 16, 17, 18, 19, 20, 21, 24, 27, 28, 32, 33, 34, 35, *38*, 40, 42, 43, 45, 67, 76, 78, 79, 80, 130, 136, *236*, 280, 286, 362, 370, 445, 446, *503*, *506*
Herodot *88*, *123*, *183*
Hippias von Elis *36*
Hjelmslev, Louis Trolle 383, 411
Homer 21, 295, 333, 425
Hopkins, Gerald Manley 366
Horaz (Quintus Horatius Flaccus) 226, 258
Horn 19
Horowitz *485*
Hugo, Victor 324, 400/01, 424, 425, *429*, 433, **473-478**, 479, 480, 482
Humboldt, Wilhelm Karl von 266, 272, *273*, *275*, *277*, 281, *282*, 295, 297
Huon le Roi *508*
Huret, Jules 323
Husserl, Edmund 503, *504*
Hymes, Dell Hathaway *74*, *271*

Ingold, Felix Philipp *438*, *440*
Isidor von Sevilla 46, 215, *508*

Jabès, Edmond *471*
Jäger, Andreas *74*
Jakobson, Roman Osipovic *10*, *52*, *212*, *277*, 323f., 334, 344, **357-369**, 370, *372*, 394, 395, *479*, 481, 482, *488*, *503*, *506*
Jakubinskij, Lev *357*
Jenisch, D. 267
Jespersen, Jens Otto Harry 26, *60*, 63, *64*, *151*, 280, 289, *315*, *474*, 482, 483, 485, 489, **493-496**, 497, 499, 505, 506
Johannes der Täufer *296*
Jones, Rowland *78*, 82, **88-96**, 129, 163, 169, 173, 315, 401, 405, 414
Jones, Sir William *266*
Joyce, James *60*, 305
Jung, Carl Gustav 467

Kant, Immanuel 295, 444
Kayser, Wolfgang *73*
Kirchner, Athanasius 71
Köhler *485*/86
Kolumbus, Christoph 416
Kopp, George A. *82*
Kratylos 10, 13, 14, 15, 18, 20, 21, 27, 28,

38, 39, 40, 41, 42, 43, 44, 45, 68, 76, 78, 80, 95, 112, 130, 136, 138, 157, 194, 221, *236*, 264, 269, 271, 280, 286, 306, 314, 320, 370, 391, 416, 503, 507
Kristeva, Julia *370*
Kruszowski *500*

Lacan, Jacques 506
Lafont, Robert *150*
Laforgues, Jules 451
La Harpe, Jean François de 260
La Hontan *105*
Lamy (Père), B. *57*, 83, *123*, *142*, *183*, *225*, **227-228**, 230, 235, 240, 261, 264, *371*
Langenbeck, K. *479*, 480
Lanjuinais *137*, *161*
Laserstein, P. G. *305*
Léau, L. *77*
Legrand *479*, 480
Leibniz, Gottfried Wilhelm **67-80**, 81, 90, *106*, 107, 155, 206, *221*, *266*, *284*, 332, 411, 502
Leiris, Michel *168*, 196, 357, *400*, **418-446**, 450, 455, 506
Lejeune, P. *105*
Lejeune, Philippe 442, 443
Le Laboureur **217-218**, 224, *225*, 228, 238, 244
Lessing, Gotthold Ephraim 240, 344, 364, *365*
Lévi-Strauss, Claude 280, *370*, *442*, *485*
Littré, Maximilien Paul Émile *188*
Locke, John 56, 67, 69, 72, 76, *90*, *114*, 502
Lukrez (Titus Lucretius Carus) 46, *123*, *183*

Malherbe, François de 339, 370, 449, *450*
Mallarmé, Stéphane 17, 44, 121, 125, *156*, 184, 194, 209, 263, 280, 281, **300-326**, 328, 331, 333, 336, 337, 342, 344, 347, 356, 363, 364, 391, 392, 393, 395, 397, *399*, 443, *446*, 448, 455, 476
Martianus (Felix) Capella *106*
Martinet, André *459*
Martini *70*
Massarenti 497
Massieu 201, 204
Maurois, André *388*
Mehlmann, J. *442*
Meillet, Antoine *459*, *463*, 466

Ménage, Gilles 120
Mendelejew, Dimitrij Iwanowitsch 146
Méridier *14*, 22, 29
Mersenne, Marin *79*, *80*
Metcalf, George J. *74*
Michelet, Jules 296
Milton, John 460
Molière (Jean-Baptiste Poquelin) 401
Monboddo, James Burnett Lord *183*, *271*, *315*
Monda, M. *300*
Montel, F. *300*
Montesquieu, Charles-Louis de Secondat, Baron de La Brède et de 70, 71, 149
Morris, Charles 19
Mounin, Georges *272*, *365*
Müller, Max *23*, *105*, 266, *305*
Mure, Konrad von *216*

Nabokov, Vladimir *476*, *479*, 480
Nelme, L. D. *96*, *163*
Nicolai, Friedrich 240
Nietzsche, Friedrich Wilhelm 18
Nigidius Figulus, Publius 46, 47, 112
Nodier, Charles 83, 113, *114*, *115*, *123*, 150, *168*, **170-211**, 267, 276, 281, 284, 285, 312, 313, 320, 329, 355, 397, 405, 426, 429, 431, 453, 455, 456, 457, 469, 471, 475, *476*, 485, 491, 507, 508
Novalis (Friedrich Leopold Freiherr von Hardenberg) 282
Nyrop *365*

Obelix 259
Origines 48
Orr, J. *496*

Parain, Brice *98*
Pariente, J.-C. *501*
Parmenides 42
Pascal, Blaise 396, 499
Pasternak, Boris Leonidowitsch *372*
Paulhan, Jean 299
Peirce, Charles Sanders 134, 212, 353, *357*, 361, *506*
Pépin, Jean *46*
Perrault, Charles 217
Persius *58*, *106*
Peterfalvi, Jean-Michel *486*, *498*
Picasso, Pablo 352

Pichon, E. *457*, *458*, *459*, *463*, *465*, *466*
Platon 10, **13-45**, 46, 49, 51, 55, 67, 81, 98, 101, 106, 111, *117*, *123*, 125, 138, 157, 158, 178, 201, 213, 276, 283, *284*, 285, 312, 319, 333, 386, 390, 391, 392, 443, *447*, 449, 508
Pluche, Noël-Antoine Abbé 235, 236, *242*
Plutarch 105, *206*
Poincaré, Jules Henri 330
Pommier, J. *381*
Ponge, Francis *400*, **448-454**
Pope, Alexander 363
Potter, Ralph K. *82*
Pound, Ezra *402*
Priscian 215, 219
Proclus (Proklos Diadochos) 36
Proudhon, Pierre-Joseph *212*, *458*, 461, *462*, 464
Proust, Marcel 20, 30, 204, 324, 335, **373-390**, 422, *442*, 506, *509*
Psammetich *88*, 182
Pythagoras 147

Quémar, Claudine *380*
Queneau, Raymond 136
Quintilian, Marcus Fabius 48, 54, 214, 219, 246

Racine, Jean Baptiste 324
Rask, Rasmus Kristian 266, 270, 272
Rembrandt (R. Harmensz van Rijn) 409, *488*
Rémusat, Abel *137*
Renan, Ernest *123*, *259*, *275*, **283-299**, *301*, 461, *473*
Renard, Jules *415*
Renauld, P. *305*
Renoir, Jean *508*
Richard, Jean-Pierre 76, 308, *317*, 323, *324*, 379
Richards *479*
Ricken, Ulrich *213*
Rimbaud, Arthur 414, *479*
Rivarol, Antoine de 98, *215*, 238, 256, 257
Robert, Louis de 388
Roudaut, Jean *97*, *114*, *115*, *137*
Rousseau, Jean-Jacques *103*, *114*, 121, *126*, 129, 130, *206*, 220, *221*, 240, 253, 471, 473, 474, 475

Rousset, Jean *240*

Safouan, Moustafa *271*
Sahlin, Gunvor *242*
Saint-Genet *351*, 353, 354, 356
Saint-Georges, David de 171
Saint-Martin, Louis-Claude de *153*, *220*
Saint-Pierre, Charles-Irénée Castel Abbé de 171
Saint-Pierre, Jacques Henri Bernardin de 149, *183*, 201, *202*, 459, 461, 464, 471
Salignac, Mélanie de *114*
Samson, J. *414*
Sapir, Edward 63, *151*, 295, 483
Sartre, Jean-Paul **348-357**, 393, *442*, 448
Saussure, Ferdinand de *19*, 23, 24, 26, 27, 31, 40, 78, 79, 80, 130, 140, 175, 184, 190, *197*, 262, 264, 270, *273*, 280, 318, 327, 328, 329, 349, *356*, 370, 440, **491-494**, 496, 499, *500*, 502, *504*, *506*, 507
Sautebin, Hippolyte *97*
Scaglione, Aldo *213*, *215*, *216*, 219
Scaliger, Julius Caesar 83
Schestag, Thomas *20*, *24*
Schlanger, Judith 5, *274*
Schlegel, August Wilhelm von 281f., 471, 479, 480
Schlegel, Friedrich von 223, 262, 264, 266, 267, 269, 270, *273*, *274*, *278*, *281*, 283, 285, 288, 289, 292, *293*, 294, 296
Schleicher, August 262, 274, 301
Schleiermacher, Friedrich *14*, *20*, 24, 26, 29, *37*, *38*, 40
Schulenburg, Sigrid von der *74*
Ségur, Comtesse de 412
Servius 215
Sklovskij, Victor Borisovic *358*
Sokrates 10, 13, 14, 15, 16, 18, 19, 20, 21, 22, 23, 24, 27, 28, 30, 32, 33, 34, 35, *37*, 39, 40, 41, 42, 43, 44, 45, 49, 51, 53, 55, 56, *61*, *63*, 64, 67, 75, 76, 77, 78, 79, 80, 95, 97, *117*, 136, 138, *156*, 169, *184*, 306, 313, 319, 320, *353*, 357, 386, 390, 441, 442, 444, 445, 446, 450, *451*, 500, 501, 504, *509*
Spada, Marcel *448*, 449
Sperber, Dan *271*
Stankiewicz, Edward *271*
Stendhal (Henri Beyle) 377, 383, 455

NAMENSREGISTER

Strabon *206*
Stewart, Dugald 266
Swedenborg, Emanuel von 471
Sweet, Henry *82*
Swift, Jonathan *504*

Tchang Tcheng Ming, P. B. 402, 403
Teilhard de Chardin, Marie Joseph-Pierre 261
Terentius 215
Thibaudet, Albert 324, *470*
Thomas 214
Thomas von Aquin *56*
Thomassin *99*
Thommerel, J.-P. 302
Thukydides *215*
Tintoretto (Iacopo Robusti) 352
Todorov, Tzvetan 22, 23, *240*, 271, *357*, *471*, 487
Tory, Geofroy *58*, 82
Tournier, Michel *465*
Trubetzkoy, Nikolaj Sergejewitsch *500*
Turgot (Anne-Robert-Jacques Baron de l'Aulne) *56*, *109*, *114*, 120, *221*, 280, 283

Ullmann, Stephen 54, *365*

Valéry, Paul 48, 209, 300, 324, **326-348**, 352, 356, 357, 358, 363, 367, *371*, 393, 394, 395, 397, 469
Vallot, J. N. *209*
Varèse, Edgar *508*
Varro, Marcus Terentius 46, *47*, 48, *108*, 450
Vendryès 386
Vergil (Publius Vergilius Maro) *79*, 215, 230, *332*
Verlaine, Paul 300
Viansson-Ponté, P. *150*
Vico, Giovanni Battista (Giambattista) *123*, *126*, *137*, *141*, 206, *210*, 253, 260
Viélé-Griffin, Francis 321, 395
Villemain, Abel François 302
Volnay, Constantin François *183*
Voltaire (François-Marie Arouet) *45*, 120, 239, 256, 316
Vossius, Gerardus Joannis (Gerrit Jansz Vos) 54

Wachter, Johann Georg 82, **84-87**, 88, 93, 102, 103, 118, 122, 131, *163*, 175, 401, 402, 414
Wahl, François *271*
Wallis, John **57-66**, *89*, 91, *106*, 107, 109, 178, 225, 276, *277*, 305, 308, 309, 310, 311, 313, 314, 315
Warburton, William 126, 162
Watteau, Jean-Antoine *488*
Werle, Simon *420*, *440*
Werth, E. *479*, 480
West 497
Whitney, William Dwight 502
Whorf, Benjamin Lee 295, *365*, 483, 485
Wieger, P. P. 402
Wilkins, John *9*, 68, 72, 73, 77, *80*, 89

Zumthor, Paul 23, *46*, *508*

Literatur- und Kulturwissenschaft im Suhrkamp Verlag
Eine Auswahl

Roland Barthes
- Fragmente einer Sprache der Liebe. Übersetzt von Hans-Horst Henschen. st 1586. 279 Seiten
- Die helle Kammer. Bemerkungen zur Photographie. Übersetzt von Dietrich Leube. Mit zahlreichen Abbildungen. st 1642. 138 Seiten
- Die Lust am Text. Übersetzt von Traugott König. BS 378. 98 Seiten
- Mythen des Alltags. Übersetzt von Helmut Scheffel. es 92. 152 Seiten

Roland Barthes. Eine Biographie. Von Louis-Jean Calvet. Übersetzt von Wolfram Beyer. Mit zahlreichen Abbildungen. 376 Seiten. Gebunden

Roland Barthes. Eine intellektuelle Biographie. Von Ottmar Ette. es 2077. 522 Seiten

Michail M. Bachtin. Die Ästhetik des Wortes. Herausgegeben und Einleitung von Rainer Grübel. Übersetzt von Rainer Grübel und Sabine Reese. es 967. 366 Seiten

Michail M. Bachtin. Rabelais und seine Welt. Volkskultur als Gegenkultur. Übersetzt von Gabriele Leupold. Herausgegeben und Vorwort von Renate Lachmann. stw 1187. 546 Seiten

Karl Heinz Bohrer. Plötzlichkeit. Zum Augenblick des ästhetischen Scheins. es 1058. 261 Seiten

Karl Heinz Bohrer. Der romantische Brief. Die Entstehung ästhetischer Subjektivität. es 1582. 268 Seiten

Pierre Bourdieu. Die Regeln der Kunst. Genese und Struktur des literarischen Feldes. Übersetzt von Bernd Schwibs und Achim Russer. 552 Seiten. Gebunden

Peter Bürger. Theorie der Avantgarde. es 727. 147 Seiten

Jacques Derrida. Grammatologie. Übersetzt von Hans-Jörg Rheinberger und Hanns Zischler. stw 417. 541 Seiten

Jacques Derrida. Die Schrift und die Differenz. Übersetzt von Rodolphe Gasché. stw 177. 451 Seiten

Arthur C. Danto. Die Verklärung des Gewöhnlichen Eine Philosophie der Kunst. Übersetzt von Max Looser. stw 957. 321 Seiten

Gilles Deleuze. Das Bewegungs-Bild. Kino 1. Übersetzt von Ulrich Christians und Ulrike Bokelmann. stw 1288. 332 Seiten

Gilles Deleuze. Das Zeit-Bild. Kino 2. Übersetzt von Klaus Englert. stw 1289. 454 Seiten

John Dewey. Kunst als Erfahrung. Übersetzt von Christa Velten, Gerhard vom Hofe und Dieter Sulzer. stw 703. 411 Seiten

Peter Gendolla/Thomas Kamphusmann (Hg.). Die Künste des Zufalls. stw 1432. 302 Seiten

Michael Giesecke. Der Buchdruck in der frühen Neuzeit. stw 1357. 957 Seiten

Michael Giesecke. Sinnenwandel, Sprachwandel, Kulturwandel. Studien zur Vorgeschichte der Informationsgesellschaft. stw 997. 374 Seiten

Ernst H. Gombrich/Julian Hochberg/Max Black. Kunst, Wahrnehmung, Wirklichkeit. Übersetzt von Max Looser. es 860. 156 Seiten

Nelson Goodmann. Sprachen der Kunst. Entwurf einer Symboltheorie Übersetzt von Bernd Philippi. stw 1304. 254 Seiten

Jack Goody. Die Logik der Schrift und die Organisation von Gesellschaft. Übersetzt von Uwe Opolka. 323 Seiten. Gebunden

Jack Goody (Hg.). Literalität in traditionellen Gesellschaften. Übersetzt von Friedhelm Herboth und Thomas Lindquist. 502 Seiten. Leinen

Jack Goody/Ian Watt/Kathleen Gough. Entstehung und Folgen der Schriftkultur. Übersetzt von Friedhelm Herboth. Einleitung Heinz Schlaffer. stw 600. 161 Seiten

André Leroi-Gourhan. Hand und Wort. Die Evolution von Technik, Sprache und Kunst. Übersetzt von Michael Bischoff. Mit 153 Zeichnungen des Autors. stw 700. 523 Seiten

Hans-Ulrich Gumbrecht/Ursula Link-Heer (Hg.). Epochenschwellen und Epochenstrukturen im Diskurs der Literatur- und Sprachhistorie. stw 486. 536 Seiten

Jochen Hörisch. Gott, Geld und Glück. Zur Logik der Liebe in den Bildungsromanen Goethes, Kellers und Thomas Manns. es 1180. 282 Seiten

Jochen Hörisch. Kopf oder Zahl. Die Poesie des Geldes.
es 1998. 370 Seiten

Jochen Hörisch. Die Wut des Verstehens. Zur Kritik der
Hermeneutik. es 1485. 111 Seiten

Wolfgang Iser. Das Fiktive und das Imaginäre. Perspektiven
literarischer Anthropologie. stw 1101. 522 Seiten

Hans Robert Jauß. Ästhetische Erfahrung und literarische
Hermeneutik. stw 955. 877 Seiten

Hans Robert Jauß. Studien zum Epochenwandel der ästhetischen Moderne. stw 864. 302 Seiten

Hans Robert Jauß. Zeit und Erinnerung in Marcel Prousts
»A la recherche du temps perdu«. Ein Beitrag zur Theorie des
Romans. stw 587. 366 Seiten

Julia Kristeva. Die Revolution der poetischen Sprache.
Übersetzung und Einleitung von Reinold Werner.
es 949. 252 Seiten

Wolf Lepenies. Melancholie und Gesellschaft. Mit einer
neuen Einleitung: Das Ende der Utopie und die Wiederkehr
der Melancholie. stw 967. 337 Seiten

Niklas Luhmann. Die Kunst der Gesellschaft.
stw 1303. 517 Seiten

Paul de Man. Allegorien des Lesens. Übersetzt von Werner
Hamacher und Peter Krumme. es 1357. 233 Seiten

Christoph Menke. Die Souveränität der Kunst. Ästhetische
Erfahrung nach Adorno und Derrida. stw 958. 311 Seiten